2023年中国石油和化工行业人工智能技术发展大会论文集

刘文岭　主编

中国石化出版社

内容提要

本书精选了由中国石油和化工自动化应用协会人工智能分会主办、中国石油天然气股份有限公司长庆油田分公司承办的“2023年中国石油和化工行业人工智能技术发展大会”录用的论文49篇，包括智能勘探与地球物理、智能油气开采、智慧油气田建设、智能化工、智能油气管网、人工智能新技术新应用6个部分，较全面地反映了目前我国石油和化工行业人工智能技术研究与应用水平和主要进展，对进一步深化我国石油和化工行业数字化转型智能化发展将起到借鉴和指导作用。

本书可供从事石油和化工行业的科研人员与高等院校相关专业师生参考。

图书在版编目(CIP)数据

2023年中国石油和化工行业人工智能技术发展大会论文集/刘文岭主编.—北京：中国石化出版社，2023.6
ISBN 978-7-5114-7134-5

Ⅰ.①2… Ⅱ.①刘… Ⅲ.①人工智能-应用-石油化工行业-中国-2023-文集 Ⅳ.①F426.7-39

中国国家版本馆CIP数据核字(2023)第114867号

中国石化出版社出版发行
地址：北京市东城区安定门外大街58号
邮编：100011 电话：(010)57512446
发行部电话：(010)57512575
http://www.sinopec-press.com
E-mail:press@sinopec.com
北京柏力行彩印有限公司印刷
全国各地新华书店经销
*
787×1092毫米 16开本 24.5印张 596千字
2023年6月第1版 2023年6月第1次印刷
定价：298.00元

编委会

前言

近年来，伴随着计算机软硬件技术的升级，并行计算、云计算的实现，大数据与机器学习得以迅猛发展。以大数据与人工智能驱动的第四次工业革命（工业4.0）席卷全球各行各业。人工智能的快速发展正在推动石油和化工行业加速数字化转型智能化发展。中国石油和化工自动化应用协会以引领行业各个专业领域信息化、自动化、数字化转型智能化发展为己任，在推动我国石油和化工行业科技进步、促进行业科学发展中，发挥着非常重要的作用。为了迎接行业人工智能新的科技浪潮，推进我国石油和化工行业数字化转型智能化发展，中国石油和化工自动化应用协会于2022年5月23日成立了人工智能分会。

人工智能分会汇聚了国内石油和化工行业人工智能科技领域的各路精英，搭建了我国石油和化工行业人工智能技术交流、合作、共享和促进发展的平台。人工智能分会第一届理事会以总会“为会员服务、为行业服务、为政府服务”的宗旨为准绳，积极履行职责，致力于发挥好分会的协调纽带作用、科技交流平台建设作用和技术引领促进作用，为“产学研用”搭桥，为学术技术交流搭台，探索建立合作共享新机制，努力为石油和化工行业数字化转型智能化发展作出积极贡献。

为了进一步推进我国石油和化工行业数字化转型智能化发展，深入探讨我国石油和化工行业人工智能新技术、新方法，展览展示新成果、新产品、新装备，展望行业智能化发展新目标、新趋势，2023年4月17日至19日，由中国石油和化工自动化应用协会人工智能分会主办、中国石油天然气股份有限公司长庆油田分公司承办的“2023 年中国石油和化工行业人工智能技术发展大会”，在古城西安采取线上线下相结合的方式胜利召开。230 余位代表现场参会，线上参会人员 6 千余人。主会场安排行业人工智能技术发展报告 11 个，5 个分会场共安排 63 个技术交流报告。来自石油和化工行业的油田、高校、科研院所、企事业单位和专业技术公司的行业领域专家、人工智能专家汇聚一堂，共同描绘我国石油和化工行业数字化转型智能化发展的宏伟蓝图，谋划 AI 赋能石油和化工生产的技术路径和策略，本次大会具有深远的意义，是我国石油和化工行业数字化转型智能化发展过程中的一件大事。

会议征文得到了石油和化工行业技术人员和院校师生的积极响应，共收到论文 90 余篇，通过专家评审，筛选出 49 篇优秀论文结集出版。本论文集包括智能勘探与地球物理、智能油气开采、智慧油气田建设、智能化工、智能油气管网、人工智能新技术新应用等几部分，较全面地反映了目前我国石油和化工行业人工智能技术研究与应用水平和主要进展。我们相信，通过本次会议交流和论文结集出版，对进一步深化行业人工智能技术研究与应用将会起到借鉴与指导作用，必将带动行业人工智能技术研究与应用向更深层次发展，进而推进我国石油和化工行业数字化转型智能化发展。

我们希望本书收集的论文对相关的科技工作者和院校师生有一定的参考和借鉴作用。书中如有不妥之处，敬请广大读者批评指正。

目录

智能勘探与地球物理

智能油气开采

智慧油气田建设

智能化工

智能油气管网

人工智能新技术新应用

智能勘探与地球物理

基于 SAUnet－GAN 网络的地震面波噪声压制方法

曹晓初　叶月明　金　弟　王宗仁　何嘉诚　邵萌珠

（中国石油杭州地质研究院，浙江 杭州　310023）

摘　要：面波噪声压制是地震资料处理的难题之一。相对于传统的面波压制技术，本文利用 GAN 网络模型框架，在 Unet 生成器网络中引入自注意力机制 SA，构建了基于 SAUnet－GAN 网络的地震面波噪声压制的深度学习模型。Unet 生成器中引入 SA 的 GAN 网络模型迭代收敛快速稳定，在地震样本数据集上具有更好的数据泛化能力。与常规方法相比，本文提出的方法只需人工处理少量特征数据，网络训练后便可进行工区大量数据的面波噪声压制，避免了常规面波压制的烦琐过程。基于构建的 SAUnet－GAN 网络模型实现了实际探区资料地震面波噪声数据较好的压制效果。

关键词：面波噪声；深度神经网络；自注意力；对抗网络

1　前言

面波是地震波传播过程中产生的常见相干噪声，具有噪声能量强、数据特征容易混淆的特点，是地震资料处理中噪声压制的难题之一。传统的面波压制常采用滤波方法[1,2]，滤波方法在压制面波的同时，往往也去除了部分有效波。为了克服传统噪声压制方法的不足，利用 K－L 变换[3]或弹性动力学模型进行面波压制[4]的模型驱动方法和基于数据驱动的三维确定性方法[5]后续被提出。相对于传统的面波压制技术，深度学习是基于数据驱动的方法。

深度学习方法是近年发展起来的基于大量数据样本学习的机器方法，早期发展于人工神经网络，多应用于数字图像和视觉处理领域[6,7]。GAN 网络[8]是 Goodfellow 提出的对抗性神经网络，它定义了一种新的深度学习网络模型框架。GAN 网络由两个或多个深度神经网络组合而成，这些网络之间对抗和促进，通过博弈的方式相互改进网络的性能，最终达到样本输出接近标签样本的目的。Pix2Pix[9]通过改进 Unet 作为生成器，实现图像到图像的转换。CGAN[10]在 GAN 网络中增加一定的约束机制，保证网络生成器能够精确地输出图像信息。与 GAN 和 CGAN 网络不同，CycleGAN[11]不需要配对的训练图像。CycleGAN 针对 Pix2Pix 的图像配对问题，通过两个镜像对称的 GAN 构成一个环形网络，实现两个无配对图像集的训练。SAGAN[12]针对 GAN 网络在图像生成时较难权衡细节处理和整体的问题，在生成器和辨别器网络中均引入了自注意力机制。Unet[13]的提出用于解决生物医学图像分割的卷积神经

作者简介：曹晓初，男，1978 年 10 月生，硕士研究生，2006 年获北京航空航天大学计算机专业硕士学位，现为中国石油杭州地质研究院高级工程师，主要从事地球物理和高性能计算方面的研究。E－mail：caoxc_hz@ petrochina. com. cn

网络，它通过上下降采样和短路径链接实现数据分割。

本文在Unet生成器网络中引入自注意力机制SA，构建基于SAUnet－GAN网络的地震面波噪声压制的深度学习模型。输入地震采样数据和标签数据集对模型进行训练，实现了地震面波噪声数据较好的压制效果。

2 网络模型及训练策略

2.1 自注意力机制(SA)

在深度学习过程中，神经网络的输入往往来自不同的向量，而这些输入向量之间可能存在着一定的关系。网络模型实际训练的时候，不同层级间的局部学习可能会丢失不同输入向量之间的这种关联信息。针对神经网络深度学习时多个相关输入无法建立相关性的问题，可以通过注意力机制来解决。注意力机制的作用就是在深度学习时，考虑到全局不同输入部分之间的相关性信息。

自注意力机制是注意力机制的变体，它减少了对外部信息的依赖，更多地关注数据内部的相关性。自注意力函数可以描述为查询(Q)和键－值对(K，V)映射到输出(Output)，Q、K、V和输出均为向量。分配给每个值的权重由查询及相应键的函数计算，输出计算则是值的加权求和。

自注意力机制计算如下：

$$A(Q,\ K,\ V) = softmax\left(\frac{QK^{\mathrm{T}}}{\sqrt{d_{\mathrm{k}}}}\right)V \tag{1}$$

具体计算流程如图1所示。

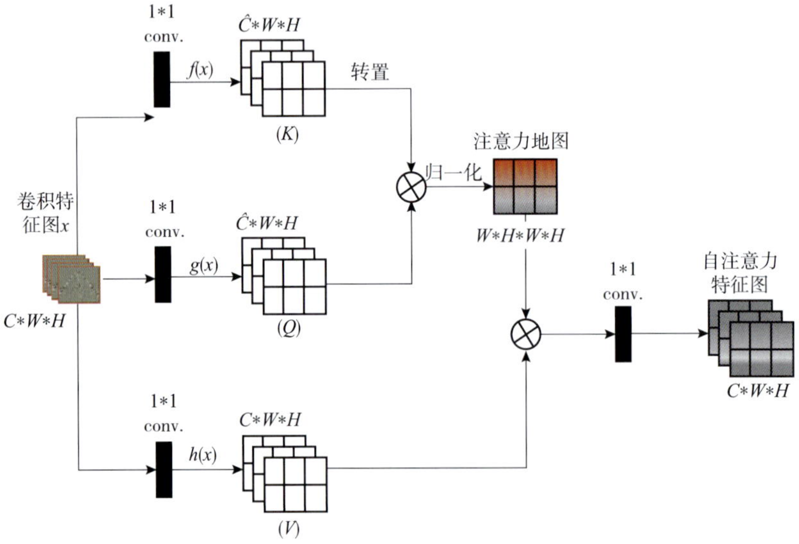

图1 自注意力计算

其中，输入特征图 $x \in RC*W*H$，C为通道数，W和H分别为单通道向量的宽和高。$f(x)=W_{\mathrm{f}}x$，$g(x)=W_{\mathrm{g}}x$，$h(x)=W_{\mathrm{h}}x$。W_{f}，W_{g}，$W_{\mathrm{h}} \in RC*C$，$\widehat{C}=C/8$。d_{k}为缩放因子，与K同维度。

2.2　SAUnet－GAN 网络

GAN 网络的核心思想来自博弈论的纳什均衡理论，它假定规则的双方为生成器和判别器。生成器的主要目标是通过学习模仿真实数据的分布规律，判别器的目标则是尽量分辨出输入数据的真伪。双方在相互博弈竞争中不断优化提升自己的能力，最终实现两者之间的纳什均衡。

SAUnet－GAN 网络是在 GAN 网络结构中引入自注意力机制（SA）而形成的，它的生成器是结合了自注意力机制的 Unet 网络，采用卷积神经网络（CNN）作为判别器，如图 2 所示。地震面波原始采样数据输入 SAUnet 生成器网络，通过深度学习，输出模拟去噪的面波预测数据。判别器网络用于对面波预测数据和标签数据的真伪进行判别。

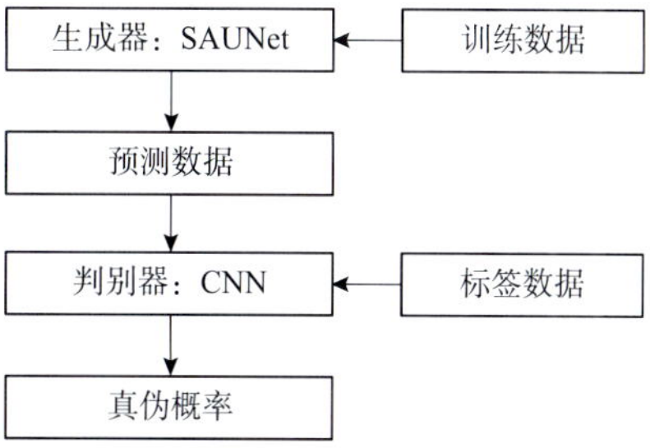

图 2　SAUnet－GAN 网络

2.2.1　生成器：SAUnet

Unet 是一种编码解码类网络，它包含两条路径。一条路径为降采样收缩路径，用于提取数据的上下文特征，也称为编码器。降采样路径由常规的卷积层和池化层堆叠而成。另一条路径为对称的上采样扩展路径，通过转置卷积进行精确定位，也称为解码器。在降采样提炼特征的过程中，池化必然会损失掉一些边缘的特征信息，这些特征信息并不能够通过上采样恢复。Unet 利用跳层对称链接实现不同层次特征信息的拼接融合，保留住更多的维度和位置信息，完成损失特征信息的回补。Unet 具有结构简明稳定的特点，尤其在样本数量不多的情况下，在数据的语义分割任务上更有优势。

生成器在数据降采样逐层深度学习时，卷积层利用局部卷积提取数据的特征信息。但局部卷积没有考虑输入向量之间的关系，这可能会导致全局数据之间关联信息的丢失。因此，本文在 Unet 生成器网络中引入自注意力机制（SA），在减少外部数据信息依赖的同时，兼顾不同输入数据内部的相关性信息。SAUnet 生成器在网络结构的 U 型底区域引入了自注意力机制，强化输入数据的关联信息。如图 3 所示。

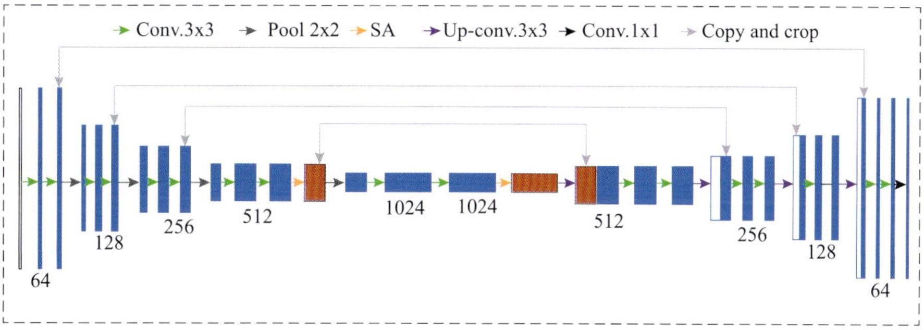

图 3　SAUnet 生成器

生成器网络以带面波噪声的原始数据样本为输入向量，通过模型学习训练输出面波预测数据。面波预测数据输入判别器网络，使其判别的数据真伪概率接近于面波去噪后的标签数据。

2.2.2 判别器：CNN

SAUnet－GAN网络采用卷积神经网络（CNN）作为判别器。用于深度学习的卷积神经网络主要由输入层、卷积层、激活层、池化层和全连接层共同叠加构成。卷积神经网络各层神经元由宽度、高度和深度三维排列，卷积层和全连接层对输入通过激活函数进行非线性映射后，再进行线性变换操作输出。池化层操作则相对比较固定，可以多种形式的非线性化函数降采样输出。参数在卷积层和全连接层中进行梯度下降训练，直到整个网络模型收敛稳定。卷积层和激活层一般统称为卷积层，它是卷积神经网络的核心层，贡献了网络模型训练的主要运算负载。

判别器网络的输入样本来自标签数据和生成器网络的输出数据，输出判别的真伪概率。当判别器输入标签数据时，模型进行网络学习训练输出的数据真实概率导向于1。当判别器输入为生成器网络的输出数据时，模型学习训练的输出真实性概率则导向于0。

2.3 网络模型训练

网络模型训练包括生成器网络 $G(x_g;\ \theta_g)$ 和判别器网络 $D(x_d;\ \theta_d)$ 训练两部分，θ_g 为生成器网络的参数集，θ_d 为判别器网络参数集。为了保证网络模型深度学习过程的稳定，使网络快速收敛，样本数据和标签数据在训练前均进行了去中心规范化处理：

$$\widehat{x_i} = \frac{\left(x_i - \frac{1}{N}\sum_{i=1}^{N} x_i\right)}{\sqrt{\frac{1}{N}\sum_{i=1}^{N}\left(x_i - \frac{1}{N}\sum_{i=1}^{N} x_i\right)2}}$$

其中，x_i 为数据元素，N 为数据量，$\widehat{x_i}$ 为 x_i 处理后对应的数据。判别器网络的激活函数采用修正的leaky_relu函数，$\alpha = 0.02$，判别器网络定义 L_2 最小化损失函数：

$$L(\theta_d) = \frac{1}{2N}\sum_{i=1}^{N}\left(\|1 - D(y_{\mathrm{label}};\theta_{\mathrm{d}})\|2_2 + \|D(G(x_{\mathrm{input}};\theta_{\mathrm{g}}))\|2_2\right)$$

其中，$\|\cdot\|_2$ 表示用于度量误差的2范数，N 为训练样本数，y_{label} 为标签数据，x_{input} 为样本数据。

生成器为引入自注意力机制而组成的四层跳层对称链接的Unet网络，在生成器网络定义的最小化损失函数 L_1 中，引入了生成器网络输出数据对标签数据依赖的约束项，该约束项对损失函数贡献的权重由超参数 λ 设定。生成器网络训练损失函数 L_1 定义如下：

$$L(\theta_{\mathrm{g}}) = \frac{1}{2N}\sum_{i=1}^{N}\left(\left|1 - D(G(x_{\mathrm{input}});\theta_{\mathrm{d}})\right| + \lambda\left|y_{\mathrm{label}} - G(x_{\mathrm{input}};\theta_{\mathrm{g}})\right|\right)$$

在网络模型训练过程中，深度学习率设置为0.001，梯度优化器采用Adam，其中 $\beta_1 = 0.9$，$\beta_2 = 0.999$。

2.4 性能测试

网络模型的性能测试在具有GPU的工作站上完成。工作站GPU卡硬件配置为Quadro RTX 5000，显存128G。含噪声的样本数据和去除噪声的标签数据量均为326条数据线。随机抽样60%参与网络模型的训练测试，20%的样本用于模型校验，20%的样本用于预测。模型深度学习训练的轮循Epoch设置为100。生成器网络在模型训练时，本文测试了SAUnet跳层对称链接数为2层、3层和4层网络结构的性能效果，如表1所示。由于模型层数不同，涉及的参数量级差别较大。L3 网络的参数量约为 L2 参数量的 3 倍，而在 4 层的 SAUnet 网络中，其参数总量达到了 3 层网络的 4 倍。从模型训练过程的残差和验证方差对比上看，L3 级别的网络模型效果已经接近 L4 级别的模型。对于机器性能要求不高的情况下，生成器可以用 L3 网络模型代替，从而可以节省不少的计算时间和运算资源。

表 1　生成器网络不同层级模型对比

对称链接数	参数量	平均损失值	均方根误差
L2	3.04M	1.0402	0.8502
L3	8.02M	1.0333	0.6677
L4	32.34M	1.0163	0.6603

为了使网络模型应用效果更佳，本文生成器采用了 L4 级 SAUnet 网络模型。当生成器网络结构为 L4 级时，Unet 网络参数量为 31.03M 左右，引入 SA 机制的 SAUnet 生成器网络参数量则增长到了 32.34M。为了测试引入 SA 机制的网络模型效果，在同样的软硬件环境参数和样本数据集下对未引入 SA 机制和引入 SA 机制的两种网络模型进行了深度学习和测试。

从 SAUnet－GAN 与 Unet－GAN 模型的训练结果可以看出(图 4)，生成器网络在学习轮循的过程中，两者的平均残差曲线均快速收敛，平均残差比较接近。而在整体网络模型的平均校验方差曲线对比图上，SAUnet－GAN 网络模型的平均校验方差明显优于 Unet－GAN。这说明在 Unet－GAN 的生成器网络中引入 SA 机制而构建的 SAUnet－GAN 网络模型，对样本训练及验证数据集具有相对更好的数据拟合能力。

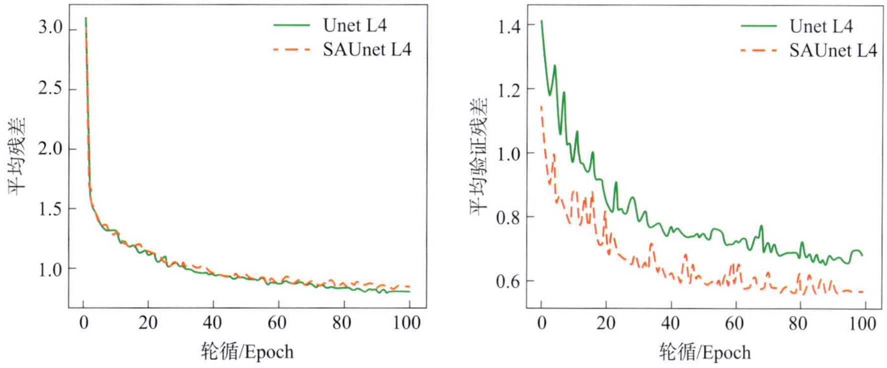

图 4　SAUnet－GAN 与 Unet－GAN 模型对比

3　实际资料应用

利用本文方法对某探区陆地实际资料进行了面波压制处理，原始单炮如图 5(a)所示。每炮接收道数为 260 道，采样率为 2ms，强能量面波分布在近偏移距范围内，速度较低，并且有明显的假频现象，严重地影响了深层有效信号。图 5(b)是利用传统工业资料处理软件制作的标签数据，基本能够较好地压制面波。利用 SAUnet－GAN 网络模型进行样本数据深度学习训练后，对原始数据进行模型预测，获取了面波压制数据。SAUnet－GAN 网络模型面波压制结果如图 5(c)所示，强多次能量得到了很好的压制，避免了常规面波压制的烦琐过程。

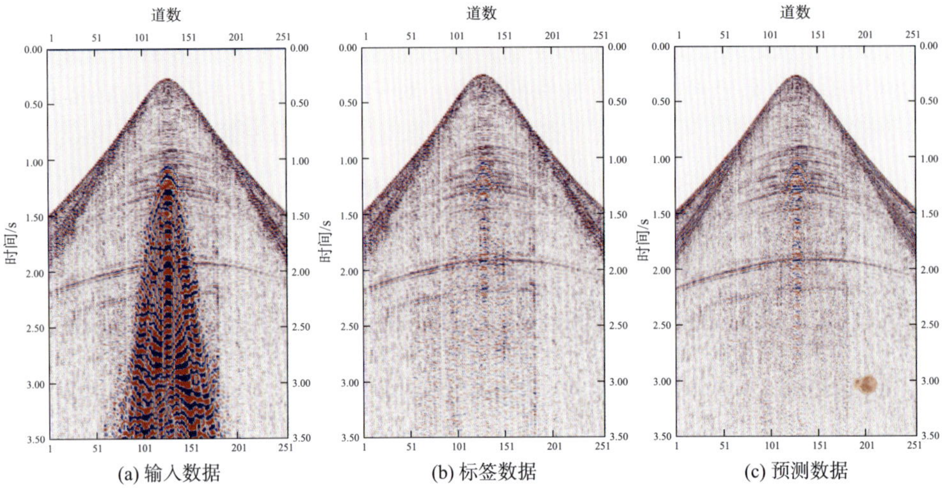

图5 实际资料数据测试

参考文献

[1] Yilmaz Ö. Seismic Data Analysis: Processing, Inversion, and Interpretation of Seismic Data. Tulsa: Society of Exploration Geophysicists, 2001.

[2] Zhang Z, Sun Y F, Berteussen K. Analysis of surface waves in shallow water environment of the Persian Gulf using S and T－F－K transform. In: SEG Technical Program Expanded Abstracts, 2010. 3723－3727.

[3] Montagne R, Vasconcelos G L. Optimized suppression of coherent noise from seismic data using the Karhunen－Loève transform. Phys Rev E, 2006, 74: 016213.

[4] Blonk B, Herman G C. Inverse scattering of surface waves: A new look at surface consistency. Geophysics, 1994, 59: 963－972.

[5] Herman G C, Perkins C. Predictive removal of scattered noise. Geophysics, 2006, 71: V41－V49.

[6] Y. LeCun, K. Kavukcuoglu, and C. Farabet. Convolutional networks and applications in vision. In Circuits and Systems (ISCAS), Proceedings of 2010 IEEE International Symposium on, 2010, pages 253－256.

[7] Krizhevsky, A., Sutskever, I., and Hinton, G., ImageNet Classification with Deep Convolutional Neural Networks, Communications of the ACM, 2017, Volume 60, pp 84－90, doi: 10. 1145/3065386.

[8] Ian. J. Goodfellow, et al, Generative Adversarial Networks, Jun. 2014. arXiv: 1406. 2661.

[9] Phillip. Isola, Jun. Y. Zhu, T. Zhou and A. Efros, Image－to－Image Translation with Conditional Adversarial Networks, in 2017 IEEE Conference on Computer Vision and Pattern Recognition (CVPR), Honolulu, HI, USA, 2017 pp. 5967－5976. DOI: 10. 1109/CVPR. 2017. 632.

[10] M. Mirza, and S. Osindero, Conditional Generative Adversarial Nets, arXiv e－prints, Nov. 2014. arXiv: 1411. 1784.

[11] Jun. Y. Zhu, Taesung. Park, Phillip. Isola, et al, Unpaired Image－to－Image Translation Using Cycle－Consistent Adversarial Networks, 2017 IEEE International Conference on Computer Vision (ICCV), 2017, pp. 2242－2251, doi: 10. 1109/ICCV. 2017. 244.

[12] Han Zhang, Ian Goodfellow, Dimitris Metaxas, et al, Self－Attention Generative Adversarial Networks, arXiv e－prints, May. 2018. arXiv: 1805. 08318.

[13] Olaf Ronneberger, Philipp Fischer, and Thomas Brox, U－Net: Convolutional Networks for Biomedical Image Segmentation, May. 2015. arXiv: 1505. 0459v1.

融合空间注意力的 MWCNN 面波噪声压制方法

刘海潮[1]　徐天吉[2,3]　艾斯卡尔·艾木都拉[1]　钱忠平[4]　邹　振[4]　张红英[4]

[1. 新疆大学信息科学与工程学院，新疆 乌鲁木齐　830017；
2. 电子科技大学资源与环境学院，四川 成都　611731；
3. 电子科技大学长三角研究院(湖州)，浙江 湖州　313000；
4. 中国石油东方地球物理公司物探技术研究中心，河北 涿州　072751]

摘　要：在地震资料中，面波是一种广泛存在的干扰波，严重影响信号质量。为了压制地震信号中的面波，本文提出一种融合空间注意力机制的多级小波卷积神经网络面波噪声压制方法，采用小波变换代替传统的池化操作，可以保证在扩大感受野的同时能够精确地重构细节信息。在提取特征后融合空间注意力机制，可以充分利用面波呈“扫帚”状分布的特点来学习面波特征。实验结果表明，本文提出的方法在实际地震资料中对面波具有良好的压制效果，同时对有效信号也有良好的保真性。

关键词：地震信号；面波；空间注意力；MWCNN；卷积神经网络；小波变换

1　引言

随着浅层易开发的油气资源开采殆尽，勘探工作逐步转入更深层更复杂的油气藏[1]。当体波到达地表或介质分界面时，在一定的条件下激发沿地面或分界面传播的地震波就是面波，它是地震勘探中一种广泛存在的规则干扰信号，具有速度较小、频率较低、能量较强且存在频散现象等特点[2,3]。面波噪声降低了地震信号的信噪比，使得有效信号难以被识别，对后续的地震资料解释工作带来严重的不利影响，因此地震信号的面波噪声压制是提高地震资料质量的重要手段。

目前国内外针对面波噪声的压制主要有以下几种方法：频率域高通滤波、小波变换、*F*－*K*滤波、Radon 变换、EMD 经验模态分解等[4-6]。频率域高通滤波和小波变换方法充分利用面波频率低的特性对面波进行压制，但是也会过滤掉一部分低频的有效信息，对有效信号造成损伤；*F*－*K*滤波方法则将待处理信号变换到频率－波数域，根据系数大小确定阈值范围来筛选面波干扰部分，并将这部分系数置零，但是有效信号和面波信号的阈值范围存在重叠区间，同样会损伤有效信号，且当频散严重和线性特征不明显时，*F*－*K*滤波法的面波压制效果不理想；Radon 变换也存在上述类似问题；EMD 算法则存在模态混叠、边界值难

资助项目：中石油集团前瞻性基础性项目“物探岩石物理与前沿储备技术研究”(编号：2021DJ3506)。

作者简介：刘海潮，男，1998 年 8 月生，2020 年获北华航天工业学院学士学位，现为新疆大学信息科学与工程学院硕士研究生，主要从事地震信号去噪研究。E－mail：liuhaichao887@163.com

以处理等问题，且很难应用于其他不同地质条件下的面波噪声压制任务[7]。

神经网络是一种模拟人脑的人工智能机器学习算法，随着计算机技术的提升，近年来基于神经网络的各类算法在图像处理领域、计算机视觉领域以及自然语言处理等领域取得了长足的发展与进步。卷积神经网络(CNN)是现代神经网络中具有代表性的一种基于数据驱动的人工智能算法，具有局部区域连接、权值共享、下采样汇聚等特点，多层的卷积运算使其具备良好的特征提取能力，因此卷积神经网络及其各种改进算法也逐渐应用在地震信号处理领域。王钰清[8]等人提出了基于数据增广和CNN的方法，在地震随机噪声压制方面取得了良好的效果。Xu[9]等人提出了去噪卷积神经网络DnCNN，通过使用残差学习技术有效地衰减了地震数据中的随机噪声。

人类的视觉感官系统并非对所有的输入信息予以相同的关注，往往是对感兴趣的对人类有用的一小部分信息产生更多的关注，据此，认知科学领域的专家提出了注意力机制算法。推广到深度学习领域，输入到模型中的数据量非常巨大，但并非所有数据都具有同样的重要性，往往只有少部分的数据在某一层网络节点产生重要影响，这种情况下引入注意力机制通常会对模型的拟合效果产生积极影响。目前应用在地震信号处理领域的人工智能方法主要集中于传统的神经网络，而融合注意力机制的新型人工智能方法尚处于起步阶段，且在去噪方面的应用往往集中在随机噪声压制上，在压制面波这类相干噪声方面的研究进程较为缓慢。Yu[10]等人提出了基于深度学习的地震散射面波智能压制方法，利用迁移学习方法一定程度上解决了数据集问题，有效地压制了塔里木沙漠区散射面波的干扰。唐杰[11]等人提出了基于去噪卷积神经网络的面波噪声压制方法，在对面波进行自适应智能降噪的同时能够较好地保护有效信号。

本文提出了一种融合空间注意力机制的多级小波卷积神经网络(MWCNN)面波噪声压制方法，通过大量实际地震数据的训练，得到一个可以有效压制面波噪声干扰且有效信号损伤较低的网络模型。

2 方法原理

2.1 去噪原理

含有面波噪声的地震数据去噪原理如式(1)所示：

$$Y = X + n \tag{1}$$

其中，X代表干净的有效信号数据，n表示面波噪声，Y则为含有面波噪声的实际地震数据。受DnCNN网络采用残差学习的策略可以提高训练稳定性和去噪效果[12]的启发，本文将噪声信号作为网络的输出目标，因此本网络输出为$n = Y - X$，即网络的输出为网络估计的含噪信号中的面波噪声。本方法将网络输出与期望的噪声之间的均方误差作为网络的损失函数：

$$L(\theta) = \frac{1}{2n}\sum_{i=1}^{N} \| \mathrm{Res}(y_i;\theta) - (y_i - x_i) \|_F^2 \tag{2}$$

其中，y_i表示输入的含噪数据，x_i表示对应的干净信号，$y_i - x_i$为期望的面波噪声，$\theta = \{W, b\}$是网络需要学习的参数，$\mathrm{Res}(y_i;\theta)$则表示网络的输出，N表示一共有N对训练数据。

2.2　融合空间注意力的 MWCNN 网络结构

融合空间注意力的 MWCNN 网络结构主要由 Ozan[13] 等人提出的 Attention Gates(AGs)空间注意力机制和 Liu[14,15] 等人提出的多级小波卷积神经网络两部分组成，多级小波卷积神经网络主要用来提取信号的特征，AGs 空间注意力机制则用来着重关注信号中的面波特征，赋予该部分较大的注意力权重。

多级小波卷积神经网络(MWCNN)是一种基于 U－net 架构改进的一种卷积神经网络，该网络将二维离散小波变换和传统的 U－net 网络进行了结合。U－net 网络为了增大感受野并降低训练难度，使用汇聚层来下采样上一级卷积神经网络提取的特征。但下采样就必定会造成信息的丢失，从而影响重构信号的质量。MWCNN 使用二维离散 Haar 小波正变换(DWT)来替代 U－net 网络中的下采样操作，DWT 在实现扩大感受野功能的同时，还克服了下采样的缺点。由于二维小波变换的正交性，DWT 分解的信息可以在二维小波逆变换(IWT)时进行无损的重构，这样就实现了感受野和计算效率的平衡。

MWCNN 采用四级收缩子网和扩张子网的对称结构，每一级的 CNN 块均由三层没有汇聚层的全卷积网络组成，共有 24 层卷积层，其中每一层都包含一个 3 * 3 的卷积和线性整流 ReLU 操作。在每一级的 CNN 块提取完特征之后，使用 DWT 来扩大每个通道的感受野，此时通道数会扩大到原来的 4 倍。在 DWT 之后的一层 CNN 可以减少特征图通道的数量，从而实现紧凑的表示和带间依赖性的建模。相反，在 IWT 之前的一层 CNN 用来增加特征图通道的数量，以保证信号能够准确地进行重构。相比于传统 U－net 的跳跃连接采用的串联拼接法，MWCNN 则采用直接求和的方法结合来自收缩子网和扩展子网的特征图。

注意力机制是嵌入到机器学习模型中的一种特殊结构，其本质就是定位感兴趣的信息，抑制与任务无关的信息，因此首先要确定输入的信息中需要着重关注的部分，然后就是给重要的部分赋予更大的注意力权重，从而可以更有效地利用计算资源。从原理上来说，注意力机制主要分为空间注意力模型、通道注意力模型、空间和通道混合注意力模型三种。地震信号中的面波信号相对于有效信号能量更强，且存在频散现象使其呈“扫帚”状分布，因此面波在地震资料中无论是从形状还是幅度方面都具备更明显的特征，故本文选用空间注意力机制来自动捕获面波信号。

AGs 模型是一种新型空间注意力门控，它能自动学习聚焦于不同形状和大小的目标结构，用 AGs 训练的模型抑制输入信号中的不相关区域，突出对特定任务有用的特征。AGs 是基于网格的门控，针对局部区域决定注意力系数大小。与基于全局特征向量的门控相比，提高了注意力性能，AGs 的示意图如图 1 所示。

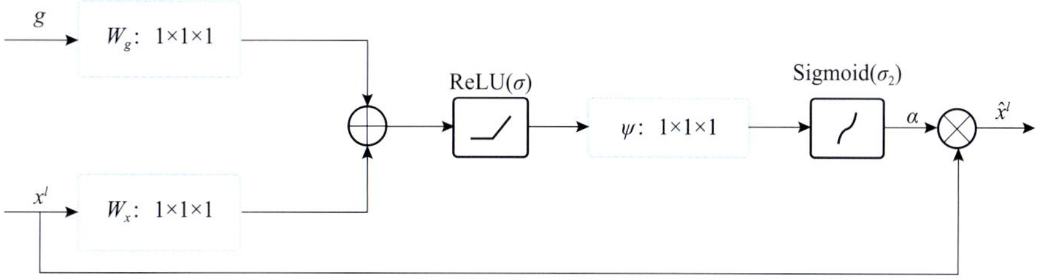

图 1　AGs 的示意图

通过分析更深层的特征即门控信号 g 提供的信息来选择要注意的空间区域，g 包含的注意力信息就是浅层的输入特征 x'要学习的方向，再通过 ReLU 和 Sigmoid 激活函数就可以让目标区域的权重值更趋近于1，不相关区域趋于0，最后让输入特征(x')和注意力系数(α)进行点对点相乘。注意力系数按照式(3)和式(4)计算得到：

$$q_{att}^{l} = \psi^{T}[\sigma_1(W_x^T x_i^l + W_g^T g_i + b_g)] + b_{\psi} \tag{3}$$

$$\alpha_i^l = \sigma_2[q_{att}^l(x_i^l;\ g_i;\ \Theta_{att})] \tag{4}$$

其中，σ_1 是 ReLU 函数，σ_2 是 Sigmoid 函数，W_g，W_x，ψ 均为卷积操作。

本文充分利用 MWCNN 和 AGs 的优势，将两者进行有机结合提出了融合空间注意力的 MWCNN 网络结构，网络结构如图2所示。将 MWCNN 的扩张子网输出的特征作为门控信号 g，把上一层收缩子网输出的特征作为注意力的输入特征 x^l，注意力的输出即为根据深层特征 g 学习后的 x^l，根据 MWCNN 的连接策略，将扩张子网输出的特征进行 IWT 重构后与 AGs 空间注意力机制的输出相加，作为下一层扩张子网的输入。

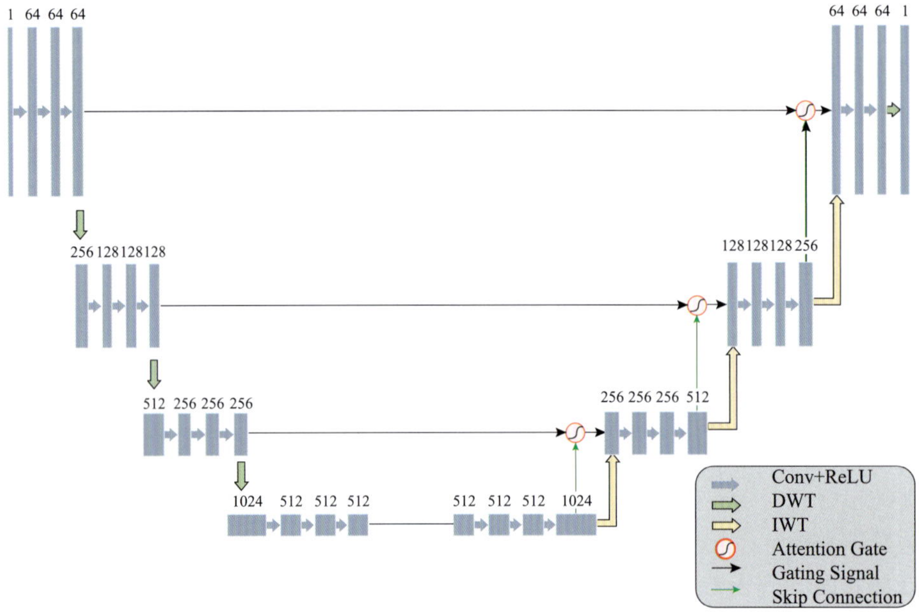

图2 融合空间注意力的 MWCNN 网络结构

2.3 训练策略

本文的训练集由某地区实际地震数据构成。对含有面波的噪声数据使用多种传统方法联合进行面波压制，作为干净样本。然后通过含有面波的噪声数据与干净样本相减得到含有面波噪声的残差信号，将面波残差信号作为本网络训练的标签数据。本网络采用50对这样的含噪数据和残差数据作为数据集，每一道数据含有3000个采样点，采样时间为2ms。为了提高训练效率，本文选择采用大小为32 * 32，步长为32的窗对数据进行滑动截取[16]，共生成大概50000个大小一致的 patch 作为网络的数据集，对网络进行训练。

本文采用均方误差 MSE 作为网络训练的损失函数，采用 Adam 作为损失函数最小化的优化算法，其中一阶矩估计的指数衰减率为0.9，二阶矩估计的指数衰减率为0.999，epsilon 设置为1e－08。批量大小 batchsize 设置为32，epoch 设为100，学习率设为0.0001。

3　实际地震资料应用案例

为检验本文所提出的面波压制方法的有效性，将其应用于同一工区但不同于训练集的实际地震信号面波压制任务。如图 3(a)所示的实际地震资料，共有 361 道数据，采样间隔为 2ms，采样点数为 3000，其中的面波严重影响了有效信号的质量。利用本文训练好的融合空间注意力的 MWCNN 网络进行面波压制得到的结果如图 3(b)所示，可以看到面波信号很好地被压制，图 3(c)为网络预测的该输入数据中的面波干扰信号，可以看到大部分面波信号被估计出来，且几乎没有有效信号，因此本文方法用来有效压制面波的同时，对有效信号的损伤较小。

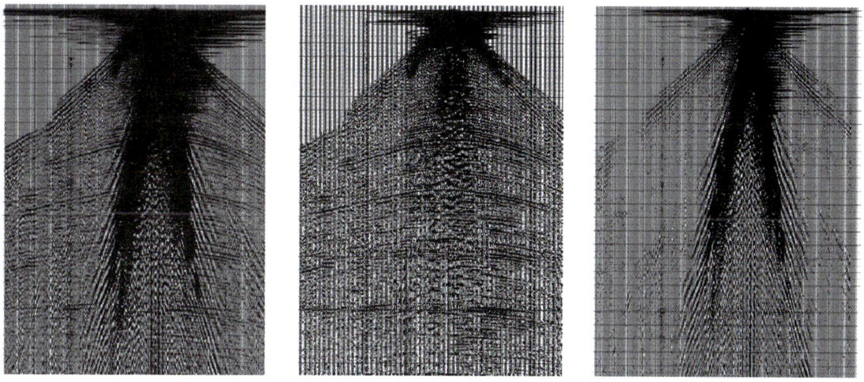

(a) 同工区其他实际地震信号　(b) 本文方法处理后的信号　(c) 本文方法压制的面波噪声剖面信号

图 3　面波压制方法的应用

为了进一步说明本文方法的优势，对上述同一个含噪数据进行 $F-K$ 滤波实验，$F-K$ 滤波是根据信号的视速度不同来区分有效信号和各类噪声信号。首先将信号变换到频率-波数域，将 10Hz 以下低频部分的面波信号进行滤波处理，得到的结果如图 4(a)所示。由图 4(b)可知，虽然 $F-K$ 滤波方法可以压制一部分面波，但是同时也损失了大量的有效信号，相比之下本文所提的方法保真性更好。

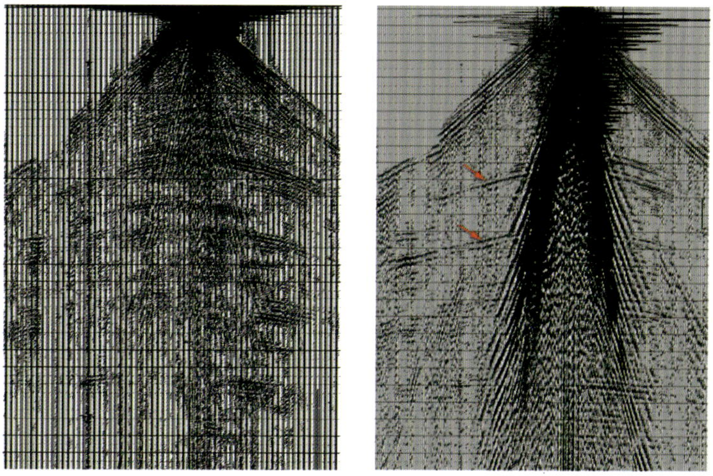

(a) F-K滤波处理后的信号　(b) F-K滤波压制的面波噪声剖面信号

图 4　$F-K$ 滤波实验

4 结论

本文提出了一种融合空间注意力机制的多级小波卷积神经网络压制面波噪声的方法，充分利用面波能量强和具有频散现象的特点，使用 AGs 空间注意力机制来自动捕获面波，受残差学习策略的启发，该网络使用噪声信号作为标签数据，该方法不需要假设的先验知识，减少了人为因素的干预，从大量的数据集中拟合出了压制面波噪声的映射关系。经过对实际地震信号的实验应用，本文提出的方法在可以有效地压制面波噪声干扰的同时，很好地保留了有效信号，具备良好的应用前景。

参考文献

[1]牛嘉玉，洪峰．我国非常规油气资源的勘探远景[J]．石油勘探与开发，2002(05)：5－7.

[2]Porsani M J，Silva M G，MeloP E M，et al. SVD filtering applied to ground－roll attenuation. Joumal of Geophysics and Engineering，2010，7(3)：284－289.

[3]Dong C，Chen C L，He K，et al. Learning a Deep Convolutional Network for Image Super－Resolution ECCV. Springer International Publishing，2014.

[4]Samuel H. Bickel. Short note focusing aspects of the hyperbolic radon transform [J]. Geophysics，2000，65(2)：652－1177.

[5]潘冬明，胡明顺．基于拉东变换的瑞雷面波频散分析与应用[J]．地球物理学报，2010，53 (11)：2760－2766.

[6]袁焕，胡自多，刘朝，马坚伟，王鹏飞．基于经验曲波变换的面波压制方法(英文)[J]. Applied Geophysics，2018，15(01)：111－117＋149－150.

[7]董烈乾，李振春，杨少春，李凤磊，王娇．基于经验模态分解的 f－x 域面波压制方法[J]．石油地球物理勘探，2013，48(01)：42－48

[8]王钰清，陆文凯，刘金林，张猛，苗永康．基于数据增广和 CNN 的地震随机噪声压制[J]．地球物理学报，2019，62(01)：421－433.

[9]Si X，Yuan Y，Si T，et al. Attenuation of random noise using denoising convolutional neural networks. Interpretation，2019，7：SE269－SE280.

[10]YU S W，MA J w，WANG W L. Deep learning for denoising[J]. Geophysics，2019，84(6)：V333－V350.

[11]唐杰，韩盛元，刘英昌，张文征，孟涛．基于去噪卷积神经网络的面波噪声压制方法[J]．石油物探，2022，61(02)：245－252.

[12]Si X，Yuan Y，Si T，et al. Attenuation of random noise using denoising convolutional neural networks. Interpretation，2019，7：SE269－SE280.

[13]Ozan Oktay，Jo Schlemper，et al. Attention U－Net：Learning Where to Look for the Pancreas. JOURNAL OF DIGITAL IMAGING，2022，35 (5)：pp. 1111－1119.

[14]P. Liu，H. Zhang，K. Zhang，L. Lin and W. Zuo，"Multi－level Wavelet－CNN for Image Restoration，"2018 IEEE/CVF Conference on Computer Vision and Pattern Recognition Workshops (CVPRW)，2018，pp. 886－88609.

[15]P. Liu，H. Zhang，W. Lian and W. Zuo，"Multi－Level Wavelet Convolutional Neural Networks，"in IEEE Access，2019，vol. 7，pp. 74973－74985.

[16]Ju H，Li Y，Wang H，et al. DESERT LOW FREQUENCY NOISE SUPPRESSION BASED ON MULTI－LEVEL WAVELET CONVOLUTION NEURAL NETWORK[J]. JOURNAL OF SEISMIC EXPLORATION，2020，29(6)：575－586.

基于 Swin – Transformer 和 GAN 的地震数据随机噪声压制方法

谢　晨[1]　徐天吉[1,2]　钱忠平[3]　邹　振[3]　张红英[3]

[1. 电子科技大学资源与环境学院，四川 成都　611731；
2. 电子科技大学长三角研究院(湖州)，浙江 湖州　313000；
3. 中国石油东方地球物理公司物探技术研究中心，河北 涿州　072751]

摘　要：噪声压制是地震资料处理的重要环节之一。然而，现有的基于深度学习的地震噪声压制网络大多采用卷积层作为基础构建模块，但卷积层存在两个弊端，即与图像的交互与内容无关，以及建模时缺乏与全局信息的联系。为此，提出一种基于 Swin – Transformer 和 GAN 的网络模型，采用自注意力模块为基础构建块，使其既具有处理大尺寸图像的优势，又能依靠移位窗口方案联系上下文进行建模；同时，改进 GAN 的损失函数以更好地恢复信号的局部结构。利用该网络模型开展合成地震数据的去噪试验，并与现有的深度学习去噪方法对比，结果表明，提出的网络模型在压制随机噪声、恢复局部细节信息等方面均取得较好的效果。

关键词：地震数据；深度学习；Swin – Transformer；GAN；去噪

1　引言

随着地震勘探环境日趋复杂，采集到的地震数据也不可避免地受到随机噪声的污染，给后续的数据处理、解释等工作带来不利的影响[1]。随机噪声具有成因复杂、分布于全时全频、且不具有固定的频率和传播方向等特点，因此，针对随机噪声的压制任务具有一定难度。经过国内外众多学者的研究，大量随机噪声的压制方法被提出，大致可分为基于传统方法和基于深度学习两类。传统的地震噪声压制方法根据不同噪声的特点选择对应的手段，由方法的原理可分为基于滤波的方法、基于稀疏变换的方法以及基于空间相似性的方法等。基于滤波的方法主要根据噪声和有效波信号在不同域内的差异性设计滤波器以将两者分离，常见的方法有中值滤波、频率域滤波、频率波数域滤波等[2]，其中中值滤波多应用于随机噪声的压制；基于稀疏变换的方法则是将地震数据变换到其他域，使得有效波和噪声分别投影到不同的稀疏基上，通过去除噪声部分稀疏基的系数达到压制噪声的效果，常见的方法有 Radon 变换滤波、小波变换滤波、Curvelet 变换滤波、Shearlet 变换滤波、*K* – *L* 变换滤波等[3-6]；基于空间相似性的方法主要利用有效信号与噪声在地震道之间是否具有相似性的差异，通过相似法确定有效信号的时空位置进而对其重构，实现噪声的压制效果，常见的方法

作者简介：谢晨，男，1999 年 3 月生，2021 年获电子科技大学学士学位，现为电子科技大学硕士研究生在读，主要从事地震信号处理研究。E – mail：1723491975@ qq. com

有多项式拟合去噪法、奇异值分解法、相干加强法等[7,8]。前述的传统地震噪声压制方法虽然取得了较好的去噪效果，但是却普遍存在泛化性弱、对于参数设置和先验假设依赖性高、处理环节冗杂等局限性，因此，探索更简捷、更高效的噪声压制方法，是地震勘探领域长期的研究热点。

近些年来，以深度神经网络为代表的深度学习方法在地震去噪领域取得了大量成果，该类方法依靠强大的特征提取与融合能力，利用较短的计算时间拟合出目标信息的抽象特征，相较于传统方法更灵活、简洁。目前，已有多种深度卷积神经网络模型被提出，其中绝大多数基于卷积神经网络(CNN)改进，此类网络利用无噪数据与含噪数据之间的映射关系迭代训练，依靠强大的计算能力学习抽象特征表达，最终拟合相应的非线性映射关系以重构无噪数据[9,10]。其中的卷积操作主要通过滑动窗口实现，每滑动一次便可产生一个特征点。该操作虽然具有局部连接和权值共享的特点，但也存在图像的交互与内容无关以及建模时缺乏与全局信息的联系等弊端，具体来说，一方面卷积操作对于图像的每一部分都同等对待，缺乏针对性；另一方面，卷积操作对于全局信息的聚合能力不足，建模时难以有效兼顾上下文信息。

因此，针对卷积层的弊端，本文将Transformer网络模型引入地震去噪领域。Transformer模型多用于以时序数据为主的自然语言处理(NLP)领域并取得了优异的表现，因此有学者与2021年提出Swin(移动窗口)-Transformer网络模型并应用于图像处理领域[11]。该类网络采用有别于卷积层的局部注意力机制模块作为特征提取的核心模块。与卷积层相比，该模块的移位窗口既给网络提供了建模时融合全局信息的能力，充分利用上下文信息，又使得网络和图像的交互与内容建立联系。此外，Swin-Transformer模型还结合了卷积神经网络作为浅层特征提取模块，将两者的优点相融合，因此将该模型引入地震去噪领域具有一定的实际意义。

为此，针对传统噪声压制方法的局限性及卷积神经网络的弊端，本文将Swin-Transformer模型引入地震数据随机噪声压制领域，旨在兼顾卷积网络模型和Transformer模型的优点并将其充分发挥；此外，将Swin-Transformer模型融入生成对抗网络(GAN)，将前者作为GAN的生成器，并对损失函数做出改进，增强网络对于纹理细节信息的恢复能力[12]，探索了高效且适合压制地震数据随机噪声的深度学习方法。

2 方法原理

针对前述卷积神经网络的弊端，依靠深度学习的方法原理，提出以GAN网络为整体框架、SwinIR网络为核心的网络模型，其中既采用注意力机制模块进行深层特征的提取，又融合卷积模块负责浅层特征提取与数据重构的任务。

2.1 SwinIR

本文采用的生成器模型为SwinIR模型，整体架构如图1所示。该模型于2021年被提出用于图像恢复任务，整体结构基于Swin-Transformer。SwinIR由浅层特征提取模块、深层特征提取模块与质量图像重建模块三部分组成。浅层特征提取模块由若干个卷积层堆叠而成，旨在提取浅层特征并将其直接传输到重构模块以保留低频信息；高质量图像重建模块是该模型的最后一步，将浅层和深层特征融合并通过一系列残差卷积操作恢复高质量图像；深层特征提取模块则是该网络模型的核心模块，由若干个残差 Swin - Transformer 块(RSTB)和卷积模块组成，其中一个残差 Swin - Transformer 块由若干个 Swin - Transformer 层(STL)和一个卷积层组成，以此实现局部注意力机制及移动窗口与内容的交互；同时，借助末尾的卷积层增强特征表达，并引入残差连接以实现特征聚合。

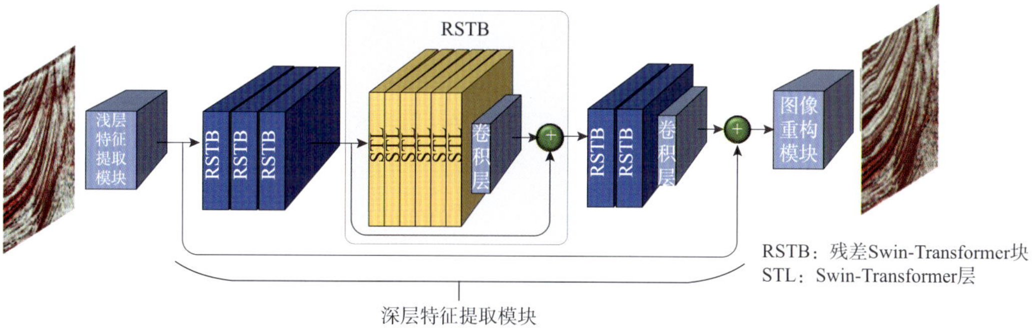

图 1 SwinIR 整体结构

SwinIR 模型的特征提取模块主要由 Swin - Transformer 层组成，其中辅以少量卷积层起到特征增强的作用。Swin - Transformer 层是在 Transformer 的基础上改进而来的，将原始的标准自注意力机制替换为基于移动窗口的自注意力机制。Swin - Transformer 层包括一个基于移动窗口的自注意力机制模块和一个多层感知机(MLP)，并且在每个自注意力机制模块和 MLP 模块前都有一个归一化层(LayerNorm)，在每个模块后引入残差连接，其结构如图 2 所示。

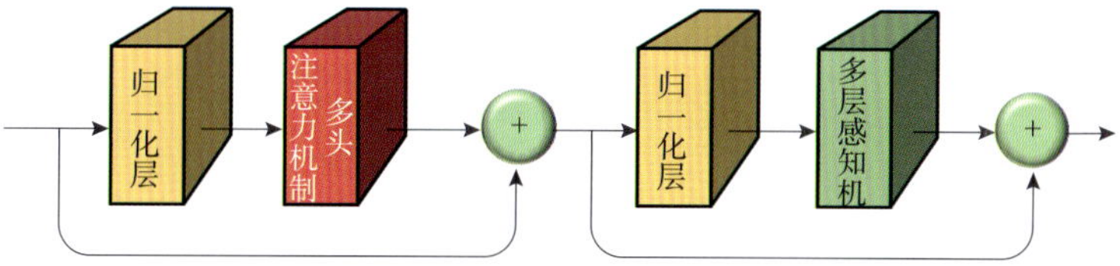

图 2 Swin - Transformer 层结构

与目前主流的卷积网络相比，该结构主要有以下优势：首先，局部注意力机制赋予了网络和地震数据之间以目标特征为导向的交互，该机制可类比为参数随空间变换的卷积核；其次，可移动窗口机制使得模型具有较强的全局信息融合能力；再者，以注意力机制代替卷积层使得模型在保持良好性能的同时，参数体量得以显著缩减。

2.2 GAN

生成对抗网络(GAN)模型同样被广泛应用于地震数据噪声压制。该网络由一个生成网络和一个判别网络组成，前者主要作用是拟合含噪地震数据到无噪地震数据的重建过程，后者则是与生成网络进行对抗，判断生成网络重建的数据是真实数据还是生成数据。在 GAN 的训练过程中，判别网络和生成网络互相博弈，直到判别网络已无法有效判定图片的真伪。

针对地震数据噪声压制过程中过度平滑、细节缺失的问题，结合 GAN 网络的原理，以 SwinIR 为生成器模型，采用 VGG19(包含 16 个卷积层和 3 个全连接层的卷积神经网络)的部分网络作为判别器模型，搭建对抗生成网络，其整体结构如图 3 所示。此外，生成器的损失函数由基于均方差的内容损失、生成器与判别器的对抗损失以及图像的残差三部分组成。

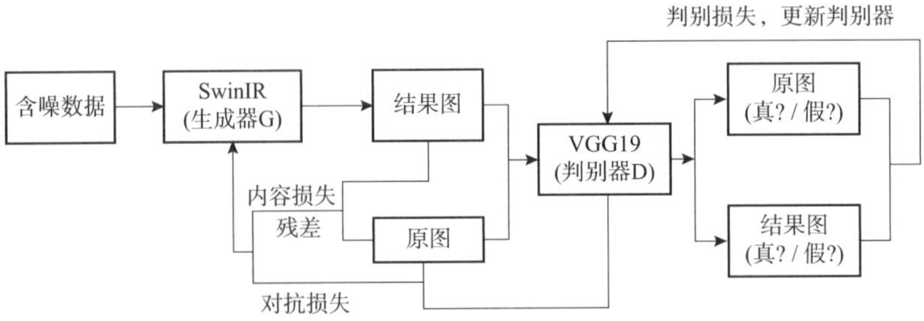

图3　SwinIR融合GAN结构图

3　模型试算

利用提出的模型开展合成地震数据随机噪声压制试验。在训练集方面，首先，选择经典的Marmous模型并对其进行加噪处理，所加噪声为水平25的高斯随机噪声，加噪前和加噪后的模型分别如图4(a)和图4(b)所示，可见随机噪声对原始数据同相轴的连续性造成破坏，信噪比大幅下降；其次，选择普通图片数据集加入一定水平的随机噪声，并通过滑动截取、裁剪、旋转等操作对数据集做增广处理，最终形成特征丰富的普通图片训练集。针对网络模型的训练问题，依靠迁移学习的原理，首先利用数据量较大的普通图片训练集对网络进行预训练，使其初步学习针对随机噪声的建模能力，再利用数据量较少的合成地震数据集继续训练，在保留网络已习得特征的基础上，将网络过渡到地震随机噪声压制领域。训练过程中采用前述改造后的损失函数，并保留损失函数最优的网络模型。

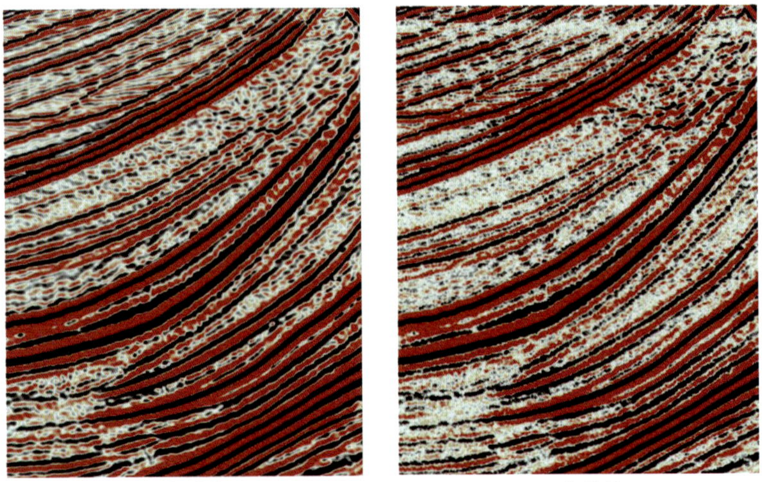

(a) 加噪前　　(b) 加噪后

图4　Marmous模型

通过测试数据对比分析表明，本文所提出的SwinIR融合GAN网络模型具有优良的地震随机噪声压制能力，对提高地震数据信噪比具有较高的可行性。如图5所示，分别显示了DnCNN(图像去噪网络)、FFDNet(DnCNN改进后的网络)、SwinIR及SwinIR融合GAN网络模型对于图4(b)所示数据的噪声压制结果。对比分析，尽管上述四种方法都具有一定的地震数据随机噪声压制能力，但是不同方法处理结果的同相轴连续程度与有效信号恢复能力存在显著差异，且 SwinIR 融合 GAN 网络的效果最优，SwinIR 次之。FFDNet 和 DnCNN 对于比较明显的同相轴特征能够有效恢复，但是在细节信息的重建和随机噪声的压制效果等较 SwinIR 差。此外，SwinIR 网络尽管能够压制绝大部分噪声，并且重构出的同相轴连续性较好，但是相较于 SwinIR 融合 GAN 网络，其重构结果中出现过度平滑的现象，以致于存在与原始数据不符的现象，如图 5(c)中黄箭头所示。综上所述，SwinIR 融合 GAN 网络模型的随机噪声压制效果最佳，且具有更强的有效信息重构能力。

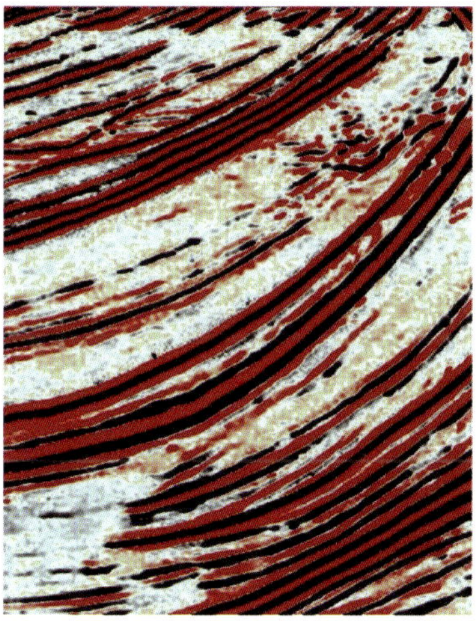

(a) DnCNN结果图

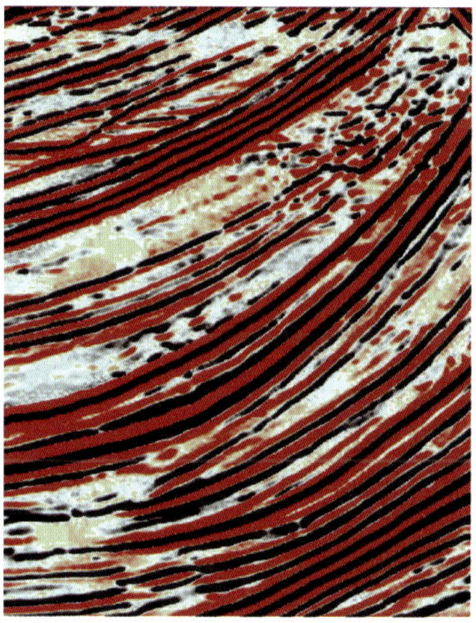

(b) FFDNet结果图

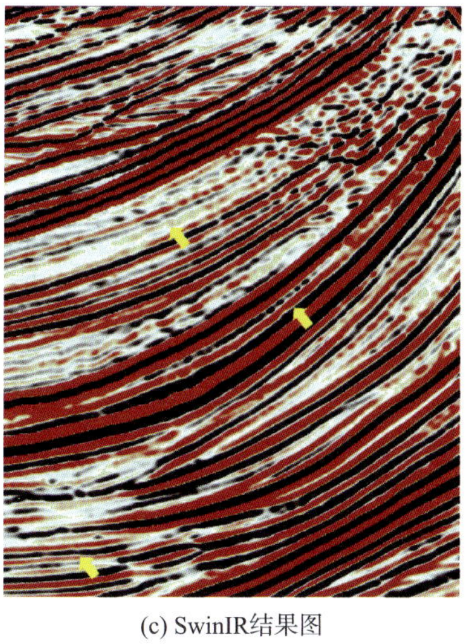

(c) SwinIR结果图

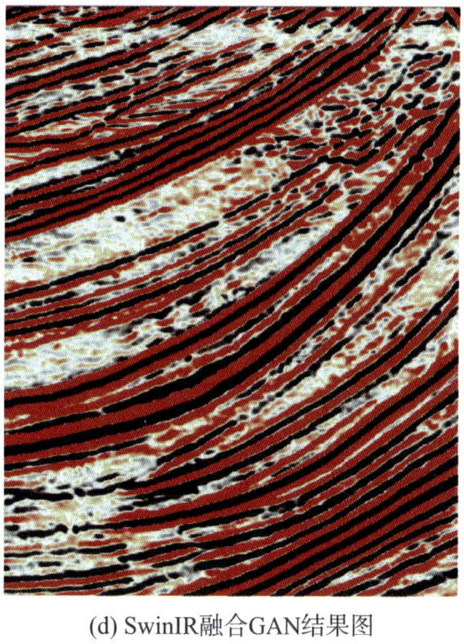

(d) SwinIR融合GAN结果图

图 5　Marmous 模型噪声压制效果对比

与此同时，该方法同样存在弊端。一方面，深度学习方法的噪声压制效果受数据集的影响程度较高，因此对于训练集中未涉及的噪声特征压制效果不佳；另一方面，由于地震数据与普通图片数据的数值范围差异，使得处理地震数据时需要采用合理的方式处理地震数据中的负值部分。

4 结论

随机噪声作为地震勘探中不可避免的干扰，必然会对后续地震解释工作造成困扰。在地震噪声压制领域中引入SwinIR模型并融合GAN网络，结合迁移学习的原理，先后利用普通图片数据集和合成地震数据集对网络进行训练，随后将其应用于加噪处理后的合成地震数据，并与多种网络做对比，结果表明该网络针对地震随机噪声的压制有较高的可行性，且具有处理简洁、可泛化性强的优势。

参考文献

[1]甘利灯，张昕，王峣钧，孔丽云，杨廷强. 从勘探领域变化看地震储层预测技术现状和发展趋势[J]. 石油地球物理勘探，2018，53(01)：214-225+11.

[2]国胧予，刘财，刘洋. 滤波类方法衰减地震数据噪声[J]. 地球物理学进展，2018，33(05)：1890-1896.

[3]陈兴飞，孙红梅. 基于压缩感知理论的地震数据降噪方法[J]. 地球物理学进展，2019，34(03)：1025-1031.

[4]曹静杰，杨志权，杨勇，孙秀丽. 一种基于曲波变换的自适应地震随机噪声消除方法[J]. 石油物探，2018，57(01)：72-78+121.

[5]Hou W L，Jia R S，Sun H M，et al. Random noise reduction in seismic data by using bidimensional empirical mode decomposition and shearlet transform[J]. IEEE Access，2019，7：71374-71386.

[6]Beckouche S，Ma J. Simultaneous dictionary learning and denoising for seismic data[J]. Geophysics，2014，79(3)：A27-A31.

[7]邹梦，冯民富，张华，朱瑞，罗鲲，谭英谊. 三维正交多项式拟合去噪在叠后地震资料中的应用[J]. 石油物探，2013，52(05)：537-543+444.

[8]Mousavi S M，Langston C A. Hybrid seismic denoising using higher-order statistics and improved wavelet block thresholding[J]. Bulletin of the Seismological Society of America，2016，106(4)：1380-1393.

[9]滑世辉，韩立国. 基于深度卷积自编码网络地震数据去噪方法[J/OL]. 地球物理学进展：1-8[2022-11-21].

[10]Zhu W，Mousavi S M，Beroza G C. Seismic signal denoising and decomposition using deep neural networks[J]. IEEE Transactions on Geoscience and Remote Sensing，2019，57(11)：9476-9488.

[11]Liang J，Cao J，Sun G，et al. Swinir：Image restoration using swin transformer[C]//Proceedings of the IEEE/CVF International Conference on Computer Vision. 2021：1833-1844.

[12]Li W，Wang J. Residual learning of cycle-GAN for seismic data denoising[J]. Ieee Access，2021，9：11585-11597.

[13]Zhang Y，Lin H，Li Y，et al. A patch based denoising method using deep convolutional neural network for seismic image[J]. IEEE Access，2019，7：156883-156894.

[14]Saad O M，Chen Y. Deep denoising autoencoder for seismic random noise attenuation[J]. Geophysics，2020，85(4)：V367-V376.

基于大核注意力的小样本叠前地震反射模式分析方法

陈启炀　罗　杨　王峣钧

（电子科技大学资源与环境学院，四川 成都　611731）

摘　要： 地震反射模式分析技术是地下储层预测分析的重要方法，其中基于测井数据监督学习的叠前地震反射模式分析可以充分利用叠前数据中丰富的储层信息，获取比叠后波形分类更加丰富的地层信息。相比无监督方法，也具有更明确的物理意义。但是，由于测井数据获取成本较高且数量稀少，小样本条件下有监督模型的训练易出现过拟合现象。此外，基于卷积神经网络的方法受限于卷积核大小，感受野不足，通常无法捕获到叠前地震数据中不同角度道之间的联系。本文针对这些问题提出基于大核注意力的小样本叠前地震反射模式分析方法，采用ConvNext模型，提出基于专家经验和机器学习聚类的数据处理方法实现小样本标签扩充，同时引入大核注意力机制（LKA，Large Kernel Attention）提升模型对于地层反射信息和空间横向特性的感受能力。通过实际资料验证表明，基于大核注意力改进模型和数据扩充方法实现叠前地震反射模式分析的结果要优于传统有监督模型，准确性提升，结果连续性更佳。

关键词： 神经网络；地震反射模式；大核注意力；监督学习；图像分类

1　引言

在地震勘探中，地下不同岩性参数、不同结构特征（如裂缝、溶洞）等都会带来地震反射信号的差异，为了强调相同类别的地震反射信号的相似性和不同类别的地震反射信号的差异，我们将一类地震反射信号独有的，不同于其他地震反射信号的特征定义为该类地震反射信号的模式。通过分析地震反射模式，可以挖掘相同种类地震反射信号具有的共同特征，预测地下不同的地质结构[1]，为后续地质勘探提供理论基础。

早期，地震反射模式分析通常以人工方式进行，这极大依赖于专家知识和丰富经验，结果具有较强的主观性。并且，地震数据中一些细微的反射信息难以通过人为方式观察和描述。近年来，地震反射模式分析技术开始向自动化和智能化发展，K－means、SVN、CLS 等人工智能方法也开始逐渐应用于地震模式分析中，能够更有效地描述地层岩性以及相关地层结构的变化，具有快速、定量和客观性的特点[2]。

以往，受限于地震信号的信噪比，通常选择将采集到的多次覆盖原始数据进行处理叠加形成叠后数据，并基于单道叠后地震信号开展地震信号反射模式分析[3]。但是叠后地震信号由于失去了多角度信息，无法表示地震反射信号随方位角或者偏移距的变化，并且单道的

作者简介： 陈启炀，男，1999 年 3 月生，2021 年获电子科技大学工学学士学位，现为电子科技大学信息与通信工程专业硕士研究生，主要从事基于深度学习的地震资料分析处理。E－mail：2761563623@ qq. com

反射模式分析无法充分利用地层的空间横向特性，因此基于叠后地震数据的反射模式分析往往难以对地下储层进行准确预测。如今，随着地震信号处理技术的发展，叠前多道地震信号的质量得到了明显提升，基于叠前信号的智能化分析方法可以更充分地利用地层间丰富的反射信息，有效降低储层分析的多解性，使地质勘探继续向精细化发展[4]。

根据在分类过程中是否利用到测井标签，地震信号反射模式分析方法可以分为有监督和无监督两种类别。其中，有监督算法可以充分利用测井数据的准确信息，可信度高，因此开始逐渐受到广泛关注[5]。有监督地震反射模式分析主要以卷积神经网络为核心架构，通过构建网络模型建立学习任务，再借助标签(通常为测井数据)训练模型参数，最终使得模型能够实现地震相的预测。根据构建模型的任务类别，有监督地震模式分析可以大致分为图像分类和语义分割两种方法。图像分类方法是指通过算法模型计算出整张图像所属的类别，如 Alaudah 提出的弱监督分类网络，可以通过输入少量叠前标签生成大量训练数据并用于地震模式分析[6]；Chevitarese 提出可以将叠前地震剖面图像沿长宽分割为多个 patch 并分别输入卷积神经网络中进行训练和预测再进行组合，即可得到完整的地震剖面分类结果[7]；Dramsch 等提出，运用滑动窗口机制大幅度增加切割出的 patch 数量，提升模型训练效果[8]，等等。语义分割方法是指对图像上的每一像素都输出所属类别，如 Dramsch 提出的基于补丁的 CNN 网络，可以用于叠前地震模式分析[9]；Alaudah 提出的基于小尺度图像和地震剖面的反卷积网络，在实现叠前地震模式分析的基础上还完成了数据扩充[10]；Zhang 提出的基于 Deeplabv3 + 网络模型的地震模式分析方法，通过 ASPP 金字塔结构提取叠前地震数据的多尺度特征[11]，等等。

虽然这些方法在叠前地震反射模式分析中都取得了不错的效果，但是作为有监督方法往往都依赖于丰富的测井样本数据。在实际项目中，测井标签数据的获取十分昂贵和困难，在这种小样本条件下模型训练往往会出现过拟合现象，无法推广至大规模无标签数据，即使经过切割或滑动时窗进行标签扩充，仍然难以满足模型训练的需要。此外，叠前地震数据的多角度道集中富含丰富的地层反射信息和各向异性特征，但是传统有监督模型的感受野通常较小，难以捕获到距离较远的不同角度道集之间的全局深层特征。

针对以上传统有监督模型的缺陷，本文提出了一种基于改进 ConvNext 框架的图像分类地震反射模式分析模型和对应的地震数据处理方式。在模型上，本文结合叠前地震信号的特性，在传统 ConvNext 模型的基础上，通过引入大核注意力(LKA)机制增加模型的感受野，增强模型对全局信息的感受能力，充分利用和学习地层的空间横向特性和反射信息。在数据处理上，结合聚类算法和测井标签，对标签数量进行扩充，相较传统的切割和滑动时窗等方法更加科学合理。同时，将输入由小规模的图像 patch 替换成每一个 xline、inline 位置对应的叠前多道地震数据图片，在更大程度扩充标签数据的同时，也进一步提升了模型对复杂地质构造的识别能力。

2　原理

本文的具体方法和流程图如下：

(1)基于少量测井标签数据，进行标签数据扩充处理；

(2)将扩充后的有标签叠前地震数据作为样本输入模型预测类别；

(3)计算输入叠前数据的真实类别和预测类别之间的损失，更新模型参数；

(4)重复步骤(2)、(3)直至损失无法继续下降，表示模型训练完成；

(5)调用已训练模型直接对未标注叠前地震图片进行预测，再根据图片的 xline 和 inline 坐标将结果插入地震剖面，最终得到整体剖面预测结果(图 1)。

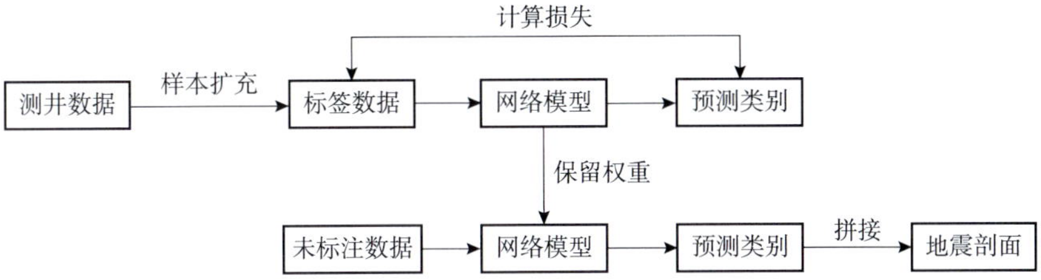

图 1　基于大核注意力和 ConvNext 模型的叠前地震反射模式分析框架图

2.1　网络模型概述

本文使用的网络模型是基于 ConvNext 网络基础上的改进[12]，本文将 ConvNext 中的 7×7 卷积层替换成了效果更显著，对全局特征更敏感的大核注意力层[13](LKA，Large Kernel Attention)。

2.1.1　网络组成

本文的改进网络模型以 ConvNext 网络架构为基础，整体由 LKA－ConvNext Block 和下采样层(Down Sample)交替堆叠构成，各个部分主要使用了大核注意力、反瓶颈结构(Inverted Bottleneck)等操作。

1. 大核注意力(LKA，Large Kernel Attention)

在计算机视觉领域，通常有两种方法提升感受野，捕获长距离信息。第一种方法是基于 transformer 的自注意力机制，第二种方法是大核卷积。自注意力机制起初是为了一维语言处理任务所设计，因此在处理图像时也会将二维结构视为一维序列，破坏了图像的关键二维特性。而大核卷积引入了大量的参数和计算量，使得模型训练时长成倍增加。基于以上两种方法的问题，本文引入了大核注意力机制。大核注意力的原理图如图 2 所示。与深度可分离卷积[14]类似，将一个卷积核大小为 k 的卷积分解成三个卷积的和，分别是卷积核大小为 k/d 的深度卷积，卷积核大小为 $2d-1$、膨胀系数为 d 的空洞卷积以及卷积核大小为 1×1 的通道卷积，同时具有空间适应性，通道适应性，长距离依赖学习能力等特性。其中，d 为空洞卷积的膨胀系数，表示卷积核扩张的程度。当膨胀系数分别为 1、2、4 时，卷积核感受野如图 3 所示。本文以大核注意力机制为基础，补充激活函数和通道卷积等，构建完整的注意力模块(Attention)，结构如图 4 所示。

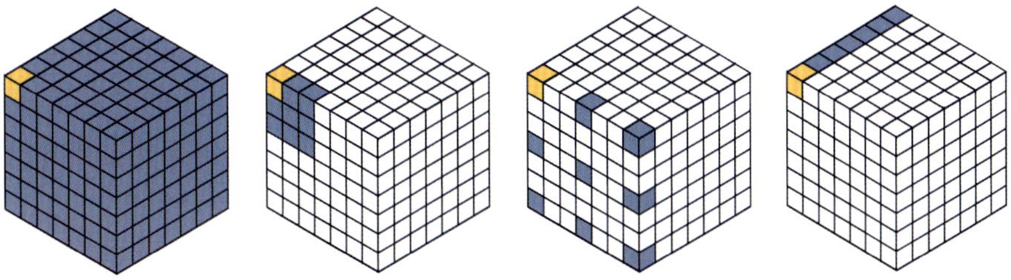

图 2　大核注意力机制原理图

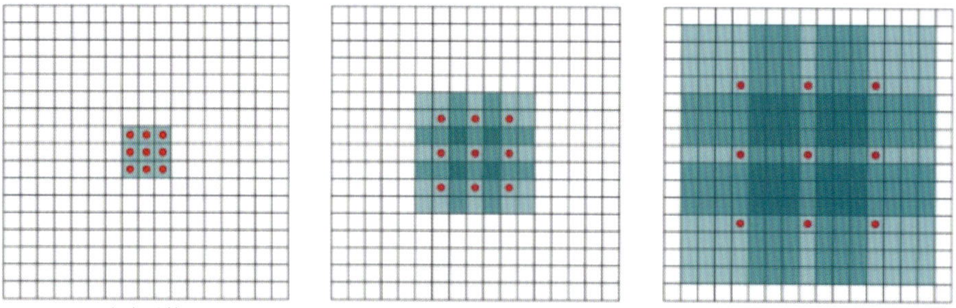

(a) 膨胀系数r=1　　(b) 膨胀系数r=2　　(c) 膨胀系数r=4

图 3　不同膨胀系数下卷积核感受野

2. 反瓶颈结构(Inverted Bottleneck)

反瓶颈结构采取先升维卷积再降维的模式，认为这种方式能够使信息在不同维度特征空间之间转换，从而避免在降维压缩维度时所带来的信息损失，提升模型效果。本文通过级联 Attention 模块和两个 Linear 全连接层构建了融合大核注意力的反瓶颈架构，其中输入和输出的高和宽保持不变，仅通道数发生变化。原理如图 5 所示。

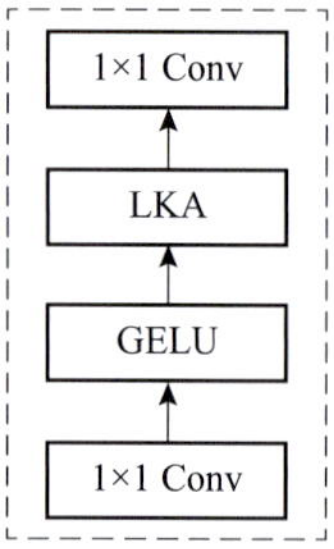

图 4　注意力模块(Attention)架构图

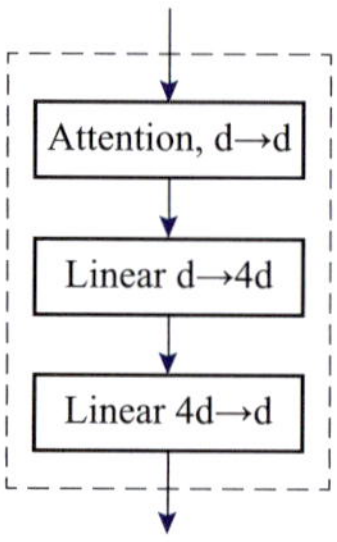

图 5　基于大核注意力的反瓶颈结构

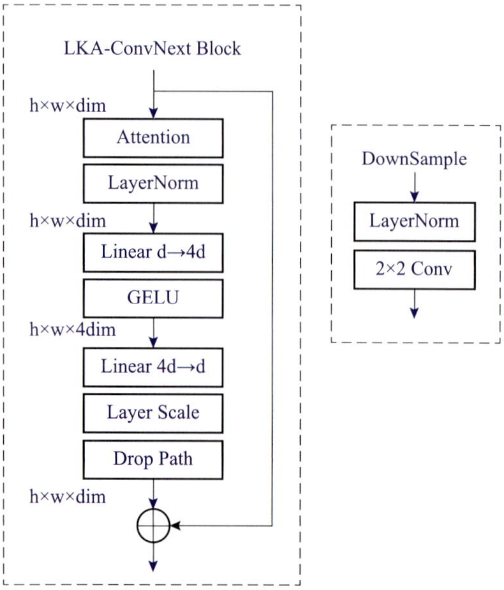

图 6　LKA－ConvNext Block 和 Down Sample 模块结构示意图

2.1.2　网络模块

本文的网络模块主要包括 LKA－ConvNext Block 和下采样层(Down Sample)，LKA－ConvNext Block 参考原 ConvNext 模型，通过在反瓶颈结构的基础上，添加 LayerNorm 归一化，GELU 激活函数，Layer Scale 参数缩放和逐样本失活层(Drop Path)，使其结构更加完善，实现对图像不同层次特征的提取。在 LKA－ConvNext Block 中，输入输出的维度保持不变。下采样层(Down Sample)的主要功能是通过一个 2×2，步长为 2 的卷积实现图像维度变化。两种模块的整体架构如图 6 所示。

1. Layer Norm 归一化

Layer Norm 归一化表示沿输入的通道(channel)维度，对一个中间层的所有神经元进行归一化。对于每个输入样本 x，计算所有神经元输出结果的均值和方差，使用均值和方差来归一化得到输出结果 y。计算公式如等式(1)所示。

$$y=\frac{x-E[x]}{\sqrt{Var[x]+\varepsilon}} \tag{1}$$

2. GELU 激活函数

激活函数的作用是提升网络模型的非线性表达能力和对于复杂映射关系的拟合能力。在 ConvNext 中，舍弃了使用最多的 ReLU 等激活函数，采用了更加全面的 GELU 激活函数。如等式(2)所示。

$$\text{GELU}(x)=x*\Phi(x) \tag{2}$$

其中，表示高斯分布的累积概率分布。作为非单调激活函数，GELU 激活函数为输入添加了高斯误差线性单位，结果分布更加平滑，也更有助于保持小的负值，从而稳定网络梯度流，避免梯度爆炸等现象的出现。不同激活函数的曲线如图 7 所示。

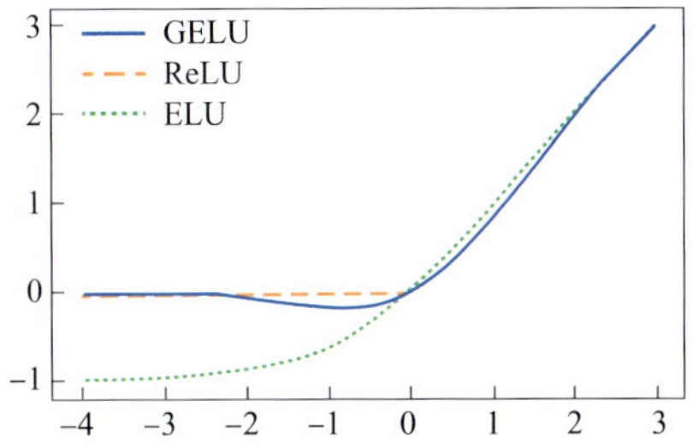

图 7 不同激活函数曲线图

3. 参数缩放层(Layer Scale)

参数缩放层的原理如图 8 所示：为输入添加一个可训练系数 α，用于约束和控制网络的输出结果，避免网络层数加深后模型损失无限制增加。

4. 逐样本失活(Drop Path)

Drop Path 层的原理如图 9 所示：对于每一个向量输入(x_1，x_2，x_3，……，x_n)，以一定概率随机去除其中的部分样本，将其设置为 0，以提升网络参数训练的随机性，防止模型过拟合。

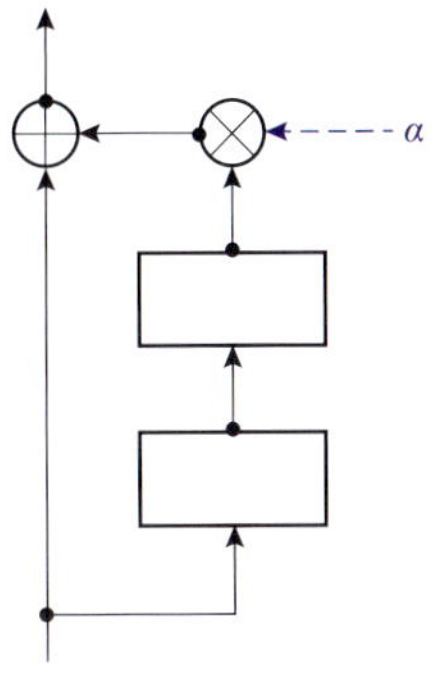

图 8 Layer Scale 原理图

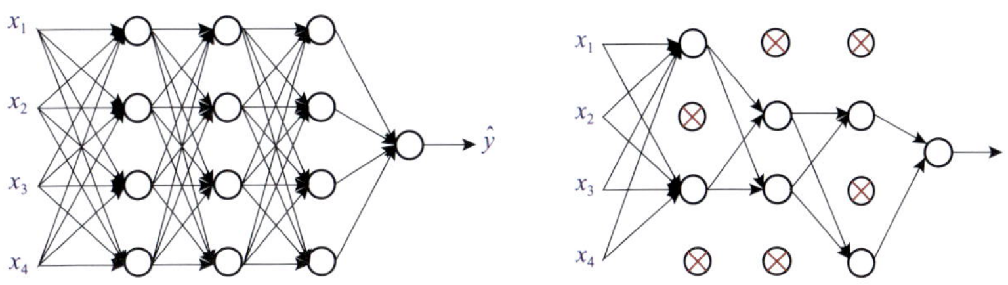

图 9 Drop Path 原理图

2.1.3 网络整体架构

本文使用的改进网络整体架构如图 10 所示。首先，叠前地震标签统一缩放至 224 × 224 × 3 大小，然后首先通过一层 4 × 4 卷积和归一化层，随后依次通过多个级联的 LKA - ConvNext Block 扩充通道数量和提取深层特征，中间添加三层下采样层改变图像大小，最后通过全局池化操作(Global Avg Pooling)求取输入数据中每个通道上的均值，将输入的长和宽转换至 1 × 1，再通过全连接层将通道数映射为需要分类的类别数量(classes)，得到输入分别被判断为每一类别的概率，其中最大概率即为网络判断的分类结果。

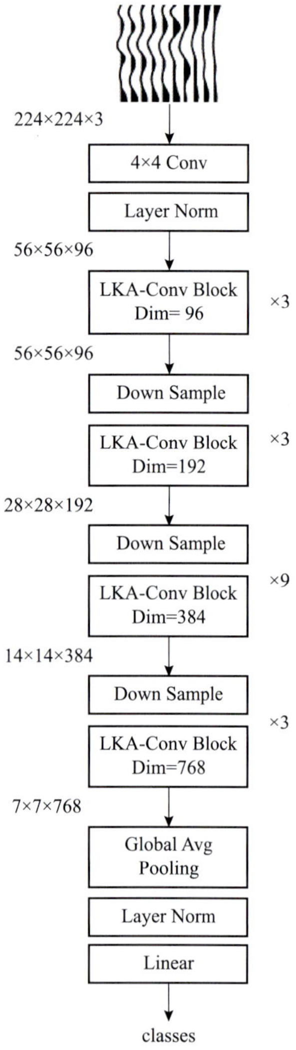

图 10　网络框架图

2.2　数据扩充处理

对于标签数据的处理，本文借鉴了计算机视觉领域手写数字识别的处理过程，将多道叠前地震数据转化成图片形式来训练网络。核心思想是经过聚类算法求取地震剖面上不同地震相的整体分布，再结合测井数据的准确标签进行人工修正和扩充。具体流程如下：

(1)对叠后地震剖面进行聚类，根据聚类结果对地震剖面进行分类，将聚类结果属于同一类簇的部分手动框出，其中不同类簇用不同颜色来区分，如图 11 所示。

(2)在聚类结果中，尚不清楚不同类簇的具体类别。根据测井数据的 xline、inline 位置，将测井数据投影到叠后地震剖面中，再结合测井解释数据带有的准确地震相信息和专家经验，对聚类结果进行扩充，如图 12 所示。具体情况可以分为以下两种：

①当测井分布在聚类结果中时(红色标签)，可以确定这一类聚类结果全都属于该测井所属类别，从而实现标签数据的扩充；

②当测井分布在背景或聚类结果之外时(黄色标签)，结合专家经验分析地质构造，可以判断出该测井附近同属于相同类别的区块，对聚类结果进行修正和扩充。

(3)计算扩充后的大批量有标签数据相应的三维叠前数据 xline、inline 号位置范围，并将其投影到三维叠前地震数据体上，获取相应位置的叠前多道地震数据。

(4)将每一 xline、inline 位置的有标签叠前多道地震数据绘制为 n 条曲线，并将曲线的正值区域填充生成图片(图 13)，得到大批量的叠前有标签数据。

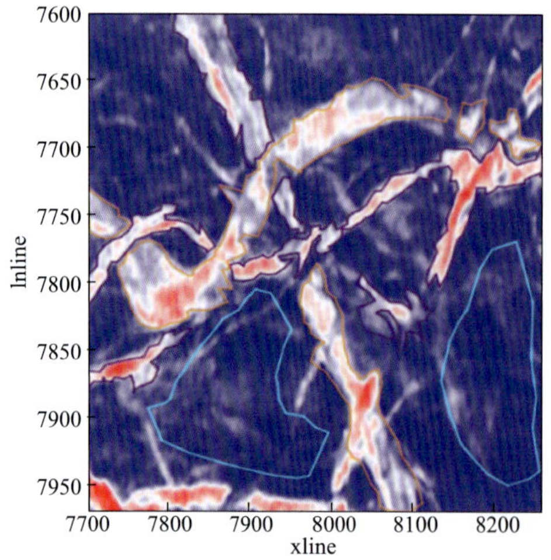

图 11　叠后地震剖面聚类结果图

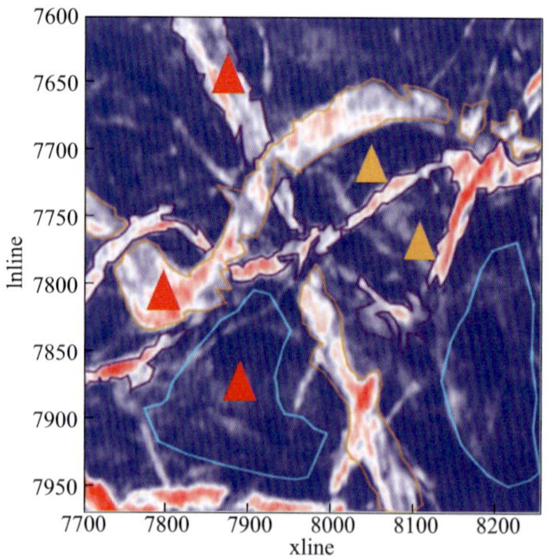

图 12　叠后地震剖面修正示意图
(图中三角标签表示测井数据位置)

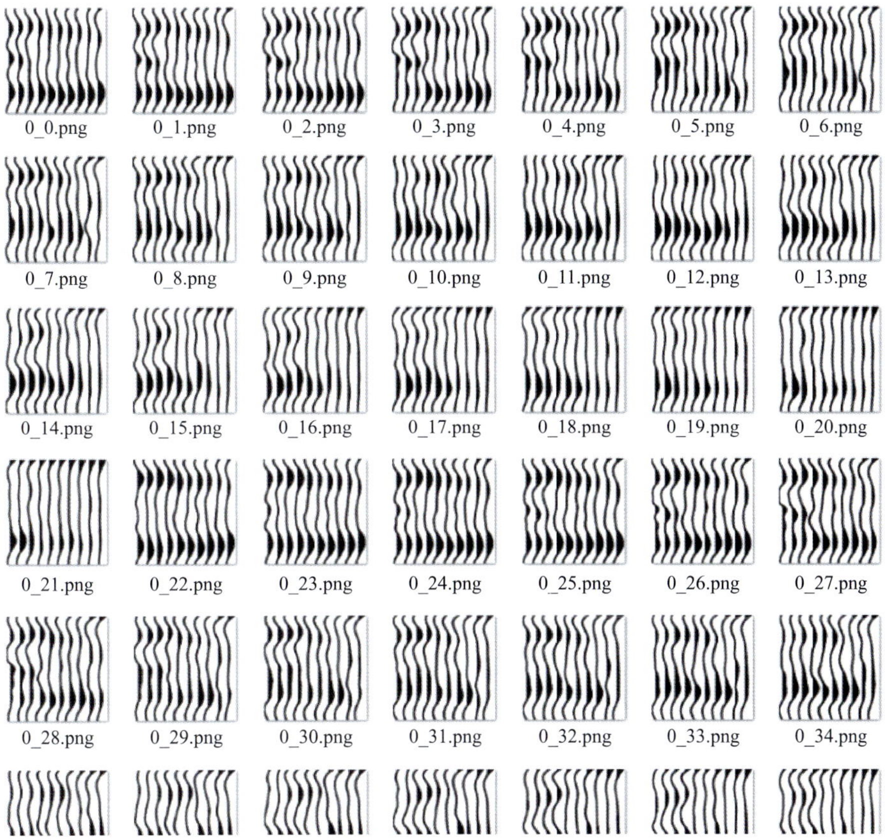

图 13　叠前标签填充图片

3　实验

将本文的方法用到四川某工区实际叠前地震数据中，以检验方法的有效性。此地震体数据的 inline 范围为 7600～7970，xline 范围为 7700～8250，包含三种地震相：背景，河道 1 和河道 2。经过上述标签数据处理步骤，最终得到 78594 张标签图片，其中背景标签 33494 张，河道 1 标签 19896 张，河道 2 标签 25204 张。在本次实验中，除本文提出的改进 LKA－ConvNext 模型外，还选取了常规 ConvNext 模型和小规模 AlexNet 模型作为对比实验，以验证本文提出的改进模型效果。

1. 训练方式和效果

在本次实验中，所有网络模型的共性参数为：网络的训练集和验证集划分比例为 8：2，输入的分辨率都为 128×128，损失函数均为交叉熵，优化器均为 adam，初始学习率均为 0.001。不同模型训练结果和耗时的对比如表 1 所示。可以看出，AlexNet 小规模模型虽然训练耗时更短，但准确率和 ConvNext 模型相比有较为明显的降低。而本文提出的改进模型，虽然在训练耗时上有一定增加，但是在准确率上相较传统 ConvNext 模型也得到了进一步提高。综合考虑，可见本文所提出改进模型的有效性。

表1　不同模型测试集准确率和训练耗时对比表

网络模型	准确率	训练耗费时间
本文改进模型	背景：99.94% 河道1：99.88% 河道2：99.94% 总准确率：99.93%	15h42m
传统ConvNext模型	背景：99.82% 河道1：99.21% 河道2：99.57% 总准确率：99.58%	12h37m
AlexNet模型	背景：98.31% 河道1：96.75% 河道2：97.53% 总准确率：97.66%	50m13s

2. 测井数据实际平面储层预测结果

在模型训练完成之后，我们选取已有的五个未参与训练的测井数据进行预测，用于测试模型效果。五个测井数据的名称分别为QL3、QL16、QL203、QL205和QL207。测井数据均具有准确的类别信息：QL3测井所在工区不含砂，表示所属工区不含油气，属于类别1。其余四个测井数据均含砂，表明所属工区含有油气，其中QL205和QL207含气指示较差，附近油气含量较低，属于类别2；QL16和QL203含气指示良好，附近油气含量较高，属于类别3。不同模型对这五个测井数据的预测结果如表2所示。可以看出，三类模型在QL3测井的预测上都出现了错误，但本文改进模型能准确区分出QL16、QL203同属于类别3，QL205、QL207同属于类别2，而传统ConvNext模型和AlexNet模型在这四口测井数据的预测上都存在一定误差。可见，本文所提出的方法相较传统模型准确度有明显提升。

表2　不同模型对测井数据预测结果统计表

网络模型	QL3	QL16	QL203	QL205	QL207
本文改进模型预测结果	类别3	类别3	类别3	类别2	类别2
传统ConvNext模型预测结果	类别2	类别3	类别2	类别2	类别2
AlexNet模型预测结果	类别3	类别3	类别3	类别3	类别1
真实结果	类别1	类别3	类别3	类别2	类别2

在此基础上，模型应用到实际未标注数据中，预测完整地震剖面，根据预测结果进行定性分析。预测结果如图10所示。可以看出，在未标注数据的应用中，模型无法保持训练时的高准确率。对于河道交叠的领域（预测结果右上角区域），模型预测较为困难，小规模AlexNet模型的预测结果并不理想，无法准确预测出连续的河道。而本文的改进模型和传统ConvNext模型在这些区域的预测效果更好，且本文改进方法对于河道1（图14中红色）的预测效果更佳，结果连续性上更胜一筹。

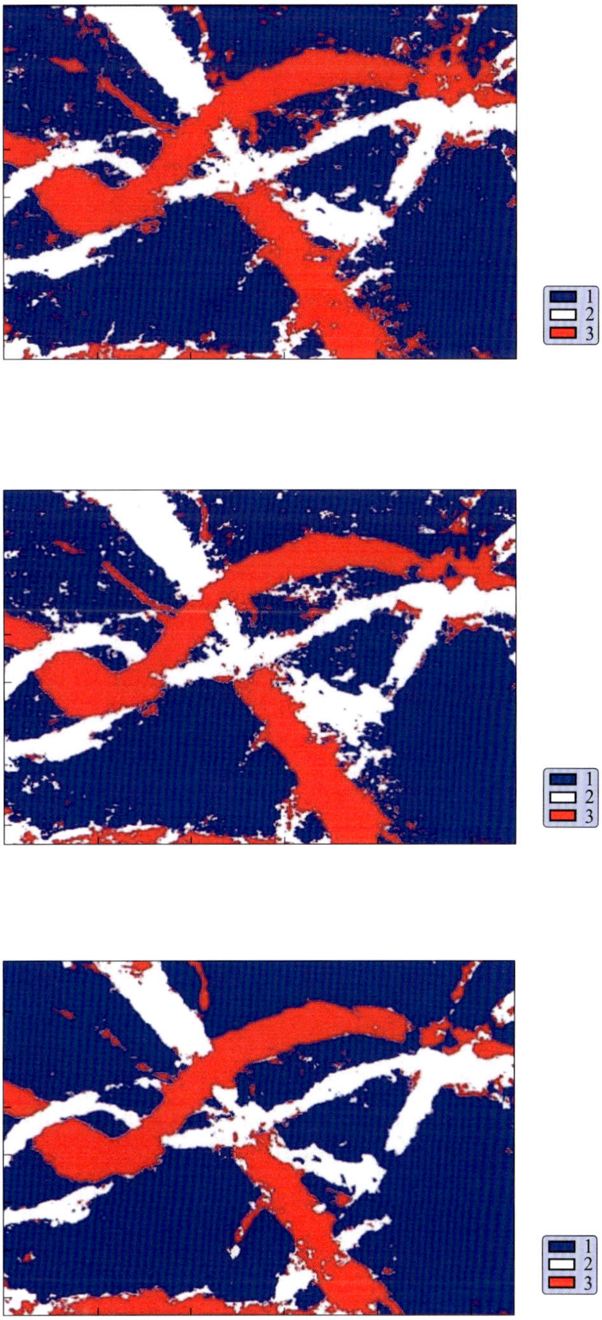

图 14　不同模型预测平面储层预测结果(所有预测结果的 inline 范围为 7600 ~ 7970，xline 范围为 7700 ~ 8250，图中右下角 1 代表类别 1，2 代表类别 2，3 代表类别 3)

4　结论

传统网络模型难以捕获叠前地震数据不同角度道集之间的长距离依赖，并且测井解释标签的数量无法支撑网络模型的训练。本文首创标签数据扩充处理算法，并在传统 ConvNext 模型的基础上引入大核注意力机制挖掘叠前地震数据的全局特征，实现了基于叠前数据的智能地震模式分析。相较于传统有监督方法，本文所提出的方法充分利用仅有的少量测井数据，通过结合机器学习聚类和人工修正，大幅度扩充标签数量，有效提升模型训练效果。实验结果表明，本文改进模型的叠前地震模式分析结果优于传统模型的预测结果，整体平面储层的预测结果更加符合地质学解释，在不同河道交叠的区域可以取得更优秀的预测效果。

参考文献

[1]Zeng H. 2004. Seismic geomorphology - based facies classification[J]. The Leading Edge. 23 (7): 644 -645.

[2]J. Henderson, J. Lowell, S. Purves, et al. Interpreter driven, interactive 3D multi - attribute classi - fication [C]. 11th International Congress of the Brazilian Geophysical Society, 2009, 875 -878.

[3]I. D. Marroquʼın. A knowledge - integration framework for interpreting seismic facies classifications[C]. SEG Technical Program Expanded Abstracts 2013, 2013, 2464 -2469.

[4]宋承云. 多维地震信号反射模式分析方法研究[D]. 电子科技大学, 2017.

[5]刘桃. 小样本条件下的智能储层预测方法研究[D]. 电子科技大学, 2022.

[6]Alaudah Y, Alregib G. Weakly - supervised labeling of seismic volumes using reference exemplars[C]// 2016 IEEE International Conference on Image Processing (ICIP). IEEE, 2016.

[7]Chevitarese D S, Szwarcman D, Silva R M G E, et al. Deep Learning Applied to Seismic Facies Classification: a Methodology for Training[C]// Saint Petersburg. 2018: 1 -5.

[8]Dramsch J S, M Lüthje. Deep - learning seismic facies on state - of - the - art CNN architectures[C]// SEG Technical Program Expanded Abstracts 2018. 2018.

[9]Dramsch J S, Lüthje M. Deep - learning seismic facies on state - of - the - art CNN architectures[M]//Seg technical program expanded abstracts 2018. Society of Exploration Geophysicists, 2018: 2036 -2040.

[10]Alaudah Y, Michalowicz P, Alfarraj M, et al. A Machine Learning Benchmark for Facies Classification[J]. Interpretation, 2019, 7(3): 1 -51.

[11]Zhang H, Chen T, Liu Y, et al. Automatic seismic facies interpretation using supervised deep learning[J]. Geophysics, 2020: 1 -11.

[12]Liu, Zhuang, et al. "A convnet for the 2020s." Proceedings of the IEEE/CVF Conference on Computer Vision and Pattern Recognition. 2022.

[13]Guo, Meng - Hao, et al. "Visual attention network." arXiv preprint arXiv: 2202.09741 (2022).

[14]Chollet, François. "Xception: Deep learning with depthwise separable convolutions." Proceedings of the IEEE conference on computer vision and pattern recognition. 2017.

基于 Transformer 的缺失地震数据智能重建方法

邓鹏杰[1]　徐天吉[2,3]　郭　磊[1,4]　钱忠平[5]　邹　振[5]　张红英[5]

[1. 新疆大学信息科学与工程学院，新疆 乌鲁木齐　830017；
2. 电子科技大学资源与环境学院，四川 成都　611731；
3. 电子科技大学长三角研究院(湖州)，浙江 湖州　313000；
4. 电子科技大学计算机科学与工程学院，四川 成都　611731；
5. 中国石油东方地球物理公司物探技术研究中心，河北 涿州　072751]

摘　要：在野外地质勘探的数据采集过程中，由于地表地形、采集设备故障等因素的约束，通常采集到的地震数据是不完整的，存在普遍的大量的缺失道，需要后期使用算法对采集到的数据进行缺失数据补全等其他处理。传统方法中常使用的缺失道补全技术主要有时域插值法和频域分析法，这些传统方法不能高效地综合缺失信号周围的信号。本文提出一种基于 Transformer 的缺失地震数据智能重建方法，此方法基于注意力机制。将地震数据预处理与分块，再输入模型得到每个分块的处理结果，最后将分块的处理结果组装成地震数据并将其中恢复的缺失数据回填至原始地震数据。实验测试数据与实际地震数据的处理结果表明，此方法可以高效地重构出缺失的地震信号。

关键词：地震信号；深度学习；Transformer；缺失重构

1　引言

在地质数据的采集和处理过程中，无论是海上数据的采集还是陆地数据的采集，都会存在各种不可描述的外在因素使得最终采集到的地质数据有缺失道集，从而生成低分辨率的地震数据[1]。这些不良因素严重影响了地震数据的后期处理和分析工作。因此需要使用算法对缺失道集进行补全，目前缺失地震数据补全的方法大体有传统方法和深度学习方法两种。

传统方法[2]包含信号处理方法和空域插值[3]方法，其中信号处理方法使用稀疏变换、稀疏重建[4-6]等技术，使用信号自身的频率信息来补全缺失道集。空域插值方法[7]使用先验的空域知识，结合缺失数据周围的少量信号并按照一定的先验规则来预测缺失数据。无论是信号处理方法还是空域插值方法，传统方法中主要使用先验知识，对于不同特征的数据，传统方法可能还需要人工选择阈值等操作，即使有人工调整步骤，由于传统方法自身的局限性，往往不能达到预期效果。

资助项目：中石油集团前瞻性基础性项目“物探岩石物理与前沿储备技术研究”(编号：2021DJ3506)。

作者简介：邓鹏杰，男，2000 年 1 月生，2020 年获新疆农业大学计算机与信息工程学院学士学位，现为新疆大学信息科学与工程学院硕士研究生，主要从事地震信号处理与图像处理领域。E - mail：871817362@ qq. com

深度学习方法中，目前常使用的卷积网络[8-11]居多，例如 U-Net[12]、EDSR[9]等。在卷积网络中，卷积核主要是对核内数据进行建模与特征变换，然后使用多级卷积核来将较远距离的数据进行关联，卷积网络不能高效地对数据的任意位置进行建模，其处理效果也不是很好。

近年来深度学习在各个领域中的应用场景不断扩展，且计算机硬件的快速迭代，更多高效的方法得以在各个行业中得到应用。在地震数据缺失重建任务中，考虑到传统方法和卷积网络的局限性，以及地震资料不同位置之间有强关联关系的特性，本文提出使用 Transformer[13-15]网络对缺失地震数据进行重构。Transformer 是一种由注意力机制组合成的深度学习模型，有强大的非线性建模能力。

2 方法原理

使用深度学习进行地震数据缺失补全方法的主要流程有模型构建、数据集构建、模型的训练与推理。

2.1 模型结构与处理流程

本文使用方法基于注意力机制[16]的 Transformer 网络，使用的 Transformer 包含编码器模块(Encoder)和解码器模块(Decoder)。在图像处理中，大多数情况下，只使用 Encoder[15]结构就可以达到目的，实验中也测试了只使用 Encoder 做地震数据缺失重构，但是效果不如包含 Decoder[13]的 Transformer 模型。模型的整体架构以 Transformer 为骨干[13]，大致的流程图如图 1 所示。

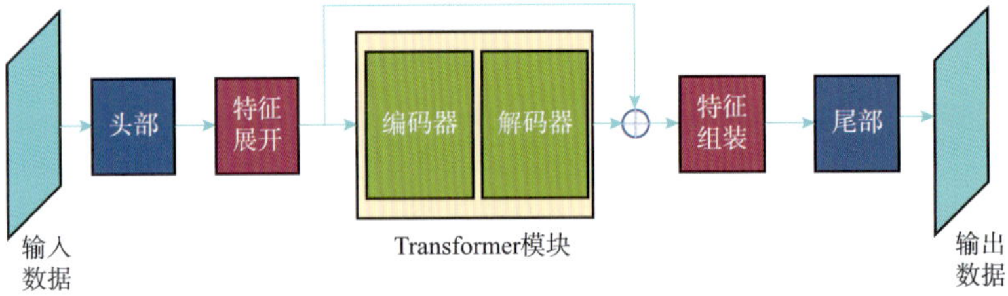

图 1　模型处理流程

本方法使用的损失函数为 MSE，其中起初使用的损失函数为式(1)，经过实验对比，最终模型使用的损失函数为式(2)。

$$L(\theta) = \frac{1}{2n}\sum_{1}^{n}(y_i - \bar{y}_i)^2 \tag{1}$$

$$L(\theta) = \frac{1}{2n}\sum_{1}^{n}[(y_i - \bar{y}_i) * \mathrm{mask}]^2 \tag{2}$$

其中，y_i 为模型预测的数据块(patch)，$\bar{y}_i$ 为标签数据。掩码矩阵(Mask)对 patch 数据列做方差，方差为 0 的置 1，否则置零，最后将 mask 广播为 patch 同等大小的矩阵。

头部是一个带残差的卷积网络，其结构如图 2 所示，此部分作用是对输入数据做特征扩容，使得数据中的特征关系有更多的表达空间，此部分的输出通道数为 64。头部与尾部相对应，作用是对特征处理后的数据进行重组，尾部的输出通道为 1，其结构则是简单的卷积下采样网络。

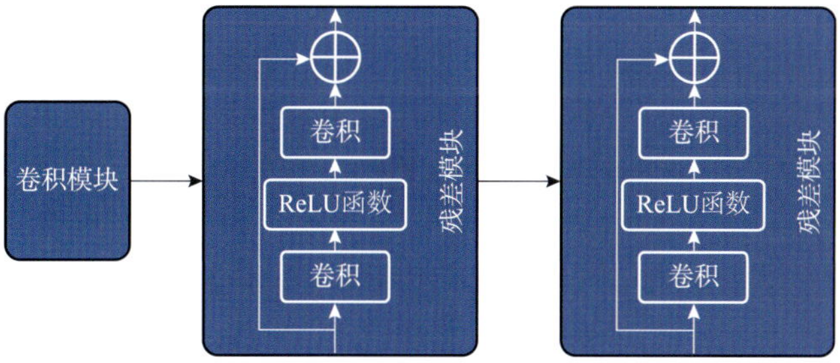

图 2　头部的网络结构

特征展开(unfold)是图像扁平化操作，其作用是将数据矩阵转换为词嵌入形式，作为 Transformer 的输入，特征组装(fold)的作用则与特征展开相反，作用是将 Transformer 网络处理过后的词嵌入数据转换成图像。unfold 与 fold 中均无可学习参数。

模型中对数据特征进行捕获与处理的结构是 Transformer 主干网络，其结构如图 3 所示，在经过 Transformer 网络的前后有残差连接操作，能更好地将有效特征向后传播。

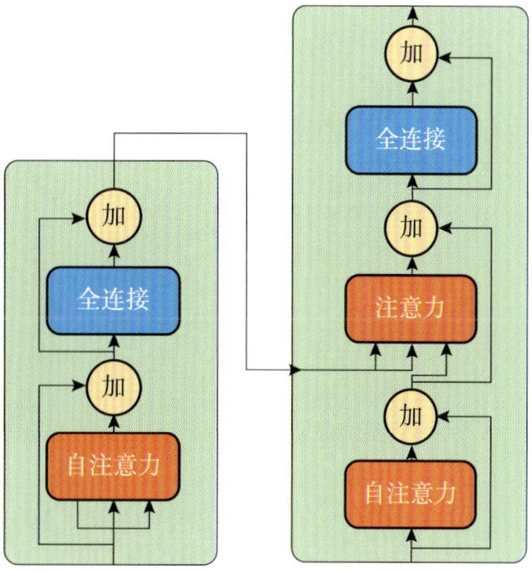

图 3　Transformer 网络结构

2.2　数据集构建与预处理

本文所使用的地震数据缺失重构数据集通过正演方式获得，采取随机缺失数据方法[17]。在训练数据集与测试数据集中，生成缺失数据[18]的方法有些许差异。但都是从完整数据进行随机缺失处理后得到的。在选择数据块(patch)大小时，裁取了多种不同大小的块，对比发现 48 * 48 块的内部足以包含地震数据周边的有用信号，最终决定使用的 patch 大小为 48 * 48 的数据块。

训练数据集是从 segy(地震数据存储格式)数据体中截取一定数量的剖面数据组装成的数据矩阵，在训练中为了能更快地让模型学到缺失道重建的特征，首先将完整的地震数据切分成模型所需的固定 patch，再对每一个 patch 都做随机置零。为了较大限度地保证随机性，每个 patch 置零道的比例是 0.01 ~ 0.08 之间的随机数，先根据比例选定置零道数，再根据置零道数在 patch 中随机选择列置零。测试数据集是截取 segy 文件不同位置的剖面，在测试数据中，不是对每个 patch 置零，而是将整个地震数据加载进程序之后，按照上述的随机方法对置零。

本方法使用的数据预处理方法是归一化到 0 ~ 255 之间的线性方法，加载 segy 数据之后对整个地震数据做归一化操作。正向传播时记录下归一化操作的参数，在模型处理完之后，对所有的输出数据使用同一套参数反归一化，即可将地震数据恢复到原来的值域。

2.3　模型训练与推理

在模型训练阶段，将数据切块成对应大小的数据块，并对其随机缺失处理，原始数据块作为标签数据，处理后的数据作为输入数据，批量送进模型进行训练。

本文反向传播使用的损失函数是 MSELoss[19]（均方损失函数），多次实验中发现 MSELoss 的效果普遍比 L1Loss（L1 范数损失）好，在训练时使用了多组不同超参数作为对比，训练过程中记录训练损失值、PSNR[20,21]（峰值信噪比）以及 SSIM（结构相似度），以便对比不同参数的效果并分析。在模型数据处理的策略方面选择只计算出缺失数据损失并反向传播，具体方法如下 5 个步骤，其中示例数据如图 4 所示。

（1）计算出缺失数据的 mask 并与标签数据相乘得到缺失道集的原始数据；

（2）将缺失数据块送入网络得到输出预测数据；

（3）将预测数据与掩码矩阵相乘得到预测的缺失道集；

（4）将缺失道集的原始数据与预测的缺失道集送入损失函数得到损失；

（5）反向传播更新模型。

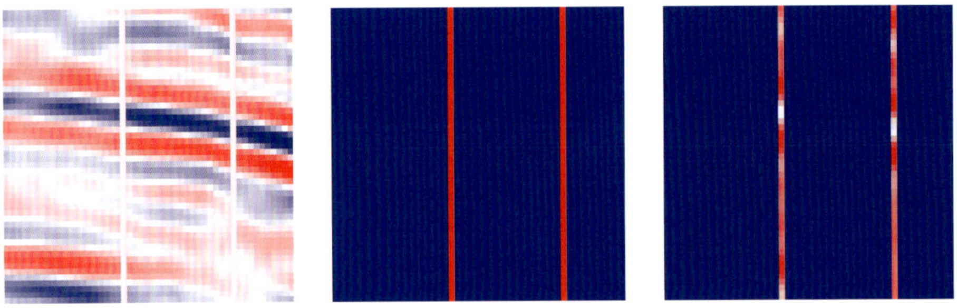

残缺数据　　残缺掩码(mask)　　重构数据*掩码

图 4　缺失道集补全示例图

在推理阶段，模型处理完之后选择使用的数据只有 patch 中心的 24 * 24 的数据，所以数据输入时就需有交叠，具体方法如图 5 所示，要想生成 A、B、C、D 四个实心数据块，则需要将外框的实线部分输入模型得到结果。一般情况下，直接处理得到的数据在边缘处会有毛刺之类的瑕疵数据，以这种方式处理可以提高重构数据的质量。以上步骤的前三步生成推理数据，将推理出的数据取出中心部分拼接回原矩阵就完成了整个数据推理过程。

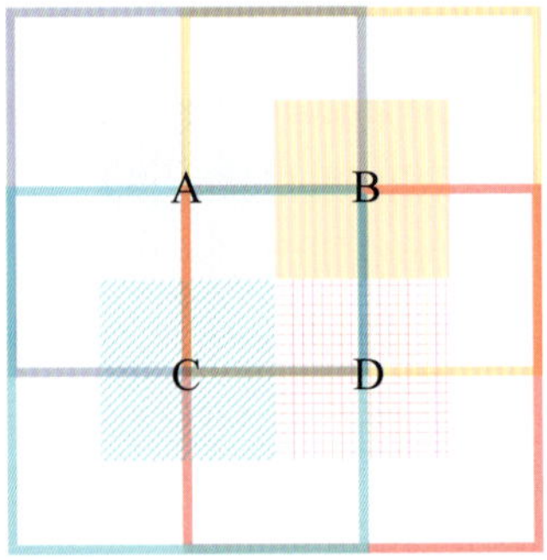

图 5　输入数据与选取数据关系图

3　实验与分析

3.1　实验

在实验中设置了多组不同参数的实验，调整的变量有学习率、batch_size（批量输入的数量）、损失函数、数据的处理策略。其中有多种学习率调整，batch_size 有 32、64、96 三种，损失函数使用 L1 范数损失（L1Loss）和均方误差损失[22]（MSELoss）作为对比，处理策略有两种。

首先在实验中使用较小的学习率，发现使用的学习率小的话收敛速度慢，并且损失收敛于较大的值，不同学习率的损失值如图 6 所示，从图中发现，在保证不发生梯度爆炸的情况下，较大的学习率会有较低的损失，最终在训练时选择的学习率是采取先稳住损失，再在较低的损失下使用较大的学习率，后期则将学习率缩小。

在调整学习率大小时，发现若 batch_size 变大则学习率也可以变大，这也印证了 batch_size与学习率的正相关性，但是太大的 batch_size 会导致训练的次数变少，不容易观察模型训练情况，且 batch_size 与学习率不是线性相关，batch_size 再大学习率也不能跟着线性增大。所以本文的方法在训练后期使用的 batch_size 都为 64。

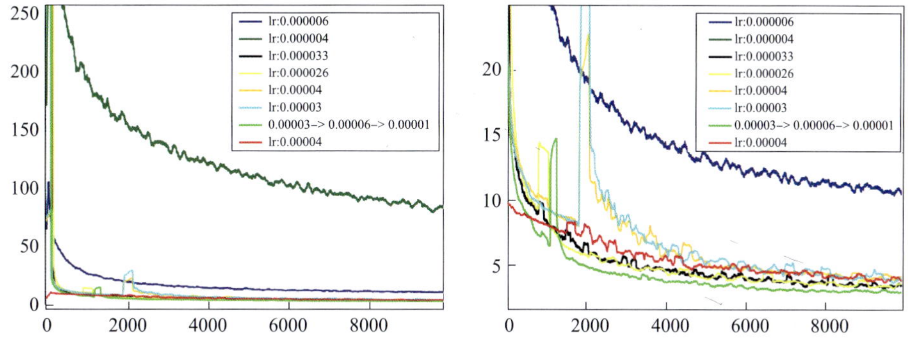

图 6　不同 lr 的 Loss 比较图

实验中分别使用了 L1Loss 和 MSELoss，实验发现 MSELoss 的训练出的网络处理效果比 L1Loss 处理的效果好，其对比如图 7 所示，可以直观地看出 MSELoss 恢复出来的数据更好。所以本文选择 MSELoss 作为损失函数。

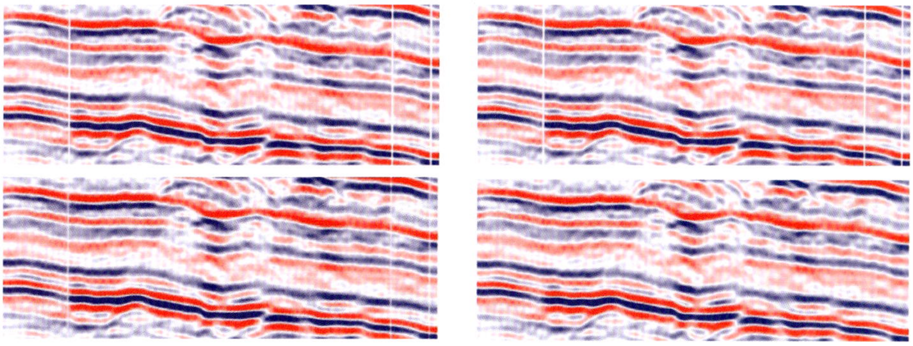

L1Loss　　　　MSELoss

图 7　MSELoss 与 L1Loss 模型处理效果比较图

在数据处理策略上先后使用了两种方法，第一种就是直接将含缺失道的数据直接输入网络，使用输出 patch 与标签 patch 计算 loss。第二种是只提取推理出的缺失道计算损失来反向传播更新网络。前者最终计算出的误差均值为 1.83，后者计算出的误差均值为 1.35。因此最终选择后者。

最终模型使用 MSELoss、分阶段调整学习率、48 * 48 大小的 patch、只计算缺失道损失的策略。模型重构的缺失数据效果如图 8 所示，图 8(a)上是缺失数据，图 8(a)中是模型重构的数据，图 8(a)下是未缺失的数据。图 8(b)是单道信号的恢复结果与原信号的图，original 是标签数据，onlyBroken_rec 是模型处理结果，可明显地看出模型恢复的数据与标签数据基本吻合。

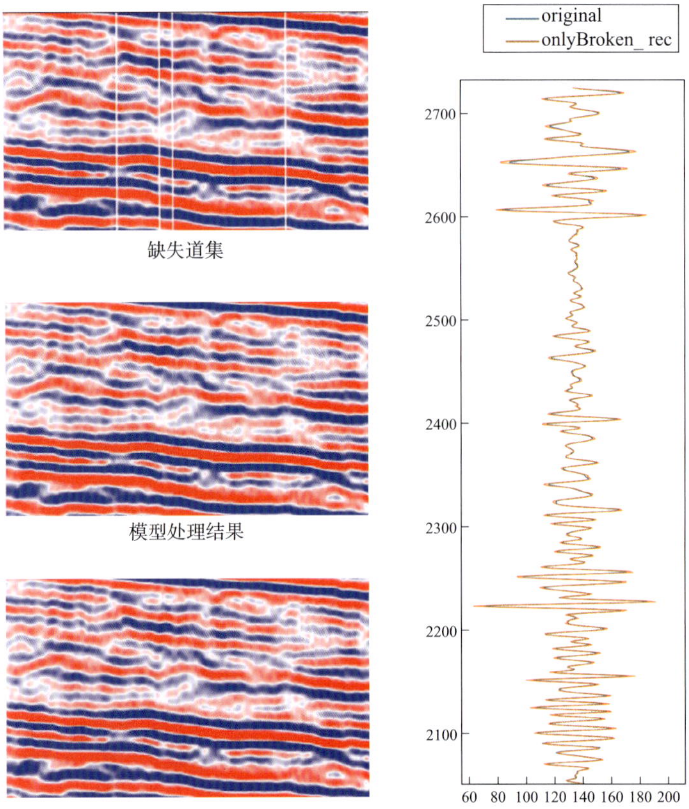

(a) 模型处理效果　　(b) 单道结果对比

图 8　本文方法效果图

3.2　方法和结果分析

实验中使用动态调整的学习率的原因是想使用较大的学习率，这样便可以搜索更广的特征空间以防止模型进入局部最优解，然而开始将学习率设置的较大会导致模型无法收敛，因此尝试先使用较小的学习率来稳住损失，再使用较大的学习率在特征空间中搜索更好的收敛区域，最后再使用较小的学习率来对模型精修。Batch_size 大小的调整与模型训练中的其他参数有一定的关系[23]，但不会对模型效果产生太大的影响。

起初直接使用网络恢复出整个数据块，损失为数据块内所有信号的损失，在做了大量实验并分析后，发现缺失道的损失无法在网络中精准回传，反而影响正常的数据，即使先训练一个原数据到原数据的预训练[24]模型，再在其基础上迁移学习缺失重构模型，结果损失还是较大，且正常部分的直观效果相较于预训练模型的处理结果有所下降，因此判断可能是损失回传不精准，因而采取只计算和传播缺失数据的损失，实验结果也印证了这一方法的有效性。

4　结论

在地震数据处理中，因地震数据不同块之间的信号关联性比较高，本文提出了基于

Transformer 的地震信号缺失补全方法，该方法由于其对任意区域高效的非线性建模能力，可以很好地综合数据的非线性关系来做缺失重构工作，其次该方法在损失反向传播时能精准回传必要的损失信息。从测试结果和实际地震数据处理结果可以看出，本方法对于缺失地震数据重构有很好的效果，可以使地震数据更连续，为后续工作提供良好的地震资料。

参考文献

[1] Huai – Lai Zhou, Jun Wang, Ming – Chun Wang, Ming – Cheng Shen, Xin – Kun Zhang, Ping Liang. Amplitude spectrum compensation and phase spectrum correction of seismic data based on the generalized S transform[J]. Applied Geophysics, 2014, 11(4).

[2] HA V K, REN J C, XU X Y, et al. Deep learning based single image super – resolution[J]. A survey International Journal of Automation and Computing, 2019, 16(4): 413 – 426.

[3] 陈思远，曹思远，孙耀光，江雨濛，高君. 基于频率 – 结构双重加权阈值的地震数据插值[J]. 地球物理学报，2021，64(10)：3730 – 3741.

[4] 刘国昌，陈小宏，郭志峰，刘华锋，高建军. 基于 Curvelet 变换的缺失地震数据插值方法[J]. 石油地球物理勘探，2011，46(02)：237 – 246 + 159. DOI：10. 13810/j. cnki. issn. 1000 – 7210. 2011. 02. 014.

[5] ZHOA F W, QIU J, LIU C. An iterative algorithm for image reconstruction based on back – projection model [J]. Journal of North University of China(Natural Science Edition), 2015, 36(5): 577 – 584.

[6] WANG Z W, LIU D, YANG J C, et al. Deep networks for image super – resolution with sparse prior[C]//Proceedings of IEEE International Conference on Computer Vision. Piscataway, NJ: IEEE Press, 2015: 370 – 378.

[7] KEYS R. Cubic convolution interpolation for digital image proce ssing[J]. IEEE Transactions on Acoustics, Speech, and Signal Processing, 1981, 29(6): 1153 – 1160.

[8] Wang Y, Wang B, Tu N, et al. Seismic trace interpolation for irregularly spatial sampled data using convolutional auto – encoder. Geophysics, 2020, 85(2): 119 – 130.

[9] Lim, B., Son, S., Kim, H., Nah, S., & Lee, K. M. (2017). Enhanced Deep Residual Networks for Single Image Super – Resolution. 2017 IEEE Conference on Computer Vision and Pattern Recognition Workshops (CVPRW). doi: 10. 1109/cvprw. 2017. 151.

[10] DONG C, LOY C C, TANG X. Accelerating the superresolution convolutional neural network[C]//European Conference on Computer Vision, 2016: 391 – 407.

[11] ZHANG Y L, LI K P, LI K, et al. Image super – resolution using very deep residual channel attention networks[C]// European Conference on Cpmputer Vision, 2018.

[12] 陈志明，刘洋，张浩然. 基于 U – Net 网络的地震资料高分辨率处理[J]. 中国石油学会 2021 年物探技术研讨会论文集，2021.

[13] H. Chen et al., “Pre – Trained Image Processing Transformer,”2021 IEEE/CVF Conference on Computer Vision and Pattern Recognition(CVPR), 2021, pp. 12294 – 12305, doi: 10. 1109/CVPR46437. 2021. 01212.

[14] Ashish Vaswani, Noam Shazeer, Niki Parmar, Jakob Uszkoreit, Llion Jones, Aidan N Gomez, Łukasz Kaiser, and Illia Polosukhin. Attention is all you need. In Advances in neural information processing systems, pages 5998 – 6008, 2017. 2, 4.

[15] Dosovitskiy A, Beyer L, Kolesnikov A, et al. An image is worth 16x16 words: Transformers for image recognition at scale[J]. arXiv preprint arXiv: 2010. 11929, 2020.

[16] 张海涛. 基于注意力卷积自编码网络的沙漠地震随机噪声压制方法研究[D]. 吉林大学，2021.

[17]Mandelli S, Borra F, Lipari V, et al. Seismic data interpolation through convolutional autoencoder. SEG Technical Program Expanded Abstracts, 2018, 4101 -4105.
[18]He K, Chen X, Xie S, et al. Masked autoencoders are scalable vision learners[C]//Proceedings of the IEEE/CVF Conference on Computer Vision and Pattern Recognition. 2022: 16000 - 16009.
[19]WILLMOTT C J, MATSUURA K. Advantages of the mean absolute error(MAE)over the root mean square error RMSE)in assessing average model performance[J]. Climate Research, 2005, 30(1): 79 -82.
[20]FREEMAN WILLIAM T, JONES T R, PASZTOR E C. Example - based super - resolution[C]//IEEE Computer Graphics and Applications, 2002: 56 -65.
[21]ZHANG H C, YANG J, ZHANG Y, et al. Non - local kernel regression for image and video restoration[C]//European Conference on Computer Vision, 2010: 566 -579.
[22]Zhao, H., Gallo, O., Frosio, I., & Kautz, J. (2017). Loss Functions for Image Restoration With Neural Networks. IEEE Transactions on Computational Imaging, 3(1), 47 -57. doi: 10. 1109/tci. 2016. 2644865.
[23]You Y, Gitman I, Ginsburg B. Large batch training of convolutional networks[J]. arXiv preprint arXiv: 1708. 03888, 2017.
[24]SMONYAN K, ZISSERMAN A. Very deep convolutional network for large - scale image recognition[J]. arXiv: 1409. 1556, 2014.
[25]李彬，喻夏琼，王平，等．基于深度学习的单幅图像超分辨率重建综述[J]．计算机工程与科学，2021.

基于卷积特征分析的智能地震层位解释技术

刘美薇　鹿　昊　尹华铭　吴云龙　于海生

（大庆油田有限责任公司勘探开发研究院，黑龙江 大庆　163712）

摘　要： 为了提高地震层位追踪的效率和精度，提出了一种在复杂勘探区智能自动追踪地震层位解释方法。首先，提取目标层位经过钻井区的局部地震波形数据作为卷积核（即标准地震道）。然后，对全区每条地震道的波形数据进行卷积处理。最后，将卷积特征数据作为输入，对地震层位的自动追踪进行约束优化。结果表明，该方法能有效地实现复杂勘探区地震层位的智能层位自动追踪，不仅提高了层位追踪解释的效率，更大大提高了地震层位解释的精度。

关键词： 智能地震解释；卷积特征分析；层位自动追踪

1　引言

在油气地球物理勘探中，地震层位解释是一项最基础、最重要的工作。地震层位解释过程中，解释人员通常是根据地震同相轴的横向连续性，参考振幅、频率和相位的变化，进行人工拾取层位。随着计算机技术的不断发展，许多石油服务公司商业软件和学者开展尝试地震层位自动解释的研究工作，提出了一系列同相轴自动追踪方法[1,2]，在很大程度上提高了地震层位解释的工作效率。近年来，对于复杂地震勘探区地震资料来说，由于地震同相轴频率、相位横向变化较大，使用手动追踪或手动追踪与传统自动追踪技术的组合来获得，两者都是一个耗时且容易出错的过程。

为了提高地震层位追踪的效率和精度，我们在传统相干技术的基础上，结合 Viterbi 算法，发展了一种卷积特征分析方法，提出了一种在复杂勘探区智能地震层位解释技术。

2　基本原理

相干体技术是目前最为广泛、效果最理想的断层检测标准方法之一。它主要通过计算相邻地震道之间的相似性来突出断层、微裂缝、岩性或地质构造的整体空间特征[5]。基于相关的自动追踪技术主要采用第二代或第三代相关算法计算地震道之间的相关性，相关性高为连续层位、相关低为断层，从而实现地震层位追踪。Viterbi 算法用于多步骤每步多选择模型的最优选择问题，其在每一步的所有选择都保存了前续所有步骤到当前步骤当前选择的最小总代价（或者最大价值）以及当前代价的情况下前继步骤的选择。依次计算完所有步骤后，通过回溯的方法找到最优选择路径。地震层位追踪是一种最短路径选择问题，符合这个模型

作者简介： 刘美薇，女，1986 年 2 月生，2011 年获得东北石油大学硕士学位，现在大庆油田勘探开发研究院川渝开发研究室工程师，主要从事气藏开发地质研究。E－mail：liumeiwei@ petrochina. com. cn

可以用 Viterbi 算法解决。

卷积是一种基本的数学运算，广泛应用于数字信号和图像处理以及其他领域。卷积层，也称为特征提取层，是在输入层和可学习卷积核之间执行的卷积，该可学习卷积核随后被输入激活函数，添加偏差后获得新的特征映射。利用不同的卷积核可以得到不同的卷积特征，即利用卷积核可以提取局部特征。从信号分析的角度来看，卷积过滤输入特征图中的信号，以突出显示与输入相关的信号[3,4]。通常，卷积算法用来提取地震资料特征。

本文在传统相干技术的基础上，结合 Viterbi 算法，发展了一种卷积特征分析方法，提出了一种在复杂勘探区智能地震层位解释技术。首先，提取目标层位经过钻井区的局部地震波形数据作为卷积核(即标准地震道)。然后，对全区每条地震道的波形数据进行卷积处理，得到滑动时间窗内的卷积特征(即相似地震属性剖面)。最后，将卷积特征数据作为输入，对地震层位的自动追踪进行约束优化。该算法通过对真实地震数据进行最大相似性正演和最短路径搜索相结合的方法来搜索最大值。结果表明，该方法能有效地实现复杂勘探区地震资料的层位自动追踪，并具有良好的连续性和高精度。

2.1 卷积特征分析

本文提出了一种基于卷积特征的相关性分析方法。该方法的基本原理是抽取研究层段的地震波形数据作为卷积核，然后以一定的滑动时窗分解成若干个地震波形曲线，并计算卷积特征剖面的地震属性剖面。该过程可以完成跨区域地震波形曲线的比较和追踪，并以全局优化的方式从地震数据中提取特征。

设卷积核为 $X(n)$，第 i 道第 j 滑动时间窗内的地震波形曲线为 $y_{ij}(n)$，计算过程如下：

$$\rho_{ij} = X(n) y_{ij}(n) \tag{1}$$

其中，n 表示卷积核的长度，ρ_{ij} 表示第 i 条记录道的第 j 个滑动时间窗口中的卷积输出值。利用卷积核计算地震剖面所有滑动时间窗的地震波形曲线，得到卷积特征数据。通过对卷积特征的分析，与卷积核特征相似的区域被高亮显示，与卷积核特征不相似的区域被抑制。

2.2 维特比算法

在有限空间内，同一地质层位需满足等时性，即最短路径。因此，在本研究中维特比算法被用作寻找最优最短路径的搜索算法。它使用两个基本步骤：首先向前完成最短路径的累积计算，然后向后完成递减追踪以找到最优解。

如果观察到的序列是 $Y = y_1^T = (y_1,\ y_2 \cdots,\ y_{\mathrm{T}})$，其联合概率分布可表示为：

$$P(y_1^T) = P(y_1) \prod_{t=2}^{T} P(y_t \mid y_1^{t-1}) \tag{2}$$

该公式表明，时间 t 时观测序列中变量 y_t 的条件分布概率取决于 y_t 之前的所有值 y_{t-1}。这里 $P(y_t \mid y_1^{t-1})$ 是后验概率，其先验概率为 $P(y_1^{t-1})$，引入非观测序列变量 y_{t-1}，用来表征前述全部信息。

假设非观测序列变量是 $Q = q_1^T = (q_1,\ q_2,\ \cdots,\ q_T)$，其联合概率分布为：

$$P(q_1^T) = P(q_1) \prod_{t=2}^{T} P(q_t \mid q_1^{t-1}) \tag{3}$$

该公式表明，状态序列变量 q_t 在时间 t 的条件分布概率取决于 q_t 之前的所有值，这里 $P(q_t \mid q_1^{t-1})$ 是后验概率，其先验概率为 $q(y_1^{t-1})$。

根据条件独立概率分布的假设，非观测序列变量的联合概率分布与观测序列之间的关系可以简化为：

$$P(y_1^T,\ q_1^T)=P(q_1)\prod_{t=1}^{T-1}P(q_{t+1}\mid q_t)\prod_{t=1}^{T}P(y_t\mid q_t) \tag{4}$$

然后，给出一个观测序列 y_1^T 来推断与其对应的最大可能状态序列 q_1^T。这可以通过以下最大化算法获得：

$$q_1^{T*}=\mathrm{argmax}\mid_{q_1^T}P(q_1^T\mid y_1^T)=\mathrm{argmax}\mid_{q_1^T}P(q_1^T,\ y_1^T) \tag{5}$$

维特比算法找到了一个相关且有效的递归解，以找到上述最大值。首先，我们定义了：

$$L(i,\ t)=\max_{q_1^{t-1}}P(y_1^t,\ q_1^{t-1},\ q_t=i) \tag{6}$$

然后，通过以下公式进行反向递归计算：

$$L(i,\ t)=P(y_t\mid q_t=i)\max_j\{P(q_t=i\mid q_{t-1}=j)L(j,\ t-1)\} \tag{7}$$

初始化值为 $L(i,\ 1)=P(y_1\mid q_t=t)P(q_1=i)$。因此，得到最终序列 $\max_{q_1^T}P(y_1^T,\ q_1^T)=\max_i L(i,\ T)$。如果确定了上述反向递归计算的最大增量 $j^*(i,\ t)$，则可以通过使用 q_1^{T*} 的反向递归计算来获得最佳 $q_{t-1}^*=j^*(q_t^*,\ t)$ 和从 $q_T^*=\arg\max_i L(i,\ T)$ 的递归。注意，式(7)在结构上与前一阶段的式(4)相似；它的总和被最大值所代替。

3 方法步骤

3.1 获取标准地震道

通过使用钻井数据校准地震层位，从目的层段和井旁地震道(即标准地震道)中提取局部地震波形曲线作为卷积核：

$$X=(x_1,\ x_2,\ \cdots,\ x_n) \tag{8}$$

其中，n 是标准地震道的长度，通常为奇数。

在复杂地质条件下，地震波形数据往往横向存在较大的变化。为了提高地震解释层位的准确率，通常需要综合井点位置的地震波形和井点周边地震波形的信息，以期提高算法的稳定性。因此，提取了目标层位上井点位置的地震波形和井点周边 F 个地震道的地震波形，并计算了标准地震道。准地震道 X 中第 i 个数据点的值为：

$$x_i=\frac{\sum_{i=1}^{F}x_l(i)}{F} \tag{9}$$

其中，$l=1,\ 2,\ \cdots,\ F$，F 表示提取的地震道数，$x_l(i)$ 表示第 l 个钻孔地震道的第 i 个数据点的值。

3.2 获取地震属性剖面

目的层段的地震波形曲线为上述标准地震道，即卷积核，然后利用卷积特征分析方法对整个地震道进行滑动计算，得到卷积特征的地震属性剖面，增强目标层位上地震反射层的特征。这为采用维特比算法的地震层位自动追踪提供了高精度数据，提高了地震层位自动追踪的稳定性和精度。

滑动窗口中的波形数据量与标准地震道的波形数据量一致，均为 n，每次运动的步长为1。

第 q 道的第 l 滑动窗口中的波形数据为：

$$Y=(y_1, y_2, \cdots, y_n) \tag{10}$$

其中，n 是标准地震道的长度，通常为奇数。

提取的卷积核为 X，原始地震剖面第 i 道的第 j 滑动时间窗波形数据为 Y，计算过程如下：

$$\rho_{ij}=X*Y \tag{11}$$

3.3 层位自动追踪

使用从上述获得的卷积特征的地震属性 $\omega(x_i, y_i)$ 作为输入，使用维特比算法追踪地震层位，包括以下步骤：

(1)最大相似性用于进行正向积分和搜索最大值，如式(12)所示：

$$\begin{cases} \bar{\omega}(p, q)=\bar{\omega}_{\max}(ik, q-1)\,|p+k_{ik=p-k}+\omega(p, q) \\ L(p, q)=ik\,|_{q-1} \\ h+h_1<\sigma<h+h_2 \\ s=s+\lambda \end{cases} \tag{12}$$

其中，$\omega(p, q)$表示地震属性的相似性，$\bar{\omega}_{\max}(ik, q-1)\,|i+k_{ik=i-k}$表示以$(ik, q-1)$为坐标中心，$ik$ 范围内的最大值。我们使用 $q-1$ 之前累积的结果的最大值 $\bar{\omega}_{\max}$ 和下一个属性值 $\omega(p, q)$之和。$L(p, q)=x_{ik}\,|_{q-1}$表示求和的处理路径。$h+h_1<\sigma<h+h_2$ 是采用维特比算法的地震反射层位的垂直追踪深度范围，其中 $k=(s-1)/2$，s 是维特比算法追踪的窗口大小，λ 是窗口的步长，s 通常是大于3的奇数。

(2)该算法递归地向后搜索最短路径，并自动追踪地震反射层位。

当上述累积量达到 $q=N-1$ 时，最大值为 $\bar{\omega}_{\max}(p, N)$，对应的路径为 $L=(p, N-1)=ik\,|_{N-1}$，写为 $x_{ipick}\,|_{N-1}=p$。根据后向下降追踪原理，我们可以搜索最短路径，并计算值 $v(q)$，如下所示：

$$\begin{cases} x_{ipick}\,|_p=L(x_{ipick}, q) \\ v(q)=\omega(x_{ipick}\,|_p) \end{cases} \tag{13}$$

其中，$x_{ipick}\,|_p=L(x_{ipick}\,|_{y_{j+1}}, q)$表示本研究中追踪的地震反射层位路径中每个点的位置，$v(q)$是与最短路径中每个点的位置相对应的相干属性值。

定义初始窗口 s 后，执行地震层位追踪。如果精度达到要求，则地震层位解释工作完成。如果精度未达到要求，则修改时间窗口为：

$$s=s+\lambda \tag{14}$$

其中，λ 是窗口增加的步长，s 通常是大于3的奇数。

4 应用效果

四川盆地川中地区茅口组沉积时期，地层沉积特征受海平面和气候变化的控制。高水位体系域早期，相对海平面上升缓慢，碳酸盐岩生长率变快，区内古地形中的高地在水体能量分配中获得较高的能量，形成高能颗粒滩储层，且滩体多发育在海退期的顶部或中上部。海侵体系域时期，海水相对较快速上升，碳酸盐岩生长率相对缓慢，主要发育一套低能的泥灰岩或泥晶灰岩。高能滩体和低能的泥灰岩或泥晶灰岩在测井特征上均表现为声波时差增大，因而造成了茅二段内幕受岩性组合、白云岩储层、沉积相变因素影响的综合影响，反射特征不稳定，解释难度大。如图 1 所示，钻井揭示 TS4 井在茅二下亚段发育一套高能颗粒滩储层，而 TS11 井在茅二下亚段发育一套高能颗粒滩储层的同时，在茅二上亚段发育一套低能泥灰岩，因而导致了两口井茅二下亚段底具有不同的地震响应特征，即 TS4 井茅二下亚段底位于与宽波谷的下零值点，而 TS11 井茅二下亚段底位于窄波谷的上零值点，两井之间具有明显的相变，因此茅二下亚段底的准确追踪和解释具有一定的难度。

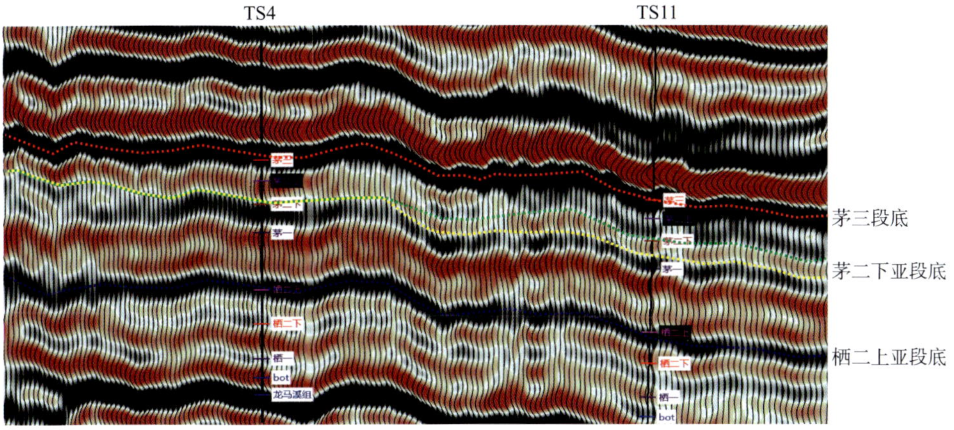

图 1　地震层位自动追踪效果示意图

在地震层位解释工作中，传统自动追踪方法对于茅三段底和栖二上亚段底这类单一相位的连续同相轴具有较好的追踪效果，而对于茅二下亚段底的解释，传统自动追踪方法遵循单一相位的原则，得到了如图 1 中黄色虚线所示的结果，TS4 井得到了正确追踪和解释，而 TS11 井则得到了错误的结果。为了改善茅二下亚段底的解释结果，在人工解释的干预下，首先给出了忠于地质认识的解释样本线之后，利用本文提出的智能地震层位解释技术对茅二下亚段底进行了智能追踪解释，得到了如图 1 所示的绿色虚线，TS4 和 TS11 两口井的位置都得到了合理、准确的解释结果，不仅提高了层位追踪解释的效率，更大大提高了地震层位解释的精度。

5　结论

在油气地球物理勘探中，地震层位解释是一项最基础、最重要的工作。然而，地震层位通常使用手动追踪或手动追踪与传统自动追踪技术的组合来获得，两者都是一个耗时且容易出错的过程。为了提高地震层位追踪的效率和精度，在传统相干技术的基础上，结合 Viterbi 算法，本文提出了一种基于卷积特征分析算法的智能地震层位解释技术。该技术通过对真实地震数据进行最大相干分析和最短路径搜索相结合的方法来搜索最大值。结果表明，该方法能有效地实现复杂勘探区地震层位的地震层位自动追踪，不仅提高了层位追踪解释的效率，更大大提高了地震层位解释的精度。

参考文献

[1]郑公营，曾婷婷．地震层位自动追踪技术研究[J]．物探化探计算技术，2013，35(6)：711－716.

[2]许建华，王世库，赵廷寿．用链匹配算法自动拾取同相轴[J]．石油物探，1990，29(2)：13－23.

[3]张凯，林年添，杨久强，等．一种基于机器学习的复杂地区地震反射层识别与追踪方法：CN201911032179.8[P].2020.

[4]张凯，林年添，张栋，等．基于机器学习的地震反射层卷积特征提取识别追踪[C].//2020年中国地球科学联合学术年会论文集.2020：1312－1314.

[5]刘宗杰，贺锡雷，张祖豪，等．基于3DU－Net全卷积神经网络的低序级断层识别技术[J]．地球物理学进展，2021，36(6)：2519－2530.

基于 DexiNed 网络的断裂增强方法

王贞贞[1]　徐天吉[1,2]　钱忠平[3]　邹　振[3]　张红英[3]

[1. 电子科技大学资源与环境学院，四川 成都　611731；
2. 电子科技大学长三角研究院(湖州)，浙江 湖州　313000；
3. 中国石油东方地球物理公司物探技术研究中心，河北 涿州　072751]

摘　要： 储层表征中的断裂刻画对地下油气的勘探开发具有重大影响。相干技术作为一种常用的地震解释方法，能够有效刻画出地下断裂，但不够明晰和具体。本文基于一种用于图像边缘检测的密集极端初始网络(DexiNed)，提出了一种断裂边缘增强方法。该方法首先通过 DexiNed 网络对相干切片的边缘进行加强，然后利用细化算法对结果进行优化，使得刻画出的断裂更加清晰。实际应用效果表明，该方法能够较精细地刻画出地层断裂，是一种有效的断裂增强方法。

关键词： 相干；边缘识别；DexiNed；断裂

1　引言

地下岩石在地应力的作用下，在薄弱地带发生破裂，被称为岩石破裂。断层、裂隙、节理等构造，都是由岩石破裂导致，它们统称为断裂构造。断裂构造与地下油气的分布和运输密切相关。因而断裂的研究一直是地震解释的重要组成部分。相干技术的发展为地震解释产生了巨大的帮助，为断裂检测提供了新的途径。该技术的原理是计算和比较三维地震数据中相邻道之间的相似性，进行求异去同、重点标出突变的地震数据，从而判断出地下的断裂[1]。

相干数据体是由相干技术对地震数据进行处理得到的数据体，是一种新的地震属性。对于地下连续的均匀介质，来自该地层界面的地震信号是相似的。若地下介质中存在断裂，来自该界面的反射波在横向上是不均匀、不连续的，在界面断裂连接处的地震波的波形特征是突变的。因此相干数据体能够有效反映地震信息的不连续性，即地下断裂分布情况。但是相干数据中的弥散作用和噪声会影响地层特征的判定。因此，本文结合边缘识别算法与细化算法，对相干数据体进行增强，使得模糊的图像变得更加清晰，使得断裂的分布更加明确。

作者简介： 王贞贞，女，2000 年 10 月生，2021 年获电子科技大学学士学位，现为电子科技大学在读研究生，主要从事油气资源勘查方面研究。E－mail：3203028786@ qq. com

2 方法原理

2.1 DexiNed 边缘识别算法

边缘 DexiNed 是由 Xavier 等[2,3]提出的一种用于图像边缘检测的密集极端初始网络。DexiNed 在所提出的数据集中表现得优于其他算法。与此同时。在没有对网络进行微调的情况下，它在其他数据集上的表现也很优秀。并且 DexiNed 能得到比其他方法清晰和更细的边缘，是一种非常好的边缘检测算法。因此本文使用最新的 DexiNed 网络结构进行实验。

图1展示的是 DexiNed 的网络结构，它由两个子网络组成，密集的极端初始网络(Dexi)和上采样网络(USNet)。Dexi 输入的是 RGB 图像，它的网络结构中包含6个块。每个块各产生一个特征映射提供给单独的 USNet，以创建中间的边缘映射。所有由 USNet 产生的边缘图都被连接起来，以提供位于网络最末端的学习滤波器堆栈，最后产生一个融合的边缘映射。

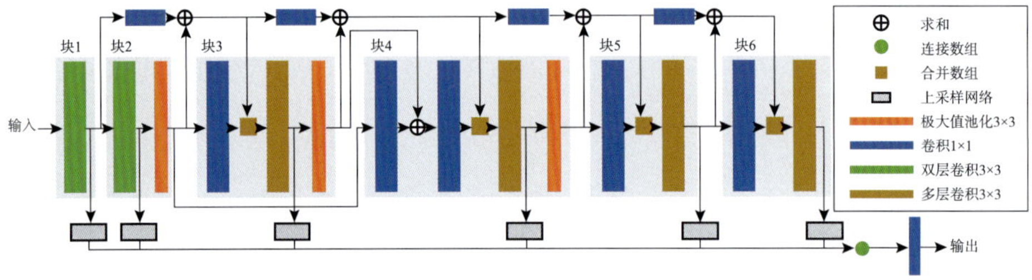

图1 DexiNed 网络结构

DexiNed 的提出者 Xavier 等[2,3]同时也创造了一个新带有仔细注释的边缘的数据集——用于感知边缘检测的巴塞罗那图像集(Barcelona Images for Perceptual Edge Detection，BIPED)。该数据集的特点是，对边缘的标注十分仔细，确保了物体内部与跨过物体的边缘都被标注。因此在最新数据集——BIPEDv2 训练 DexiNed，得到的 DexiNed - BIPEDv2 对新场景具有鲁棒性。因此本文使用 BIPEDv2 训练得到的 DexiNed - BIPEDv2 网络对相干数据进行处理。

2.2 细化算法

经过 DexiNed - BIPEDv2 网络得到的断裂图像中的线条宽度较大，不能清晰描述断裂位置，因此结果有必要进行细化。首先，先将图片二值化为黑白图片，其中有效点为黑色，背景点为白色。然后在张敏[4]提出的改进的 OPTA 算法基础上，用修改后细化算法对断裂图像进行细化。细化算法流程见图2。该算法的实现方法是，先对图片进行补边操作，再遍历新图像中对应的原图像的所有点，根据目标点周围的点判断其是否应该删除，以得到细化后的图像。其中，需要设置如图3所示的 5×5 的模板。设图3中的像素点 P12 是目标点，则 N(P12)代表以 P12 为中心的8邻域中有效值的个数。T(P12)代表以 P12 为中心的8邻域中白色突变到黑色的个数。则该目标点对应的判断条件是：

1. $2 \leq N(P12) \leq 6$

2. $T(P12) = 1$

3. $p7 \times p11 \times p13 = 0$ 或 $T(P7) \neq 1$

4. $p7 \times p11 \times p17 = 0$ 或 $T(P11) \neq 1$

若目标点满足上述所有条件，则将该点改为背景点白色，否则保留该点。重复该过程直至图像中没有目标点可以删除。

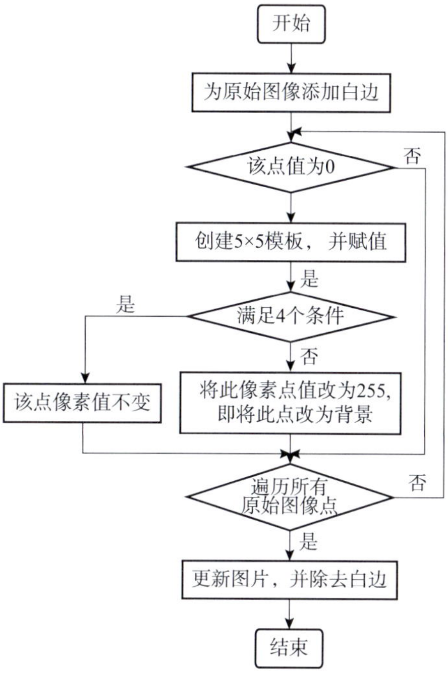

图 2　边缘细化算法流程

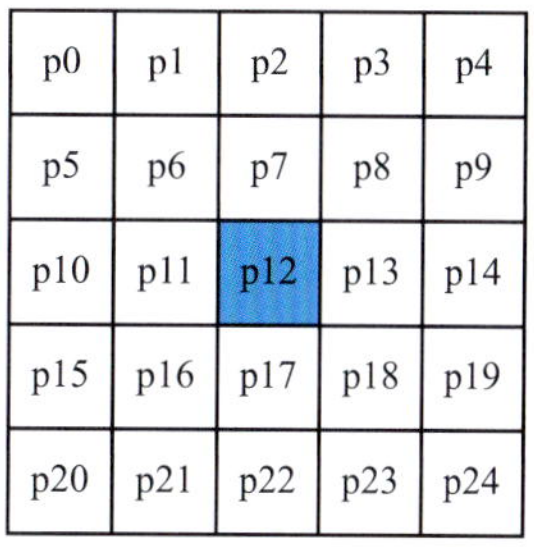

图 3　5 ×5 的模板

3　实际应用

在实际地震相干数据上应用本文方法。首先依据目的层的层位数据，在相干数据体中获得沿层相干数据切片见图 4。图 5 是应用 DexiNed 算法对沿层相干切片进行边缘增强之后的结果。可以看出，经过边缘增强处理后，图像的断裂线条明显变得更加清晰和连续，有助于识别出目的层中的断裂。并且，一些在相干数据中表现不显著的断裂，在经过边缘增强后，能够变得更加容易分辨。如图 5 中红色框标出的断裂，在图 4 中对应位置并不能明显看出存在断裂。并且分析图中六角形位置附近地震数据道，如图 6 所示，发现该位置地震数据道之间确定存在变化，且分析 T512 地层发现该位置地层变细，可能存在小裂缝等断裂，这与实验断裂识别结果相符。但是，由于 DexiNed 算法产生的线条过于粗，对断裂的刻画不够精细，使得断裂的位置不够具体。图 7 是对图 5 结果二值化后，再进行细化算法处理的结果，其中对于目的层附近断裂的位置刻画得更加清晰。由此可见，边缘检测算法和细化算法结合，能够提高分辨能力，使得对地下地层特征的判定更加具体。

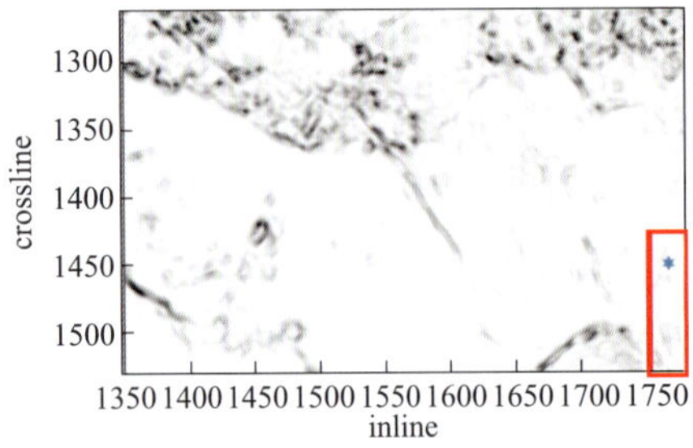

图 4　原始相干数据切片

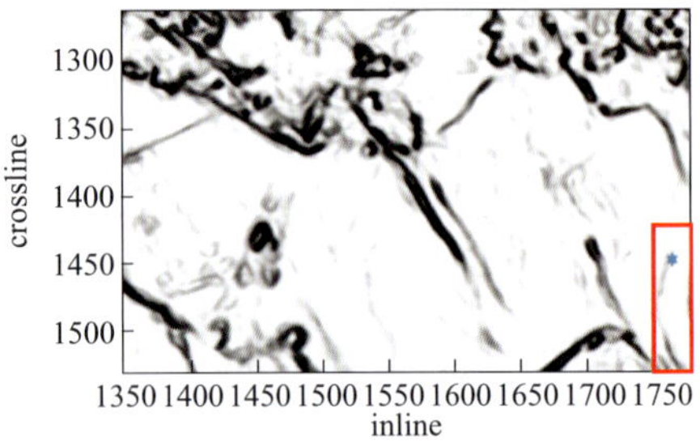

图 5　边缘增强后结果

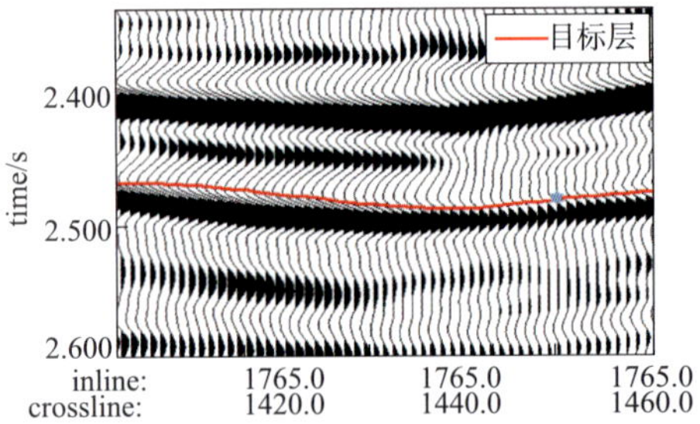

图 6　地震数据

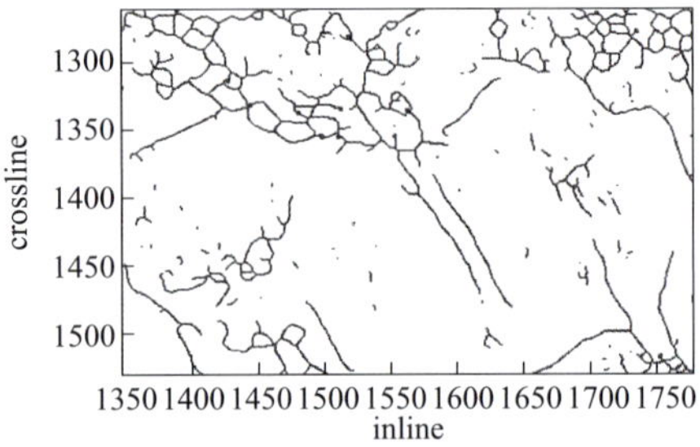

图 7　细化后的结果

4　结论

相干技术是一种十分有效的断裂解释方法，使地震解释技术迈上了新台阶。但是其有自身方法上的局限性，只有把各种方法与之结合起来，才能进一步提高解释精度。本文将相干技术与边缘检测技术和细化算法结合，提出一种断裂边缘增强方法，并应用于实际地震数据。实际结果表明，利用边缘检测技术与细化算法对相干切片进行进一步处理，能够提高断裂解释的精度，对地下断裂分布的检测有所帮助。

参考文献

[1]杨春峰，张宏，田小敏，常炳章，李铮．相干数据体处理技巧及在精细构造解释中的应用[J]．石油物探，2004(S1)：107－109.

[2]Poma X S，Riba E，Sappa A D. Dense Extreme Inception Network：Towards a Robust CNN Model for Edge Detection:，10. 48550/arXiv. 1909. 01955[P]. 2019.

[3]Poma X S，Sappa A，Humanante P，et al. Dense Extreme Inception Network for Edge Detection[J]. 2021.

[4]张敏．二值图像中一种改进的细化算法[J]．现代电子技术，2005(19)：96－98.

面向特定物理属性解耦的叠前地震相分析方法

杨军辉　费一峰　蔡涵鹏

（电子科技大学资源与环境学院，四川 成都　611731）

摘　要：叠前地震相分析技术是目前油气勘探的关键技术之一。现有的叠前地震相分析技术大多对叠前信号进行整体特征的提取，并未能有效分析出提取出的特征对应哪些地质因素，从而使得基于此类特征的地震相分析技术缺乏目的性，对储层描述、沉积相平面展布推断的精度有待进一步提高。对此，本文提出了一种面向特定物理属性解耦的叠前地震相分析方法，将叠前地震信号中相互耦合的不同地质因素产生的特征进行解耦和分离后再对其进行处理。合成数据与实际数据上的测试可以证明，该方法有效提高了叠前地震相分析技术在储层描述、岩性识别等方面应用的准确性与可靠性。

关键词：叠前地震相分析；解耦表征学习；深度属性提取；自动编码器

1　引言

现有的叠前地震相分析方法中，多从叠前地震信号中提取的全部特征进行分类或聚类处理，未有效分析出提取出的特征对应的地质因素，难以分离出在叠前地震数据中蕴藏的不同地质因素。基于全特征的叠前地震相分析技术难以体现出叠前地震数据和技术本身两方面的应有优势，从而导致在储层描述、沉积相推断等领域应用时也难以发挥理想的作用。基于深度学习的叠前地震相分析方法尽管能够揭示出叠前地震数据中深层次的特征，但是这些深度特征缺乏对应的物理含义，使得结果也不能令地质、地球物理专家们满意。例如，对于薄互层油气藏，来自不同界面的反射波相互干涉，影响了单一界面的地震反射振幅随入射角度的变化情况，严重影响了使用此类方法获得的地震相图的准确性与可靠性。

解耦表征学习是一种能够将满足一定条件的、数据中相互耦合的不同因素相互分离开来的一种方法。实质上，解耦表征学习方法将传统数学建模和机器学习建模的优点相互结合，在模型可解释性、对象生成和操作以及零样本学习上有着巨大优势。本文以解耦表征学习理论为基础，提出了一种面向特定物理属性解耦的叠前地震相分析方法。该方法针对实际问题中相互耦合的特定物理属性，将复杂叠前地震数据中相互耦合、相互影响的不同地质因素产生的地震信号特征进行解耦和分离，可以有效地解决叠前地震相分析中存在的多种地质因素耦合影响的问题，提高叠前地震相分析技术在储层描述、岩性识别、流体预测等诸多方面应用的准确性与可靠性。

作者简介：杨军辉，男，1999 年 2 月生，2021 年获电子科技大学工学学士学位，现为电子科技大学资源与环境学院电子信息专业就读，主要从事复杂多维信息处理、机器学习、智能地震勘探、地震相分析等研究。E－mail：1872215776@ qq. com

2 方法介绍

本文提出了一种新的具有属性解耦功能的解耦自编码器，该网络使用来自具有不同属性耦合关系空间 M 的一组数据进行网络的训练与搭建，由此构建的网络结构可以看作由编码器 E：$X\times M\rightarrow h\times M$ 与解码器 D：$h\times M\rightarrow X_{\mathrm{R}}$ 组成，其中 M 是数据属性耦合关系的空间。我们使用的数据$(X, M)\subset X\times M$，其中 X 包含(一批)训练样本，M 表示它们之间的特征耦合关系(子)空间。

2.1 训练数据及其属性耦合关系空间(X, M)的构建

为了实现特征解耦，模型的输入并非单个数据，而是输入一组存在特征耦合关系的多个数据 $S\subset(X, M)$，形成数据对。由此在训练网络$(E^{\circ}A^{\circ}D)$时，希望能够解开 E 的潜在输出 h，以便使用 D 来解码未提供给 E 的样本。

首先通过人工合成地震数据，得到包含多个入射角信息的复杂叠前地震数据。根据应用目的，每组训练数据 $S\subset(X, M)$由4个叠前地震数据构成。4个叠前地震数据分别由两种不同的物理属性相互耦合而成，但具有不同的特征耦合关系，其具体的形式如图2所示。其中，x_i 表示不同的数据，属性 $m-j$ 表示第 m 个属性的第 j 种取值。从图1中可以看出，不同的数据存在不同的特征耦合关系，且一个数据内的子属性与其他数据之间存在一定的关系，这为数据特征的解耦提供了相应的先验基础。

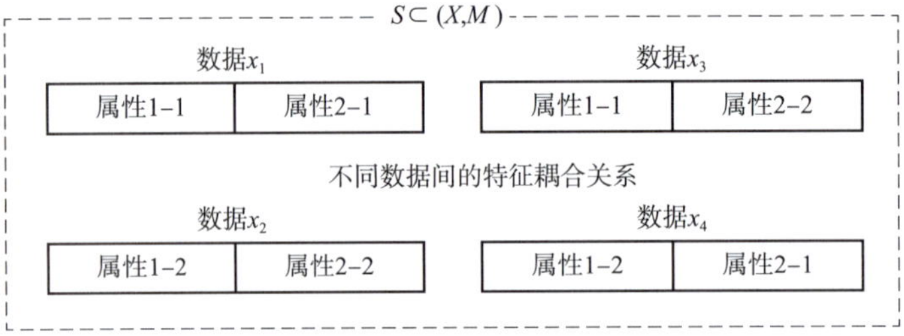

图1 具有不同特征耦合关系的一组数据

2.2 包含解耦过程 A 的自编码器网络的搭建

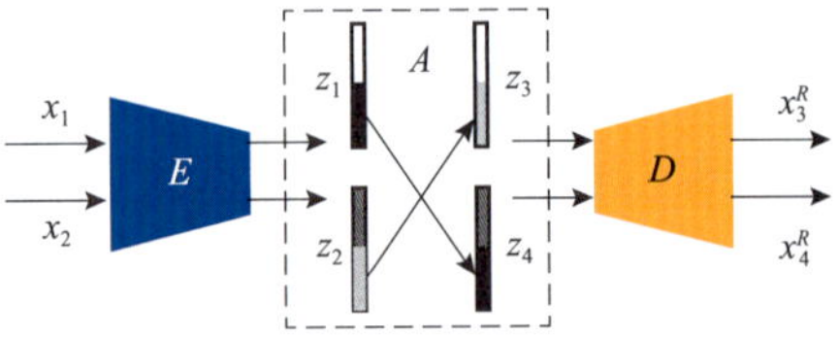

图2 解耦自编码器网络示意图

在训练自编码器 $D(E(X, M))$时，希望能解开 E 的潜在输出以便使用 D 来解码未提供给 E 的样本。$D(E)$输出(输入)多个数据到(从)数据空间，这两个网络都可以访问其中的特征耦合关系。我们设计了解耦过程 A，旨在通过交换深度属中的相应数值来实现不同数据属性的交换。基础的自编码器提取的深度属性为一个一维向量 $z\subset Z$，向量 $z=[g_1, g_2]$是2个向量的串联，g_1，g_2 代表潜在空间的两个不同的解耦子属性。为此，我们定义式(1)所示的 $Swap(\cdot)$操作来进行不同特征的交换以达到预期的特征解耦效果。

$$Swap_k(z_1, z_2)=Swap_k([g_{11}, g_{21}], [g_{12}, g_{22}])=([g_{11}, g_{22}], [g_{12}, g_{21}]) \tag{1}$$

我们使用数据组 $S=\{x_1, x_2, x_3, x_4; m_1, m_2, m_3, m_4\}$来进行进一步解释，使用编码

器 E 对其中的数据进行编码，得到潜在空间的特征关系 $z_1 = E(x_1) = [g_{11}, g_{21}]$，$z_2 = E(x_2) = [g_{12}, g_{22}]$，$z_3 = E(x_3) = [g_{13}, g_{23}]$，$z_4 = E(x_4) = [g_{14}, g_{24}]$。设对于经过编码器 E 的 S 中的数据 x_i 而言，其中的特征耦合关系为 m_1：$(g_{11} = g_{13})$，m_2：$(g_{21} = g_{24})$，m_3：$(g_{12} = g_{14})$，m_4：$(g_{22} = g_{23})$，即数据 x_3、x_4 为 x_1、x_2 中相应的物理属性交叉耦合而成。如果由编码器 E 所得到的解耦子属性 g_1 与 g_2 能实现对该组数据的特征解耦，那么在将提取到的解耦子属性输入解码器 D 之后，最终的输出应该为数据 x_3、x_4 的重建，即 $x_3 = x_3^R$，$x_4 = x_4^R$。因此，最终得到解耦自编码器 $D°A°E$ 的损失函数[式(2)]：

$$Loss(D°A°E;\ M) = \| x_3 - x_3^R \|_2^2 + \| x_4 - x_4^R \|_2^2 \tag{2}$$

综合以上各个流程，最终搭建网络的架构如图 2 所示。在网络的实际训练的过程中，z_3、z_4 并非由编码器 E 编码而来，而是经过 $z_1 = E(x_1)$，$z_2 = E(x_2)$ 两个编码过程后使用 $Swap(\cdot)$ 函数计算而来的。

2.3 模型训练过程

步骤 1：数据生成与解耦子属性预定义

首先，根据所要解决的实际问题对需要进行解耦的解耦子属性进行预定义；之后根据实际工区地震记录及测井数据，使用基于 Aki – Richards 方程与褶积模型的正演算法生成所需的训练数据组 $S \subset (X,\ M)$。

步骤 2：解耦自编码器的搭建

基于卷积自编码器与解耦过程 A：$Swap(\cdot)$ 搭建解耦自编码器网络参数训练。

编码：将生成的多组具有特征耦合关系的叠前数据作为网络输入，对于每组数据而言，每个数据的物理属性与该组内其他数据存在不同的特征耦合关系，将该组数据分为两类：一类作为编码器的输入，另一类用于损失函数的构建。对于一组数据的训练来说，将数据组 $S = \{x_1, x_2, x_3, x_4\}$ 中的 x_1，x_2 先后分别输入编码器 E 得到其对应的深度属性 $z_1 = E(x_1) = [g_{11}, g_{21}]$，$z_2 = E(x_2) = [g_{12}, g_{22}]$。

A：$Swap(\cdot)$ 属性解耦：

我们对由编码器得到的深度向量按照解耦目的进行预定义，并进行相应的属性向量的交换，即上文提到的 A：$Swap(\cdot)$ 计算过程，以得到特征属性 $z_3 = [g_{11}, g_{22}]$，$z_4 = [g_{12}, g_{21}]$，这样就得到了具有新的特征耦合关系的解耦子属性。

解码：将交换属性向量后得到的 z_3，z_4 先后分别输入解码器 D 进行解码，得到重构数据 x_3^R，x_4^R。

步骤 3：使用梯度下降法，结合式(2)进行网络参数的更新与迭代。

3 实验

3.1 合成数据验证

这里依照上文提到的例子进行合成数据有效性验证。首先，依据实际工区测井数据，提取实际数据中的弹性参数与地层厚度的分布情况，之后利用基于 Aki – Richards 方程与褶积模型计算的正演算法合成了 40000 组数据作为训练集。每组数据包含 4 个叠前数据，每个数据包含10个不同入射角的地震反射信息。考虑到实际问题的情况，这里选取的物理属性为弹性参数与地层厚度，其中弹性参数分别为含水砂岩与含气砂岩，并耦合有与实际分布相匹配的地层厚度，地层的弹性参数设置如图3所示。在测试数据方面，合成了800个叠前数据，数据维度同训练数据一致。其中，编号1～400的数据为含水砂岩，401～800的数据为含气砂岩，且模型共具有五种不同的地层厚度：5m、10m、15m、20m和25m。

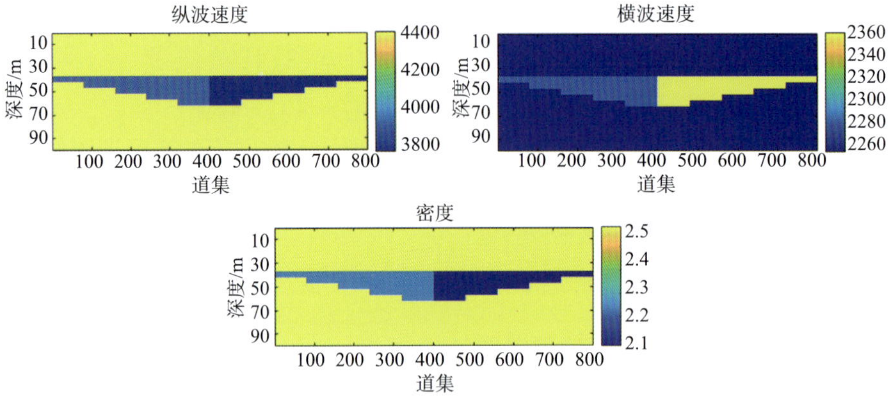

图3　测试地层模型的弹性参数

实际使用的解耦卷积自编码器网络由一个解码器与一个编码器构成。编码器由多个卷积层、池化层以及最后的全连接层组合而成。在将输入数据编码为一个多维属性张量后使用全连接层最终获取到一维的深度属性。解码器由相互对应的全连接层、反卷积层与反池化层组成，解码器的模型参数与之对应对称。使用搭建的网络与合成数据进行训练与测试，模型在训练约800轮后收敛。使用普通的卷积自编码器提取到的深度属性作为对比。

本文选取K均值聚类算法对两种深度属性进行分析。考虑到本文的测试模型共具有2种弹性参数与5种地层厚度，对提取到的地层厚度属性进行5聚类，对弹性参数属性进行2聚类，并且对无解耦过程的网络提取到的深度属性进行对比测试，其最终的结果如图4所示。对比图4，可以看出使用本文设计解耦网络提取到的深度特征进行聚类，两种物理属性能够在属性域很好地分离开来，最终的聚类结果也与其结果类似；而使用原始网络提取的深度属性的聚类结果体现出无规律性和不稳定性，不具有解耦能力。

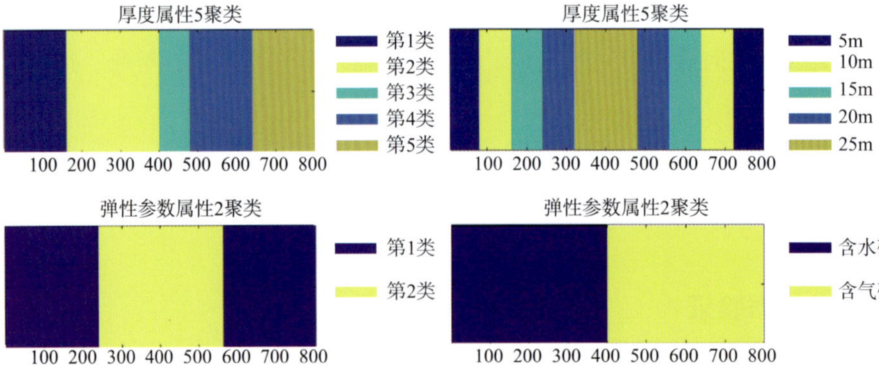

图4　K－means普通自编码器

3.2 实际数据验证

选取四川盆地某实际工区进行实际地震数据的实验验证，该工区总面积约 1250 平方千米，目标地层深度约为 1000～1150m，目标地层的均方根振幅切片如图 5(a)所示。可以看出，该目标地层有大量河道发育，在图中的 A 处、B 处发育有明显河道；且在 C 处可能发育有横向窄、纵向低于调谐厚度的薄层河道，但是从均方根振幅图上无法明显分辨出该处的河道发育情况与河道走向。

为更加清晰地分析该目标地层河道的发育情况与河道走向，这里选用地层弹性参数与不同厚度河道发育与否两种属性来进行解耦。按照本文的方法，首先结合该工区实际的测井数据，利用正演方法构建足够的复杂叠前地震数据，共获得了共 40000 组叠前数据。数据的弹性参数与实际测井、钻井数据中的数据分布相吻合，且在部分数据中嵌入有不同厚度的河道，每个数据包含有 10 个入射角的振幅随偏移距的信息。

仍然使用与合成数据相同的解耦自编码器网络正演数据进行训练，该网络在训练 1000 轮后基本收敛。使用训练出的该网络的编码器分别提取该工区实际数据的地层厚度与河道发育两种解耦子属性，考虑到该实验主要是为了探明目标地层的河道发育情况，因此这里选取河道发育这一解耦子属性进行 K 均值聚类，聚类的簇数设置为 8。作为对比，用同样由该训练数据训练得到的普通自编码器提取的深度属性进行 K 均值聚类，聚类簇数为 8。两种结果的对比图如图 5(b)、图 5(c)所示。可以看到，使用河道发育解耦子属性的聚类结果更为清晰，连续性更好，A 处、B 处主干河道明显，并且在均方根振幅图中并不明显的 C 处的薄层河道也能够较为清晰地刻画出河道走向，且能够将不同深度的河道分离开来。仔细分析图 5(a)、图 5(b)，可以看出从普通的自编码器聚类图中则无法明确判断河道的发育情况，且主干河道并不清晰，不利于进一步的地震相分析。

模型试验和实际数据测试证明，使用本文提出的属性解耦的叠前地震相分析技术显著提高了面向特定应用的叠前地震相分析的准确度与可靠性，且在网络可解释性上存在显而易见的优势。

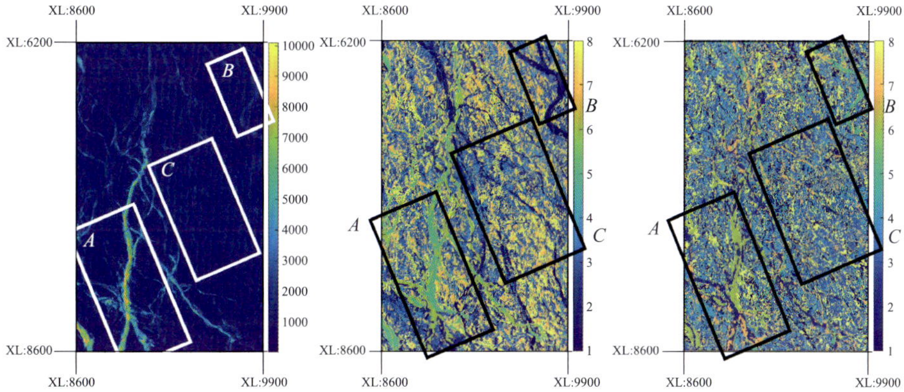

(a) 均方根振幅图　(b) 解耦子属性聚类图　(c) 与普通深度属性聚类图

图 5　结果对比

4 结论

本文以解耦表征学习理论为基础，提出了一种新的面向特定物理属性解耦的叠前地震相分析方法，能够对复杂叠前地震信号实现具有明确地质地球物理含义的特征解耦，对合成数据与实际数据的实验证明：使用该特征解耦模型能有效将数据中相互耦合、相互影响的物理属性分离开来，显著提高了面向特定应用的叠前地震相分析的准确性与有效性，以及深度学习模型的可解释性。该方法极大地揭示了叠前地震信号中蕴藏的地质地球物理因素产生的特征，可大幅度提升储层描述、沉积相空间分布推断的精度。

参考文献

[1]Meysam Kourki，Mohammad Ali Riahi，2014，Seismic facies analysis from pre – stack data using self – organizing maps，Journal of Geophysics and Engineering，2014，11(6)：1 – 8.

[2]Qian F，Yin M，Liu XY，Wang YJ，Lu C，Hu GM. Unsupervised seismic facies analysis via deep convolutional autoencoders. Geophysics. 2018，83(3)：A39 – 43.

[3]K. Li，Z. Liu，B. She，et al. Pre – stack seismic facies analysis via waveform sparse representation[J]. Geophysics，2021，86(1)：IM35 – IM50.

[4]赵伟，陈小宏，李景叶．薄互层调谐效应对 AVO 的影响[J]. 石油物探，2006，45(6)：570 – 573.

[5]来杰，王晓丹，向前，等．自编码器及其应用综述[J]. 通信学报，2021，42(9)：218 – 230.

[6]Locatello F，Bauer S，Lucic M，et al. Challenging common assumptions in the unsupervised learning of disentangled representations[C]//international conference on machine learning. PMLR，2019：4114 – 4124.

[7]Ge Y，Abu – El – Haija S，Xin G，et al. Zero – shot synthesis with group – supervised learning[J]. arXiv preprint arXiv：2009. 06586，2020.

[8]X. J. Wang，J. Q. Huang，R. Jiang，et al. AVO response of different types of gas – bearing sandstone and error analysis of approximate formulas[J]. Lithologic Reservoirs，2017，29(5)：120 – 122.

智能相控约束的叠前地震反演方法

陈 挺 邹邦力 蔡涵鹏 王峣钧

（电子科技大学资源与环境学院，四川 成都 611731）

摘 要：地震相是沉积相的一种综合表现，通过地震相分析可以解释岩相和沉积环境，识别沉积层理、结构、岩性等沉积特征。由于缺乏对储层结构特征的准确表征方法，地震相中有关结构特征的先验信息不能融入反演过程。我们分析了不同相带中沉积特征的表征模式后，提出了一种智能相控约束的叠前地震反演方法。该方法首先基于神经网络的属性融合方法建立准确的地震相分析结果，然后在每个相带中分别提取储层沉积结构特征。采用反演－相控表征相互迭代的框架，先反演模型参数，然后根据对应相带的稀疏表征模式对反演结果进行精细表征，最终获得符合各个相带沉积特征的反演结果。通过实际数据测试表明，该算法在薄层反演和储层展布规律刻画方面具有显著的效果。

关键词：神经网络；地震相；稀疏表征；叠前地震反演

1 引言

叠前地震反演可以从地震数据中获得丰富的储层弹性参数信息。因此，它已经成为储层预测和油藏描述的一项重要技术[1]。由于反演问题的复杂性，反问题的求解过程往往是不确定的。即同一个观测数据可能对应多个不同的储层参数。常见的解决方案是假设储层参数的特征符合某种规律，在算法中增加正则化信息或约束条件[2]。

为了使反演结果更符合实际地质情况，需要进一步认识储层的非均质性。采用地震相等地质信息作为约束条件可以使反演结果不仅与地震数据一致，而且更符合地质数据。Huang（2009）提出了一种相控地震随机反演方法，将地震沉积学的研究思路引入了地震反演中，使反演结果具有一定的地质意义[3]。Kemper（2014）提出了基于相的地震反演，认为低频模型是反演过程本身的产物。使用地震沉积学指导方法进行先验模型构建，为约束先验模型提供了独立的地质知识[4]。Wang（2016）提出了一种相控反演方法。这种相控地质统计反演方法使用了地震和测井数据的聚类分析，以获得更可靠的阻抗和岩性变异函数[5]。Guo（2018）在地震相与沉积微相平面预测的指导下，建立反演初始模型，实现多相控反演储层预测[6]。

地震相是沉积相的一种综合表现，通过地震相分析可以解释岩相和沉积环境，识别沉积层理、结构、岩性等沉积特征[7]。地震相的准确性直接影响了反演结果的准确性。地震数据的深度特征比常规的地震波形和地震属性能提供更详细的地震横向特征。地震数据中的这

作者简介：陈挺，男，1995 年 12 月生，2018 年获西南石油大学学士学位，现为电子科技大学信息与通信工程专业在读博士研究生，主要从事智能地震反演相关研究。E－mail：ting. chen. seven@ gmail. com

些信息往往就反映了地下地层的结构、沉积规律的变化。先前研究表明，地震相所包含的低频信息确实可以控制储层的整体分布趋势[8]。然而，低频信息对于薄层的表征还是存在很高的不确定性。与此同时，不同相带中储层的沉积结构特征具有差异性。这就需要利用每个相带中的沉积结构特征对储层参数进行表征。通常来说，地下岩石的沉积是一个稳定且连续的过程。同一相带内沉积规律是相似的，这种相似性会带来相带内沉积结构的稀疏性，可用有限的沉积结构特征来稀疏表征整个相带内的沉积模式[9]。不同相带间的沉积规律存在差异，沉积结构特征具有独特性，采用不同稀疏表征模式来刻画相带间沉积模式的差异。

为了表征复杂地质条件下储层的沉积结构，我们尝试为每类相匹配专属的稀疏表征模式。为此，我们将联合稀疏表示算法引入对相的表征中。首先利用地震深度特征对相带进行精细划分。然后在每个相带内分别提取储层沉积结构特征。因为可以从测井数据中提取不同类型的沉积结构特征，这种相控反演方法可以描述复杂沉积环境中储层的沉积结构。结合数据驱动反演框架，先反演模型参数，然后根据不同相带采用对应特征的字典原子对储层参数进行稀疏表征。再将表征结果作为反演的初始值进行迭代，最终获得符合各个相带沉积特征的反演结果。这样可以保持同类相中储层沉积结构特征的继承性，同时刻画不同相带中的差异性。实际数据测试表明，该方法与常规叠前反演相比可以准确对薄层砂岩进行定量刻画，反演结果中储层的分布更符合实际沉积环境。

2 方法原理

地震反演的目的是通过观测资料获取储层参数。为解决后续反演问题，需要建立地震资料与储层参数之间的反演框架。

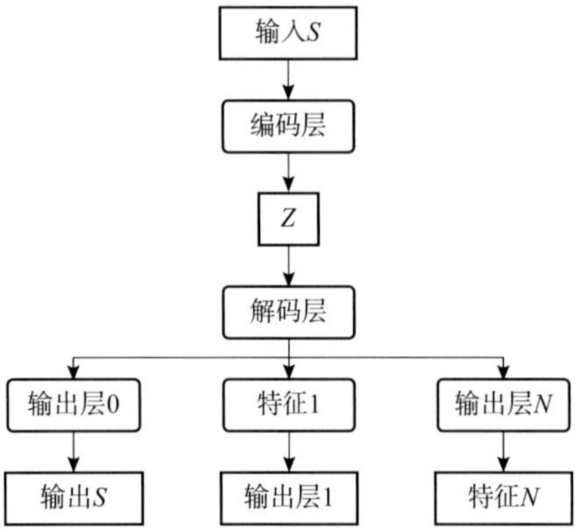

图1 网络结构图

2.1 智能地震相分析

利用神经网络自编码器提取地震深度特征的同时融合传统地震属性可以整合地震数据中的有效信息。当同时学习多个相关任务时，多任务学习提高了网络的泛化能力。在解码器输出多个重构后增加了多个独立的单层神经网络。网络结构图如图1所示，将解码器的输出作为独立层的输入，由独立层重建地震波形和地震属性数据。每个独立的层只能重构一种类型的数据，所有独立层共享解码器网络。

输入数据 S 通过编码层后获得深度特征 $\boldsymbol{Z}$，然后通过解码层还原数据 $\boldsymbol{S}$ 和其他属性数据。在本文中，我们的输入数据为地震波形数据，该网络的目标是最小化输入数据 $\boldsymbol{S}$ 和输出数据 $\bar{\boldsymbol{S}}$ 之间的误差，其优化函数为：

$$\min_{\Theta} L(\boldsymbol{S}, \bar{\boldsymbol{S}}) \tag{1}$$

其中，Θ 为神经网络中的参数，重构误差为：

$$L(S,\bar{S}) = \sum_{i=1}^{N} \|s_i - \bar{s}_i\|2_2 = \sum_{i=1}^{N} \|s_i - D(E(s_i))\|2_2 \tag{2}$$

网络中的输出层 $0-N$ 之间相互独立，但它们共享相同的解码层。共享解码层的目的是

让地震波形和属性共同作用于地震深度特征 $\boldsymbol{Z}$。该网络的目标函数被定义为

$$\min_{\Theta} L(S,\ \bar{S})+\lambda_1 L(\boldsymbol{X}_1,\ \bar{\boldsymbol{X}}_1)+\cdots++\lambda_N L(X_N,\ \bar{X}_N) \tag{3}$$

其中，$\boldsymbol{X}$ 是地震属性数据，$\bar{\boldsymbol{X}}$为重构的地震属性数据。λ 为每种属性重构误差所占的权重。同时使用地震波形和属性作为训练数据，可以确保地震波形和属性都对深度属性有约束。融合了多种属性的深度特征可以表征地震数据中的多种信息。将深度特征聚类为地震相的过程采用了最常用的自组织映射波形聚类算法。

2.2 稀疏表征

使用联合稀疏表征算法来表征不同相带中的储层结构特征。联合稀疏表征是一种基于弹性参数之间相关性的协同算法。我们采用同时学习多个字典的方法，它们共享同一个稀疏系数矩阵 $\boldsymbol{A}$。以这种方式，我们可以捕捉弹性参数之间的相互关系。同时学习多个参数字典($\boldsymbol{D}_{\rm p}$，$\boldsymbol{D}_{\rm s}$，$\boldsymbol{D}_{\rho}$)的算法可以被描述为：

$$\{\bar{\boldsymbol{D}}_{\rm p},\ \bar{\boldsymbol{D}}_{\rm s},\ \bar{\boldsymbol{D}}_{\rho},\ \bar{\boldsymbol{A}}\}=\arg\min_{\bar{\boldsymbol{D}}_{\rm p},\bar{\boldsymbol{D}}_{\rm s},\bar{\boldsymbol{D}}_{\rho},\bar{\boldsymbol{A}}}\{\|\boldsymbol{Y}_{\rm p}-\boldsymbol{D}_{\rm p}\boldsymbol{A}\|^2_{\rm F}+\|\boldsymbol{Y}_{\rm s}-\boldsymbol{D}_{\rm s}\boldsymbol{A}\|^2_{\rm F}+\|\boldsymbol{Y}_{\rho}-\boldsymbol{D}_{\rho}\boldsymbol{A}\|^2_{\rm F}\} \tag{4}$$

$$\text{subjectto}\ \forall\, \mathrm{i}:\ \|\boldsymbol{\alpha}_i\|_0\leqslant \boldsymbol{T}(\boldsymbol{T}\ll \boldsymbol{L})\#\#$$

其中，$\boldsymbol{Y}_{\rm p}$、$\boldsymbol{Y}_{\rm s}$ 和 $\boldsymbol{Y}_{\rho}$ 分别代表纵波速度($V_{\rm p}$)、横波速度($V_{\rm s}$)和密度(ρ)的训练数据。T 为稀疏系数，控制着稀疏系数矩阵 $\boldsymbol{A}$ 中非零项的数目。一般采用 K－SVD 算法来求解这种稀疏表示问题。

2.3 反演框架

叠前地震反演是预测储层弹性参数的一种有效方法。反演算法基于 Zoeppritz 近似方程和卷积模型。叠前地震数据 $\boldsymbol{S}$ 可以被近似表示为正向物理模型 $\boldsymbol{G}$ 和模型参数 $\boldsymbol{m}$ 的乘积。

$$\boldsymbol{S}=\boldsymbol{Gm}+\boldsymbol{e} \tag{5}$$

其中，$\boldsymbol{e}$ 表示信号的加性噪声。正向物理模型为卷积模型，模型参数向量来自 V_p、V_s 和 ρ 的对数映射。

一般情况下，反演框架包含两个部分，第一部分为数据拟合项，其作用是确保反演结果与地震数据的吻合。第二项为先验信息约束项，目的是使反演结果符合已知的地质信息。

$$\bar{\boldsymbol{m}}=\arg\min_{\rm m}\{\|S-Gm\|_2^2+\gamma\Gamma(m)\} \tag{6}$$

其中，$\bar{\boldsymbol{m}}$ 为 $\boldsymbol{m}$ 里估计值，而 $\Gamma(\boldsymbol{m})$是先验信息约束项。通常使用权重系数 γ 来平衡两项的贡献。我们认为每个相带中的模型参数 $\boldsymbol{m}$ 可以由字典 $\boldsymbol{D}$ 中的一些原子线性组合而成。那么，约束项可以写成：

$$\Gamma(\boldsymbol{m})\ =\ \sum_{i=1}^{N}\|\boldsymbol{D\alpha}_i\ -\ \boldsymbol{R}_i\boldsymbol{m}\|_2^2 \tag{7}$$

$$\text{subjectto}\ \forall\, i:\|\boldsymbol{\alpha}_i\|_0\ \leqslant\ T(T\ll L)$$

在等式(7)中，模型参数 $\boldsymbol{m}$ 被矩阵 $\boldsymbol{R}_i$ 分成 N 个小块，每个对应小块的稀疏系数为 α_i。结合等式(7)与等式(6)，我们用 $\boldsymbol{\pi}$ 代表不同的相，基于智能相控约束的叠前反演方法可以描述为：

$$\{\bar{\boldsymbol{m}},\bar{\boldsymbol{\alpha}}_{i/\pi_j}\}=arg\min_{m,\alpha_{i/\pi_j}}\{\|\boldsymbol{S}-\boldsymbol{Gm}\|_2^2+\gamma\sum_{\pi_j}^{\Omega}\sum_{i=1}^{N}\|\boldsymbol{D\alpha}_{i/\pi_j}-\boldsymbol{R}_{i/\pi_j}\boldsymbol{m}_{\pi_j}\|_2^2\}, \tag{8}$$

$$\begin{cases}\pi=\{\pi_1,\ \pi_2,\ \pi_3\cdots\pi_{end}\}\in\Omega\\ \text{subjectto}\ \forall i:\ \|\alpha_i\|_0\leqslant T(T\ll L)\end{cases}$$

其中，$\overline{\boldsymbol{\alpha}}_{i/\pi_j}$是地震相 π_j 中的第 i 个小块的稀疏系数。Ω 表示所有地震相带的集合。当求解得到 $\overline{\boldsymbol{\alpha}}_{i/\pi_j}$时，我们便可获得 $\overline{\boldsymbol{m}}=\sum_{\pi_j}^{\Omega}\sum_{i=1}^{N}\boldsymbol{R}\boldsymbol{T}_{i/\pi_j}\boldsymbol{D}_{\pi_j}\boldsymbol{\alpha}_{i/\pi_j}$。

3 实验

为了测试所提出的反演方法在实际数据中的有效性，我们将该方法应用于中国西北的一个三维数据集。

3.1 工区简介

该工区共有 Inline501 × Xline631 道，其中有 66 口可用的测井数据。沉积背景为湖相三角洲沉积环境，从东北向西南发育一条主河道，主河道两侧发育多条分支河道。我们的目标储层是一组超薄砂岩，它的横向连续性较差。砂岩对阻抗的响应较弱，但呈现出低 V_p/V_s 特征，因此 V_p/V_s 叠前反演具有识别储层的潜力。在 V_p/V_s 约为 1.88 时，可以有效区分砂岩。高于 1.88 的值被认为是泥岩，而低于 1.88 的值被认为是砂岩。目标砂岩的 V_p/V_s 值约为 1.7 ~ 1.88。图 2 展示了 w35 井的三个弹性参数曲线和地震道集。弹性参数曲线合成的叠前地震道集与实际的叠前地震道集具有较高的一致性。所以我们认为预处理较为完善，保证了后续反演过程的精度。

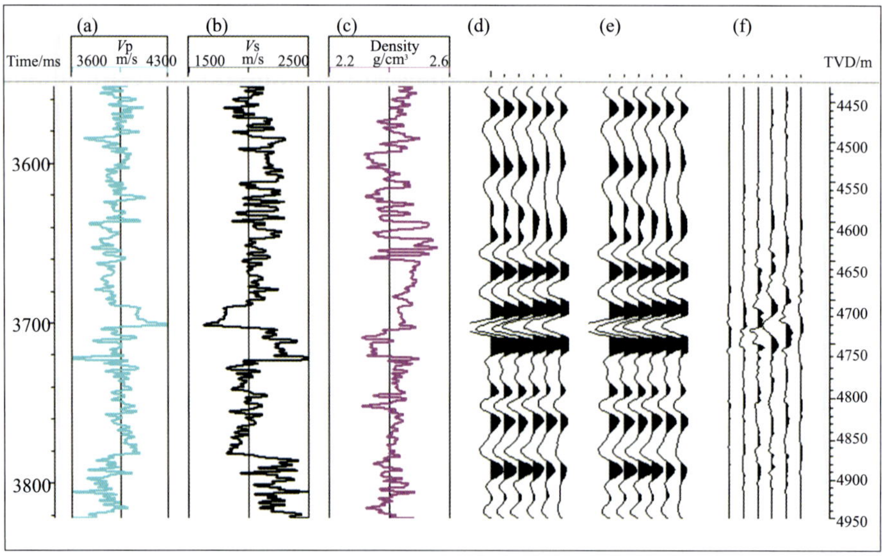

图 2 w35 井测井曲线和地震道集

(a) V_p，(b) V_s，(c) ρ，(d) 合成地震数据，(e) 实际地震数据，(f) 地震数据残差

3.2 反演效果测试

利用智能地震相分析方法对目标储层进行了精确的相划分，对目标储层的分布进行了定性分析。图 3 为最终的相划分结果，其中黄色和蓝色分别代表砂岩相和泥岩相的沉积分布。

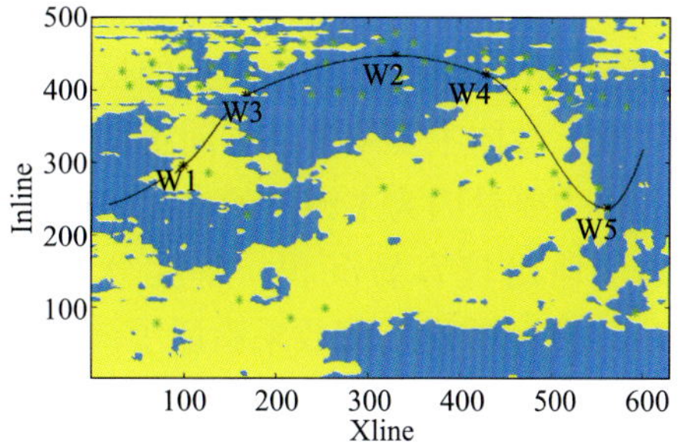

图 3　智能地震相分析结果

在地震相的控制下，从测井曲线中提取出具有相应相带特征的原子。砂岩相提取的原子速度和密度较高，而泥岩相提取的原子速度和密度较低。由于地震相是岩性、层理和地震子波的综合反映，在相带上存在一定的误差。因此，地震相与目标储层的沉积展布并不完全一致，但大致吻合。

提取不同相带特征的字典原子，对相应相带中的弹性参数进行稀疏重构。根据之前对测井资料的分析可知，目标储层的敏感参数为 V_p/V_s。图 4 展示了反演结果的联井剖面。目标储层在黑色层位线上方约 15ms 位置处。从图中黑色矩形内的细节部分可以看出，基于低频约束的反演方法无法将目标砂岩与周围的大型砂岩区分开。而基于智能相控约束的反演方法能获得与地震相带特征比较一致的砂岩分布。基于智能相控约束的反演不仅考虑了弹性参数在垂向结构特征上的变化，还考虑了不同岩相弹性参数的横向分布特征。

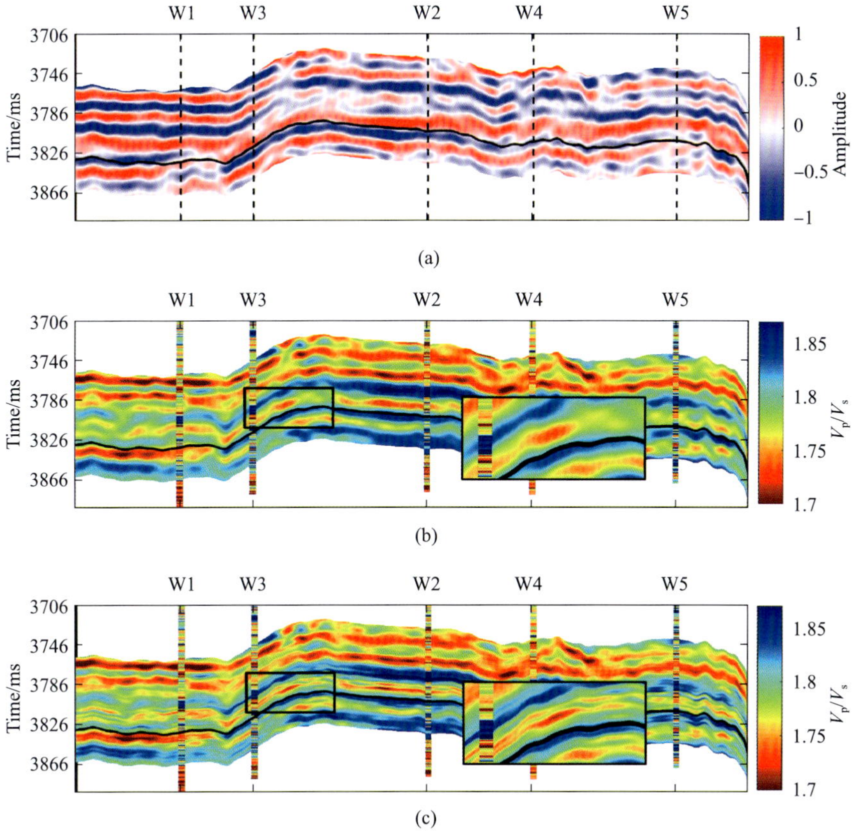

图 4　地震剖面和 V_p/V_s 反演结果

(a)为地震数据，(b)基于低频约束的反演结果，(c)为基于智能相控约束的反演结果

我们主要研究了图 5 所示的目标储层砂岩的展布，该图是在目标层位处根据砂体响应明显的 V_p/V_s 范围统计得到的砂岩厚度分布图。从整体的分布趋势我们可以看出，低频约束反

演对目标层的薄砂岩重构不精确，导致对砂岩厚度进行统计分析时，不能准确识别薄砂层的厚度。而从基于智能相控约束的反演结果我们可以看出，薄砂层的分布与实际的河道分布基本一致，砂体主要发育在主河道两侧的分支河道、支流间湾等位置，而在主河道内基本不发育，这主要是因为主河道的水流较大，砂砾沉积物不容易沉积下来，而在水动力较弱的分支河道等地比较容易沉积。厚度分布图与测井的整体吻合度达到了 84.8%，平均误差为 1.5m。实际数据反演效果验证了该方法的优越性和实用性。

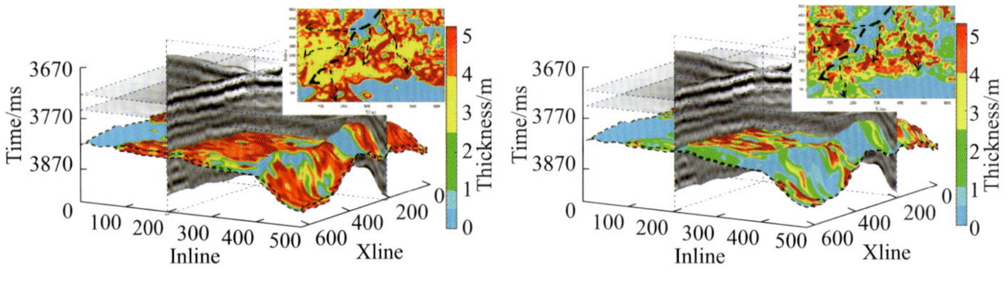

(a) 基于低频约束反演的砂体厚度　　(b) 基于智能相控约束反演的砂体厚度

图5　基于 V_p/V_s 的砂体厚度分布图

4　结论

在本文中，我们提出了一种智能相控约束的反演方法。该方法重点捕捉每个相带中的沉积结果特征，首先利用智能地震相分析构建准确的相带分布，再从测井数据中学习不同相带的特征字典，在反演过程中用相应特征的原子对各个相带中储层进行稀疏表征，以此对储层的结构特征进行准确刻画。不同于常规的相控反演，该方法考虑了同一相带中沉积特征的统一性和不同相带之间特征的差异性，对储层结构特征的刻画更为准确。从实际数据的测试效果来看，与常规的低频约束反演相比，基于智能相控约束的方法能反演更薄的砂岩，而且对于实际数据中薄砂岩的展布刻画得更加准确。该相控方法不仅可以用在 AVO 反演方法中，对其他反演方法也同样适用。

参考文献

[1] Zhang, Fanchang, Yang, Jingyang, et al. Direct inversion for reservoir parameters from prestack seismic data. Journal of Geophysics and Engineering, 2020, 17(6): 993 – 1004.

[2] Guo, Song, Wang, Huazhong. Seismic absolute acoustic impedance inversion with L_1 norm reflectivity constraint and combined first – and second – order total variation regularizations. Journal of Geophysics and Engineering, 2019, 16(4): 773 – 788.

[3] Huang, Xuri, Li, Li, et al. Development and application of iterative facies – constrained seismic inversion. Applied Geophysics, 2020, 17: 522 – 532.

[4] Kemper, Michael, et al. Joint impedance and facies inversion – seismic inversion redefined. First Break, 2014, 32(9).

[5] Wang, Xiongfei, Liu, Yonglei, et al. The application of phase – controlled inversion in prediction of deeply buried marine reef – bank reservoirs in the central Tarim Basin. SEG Global Meeting Abstracts,

2016, 734 - 737.

[6] Guo, Shuwen, Xing, Xing, et al. Multiple facies - controlled prediction of single sand body of meandering rivers. International Geophysical Conference, 2018, 1201 - 1206.

[7] Li, Xutao, Chen, Qilin, et al. Application of multi - seismic attributes analysis in the study of distributary channels. Marine and Petroleum Geology, 2016, 75: 192 - 202.

[8] Yuan, Sanyi and Jiao, Xinqi, et al. Double - scale supervised inversion with a data - driven forward model for low - frequency impedance recovery. GEOPHYSICS, 2022, 87(2): R165 - R181.

[9] Du, Xiaofeng, Wang, Qiming, et al. Sedimentary characteristics and mechanism analysis of a large - scale fan delta system in the Paleocene Kongdian Formation, Southwestern Bohai Sea, China. Interpretation, 2020, 8 (2): SF81 - SF94.

基于联合字典与空间结构约束的孔隙度反演方法

沈冰鑫　井　霈　陈子腾　王峣钧

（电子科技大学资源与环境学院，四川 成都　611731）

摘　要： 传统的孔隙度反演方法，通常先通过叠后地震反演得到弹性参数后再通过岩石物理反演得到孔隙度，然而这种方法存在因为分步反演而造成误差累积导致反演结果精度低的问题，同时根据不同的工区，需要选择不同的岩石物理模型并设置不同的参数，导致方法的适应性差，结果不准确等的问题。现有联合字典的方法，首先通过联合字典学习得到叠后阻抗数据与孔隙度数据的特征以及它们之间的关系，然后在叠后反演的同时使用学习得到的阻抗与孔隙度的联合字典，可以直接预测得到孔隙度，然而这一方法因为仅是在测井的纵向空间学习得到特征，结果往往缺乏空间连续性，且局部细节特征不明显。因此本文从空间结构约束技术出发，在反演过程中加入由地震数据学习得到的空间结构特征信息，最终使得孔隙度反演结果的空间连续性得到提升，同时使得反演结果的细节信息更加得显著。在实际资料的应用中本方法的有效性得到了验证。

关键词： 空间结构约束；联合稀疏表征；叠后反演；孔隙度预测

0　引言

储层物性参数，如孔隙度，含水饱和度，泥质含量等，是直接进行地下油气藏定位的重要参数。地震勘探得到的地震数据中蕴含着丰富的地震弹性参数和储层物性参数信息[1]。本文选择弹性参数中的波阻抗与物性参数中的孔隙度进行研究。一般孔隙度的反演方式分为两步进行：第一步先通过测井数据与地震数据进行地震反演，得到波阻抗的参数；第二步根据得到的波阻抗，再进行岩石物理反演得到储层物性参数。然而这种分步进行的方法由于每一步均存在误差，因此反演的结果会存在误差累积的问题，同时在岩石物理反演一步，需要根据不同的工区选择不同的岩石物理模型，设置不同的参数进行反演，这些问题将导致分步反演的方法自适应性差，反演精度低。

因此为了解决分步反演的问题，有学者提出使用联合字典学习的方法实现孔隙度的预测[2]，方法基于同一工区内的储层参数具有一定程度的一致性和横向连续性，以及地下弹性参数与物性参数间存在很强的相关性这些相关研究结论，从测井曲线出发，然后结合相关的地质背景，使用联合字典方法学习得到地下弹性参数与物性参数间的关系，在叠后地震反演的过程中通过使用得到的联合字典实现孔隙度的预测。该方法在单口井纵向上可以达到很

作者简介： 沈冰鑫，男，1999 年 6 月生，2021 年获东北大学工学学士学位，现为电子科技大学电子信息专业硕士研究生，主要从事稀疏表征与岩石物理模型在物性参数反演应用的研究。E－mail：1455994018@ qq. com

好的效果，然而由于字典学习的时候并未考虑孔隙度展布的空间特征，因此反演的结果往往空间连续性差，且局部细节特征不明显。

近几年空间结构张量(GST)技术，开始渐渐在地球物理领域得到应用。美国科罗拉多矿业学院 Dave Hale 团队[3]提出利用 GST 技术对地震图像做平滑处理，可以保护地震图像的非连续性特征(如断层、河道等)。2017 年，Wu [4]针对地震信号的特性，提出了方向结构张量(Directional - Structure - Tensor)的新算法，其被用于检测地震图像中的断层、河道等异常体。

鉴于空间结构张量(GST)技术在空间结构特征处理上的优点，针对现有联合字典直接反演结果空间连续性差，局部特征不明显的问题，提出了一种基于联合字典与空间结构约束的孔隙度反演方法，既保留了联合字典的孔隙度反演方法在准确度上的优势，同时提升了反演结果的空间连续性并使得反演结果的局部特征更加显著。

1 方法原理

1.1 基于联合字典的孔隙度反演方法

本文中的孔隙度反演方法是基于叠后地震反演的，因此需要先搭建叠后地震反演的框架。本文的地震反演方法是建立在 Robinson(1985)地震褶积模型(正演过程)的基础上的：

$$d(t) = w(t) * r(t) \tag{1}$$

其中，$d(t)$是地震记录，$w(t)$是地震子波，$*$是褶积运算操作符，$r(t)$是地层反射系数序列。

当地震波沿着地层的垂直方向入射时，地层反射系数与地层波阻抗具有如下关系：

$$r_i = \frac{Z_{i+1} - Z_i}{Z_{i+1} + Z_i} \tag{2}$$

令地震子波序列为 $w(t) = [w_1 \quad w_2 \quad \cdots \quad w_k]^T$，反射系数序列为 $r(t) = [r_1 \quad r_2 \quad \cdots \quad r_{n-1}]^T$，地震记录为 $d(t) = [d_1 \quad d_2 \quad \cdots \quad d_{n-1}]^T$，其中 k 为子波序列长度，式(3)可以改写成如下的矩阵形式：

$$\begin{bmatrix} d_1 \\ d_2 \\ \vdots \\ d_{n-1} \end{bmatrix} = \begin{bmatrix} w_1 & 0 & \cdots & 0 \\ \vdots & w_1 & \ddots & \vdots \\ w_k & \vdots & \ddots & 0 \\ 0 & w_k & \vdots & w_1 \\ \vdots & \ddots & \ddots & \vdots \\ 0 & \cdots & 0 & w_k \end{bmatrix} \begin{bmatrix} r_1 \\ r_2 \\ \vdots \\ r_{n-1} \end{bmatrix} \tag{3}$$

式(3)可简写为：

$$d = Wr \tag{4}$$

其中，W 为子波褶积矩阵，可由下式进行定义：

$$W=\begin{bmatrix} w_1 & 0 & \cdots & 0 \\ \vdots & w_1 & \ddots & \vdots \\ w_k & \vdots & \ddots & 0 \\ 0 & w_k & \vdots & w_1 \\ \vdots & \ddots & \ddots & \vdots \\ 0 & \cdots & 0 & w_k \end{bmatrix} \tag{5}$$

对于叠后波阻抗反演，根据 Russell(2006)波阻抗近似公式，当波阻抗变化量相对比波阻抗的绝对数值来说非常小时，式(2)可改写为：

$$r_i \approx \frac{\Delta Z_i}{2Z_i}=\frac{\Delta \ln(Z_i)}{2} \tag{6}$$

根据式(6)，反射系数序列 r 可以表示为如下的矩阵形式：

$$\begin{bmatrix} r_1 \\ r_2 \\ \vdots \\ r_{n-1} \end{bmatrix}=\frac{1}{2}\begin{bmatrix} -1 & 1 & 0 & \\ 0 & -1 & 1 & \\ & \ddots & \ddots & \ddots \\ & 0 & -1 & -1 \end{bmatrix}\begin{bmatrix} \ln Z_1 \\ \ln Z_2 \\ \vdots \\ \ln Z_n \end{bmatrix} \tag{7}$$

将式(7)代入式(3)可以得到：

$$\begin{bmatrix} d_1 \\ d_2 \\ \vdots \\ d_{n-1} \end{bmatrix}=\frac{1}{2}\begin{bmatrix} w_1 & 0 & \cdots & 0 \\ \vdots & w_1 & \ddots & \vdots \\ w_k & \vdots & \ddots & 0 \\ 0 & w_k & \vdots & w_1 \\ \vdots & \ddots & \ddots & \vdots \\ 0 & \cdots & 0 & w_k \end{bmatrix}\begin{bmatrix} -1 & 1 & 0 & \\ 0 & -1 & 1 & \\ & \ddots & \ddots & \ddots \\ & 0 & -1 & -1 \end{bmatrix}\begin{bmatrix} \ln Z_1 \\ \ln Z_2 \\ \vdots \\ \ln Z_n \end{bmatrix} \tag{8}$$

令 $D=\begin{bmatrix} -1 & 1 & 0 & \\ 0 & -1 & 1 & \\ & \ddots & \ddots & \ddots \\ & 0 & -1 & -1 \end{bmatrix}$，$m=\begin{bmatrix} \ln Z_1 \\ \ln Z_2 \\ \vdots \\ \ln Z_n \end{bmatrix}$，式(8)可表示为：

$$d=WDm \tag{9}$$

令 $G=WD$，式(9)可进一步简写成：

$$d=Gm \tag{10}$$

其中，d 为 $(n-1)\times 1$ 维向量，代表单道地震叠后记录；G 为 $(n-1)\times n$ 维矩阵，代表正演模型矩阵；m 为 $n\times 1$ 维向量，代表单道波阻抗系数的对数。

构建出叠后地震反演框架之后，下一步则根据测井数据训练联合字典，先将用于联合字典学习的测井曲线进行分块处理，将这些小块作为字典训练样本，每个小块的长度为 M，M 的取值范围可根据地震数据和测井曲线给定，本文中主要是从波阻抗中反演得到孔隙度，因此选择波阻抗和孔隙度的测井曲线进行联合字典训练。

设从测井数据中分块后得到的训练样本集为 $Y_{Ip}=[\,y_{Ip}^1 \quad y_{Ip}^2 \quad \cdots \quad y_{Ip}^N\,]$，$Y_{por}=[\,y_{por}^1 \quad y_{por}^2 \quad \cdots \quad y_{por}^N\,]$，$N$ 为 Y 中训练样本的个数。联合字典学习过程的目标便是找到一个字

典$\begin{bmatrix} D_{Ip} \\ D_{por} \end{bmatrix}$，能以尽可能稀疏的方式表达联合训练集$\begin{bmatrix} Y_{Ip} \\ Y_{por} \end{bmatrix}$，若记此时的稀疏系数集为 $A = [\alpha_1 \quad \alpha_2 \quad \cdots \quad \alpha_N]$，则字典的学习过程可描述为下述问题的优化过程：

$$\left\{ \begin{bmatrix} D_{Ip} \\ D_{por} \end{bmatrix}, A \right\} = \underset{D_{Ip}, D_{por}, \alpha}{\operatorname{argmin}} \left\{ \left\| \begin{bmatrix} Y_{Ip} \\ Y_{por} \end{bmatrix} - \lambda \begin{bmatrix} D_{Ip} \\ D_{por} \end{bmatrix} A \right\|_F^2 + \lambda \| A \|_0 \right\}$$
$$s.t. \quad \forall i: \| \alpha_i \|_0 \leqslant K \quad (K \leqslant L) \tag{11}$$

其中，矩阵$\begin{bmatrix} D_{Ip} \\ D_{por} \end{bmatrix}$为期望学习得到的联合字典；矩阵 $A = [\alpha_1 \quad \alpha_2 \quad \cdots \quad \alpha_N]$ 是稀疏表示矩阵，向量 α_i 为重建样本 y_{Ip}^i 和 y_{por}^i 所共有的稀疏系数；λ 是正则化系数，起到平衡信号的重建误差精度和稀疏度。通过 K－SVD 算法求解式(11)得到波阻抗与孔隙度的联合字典之后，将这一联合字典与式(10)构建的叠后地震反演目标函数相结合，即得到了基于联合字典的孔隙度反演方法的目标函数如下式(12)所示：

$$\begin{cases} \hat{m}_{Ip} = \underset{m, \alpha_i}{\arg\min} \left\{ \| d - G m_{Ip} \|_2^2 + \lambda \sum_{i=1}^{n} \{ \| R_i m_{Ip} - D_{Ip} \alpha_i \|_2^2 \} \right\} \\ Por = D_{Por} \alpha_i \end{cases} \tag{12}$$
$$s.t. \quad \forall i: \| \alpha_i \|_0 \leqslant K \quad (K \leqslant L)$$

对于上面的目标函数，通过先求解波阻抗的反演函数，得到波阻抗在学习到的字典上的稀疏系数 α_i，通过这一稀疏系数与孔隙度字典相乘，即同时得到了孔隙度的反演结果。

1.2 空间结构张量技术

根据文献[5]的研究，3D 地震数据的空间结构特征一定程度上代表了地下介质参数的空间结构特征，因此本文使用空间结构张量技术(GST)从叠后地震数据中学习得到地下的空间结构特征，加入反演过程中。

对 3D 地震数据体中的每一个点 $I(p)$ $(p = [x, y, z])$，定义其梯度为：

$$\nabla I(P) = [I_x, I_y, I_z]^T \tag{13}$$

则点 p 的初始结构张量 T_0 为一个 3×3 的对称正定矩阵：

$$T_0(P) = \nabla I(P) \nabla I^T(P) = \begin{vmatrix} I_x^2 & I_x I_y & I_x I_z \\ I_x I_y & I_y^2 & I_y I_z \\ I_x I_z & I_y I_z & I_z^2 \end{vmatrix} \tag{14}$$

其中，I_x，I_y，I_z 则表示 3 维数据体在点 p 上关于 x、y、z 方向的梯度向量。同时为了得到更鲁棒的结构张量场，在式(14)的基础上，加入了高斯滤波算子，从而得到新的矩阵如下：

$$T_G(P) = G_\rho \otimes \nabla I(P) \nabla I^T(P) = \begin{vmatrix} G_\rho \otimes I_x^2 & G_\rho \otimes I_x I_y & G_\rho \otimes I_x I_z \\ G_\rho \otimes I_x I_y & G_\rho \otimes I_y^2 & G_\rho \otimes I_y I_z \\ G_\rho \otimes I_x I_z & G_\rho \otimes I_y I_z & G_\rho \otimes I_z^2 \end{vmatrix} \tag{15}$$

对上式进行特征值分解，可得

$$T_G(P) = \lambda_u uu^T + \lambda_v vv^T + \lambda_w ww^T \tag{16}$$

其中，$\lambda_u \geqslant \lambda_v \geqslant \lambda_w$ 为 $T(p)$ 的三个特征值，u、v 和 w 为对应的长度为 3 的特征向量，三者互相正交。对应了最大特征值λ_u 的特征向量 u，代表 3D 数据体内某局部平面特征(Planar Features)的法向，特征向 v 和 w 对应的方向均平行于该局部平面，二者分别垂直和平行于平面内的边缘特征(如河道等)。为了说明这一结论，本文给出了某 3D 地震数据体的一个沿层切片(图 1)为例，展示了三个特征向量对应的方向与数据体空间结构特征的关系。如图 1 所示，向量场 u 几乎全部垂直于水平层位[图 1(b)]，由于视角为俯视，垂直于层位的线条看起来像是黑色的小点，向量场 v[图 1(c)]和向量场 w[图 1(d)]均沿着水平层位方向。如果将水平层位视作一副二维图像，那么向量 v 和 w 又进一步代表了该图像内部边缘特征的法向和切向。

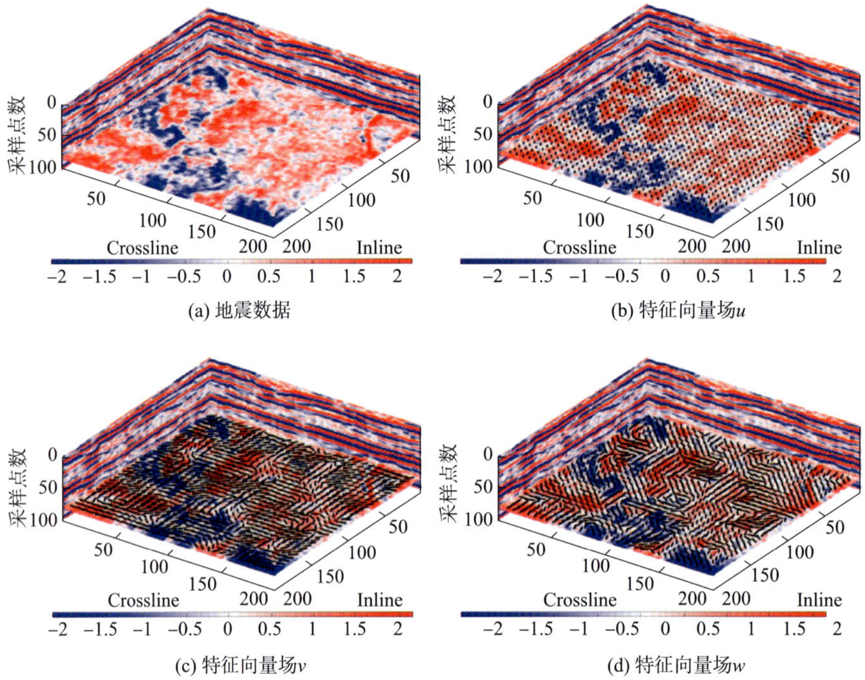

图 1　3D 地震数据的结构张量场示意图

对输入 3D 地震数据体某点 $I(p)$ 和相应的结构张量场 $T(p)$，各向异性扩散过程可以描述为方程：

$$\frac{\partial g(p;\ t)}{\partial t} = div(E(p)\nabla g(p;\ t)) \tag{17}$$

在式(17)中，div 代表着散度算子，它的初始条件是 $g(p;\ 0) = I(p)$。对于任何时间 $t>0$，可以将解 $g(p;\ 0)$ 视为输入数据 $I(p)$ 的平滑版本。这里，扩散张量场 $E(p)$ 由结构张量场 $T(p)$ 通过共享 $T(p)$ 的特征向量来构造：

$$E(p) = \mu_u uu^T + \mu_v vv^T + \mu_w ww^T \tag{18}$$

1.3　基于联合字典与空间结构约束的孔隙度反演

在求解式(12)的时候，由于待求解参数较多，因此本文采用块坐标下降法循环求解式

(12)，式(12)可以拆成如下的三个子问题：

首先是固定稀疏字典约束项，求解波阻抗，可以写为如下的形式：

$$\hat{m}_{Ip} = \arg\min_{m_{Ip}}\{\|d - Gm_{Ip}\|_2^2 + \lambda\|m_{Ip} - \tilde{m}_{Ip}\|_2^2\} \tag{19}$$

其中，$\tilde{m}_{Ip}$为稀疏重构项，且这一式子由于存在解析解，可以等效地重写为 $Am = b$ 的形式，如下式所示：

$$(G^T G + \beta I)m_{Ip} = G^T d + \beta\tilde{m}_{Ip} \tag{20}$$

其中，I 是单位矩阵，$A = G^T G + \beta I$ 和 $b = G^T d + \beta\tilde{m}_{Ip}$在每次迭代中都是常数。在式(20)中，矩阵 A 保持稀疏、对称和半正定，并且可以通过共轭梯度(CG)迭代有效地求解。也就是说，有：

$$m_{Ip,k,t+1} = m_{Ip,k,t} + \alpha_{k,t}p_{Ip,k,t} \tag{21}$$

其中，t 表示求解公式(21)的内部迭代指数，$m_{Ip,k,t}$表示外循环第 t 次迭代且内循环第 k 次迭代时的弹性参数，$\alpha_{k,t}$为搜索步长，$p_{k,t}$为搜索方向可根据 CG 或 QCG 优化算法进行计算。在这里即可引入空间结构张量的扩散张量场，同步进行求解，如式(22)所示：

$$m_{Ip,k,t+1} = m_{Ip,k,t} + \alpha_{k,t}p_{Ip,k,t} + \tau div(E\otimes\nabla m_{Ip,k,t}) \tag{22}$$

其中，τ 是控制扩散速度的权重参数，E 为根据式(18)计算好的扩散矩阵，$\otimes$为元素级乘法(即在每一个波阻抗点执行矩阵乘法)，通过这一式子即可实现空间结构约束下的波阻抗的求解。

接下来就是求解第二个子问题：

$$\alpha_{i,k} = \arg\min_{\alpha_i}\{\|R_i m_{Ip} - D_{Ip}\alpha_i\|_2^2\} \tag{23}$$

对于上式直接使用 OMP 算法求解即可得到波阻抗的稀疏系数 α_i，由此即可重构波阻抗。

最后求解孔隙度的即为第三个子问题，直接使用孔隙度的字典重构即可：

$$Por_{k,t+1} = D_{Por}\alpha_i \tag{24}$$

并且同样使用空间结构张量的扩散矩阵，对其进行处理，因此得到有下式：

$$Por_{k,t+1} = \tau div(E\otimes\nabla Por_{k,t+1}) \tag{25}$$

如此循环求解一定次数的子问题 1－3，最终即可得到基于联合字典与空间结构张量约束的孔隙度反演结果。

2 实验测试

2.1 合成数据测试

先将本方法应用于 Marmousi 模型数据来验证方法的有效性。首先根据 Marmousi 波阻抗模型，利用数理统计中的回归分析方法生成一个 Marmousi 孔隙度模型。然后从 Marmousi 波阻抗模型和 Marmousi 孔隙度模型中，每隔 10 道抽取出一个井数据，作为已知的井数据，然后以此为训练数据，训练得到波阻抗与孔隙度的联合字典，分别进行联合字典反演(CSR)和基于联合字典与空间结构约束(CSR－GST)的反演，初始的 Marmousi 孔隙度模型与两种方法的反演结果如图 2 所示：

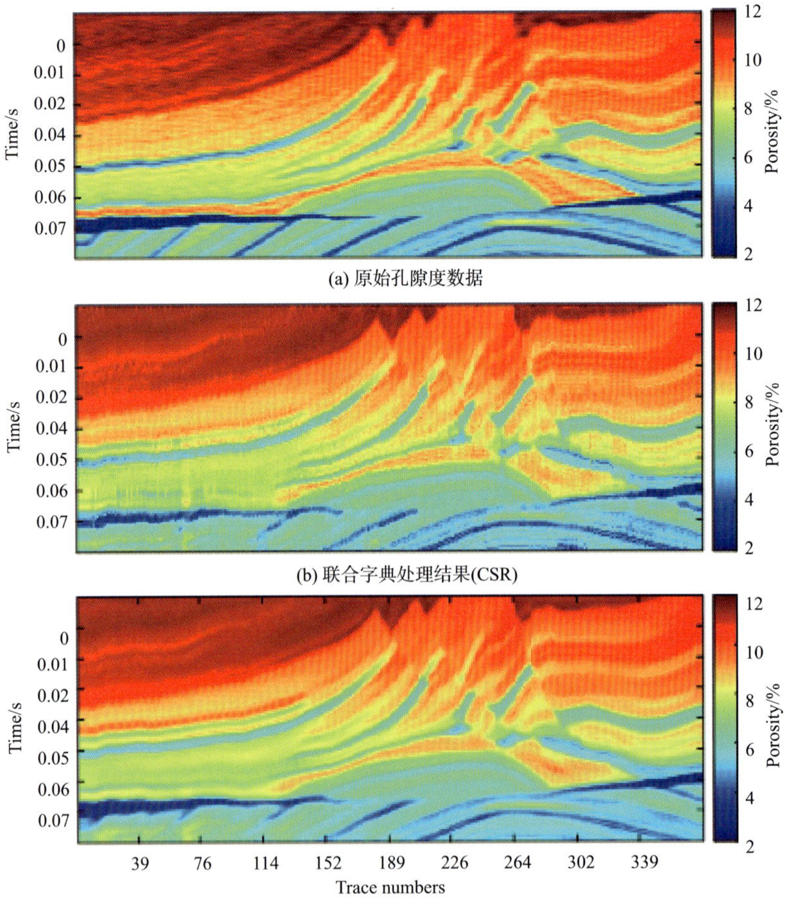

(a) 原始孔隙度数据

(b) 联合字典处理结果(CSR)

(c) 联合字典与空间结构约束处理结果(CSR-GST)

图 2　模型反演结果

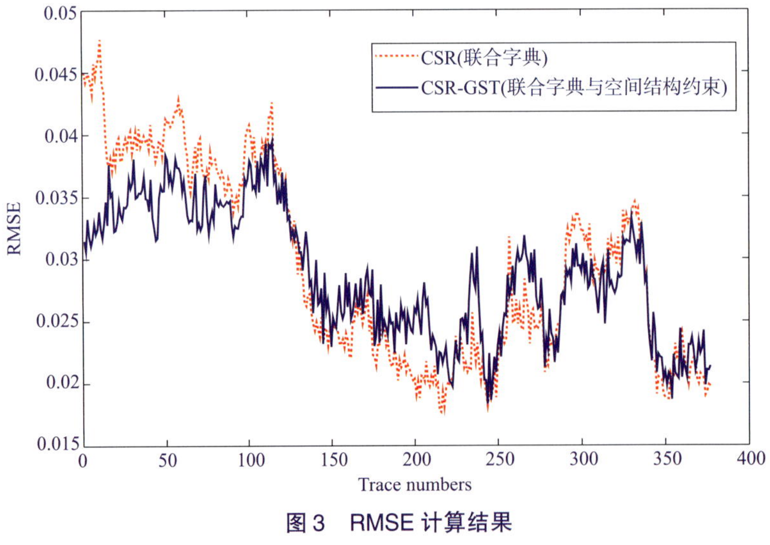

图 3　RMSE 计算结果

由图 2 的反演结果可以看出，两种方法均能较好地反演还原出原始数据，但在 CSR 方法中，存在着有空间连续性不强、细节不显著的特点，但在 CSR－GST 方法中，则呈现出更好的空间连续性，在局部特征上与原数据更加贴合。接下来使用 RMSE 方法，逐道计算两种方法与原始数据的均方误差，得到的计算结果如图 3 所示：

RMSE 计算结果一般越小越好，由图 3 可以看出空间结构约束的联合字典反演方法(CSR－GST)与联合字典的反演方法 RMSE 值相差不大，但基于联合字典与空间结构约束(CSR－GST)方法的 RMSE 在大部分地方都是小于基于联合字典(CSR)方法的，由此既验证了使用基于联合字典与空间结构约束(CSR－GST)方法能够在保持联合字典反演结果的基础上，进一步提高反演的准确度。

2.2　实际资料处理

将本方法应用于实际叠后地震资料处理中。该工区共有钻井 14 口，将钻井数据中的波阻抗及孔隙度数据进行分块拼接处理后，学习得到它们的联合字典。然后选择其中的一口井进行反演，根据该井的位置，获取得到反演坐标，提取这一坐标内的叠后地震数据，通过空间结构张量技术学习得到它的空间特征，加入联合字典反演过程中。最终得到如图 4 的剖面反演结果

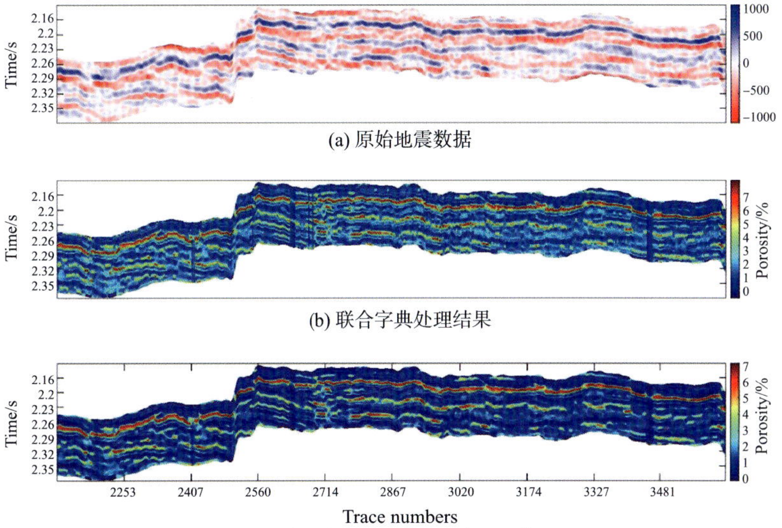

(a) 原始地震数据

(b) 联合字典处理结果

(c) 联合字典与空间结构约束处理结果

图 4　实际数据处理

从图中即可看出仅通过联合字典处理所得结果，在空间连续性上不强，在细节特征上表征也不是很明显。而空间结构约束的联合字典反演方法的反演结果则与地震数据形态更加相似，体现出更强的空间连续性，且局部特征更加明显。

3　结论

本文基于联合字典与空间结构约束展开孔隙度反演方法的研究。通过联合字典的方法，搭建起了叠后波阻抗与孔隙度的同步反演方法，提升了孔隙度反演的准确度。进一步为了解决仅基于联合字典的方法在空间上连续性差、细节表征不明显的问题，本文根据地震数据能够表现地下地层参数的结构特征这一研究结论，从现有的叠后地震数据出发，通过空间结构张量技术，从中学习得到地下地层的空间结构特征，将学习得到的特征通过扩散矩阵引入基于联合字典的孔隙度反演过程中，从而提高了反演结果的空间连续性并使得局部的细节特征更加明显。通过实验也验证了这一方法的有效性。进一步，本方法还可扩展至叠前地震反演，从而进一步提高现有数据的利用率，提升准确度，实现更多参数的预测。

参考文献

[1]甘利灯，王峣钧，罗贤哲，张明，李贤斌，戴晓峰，杨昊．基于孔隙结构参数的相控渗透率地震预测方法[J]．石油勘探与开发，2019，46(05)：883－890.

[2]刘超．弹性参数与物性参数联合字典反演方法研究[D]．电子科技大学．

[3]D. Hale. Structure－oriented smoothing and semblance[J]. CWP report，2009，635(635)：1－10.

[4]X. Wu. Directional structure－tensor－based coherence to detect seismic faults and channels[J]. Geophysics，2017，82(2)：A13－A17.

[5]X. Wu. Structure，stratigraphy－and fault－guided regularization in geophysical inversion[J]. Geophysical Journal International，2017，210(1)：184－195.

智能相控波形指示反演技术在煤系地层薄储层预测中的应用

孙雄伟[1,2]　童姜楠[1,2]　李忠百[1,2]　黄　力[1,2]　张艺馨[1,2]
陈　彤[1,2]　陈　沫[1,2]　林海鲲[1,2]　迟丽薇[1,2]

（1. 中联煤层气国家工程研究中心有限责任公司，北京　100095；
2. 中石油煤层气有限责任公司，北京　100029）

摘　要： 煤系地层薄储层预测是石油地球物理勘探中一项非常重要的工作，也具有较大的难度。本文在精细分析地震波形与测井曲线关系的基础上，建立了基于地震波形横向相似性分析的智能相控波形指示反演技术：首先，按照相似性原理建立了不同的地震波形样本组，建立表征不同地震相类型的多个贝叶斯反演模型；其次，对每个样本组的测井曲线进行滤波，提取低频共性结构作为贝叶斯反演的先验信息，建立地震反演高分辨率的初始模型；最后，利用实际地震数据不断修正初始模型，得到最终的高分辨率反演结果。智能相控波形指示反演技术实现了鄂尔多斯盆地煤系地层受强屏蔽影响的薄储层预测，预测精度达到了2~3m，为煤系地层薄储层预测中的应用提供了一种全新的思路。

关键词： 波形指示反演；薄储层预测；煤系地层；智能相控；鄂尔多斯盆地

1　引言

薄储层预测是石油地球物理勘探中一项非常重要的工作，也具有较大的难度。国内外针对薄储层的预测技术主要有匹配追踪技术[1]、S变换技术[2]和能直接得到反射系数的谱反演技术[3]等。压缩感知技术作为新型的地震信号重构技术，可以从带限地震资料中恢复出高频反射系数，提高垂向分辨率，实现薄互层的精细识别[4]，在薄层地震反演领域取得了较好的效果。鄂尔多斯盆地二叠系和石炭系煤系地层受多套煤层的影响，呈现出典型的煤层强同相轴屏蔽的特征，进一步加大了煤系地层薄储层预测的难度。目前去除强反射屏蔽技术主要有多子波分解重构强反射剥离方法[5]、匹配追踪强反射剥离方法[6,7]。这类多子波重构方法通常是基于单道地震波形进行分解，受子波长度、时窗等因素的影响，难以剥离出稳定的子波集，同时该子波集也难以和实际地层反射特征建立明确的对应关系[8]。智能相控波形指示反演(SMI)能有效地避免煤层强反射强同相轴的影响，在提高纵向分辨率的同时，准确预测砂岩储层横向分布范围，在国内各个含煤系地层盆地薄储层预测中取得了广泛的应用[9-11]。

作者简介： 孙雄伟，男，1981年生，浙江金华人，高级工程师，硕士，现就职于中石油煤层气公司勘探开发研究院(国家中心)，主要从事油气田开发地质研究。E-mail：sunxiongw-tlm@petrochina.com.cn

鄂尔多斯盆地大吉地区二叠系和石炭系为典型的煤系地层薄储层，本文在精细分析地震波形与测井曲线关系的基础上，建立了基于地震波形横向相似性分析的智能相控波形指示反演技术，实现了鄂尔多斯盆地煤系地层受强屏蔽影响的薄储层预测，预测精度达到了2～3m，为煤系地层薄储层预测中的应用提供了一种全新的思路。

2 基本原理

智能相控波形指示反演技术通过波形分类建立了表征不同地震相类型的多个贝叶斯反演模型，实现了基于地震波形自动分类的智能地震相分类；同时对测井曲线滤波作为不同贝叶斯反演模型的先验信息，提高了反演结果的纵横向分辨率，实现了智能相控高分辨率地震反演。

第一步：依据地震波形的相似性对地震波形进行分类，通过描述两个地震波形的欧氏距离来定义两个波形的相似性，具体实现公式为：

$$\rho = \sqrt{(x_2 - x_1)^2 + (y_2 - y_1)^2} \tag{1}$$

其中，ρ 为点(x_1, y_1)和点(x_2, y_2)之间的欧氏距离。

通过定量分析多个井旁道地震波形的欧氏距离，按照相似性原理建立了不同的地震波形样本组，不同的样本组代表具有不同波形结构的地震相类型，建立表征不同地震相类型的多个贝叶斯反演模型，奠定了智能相控反演的基础。

第二步：对第一步中每个样本组的测井曲线分别用不同截止频率利用式(2)开展离散小波变换，提取测井曲线100～300Hz的低频共性结构作为贝叶斯反演的先验信息，建立地震反演高分辨率的初始模型。

$$O(l) = \arg(\min \| W - \overline{W} \|) = \arg\left(\min \left\| \int_0^l \psi(\omega,t)\mathrm{d}\omega - \overline{W} \right\| \right) \tag{2}$$

其中，l 为共性结构相关截止频率，W 为样本井集测井曲线，$\overline{W}$ 为样本井集测井曲线平均值，$\psi(\omega, t)$为小波函数。

第三步：在多个贝叶斯反演模型约束下，利用实际地震数据不断修正第二步建立的初始模型，得到最终的高分辨率反演结果。

$$W(t) = W_1 + F_{\mathrm{inv}}\left(W(t), \int_l^{h_s} F(\omega,t)\mathrm{d}\omega\right) + W\left(\int_{h_s}^{h_w} F_1(\omega,t)\mathrm{d}\omega\right) \tag{3}$$

式中，W_1 为井低频信息，F_{inv}为地震约束函数，W 为井约束函数。

3 反演效果分析

3.1 储层敏感参数分析

岩石地球物理特征分析也称为储层敏感参数分析，其目的是通过分析不同储层在测井曲线上的不同特征，找出能够有效区分储层的一个或多个测井参数，为井震结合储层反演方法的选择提供地质指导，是储层预测的重要基础工作。

大吉地区二叠系和石炭系为海陆过渡相－陆相沉积，岩性多样复杂，各岩性的测井响应特征目前并没有明确标准，特别是页岩与泥岩、砂岩与灰岩的辨识难度较大，单一曲线往往不能够较好地区分岩性，因此综合自然伽马(GR)、声波时差(AC)、密度(DEN)和中子(CNL)等曲线开展储层敏感参数分析，建立了大吉地区山西组和太原组岩性识别图版(图1)，分别划分了页岩、煤层、砂岩、泥岩和灰岩的测井解释标准。

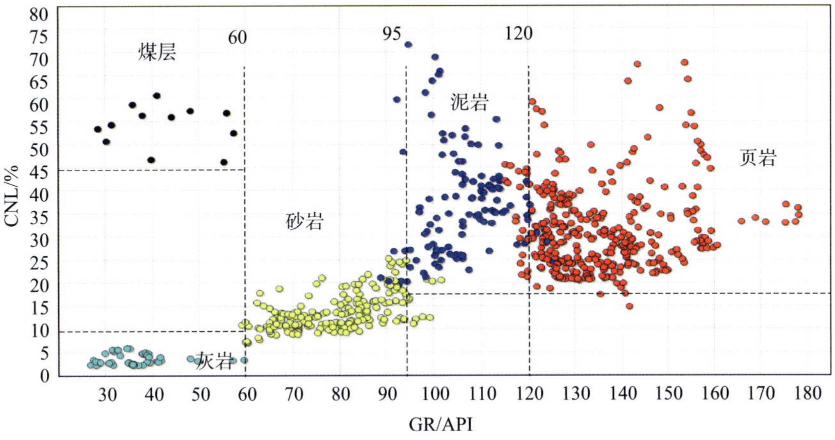

图1　大吉地区煤系地层储层敏感参数图版

3.2　反演方法优选

研究区多岩性发育，特别是研究区目的层段煤层广泛发育，由于煤层与围岩的阻抗差异大，在地震资料上形成了强反射，导致储层的地震响应特征被淹没。目的层段的地震资料主频约为35Hz，频宽10～70Hz，不能满足研究区2～3m的岩性识别要求。

通过研究区实际资料的反演测试可以看出，智能相控波形指示反演剖面[图2(a)]相对于稀疏脉冲反演剖面[图2(b)]，纵向分辨率更高，其储层的横向变化与地震波形密切相关，对井符合度也更好。通过与实际钻井储层对比认为，智能相控波形指示反演结果分辨率高，精度高，能够识别2～3m的薄砂岩和页岩储层，因此优选该方法为本次储层预测的解决方案。

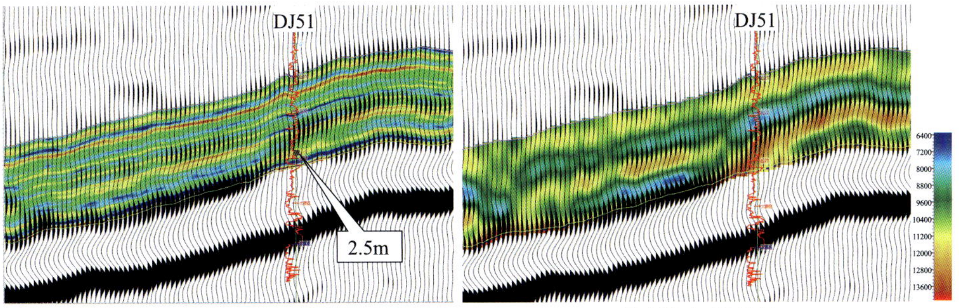

(a) 智能相控波形指示反演结果　(b) 稀疏脉冲反演结果

图2　不同反演方法效果对比

3.3　煤系地层薄储层预测

通过储层敏感参数分析得知，本次储层预测不仅需要进行纵波阻抗反演，还需要对

GR 和 CNL 等特征参数进行预测，因此在地震储层预测过程中，除了进行智能相控波形指示反演工作外，还需要进行波形指示模拟工作，用于 GR 和 CNL 等特征参数的预测。

智能相控波形指示模拟和反演都是基于智能相控波形指示的基本原理，即对于空间上任意一个位置，按照地震波形相似性的原则，找到三维地震工区内跟这口井的波形相似的井，分析其岩性组合特征(以敏感曲线或重构后的波阻抗曲线代表)，用多口地震波形相似的井的岩性组合特征模拟未知点的岩性组合特征。两者的相同点是均采用了波形指示的基本原理，空间上都是以地震数据作为驱动条件；两者的不同点是：波形指示反演是相对于波阻抗而言的，反演的输入曲线只能是波阻抗曲线，输出结果是波阻抗体，波形指示反演中频部分受地震中频的硬约束。智能相控波形指示模拟的输入参数可以是任何对储层敏感的参数，地震波形作为驱动条件进行波形指示模拟，尽最大可能参考了地震的有效信息，实现了地震相控的储层敏感弹性参数模拟。

结合 3.1 节的岩石物理分析成果，制定了以下储层预测技术流程和方案：①通过波智能相控波形指示模拟方法，分别获得 GR 和 CNL 等多参数体；②根据测井岩石物理量版生成地震参数量版；③利用地震参数量版，对多参数体进行交会控制得到最终的岩性体，进而识别各类岩性。

在通过智能相控波形指示模拟得到各参数反演体后，通过地震参数图版交会得到了岩性参数体，以过 G2 – G4 – DJ53 井岩性剖面(图 3)为例，岩性反演剖面可以直观地反映各岩性的空间展布特征，与已钻井的测井曲线和测井解释结论符合度高，其中山$_2^3$段地层主要发育有煤层、页岩、砂岩和泥岩，其中砂岩呈不连续展布，页岩相对连续；太原组主要为碳酸盐岩和泥岩，其中碳酸盐岩较发育，中间夹杂少许泥岩条带；本溪组则以煤层和泥岩为主，加有砂岩和碳酸盐岩过渡岩性，储层预测结果与实际沉积地质特点相符。综合分析认为，岩性参数体可用于后续的储层定量预测工作。

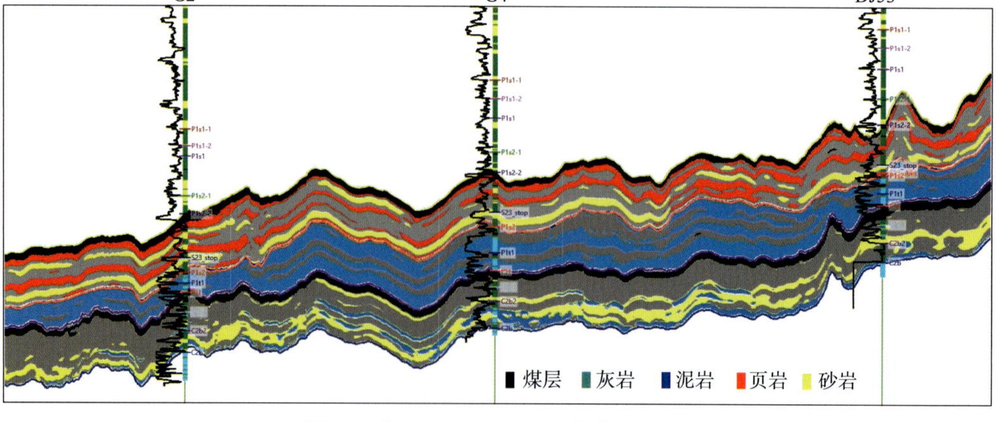

图 3　过 G2 – G4 – DJ53 井岩性剖面

基于岩性参数体成果，提取了重点层系不同岩性厚度图，如图 4 为山$_2^3$亚段的砂体厚度图，可以看出山$_2^3$亚段砂岩厚度整体分布在 5 ~ 25m，砂体发育特征整体表现出较明显的河道特征，与区域辫状河三角洲前缘水下分流河道的沉积认识相吻合。通过智能相控波形指示模拟实现了大吉地区煤系地层薄储层精细预测。

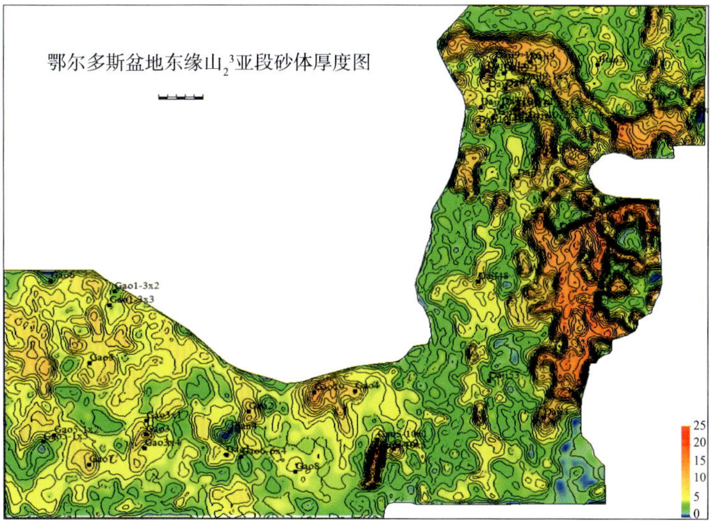

图4 大吉地区山$_2^3$亚段的砂体厚度图

4 结论

鄂尔多斯盆地大吉地区二叠系和石炭系为典型的煤系地层薄储层，本文在精细分析地震波形与测井曲线关系的基础上，建立了基于地震波形横向相似性分析的智能相控波形指示反演技术，实现了山西组受煤层强屏蔽影响的薄储层预测，预测精度达到了2～3m，为煤系地层薄储层预测中的应用提供了一种全新的思路。

参考文献

[1]Mallat S, Zhang Z. Adaptive time－frequency transform[C]// IEEE. IEEE, 1993: 241－244.

[2]C. Robert Pinnegar, Lalu Mansinha. The S－transform with windows of arbitrary and varying shape[J]. Geophysics, 2003, 68(1): 381－385.

[3]Puryear CI, Castagna JP. Layer－thickness determination and stratigraphic interpretation using spectral inversion: Theory and application[J]. Geophysics: Journal of the Society of Exploration Geophysicists, 2008, 73(2): 37－48.

[4]Donoho D L. Compressed Sensing[J]. IEEE Transactions on Information Theory, 2006, 52(4): 1289－1306.

[5]佘刚，周小鹰，王箭波．多子波分解与重构法砂岩储层预测[J]．西南石油大学学报(自然科学版)，2013，35(1)：19－27.

[6]何峰，翁斌，韩刚，丁继才，田永晓．一种基于地震约束的井控匹配追踪煤层强反射消除技术[J]．中国海上油气，2019，31(1)：61－66.

[7]李海山，杨午阳，田军，吴国忱．匹配追踪煤层强反射分离方法[J]．石油地球物理勘探，2014，49

(5)：866－870.
[8]金成志，秦月霜. 利用长、短旋回波形分析法去除地震强屏蔽[J]. 石油地球物理勘探，2017，52(5)：1042－1048，1111.
[9]陈彦虎，陈佳. 波形指示反演在煤层屏蔽薄砂岩分布预测中的应用[J]. 物探与化探，2019，43(6)：1254－1261.
[10]陈彦虎，毕建军，邱小斌，陈有兵，杨辉，曹佳佳，邸永香，赵海山，李志向. 智能相控波形指示反演方法及其应用[J]. 石油勘探与开发，2020，47(06)：1149－1158.
[11]孙雄伟，张枫，张宝权，赵龙梅，贾学成，姜宏宇. 煤系地层致密气薄储层地震预测方法——以鄂尔多斯盆地大宁—吉县区块为例[J]. 天然气地球科学，2022，33(07)：1165－1174.

智能油气开采

基于深度学习替代模型的气藏管网一体化智能模拟方法

龚 斌[1] 唐圣来[2] 秦 峰[2] 罗瑞乔[2] 刘 玄[1] 黄 虎[3*]

[1. 特雷西能源科技股份有限公司，浙江 杭州 310020；2. 中海油深圳分公司，广东 深圳 518052；3. 中国地质大学(武汉)，湖北 武汉 430074]

摘 要：本文基于深度学习框架，提出了一种用于气藏管网一体化预测系统的替代模型。在本研究中，首先采用嵌入式框架(E2C)对气藏开采过程中的压力、饱和度以及井响应数据进行预测；进而，以井响应数据为基础，采用多层感知机(MLP)，对油气在管线内的变化情况进行模拟；最后以树的数据结构为基础，整合所有管线代理模型，采用后续遍历的方式解决了管线之间的相互依赖性。在数值模拟方面，本文基于某海上实际气藏开采区域以及全物理模拟结果，分别对E2C模型和MLP模型的精度进行测试。以气藏A为例，E2C模型得到的饱和度和压力的最大相对误差不超过1%，井响应相关数据的最大相对误差不超过10%。以气藏A到平台1的管线为例，除部分节点的含油率最大相对误差在10%左右外，其他各节点处的属性最大相对误差均低于5%。因此，本文构建的气藏管网一体化系统在气藏开发模拟中具有较高精度，能支撑大型生产系统分钟级别的模拟预测。

关键词：气藏模拟；管网模拟；深度学习；一体化；嵌入式控制；多层感知机；智能气田

1 引言

气藏模拟技术被广泛用于模拟地下流动规律并提供生产预测。然而，由于复杂的地下结构、多变的多相流动规律和非均质的岩石性质，在气藏模拟中往往需要对数百万个网格单元进行精细计算，这需要很高的计算成本。另一方面，由于目前我国油气开采逐渐转向深海领域，如何在复杂的环境中准确模拟出油气运输中不同节点处的流动情况就变得尤为重要。

由于计算能力的迅速提高、机器学习算法的灵活性与成熟机器学习工具的广泛可达性，机器学习和深度学习技术近年来被广泛研究并成功应用于许多领域。Zhu and Zabaras(2018)将贝叶斯和稠密连接块(Dense Block)结构结合在一起解决了数据集较小的问题[1]。他们提出的模型可以较好地预测二维流体压力与速度变化。Mo等(2019)使用Dense Block模型解决了CO_2在地下存储时的压力和饱和度变化问题，但是该模型对时间步的外推效果较差[2]。Liu等(2019)采用长短记忆神经网络(LSTM)研究了石油产量随时间的变化情况[3]。Zhu等

作者简介：龚斌，男，1977年12月生，2006年获美国斯坦福大学博士学位，现为特雷西能源科技股份有限公司总经理，主要从事人工智能算法与油气藏建模数模相结合方面的算法及应用研究。E-mail：gongbin@tracyenergy.cn

(2019)用卷积神经网络求解随机均匀介质中的稳态流问题，证明了卷积网络对求解流体问题的有效性[4]。Liu等(2019)，Liu and Durlofsky(2021)提出了一种CNN-PCA模型用于地质降维[5,6]。该模型主要采用卷积神经网络对输入的地质图下采样降低其计算维度，为历史拟合等问题的研究打下基础。Zhong等(2020)使用生成对抗神经网络针对注水开发过程中，油田饱和度随时间的变化进行了数值模拟，然而该模型在注水发生突变时精度较低[7]。Kim等(2020)用卷积对井的选取进行设计，选取最优的井位[8]。Tang and Durlofsky(2020)用LSTM和U-Net相结合的方法预测了油田开发过程中饱和度、压力随时间的变化情况，但是该模型须将饱和度与压力分开计算并且无法直接得到产量的相关信息[9]。

目前，许多基于深度学习模型涉及的处理方法与现有降阶模型(ROM)中使用的处理方法并不直接类似，现有ROM是基于潜在的偏微分方程和数值离散化开发的。相反，这些新方法通常涉及来自图像分类、语言识别或其他非基于PDE应用程序的机器学习方法。Watter等(2015)提出了一种嵌入式控制框架(E2C)，该框架直接输入传感器数据(图像)和控制条件来预测系统状态的演化[10]。Jin等(2020)以E2C为基础构建了端到端的模型解决油藏开采中改变井的控制条件问题[11]。在该模型中，他们首先采用AE构建了编码器用来降低输入数据的维度并提取特征；然后根据井的控制条件，采用全连接构造转换模型得到新的特征；最后通过解码器将转换后的特征恢复为饱和度和压力的分布。虽然Jin等提出的E2C模型在理想油藏中达到了很好的效果，但实际大规模工况中其精度较差并且无法直接得到产量信息。

在油气混输管网模拟方面，世界各国也投入了大量的人力、物力，形成了PipePhase、PipeSIM、PEPITE、OLGA、LedaFlow、SCADA等商业模拟软件。Liu and Deng(2017)使用SCADA系统对川渝输气管网进行了模拟[12]。Fu(2013)研究了混油尾砂、管道油品变化、清管操作和油品质量对管道的影响[13]。Dong(2013)分析了运输批次安排、初始混合量、混合流量、运行距离、停机等因素的影响，总结出一套油品顺序输送系统中控制混油量、优化成品油管道切割的有效措施[14]。Wang(2017)对Austin经验公式进行修正，用于管道混油量的估计，并取得较好的效果[15]。Chen等(2021)利用FLUENT软件中的DPM模型探究了水合物颗粒在超临界CO_2水平输送管道、不同倾角斜直管道中的运动[16]。Wang等(2021)通过对比二维模型的高斯塞德尔(Gauss-Seidel method)迭代法、多重网格法和预处理共轭梯度法的效率，优选高效的求解方法并运用到长距离管道混油模拟中[17]。Zhang等(2021)利用OLGA软件模拟了轻质低黏度含蜡原油在海底输送管道内的变化情况[18]。他们发现，随着管道输入量的增加，含蜡原油在管道中的温度、沉积点与速率都会增加，因此长管道内的流动模拟较为复杂。由于管网仿真计算的复杂性，无论商业软件，还是传统的数值计算都无法做到快速对整个气田群的所有管网系统进行实时计算。同时由于气藏开发的不确定性及配产方案的调整优化，往往需要进行大量不同生产条件下的全管网模拟。海量的模拟需求导致传统的基于仿真的管网稳态/非稳态流动计算方法难以满足需求。因此，需要基于深度学习的方法构建管网模拟的替代模型。

在本文中，首先采用E2C对气藏开发过程中压力、饱和度与井响应数据进行预测；然后以井响应数据为基础，采用多层感知机(MLP)和树的后续遍历方法对气藏运输中所有管道的内部流动进行模拟。本文的创新点主要有两个方面：一是构造了以井的控制条件为输入的气藏管网一体化智能预测模型。该模型可以自动研究气藏中井的控制条件变化对终端产气率的影响，为海上气藏群开发运输以及优化配产的研究打下了基础。二是以树的结构对所有管线代理模型进行组合构造了管线一体化模型。通过该方法，可以解决管线之间的相互依赖性。

2 方法介绍

构建代理模型的目的在于能够基于给定输入快速预测生产动态。在数据驱动代理模型的构建中，首先需要以变化条件为基础，建立多个不同输入条件下的物理模型；然后通过软件数值模拟方法对这些模型进行计算，得到产量、压力、饱和度分布等动态响应数据并构建时空训练数据集；最后根据这些训练数据集，利用深度学习的方法获取输入参数与生产动态之间的映射关系。深度学习方法的一个关键能力是自动从数据中检测有用的特征并近似输入到输出的映射，计算过程可表示为：

$$y \approx \hat{y} = \hat{f}(x;\ \theta) \tag{1}$$

其中，$\hat{f}$ 为代理模型，x 是输入变量，y 为近似输出(压力、饱和度、井产量等)，θ 为深度神经网络，参数需要在训练中确定。

在本节中，我们将分三个方面对本文所提出的模型进行详细的介绍。首先，对气藏开采过程中压力、饱和度以及井产量等动态模拟的嵌入式控制框架(E2C)模型进行说明；然后，对描述管线内部运动变化的多层感知机(MLP)模型进行介绍；最后，将详细展示本文提出的气藏管线一体化智能预测模型的构成。

2.1 气藏模拟模型

本文以基于深度学习的降阶建模为基础，采用 E2C 模型对气藏开采过程中的压力、饱和度以及井产量信息进行动态预测。该模型最早由 Watter 等提出，并成功应用在机器人控制系统中。Jin 等在2020 年将 E2C 的结构进行扩充，并用于解决油藏模拟中变井控问题，但其产量精度在实际油田上表现得并不是很好，同时对显存消耗较大。本文对 E2C 结构进一步优化，使其能够以较小的显存占用率，完成较大规模的气藏开发预测。

E2C 模型主要使用卷积进行特征提取和恢复。卷积神经网络(CNN)由一个或多个卷积层、激活层和池化层组成。这一结构使得卷积神经网络能够充分利用输入数据的二维结构。因此，对大型图像处理有出色表现。一般的 CNN 架构可以通过以下方式递归表示：

$$F_l(x) = \sigma(WT_l * F_{l-1}(x) + b) \tag{2}$$

其中，σ 表示激活函数，F 表示输出，l 表示神经网络的层。W 和 b 表示卷积计算的权重，需要在训练过程中通过优化算法进行确定。为了进一步增强局部信息流动，我们将卷积(Conv)、激活(ReLU)和批归一化(BN)组合在一起构成卷积块(Conv Block)作为特征提取的最小单元(Conv + BN + ReLU)。其中 BN、ReLU 的具体计算细节由 Ioffe 等(2015)[19] 和 Glorot 等(2011)[20] 给出。

本文的 E2C 模型主要分为 3 个部分：①将数据从高维空间投射到低维子空间的编码器；②在低维子空间内进行新时刻特征转化的转化器；③在转化后的低纬空间内进行井产量动态预测，以及压力、饱和度演化的解码器。该模型的具体结构见图 1。

由图 1 可以看出，该代理模型的输入是当前时刻(t)下的压力分布、饱和度分布以及井的控制条件，输出是下一时刻($t+1$) 的压力、饱和度与井的产量信息。编码器首先采用三

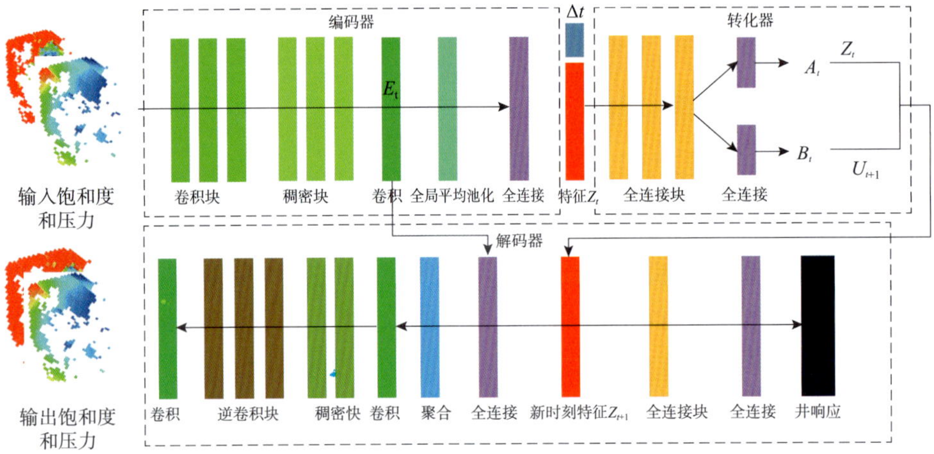

图 1　E2C 模型整体计算流程图

个 3×3 的卷积块对输入信息进行特征提取。然后采用 Dense Block 在低维空间内对特征进行进一步的演化抽取。Dense Block 是一种特殊的卷积网络结构，其内部采用的依然是卷积操作，但其输出是由本次计算的结果和输入融合构成。关于 Dense block 的具体计算请参见 Huang 等(2017)[21]。接着一个 Conv 操作被用来对通道进行融合并得到新的特征 E_t。最后通过全局平均池化(GAP)以及全连接操作(FC)得到用于转化计算的特征 Z_t。

根据正交分解－轨迹分段线性化的[He(2014)[22] and Durlofsky(2015)[23]]原理，低维特征可以通过线性计算得到下一时刻的新特征。其计算方式如下：

$$\widehat{Z}_{t+1}=A_t(Z_t,\ \Delta t)Z_t+B_t(Z_t,\ \Delta t)U_{t+1} \tag{3}$$

其中，Z_t表示当前时刻经过编码之后的特征，U_{t+1}表示当前生产状态下井的控制条件。A_t和 B_t 是两个和当前特征以及时间间隔有关的矩阵，其计算方式如下：

$$A_t=W_A\ htrans_\psi(Z_t,\ \Delta t)+b_A \tag{4}$$

$$B_t=W_B\ htrans_\psi(Z_t,\ \Delta t)+b_B \tag{5}$$

根据公式(4)和公式(5)，转换网络首先采用三个全连接块(FC Blocks)对特征 Z_t进行转化得到变量 $htrans_\psi$。与 Conv Blocks 类似，本文所有的 FC Blocks 均是由 FC + BN + ReLU 构成。接着，分别使用两个不同的 FC 层得到矩阵 A_t和 B_t。最后，根据公式(3)，以井的控制条件 U_{t+1}和特征 Z_t 为输入，生成下一时刻的特征 Z_{t+1}。

在解码器中，我们采用两条不同的网络结构同时得到压力、饱和度的分布以及井的产量信息。首先，以 Z_{t+1}为基础，通过一个 FC Block 和 FC 计算出井的产量信息(图 1 中解码器 Z_{t+1}的右侧部分)。然后，同样以 Z_{t+1}为基础，通过一系列操作得到新时刻的压力和饱和度分布(图 1 中解码器 Z_{t+1}的左侧部分)。在压力与饱和度的演化中，该模型首先使用 FC 对特征进行扩充并按照 E_t 的维度大小对特征进行重排。由于此时空间信息是通过特征重排得到的，其准确性并不高。因此，采用跳跃连接的方式，将 E_t 融入重排后的特征中提高其精度(图 1 中的红色箭头)。接着该模型使用一个 Conv 和二个 Dense Block 对特征进行新的演化，并通过三个逆卷积块(DeConv Block)对空间维度进行上采样。最后，通过一个 Conv 对通道进行重组得到新时刻的压力和饱和度的分布。

模型训练的总体损失函数是由压力损失、饱和度损失以及井产量损失一起构成。其具体计算见公式(6)~公式(8)。

$$L_{t+1}^{\mu} = \frac{1}{N}\sum_{i=1}^{N} \| \mu t + 1_i - \widehat{\mu t} + 1_i \| 2_2 \tag{6}$$

$$L_{t+1}^{\varepsilon} = \frac{1}{n_b}\sum_{i=1}^{n_b} \| \epsilon_i^{t+1} - \widehat{\epsilon t} + 1_i \| \tag{7}$$

$$L_{t+1} = \lambda_{\mu} L\mu_{t+1} + \lambda_{\varepsilon} L_{t+1}^{\varepsilon} \tag{8}$$

本文用带“帽子”的变量表示预测值，不带“帽子”的变量表示真实值。其中 $\mu = s$，p 分别表示饱和度和压力，$\varepsilon = g$，o，w，thp 分别表示井的产气率，产油率，产水率和井口压力。N 表示所有网格数，n_b 表示生产井总数。变量 L_{t+1} 表示总体损失，λ 表示对应的权重。本文以公式(8)得到的损失为基础，通过随机网格搜索算法最终确定的超参数分别是：学习率为2e-4，转换器的隐藏层为256维，优化器为Adam，学习率每10个epoch进行一次衰减，衰减系数为0.6。针对每个气藏，我们构造了200个训练数据集(180个训练，20个测试)并根据上述损失函数和超参数的设定对模型进行优化训练。

2.2 管网替代模型

管线模拟主要研究在给定的边界条件下，管线内部各节点处的流动变化情况。在本文中，其输入数据是一个一维数组(管线起点的气流量、油流量、水流量、温度以及管线末端处的压力)，输出是管线沿途各点上的气流量、油流量、水流量、压力以及温度的变化。因此，该过程可以归结为一个回归问题。

对于一般的回归模型，我们主要以多层感知机(MLP，Multilayer Perceptron)为基础对其进行建模。MLP主要采用FC结构对计算过程进行前向传递。假设网络的输入是 x，输出是 h，则单层MLP的具体计算如下：

$$h = \sigma(W_h x + b_h) \tag{9}$$

其中，W_h 和 b_h 表示权重，其值在模型训练过程中通过优化算法确定。σ 表示激活操作，其目的是对特征的线性变化进行非线性映射，满足变换的多样性。本文模型的激活操作采用的是参数修正激活函数(Parameteric Rectified Linear Unit，PReLU)，它是修正类激活函数(Leaky ReLU)的一员。其计算方式如下：

$$PReLU(X) = \begin{cases} x, & \text{if} x \geqslant 0 \\ ax, & \text{otherwise} \end{cases} \tag{10}$$

通过上述计算可以看出，当输入变量 $x < 0$ 时，PReLU的梯度是 a，从而避免负数上梯度为0的现象，进而解决梯度不更新问题。同时斜率 a 也可以在模型训练中自己学习，减少人为设置带来的困扰。

为了更好地构建模型，增加其收敛速度，该模型引用批归一化(Batch Normalization，BN)的方法对训练过程进行处理。最终，采用的管线代理模型结构如图2所示。整个模型由五个大层构成，其中前四层(L_1，L_2，L_3，L_4)均是采用“FC+BN+PReLU”的方式构成，其输出维度分别是 $L_1=32$，$L_2=256$，$L_3=128$ 以及 $L_4=128$。最后一层($L_5=N*M$)是一个由FC构成的输出映射层，主要是将高维特征映射到输出的维度上。在最后一层中，N 表示管道中需要输出的节点个数，M 表示每个节点需要模拟的属性(本文中主要指气流量、油流量、水流量、温度和压力)。

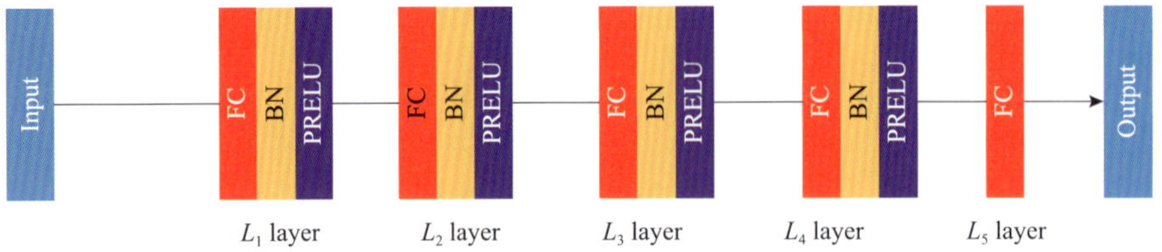

图2　管网模型结构

以真实值和预测值之间的绝对误差为标准，损失函数的计算过程如下：

$$L_{\varepsilon} = \frac{1}{N}\sum_{i=1}^{N}\left\{\sum_{k=1}^{n_w}\| \epsilon_k - \hat{\varepsilon}_k \|\right\}_i \tag{11}$$

同样，带“帽子”的变量用来表示预测值，不带“帽子”的变量用来表示真实值。在公式(11)中，N 表示训练数据集的总数，n_w 表示输出的管道节点数。变量 ε 表示输出的属性，在本文中其取值分别是：$\varepsilon = g$ 表示气流量，$\varepsilon = o$ 表示油流量，$\varepsilon = w$ 表示水流量，$\varepsilon = T$ 表示温度，$\varepsilon = p$ 表示压力。根据上述每部分损失的定义，最终得到的总损失函数如下：

$$L_{all} = \sum_{\varepsilon}\lambda_{\varepsilon}L_{\varepsilon} \tag{12}$$

变量 λ_{ε} 表示权重。为了解决训练过程中较小数据($\varepsilon_k < 1e-3$)占比较少的问题，我们首先采用数据复制的方式，增加较小数据的占比。然后，令权重 $\lambda_{\varepsilon} = 1/\varepsilon_k$ 动态增大较小部分数据的作用。

训练过程采用的优化器为 Adam，初始学习率 $l_r = 0.0001$，最小学习率 $l_r = 0.00001$，当总损失函数的值在 15 个 epoch 内没有发生变化时，学习率会自动衰减为原来的 0.8 倍。

2.3　气藏管网一体化智能预测模型

在实际开发过程中，往往需要针对多个气藏，多口井，以及多条管线同时进行开采和运输。任何一口井的控制条件发生变化都会影响到最终总体的产气量。因此，需要构建一套气藏管网一体化智能预测的代理模型来快速准确地描述总产气量和控制条件之间的关系。

在气藏系统中，当某个气藏的生产条件发生变化时，其影响不会扩展到所有气藏。因此，针对气藏中每口井的动态响应，依然采用 E2C 模型进行预测而不需要特别的组织方式。当某个气藏井的控制条件发生变化时，以新的控制条件为基础，使用已经训练好的 E2C 模型对该气藏进行重新预测即可。

在管网系统中，由于存在管线交汇的情况，而交汇处的含气率、含油率、含水率会受多条管线的影响。因此，当某一条管线的输入条件发生变化时，会直接影响整个管网系统的输出。针对这一问题，以各管线的代理模型为基础，采用树的结构定义了管网系统中所有管线的连接方式和计算顺序。树是由结点和边组成的不存在任何环的一种非线性数据结构。在本文中，用树的父节点表示管网的交汇点，叶子节点表示管网和井相连的点，节点与节点之间的连线表示每根具体的管线。

根据上述定义，本文以某海上气藏群的管线为例，对气藏管网一体化智能预测模型的构建方式进行了详细说明。该气藏群的其他信息将在第 3 部分进行介绍。该气藏群共涉及 5 个气藏区域，8 根运输管线和 19 口产气井，其具体分布见图 3。气藏区域和井对应的关系分别是：气藏 A 包含井 A1、A2、A3；气藏 B 包含井 B1H、B2H、B3H、B4H；气藏 D 包含井

D1、D2；气藏 LW 包含井 LW3、LW4、LW5、LW6、LW7、LW8、LW9、LW10、LW11；气藏 H 包含井 H1。另外，该系统的管网中还涉及 2 个平台、1 个终端和 4 个末端管汇平台。每个管线交汇处的含气量、含油量和含水量都是与其相连的所有井或者其他管线终点处含量的总和。另外，该气藏群的 8 条管线分别是：管线末端管汇 4 到管线末端管汇 3；管线末端管汇 3 到管线末端管汇 2；管线末端管汇 1 到管线末端管汇 2；管线末端管汇 2 到平台 2；气藏 A 和气藏 B 到平台 1；平台 1 到平台 2；平台 2 到终端 A。其中管线末端管汇 4 到管线末端管汇 3 跨越了气藏 D 和气藏 H。

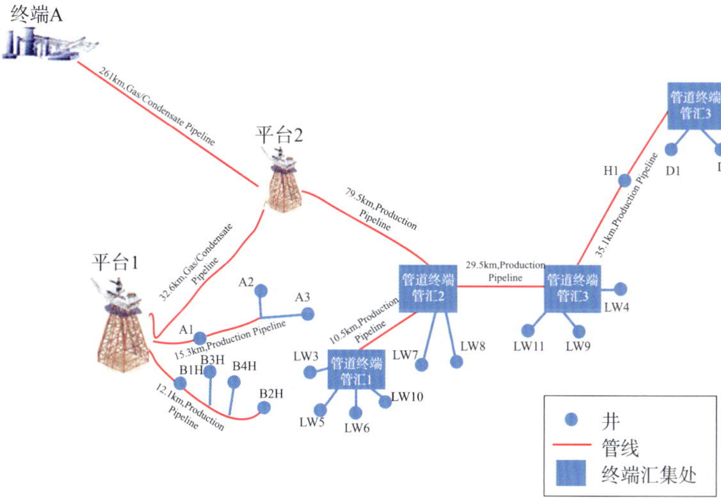

图 3　某海上气藏群实际管线运输图

为了更好地表示 8 根管线之间的关系，本文采用树的结构对管线之间的依赖进行描述，其结果见图 4。在图 4 中，每个子节点到父节点之间的连线都代表一条管线，每个父节点都代表一个管线交汇(终端 A、平台 1、平台 2、管线末端管汇 3 和管线末端管汇 2)。由于气藏 A 和气藏 B 中的井直接与管线相连，因此气藏 A 和气藏 B 作为两个叶子节点。另外其他气藏中的井均连接到管道的末端管汇，所以此时以末端管汇也作为叶子节点。为了满足管线内流动信息在交汇处汇集的特点，后序计算方式被用来对树中的所有节点进行遍历。在后序遍历时，从子节点入手，首先计算所有子节点的信息，更新子节点到父节点之间的管线流动状态，然后再对所有子节点管线在平台处的输出进行加和得到交汇处(父节点)的气、油和水的含量信息。通过这种计算方式可以看出，在整个管网系统中，当某口井的输出发生变化时，所有管线的流动状态都将受到影响。

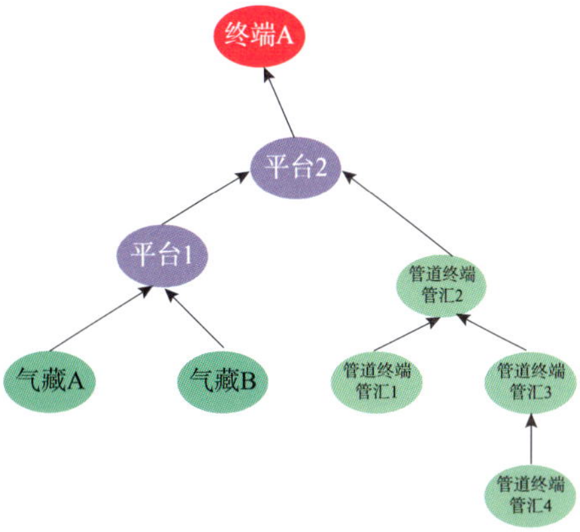

图 4　某海上气藏群实际管线计算树形图

基于上述描述，本文提出的气藏管网一体化智能预测模型的计算流程图见图 5。首先，使用 E2C 代理模型计算出不同气藏群在不同的井控条件下每口井的产气率、产水率、产油率和井口压力。然后，将所有与管线相关的井的产量信息加上温度信息一起输送给整体管网计算流程树，进而得到每根管线中每个节点处的产气率、产水率、产油率、温度以及压力的变化情况。通过上述流程，当气藏群中任何一口井的生产条件发生变化时，该模型都可以迅速地计算出每条管线内部不同节点处气油水含量的变化，迅速实现气藏管网一体化智能预测。

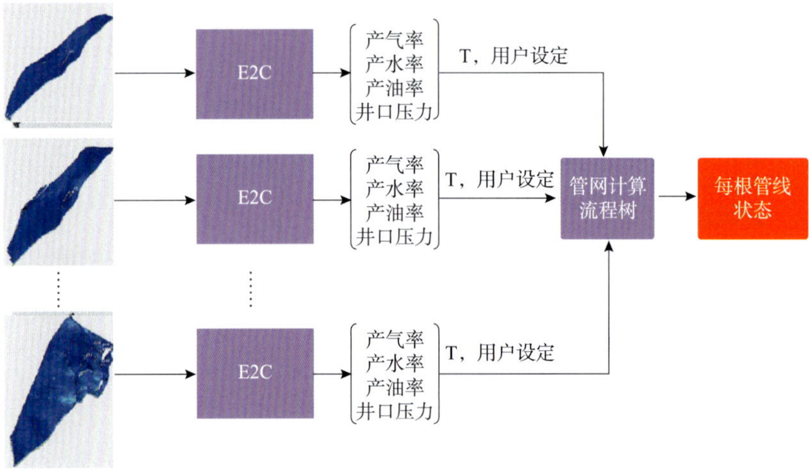

图5　气藏管网一体化智能预测计算流程示意图

3　模拟结果

3.1　背景介绍

本部分以方法2中的气藏管网一体化智能预测模型为基础，对海上某个实际大型气藏群和管网流动信息进行模拟。该气藏群采用水下气藏开采运输一体化技术进行开发，整个气藏群包含7个在生产气田，2个在建设气田，以及主海管11条，海上平台3座，陆岸终端2座。在气藏开发中，我们主要以历史产气量为井的生产条件。由于该气藏的单井地层物理性差异较大，网格个数较多(最大网格数五百万)，因此准确模拟开采过程中气藏的变化情况难度较高。

对于管线而言，在本算例中，集输管网(尤其是海管)中的流动非常复杂：一方面，气液两相流动复杂多变，且地势变化复杂，环境的任何变化都会直接影响集输管网的正常运行；另一方面，油气集输管线较长，给输送造成极大的不稳定性。这些都会给管道的模拟计算和运行管理带来困难。因此针对该气藏群，需要建立一套实时一体化智能预测系统。该系统能够在满足下游供气需求并兼顾气藏、单井井筒、管网、终端设施对组分等限制条件的前提下，实现气田及单井的自动最优配产，同时为工程师预测各项开发指标，延长气田稳产期、提高气藏采收率。

由于该气藏管网一体化智能预测模型是通过气藏的E2C代理模型和管线的MLP代理模型整合构成，为了描述一体化模型的精度，本文首先以图3中的A气藏和A气藏到平台1之间的管线流动为基础，对模型的准确度进行验证。最后，从软件角度对3.3中具体算法进行具体分析，并对软件的整体结构进行展示。

3.2　气藏模拟结果

气藏A的网格大小为1546776(154×81×124)，共有3口井，其x方向的渗透率以及井位置的分布见图6。在开采过程中，每口井均在指定产气量大小的情况下进行生产。

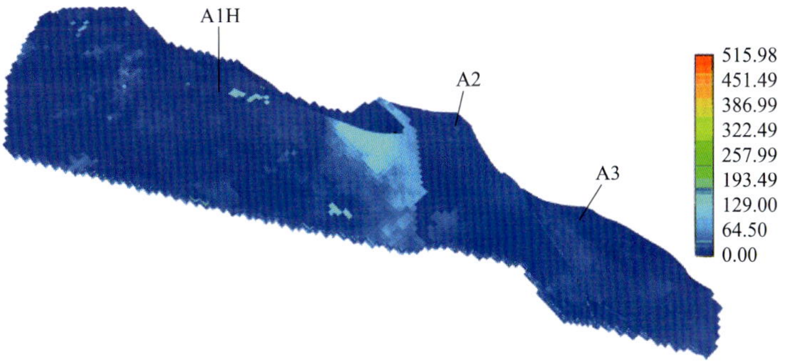

图 6　气藏 A 沿 x 方向的渗透率和井位置分布

针对该气藏，我们首先用自主研发的商业软件 Simba 产生 200 个训练数据集，其中 180 个用来进行离线训练，20 个用来进行在线测试。在模型预测阶段，首先对训练好的模型进行加载。然后，以初始实际压力和饱和度为输入基础，并根据井的控制条件得到第 1 个月的压力、饱和度以及产量的分布。接着，再以 E2C 得到的第 1 个月的压力、饱和度为输入基础，并根据井的控制条件得到第 2 个月的压力、饱和度以及井的动态响应。最后，按照上述方式不停地重复调用模型得到所有时间步下的压力、饱和度以及井产量相关信息的变化。具体计算流程见图 7。

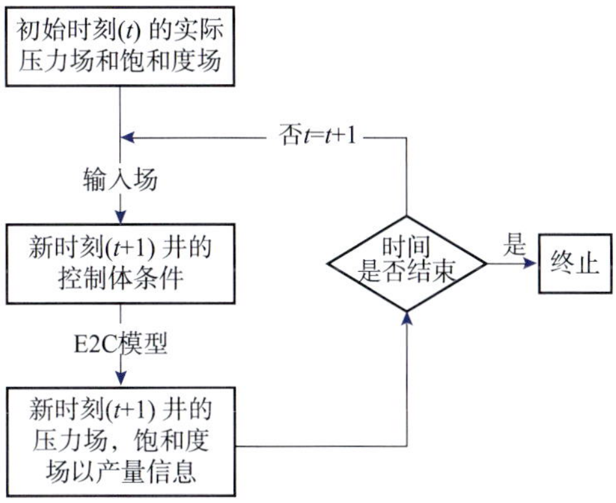

图 7　E2C 预测流程示意图

为了更好说明 E2C 模型的准确性，我们从 20 个测试算例中随机选取一个算例，并对其压力、饱和度随时间的变化情况进行分析。其具体结果如图 8 和图 9 所示。通过图 8 和图 9 可以看出，在压力与饱和度预测方面，本文提出的 E2C 模型与全物理模型相比具有相同的变化趋势。另外，由于模型在时间序列上是将前一时刻预测的结果作为输入不断向后递归进行。因此，上述结果也表明该 E2C 模型可用于准确求解长序列问题。图 10 定量描述了该模型对压力及饱和度的预测精度，可以看出，与全物理模型的结果相比，饱和度最大相对误差不超过 0.2%，压力最大相对误差不超过 0.5%。因此，本文提出的 E2C 模型在压力和饱和度预测上具有较高的精度。

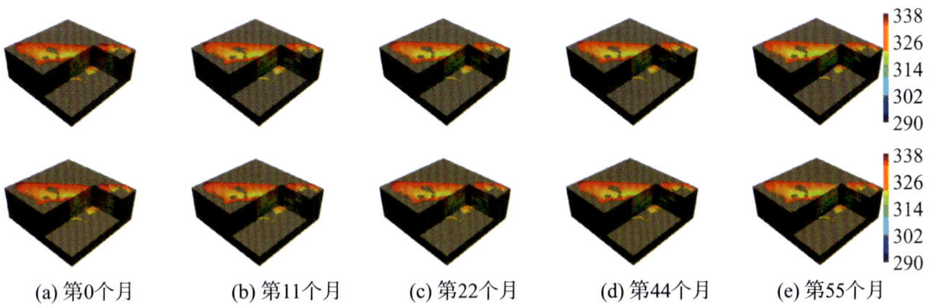

图 8　E2C 和全物理模拟针气藏 A 中某一个算例得到的压力随时间变化趋势，第一行是 E2C 模拟结果，第二行是全物理模拟结果

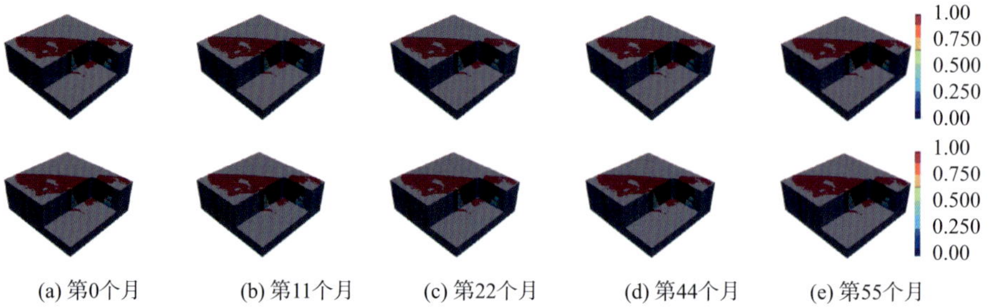

图 9　E2C 和全物理模拟针气藏 A 中某一个算例得到的饱和度随时间变化趋势，第一行是 E2C 模拟结果，第二行是全物理模拟结果

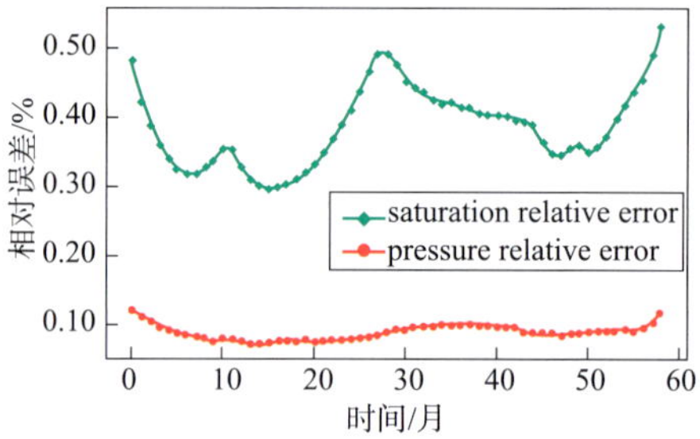

图 10　E2C 模拟结果相对误差随时间变化曲线

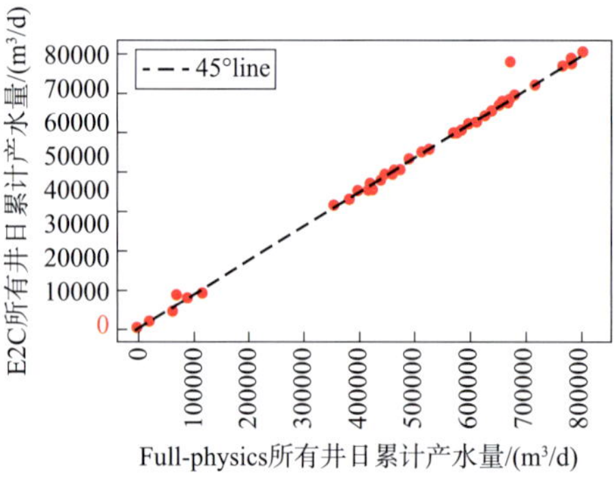

图 11　E2C 模拟结果和全物理模拟结果所有井日产气量对比

在产量方面，以上述算例为基础，我们对所有井的累计日产气量、累计日产油量和累计日产水量的精度进行了对比，其结果见图 11～图 13。通过图 11～图 13 可以看出，所有数据点基本都分布在 45°线附近。因此，本文采用的 E2C 模型在产量预测方面和全物理模型相比具有较高的一致性和可靠的精度。

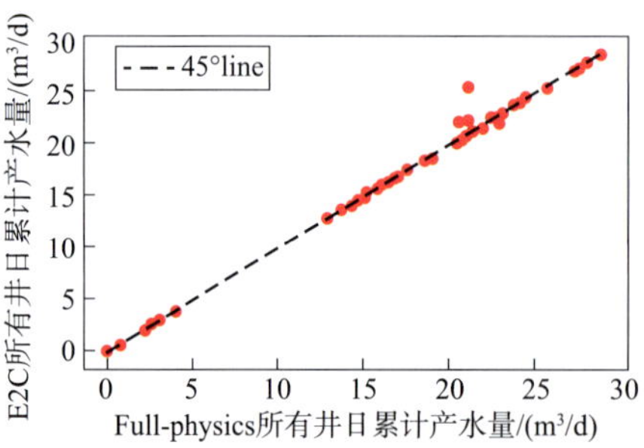

图 12　E2C 模拟结果和全物理模拟结果所有井日产油量对比

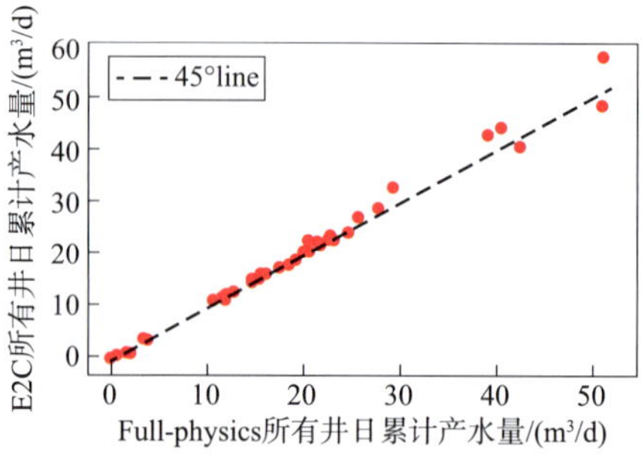

图 13　E2C 模拟结果和全物理模拟结果所有井日产水量对比

最后，为了避免取样的偶然性，我们对所有测试集的相对误差进行了统计分析，其结果显示在图14中。由图14可以看出，在井响应方面，各属性的最大相对误差均不超过10%。因此，本文采用的E2C模型在井响应方面对所有测试算例均表现出较高的准确性，同时也为准确的进行管线流动模拟打下了可靠的基础。

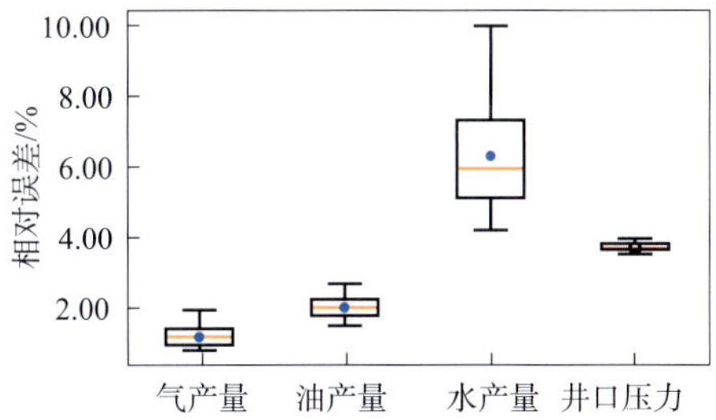

图14　E2C模拟井结果的相对误差统计

3.3　管线模拟结果

气藏A到平台1的管线采用水下井口+海管回接的方式进行运输。其中气藏A的3口井和管线直接相连接。本部分以井产气率、产水率、产油率和温度及管线末端的压力为基础对管线内部的流动进行模拟。该管线总长度约19km，每隔2000m取一个输出点。包含开头和结尾，共有11个输出节点。在数据准备阶段，我们首先以该管线2015年、2019年以及2020年的实际生产数据为基础构建多个不同输入数据下的算例，然后使用LedaFlow对所有构造出来的算例进行建模，得到其对应的管线内部流动情况并构建训练数据集和测试数据集。该方法共构造了285229个算例，其中80%的数据(228183)作为训练集，20%的数据(57046)作为测试集。最后，以训练数据为基础，根据2.2中超参数的设定对代理模型进行训练。

在模型使用过程中，每个算例每口井的气、油、水、温度以及平台1处的压力放在一起组成具有13个元素的数组作为输入数据，然后对管线内沿途各节点处的状态变化进行预测。我们随机取一个算例对其结果进行具体的对比分析，其结果见图15。

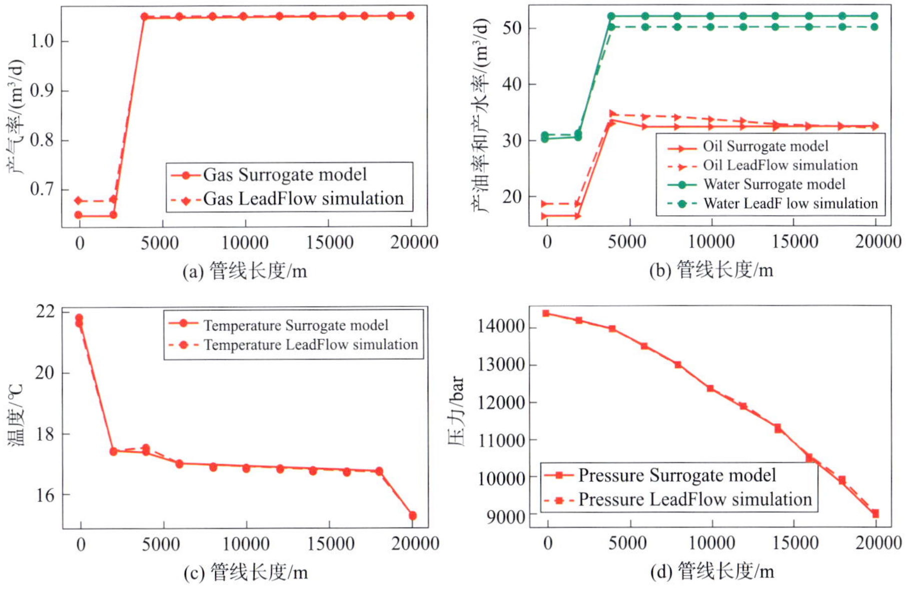

图15　气藏A到平台1之间的管线沿途各节点状态随时间变化情况

由图15可以看出，本文构造的管线模拟替代模型和LeadFlow模型相比，除了部分节点之外，各属性的值基本一致。为了避免取样的特殊性，我们对所有测试用例的相对误差进行了统计，其分布见图16。

图16显示了本文提出的管网模型和LeaFlow模型之间各节点处的相对误差分布情况。通过该图可以看出，该模型除部分节点处含油率的最大相对误差在10%左右，其他各点的各属性最大相对误差均低于5%。因此，该模型对管线内部的流动预测具有较好的泛化能力和较高的精度。

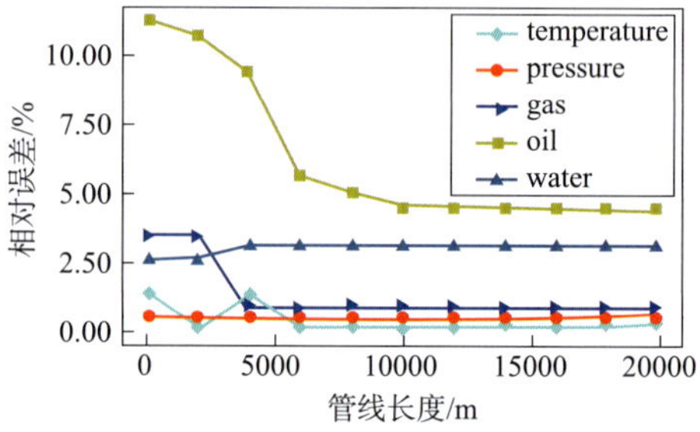

图16　E2C模拟井结果的相对误差统计

3.4　一体化结果

该部分主要采用2.3介绍的算法对图3涉及的所有气藏以及管网内部的流动进行模拟。依托自主开发的一体化软件，其具体结果见图17。由图17可以看出，该模型可以快速实现气藏管网一体化的模拟预测，并且可以嵌入软件系统中为油气藏的智能化提供一定的解决方案。由于本模型显存占用较小、计算速度较快，因此可以用网络服务的方式减少对用户电脑的依赖。

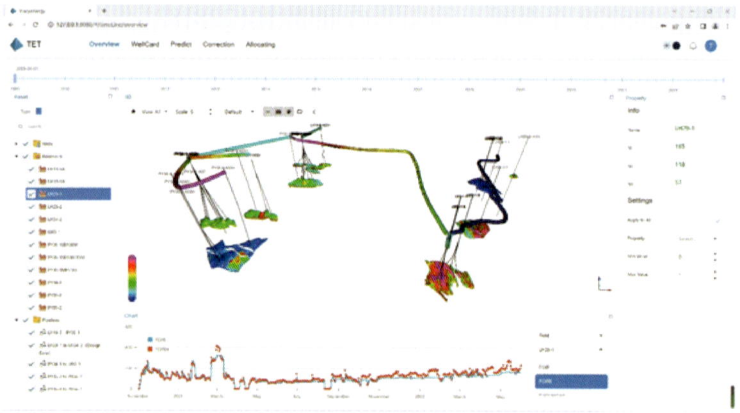

图17　气体管网一体化结果

4　结论

本文首先以卷积框架为基础，构建用于预测气藏开发过程中压力、饱和度与井响应信息随时间变化的嵌入式框架模型。然后，以多层感知机为基础，构建了能够准确预测气体在管线中流动运输时状态变化的替代模型。接着，采用树的数据组织方式以及后续遍历的方法对多个管网模型进行整合，解决了管线之间的相互依赖性。最后，将整合后的管网模型和气藏模型相结合构建了气藏管网一体化智能预测系统。在气藏管网一体化智能预测系统中，以井的控制条件和最初的压力、饱和度分布为输入，实时得到管线中各节点的状态变化情况。

在数值实验方面，以气藏A及管线A到平台1为基础对模型每部分的精度进行了分析。通过分析发现，本文提出的代理模型与基于物理控制方程的模型相比具有较高的一致性和较低的误差。该模型能够准确预测出气藏群开发运输过程中的变化情况。

将来，在模型方面，我们会不断进行优化，考虑融入管道本身的物理特性，争取能够在一个多层感知机中完成所有管线模型的模拟工作，减少模型的个数。在应用方面，将充分发挥该智能预测系统的实时性特点，对气藏生产运输中的优化配产问题进行研究，提高气藏的经济效益。

参考文献

[1] Zhu Y, Zabaras N. Bayesian deep convolutional encoder – decoder networks for surrogate modeling and uncertainty quantification. Journal of Computational Physics. 2018. 366: 415 – 447.

[2] Mo S, Zhu Y, Zabaras N, et al. Deep convolutional encoder – decoder networks for uncertainty quantification of dynamic multiphase flow in heterogeneous media. Water Resources Research. 2019. 55(1): 703 – 728.

[3] Liu W, Liu W D, and Gu J. Petroleum production forecasting based on machine learning. Proceedings of the 2019 3rd International Conference on Advances in Image Processing. 2019. 124 – 128.

[4] Zhu Y, Zabaras N, Koutsourelakis P S, et al. Physics – constrained deep learning for high – dimensional surrogate modeling and uncertainty quantification without labeled data. Journal of Computational Physics. 2019. 394: 56 – 81.

[5] Liu Y, Sun W, and Durlofsky L J. A deep – learning – based geological parameterization for history matching complex models. Mathematical Geosciences. 2019. 51(6): 725 – 766.

[6] Liu Y, Durlofsky L J. 3D CNN – PCA: A deep – learning – based parameterization for complex geomodels. Computers & Geosciences. 2021. 148: 104676.

[7] Zhong Z, Sun A Y, Wang Y, et al. Predicting field production rates for waterflooding using a machine learning – based proxy model. Journal of Petroleum Science and Engineering. 2020. 194: 107574.

[8] Kim J, Yang H, and Choe J. Robust optimization of the locations and types of multiple wells using CNN based proxy models. Journal of Petroleum Science and Engineering. 2020. 193: 107424.

[9] Tang M, Liu Y, and Durlofsky L J. A deep – learning – based surrogate model for data assimilation in dynamic subsurface flow problems. Journal of Computational Physics. 2020. 413: 109456.

[10] Watter M, Springenberg J, Boedecker J, et al. Embed to control: A locally linear latent dynamics model for control from raw images. Advances in neural information processing systems. 2015. 28.

[11] Jin Z L, Liu Y, and Durlofsky L J. Deep – learning – based surrogate model for reservoir simulation with time – varying well controls. Journal of Petroleum Science and Engineering. 2020. 192: 107273.

[12] 刘巍，邓贻诵．管网在线模拟软件在川渝输气管网的应用．天然气与石油，2007，25(2)：43 – 46.

[13] 付永杰．华北成品油管网混油控制及处理改进措施．油气储运，2013，32(10)：1058 – 1062.

[14] 董荣国．华东成品油管道混油影响因素的分析和优化控制措施．石油库与加油站，2013(1)：12 – 17.

[15] 王剑波．石太管道顺序输送的混油问题．油气田地面工程，2017，36(3)：41 – 44.

[16] 陈兵，房启超，徐源．超临界 CO_2 输送管道中水合物颗粒运动模拟．西安石油大学学报(然科学版). 2021，36(5)：7.

[17] 王军防，陈雪娇，沈允，等．长输管道顺序输送混油高效数值模拟方法研究．油气田地面工程. 2021，40(04)：33 – 40.

[18] 张在孝，徐龙，曹恒广，等．轻质低粘含蜡原油海底输送管道蜡沉积模拟研究．清洗世界，2021，37(7)：6.

[19] Ioffe S, Szegedy C. Batch normalization: Accelerating deep network training by reducing internal covariate shift. In International conference on machine learning. 2015. 448 – 456.

[20] Glorot X, Bordes A, and Bengio Y. Deep sparse rectifier neural networks. In Proceedings of the fourteenth international conference on artificial intelligence and statistics. 2011. 315 – 323.

[21] Huang G, Liu Z, Van D M, et al. Densely connected convolutional networks. In Proceedings of the IEEE conference on computer vision and pattern recognition. 2017. 4700 – 4708.

[22] He J, Durlofsky L J. Reduced – order modeling for compositional simulation by use of trajectory piecewise linearization. SPE Journal. 2014. 19(05), 858 – 872.

[23] He J, Durlofsky L J. Constraint reduction procedures for reduced – order subsurface flow models based on POD – TPWL. International Journal for Numerical Methods in Engineering. 2015. 103(1): 1 – 3.

油田产量智能预测方法研究

邹永玲[1,2]　邓红梅[1,2]　姚卫华[1,2]　焦　扬[1,2]　苏建华[1,2]　武　璠[1,2]

（1. 中国石油长庆油田分公司勘探开发研究院，陕西 西安　710018；
2. 低渗透油气田勘探开发国家工程实验室，陕西 西安　710018）

摘　要：“十四五”时期是加快构建现代能源体系的关键五年。在全球科技朝着数字化和智能化发展的背景下，油气行业作为推进国民经济和工业现代化的重要物质基础，也面临着数字化转型、智能化发展的机遇和挑战。如何将人工智能技术与油气勘探开发业务深度融合，创新科研工作方式，提高工作效率和质量，是智能油田建设的重要内容之一。本文通过调研油田产量预测业务现状，探索应用大数据技术进行动静态关键指标分析，以单位、油藏为对象，优选机器学习算法构建产量智能预测模型，辅助支撑油田开发方案编制、原油配产、产量监控预警等业务，为智能化产量预测的工业化应用积累了经验。

关键词：大数据分析；机器学习；长短期记忆神经网络；产量预测；油田开发

0　引言

随着云计算、大数据、物联网、人工智能技术的蓬勃发展，人们的生活方式在悄然改变，企业的运营模式也在发生着翻天覆地的变化。“十四五”期间，长庆油田提出了率先实现高质量发展，建设基业长青的“百年长庆”的发展目标，用“六个是”(数字化转型智能化发展是长庆油田的“企之大者”、是油田勘探开发的主体技术、是“油公司”模式的核心、是高质量发展的重要手段、是最大的民生、是“一把手”工程)对数字化转型、智能化发展做了全新定位，全面推进智慧油田建设。

长庆油田年产量已突破6000万吨，但用工总量始终保持在7万人以内，尤其是科研力量得不到有效补充，科研人员工作劳动强度大；同时大部分油田已进入高含水、特高含水开发阶段，资源劣质化和管理难度加大，传统研究方法已无法解决一些技术难题，迫切需要引入大数据、人工智能等新技术手段。

长庆油田勘探开发数据中心经过十余年的建设与推广，统一运营了钻、录、测、试、分析实验、油气生产等23类数据链路，覆盖了油田50年来的10万余口井的全生命周期数据，数据总量达10亿多条记录，成果文档近500万份，是油田公司最大最全的油藏研究数据资源池，为油田产量智能预测奠定了良好的数据基础。

作者简介：邓红梅，女，1981年6月生，2002年获武汉理工大学学士学位，现为长庆油田勘探开发研究院数字化油藏研究中心二级工程师，主要从事油气田生产管理系统建设、油气田数据建设、智能油气藏技术研究与应用。E-mail：denghm_cq@petrochina.com.cn

1　产量预测现状分析

原油配产是产量预测应用的典型场景之一，主要以历史产量为依据，运用科学预测手段对各采油单位生产任务进行"公平、高效"分配。目前长庆油田在生产配产时主要采用"三步法"(图1)，由纯老井自然、措施、上年产建井和当年新井四块产量构成，通过计算自然递减率、新井到位率和贡献率等关键指标，把握产量变化规律，预测出下年度产量。

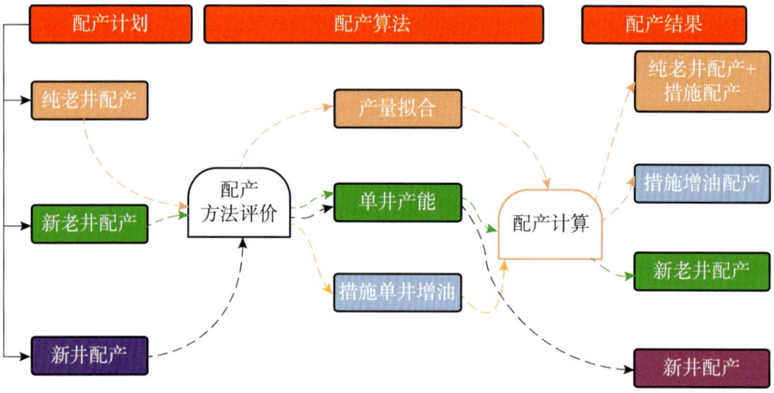

图1　油田配产业务中产量预测分解图

随着油气资源的劣质化，新发现的储量建产效果逐年变差，油井产量递减快且受影响因素多，传统三率(贡献率、到位率、递减率)预测难度不断加大，难以满足中长期规划要求，更无法做到精准预测和精细化要求。归纳起来主要有以下三个方面的原因：

一是业务面广，影响因素多。产量预测涵盖油田稳产、产建、井筒工程、规划计划等多个方面，需综合考虑敏感区关停、地方建设、矿权流转、油井转注、油藏重点工程等各类影响因素。

二是数据量大，统计分析效率低。科研人员需要对长庆油田几万口油井生产数据进行分年度、分油藏类型、分井型统计分析，还要花费大量时间进行数据校验检查，常出现数据不闭合现象。

三是各单位计算方法不统一。比如老井产量预测有三年构成法、五年构成法，有些厂分油藏类型、分井型进行预测。

2　油田产量智能预测方法

2.1　特征工程分析

特征工程，顾名思义，是对原始数据进行一系列工程处理，将其提炼为特征，作为输入供算法和模型使用。从本质上来讲，特征工程是将原始数据转化成更好的表达问题本质的特征的过程，使得将这些特征运用到预测模型中能提高对不可见数据的模型预测精度。特征工程简单讲就是发现对因变量 y 有明显影响作用的特征，通常称自变量 x 为特征，特征工程的目的是发现重要特征。降维是采用某种映射方法，将原高维空间中的数据点映射到低维空间中。由于数据中有一部分指标数据稀疏，部分特征属性之间存在着相互关联关系，为提升模型的泛化能力，这里使用主成分分析(PCA)、递归特征消除(RFE)、完全随机树算法(ETC)和单变量特征选取(SKB)等降维方法来减少特征的个数，并确保特征之间是相互独立的。

在进行模型训练之前需要进行特征工程分析，因为数据特征会直接影响预测模型结果的准确性。选择的特征越好，则实现的结果越好。本研究以某采油厂三十余个油藏为目标，整理了动静态参数54项(表1)。

表1 油藏动静态参数

分类	参数项
静态特征(24项)	开发层位、油气田、油藏类型、井网形式、井排距、原油地质储量、可采储量、含油面积、原始气油比、原油体积系数、地层温度、岩石压缩系数、初始地层压力、饱和压力地层温度、平均孔隙度、空气渗透率、含油饱和度、束缚水饱和度、地层原油黏度、原油密度、生产层位中深(垂深)、平均有效厚度、变异系数、分选系数
动态特征(30项)	当年投产采油井井数、当年投产采油井月产油、前1年投产采油井井数、前1年投产采油井月产油、前2年投产采油井井数、前2年投产采油井月产油、……、前10年投产采油井井数、前10年投产采油井月产油、总生产天数、自然月天数、采油井总井数、油藏注水井总井数、月注入量、含水率、措施总井次、措施月增油
预测目标	月产油

经过特征工程递归特征消除算法(RFE)、完全随机树算法算法(ETC)、单变量特征选取算法(SKB)三种算法分析，优选三种算法的前17项(表2)特征的并集作为模型构建的输入参数。特征工程分析表明，对于每个油藏都构建自身预测模型的情况，油藏静态特征没必要考虑，但是对于刚投产的新建产油藏，由于历史生产数据少，模型无法构建，可应用静态参数降维聚类找到相似油藏，调用其模型进行预测。

表2 算法优选的17项特征

序号	油藏特征参数	序号	油藏特征参数
1	当年－产量	10	前9年－产量
2	前1年－产量	11	前10年以及以前－产量
3	前2年－产量	12	采油井井数
4	前3年－产量	13	生产天数
5	前4年－产量	14	注水井井数
6	前5年－产量	15	新井月产油
7	前6年－产量	16	原油地质储量
8	前7年－产量	17	措施月增油
9	前8年－产量		

2.2 算法优选

2.2.1 长短期记忆神经网络算法(LSTM)

一种在循环网络中具有4个相互作用层的循环神经网络，它改进了传统RNN模型中的记忆模块，通过门结构和记忆单元状态的设计，让时间序列中的关键信息进行有效的更新和传递，有效地将长距离信息保存在隐藏层中。LSTM隐藏层的循环网络包含遗忘门、输入门、输出门和1个交互层(图2)，第1个交互层被称为遗忘门层，决定当前步骤遗忘的信息，第2个交互层被称为输入门层，决定哪些新的信息应该添加到处理器状态中，第3个交互层被称为tanh层，创建了一个可以添加到处理器状态中的新候选值，增加到神经元状态中，最后一层是输出门层，基于更新后的处理器状态生成LSTM的输出值。

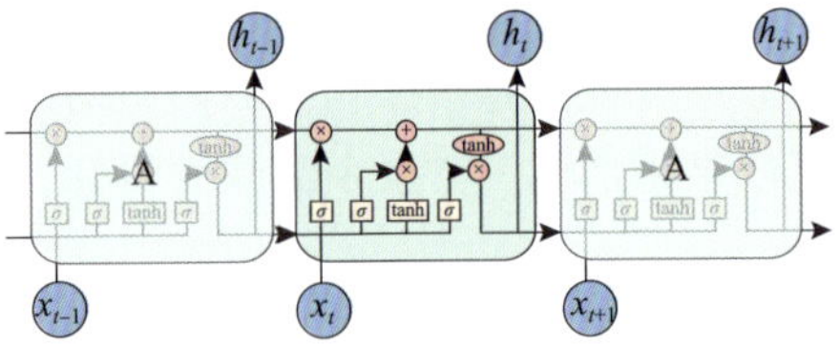

图2　长短期记忆神经网络(LSTM)示意图

X_t是t时刻的输入向量，X_{t-1}是前一个时间步的输入，h_{t-1}是前一个LSTM单元的输出，h_t是当前网络的输出，h_{t-1}是前一个单元的记忆，h_{t+1}是下一个单元的记忆，σ为激活函数，该层输出0到1之间的数，描述每个部分有多少量可以通过，0代表不允许任何量通过，1表示允许任何量通过，tanh为交互层。

2.2.2　线性回归算法

该算法是利用数理统计中的回归分析，来确定两种或两种以上变数间相互依赖的定量关系的一种统计分析方法。线性回归模型有很好的可解释性，可以从权重W直接看出每个特征对结果的影响程度。线性回归适用于x和y之间存在线性关系的数据集，可以使用计算机辅助画出散点图来观察是否存在线性关系。

线性回归模型形如：

$$h(x) = W_1X_1 + W_2X_2 + W_3X_3 + \cdots + W_nX_m + b$$

优点：

(1)思想简单，实现容易。

(2)建模速度快，不需要很复杂的计算，在数据量大的情况下依然运行速度很快。

(3)是许多强大的非线性模型的基础。

(4)可以根据系数给出每个变量的理解和解释，有利于决策分析。

缺点：

(1)不能很好地拟合非线性数据，所以需要先判断变量之间是否是线性关系。

(2)对异常值敏感，容易过拟合，容易陷入局部最优。

根据应用场景特征，优选了长短期记忆神经网络算法(LSTM)和线性回归算法进行预测对比。

3　产量预测模型构建

3.1　采油厂产量预测模型

选取长短期记忆神经网络算法、线性回归算法分别进行模型训练和对比。从结果可以看出，采油厂开发规律性强，预测相关系数普遍达到90%以上，采用线性回归算法模型预测的准确度高于长短期记忆神经网络算法模型(表3)。

表 3　采油厂模型预测准确度对比图

单位名称	长短期记忆神经网络算法		线性回归算法	
	相关系数/%	平均绝对百分误差/%	相关系数/%	平均绝对百分误差/%
单位 1	99. 50	2. 80	99. 90	0. 40
单位 2	99. 10	3. 70	99. 30	0. 30
单位 3	97. 90	4. 10	93. 10	0. 70
单位 4	96. 70	2. 60	99. 10	0. 30
单位 5	94. 90	4. 40	89. 90	1. 50
单位 6	89. 90	1. 40	90. 10	0. 90
单位 7	95. 90	3. 50	92. 30	0. 80
单位 8	95. 60	5. 90	98. 20	0. 70
单位 9	91. 50	2. 00	96. 10	1. 20
单位 10	96. 60	6. 20	98. 30	0. 50
单位 11	91. 00	3. 70	87. 80	0. 90
单位 12	95. 36	23. 70	99. 30	0. 20

3. 2　油藏产量预测模型

对源数据质量合格的三十余个油藏采用长短期记忆神经网络 LSTM 算法进行模型构建，通过验证集分析得出，19 个油藏的准确率达 85% 以上(表 4)。

表 4　油藏模型预测准确度对比图

区块名称	准确率/%	相关系数	区块名称	准确率/%	相关系数
油藏 1	97. 24	0. 972651971	油藏 17	88. 94	0. 937304973
油藏 2	96. 53	0. 926286839	油藏 18	87. 75	0. 940783157
油藏 3	95. 22	0. 805987557	油藏 19	87. 62	0. 942240373
油藏 4	95. 22	0. 929471254	油藏 20	83. 00	0. 890526513
油藏 5	94. 23	0. 926898341	油藏 21	80. 68	0. 422781656
油藏 6	93. 91	0. 895389019	油藏 22	79. 97	0. 70479054
油藏 7	92. 94	0. 967512665	油藏 23	79. 04	0. 901494744
油藏 8	92. 65	0. 766454494	油藏 24	75. 44	0. 965879678
油藏 9	92. 64	0. 670558957	油藏 25	74. 90	0. 732607891
油藏 10	90. 80	0. 924433919	油藏 26	73. 51	0. 860647082
油藏 11	90. 58	0. 967425848	油藏 27	73. 46	0. 80564081
油藏 12	90. 27	0. 921508549	油藏 28	67. 63	0. 890172616
油藏 13	90. 22	0. 789359534	油藏 29	53. 50	0. 031123023
油藏 14	89. 39	0. 584801622	油藏 30	41. 84	0. 903889469
油藏 15	89. 11	0. 92180416	油藏 31	30. 86	0. 695961811
油藏 16	88. 97	0. 878157929			

以油藏 1 为例，该油藏开采时间长，每年产能建设投入比较平稳，井型一致(图 3)，样本数据质量高，深度学习模型能够准确掌握油藏开发规律，预测平均符合率达到 97. 24%(表 5)。

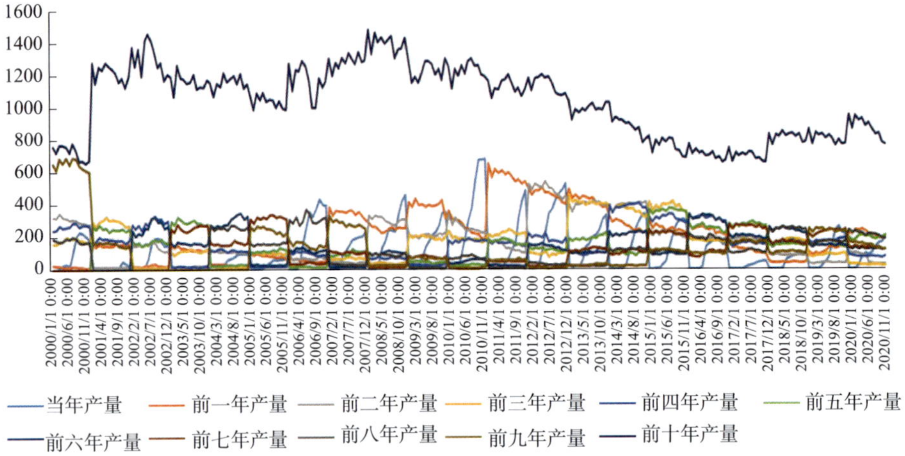

图3　油藏1分年投产井产量曲线

表5　油藏1预测产量与实际产量对比

生产时间	月产油真实值/t	LSTM 预测月产油/t	预测差值/t	误差占比/%
2020－01	22544	21888.9	655.1	2.91
2020－02	20839	21240.6	401.6	1.93
2020－03	22344	21760.2	583.8	2.61
2020－04	21901	21500.0	401.0	1.83
2020－05	22749	21720.9	1028.1	4.52
2020－06	21714	21538.7	175.3	0.81
2020－07	21520	21875.3	355.3	1.65
2020－08	21231	22261.8	1030.8	4.86
平均值				2.64

以油藏28为例，该油藏处于上产阶段，定向井、水平井混合开发，历年产量规律性不强(图4)，2019年投产井产量占总产量的40%～50%，导致预测产量误差较大(表6)。因此加入新井开井数、措施井数等关键指标是提高产量预测精度的方向。

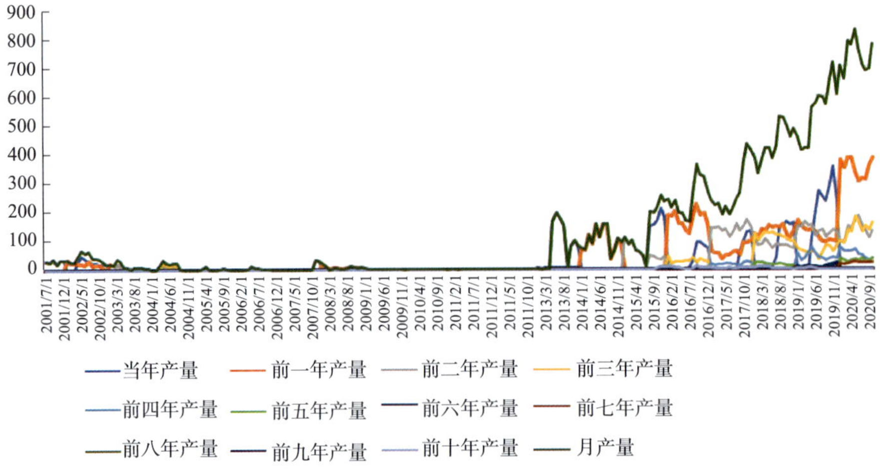

图4　油藏28分年度井产量曲线

表 6　油藏 28 预测产量与实际产量对比

生产时间	月产油真实值/t	LSTM 预测月产油/t	预测差值/t	误差占比/%
2020 - 01	542.5	703.0	-160.5	-22.8
2020 - 02	474.7	655.0	-180.3	-27.5
2020 - 03	496.7	786.0	-289.3	-36.8
2020 - 04	477.6	774.0	-296.4	-38.3
2020 - 05	456.5	824.0	-367.5	-44.6
2020 - 06	474.0	763.0	-289.0	-37.9
2020 - 07	536.0	706.0	-170.0	-24.1
2020 - 08	500.5	685.0	-184.5	-26.9

4　结语

本文主要阐述了人工智能与大数据在油田产量预测业务中的应用研究，通过厂处、油藏预测模型探索，总结了如下经验：在进行模型训练之前需要进行特征工程分析，因为数据特征直接影响使用的预测模型和实现的预测结果，准备和选择的特征越好，则预测的准确率越高。由于油田大部分油藏都是新建产能，历史训练数据不多，所以导致采用长短期记忆神经网络算法训练模型时准确度普遍很低，可以采取调用相似油藏模型的方式进行预测。

参考文献

[1]李宁，徐彬森，武宏亮，等．人工智能在测井地层评价中的应用现状及前景[J]．石油学报，2020，42(06)：508－522.

[2]李阳，廉培庆，薛兆杰，等．大数据及人工智能在油气田开发中的应用现状及展望[J]．中国石油大学学报，2020，44(04)：1－11.

[3]杨勇．胜利油田勘探开发大数据及人工智能技术应用进展[J]．油气地质与采收率，2022，29(01)：1－10.

[4]宋洪庆，都书一，周园春，等．油气资源开发的大数据智能平台及应用分析[J]．工程科学学报，2021，43(02)：179－192.

[5]林伯韬，郭建成．人工智能在石油工业中的应用现状探讨[J]．石油科学通报，2019，4(04)：403－413.

[6]刘伟，闫娜．人工智能在石油工程领域应用及影响[J]．石油科技论坛，2018，37(04)：32－40.

[7]闵超，代博仁，张馨慧，等．机器学习在油气行业中的应用进展综述[J]．西南石油大学学报：自然科学版，2020，42(06)：1－15.

[8]钟仪华，王淑宁，罗兰，等．用深度学习挖掘油田开发指标预测模型的知识[J]．西南石油大学学报：自然科学版，2020，42(06)：63－74.

[9]匡立春，刘合，任义丽，等．人工智能在石油勘探开发领域的应用现状与发展趋势[J]．石油勘探与开发，2021，48(01)：1－11.

[10]梁文福．油田开发智能应用系统建设成果及展望[J]．大庆石油地质与开发，2019，38(05)：283－289.

[11]王洪亮，穆龙新，时付更，等．基于循环神经网络的油田特高含水期产量预测方法[J]．石油勘探与开发，2020，47(05)：1009－1015.

基于时序图注意力的油井产量预测方法

陈　涛[1]　冯向阳[2]　袁江如[3]　曾星杰[1]　张宝宇[1]　张卫山[1]

[1. 中国石油大学(华东)，山东 青岛　266580；2. 北京东方金信科技股份有限公司，北京　100033；
3. 中国石油勘探开发研究院，北京　100083]

摘　要： 为解决在油井产量预测中的预测精度低、预测方法复杂的问题，本文提出一种基于时序图注意力的油井产量预测方法。该方法基于图神经网络技术，使用时序图注意力机制对井网内的采油井和注水井的空间结构特征和时序特征联合建模。该方法在预测油井产量的同时，还预测套管压力、油压等运行指标，此外在训练的过程中，还增加了对井网空间特征的重构任务。与 CNN、Xgboost 等方法相比，基于时序图注意力的油井产量预测方法取得了显著的提升。

关键词： 油井产量预测；时序注意力机制；多任务学习；图重构

1　引言

产量是反映油田开发效率的重要指标，是掌握生产动态变化的重要依据。传统的石油产量预测方法可以分为基于物理机理的预测方法和基于数学统计的预测方法，其中基于物理机理的预测方法原理清晰，但计算繁杂，对石油开采等相关学科的背景知识要求较高[1,2]。基于数学统计的预测方法对油井的数据样本要求很高，很难在区块之间进行推广[3,4]。

随着人工智能技术的发展，基于深度学习的新型预测方法已经成为油藏开发预测的新型研究热点。相关的研究工作主要集中在人工神经网络[5][6]和支持向量机回归(SVR)[7]。人工神经网络具备结构简单、清晰的特点。SVR 在高维空间建模和非线性建模方面具有优势[8]，其通过核函数将输入数据映射到高维空间，使其计算复杂度不依赖于输入维度，具备较强的泛化能力和较高的预测精度。

上述常用的机器学习方法，如神经网络和 SVR，本质上都是样本和标签之间的点对点映射，没有对样本中的时间特性建模。Cao 等人[5]利用神经网络研究了油管头压力与产量之间的关系。根据相应时间内油管头压力的变化，预测出时间序列的油量，然而它不适用于未来的预测。Ahmadi 等人[9]基于神经网络建立了一个模型，将压力和温度作为输入，将油量作

作者简介： 陈涛，男，1977 年 11 月生，2019 年获得中国石油大学(华东)学士学位，现为中国石油大学(华东)计算机科学与技术学院硕士研究生，主要从事数据挖掘、图神经网络、自然语言处理研究。E－mail：dongshou2015@126. com

通讯作者： 袁江如，男，1961 年 10 月生，1983 年 6 月上海交通大学应用物理系毕业，中国石油勘探开发研究院人工智能研究中心，正高级工程师，主要研究方向为油气勘探开发人工智能算法及应用，数据科学，油气田开发及油藏数值模拟软件研制。E－mail：153073133@qq. com

为输出。该模型在海上油田的应用性能较好，但在陆上油田，由于多相流量计的使用较少，无法获得各时间步的精确压力和温度数据。Fulford 等人[10]提出了一种机器学习模型，对油井产量进行预测。但是该模型需要提前确定产量变化趋势，不能适应整个产量变化历史，也限制了预测范围。

在时间序列预测方面，在 RNN[11]（递归神经网络）的基础上提出的长短期记忆网络[12]（Long Short－Term Memory，LSTM）备受关注，其通过遗忘门和更新门能够提取输入数据的长期时间特征。LSTM 的结果比传统的全连接神经网络具有更高的精度。通过对变化趋势和背景信息与深度的关系进行建模，LSTM 可以重构测井信息[13]。LSTM 可以在 5% 的误差范围内捕获风场的动态特征[14]。目前，该领域的研究大多是 LSTM 的简单应用或与特征工程的合作[15－17]。

此外，使用 LSTM 等方法对油井产量进行预测时，虽然考虑了油井的时间特征，但忽略了研究区块中的油井之间、油井和注水井之间的空间结构特征。因此本文提出一种基于图神经网络的油井产量预测方法，该方法通过一种时序图注意力机制，使得模型既能提取时序特征，又能提取油井和注水井之间的空间结构特征。

2 方法

本文提出一种基于时序注意力的油井产量预测方法，该方法基于时序图注意力机制搭建了油井产量预测模型（based on time－series graph attention oil prediction model，TGAOPM），整体流程如图 1 所示。井网的运行数据首先经过编码层进行统一编码，随后和井网的空间结构特征一起输入时序图注意力层，经过 3 层时序图注意力层提取井网的时序特征和空间结构特征后，获取每口井的表征，再基于多任务预测获取预测损失，经过图结构重建获取重建损失，最后两者相加得到总损失。

在本论文构建的数据集中，油井有 15 个特征，注水井有 10 个特征，油井和注水井的特征维度并不相同，因此分别采用不同的编码层对油井和注水井的特征进行提取，将油井和注水井的特征维度统一。

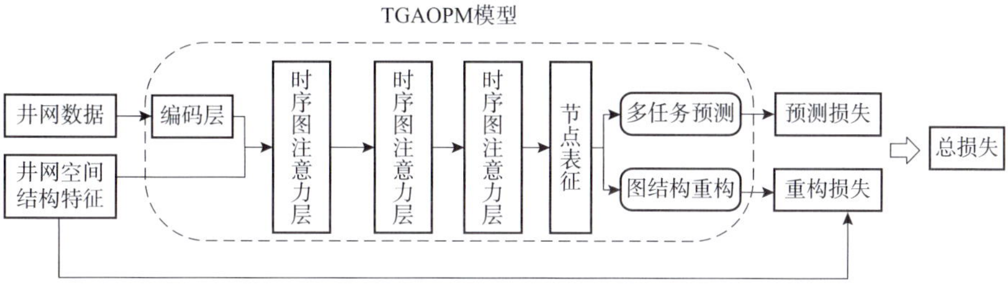

图 1　方法流程图

2.1 时序图注意力机制（Time－series graph attention）

GAT[18]网络主要通过图注意力机制来提取节点之间的空间结构特征。对于图 $G=\{V, E\}$，V 为节点构成的集和，E 表示边的集合。在融合邻居节点的信息时，对邻居节点的注意力权重计算方法如公式（1）所示，其计算过程如图 2（a）所示。节点 i 首先计算其与邻居节点（包括自环）的注意力权重，然后通过注意力权重更新自身节点的向量化表示。

$$\alpha_{i,j}=\frac{exp(LeakyReLU(aT[Wh_i \parallel Wh_j]))}{\sum_{k\in N_i}exp(LeakReLU(aT[Wh_i \parallel Wh_k]))} \tag{1}$$

其中，*LeakyReLU* 为非线性激活函数，∥表示将两个向量拼接，W，a 为模型权重，$h_i \in \mathbb{R}^m$为节点 i 的向量化表示，m 表示节点表征大小，N_i 表示节点 i 的邻居节点集合，$\alpha_{i,j}$表示节点 i 对节点 j 的注意力权重。h_i 可以按照公式(2)更新为 h'_i。σ 表示非线性激活函数。

$$h'_i=\sigma\left(\sum_{j\in N_i}\alpha_{i,j}Wh_j\right) \tag{2}$$

GAT 在计算节点间注意力时，仅考虑了当前时刻节点的特征，而忽略了从前节点的时序特征。因此本文提出一种时序注意力机制，在计算节点间的注意力时，不仅计算当前节点间的注意力机制，而且对以前时刻的节点特征计算注意力，如图 2(b)所示。其节点间的注意力计算过程如公式(3)所示。

$$\alpha_{i,jt}=\frac{exp(LeakyReLU(aT[Wh_i \parallel Wh_{jt}]))}{\sum_{k\in N_i}\sum_{v\in T_k}^{t}exp(LeakReLU(aT[Wh_i \parallel Wh_v]))} \tag{3}$$

其中，N_i 表示节点 i 的邻居节点的集合，$T_k=\{h_{1k}, h_{2k}, \cdots, h_{tk}\}$表示节点 k 从开始时刻到 t 时刻时序特征的集合，$\alpha_{i,jt}$表示节点 i 对 t 时刻的节点 j 的注意力权重。节点 i 的表征按照公式(4)进行更新。其中 T_j和 T_k 的意思等同。

$$ht'_i=\sigma\left(\sum_{j\in N_i}\sum_{v\in T_j}^{t}\alpha_{i,v}Wh_j\right) \tag{4}$$

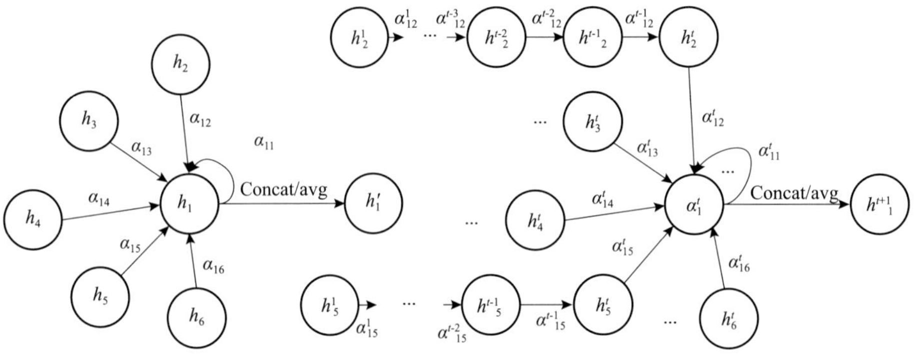

(a) 图注意力机制　　(b) 时序图注意力机制

图 2　图注意力机制

采用时序图注意力进行油井产量预测，与图注意力不同的地方在于：①模型不需要单独的时序处理模块去提取时序特征；②模型不需要类似三明治等堆叠结构，如一层时序特征提取层、一层空间特征提取层，只需要堆叠时序注意力模块即可；③采用类似 LSTM 的方法提取时序特征时，模型只能基于节点自身提取时序特征，无法有效对节点间的关系进行建模。而将时序特征作为初始节点表征，使用图注意力机制提取节点间的空间结构特征，则忽略了节点自身的时序特征。时序图注意力则能够对空间结构和时序特征进行联合建模，同时提取空间结构特征和时序特征。

2.2　多任务预测(Mul – task)

在对油井产量进行预测时，采用 MSE(均方损失函数)作为油井产量的评估函数，其计算过程如公式(5)所示。其中 l_p 表示油井产量损失，N 表示样本的数量，y 表示真实油井产量，y'表示模型预测油井产量。

$$l_p = \frac{1}{N}\sum_{i\in N}(y_i - y'_i)2 \tag{5}$$

然而仅仅使用油井的产量作为模型的评估指标，将会使得模型只考虑产量这个单一要素。由于油压、背压、套管压力可以很好地表征地层的驱替能力和连通能力，和油井生产有着密切的正向关联，因此选用油压、背压、套管压力作为辅助任务。最终模型优化的目标如公式(6)所示，其中 l_{op}表示油压，l_{bp}表示背压，l_{cp}表示套管压力，α、β、γ、λ 分别为各个损失的加权权重，其为超参数。

$$l_a = \alpha l_{\mathrm{p}} + \beta l_{\mathrm{op}} + \gamma l_{\mathrm{bp}} + \lambda l_{\mathrm{cp}} \tag{6}$$

2.3 图结构重建(Graph reconstruction)

在使用时序图注意力机制对油井进行产量预测时，为了加强模型对空间结构特征的提取，使模型对注水井的特征有一个更大的注意力权重，本文特定引入图的重构任务。在油井产量预测中引入图重构任务能够使模型对注水井和采油井之间的连通关系进行建模，强化采油井和注水井之间的特征提取。图重构任务的损失函数如公式(7)所示。

$$l_g = \sum_{i\in N}\sum_{j\in N} CE(A_{i,j} - A'_{i,j}) \tag{7}$$

其中，CE 表示交叉熵损失函数，$A_{i,j}$为图的邻接矩阵，代表油井和注水井之间的空间结构特征，$A'_{i,j}$为模型预测的图的邻接矩阵。最后模型的优化目标如公式(8)所示。a 和 g 为模型超参数。

$$loss = al_a + gl_g \tag{8}$$

区块内的油井和注水井之间的空间结构特征可以使用图结构数据来表示，如图3所示。蓝色区域内表示油井和注水井之间的连通系数，灰色区域全为0。在实际的生产过程中，会使用示踪迹测算油井和注水井之间的连通系数，但不会测算油井之间或注水井之间的连通系数。因此在对图结构进行重建的过程中，只对图3中的蓝色区域进行重构，忽略灰色区域。

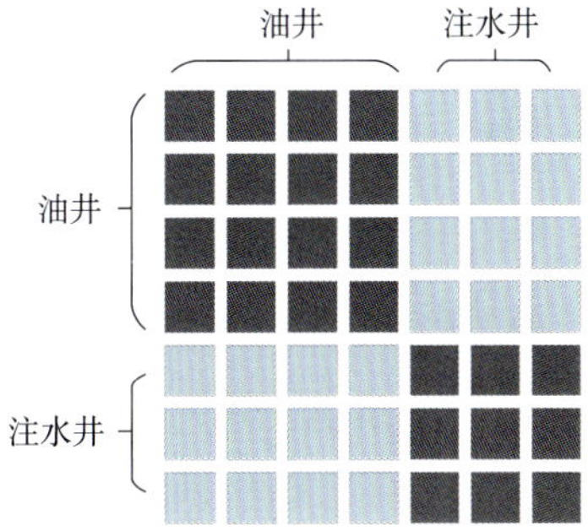

图3 区块内的采油井和注水井的图表示示意图

3 实验结果

3.1 数据集介绍

我们收集了某油田一区块从2011年到2013年的生产运行数据，该井块共有4口采油井，7口注水井，通过示踪剂来测算采油井和注水井之间的连通性系数，结果如表1所示。采油井和注水井的数据特征如表2所示，其中采油井有15个特征，注水井有10个特征。

表1　油井和注水井之间的连通系数

注水井＼采油井	1	2	3	4
1	0.14	0.08	0.08	0.23
2	0.1	0.1	0.1	0.02
3	0	0	0.11	0.06
4	0.09	0.1	0.17	0.07
5	0.07	0.11	0.18	0.12
6	0.2	0.04	0.19	0.21
7	0.08	0	0	0.3

表2　油井和注水井特征

名称	特征名称
采油井	层数、厚度、生产天数、泵的深度、泵的直径、排量、泵的行程、泵的频率、油压、套管压力、背压、泵的效率、顶深、底深、产量
注水井	层数、厚度、注入天数、油压、套管压力、干线压力、顶层深度、底层深度、注入模式、注入量

3.2　实验设置

为了验证时序图注意力的效果，我们对比了极端梯度提升树(Xgboost)[19]、SVR、卷积神经网络(CNN)[20]、长短期记忆网络(LSTM)[21]算法的油井产量预测效果。其中Xgboost和SVR模型在训练时对4口采油井的产量进行同时预测，而非对每口采油井进行独立训练。基于时序图注意力机制搭建了油井产量预测模型，其模型结构为3层时序图注意力层的堆叠，结构如图1所示。模型学习率为1e－5，α、β、γ、λ分别为1、0.3、0.3、0.3，a和g分别为1、50，模型采用的优化器为AdamW。

3.3　实验结果

本文提出的TGAOPM模型与Xgboost、SVR、CNN、LSTM等模型实验对比结果如表3所示。mul表示TGAOPM模型采用多任务，gr表示TGAOPM模型采用图重构损失。从表3中我们可以看出，TGAOPM模型比CNN、LSTM等模型的油井产量预测效果要好。同时多任务和图重构都能够在一定程度上提升TGAOPM模型在测试集上的效果。

表3　各个模型油井产量预测结果

模型名称	训练集MSE损失	测试集MSE损失
CNN	185	2810
SVR	—	3250
Xgboost	—	4161
LSTM	2700	2800
TGAOPM	100	1584

续表

模型名称	训练集 MSE 损失	测试集 MSE 损失
TGAOPM + mul	114	1484
TGAOPM + gr	97	1318
TGAOPM + mul + gr	101	1199

为了进一步验证超参数对 TGAOPM 模型的影响，我们在多任务和图重构任务的基础上，测试了不同学习率对模型的影响，测试结果如表 4 所示。从表 4 中可以看出，当学习率为 1e－4时，TGAOPM 模型在训练集上的预测误差相差不大，但在测试集上预测误差有了显著降低。这说明较高的学习率有助于提高模型在测试集上的效果。

表 4　模型学习率对油井产量预测的影响

学习率	训练集 MSE 损失	测试集 MSE 损失
1e－3	123	172
1e－4	94	153
1e－5	101	1199

在最优学习率(1e－4)、多任务和图重构任务的基础上，还测试了时序图注意力层数对模型的影响，测试结果如表 5 所示。从表 5 中可以看出，时序图注意力的层数越多，模型在训练集上的效果没有太大改变，而模型在测试集上的效果则越好。这说明时序图注意力的层数影响着 TGAOPM 模型的建模能力。

表 5　时序图注意力层数对油井产量预测的影响

时序图注意力层数	训练集 MSE 损失	测试集 MSE 损失
1	119	2404
2	104	1300
3	94	153

为了验证 TGAOPM 模型对单口油井产量的预测效果，改变模型最后一层的输出维度，基于井块内所有的油井和注水井的特征，对单一油井的产量进行预测，相应的结果如图 4 所示，各模型的损失如表 6 所示。SVR、Xgboost 只使用采油井本身的历史运行数据预测未来的产量。从预测结果来说，预测单一油井的效果比同时预测所有油井的效果要更好。同时使用井块内采油井和注水井的特征进行产量预测，其效果要远好于使用单口井的历史数据，且在不用的采油井中均取得较好的预测效果。

表 6　只预测单口油井的产量时，各模式损失

模型	采油井 1 MSE 损失	采油井 2 MSE 损失	采油井 3 MSE 损失	采油井 3 MSE 损失
Xgboost	30. 4037	14. 7363	75. 6107	648. 4862
SVR	22. 0180	4. 2594	66. 5942	464. 8501
TGAOPM	1. 4029	9. 2269	8. 9266	12. 0806

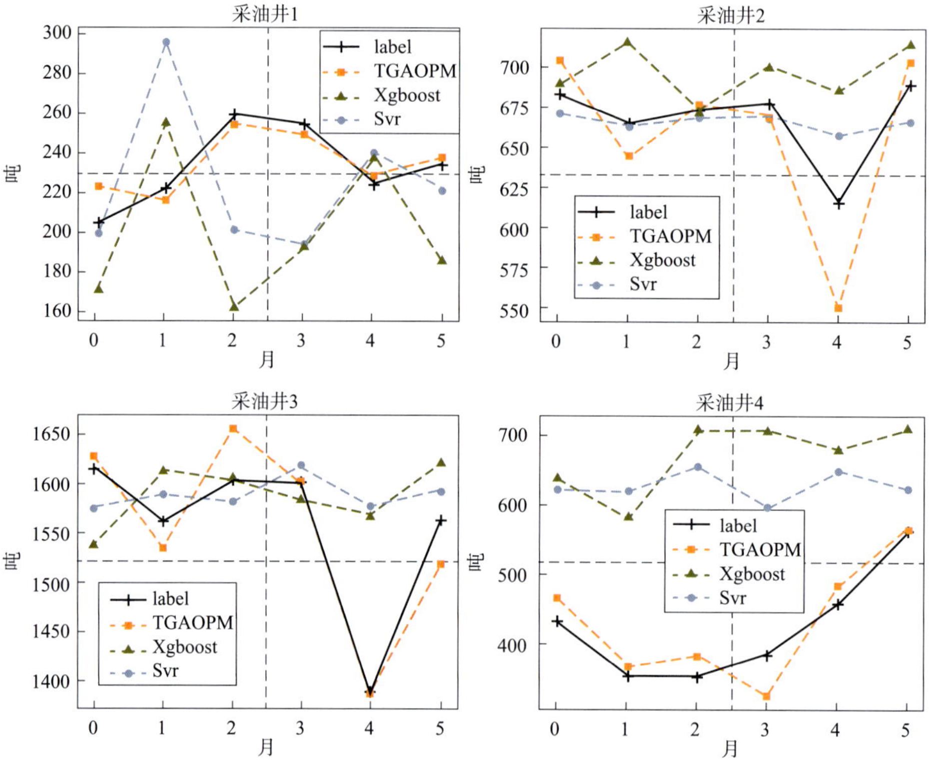

图4 不同模型对不同油井的产量预测结果

4 结论

本文提出一种基于时序图注意力的油井产量预测方法。与LSTM等时序数据处理方法不同，该方法使用时序图注意力机制，同时提取时序特征和空间结构特征。同时，在预测油井产量的同时，还对油压、套管压力进行了预测，使得模型不仅将注意力放在与油井产量直接关联的参数上，还使得模型将注意力放在注水井的特征上。此外，还加入了井网空间结构重建的任务。实验证明，多任务和井网空间结构重建都将有助于油井产量预测。在今后的研究中，降低时序图注意力的计算复杂度、提高油井和注水井特征融合的效率，将是下一步的研究重点。

参考文献

[1] Oliver D S, Chen Y. Recent progress on reservoir history matching: a review[J]. Computational Geosciences, 2011, 15(1): 185-221.

[2] Satter A, Iqbal G M. Reservoir performance analysis by the classical material balance method - ScienceDirect[J]. Reservoir Engineering, 2016: 233-245.

[3] Jianliang W, Rui L I U, Lianyong F, et al. A Modified Multi-Cycle Model for Predicting Productions of Oil and Gas Fields[J]. Xinjiang Petroleum Geology, 2020, 41(4): 430.

[4] Wang Y, Fang Y, Xiaohui W U, et al. Predicting method of the developing indexes based on the growth curve for extra – high watercut period of Daqing Placanticline Oilfields[J]. Petroleum Geology & Oilfield Development in Daqing, 2019.

[5] Cao Q, Banerjee R, Gupta S, et al. Data driven production forecasting using machine learning[C]//SPE Argentina Exploration and Production of unconventional resources symposium. OnePetro, 2016.

[6] Negash B M, Yaw A D. Artificial neural network based production forecasting for a hydrocarbon reservoir under water injection[J]. Petroleum Exploration and Development, 2020, 47(2): 383 – 392.

[7] Han B, Bian X. A hybrid PSO – SVM – based model for determination of oil recovery factor in the low – permeability reservoir[J]. Petroleum, 2018, 4(1): 43 – 49.

[8] Cortes C, Vapnik V. Support – vector networks[J]. Machine learning, 1995, 20(3): 273 – 297.

[9] Ahmadi M A, Ebadi M, Shokrollahi A, et al. Evolving artificial neural network and imperialist competitive algorithm for prediction oil flow rate of the reservoir[J]. Applied Soft Computing, 2013, 13(2): 1085 – 1098.

[10] Fulford D S, Bowie B, Berry M E, et al. Machine learning as a reliable technology for evaluating time/rate performance of unconventional wells[J]. SPE Economics & Management, 2016, 8(01): 23 – 39.

[11] Bayer J S. Learning sequence representations[D]. Technische Universität München, 2015.

[12] Hochreiter S, Schmidhuber J. Long short – term memory[J]. Neural computation, 1997, 9(8): 1735 – 1780.

[13] Zhang D, Yuntian C, Jin M. Synthetic well logs generation via Recurrent Neural Networks[J]. Petroleum Exploration and Development, 2018, 45(4): 629 – 639.

[14] Qin Y, Li K, Liang Z, et al. Hybrid forecasting model based on long short term memory network and deep learning neural network for wind signal[J]. Applied energy, 2019, 236: 262 – 272.

[15] Gu J W, Zhou M, Li Z T, et al. Oil well production forecast with long – short term memory network model based on data mining[J]. Special Oil & Gas Reservoirs, 2019, 26(2): 77 – 81.

[16] 侯春华. New well oil production forecast method based on long – term and short – term memory neural network [J]. Editorial Department of Petroleum Geology and Recovery Efficiency, 2019, 26(3): 105 – 110.

[17] Hongliang W, Longxin M U, Fugeng S H I, et al. Production prediction at ultra – high water cut stage via Recurrent Neural Network[J]. Petroleum Exploration and Development, 2020, 47(5): 1084 – 1090.

[18] Veličković P, Cucurull G, Casanova A, et al. Graph attention networks [J]. arXiv preprint arXiv: 1710.10903, 2017.

[19] Chen T, Guestrin C. Xgboost: A scalable tree boosting system[C]//Proceedings of the 22nd acm sigkdd international conference on knowledge discovery and data mining. 2016: 785 – 794.

[20] Krizhevsky A, Sutskever I, Hinton G E. Imagenet classification with deep convolutional neural networks[J]. Communications of the ACM, 2017, 60(6): 84 – 90.

[21] Hochreiter S, Schmidhuber J. Long short – term memory[J]. Neural computation, 1997, 9(8): 1735 – 1780.

基于生成对抗网络的压裂施工参数推荐

杨圣方　何　涛　张学忠　杜　超　王　博　王　强　高　蒙　黄　馨

（中国石油长庆油田苏里格南作业分公司技术与信息研究中心，陕西 西安　710018）

摘　要：经过近 10 年的开发，长庆苏里格南国际合作区通过大规模、工厂化作业模式完成了超过 1500 个层位的压裂施工，并收集了大量压裂作业的施工过程数据。本文对苏南项目历年积累产生的约 1500 个层位的优质压裂数据进行分析，整合压裂数据，地层数据以及产量数据，分析数据关系，结合 K－means 聚类算法与生成对抗网络算法 CGAN 模型，进行水力压裂设计参数的优化研究。受益于机器学习算法对储层数据及相应压裂施工参数之间关系的强大建模能力，实验表明，基于生成对抗网络生成了较为合理优秀的施工参数，从而实现了机器学习在压裂施工作业上的应用落地，提升了致密气田开发的数字化和智能化水平。

关键词：水力压裂优化；智慧油气田；压裂参数推荐；人工智能；机器学习；生成对抗网络；K－means 聚类

0　引言

水力压裂是一个不断向地层注入高压流体引起裂缝在岩石基质内不稳定传播的过程[1]。储层施工参数优化的主要任务是利用测井原始资料对储层的孔隙度、含气饱和度特征等进行综合评价分析，在此基础上进行相关施工参数的推荐。测井原始数据中影响压裂的因素主要包含孔隙度、渗透率、饱和度、伽马曲线等测井原始信息。随着测井技术的发展，测井方法越来越多、精度越来越高、数据量越来越大。每一条测井曲线对地层岩性信息都有相应的响应，如果同时解释多条测井曲线，就需要同时解决复杂的多维度非线性问题和多种测井数据综合形成的大数据的问题，这是传统方法表达难以解决的。

机器学习具有从大量数据中自动提取特征，并通过逐层特征变化解决复杂的分类或预测问题的特点，其在测井领域已经有了应用。比如，魏佳明[2]等人提出了基于支持向量机的储层参数预测，其提出了基于支持向量机的储层参数预测，利用支持向量机适合解决小样本、非线性及高维问题的优势，建立两者之间非线性的预测关系，最大限度利用和挖掘现有测井信息；樊毅龙[3]研究了基于机器学习的致密气藏水力压裂施工参数的优化设计，他采用 K 均值聚类和 KNN 分类算法，建立了致密气藏压裂直井的产量主控因素诊断模型，明确了影响压裂效果的主控施工因素有压裂液总量、前置液比、陶粒用量、施工排量、平均砂

作者简介：杨圣方，男，1989 年 12 月生，硕士，中国石油长庆油田苏里格南作业分公司工程师，从事油气田开发。E－mail：yangshf_cq@ petrochina. com. cn

比；崔博宇[4]等人基于机器学习的压裂优化设计思路，将压后产量假设作为储层储能和压裂作业两项自变量相互作用的因变量表现，通过机器学习建立三者的数据模型，从而在一定条件下优化压裂施工参数，增加提高压后产能的可能性；J. Song[5]等人针对储层预测的非线性问题，引入随机森林方法对地震储层进行预测，与传统方法相比，该方法受噪声数据的影响小，具有一定的稳定性和准确性；项云飞[6]等人提出了将线性回归与神经网络相结合的方法，对比单独线性回归或神经网络，模型预测精度更高，性能也更稳定。这些智能算法的普及和应用，进一步提高了储层参数预测的精度和可靠性，为石油勘探开发提供了评判依据；段友祥[7]等人提出了基于卷积神经网络在储层预测中的方法，该方法不仅能对储层参数进行精确预测，而且可以得到储层特征集。实验证明，卷积神经网络可以应用于地质储层参数预测，且预测精度较高，同时卷积神经网络的卷积特征为储层地质建模与测井资料解释提供了重要的支持；杨晓利[8]等人提出了基于深度神经网络的储层分类方法，其实验结果表明深度学习方法在储层类型预测的可行性和实用性。

目前，基于机器学习来解决储层参数优化的相关研究较多，将深度学习应用于解决储层参数优化的相关研究还处于发展阶段，国内的相关研究还存在着一定的空白。探索将深度学习技术应用于储层参数优化问题的方法具有研究价值和实用效应。一方面，现有的深度学习算法在油气领域取得了大量成果。但在实际应用中，仍面临着大量困难，例如少量数据、数据高维等问题。另一方面，对于储层施工参数优化问题，油气专家在计算完储层参数后，结合计算结果和给出最终评价结论，进而给出对应储层的施工参数，这完全取决于专家经验，而机器学习及深度学习可以为储层施工参数优化提供了一种自动、数据驱动的方法。

针对目前存在的问题，本文充分利用机器学习方法的理论和成果，同时尝试结合对抗生成网络，使其在推荐的可靠性上有进一步提高。

1 数据预处理与问题定义

1.1 数据预处理

压裂施工参数优化的原始数据为储层的测量数据、AOF(储层产量)及相应的施工参数。储层参数主要包含孔隙度、渗透率、饱和度、伽马曲线等测井原始信息。压裂施工参数主要包括在施工中泵注的液量、支撑剂量、施工排量等信息。其中储层数据通常以数据表的形式记录，如一张数据表表示一个储层数据，表中包括如下特征：深度、伽马射线、有效孔隙度、总体孔隙度、含水饱和度、泥质含量等，每个特征在表中记录为一列，不同的储层数据可能具有不同的行数，取决于对不同储层测量时的测点深度。施工参数数据通常是通过实际的历史优秀施工数据得到的。

针对压裂施工参数优化问题这一实际问题，首先需要进行数据抽取的工作，即获取储层特征数据以及对应的最优的施工数据。在获取原始数据后，进入到数据转换的环节。即使用归一化的方法对不同取值范围和量纲的数据进行数据预处理以便后续输入模型中进行训练。

由于井深度、伽马射线、泥质含量等储层特征之间存在量纲差异，考虑到神经网络的优化函数多数包含梯度计算，因此需要进行数据量纲的调整，这里使用标准化处理，将井深度，伽马射线，泥质含量等储层统计特征分别进行 z-score 标准化，使用公式(1)，其中，x 为原始数据，$\bar{x}$原始数据均值，s 为原始数据的标准差：

$$x^{*} = \frac{x - \bar{x}}{s} \tag{1}$$

此外，为统一输入数据格式，首先需要对储层数据进行处理，通过计算其统计值，如平均值、四分位数等以将一个储层数据转换为一维向量。然后将预处理完数据存放在文件系统中，至此准备完成的数据集可以用于模型的训练与评价。

1.2 问题定义

水力压力施工参数推荐任务简而言之就是根据储层测量数据来预测相应的施工参数，达到媲美甚至超越专家根据理论计算的工程效果，从而提供一种自动化的、基于数据的方法。

记一条数据样例的形式为$data_j = (x, z)$，其中 $x = (x_1, x_2, \cdots, x_i, \cdots, x_n)$为输入数据，$x_i$ 代表储层数据的第 i 个统计特征，n 代表储层数据的总特征数。z 为输出数据，z_i 代表当前储层 j 对应的第 i 个施工参数值。此处，储层的施工参数设为两项，所以 $z = (z_1, z_2)$。

原问题可以转换为如下机器学习问题：模型输入为从储层中提取的统计特征数据 x，预测出相应的施工参数$\hat{z}$，使其实现较优的施工效果。

2 压裂施工参数优化算法

2.1 整体流程

经过第一节所述的数据预处理流程后，完成了数据准备的工作，准备完成的数据集可以提供给算法作为输入以进行模型的训练验证与评估。在训练实验中，将此数据分为训练集、验证集、测试集三部分。训练集用来训练模型，验证集用来调整超参数，以进一步提升模型的预测效果，测试集用来测试模型的能力。

鉴于在评价推荐参数的时候，因为设计实际施工验证所需的代价较大，因此难以对推荐参数的效果进行验证。针对此问题，本文采用 GAN 模型的损失函数作为近似以确定优化目标达成，此外，还基于无监督学习算法生成推荐范围(算法的决策边界)，根据生成的推荐参数是否落在推荐范围以进一步地验证生成结果的优劣。

综上所述，基于生成对抗网络的储层施工参数推荐算法的大致流程如图 1 所示。

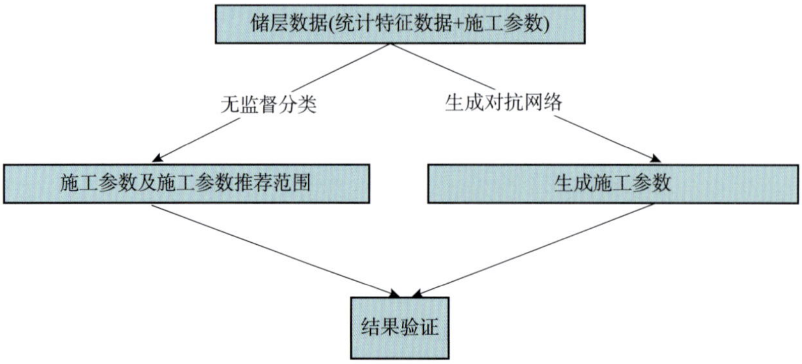

图 1　储层施工参数推荐流程图

2.2 基于 K－means 算法的储层分类

聚类，是一种无监督学习算法，指将相似的对象归到同一个簇中，使得同一个簇内的数据对象的相似性尽可能大，同时不在同一个簇中的数据对象的差异性也尽可能地大。即聚类后同一类的数据尽可能聚集到一起，不同数据尽量分离。K－means 方法只需要事先给定分组的个数 k 和初始的 k 个聚类中心，然后迭代地基于所提供的特征工作，基于特征相似性将每个数据点分配给 k 个组中的一个。K－means 的算法步骤可以归纳为[9]：

(1)选择初始化的 k 个样本作为初始聚类中心；

(2)针对数据集中每个样本，计算它到 k 个聚类中心的距离并将其分到距离最小的聚类中心所对应的类中；

(3)针对每个类别，重新计算它的聚类中心(即属于该类的所有样本的质心)；

(4)重复上面(2)、(3)两步操作，直到达到某个中止条件(迭代次数、最小误差变化等)。

特征相似性计算公式为：

$$d(x^1,\ x^2)=\sqrt{(x_1^1-x_1^2)^2+(x_2^1-x_2^2)^2+\cdots+(x_n^1-x_n^2)^2} \tag{2}$$

使用 K－means 算法进行储层分类，划分时使用的特征是储层参数。一条数据样例的形式为 $x=(x_1,\ x_2,\ \cdots,\ x_i,\ \cdots,\ x_n)$，其中 x 为输入数据，x_i 代表储层数据的第 i 个统计特征，n 代表储层数据的总特征数。y 为输出数据，表示的就是该储层参数被划分类别后的类别标签。将储层划分为不同类别后，根据测试数据所属的储层类别，将针对测试数据生成的推荐施工参数与该类别其余储层的施工参数进行比较，以近似验证推荐施工参数的优劣。

2.3 基于生成对抗网络

本文拟引入的机器学习算法为生成对抗网络模型[10]，其由一个生成器和一个判别器组成。

生成器为三层神经网络。生成器网络有两点注意：一是以储层特征作为输入，输出一组施工参数。二是被建模为三层前馈神经网络，第一层是由非计算单元构成的输入层，第二层是由计算单元构成的隐藏层，第三层是由计算单元构成的输出层。具体实现是，输入层先被传入一个大小的矩阵 I_g，I_g 表示 m 组储层数据，然后，输入矩阵通过隐藏层向前滤波到达输出层，从而产生 m 组施工参数。在具体实验的时候，将输入层的神经元数量设置为 11($ki_g=11$)，隐藏层的神经元数量设置为 128($kh_g=128$)，输出层的神经元数量设置为 n($ko_g=n$)，即施工参数的数量。生成器网络的设计如图 2 所示。

判别器为三层神经网络。判别器网络同样也有两点注意：一是判别器以一组真实的施工参数以及产生的假施工参数作为输入，输出真假概率值，其也使用端到端反向传播训练。二是判别器也建模为三层前馈神经网络。具体实现是，输入层被传入一个大小的矩阵 I_d，I_d 表示输出的 m 组施工参数，然后，输入矩阵通过隐藏层向前滤波到达输出层，从而产生一个包含 m 个标量值的向量，每个标量表示施工参数来源于真实施工参数优秀样本集的概率，即输入施工参数为优秀施工参数的可能性大小。判别器网络的设计如图 3 所示。

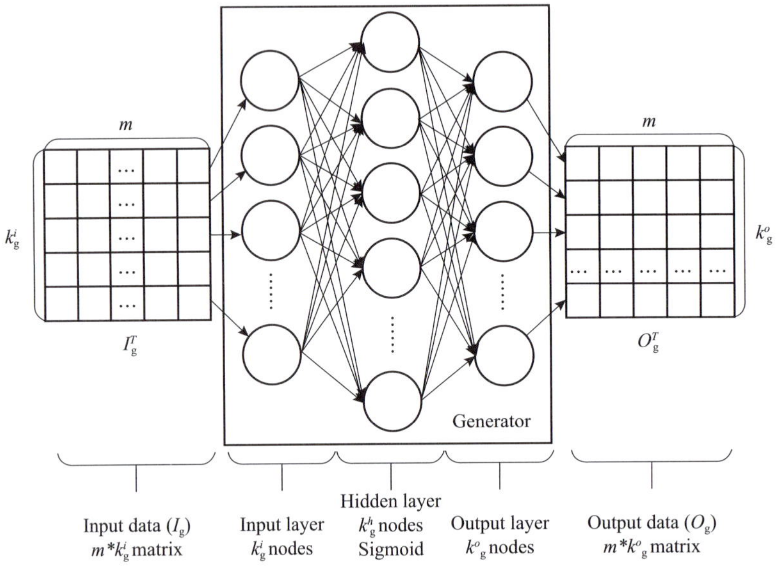

图2 生成器网络结构

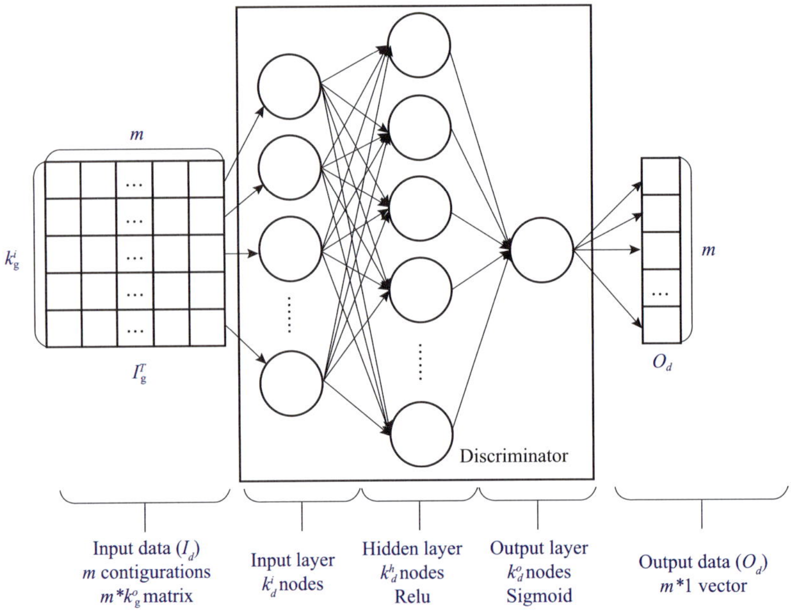

图3 判别器网络结构

其中生成模型负责生成目标数据，在本文中即为施工参数，判别模型负责检测样本的真假，若样本为真实数据，则赋予其较高的评分，若样本为生成数据，则赋予较低的得分。生成器生成目标数据的同时应尽可能优化其网络参数，以使生成的"伪造"数据能"欺骗"判别器，取得较高得分。判别器在训练过程中也不断优化网络参数以更好地识别样本是否是生成数据。生成器与判别器相互对抗，共同提升，最终生成优质的结果。

GAN 启发自零和博弈，在二人零和博弈中，两位博弈方的利益之和为零或一个常数，即一方有所得，另一方必有所失。在 GAN 中，*G* 和 *D* 一般都是非线性映射函数，如多层感知机或者 CNN，分别代表博弈双方，通过交叉迭代训练依次训练 G 和 D 两个网络。

GAN 的优化过程是一个“二元极小极大博弈问题”，使用的是交叉熵损失函数，整体优化损失函数为：

$$\min_G \max_D V(D, G) = E_{z \sim pdata(z)}[\log D(z)] + E_{x \sim p_g(x)}[\log(1 - D(G(x)))] \tag{3}$$

此处 z 和 x 分别如 1.2 节所述，表示施工参数和储层数据统计特征。优化过程中，对判别器和生成器分别进行优化。其中，优化判别器 D 时的损失为：

$$\max_D E_{z \sim pdata(z)}[\log D(z)] + E_{x \sim p_g(x)}[\log(1 - D(G(x)))] \tag{4}$$

判别器 D 希望对真实样本的判定为真，即概率值为 1，对 G 生成的虚假样本判定为假，即概率为 0。上述损失函数中第一部分表示真实样本的概率，希望这个值越大越好；第二部分中 $D(G(z))$ 的结果表示判别器对生成器生成的虚假样本的判断值，希望这个值越小越好，而再用 1 减去后，两部分均变为越大越好。因此最大化损失函数能提升判别器性能。

判别器和生成器的优化过程是交替进行的。优化生成器的损失如下：

$$\min_G E_{x \sim p_g(x)}[\log(1 - D(G(x)))] \tag{5}$$

即希望生成器 G 能够生成逼真的样本来迷惑判别器 D，所以希望 $D(G(z))$ 的结果越大越好，就需要向整个式子最小值的方向进行优化。

但是，因为随机噪声的缘故，GAN 存在生成器生成目标不明确的问题。例如，可以根据优秀施工参数数据进行训练，生成正确的施工参数，但是却不能根据指定的输入 x，生成对应某个具体的储层的施工参数。所以鉴于此情况，考虑采用 CGAN 算法[11]。通过对 G、D 都添加条件信息 y，例如，生成某个储层的施工参数的话，y 是储层特征。条件信息 y 有助于指导 GAN 的“训练方向”，CGAN 可以通俗地理解为可以根据一定的描述，生成定向的数据，损失函数转化为公式(5)。

$$\min_G \max_D V(D, G) = E_{z \sim pdata(z)}[\log D(x \mid y)] + E_{z \sim p_g(z)}[\log(1 - D(G(z \mid y)))] \tag{6}$$

CGAN 的目标函数，将生成器 G 和判别器 D 的概率函数均变为了条件概率公式。可以形象地理解为目标函数是根据输入标签 y 的不同而有所不同。因此，只要变换标签 y，就会生成相对应的施工参数。

本文使用三层神经网络分别作为 CGAN 模型的判别器与生成器的结构，算法结构图如下所示。其中生成器部分的输入为储层数据所提取出的统计特征数据，输出为储层数据对应的施工参数。判别器的输出为对于储层特征的施工参数的真假判断，值范围为 0 - 1，代表真假概率值。

实际训练中，判别器的输入是储层特征与施工参数的组合，若想生成器生成的施工参数逃过判别器的检验，除非生成器生成的施工参数与真实的储层特征对应的施工参数是相似的。所以，即使生成器推荐的参数合理，但是与储层特征不匹配，那么判别器也能容易地将其与真实的储层特征与施工参数的组合区分开来。综上，阐明了将 CGAN 的方法应用于实现基于储层特征的施工参数的推荐任务的过程，其算法结构如图 4 所示。

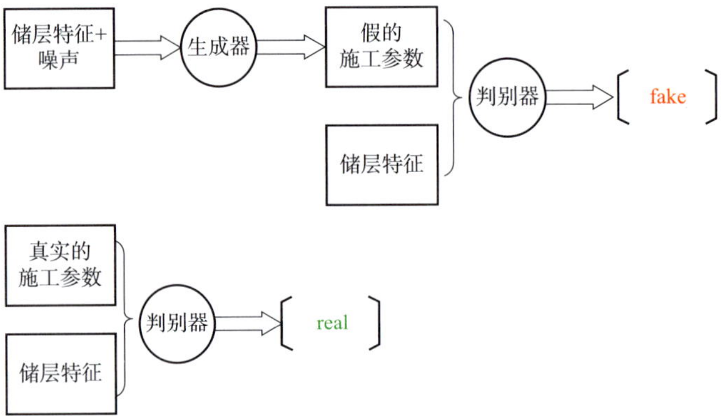

图4　算法整体结构

3　实验结果及分析

首先详细列出了所使用的CGAN模型的超参数以及训练过程的超参数，如表1所示，以下超参数设置是可视实际情况而酌情改变的，在此只提供一个参考。

表1　CGAN模型超参数设置

超参数	数值
隐藏层节点数	128
层数	3
批大小(batch size)	32
优化函数	Adam(动量值0.5)
train：validation：test	0.7：0.1：0.2
学习率	0.0001
迭代次数	15000
聚类类别	5

本实验最终的loss函数趋势如图5所示。从图中可看出，loss不断波动收敛，达到了最优值 $-2\log2$(蓝线)。由此可以看出，基于CGAN的深度学习模型能够应用于施工参数推荐问题。

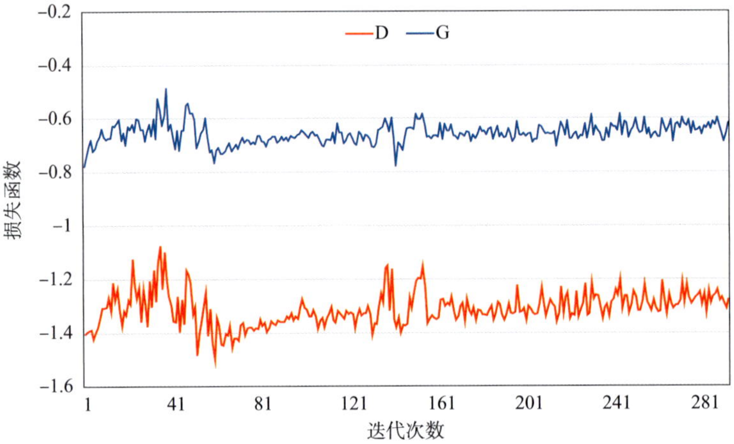

图5　损失下降过程

由于储层压裂施工具有特殊性，不同特征的储层被推荐的参数之间无法比较好坏，也无法在一个储层上采用多组参数进行施工来比较结果。因此，为了进一步检验实际测试是否可行与合理，结合无监督学习中的 K－means 聚类算法进行验证。如图 6 所示，红色线框表示 K－means 推荐的范围，绿色的点表示 CGAN 推荐的施工参数，颜色深浅表示 AOF(储层产量)的大小，可以发现 CGAN 推荐的参数在 K－means 的范围内，且处于几乎中央的位置。同时也相对在线框的 AOF 较高的区域。因此说明，只要为 CGAN 模型提供储层特征及其对应的优秀的施工参数数据，训练出来的模型能够生成优秀的施工参数。因为 CGAN 算法中的神经网络模型具有强大的表示学习能力，有效地学习到了储层数据及对应的优秀施工参数的潜在映射关系。

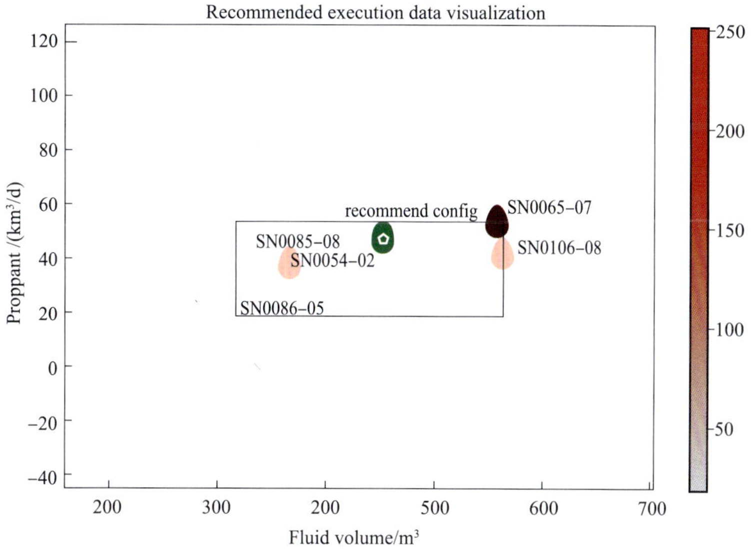

图 6　储层施工参数推荐展示

4　结束语

(1)对于储层施工参数优化问题，目前的基于 K－means 和 CGAN 的模型已经可以较为合理地推荐合适的施工参数。同时，该模型可以分别运用到训练数据和实测数据上进行参数推荐。可以说明模型对于施工参数推荐问题的有效性和鲁棒性。

(2)参数推荐是目前最常见的研究问题，CGAN 模型的预测结果已经证实了该模型在落地实践中的可行性。但是目前储层参数推荐仍是业界一个非常具有挑战性的问题，还有望我们未来进行深入研究。

参考文献

[1]Fjaer E，Holt R M，Horsrud P，et al. Petroleum related rock mechanics[M]. Elsevier，2008.

[2]魏佳明 . 机器学习在储层参数预测中的应用研究[D]. 西安石油大学，2019.

[3]樊毅龙 . 基于机器学习的致密气藏水力压裂施工参数优化设计[D]. 西安石油大学，2021.

[4]崔博宇，董易凡，杨圣方，刘博卿 . 基于机器学习的压裂优化研究[J]. 石油工业技术监督，2021 37

(378)：02 23－26.

[5]Song J, Gao Q, Li Z. Application of random forests for regression to seismic reservoir prediction[J]. Oil Geophysical Prospecting, 2016.

[6]项云飞，康志宏，郝伟俊，等．基于线性回归与神经网络的储层参数预测复合方法[J]．科学技术与工程，2017，17(31)：46－52.

[7]段友祥，李根田，孙歧峰．卷积神经网络在储层预测中的应用研究[J]．通信学报，2016，37(Z1)：1－9.

[8]杨晓利，张明，赵宝银，等．深度学习及其在储层类型划分中的研究与应用[J]．中国石油学会 2019 年物探技术研讨会论文集，2019.

[9]Kodinariya, Trupti M., and Prashant R. Makwana. "Review on determining number of Cluster in K－Means Clustering." International Journal 1.6(2013)：90－95.

[10]Goodfellow, Ian, et al. "Generative adversarial nets." Advances in neural information processing systems 27 (2014).

[11]Mirza, Mehdi, and Simon Osindero. "Conditional generative adversarial nets." arXiv preprint arXiv：1411.1784(2014).

基于机器学习方法的水力压裂压力预测

董易凡　戴立斌　彭清明　雍鲁秦　唐瑞志　施亚明　金　婷　柳胜虎

（中国石油长庆油田苏里格南作业分公司，陕西 西安　710018）

摘　要： 本文采用 python 与 streamlit 软件平台开发设计了一款基于机器学习方法的水力压裂压力预测及异常检测软件，该软件具有用户友好的特点，易于使用。在传统压裂施工过程中，现场工程师需要全程关注泵注压力的趋势，来调整泵注程序以防止超压或砂堵情况的发生，而该软件应用机器学习中的 Arima 算法和 MLP 算法，通过学习历史压裂施工曲线，预测和分析实时压力，并基于高斯混合分布模型实现智能预警功能，帮助现场工程师监测和优化压裂泵注施工。从软件在 C176 井场的现场实验表现来看，软件成功读取了压裂施工过程中的压力数据，并运用设计的算法对压力趋势进行了分析，可实现高准确度的实时压力预测，其中包含的异常检测功能可对压力的异常趋势进行预警，异常判别率高达 90%，具有良好的应用前景。

关键词： 机器学习；压力预测；水力压裂优化；差分自回归移动平均；智慧油气田

0　引言

水力压裂是一个不断向地层注入高压流体引起裂缝在岩石基质内不稳定传播的过程[1]。在压裂施工过程中，遇到地层压力异常、设备异常或者液体体系变化等情况会导致施工压力突升导致砂堵或者超压停泵，导致压裂施工不能按设计完成。因此，在压裂施工过程中的压力监测是优化压裂施工过程的关键。压力监测包含压裂施工压力预测和压力异常检测。压裂施工压力预测的本质是时间序列预测，主要功能是根据一段历史时间内的压力值序列预测未来的压力曲线，帮助工程师发现即将发生的压力异常情况，使压裂设计更加贴合苏南实际地质条件。

目前，传统时间序列预测方法主要分为回归时间序列预测模型、模式识别预测方法及滤波预测算法。线性回归时间序列预测模型有自回归滑动平均模型、求和自回归移动平均模型、滑动平均模型、自回归模型及回归分析等[2-4]；模式识别预测方法主要有人工神经网络、支持向量机及其改进算法等[5-7]；滤波预测算法主要有卡尔曼滤波、扩展的卡尔曼滤波、无迹卡尔曼滤波及粒子滤波算法等[8-10]。同时，针对储层压裂施工过程中的异常情况，国内外学者已经对页岩气井下异常数据检测进行了研究，通常是通过分析压力的趋势变化来判断井下是否发生了异常工况，现场根据压力曲线的变化情况，及时调整施工参数[11]。压力的值是通过计算地层岩石闭合压力和裂缝内流体流动压力的差值得出。由于压力计算结果

作者简介： 董易凡，男，1986 年 3 月生，工学学士，中国石油长庆油田苏里格南作业分公司高级工程师，从事钻完井工程和井筒完整性研究。E-mail：dif_cq@petrochina.com.cn

依赖于裂缝入口摩阻、管柱摩阻和地层岩石的闭合压力的计算值[12]，若这三个数值计算不准确，会导致压力计算出现较大的误差，最终导致异常检测失效。梁顺伍等[13]利用压力与时间的双对数曲线来判断井下是否发生了砂堵异常，即当双对数曲线中压力的斜率为 1，判断井下发生了砂堵异常。何智慧等[14]提出了一种基于斜率反转法的砂堵异常检测方法，在压裂加砂阶段，泵入支撑剂时，地面压力以一定的斜率逐渐降低(负斜率)，充满携砂液后，压力开始以反转前的斜率(正斜率)逐渐上升，若斜率发生较大偏离，则判断该系统即将发生砂堵，现场操作者及时调整施工参数避免砂堵异常的发生。

1　压裂施工压力分析智能预测模型

在压裂施工作业中，工程师必须实时监测井口压力，并调整加砂加液时间，优化支撑剂浓度和加液量，从而降低成本。因此，压裂施工压力分析智能预测的主要功能是根据一段历史时间内的压力值序列预测未来的压力曲线，帮助工程师发现即将发生的压力异常情况，使压裂设计更加贴合苏南实际地质条件。

1.1　问题定义

为了实现对压力值的准确预测并检测施工过程中判断压力数据是否发生异常，将压裂施工中的压力分析和预测问题分为两个子问题进行定义。

1.1.1　实时压力预测

实时压力预测本质上就是一类典型的时间序列预测问题，通过输入的历史压力数据对未来一定时间内的施工压力进行准确预测。实时压力预测问题的标准化定义为：

对于一口井的施工过程，已知一段时间内的压力值序列 $\vec{X} = <x_1, x_2, x_3, \cdots, x_t>$，基于统计学习的压力预测模型利用历史的压力值序列拟合得到一个合适的模型参数，然后预测未来的压力数据 $\hat{y}_t = f(\vec{X})$，使得与下一时刻的真实压力值 $y_t = x_{t+1}$ 之间的误差最小。其中，误差使用平均绝对误差(Mean Absolute Error，MAE)来衡量：

$$MAE = \frac{1}{N}\sum_{1}^{N} | \hat{y}_l - y_i | , i = 1,2,\cdots,N \tag{1}$$

因此，真实值和预测值之间的误差最小化可以表示为：

$$\arg\min\left(\frac{1}{N}\sum_{1}^{N} | \hat{y}_l - y_i |\right) \tag{2}$$

1.1.2　压力异常检测

在压裂施工过程中的压力异常检测的目的是找到不符合预期的压力值序列。压力异常检测问题的标准化定义为：

对于一口井的施工过程，已知一段时间内的压力值序列 $\vec{X} = <x_1, x_2, x_3, \cdots, x_t>$，求得该序列的特征表示张量 $f(\vec{X})$，输入服从一个分布 $G_{u,\sigma}$ 的概率模型中得到该张量属于 $G_{u,\sigma}$ 的概率：

$$P(g(\vec{X})) = \prod_{1}^{N} P(g(\vec{X}); u_j, \sigma_j) \tag{3}$$

其中，N 表示 $G_{u,\sigma} G_{u,\sigma}$ 分布中参数的个数。此时，根据设定好的阈值 ε，$\vec{X} = <x_1, x_2, x_3, \cdots, x_t>$ 是否异常的判别标准为：

$$\begin{cases} Anomal\ if\ P(g(\vec{X})) < \varepsilon \\ Normal\ if\ P(g(\vec{X})) \geqslant \varepsilon \end{cases} \tag{4}$$

以上公式可通俗地理解为，将实时压力序列输入一个训练好的正常压力特征分布中，当求得该压力序列特征属于正常分布的概率小于所设定的阈值时被判定为异常，当属于正常分布的概率大于等于阈值时，被判定为正常。

1.2　数据处理

获取压力序列后，为了统一输入输出格式，降低模型复杂度和计算开销，使用滑动窗口技术将训练数据切割为固定长度。滑动窗口模型如图1所示。

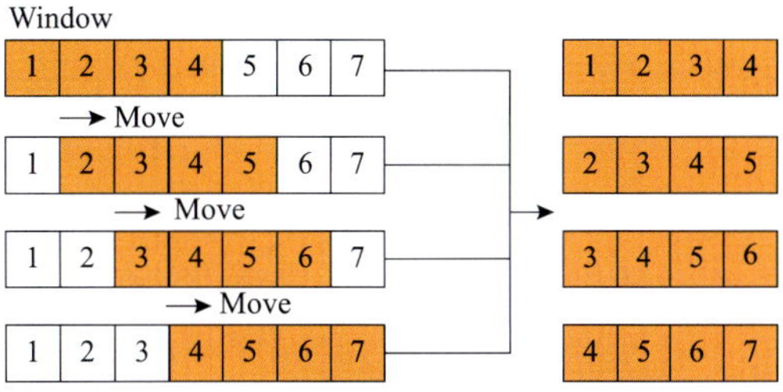

图1　滑动窗口数据分段示意图

滑动窗口模式是进行序列预测问题处理的最常用也是最有效方式，通过控制窗口的大小，可以调整参与预测的历史数据的数量，并且按照现实情景来看，离当前预测时间点近的历史点数据将会对当前具有更加大的影响，而较远时间距离的点对当前预测的作用微乎其微，选取合适的窗口大小将会有助于预测的精度和效率。

过长的窗口将会严重降低预测效率，并且过于久远的历史数据一定程度上相当于噪声，而太短的窗口会因为历史数据的缺少使得预测性能不佳。因此，使用滑动窗口是处理该类问题的关键操作，而调参选取合适的窗口大小则是其中十分重要的一项工作。

取出样本序列后，对每个样本分段进行无量纲化处理，将所有特征放缩至[0，1]之间，即：

$$y = \frac{x - \min(x)}{\max(x) - \min(x)} \tag{5}$$

其中，$\min(x)$为该分段中的最小值，$\max(x)$为该分段中的最大值。

1.3　差分自回归移动平均预测

时间序列预测在很多场景中都能得到使用，对时间序列数据未来值进行预测是一种将时序数据进行有效利用的方式，对时序数据的研究在实际应用中有着广泛的运用，比如金融分析预测、产品供给预测、气候变化预测和交通流量预测等。该过程的基本步骤如下：首先对时间序列进行分解，然后根据时间序列分解结果选择预测方法，最后使用评估指标对预测方法评估。时间序列预测主要分为确定型时间序列预测和随机型时间序列预测。

在确定型时间序列预测中主要使用的方法是平滑预测，平滑法包括简单平均、移动平均和指数平滑。

(1)简单平均法：将已有的观察值的平均值作为下一时刻的预测值，该方法适合于对较为平稳的时间序列进行预测，该方法的不足之处在于预测时将长期与短期的数值看作同等重要。但是从预测的角度来看，短期的数据比长期的数值应当是更重要的。简单平均法计算方式表示如下：

$$\hat{Y}_{t+1} = \frac{(Y_1 + Y_2 + \cdots + Y_t)}{t} \tag{6}$$

(2)移动平均法：移动平均是对简单平均法的一种改进方案，通过对时间序列使用固定大小为 k 的移动窗口并在窗口中取平均值作为预测值，解决了简单平均中的长期数据影响过大的问题。移动平均法计算方式如下：

$$\hat{Y}_{t+1} = \frac{(Y_{t-k+1} + Y_{t-k+2} + \cdots + Y_{t-1} + Y_c)}{k} \tag{7}$$

(3)指数平滑法：对短期和长期的观察值设置不同的权重，观察值距离越远，其权重就会随时间呈指数下降趋势。主要的指数平滑方式有单指数平滑(SES)、双指数平滑(DES)和三指数平滑(ETS)这三种。指数平滑的主要表示形式为：

$$\hat{Y}_{t+1} = \alpha Y_t + (1-\alpha)\hat{Y}_t \tag{8}$$

其中，$\alpha(0<\alpha<1)$为平滑系数。

对于随机型时间序列，序列中的每一个数据都会被看成是一个随机变量，通常建立一个或多个线性模型来拟合该时间序列的趋势。自回归(AR)模型、移动平均(MA)模型、自回归移动平均(ARMA)模型和差分自回归移动平均(ARIMA)模型是随机型时间序列模型中较为常用的模型。

(1)自回归(AR(p))模型：服从自回归过程的时间序列数值上可以被表示成下列形式：

$$y_t = \varphi_1 y_{t-1} + \varphi_2 y_{t-2} + \cdots + \varphi_q y_{t-p} + u_t \tag{9}$$

其中，φ_1，φ_2，…，φ_p 为自回归系数，u_t 为该时刻的噪声。上式反映了系统对过去自身状态的记忆过程，所以被称为自回归过程。

(2)移动平均(MA(q))模型：服从移动平均过程的序列数值上可以被表示成下列形式：

$$y_t = u_t + \theta_1 u_{t-1} + \theta_2 u_{t-2} + \cdots + \theta_q u_{t-q} \tag{10}$$

其中，u_t，u_{t-1}，…，u_{t-q}为不同时间点的噪声项，θ_1，θ_2，…，θ_q 为移动回归系数。上式反映了系统对过去进入系统的噪声产生记忆的过程。

(3)自回归移动平均(ARMA(p，q))模型：该模型由数据的自回归和移动平均特性这两部分组成，回归方程表示为：

$$y_t = \varphi_1 y_{t-1} + \varphi_2 y_{t-2} + \cdots + \varphi_p y_{t-p} + u_t + \theta_1 u_{t-1} + \theta_2 u_{t-2} + \cdots + \theta_q u_{t-q} \tag{11}$$

上式综合了 AR 和 MA 两个模型的优势，自回归过程量化当前数据与先前数据的关系，移动平均过程反映累积噪声对系统的影响。相比于单纯的 AR 和 MA 模型，ARMA 模型更具优势，使用频率较高。

(4)差分自回归移动平均(ARIMA(p，d，q))模型：以上列出的三种方式适用于基本不存在规律的完全随机序列，也称为平稳序列。当序列中存在趋势项、季节项和随机项时，对此类不平稳的时间序列通过差分运算转化为平稳序列，ARIMA(p，d，q)中的参数 d 代表的就是差分的次数。差分过程可表示为：

$$y_t = \Delta d x_t = (1-L)^d x_t \tag{12}$$

该模型的主要思想就是通过差分获得平稳序列，然后再运用 ARMA 模型进行拟合，因此该模型具有更广的适用范围。ARIMA 模型是典型的序列预测分析方法，其建模的详细过程如图 2 所示。

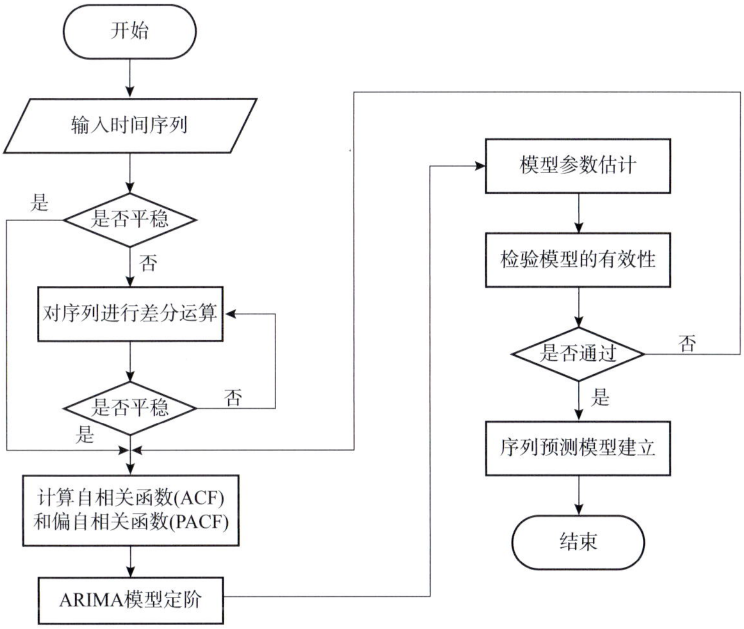

图 2　ARIMA 建模过程

ARIMA 建模过程包含了时间序列获取、序列预处理、模型识别、模型定阶、参数估计、模型验证几个环节。模型的验证过程则是验证模型的拟合效果，如果模型完全或者基本解释了系统数据的相关性，则模型的噪声序列为白噪声序列，那么模型的验证也就是噪声序列的独立性检验。

ARIMA 模型的建模过程重点需要确定三个参数：自回归项阶数 p、序列差分阶数 d 和移动平均阶数 q，确定这三个阶数的过程称之为模型的定阶。

对其进行检验的思路则为：如果模型拟合后的残差是白噪声，说明该模型较好地提取了序列中的线性关系，使得该模型拟合后的残差中没有明显的线性关系，这样的模型是充分有效的。

在实际使用 ARIMA 方法时，需要对模型的参数进行选择，选择模型的自回归、差分、移动平均的参数使用的参数准则选择方法为赤池信息准则(AIC)，该准则是衡量统计模型拟合优良性的一种标准，建立在熵的概念基础上，可以权衡所估计模型的复杂度和此模型拟合数据的优良性。AIC 准则计算公式为：

$$AIC = e^{\left(\frac{2k}{T}\right)} \frac{\sum_{t=1}^{T} e_t^2}{T} \tag{13}$$

其中，k 表示模型中参数的数量，T 表示样本总数，在本问题中为输入历史压力序列的长度，e_t 表示真实值和模型中对应点之间的误差。

根据上述过程即可达到根据输入的一段压力值序列，根据输入的时间序列数值和趋势来预测未来一段时间内的压力值的需求。可以看出，ARIMA 方法的优点是不需要大量数据对模型的训练过程，可直接以冷启动的方式使用。

1.4 多层感知机预测

多层感知机是最基本的神经网络结构，根据参考文献 *Real - Time Hydraulic Fracturing Pressure Prediction with Machine Learning*[15]中对于不同网络结构预测压力的实验结果比较及分析，我们选择该网络结构实现压力预测功能。通常，使用神经网络实现时间序列预测需要包含模型训练和模型预测两个阶段。

(1)训练阶段：收集多口井的施工压力数据，进行数据清洗、数据分段和标准化后输入MLP中训练。其中，MLP由三层神经网络构成——输入层、隐藏层和输出层。首先使用初始化的网络参数进行神经网络的前向传播，使用sigmoid函数作为隐藏层单元激活函数，根据输出与真实值之间的损失函数进行反向传播，不断更新网络参数 W 和 b。根据上述方法进行多次迭代更新，直至完成设定的迭代次数，保存MLP的网络参数以进行预测。其中，sigmoid函数表达式为：

$$f(x)=\frac{1}{1+e^{-x}} \tag{14}$$

激活函数导数为：

$$f'(x)=f(x)(1-f(x)) \tag{15}$$

损失函数定义为：

$$J(W,b)=\frac{1}{n}\sum_{i=1}^{n}\left(\frac{1}{2}\|\hat{y}_l-y_i\|^2\right)+\frac{\lambda}{2n}\sum_{l=1}^{2}\sum_{i=1}^{s_l}\sum_{j=1}^{s_l+1}\left(w_{ji}^{(l)}\right)^2 \tag{16}$$

其中第一项为编码前与解码后数据之间的均方误差，第二项为避免过拟合的正则化。

(2)实时预测阶段：得到了训练完毕的神经网络后即可用于实时预测。传感器实时向模型发送压力数据，模型根据输入数据输出预测压力序列。

算法完整流程如图3所示。

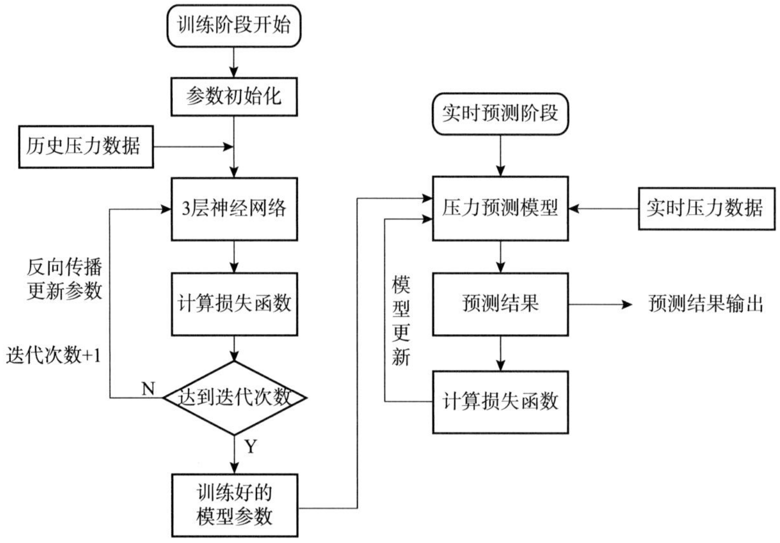

图3　MLP算法流程

使用 MLP 模型进行压力预测的优点是模型简单，训练速度快，计算时间短，可有效平衡准确度和实时性。

1.5 高斯分布异常检测

我们使用较为普遍的异常检测方法——高斯分布作为施工过程中压力异常检测的模块的方法。输入一段真实压力数据 $\vec{X} = <x_1, x_2, x_3 \cdots, x_t>$，根据预先定义的函数 $D(\cdot)$ 计算一个特征值 $y_t = g(\vec{X})$，t 表示时间分段的长度，收集 n 个时间分段特征 y_t，y_{2t}，…，y_{nt}，假设特征服从一个高斯分布 $y \sim N(\mu, \sigma^2)$，则似然函数为：

$$L(\mu,\sigma^2) = \prod_{i=1}^{n} \frac{1}{\sqrt{2\pi}\sigma} e^{-\frac{(y_{it}-\mu)2}{2\sigma 2}} \tag{17}$$

似然方程为：

$$\begin{cases} \dfrac{\partial \log L(\mu,\sigma^2)}{\partial \mu} = \dfrac{1}{\sigma^2}\sum_{i=1}^{n}(y_{it}-\mu) = 0 \\ \dfrac{\partial \log L(\mu,\sigma^2)}{\partial \sigma^2} = -\dfrac{n}{2\sigma^2} + \dfrac{1}{2\sigma^4}\sum_{i=1}^{n}(y_{it}-\mu)^2 = 0 \end{cases} \tag{18}$$

解得，μ 和 σ^2 为：

$$\begin{cases} \mu = \dfrac{1}{n}\sum_{i=1}^{n} y_{it} \\ \sigma^2 = \dfrac{1}{n}\sum_{i=1}^{n}(y_{it}-\mu)^2 \end{cases} \tag{19}$$

所以该高斯分布的概率密度为：

$$p(y;\ \mu,\ \sigma^2) = \frac{1}{\sqrt{2\pi}\sigma} e^{-\frac{(y-\mu)2}{2\sigma 2}} \tag{20}$$

根据以上流程即可得到 $y_t = g(\vec{X})$ 特征所服从的高斯分布模型的各项参数。对于一个测试样本 $y_{test} = g(\vec{X}_{test})$，将 y_{test} 代入上式即可得到 y_{test} 在高斯分布上的概率密度 $p(y_{test})$，根据训练中选定的阈值 ε 即可判别 $\vec{X}_{test}$ 是否异常。

$$if\ p(y_{test}) \begin{cases} \leqslant \varepsilon\ anomal \\ > \varepsilon\ normal \end{cases} \tag{21}$$

根据对数据的分析，选用一段压力序列的平均差分作为 $D(\cdot)$，平均差分定义为：

$$D(\vec{X}) = \frac{1}{t-1}\sum_{i=1}^{t-1}(x_{i+1} - x_i) \tag{22}$$

2 实例应用

2.1 压裂预测实验结果及分析

首先使用多种时间序列预测模型在收集到的大量压裂施工历史压力数据上进行预测实验，根据实验结果，分别从实时性和准确度的角度解释最终保留 ARIMA 和 MLP 模型的原因。模型选定后，通过不同的输入输出数据长度的组合实验选取合适的参数，使当前的模型在实时预测时达到最优的效果。

根据前期的资料查找，尝试了 6 种方法来解决压力预测问题。除了前文介绍的 ARIMA 和 MLP 外，还包括 RNN、LSTM、CNN + GRU 和 LSTM – attention 的方法，介绍如下：

(1)RNN 是一种常用的序列模型，可学习到输入数据序列中的相邻数据间的相关关系。

(2)LSTM 也是一种常用的时间序列预测模型，可以解决 RNN 模型长期记忆学习导致的梯度爆炸和梯度消失问题。

(3)CNN 采用了 Conv1d，用来处理时间序列的特征。GRU 可以理解为 RNN 的另一种变体，其与 LSTM 都采用了门机制，不同的是 GRU 可以视作是 LSTM 的一种简化版本。对于 LSTM 与 GRU 而言，由于 GRU 参数更少，收敛速度更快，因此可以加速迭代过程。

(4)LSTM – attention 与上述几个模型相比的突出点在于通过 attention 机制探究压力之外的其他施工特征对于压力值变化的影响。

模型的网络结构设计如表 1 所示，其中网络的输入和输出步长均为 60：

表 1　各模型网络结构

模型	网络结构
Rnn	2 层 rnn 网络 + 1 层 dense
lstm	2 层 lstm 网络 + 1 层 dense
cnn + gru	2 层 cnn 网络 + 2 层 gru 网络 + 1 层 dense
lstm + attetion	1 层 cnn + 1 层 lstm + 注意力机制网络 + 1 层 dense 网络

对于模型的测试结果进行对比，主要从两方面来考虑：MAE(衡量预测误差)和预测 60 步所需的时间(衡量实时性)。其中，MAE 是主要评价指标，预测时间是次要指标。

对于需要训练的神经网络模型，从施工数据中选取了 60 万条经过数据清洗和分段的施工序列进行模型训练。为了展示各算法的预测性能，选出 4 口井的施工过程作为测试集进行测试，分别是：SN0021 – 03 He8、SN0103 – 01 Shan1U、SN0139 – 04 Shan1、SN0134 – 02 He8，其中，前两口是正常井，后两口是异常井，并且同时包含了对盒 8、山 1 这两种类型。

表 2 列出了各模型对于 SN0021 – 03 He8、SN0103 – 01 Shan1U、SN0139 – 04 Shan1、SN0134 – 02 He8 分别进行压力预测的实验结果。

从数据上可看出，ARIMA 的预测准确度在这四组实验中都是排在第一位的，但是相比其他模型需要更多的预测时间，这是因为其他神经网络在前期已经通过训练得到了适合于压裂施工中压力预测的模型，在测试阶段只有计算过程而不需要对参数进行调整；而 ARIMA 模型在预测时首先要对输入的一段时间序列进行类似曲线拟合的操作，并根据曲线特点选定参数后才能预测，所以需要更多的计算时间。同时，观察数据也可以发现，MLP 的预测时间是最短的，其一是因为提前通过训练得到了模型，其二是因为相比其他的神经网络，MLP 的结构相对简单，达到同样的效果所需的神经网络参数少，更少的计算次数可以提高速度减少时间，从而保证实时性。

深度学习模型效果不如 ARIMA 模型的原因与训练数据中的数据模式有关。由于在训练数据中异常上升段的数据只占小部分，导致深度学习模型无法捕捉到异常上升时的压力数据变化模式，因此深度学习模型对于异常阶段的预测会有较大的误差。而 ARIMA 模型只考虑前一段时间的压力数据与未来压力变化的关系，因此更具适应性，且 ARIMA 在实际使用时所需的计算时间在可接受的范围内。

因此，根据上述结果，最终选定 ARIMA 和 MLP 作为压力预测阶段使用的模型，实际使用时可根据自身需求在施工过程中进行模型的选择。预测结果可视化展示如图 4 和图 5 所示，每张图的上半部分是 ARIMA 的预测结果图，下半部分是 MLP 的结果图，图中的红线是真实压力值，黑线是预测压力值，黄线是误差(MAE)，绿色部分是最大上下浮动范围。从图上可以看出，ARIMA 和 MLP 模型对于不同井的压力预测都能达到比较好的效果。

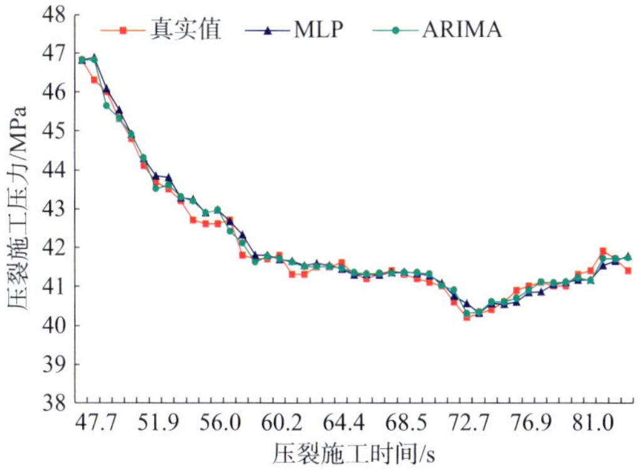

图 4　SN0103 -01 Shan1U 压力预测

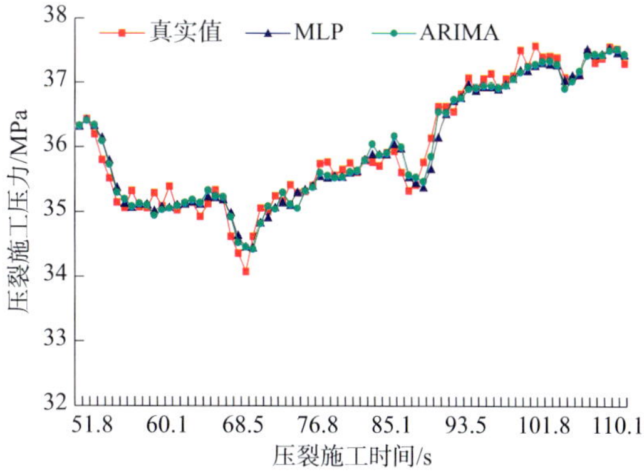

图 5　SN0021 -03 He8 压力预测

表 2　各模型在不同测试数据上的压力预测结果

测试对象	模型	MAE	预测时间/s	特点
SN0021 -03 He8	ARIMA	0. 1173	1. 3785	压力预测压力
	MLP	0. 1194	0. 01745	压力预测压力
	RNN	0. 1185	0. 01817	压力预测压力
	LSTM	0. 1190	0. 01800	压力预测压力
	CNN + GRU	0. 1551	0. 05630	压力预测压力
	LSTM - attention	0. 1600	0. 07879	多特征预测压力
SN0103 -01 Shan1U	ARIMA	0. 1550	2. 2495	压力预测压力
	MLP	0. 1657	0. 000326	压力预测压力
	RNN	0. 1646	0. 000679	压力预测压力
	LSTM	0. 1617	0. 001033	压力预测压力
	CNN + GRU	0. 1919	0. 056299	压力预测压力
	LSTM - attention	0. 1900	0. 07878	多特征预测压力
SN0139 -04 Shan1	ARIMA	0. 1675	1. 2967	压力预测压力
	MLP	0. 2480	0. 000263	压力预测压力
	RNN	0. 2394	0. 000652	压力预测压力
	LSTM	0. 2402	0. 001480	压力预测压力
	CNN + GRU	0. 3838	0. 04288	压力预测压力
	LSTM - attention	0. 3843	0. 04987	多特征预测压力

续表

测试对象	模型	MAE	预测时间/s	特点
SN0134－02 He8	ARIMA	0.1322	1.3288	压力预测压力
	MLP	0.1464	0.000343	压力预测压力
	RNN	0.1463	0.000653	压力预测压力
	LSTM	0.1487	0.001401	压力预测压力
	CNN＋GRU	0.1759	0.051935	压力预测压力
	LSTM－attention	0.1743	0.07879	多特征预测压力

2.2 异常压力检测实验结果及分析

异常检测的思路是，使用70口具有代表性的正常井压力数据训练一个正常井压力序列变化的高斯分布，当一段实时压力数据来到时，根据正常的压力变化分布得到该段压力变化在正常分布上的出现频率(使用高斯分布拟合的结果视为概率)，当出现的概率小于某个阈值且该段的趋势表现为上升时视为异常情况。使用差分作为对序列变化程度的衡量方法，差分表示一段压力序列的一阶差分的平均值。

根据异常检测的思路，当一段实时压力数据来到时，根据正常的压力变化分布得到该段压力序列差分在正常分布上的出现频率(使用高斯分布拟合的结果视为概率)，当出现的概率小于某个阈值且该段的趋势表现为上升时视为异常情况。因此阈值的选择是该方法进行异常检测的关键。

首先，选取5口异常井并将该井的后期压力上升的序列全部取出来，分段并打上标签(在异常检测中将异常的标签设置为1)。选取5口正常井的压力序列，分段并打上标签(正常的标签设置为0)，将上述数据作为验证集。在0到0.2的范围内等距选取500个阈值，在验证集上进行异常检测，选取准确率最高的阈值作为最佳阈值。

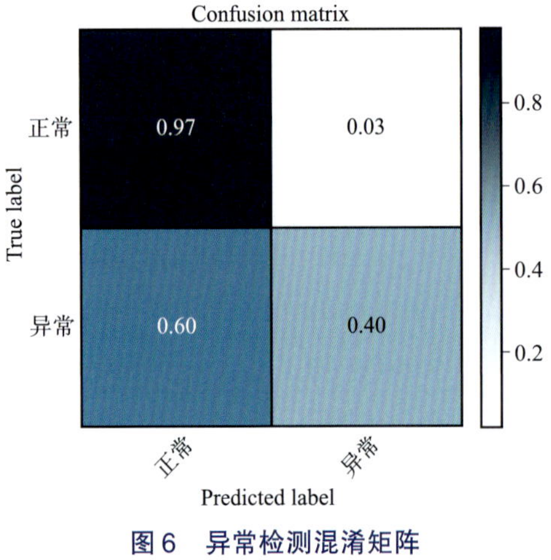

图6 异常检测混淆矩阵

根据前期的数据分析情况，在120长度上正常和异常的区分较为明显，因此选取120作为分段长度。实验过程中每个阈值所对应的实验中都进行了五折交叉验证，从而保证实验结果更具一般性。使用差分进行异常检测时，测试集中得到的正常异常分类结果归一化后的混淆矩阵如图6所示。

在该情况下，异常检测准确率为：0.8999，对应的阈值为0.0389。即出现概率小于0.0389且为上升趋势的分段被视为异常，此时的异常检测准确率最高为90%。

异常井的大部分数据均是正常的，只有在最后一段存在压力数据的异常上升情况，高斯分布异常检测模型对于小幅度的压力上升情况会识别为正常，对于极少数的压力值不正常上升情况可以做出区分，基本达到了使用的需求。同时，由于使用大量数据对模型进行了训练，所以在实际使用时可以非常迅速地得到结果，可以实现实时异常检测的功能。

软件开发完成后，在压裂施工现场进行了部署，并在实际作业中进行了应用，取得了较好的效果。图 7 给出了软件在 SN0019 - 03 He8 井上的实际运行截图，可以看出软件中的 Arima 算法不仅预测到了排量上升的时候，施工压力进行了上升变化这一情况。异常检测算法捕获到了井施工过程中出现了异常压力上升的情况，对于异常上升阶段进行了预警，使得现场的人员可以及时地进行判断(图的顺序为从左到右，从上到下)。

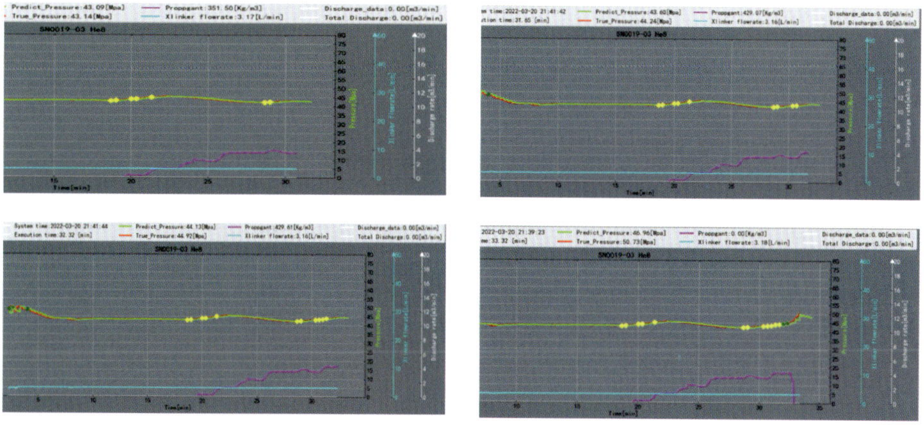

图 7　实际应用过程实例

3　结论

(1)建立了一个基于机器学习和统计学习的压裂施工压力分析智能预测模型，模型中包含的 ARIMA 和 MLP 模型可以在保证准确度的同时实现实时的压力预测。

(2)压裂施工压力分析智能预测模型中的预测部分与基于高斯分布密度估计的异常检测模型进行结合，可以达到压力异常值的及时发现并记录。

(3)基于上述算法，实现了一个基于 Python 语言软件平台，软件启动后以网页形式展示，具有用户友好易于使用的特点，实现了压力实时预测和异常检测两部分功能的图形化操作，并且经过试验验证了其有效性和实时性。

参考文献

[1] Fjaer E, Holt R M, Horsrud P, et al. Petroleum related rock mechanics[M]. Elsevier, 2008.

[2] Jiang Z Q, Zhou W X. Multifractal detrending moving - average cross - correlation analysis[J]. Physical Review E, 2011, 84(1): 016106.

[3] Katz R W. Sir Gilbert Walker and a connection between El Niño and statistics[J]. Statistical Science, 2002, 17(1): 97 - 112.

[4] Valipour M, Banihabib M E, Behbahani S M R. Comparison of the ARMA, ARIMA, and the autoregressive artificial neural network models in forecasting the monthly inflow of Dez dam reservoir[J]. Journal of hydrology, 2013, 476: 433 - 441.

[5] 陈志宝，丁杰，周海，等. 地基云图结合径向基函数人工神经网络的光伏功率超短期预测模型[J]. 中

国电机工程学报，2015，35(3)：561 – 567.

[6] Kaytez F，Taplamacioglu M C，Cam E，et al. Forecasting electricity consumption：A comparison of regression analysis，neural networks and least squares support vector machines[J]. International Journal of Electrical Power & Energy Systems，2015，67：431 – 438.

[7] Liu D，Niu D，Wang H，et al. Short – term wind speed forecasting using wavelet transform and support vector machines optimized by genetic algorithm[J]. Renewable energy，2014，62：592 – 597.

[8] 修春波，任晓，李艳晴，等. 基于卡尔曼滤波的风速序列短期预测方法[J]. 电工技术学报，2014，29(2)：253 – 259.

[9] 郭海锋，方良君，俞立. 基于模糊卡尔曼滤波的短时交通流量预测方法[J]. 浙江工业大学学报，2013，41(2)：218 – 221.

[10] Liu K，Li Z，Yao C，et al. Coupling the k – nearest neighbor procedure with the Kalman filter for real – time updating of the hydraulic model in flood forecasting[J]. International Journal of Sediment Research，2016，31(2)：149 – 158.

[11] Massaras L V，Massaras D V. Real – time screenout advanced warning with the Inverse slope method[C]. SPE International Symposium and Exhibition on Formation Damage Control. Society of Petroleum Engineers，2012.

[12] 张平，何志勇，赵金洲. 水力压裂净压力拟合分析解释技术研究与应用[J]. 油气井测试，2005，14(3)：8 – 10.

[13] 梁顺武，张永成，高海霞，等. 东濮凹陷高阻红层压裂砂堵原因分析及对策[J]. 西部探矿工程，2010，22(8)：72 – 75.

[14] 何智慧，马新仿，熊廷松，等. 预测水力压裂井砂堵的新方法[J]. 科学技术与工程，2014(8)：156 – 159.

[15] Ben Y，Perrotte M，Ezzatabadipour M，et al. Real – time hydraulic fracturing pressure prediction with machine learning[C]. SPE Hydraulic Fracturing Technology Conference and Exhibition. OnePetro，2020.

低产井智能间开技术在长庆油田的探索与应用

闫　娟　刘天宇　陆　梅　于　洋　艾　信　李明江　吴利利　田殿龙　樊　晨　陈培尧

（中国石油长庆油田公司油气工艺研究院，陕西 西安　710018）

摘　要："十三五"期间，长庆油田累计实施6.4万井次油井间开作业，抽油泵效、系统效率等关键机采指标保持了低渗透油田较好水平。为了适应数字化转型、智能化发展趋势，克服油井传统人工间开方式的局限性，在已有完备的物联网配套基础上，探索形成适用于长庆油田的智能间开技术模式，以较低成本对间开井进行集中管理和控制。研发油井间开软件平台，实现油井生产制度确定、优化调整、启停控制、指标监控4个方面的智能化，间开制度制定依据更加合理，技术效果更加明显，同时降低了间开作业对人工的依赖，降低了人力成本。

关键词：油井间开；智能化；抽油机供采平衡；智能间开技术

0　引言

长庆油田是典型的低渗透油田，主力开发油藏具有典型的低渗透、低压、低丰度"三低"特征。受油藏特性和储层物性影响，针对特殊的地质油藏特征，长庆油田采用"降机型、降泵径、降杆径、提高机采效率"技术体系，对地面机采设备和机采系统参数优化作了尝试，有效提升了机采效率。随着开采时间的增加，单井产液量低，平均日产液仅为3.03m^3。其中，日产液0～3m^3油井占比超过60%，且数量逐年增多。常规机采系统优化技术提升系统效率有限，因此将油井间开作为机采提效的主要技术手段，有利于油田推进开源节流降本增效，加快绿色低碳转型。

"十三五"期间，长庆油田累计实施油井间开6.4万井次，节电量为4.7×10^8kW·h，节约电费2.8亿元；总体抽油泵效由43.0%提高到45.0%，系统效率由22.0%提升到23.0%，提效成果显著。然而，随着间开井数逐年增多，传统的人工间开方式"制度不精细、管理难度大"的弊端逐步暴露，亟须实现智能化转型。2018年以来，长庆油田在现有完备的物联网配套基础上，确立了以较低成本对间开井进行集中管理和控制为主的技术方向，逐步实现了油井间开的智能化管理。截至目前，长庆油田建设了9个智能间开示范区，覆盖井数近6000口。本文重点论述油井间开在智能化方面应用的关键技术和应用效果，为其他油田在该领域实现数字化转型、智能化发展提供参考。

作者简介：闫娟，女，1978年2月生，2004年获内蒙古大学计算机专业硕士学位，现为长庆油田油气工艺研究院信息工程高级工程师，主要从事油田工艺数字化智能化技术研究。E－mail：yanjuan_cq@petrochina.com.cn

1 油井传统人工间开方式的局限性

油井间开作业是针对产液量不足的油井，通过对产液量进行综合分析，制定合理的间开周期，并据此启停抽油设备，从而达到节能降耗的目的[1-3]。从20世纪90年代开始，长庆油田就逐步实施油井人工间开。通过不间断测量动液面，绘制沉没度变化曲线，掌握地层供液能力，在保证合理流压及供排协调的基础上，人工确定间开制度[4]。长庆油田横跨陕、甘、宁、晋、内蒙古五省(区)，油田地理环境恶劣，动液面测试工作量大，相关数据资料的连续性、准确性无法保障，采油现场基本都是靠前期摸索的经验给出笼统的间开制度，存在制度不科学、制定依据不充分的问题，一定程度影响了油井产能。在间开方式上，由人工巡井启停抽油机。随着间开井数量的增多，人工劳动强度逐步增大。当遇到雨雪等特殊天气时，无法保障间开有效执行。

2008年起，长庆油田依托油田数字化建设，在制度制定和间开执行上迈出了新的一步。在确定制度上，部分井通过安装动液面连续监测装置，利用测控技术完成动液面数据收集和分析，即时掌握生产动态，实现油井启停与动液面高低变化的随动控制[5,6]。该种方式避免人工频繁测试动液面，减轻了劳动强度，制度更加科学。但也存在投入成本较高、硬件维护工作量较大、无法大面积推广等问题。未配套动液面连续监测装置的油井，利用抽油机远程启停执行间开，一定程度上保障了间开策略的有效执行，但实质上还是以人工的方式控制油井启停，没有完全实现智能化。因此，油井生产制度不精细和执行间开劳动强度大是限制传统人工间开规模化应用的问题所在。

2 长庆油田智能间开技术研究

围绕数字化转型、智能化发展核心目标，“十三五”期间，长庆油田围绕油井间开生产模式的生产制度确定、优化调整、自动启停、指标监控等关键环节开展相关技术研究，研发了油井智能间开管理平台，实现了油井间开技术的智能化转型。

2.1 生产制度自动生成

基于渗流理论研究成果，应用间开井井底压降变化规律、地层与井筒流动耦合模型、间开井产能计算方法，编制了间开井制度计算软件，实现间开制度计算智能化。

为了节约投资，在不配备动液面连续监测装置等辅助测量仪器的前提下，要确定油井合理的间开制度，关键是要确定油藏供液能力 $Q_{供}$和井筒排液能力 $Q_{排}$[7]。基于供排协调理论，可初步确定间开井的每日生产时间。

$$T_{生产} = 24 \times Q_{供}/Q_{排} \tag{1}$$

2.1.1 油藏供液能力计算方法

根据低渗透油藏物性及储层改造方法，基于渗流规律，以从基质到裂缝的非稳态和从裂缝到井筒的拟稳态渗流数学模型为基础，建立不同油藏区块井筒供液能力理论方法。

在油藏开发生产实际中，由于地层的非均质性和物理过程的复杂性，难以准确取得油藏、地层、裂缝等基本参数，需要应用生产数据进行反演(流程见图1)得到地层的修正系数，再结合井底压降规律和产量方程，对油井产量进行预测(流程见图2)。

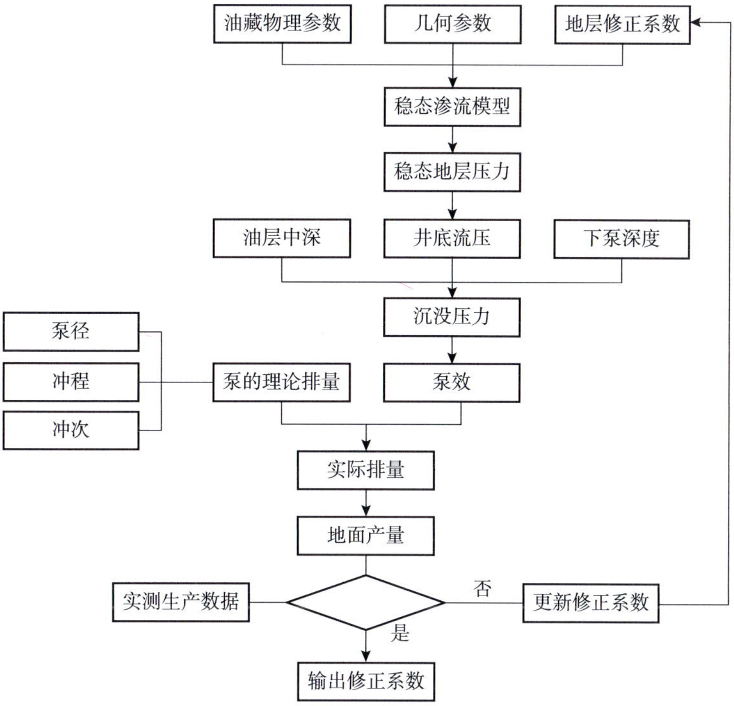

图 1　地层修正系数反演计算流程图

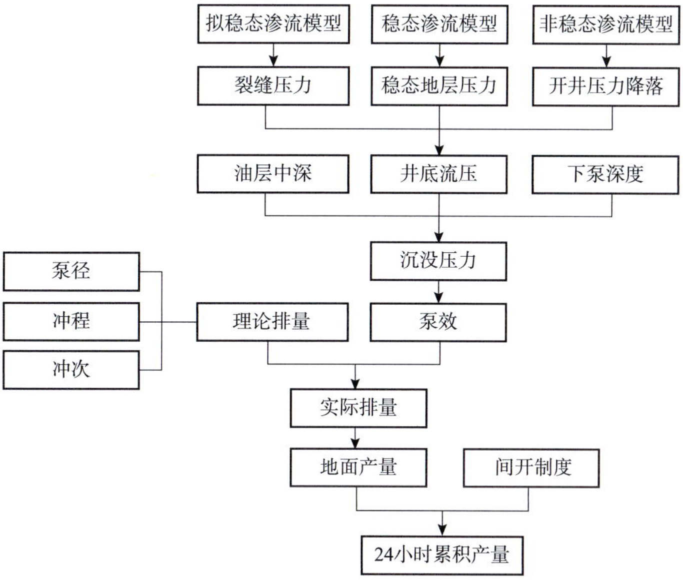

图 2　油井产量预测流程图

2.1.2　井筒排液能力计算方法

开展多轮次多相管流举升试验，得到不同条件下(沉没压力、冲次、气液比、井斜等，图 3)对应的理论泵效 η，确定油井采出能力。即：

$$Q_{排} = 1440 \times \eta A_p S n \tag{2}$$

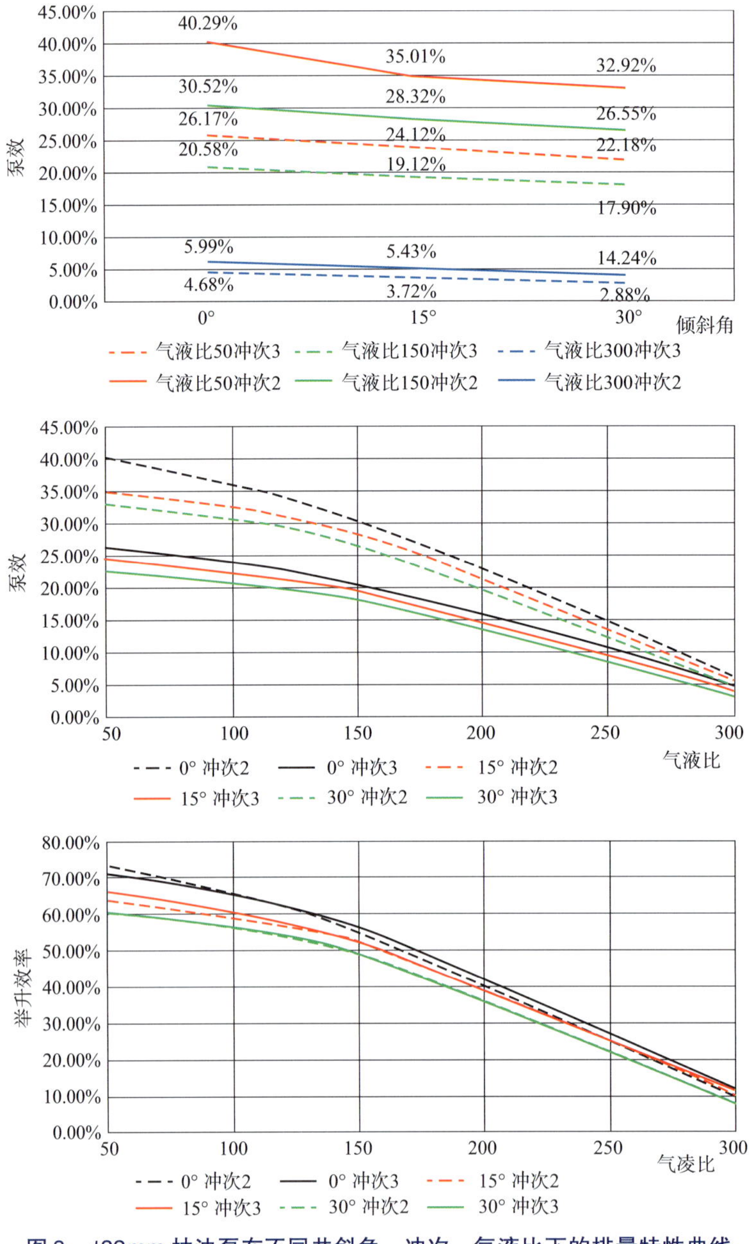

图 3　ϕ32mm 抽油泵在不同井斜角、冲次、气液比下的排量特性曲线

式中，η 为理论泵效；Ap 为有效冲程，m；S 为泵筒横截面积，m^2；n 为冲次，次/min。

通过有杆抽油系统举升效率的实验研究，为建立地层流动与井筒流动的耦合模型、确定油井的供排关系、确定间开井的合理工作制度提供理论依据。

结合油井油藏特性和油井生产数据，自动计算间开制度(计算界面见图 4)，实现生产制度最优化。

2.2　油井生产制度自动优化

随着井筒环境、邻井措施、开发政策调整等发生变化，地层供液能力也随之改变，因此计算的初始间开制度不能满足要求，需结合示功图，对制度进行优化调整。

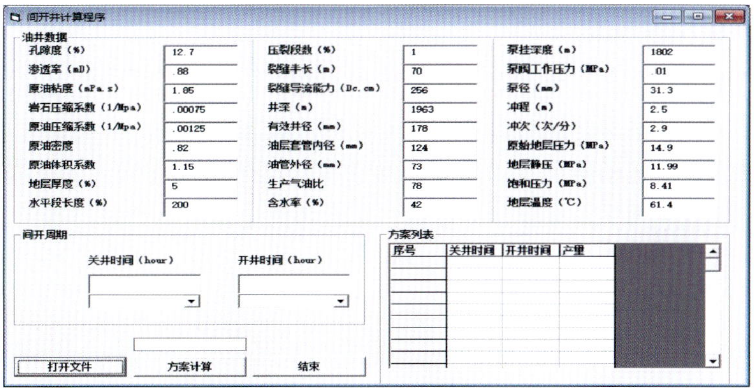

图 4　间开制度计算界面

针对需求，利用智能工况诊断及示功图计量油井产液量技术，自动识别有效冲程和柱塞冲程，动态计算泵充满度，并衡量其波动程度，掌握油井供排协调变化情况，实时对油井间开制度进行调整。

以 G3－3 井、Q31－103 井两口井为例：前者区块开发动态调整、对应的水井强化注水后，该井的泵充满度波动较大，且呈递增趋势(图 5、图 6)。间开井制度计算程序自动推送将间开制度由开 3h 停 3h 优化为开 4h 停 2h。后者对应的水井措施后，该井的泵充满度波动较大，且呈递增趋势。后台自动推送将间开制度由开 2h 停 4h 优化为开 3h 停 3h。

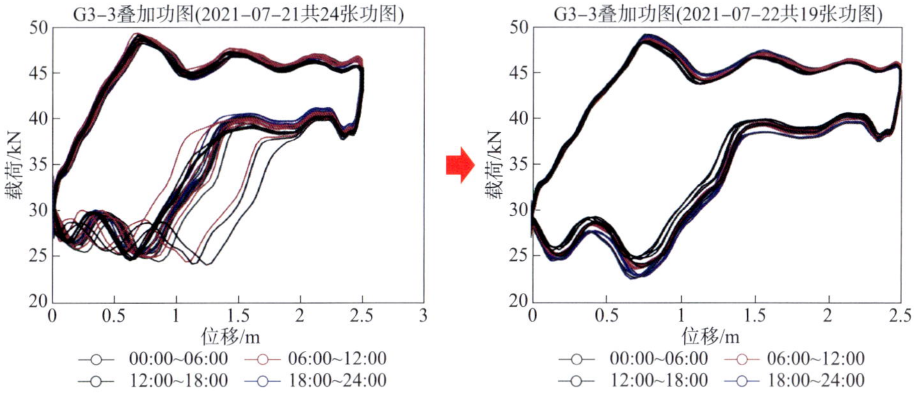

图 5　G3－3 井实施井网强化注水前后示功图对比

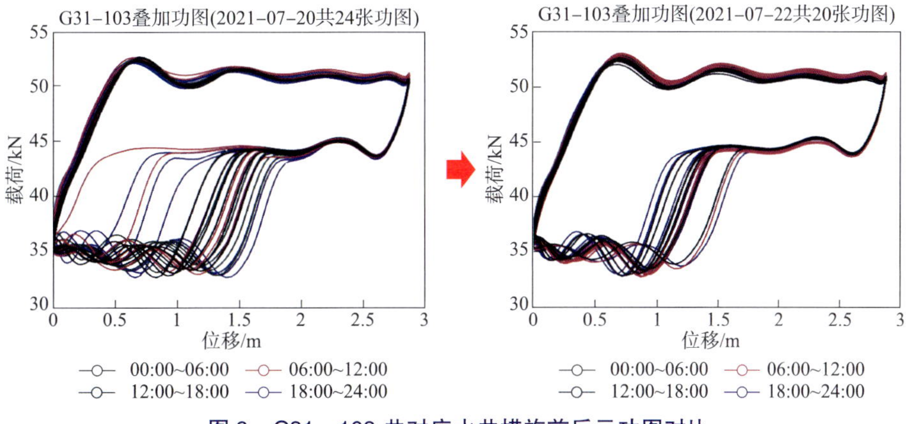

图 6　Q31－103 井对应水井措施前后示功图对比

2.3 启停控制最优化

油田低产低效井连片间开生产存在如下管理难题：一是进入冬季管线易冻堵，间开必须改为常开；二是同一井场多井同时启停，会对电网造成较大冲击；三是油井启停状态频繁切换，输量不稳导致回压波动较大；四是考虑国家执行错峰电价政策，优先夜间运行。对此，以满足冬季集油管线热力学最低输量为前提，综合考虑电网冲击、井口回压、夜间电价等因素，创新间开井智能启停调度模型(图 7)，制定最优执行策略，确保间开全天候执行。

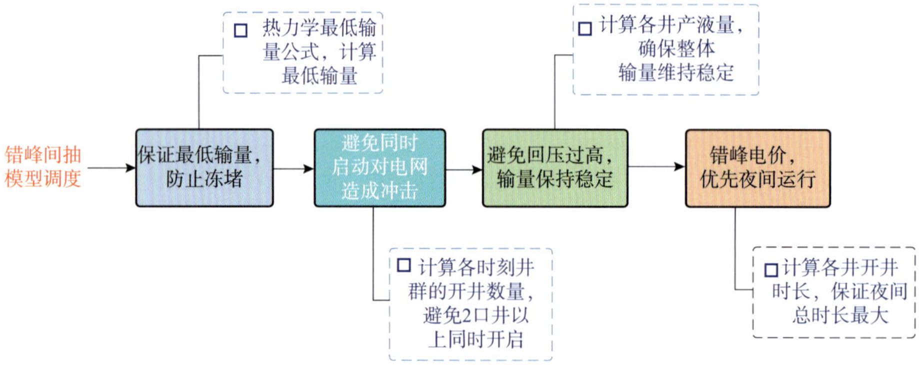

图 7　错峰间开调度模型

2.4 智能间开管理一体化

长庆油田按照数字化转型、智能化发展战略目标，持续加快数字技术与油气工艺的融合创新，开发打造了“工程地质一体化平台”，力争实现油气水井智能优化生产及工程地质协同研究决策。“智能间开管理”模块作为其中一个重要功能，实现了对间开井“制度制定、间开优化、指令下发、指标评价”一体化集群管理。

2.4.1 产液量计算

针对间开井示功图计量产液量结果准确性较低的问题，采用时序数据库读取启停状态，并结合示功图回传情况，确定启停井时间，由此计算间开井实际产液量。此方法更接近油井真实生产状态，可有效提升计产精度。同时，综合实时示功图、电参数、井筒基础数据，建立“智能识别有效冲程”方法[8]，该方法通过多边形逼近算法进行抽稀－用泵阀启闭曲率算法定点－确定体积系统，对全天产量进行加权计算从而实现油井生产实时计量，见图 8；利用产液量修正模型对不同工况下的产液量进行修正，提高单张功图计量精度。

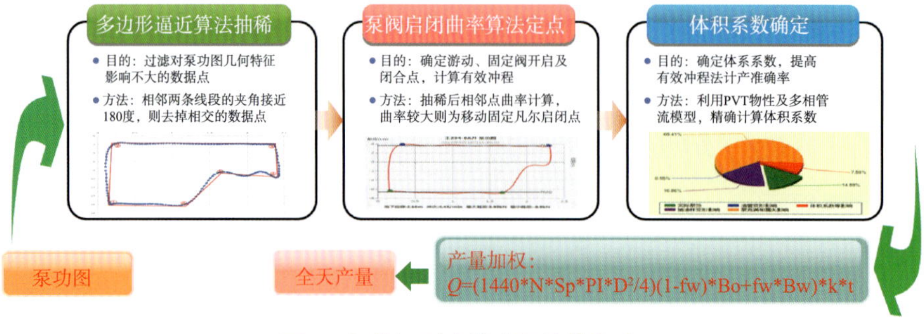

图 8　智能识别有效冲程计算方法

2.4.2 系统效率

现场电参数采集数据包括三相电压、三相电流、有功功率、无功功率、功率因数等。依据电参数据，应用数字化平台可以实现系统效率在线监测、平衡度计算及效率优化等。通过连续监测分析，可以解决长庆“三低”油田人工短时测试系统效率值不能真实反映油井真实系统效率的问题，为优化工作参数、提高系统效率提供技术依据。

2.4.3 油井单日耗电量

在电参数、示功图数据采集准确可靠的前提下，系统效率、油井单耗可通过计算获得，并且数据较为准确可靠。吨液耗电量需要了解油井的真实产量，在示功图量油较准确的前提下，可结合示功图量油数据计算得出。百米吨液(把1t液体举升100m)耗电量需掌握油井的实时动液面、油压、套压。通过工况采集，理论上动液面可以计算得出，但油压、套压仍需安装压力变送器，目前绝大部分油井没有配套。

3 长庆油田间开技术的智能化推广应用

目前，依托中国石油集团科研项目，长庆油田已建9个智能间开示范区，累计应用2725口井、覆盖1165座井场。同时，部分采油厂自主扩大应用规模，实施智能间开改造2496口井，全油田累计应用近6000口。

对示范区实施效果进行跟踪统计：智能间开单井平均产液量由1.93m^3/d稳定至1.91m^3/d，泵效由30.3%提高至45.6%，系统效率由19.4%提高至22.6%，单井节电约30kW·h，节电率达到40%。智能间开技术的应用，使间开制度更加科学、精细。统计显示，智能化间开技术应用有效降低了管杆偏磨程度，示范区实施井平均单井小修作业频次由0.61次/年下降至0.50次/年，检泵周期由665d提高至765d，每年可减少小修作业610次，节约修井费915万元，各项技术指标均处于国内国际领先水平。从经济指标来看，依托长庆油田良好的数字化建设基础，平均单井投资仅0.5万元，投资回收期仅为0.5年，与国内外各大油田及公司同类技术相比具备明显优势(表1)。

表1　国内外间开技术对比

区域	油田/公司	间开控制方法	平均泵效提升比例/%	平均系统效率提升比例/%	平均节电率/%	平均单井投入/万元	投资回收期/年
国内	长庆油田	群控智能间开	15	3.2	40	0.5	0.5
	大庆油田	摇摆不停机间开[9,10]	10	3.0	38	3.5	3.3
	胜利油田	动液面连续监测[11]	12	3.1	35	2.5	2.1
	华北油田	示功图识别动态间开	13	3.2	35	3.2	2.7
国外	贝克休斯	Lufkin Well Manager™	16	3.5	45	8.2	6.8

4 结论

(1)长庆油田低产井智能间开技术的规模应用，变革了传统的间开模式，减轻了现场员工劳动强度及作业安全风险，提高了生产效率，盘活了人力资源，助推了劳动组织架构改革，同时减少能量空耗，降低碳排放。

(2)研发了油井生产制度确定、优化调整、启停控制、指标监控智能化的油井间开软件平台，经生产实践证明，油井间开是机采系统节能降耗、提高效率直接有效的技术手段。

(3)建立了以油田现有数字化配套为基础的智能间开技术体系，首次大规模推广智能间开模式，打破以往传统人工间开的运行方式。该项技术以现有的油田物联网配套为基础，仅依托 RTU、载荷传感器等示功图采集装置，不需要投入其他测控设备，具备了在油田大面积推广的条件。

(4)将间开井纳入工程地质一体化平台集中管理，减少单井投资成本，集群优化控制，确保错峰运行，并通过泵充满度对制度进行评价优化。

参考文献

[1]刘合，高甲善，王雪艳. 关于抽油机井合理间开制度的研究[J]. 石油钻采工艺，2000，22(1)：69－72.
[2]孙成. 基于泵功图的间开技术研究[D]. 西安：西安石油大学，2018.
[3]张麦云，白学东，姚艳芳. 低产油井间歇生产工作制度的确定方法[J]. 钻采工艺，2005，23(3)：68－70.
[4]王连雨. 连续监测液面确定合理间开周期[J]. 内蒙古石油化工，2015，25(S1)：47－49.
[5]罗有刚，程颢，呼苏娟，等. 动液面在线连续监测技术在超低渗油田的应用[J]. 石油化工应用，2015，34(7)：57－59.
[6]刘晓垒，马详厚. 浅谈动液面连续监测技术在间开油井上的应用[J]. 信息系统工程，2018，22(7)：92.
[7]谢瑛莉. 基于示功图的油井智能间开系统研究[J]. 长江大学学报(自然科学版)，2017，14(19)：97－98.
[8]辛宏，李明江，刘天宇，等，低渗透油田示功图实时计算动液面方法[J]. 石油化工自动，2017，53(02).
[9]陈锐，韩岐清，郑小熊，等. 抽油机井不停机智能间开技术及其应用[J]. 石油化工应用，2020，39(12)：40－43.
[10]李健. 不停机间开井合理间开制度研究[J]. 中外能源，2020，25(1)：61－64.
[11]孙东，崔晓霖，齐光峰，等，基于动液面连续监测的油井间开优化方法[J]. 石油石化节能，2012，2(08)：7－8，14.

基于神经网络的机采井产量预测和调控研究

刘　治[1]　王怀远[1]　李青竹[1]　许立红[1]　赵书琪[2]　徐建军[2]

（1. 大庆油田有限责任公司第四采油厂，黑龙江 大庆　163511；
2. 东北石油大学电气信息工程学院，黑龙江 大庆　163511）

摘　要：为了提高机采井组整体运行效率，节约生产成本，对采油井未来一段时间内的产液量进行精准调控，本文提出一种基于神经网络的机采井预测和调控模型。该模型包括预测和调控两个部分，首先，基于LSTM神经网络对单井和井组的产油量和产液量进行预测，得到单井产油和产液趋势；其次，根据产油产液变化趋势预测出未来一年内的含水率，并基于BP神经网络结合含水率，对调控量进行定量分析。以大庆油田某井组为例，进行仿真和现场实验，在产液量保持基本不变的情况下，产油量提高5.7%，产油量相同情况下，能耗降低6.67%。

关键词：产量预测；机采井调控；LSTM；BP神经网络

1　引言

机采井的系统效率反映了油田生产过程的节能降耗水平，从侧面体现出一个油田企业的技术能力和管理能力水平，是评价油田生产能力的一项重要指标[1]。但机采井作业过程中会对作业造成影响的因素众多，其间关系错综复杂，常常无法用某一具体公式描述，目前已经有部分学者将机器学习算法应用于油田生产预测，神经网络算法已经广泛应用于钻井钻速预测、产量预测、储层预测等预测问题中[2]。其中，产量预测可以为未来一段时间的产能方案提供参考，具有重要意义。

产能预测领域，文献[3]将改进BP神经网络模型与Weng旋回模型对比，基于罗马什金油田的年产量数据进行验证，证明了BP神经网络预测模型的优越性；文献[4]针对BP神经网络收敛速度慢容易陷入局部最优解的问题，提出了一种遗传算法的门控GRU网络模型，该模型收敛速度快，预测精度高；文献[5]通过示功图，将卷积神经网络与长短时记忆神经网络结合，提出一种新颖的产量预测模型；文献[6]基于长短期记忆神经网络，建立一种基于数据驱动的油藏产量预测模型，连续预测提供油田产量变化趋势，较好地满足了矿场实际需求，为油藏开发提供了重要数据支撑。

作者简介：刘治，男，1988年3月生，2012年获东北石油大学硕士学位，现为大庆油田第四采油厂工艺研究所副所长，工程师，主要从事压裂和机采节能研究。E－mail：dqliuzhi@petrochina.com.cn

通讯作者：徐建军：男，1997年1月生，2006年获东北石油大学博士学位，现为东北石油大学电气信息工程学院副院长，教授，从事油田节能、新能源变换技术、智能电网技术的相关研究。E－mail：123939274@qq.com

产液量调控方面，文献[7]基于数值模拟研究，综合考虑储层厚度、注水量、河道宽度、注采井距等因素，构建平面均衡驱替调整模型，现场实验证明，基于该模型对生产井的产液量进行调控优化，可将井组采收率提高 1.5%，对油藏开发具有重要意义；文献[8]研发了一种基于分层采油的采油井产液量调控技术，通过调节各级配产阀开度，实现分层产液量控制，基于 43 口井进行实验，提高大庆油田水驱采收率。为了提高油田采收率，产液量调控技术层出不穷，但多数学者仅考虑了井组内油井联通水井的协调，很少考虑区块内各井组间的协调，我国在井组协调的研究中存在缺口。

基于以上内容，为了进一步提高机采井区块整体运行效率，本文提出一种基于神经网络的机采井预测和调控模型，将产液预测与产液调控两种技术结合，以区块为整体进行产液调控，对采油井未来一段时间内的产液量进行精准调控。基于 LSTM 神经网络对单井和井组的产油量和产液量进行预测，得到单井产油和产液趋势，然后根据产油产业变化趋势预测出未来一年内的含水率，并基于 BP 神经网络结合含水率，对调控量进行定量分析。在大庆油田某井组进行现场实验，经过十天的测试，在产液量保持基本不变的情况下，产油量提高 5.7%，产油量相同情况下，能耗降低 6.67%。

2 产量预测

2.1 LSTM 神经网络

LSTM 神经网络的结构与传统的神经网络类似，都是具有一个输入层，一个至多个隐藏层以及一个输出层。LSTM 神经网络的隐藏层内有许多被称为存储单元的神经元，而每个这样的存储单元都具有三个门，这些门的作用是保持并调整储存单元的状态 s_t，这三个“门”分别称为，遗忘门 f_t、输入门 i_t 和输出门 o_t，其存储单元的结构如图 1 所示。

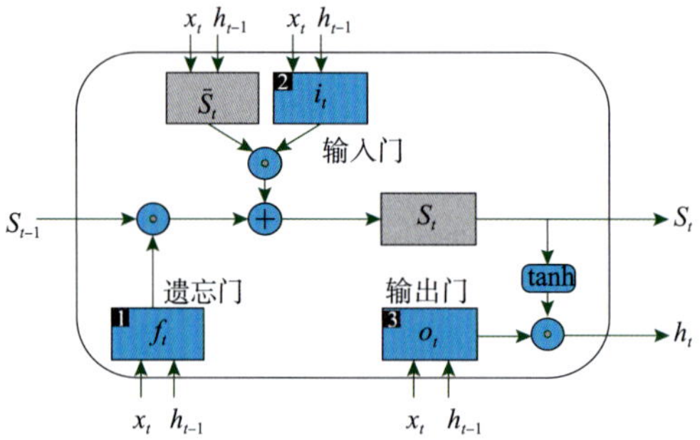

图 1 长短期记忆神经网络的结构

2.2 三次样条插值

本文针对产油数据量少、无法精准地建立产能预测模型等问题，采用三次样条插值方法对数据量进行扩充。考虑到高次插值不收敛又不稳定，而二次插值拟合的函数光滑性不够，所以，选择三次样条插值法对产油数据进行插值。

对 2011 年到 2022 年的区块月产油量数据进行三次样条插值，得到单井的日产油量数据，以区块产油总量为例，图 2 为日产油插值图。通过对稀疏数据进行扩展，丰富了数据量，对后期建立精准的产能预测模型提供了数据支撑。

2.3 预测结果

本文的预测模型包含 10 层 LSTM 网络，隐藏层神经元数分别均为 64，输出层神经元数为 1，时间步设置为 365，模型在 python 的 tensorflow 环境下搭建，训练集中包含 1000 条数据，测试集包含 10 条数据，数据维度为 365。

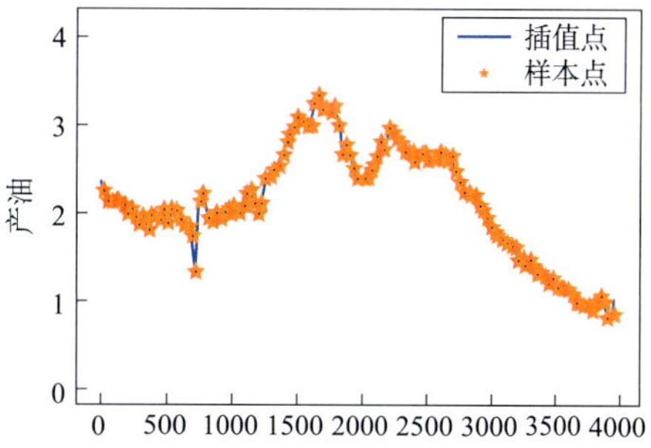

图 2 区块月产油数据三次样条插值结果

预测结果评价指标为是均方根误差、平均绝对百分比误差和预测精度，如式(1)－式(3)所示。

$$M_{\mathrm{RMSE}} = \sqrt{\frac{1}{m}\sum_{i=1}^{m}\left(y_{\mathrm{act}}(i) - y_{\mathrm{pre}}(i)\right)^2} \tag{1}$$

$$M_{\mathrm{MAPE}} = \frac{1}{m}\sum_{i=1}^{m}\left|\frac{y_{\mathrm{act}}(i) - y_{\mathrm{pre}}(i)}{y_{\mathrm{act}}(i)}\right| \tag{2}$$

$$M_{\mathrm{FA}} = \left(1 - \frac{1}{m}\sum_{i=1}^{m}\frac{\left|y_{\mathrm{act}}(i) - y_{\mathrm{pre}}(i)\right|}{y_{\mathrm{act}}(i)}\right)\times 100\% \tag{3}$$

其中，y_{act}为真实值，y_{pre}为预测值，m 为预测结果的样本容量。

将 2011 年 1 月至 2022 年 4 月的产油和产液历史数据进行训练并测试，训练数据与测试数据之比为 14∶1，得到测试结果如表 1 和表 2 所示，表中仅展示了 10 口单井的预测结果，油井的产油产液预测精度普遍可以达到 95% 以上，由于本文的预测时间跨度较大，因此测试结果比较理想。

表 1 LSTM 产液预测指标

	井 1	井 2	井 3	井 4	井 5	井 6	井 7	井 8	井 9	井 10
RMSE	0.61	0.28	0.30	0.84	0.23	0.33	0.79	0.66	0.61	0.25
MAPE	0.03	0.05	0.03	0.07	0.01	0.05	0.04	0.05	0.02	0.01
FA	97.35	95.16	96.54	93.05	98.76	94.75	95.91	95.33	97.76	98.70

表 2 LSTM 产油预测指标

	井 1	井 2	井 3	井 4	井 5	井 6	井 7	井 8	井 9	井 10
RMSE	0.04	0.01	0.01	0.04	0.03	0.15	0.03	0.04	0.11	0.04
MAPE	0.03	0.02	0.04	0.11	0.07	0.09	0.04	0.04	0.04	0.07
FA	97.32	98.20	96.09	89.34	93.20	91.26	96.47	96.13	95.74	92.65

将所有已知数据作为训练集，预测得到 2022 年 5 月至 2023 年 4 月产油量和产液量，将本月的日产量加和得到该月的月产量，以某单井的产液量为例，图 3 为日产液量，图 4 为月产液量，为下一步调控提供依据。

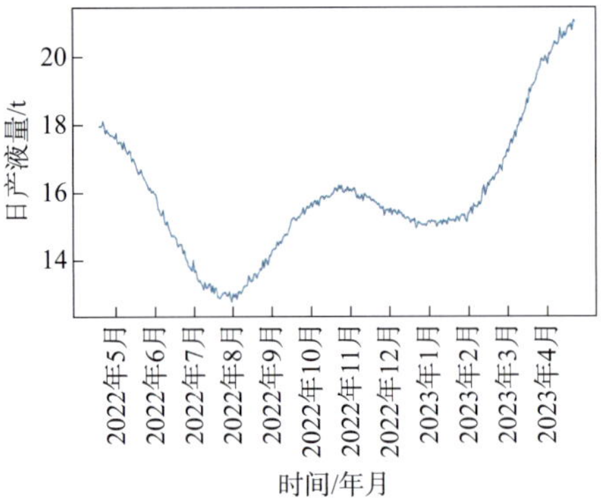

图3　日产液预测结果

图4　月产液预测结果

3　产液调控

3.1　整体调控模型

将整个目标区块视作一个系统，以实现目标产液量为前提条件，以区块最小平均含水率为训练目标，全区油量为约束条件，将抽油机井的地质参数、运行数据作为输入特征进行分析，采用深度学习算法进行训练，训练出的区块内各单井的最优结果对应单井产液量为终极调控参数。其中，地质参数选择的是七个与产液量相关性较大的地质参数，包括射开砂岩厚度、射开有效厚度、地层系数、通水井射开砂岩厚度、连通水井射开有效厚度、油水井连通砂岩厚度和油水井连通有效厚度。本节改变了LSTM算法的输入模式，固定某一时刻(2022年5月)，不考虑时间上的连续性，模型输入为单井对应的地质参数，输出为该井本月产油量。

将地质参数重新输入调控模型，即得到考虑了区块内各单井联系的训练结果，仅展示2022年5月训练结果，如图5所示，但该结果不可以直接作为调控量，还需进行进一步判断和分析修正。

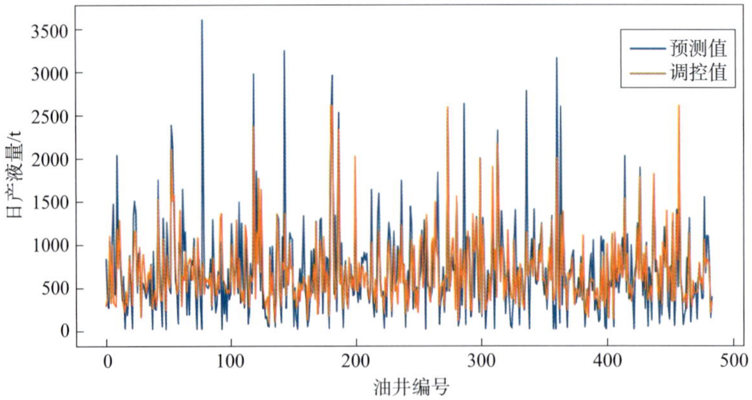

图5　调控训练结果

3.2　区块产液量分布调整

由2.3节预测得到产液量和产油量可以得到单井含水率，进而推算出区块含水率。定义产液量调控方向，标记单井含水量超过区块平均含水率，产液量下调；单井含水量少于区块平均含水率，产液量上调。其次，为兼顾单井含水率与地质参数，将调控结果作为调控量，该调控结果为有效调控量；若调控结果正负与标记相反，则将该标记方向的有效调控的平均值作为单井的调控量。

确定了具体调控量后数据依然需要对负数和整体产液量进行调整。数据处理过程如表3所示，预测值与最终该变量相加，得到中间调控值，将中间调控值找那个的负数替换为0，再将其按区块月产油预测值等比例缩放，得到最终调控值。

表3　产液量调控数据处理

井号	预测值	调控值	调控方向	最终改变量	中间调控值(相加)	中间调控值(去负)	最终调控值(缩放)
井11	814.08	276.46	下调	-537.62	276.46	276.46	327.79
井12	306.39	353.95	下调	-320.55	-14.16	0.00	0.00
井13	248.68	502.45	下调	-320.55	-71.86	0.00	0.00
井14	1019.61	1083.84	不调	0.00	1019.61	1019.61	1208.94
井15	357.92	310.81	下调	-47.11	310.81	310.81	368.53
井16	1099.60	980.26	上调	171.13	1270.72	1270.72	1506.68
井17	1453.75	316.24	下调	-1137.51	316.24	316.24	374.97
井18	407.28	289.83	上调	171.13	578.41	578.41	685.81
井19	480.14	264.18	下调	-215.96	264.18	264.18	313.23
井20	2019.79	1157.17	下调	-862.62	1157.17	1157.17	1372.05

3.3　冲程冲次调控

冲程冲次与产液量的关系分析模型如图6所示，为3层BP神经网络，每层神经元数为56，56，2。将历史数据中的产液量作为BP神经网络的输入参数，冲程冲次作为验证，将每轮训练得到的预测值与产液量对应的冲程冲次对比，更改网络参数，从而将产液量与冲程冲次的关系汇总在BP神经网络中。

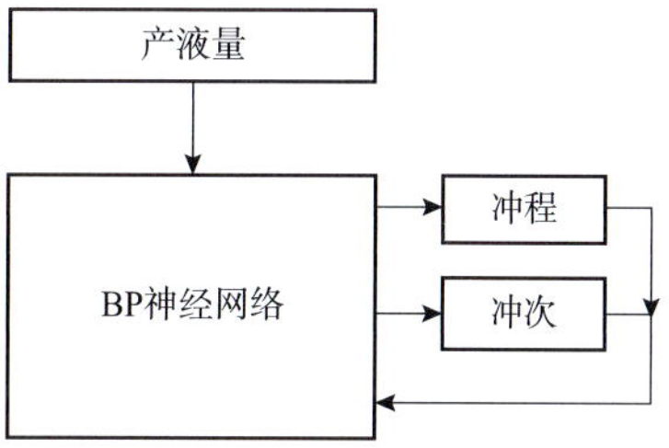

图6　冲程冲次规律分析模型

将调控得到的产液量输入训练后的模型，得到冲程冲次预测数据，以2022年5月部分数据为例，由于井组的冲程冲次由一定的限制要求，以单井原冲次为标准，修正方案为：将训练数据中最后一个月的冲次作为新的冲次；将预测数据的冲程与冲次的乘积除以冲次，得到冲程；然后，油机标准冲程，选择与上一步计算结果最近的冲程，作为新的冲程，以乘积相同为原则，确定冲次。

最终得到冲程冲次调控方案如表4所示，本文仅展示20口井。

表4　2022年5月调控方案

井号	月产液	冲程	冲次	井号	月产液	冲程	冲次
井11	327.793	5.5	2.5	井23	512.955	6.0	2.4
井14	1208.942	3.0	5.3	井24	647.823	2.5	5.8
井15	368.527	2.5	5.5	井25	421.808	2.1	6.7

续表

井号	月产液	冲程	冲次	井号	月产液	冲程	冲次
井 16	1506. 681	3. 0	5. 5	井 26	1296. 187	4. 2	3. 8
井 17	374. 966	5. 5	2. 5	井 27	1502. 099	3. 0	5. 5
井 18	685. 813	3. 0	4. 9	井 29	1084. 410	3. 0	5. 2
井 19	313. 233	5. 5	2. 5	井 30	483. 017	2. 5	5. 6
井 20	1372. 046	4. 2	3. 9	井 31	375. 793	2. 5	5. 5
井 21	842. 602	2. 5	6. 0	井 32	1146. 746	3. 0	5. 2
井 22	1275. 914	3. 0	5. 3	井 33	801. 357	2. 5	5. 9

3.4 现场测试

本文基于大庆油田某区域的 500 余口井进行预测和调控，测试阶段随机抽取了 50 口井，调整其冲程冲次，并对其进行监测，监测时间为 20 天，测试期间，50 口油井的产液量可以保持基本不变，产油量提高了 5. 7%。经推算，在产油量相同情况下，能耗可降低约 6. 67%。

4 结论

为了提高机采井组整体运行效率，节约生产成本，对采油井未来一段时间内的产液量进行精准调控，本文提出一种基于神经网络的机采井预测和调控模型。该模型包括预测和调控两个部分，基于 LSTM 神经网络对单井和井组的产油量和产液量进行预测，得到单井产油和产液趋势，然后基于 BP 神经网络结合含水率，对调控量进行定量分析。以大庆油田某井组为例，进行仿真和现场测试。现场测试结果表明：

（1）LSTM 神经网络预测模型在较长期的产油和产液预测中精度较高，具有一定的优势。

（2）以区块整体，基于含水率地质参数，对单井进行产液量调控可以有效提高区块整体产油率，降低区块整体能耗。

参考文献

[1]聂晓炜．智能油田关键技术研究现状与发展趋势[J]．油气地质与采收率，2022，29(03)：68 –79.

[2]王广昀，王凤兰，赵波，等．大庆油田公司勘探开发形势与发展战略[J]．中国石油勘探，2021，26(01)：55 –73.

[3]吴新根，葛家理．应用人工神经网络预测油田产量[J]．石油勘探与开发，1994，(03)：75 –78 +131.

[4]蒋薇．基于示功图的油井产量预测技术研究[D]．东北石油大学，2021.

[5]马承杰．基于循环神经网络的油藏产量预测方法[J]．内蒙古石油化工，2021，47(05)：108 –112.

[6]程国建，付王泽鹏．基于遗传算法的 GRU 神经网络采油量预测[J]．信息技术与信息化，2022，(05)：5 –10.

[7]孙强，石洪福，凌浩川，等．窄条带状稠油油藏均衡驱替产液量调整方法[J]．特种油气藏，2020，27(02)：120 –124.

[8]郭颖，张玉坤，韩振国，等．分层采油井产液量调控技术[J]．化学工程与装备，2015，(09)：90 –92.

融合新一代人工智能算法的电参功图技术

田　青[1]　王艳秋[1]　王安琪[2]　王晨羽[1]　王民生[2]

（1. 大庆正方软件科技股份有限公司，黑龙江 大庆　163711；
2. 大庆油田有限责任公司第二采油厂第五作业区，黑龙江 大庆　163414）

摘　要：示功图分析是判断油井工况、诊断抽油机是否正常生产的主要方法。然而，传统油田抽油机用安装载荷、位移传感器，生成示功图，工作量大，时效性低，不能满足实时分析需求，更不能适应智慧油田建设需要。融合新一代人工智能算法的电参功图技术，应用独创的小样本 QGD 深度学习算法和 FI 数据降噪算法，根据抽油机井电动机输入功率与光杆功率的能量守恒关系，以及光杆悬点与曲柄的运动位置关系，实现了电参转功图、电参工况分析、智能计产、计算动液面、油井挖潜及效果预测等功能。

关键词：人工智能；油井工况；电参；功图

1　引言

传统抽油机示功图测试存在很多问题，集中表现为：①载荷传感器采集的数据，随着抽油机驴头的运转（平均 12 秒一个周期，一年 260 万次），时间越久，就会出现越来越严重的数据漂移问题。经常需要拆卸设备，进行重新标定，操作复杂。②载荷传感器采用无线传输的方式，需要半年更换电池，成本很高。③载荷传感器安装在驴头位置，当作业、措施时，均需拆卸，作业人员工作极不方便。以上问题对油田的后期运维带来大量的工作，降低监控的在线率、实时数据分析的准确性。项目于 2015 年启动，通过采集抽油机电参，小样本 QGD + 数据降噪 FI ＋ 人工智能模型分析，实现了工况诊断、计产、计量动液面的功能。

为解决传统抽油机示功图测试存在的问题，利用日趋成熟人工智能技术及物联网技术，借助工业互联网的普及和应用提高油田开发效率，降低硬件投入和管理成本，实现用大数据人工智能技术预警诊断分析和辅助决策实现井场 24 小时无人值守的生产智能化。本文提出了独创的人工智能算法，形成了融合新一代人工智能算法的电参转功图技术，开展了智能电参转功图实验研究（以下简称智能电参功图）。对比实际采集的示功图，“智能电参功图”不仅可监控地下的泵况问题，还可监控地面的生产问题，更可深入地对生产井机型、杆、泵、平衡块配重、生产参数等进行合理性评估，实现地上地下、油井智能联动等功能。

作者简介：田青，女，1965 年 9 月生，现任大庆正方软件科技股份有限公司董事长，中国石油和化工自动化应用协会人工智能分会理事，从事智慧油田建设相关研究与企业管理。

通讯作者：王艳秋，女，1967 年 8 月生，2012 年获东北石油大学博士学位，现任大庆正方软件科技股份有限公司软件部经理，高级工程师，大庆市参政议政技术专家，从事油田开发生产和科研工作。E－mail：wangyq6708@163.com.cn

2 技术研究

油田勘探开发拥有海量数据资源，为人工智能和油藏开发深度融合提供了基础。但由于油田勘探开发所获取的数据范围窄、维度小，存在不完全信息和小样本问题，如何处理和利用这些海量数据，就必须有与大数据人工智能强大的算力来保障。

2.1 人工智能算法

对人类分析问题的方式、方法进行学习，根本上是一种 Behavior Cloning(行为克隆)方法[1]，由于人类对问题的认知存在偏差，Behavior Cloning 并不能很好地超越人类认知解决问题。对数据的学习，以先验概率为主体的常规机器学习机制，难以应对不完全信息、小样本等问题。常规 Few - shot 算法(Siamese Network、Fine Tuning 方法等)虽然对小样本问题有效。但常规小样本算法对不完全信息问题适应性不强。在未知的非均匀分布、未知的数据分布情况下，往往通过个别几点数据来分析问题，纯粹的 Few - shot 算法学习能力会十分受制。除此之外，不完全信息也是目前数据分析中最重要的一个难点，往往数据预测不够精确的原因来自不完全信息。

2.1.1 小样本(QGD)算法

传统采集抽油机泵的示功图方式是通过示功仪人工进行采集，而且是每个月采集一次，一年仅有 12 次资料。简单应用人工智能进行学习，由于样本不足够多，学习效果达不到真实反映泵况的要求。电参功图每 20 分钟计算一次，每天就有 72 个计算出来的功图，如何让电参功图能够反映抽油泵的真实泵况，本文引入以李群理论为基础的自主独创 QGD 算法，开展了相关人工智能技术研究。

李群理论源于李将伽罗瓦解决代数方程可解性的理论向微分方程拓展的想法，并从产生起就与代数、分析和几何等紧密地联系在一起。李创立的连续变换群理论，经基灵、嘉当对半单李代数的分类研究和外尔创立的整体李群概念，在 20 世纪 20 年代发展成为现代的李群理论。

小样本(QGD)算法是强化李群理论深度神经网络(qualified lie group theory reinforcement learning deep neural networks)。结合李群理论，利用物理对称性与深度强化学习 DQN 突破先验概率束缚的人工智能算法。QGD 图像修正升维算法定义行为为特定修改图片像素值的方法(如神经网络)，以李群理论特殊线性群、特殊正交群来约束的物理对称性原则和实际观测结合为奖励 R，利用 QGD 算法(图 1)，使修正图像达到规则下最优效果。

QGD 算法其实质是一套数据升维理论。把数据特征之间的初等和高级数学运算矩阵化，使用强化学习找到获取信息量最大的运算路径，结合李群理论，利用物理对称性与深度强化学习突破先验概率束缚，解决了油田数据不足小样本问题。

2.1.2 FI 算法

抽油机泵况示功图采集过程中由于操作不当、设备状态等因素影响准确率，电参转功图干扰因素更多。为了提高数据准确率，需要剔除一些偏离数据。FI 算法是一个纠偏算法(图 2)，一种迭代优化策略，利用初次预测结果的偏差值作为新的信息，去约束无标签样本的优化规则。在特定情况下，根据实测数据偏移程度对恒定规律添加一些特定有偏估计噪声，对实际物理规律和理论方程调和。它用于两个模型之间，可以提高模型的准确率。同时，它

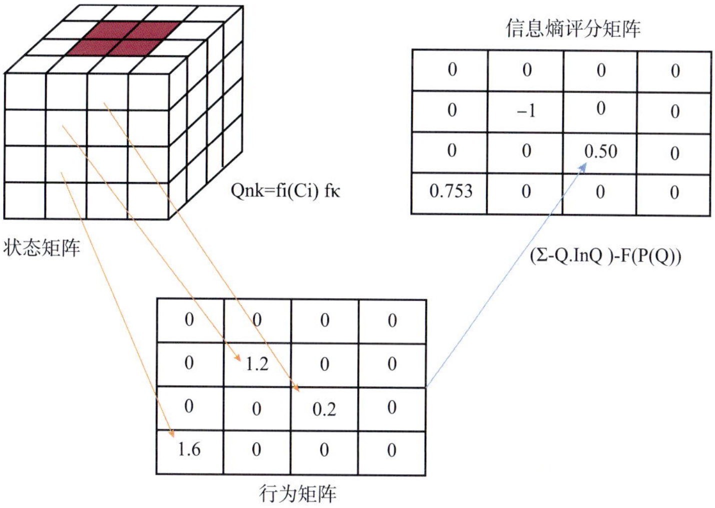

图 1　QGD 算法示意图

可以筛选出数据中的噪声并剔除掉它们，对数据进行治理清洗，提高数据质量。这是传统方法难以做到的事情。

在实际的应用过程中，我们会把普通的机器学习算法和本文的算法相结合，解决抽油机井计产、计算动液面、油井潜力挖掘及效果预测问题。

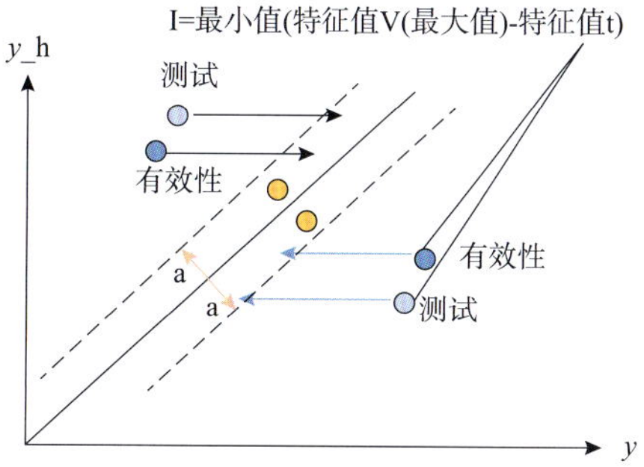

图 2　FI 算法示意图

2.2　智能电参功图

电参功图的实质是利用电参数据、静态数据，找出电参和力参序列的真实物理关系[2]。即建立电参和力参的模糊性关系，在模糊性关系的前提下，保证对电参高敏感性。

电参物联网采集数据：电流、电压、功率因数、有功功率、转速、死点位置、冲次七项数据。

单井静态数据：井轨迹、冲程、泵径、泵挂、一二三级杆长、一二三级杆径、抽油机型号、结构不平衡重。

电参功图中的去噪过程如下：

电参功图往往受到客观条件和不确定因素的影响，从而导致电参功图偏离真实功图形状，因而就失去了对生产的指导意义[3]。这些干扰因素包括：设备和环境因素带来的噪声干扰，如电网波动、温度、天气、摩擦力、惯性载荷、阻尼系数等。融入 QGD 算法的电参功图去噪流程分为四个步骤(图 3)：第一步是通过数据归一化、数据模糊关系，在理论示功图的约束下勾画出功图原型；第二步是抓取电参的特征变化，修正各类影响因素；第三步是对电参的时序进行分析，去除环境噪声，修正功图面积和功图形状；第四步对不可量化的参数进行模糊计算，对功图的位置进行微调，完成对起始载荷的修正。通过以上四个步骤，使电参功图的采集结果更逼近实测功图的采集结果。

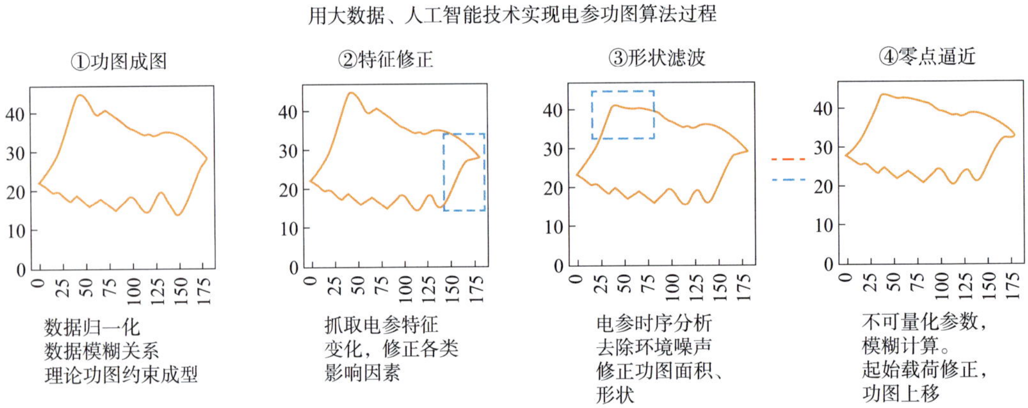

图 3　功图去噪示意图

2.3　电参功图的生成过程

依据系统力学平衡和能量守恒原理，利用人工智能技术，应用 QGD 和 FI 两个算法，准确实现抽油系统重要参数定量计算，实现油水井数据自动化采集，将采集数据结合中油统建 A 字头系统数据，以实现电参转功图并在线生成图谱，定量计算、定性分析、趋势预判。

在实现抽油机电参转图过程中，为了进一步提高整个周期载荷符合度，转化的抽油机示功图分析解释和定量计算结果更接近实际，在融入 QGD 算法电参功图的生成过程中引用 LSTM(长短期记忆神经网络)与多个 ML(机器学习)模型集成，经过不同参数的 DENSENET(全连接神经网络)做投票估计，最终实现功图回归转换(图 4)。

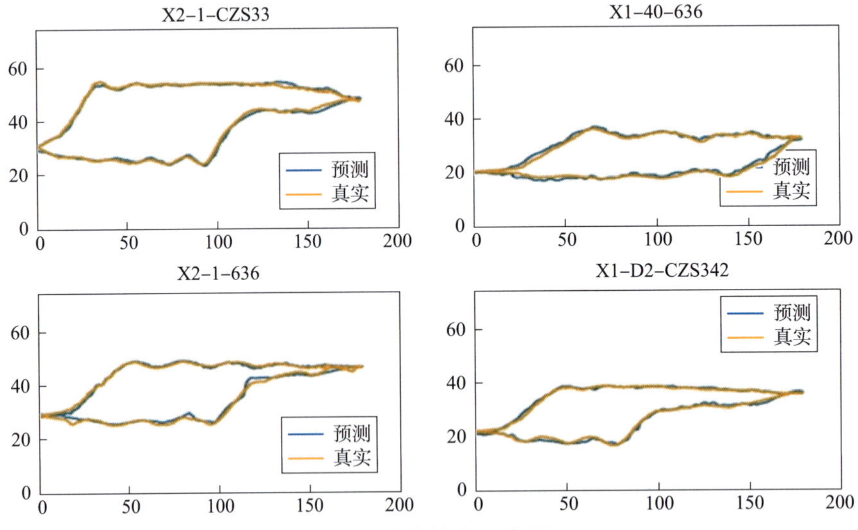

图 4　电参转成示功图

LSTM 的引用帮助改善对样本学习存在的长期依赖问题，而且 LSTM 可作为复杂的非线性单元用于抽油机示功图循环运算的技术支撑；通过全连接神经网络加快计算速度，实现抽油机示功图实时采集。

2.4 电参功图的智能诊断

电参功图的诊断[4]实质是电参采集箱自动采集的电参数据以力参示功仪功图的方式对抽油泵工作状态的真实表述，电参功图是对力参功图的镜像。电参功图的成图要完全遵循力参功图的成图序列。因此，采用强特征提取的深度学习 + 深度森林系列算法，可以保证电参数据按照力参功图的模式完成电参示功图成图，满足工况的定性分析和定量解释。

具体是：首先，基于实时采集的电参数[5]，通过智能分析计算，实时对电参功图结果进行诊断；然后，监控分析平台利用存储的 18000 条示功图知识图谱对实时功图诊断结果进行比对；最终，给出实时诊断结果(图 5)。

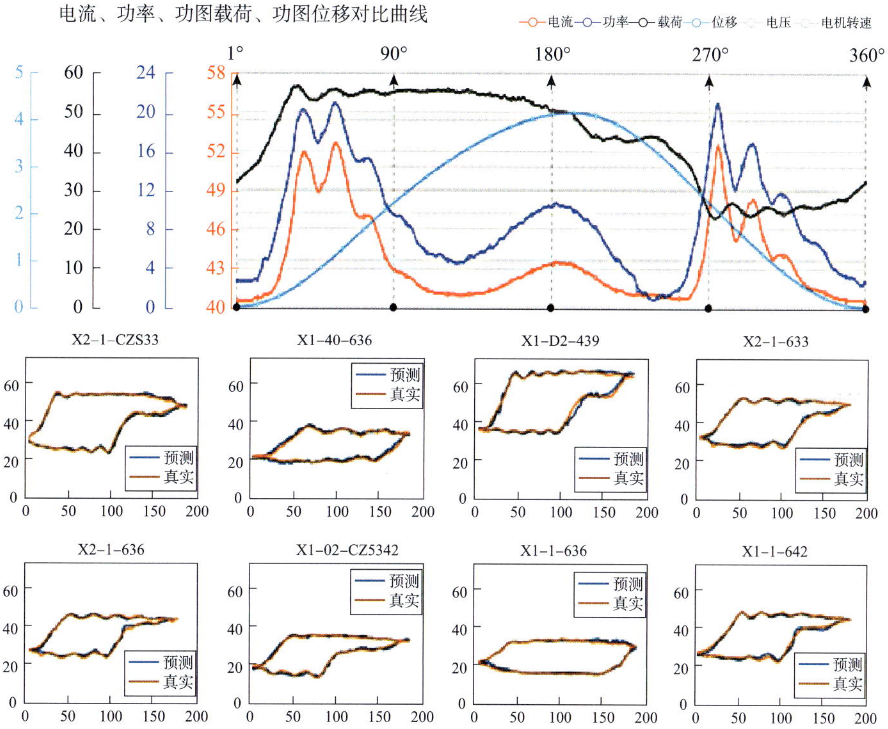

图 5 电参转功图实例

2.5 智能电参功图的应用

前文叙述了融合 QGD + FI 人工智能算法的电参功图更逼近实际采集的真实功图，因此，我们可以通过电参功图开展油井日常管理方面的研究。油井的产量和动液面是油井生产时刻需要关注的参数，它直接反映油井的工作状态和供液能力；而油井潜力挖掘及效果预测又是提升油井产能的必要环节；因此我们有必要探索智能电参功图在计产、计算动液面、油井潜力挖掘及效果预测等方面的应用(图 6)。

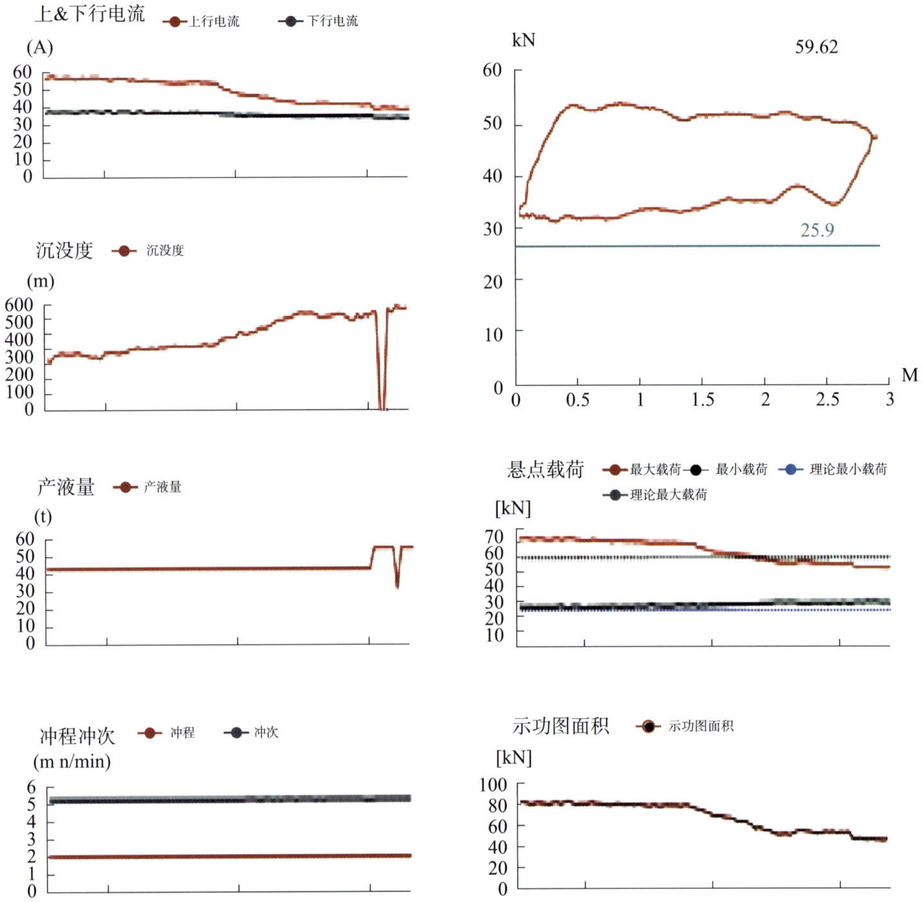

图 6　智能电参功图应用

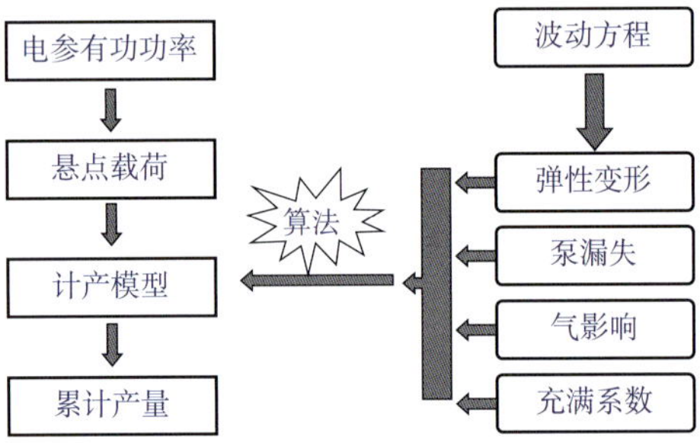

图 7　功图智能计产示意图

2.5.1　计产

其原理是通过把采集到的有用功率，换算成悬点载荷，把悬点载荷输入矩阵递推波动方程[6]（传统经验公式），用大数据方法找出波动方程摩阻系数，再把摩阻作为新特征加入源数据，对产量进行循环递进式预测，直至准确度提升起到与单井真实产液量一致为止（图 7）。

2.5.2　液面预测

计算动液面的基本原理是通过电参采集的有用功率计算出最大载荷 W_{max} 和最小载荷 W_{min}，再应用理论公式 $H = (W_{max} - W_{min})/9.8 * \rho_{液} * S_{泵}$，计算出动液面高度，同时再根据油压套压折算出动液面深度。这里的关键点在于应用人工智能算法，去除最大载荷和最小载荷计算过程中的噪声因素（动载荷），把载荷的真实值计算出来，使计算的动液面更准（图 8）。

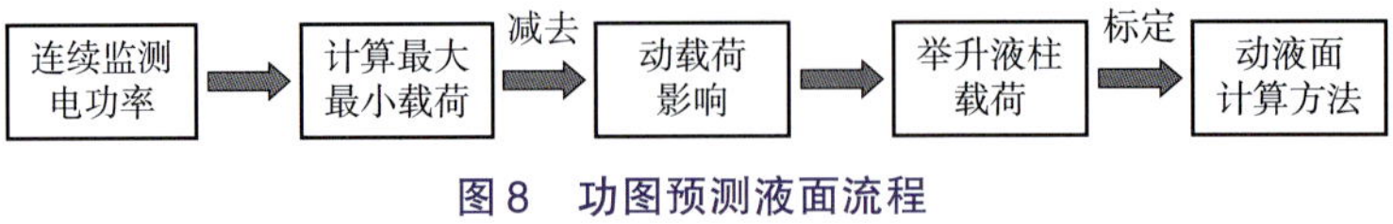

图 8　功图预测液面流程

2.5.3 预测模型

智能电参功图是大数据+人工智能算法的结晶，因此，可以利用电参功图及其软件的智能运算来实现油井的挖潜和效果预测。

预测前，选用适合该井的预测模型。以当前单井电参产液量和流压为动态变量，以油田开发部门标定的本区块的流压作为流压参考值，再根据该井的产液量、静压、饱和压力，从四种通用模型中调取适用于该条件件的预测挖潜模型，预测出本条件下的挖潜潜力和效果。

(1)静压低于饱和压力条件下的预测模型：

$$\frac{q}{q_m}=1-0.2\frac{p_{wf}}{p_R}-0.8\left(\frac{p_{wf}}{p_R}\right)^2$$

该式是基本沃格尔方程式[7]。

式中，q 为流压为 p_{wf}时的油井产液量；q_m 为油井最大产液量；p_{wf}为任一流压；p_R 为油层静压。

由上述基本沃格尔方程式可导出静压低于饱和压力条件下的产能预测公式：

$$q_m=\frac{q_1}{1-0.2\frac{p_{wf1}}{p_R}-0.8\left(\frac{p_{wf1}}{p_R}\right)^2}$$

$$q_2=q_m\left[1-0.2\frac{p_{wf2}}{p_R}-0.8\left(\frac{p_{wf2}}{p_R}\right)^2\right]$$

上式就是静压低于饱和压力条件下预产的基本计算式。

式中，q_1、q_2 分别为流压为 p_{wf1} 和 p_{wf2} 时的油井产液量；q_m 为油井最大产液量；p_{wf1}、p_{wf2}分别为预测前后的流压；p_R 为油层静压。

(2)静压高于饱和压力、流压低于饱和压力时的预测模型：

$$q_c=\frac{q_1}{1.8\frac{p_r}{p_b}}-0.8-0.2\frac{p_{wf1}}{p_b}-0.8\left(\frac{p_{wf1}}{p_b}\right)^2$$

$$q_b=1.8q_c\frac{p_R-p_b}{p_b}$$

$$q_2=q_c\left[1-0.2\frac{p_{wf2}}{p_b}-0.8\left(\frac{p_{wf2}}{p_b}\right)^2\right]+q_b$$

式中，q_c 为曲线段产液量；p_r 为油层静压；p_b 为饱和压力；q_b 为饱和压力点产液量；p_{wf1}、p_{wf2}分别为状态 1 和状态 2 流压；q_1、q_2 分别为状态 1 和状态 2 的产液量。

(3)静压和起始流压都高于饱和压力，终末状态流压低于饱和压力时的预测模型：

$$J_b=\frac{q_1}{p_R-p_{wf1}}$$

$$q_b=J_b(p_R-p_b)$$

$$q_{mp}=J_bp_R$$

$$q_c=\frac{1}{1.8}(q_{mp}-p_b)$$

$$q_2=q_c\left[1-0.2\frac{p_{wf2}}{p_b}0.8\left(\frac{p_{wf2}}{p_b}\right)^2\right]+q_b$$

式中，J_b 为饱和压力点采液指数；p_R 为油层静压；p_b 为饱和压压；q_b 为饱和压力点产液量；q_{mp} 为油井拟最大产液量；q_c 为曲线段产液量；p_{wf1}、p_{wf2} 分别为状态 1 和状态 2 流压；q_1、q_2 分别为状态 1 和状态 2 的产液量。

(4)流压始终都高于饱和压力的预测模型：

$$J_b = \frac{q_1}{p_R - p_{wf1}}$$

$$q_2 = J_b(p_R - p_{wf2})$$

式中，J_b 为饱和压力点采液指数；q_1、q_2 分别为流压为 p_{wf1} 和 p_{wf2} 时的油井产液量；p_{wf1}、p_{wf2} 分别为状态 1 和状态 2 流压；p_R 为油层静压。

3 试验效果

(1)功图载荷效果。融合了人工智能的电参转功图，与传统人工力参采集功图结果对比：功图载荷符合率达 90.5%以上(表 1)。

表 1 电参功图与力参功图载荷对比表

序号	试验区块	时间	力参平均最大载荷	电参平均最大载荷	最大载荷准确率	力参平均最小载荷	电参平均最小载荷	最小载荷准确率
1	采油一厂	2022年	81.47	87.80	92.79%	39.66	42.79	92.68%
2	采油二厂	2021年	76.92	69.63	90.52%	37.69	36.29	96.27%
3	采油四厂	2019年	83.71	79.96	95.52%	42.45	39.04	91.97%
4	采油五厂	2018年	65.50	59.60	90.99%	19.26	20.79	92.64%
5	采油九厂	2018年	61.32	58.43	95.29%	19.53	20.97	93.13%
	合计		371.92	355.42	95.56%	158.59	145.91	92.00%

(2)计产效果。电参计产与人工玻璃管量油(翻板式分离器)符合率达 85.5%以上(表 2)。

表 2 电参计产与人工玻璃管量油效果对比表

序号	试验区块	时间	人工量油值/t	电参计产/t	准确率/%
1	采油一厂	2022年	8	7.84	98.00%
2	采油二厂	2021年	8.6	7.79	90.58%
3	采油四厂	2019年	30.5	35.82	85.15%
4	采油五厂	2018年	34.3	40.11	85.51%
5	采油九厂	2018年	25.4	23.19	91.30%
	合计		106.8	114.75	93.07%

(3)动液面预测效果。电参计算动液面与人工仪器测试对比符合率达 91.5%以上(表 3)。

(4)电流采集效果。智能电参转功图技术采集的电流数值与传统人工手持设备测量值对比符合率达 95.9%以上(表 4)。

(5)冲次采集效果。电参监测的冲次与人工测量数据对比符合率达 98.3%(表 5)。

表 3　电参计算动液面与人工采集动面效果对比表

序号	试验区块	时间	测量动液面/m	计算动液面/m	准确率/%
1	采油一厂	2022 年	645.16	696.75	92.60%
2	采油二厂	2021 年	576.32	624.38	92.30%
3	采油四厂	2019 年	670.50	732.71	91.50%
4	采油五厂	2018 年	534.4	576.26	92.17%
5	采油九厂	2018 年	792.93	725.60	91.51%
	合计		3151.98	3423.03	92.07%

表 4　电流符合率统计对比表

电流范围	井次	电参采集平均	人工测量平均	差值/%	符合率/%
电流≤20A	350	18.1	19.2	5.7	94.3
20A＜电流≤50A	687	37.1	38.6	3.9	96.1
电流＞50A	533	57.2	59.6	4.0	96.0
合计	1570	37.5	39.1	4.5	95.9

表 5　冲次符合率统计对比表

冲次	井次	电参采集平均	人工测量平均	差价	符合率/%
n/min	1137	5.7	5.8	0.1	98.3
合计	1137	5.7	5.8	0.1	98.3

4　结论

(1)减轻生产管理工作量，节省人力、物力。由于该技术可自动进行生产状态监控和问题报警，改变巡回检查工作方式，由覆盖性定时巡检，变成针对具体井的具体问题核实与现场处理，可减少现场巡检工作量，节省人力。减轻了技术管理工作量，提高技术管理水平。由于系统可自动对油井进行泵况分析和供采协调状况分析，并能提出措施方案，不仅节省技术管理的工作量，同时也能提高技术管理水平。

(2)提高反应速度，增产增效节能降耗。传统的生产管理方面，要待人力巡检到位后才能发现问题和处理。在技术管理方面，要待量油、功图液面等测试资料到位后，才能进行油井工作状况分析，发现问题，再提出措施处理方案，周期很长，对产量的影响很大。而融合了人工智能的电参转功图技术，通过电参有关监测可随时发现问题和提出处理措施，及时解决问题，从而可减少无谓的电能损耗、设备损耗，以及对产量的影响，从而提高机械采油的经济效益。

(3)融合了人工智能算法的电参功图，功能更强大，能够满足油田日常生产管理、油田地质、油田工程功能的需求。

参考文献

[1]张良，关素芳．人工智能时代的知识学习[J]．湖南师范大学教育科学学报，2021(01).
[2]贺清松．抽油机井电参转示功图技术应用分析[J]．石油石化节能，2021.
[3]刁俊通．基于抽油机井的电参数诊断技术研究与应用[J]．石油研究，2020.
[4]祝朝坤．基于电参数法的抽油机示功图采集系统的研究与应用[D]．兰州理工大学．
[5]夏峰，陈夕松，钱帅康，等．基于示功图的油井供液能力智能识别方法研究[J]．石油化工应用，2022.
[6]谷超豪，李大潜，陈恕行，等．波动方程[M]．高等教育出版社，2012.
[7]贾振歧．关于沃格尔流动方程及其系数关系的推证[J]．大庆石油学院学报，1986(01).

智慧油气田建设

智慧油田抽油机井数字化改造智能终端系统设计与应用

宿伯萍[1,6]　张胜利[2]　张士奇[3]　尚文涛[3]　李俊峰[3]　沈翘楚[4]
许箕磊[4]　张向阳[5]　沈飞[5]　刘远红[6]　刘庆强[6]　宿季鸣[1]

（1. 哈尔滨博列石油科技中心，黑龙江 哈尔滨　150018；
2. 中国石油天然气股份有限公司华北油田分公司，河北 任丘　062552；
3. 中国石油天然气股份有限公司大庆油田分公司，黑龙江 大庆　163458；
4. 中国石油天然气股份有限公司吉林油田分公司，吉林 长春　130607；
5. 中国石油天然气股份有限公司勘探院西北分院计算所，甘肃 兰州　730020；
6. 东北石油大学，黑龙江 大庆　163318）

摘　要：数字化油田改造是智慧油田建设的重要基础。但是，目前所有规划的数字化改造方案中单井控制终端仍然不能满足数字化改造需求，本文结合国内相关领域最先进的单项技术，充分考虑了智慧油田的需求，构建了一套基于单井井口产液量连续计量和连续产水量分析的智能单井控制技术系统，及其井口油压动态分析等故障诊断关联技术，阐述了单井终端系统组成及功能，提出了配套的后台软件平台和扩大的技术系统发展方向的实施方案，对指导未来智慧油田建设中单井智能控制技术的升级完善具有积极意义。

关键词：智慧油田；物联网；抽油机井；智能控制；终端系统；实施方案

1　引言

现阶段国内各油田数字化改造的基础条件不尽相同，在基础设施配套和油田信息化方面都取得了不同程度的进步。但现有单井数据采集内容和单井运行自动控制方面仍不能满足智慧油田建设的需求，现场管理仍然依靠人工操作，生产效率较低。

当前在国际油价不断上下震荡、石油行业开发生产成本逐年加大的形势下，国内各大油田提质增效、精细化管理的需求日益迫切，对油田数字化升级的要求也逐步加大。希望通过油田生产管理的数字化升级来提升油田生产管理智能化水平，减少一线的劳动用工，实现单井自动化、智能化，提高生产现场的工作效率和降低人工成本。

而单井的工况动态参数优化调整，同样需要实时生产数据的采集和实时数据反馈，所以，实现抽油机井的数字化、智能化管理升级，需要在生产数据实时采集、实时分析和动态

作者简介：宿伯萍，男，1953 年 10 月生，1983 年哈尔滨工业大学毕业，现为哈尔滨博列石油科技中心总工及东北石油大学客座教授，主要从事智慧油田智能举升系统及注采联动技术研发、地下和地面工程结合技术、油井注采平衡和机械举升系统效率提升及油田数字化改造技术开发工作。E - mail：bopings@ 163. com

优化、自动反馈、自动调参等方面持续开发应用、逐步配套完善。并将应用对象逐步扩大到油水井组，实现注采系统一体化。扩大抽油机及相关井下地质、注水等生产实时数据的采集范围和动态关联互动，支持构建系统功能更加强大的智慧油田物联网平台，为智慧油田的技术升级奠定基础。

2 国内外技术发展现状

数字油田是美国人戈尔提出的概念，数字油田是在世界范围里通过地理的坐标把全部的信息组织起来，建成完整的信息系统，同时提供直观、便捷的使用方式从而为人们服务。数字油田概念的提出是以“数字地球”的概念为参考的，不过前者比后者更有针对性，数字油田的中心思想是要保证将油田的自动化和信息化彻底地实现。数字油田的发展和主要的技术手段开始于国外的石油勘探公司。10年前IBM公司和挪威的国家石油公司同时基本实现了实时无线感知油田的工作情况，延长油田的使用寿命，大幅度提升产量。沙特国家石油公司在建设智能油田的方案上形成了监测、优化、集成、创新的四层次理论。实时数据涵盖井下信息，配合智能通信技术、自动化技术实现了动态分析和数据资源整合，提高油田井下的作业的效率，提升油田油气资源的采收率。

目前国内的各个石油公司需要学习国际石油公司先进的管理手段和科学的油田方案规划，而且还需要结合国情，选择具有我国技术特点的基本技术路线。

中国石油建设推行多年的A11项目是利用物联网技术，建立覆盖全公司油气井区、计量间、集输站、联合站、处理厂的规范、统一的数据管控平台，实现了生产数据自动采集、远程监控、生产预警，支持油气生产过程管理。通过生产流程的优化、管理流程的优化、资产配置的优化、组织机构的优化，实现生产方式的变革、生产效率的提高、管理水平的提升。

目前A11项目在油田生产管理中也只能做到常规的数据采集和上传，实现常规统计生成固定格式的数据报表，现有油田生产系统在单井有效综合数据采集和机械举升控制方面，没有实现单井自动化和数字化平台的预期效果。本文针对国内油田采油工程存在的自动化水平低、系统效率低、采油举升成本高的问题，构建了单井终端系统技术，开展了现场应用实验。

3 智慧油田油井数字化改造终端技术需求

3.1 实现单井终端自动化和智能化，减少人工操作，实现无人智能化运行

传统巡井、抄表等工作需人工去完成，而数字化改造可以实现一线井场和中小型站场的无人值守，达到人员集中管理、运行集中控制、数据集中处理的数字化管理模式，及时掌握生产运行状况，实现远程操作，管理组织模式由分散趋向集中。

3.2 设计与采集单井终端有效动态关联数据，为决策提供依据，提高生产效率

在生产过程中，可以对单井生产工艺参数进行有针对性精准采集，及时识别出效率低、损耗高和带病作业的单井，从而进行动态精细化的生产管理。

3.3 全面工况分析，及时故障预警

根据井下泵冲次和泵吸入口及井口油压及管线压力的关联变化，动态了解抽油泵及油管实时工况，及时对隐患进行预警，事先介入维修，避免设备进一步损坏造成更大损失。

3.4 故障报警实时上传，缩短设备维修时间

在数字化改造系统中，任何节点的故障都可以被及时发现，并且可以自动设置警报和上传功能。如此，工作人员可以第一时间得知故障的发生，并迅速组织维修。而维修过程中可以通过分析历史数据，准确分析故障原因和故障点，缩短了维修时间。

3.5 实施视频监控，建设平安油田

在重要井场部署视频监控，实现安全生产，一旦发现安全隐患立即采取措施；在重要卡口部署视频监控，可以实时监控进出作业区的车辆和人员，及时发现偷盗、破坏等行为，并及时制止、减少损失。

3.6 单井智能化控制高效运行

实现抽油机超柔性驱动、单井井口计量、含水分析、动态调参技术是智能化管理升级的基础，老油田开发后期，单井产量及含水是一个不断变化的参数，原有的计量方式和优化调整技术已经无法满足智能化管理的数据需求；智能化的管理需求需要的是实时的、动态的连续数据和前端的数据智能化分析反馈技术。

4 单井数字化改造及 A11 终端系统配套设计方案

智慧油田数字化改造单井终端系统设计方案(单井智能化控制运行)立足以最小的综合消耗，最高的系统效率实现井筒油气举升，使油田开发效率效益最大化；充分考虑了地质工程一体化以及油田数字化改造趋势。优选了当前国内已知的先进技术，即技术指标在国内外领先、工作原理具创新性、现场应用两年以上的成熟技术。有些新的技术的选用在确定有很好的应用价值和前景的前提下，在生产过程中边实验、边提升、边完善过程中提高，用这种积极推进的方式保持该方案的先进性和创新性。该项实施方案采用模块化设计，可以根据各油田的特殊性、针对性的调整和组合，满足不同油田的需求。是一套系统功能全面、闭环调整、自动运行的独立控制系统。

4.1 智能单井井口精准连续产液量测量

游梁机和塔式机井口连续计量技术是行业的难题。单井连续产液计量技术是油井机械举升系统效率提升和油井智能调参控制的依托数据，有了这个基础数据就能实现抽油机井智能自动化运行，如果没有单井精准的连续产液量技术，油田油井自动化和数字化改造就无法实现。为此，哈尔滨博列石油科技中心已经对该难题进行了 10 年的创新开发研究，使单井井口连续计量产液量与产水量技术难题得到了突破，并且在游梁机和塔式机井连续单冲次连续累计高精度计量得到现场使用的验证。在中国石油重点实验室、吉林油田和大庆榆树林油田现场标定实现误差 ±3% 的高精度液量测试结果。该技术在长庆油田页岩油井 1∶200 的油气比得到使用验证，对含气井的井口产液计量是可靠的。该项技术获得了国家实用新型专利证书，发明专利正在审批过程中。因为，当前的功图法单井计量有很多不确定性，还没有其他技术可以对比，选择该技术应用到终端系统中使用应该是唯一的选择。图 1、图 2 是该系统的人机对话屏幕相关的数据和曲线页面展示图。

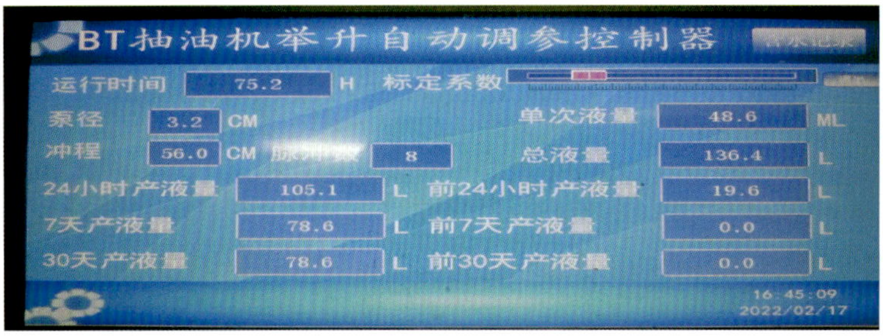

图 1　单井井口连续计量装置显示界面

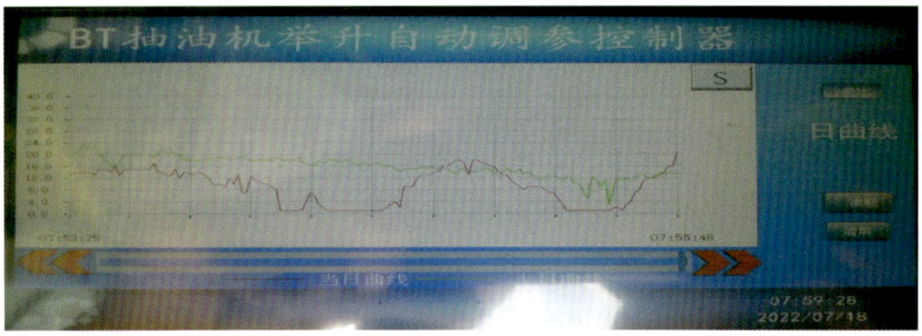

图 2　24 小时产液动态曲线

4.2　智能单井井口连续含水率、含水量实时累计测量

油井的产液中含水是每时每刻都在变化的，任何人工采样都不能反映井口产液含水的段塞流总体实际状态。目前研发的连续测含水技术，连续平均 10 分钟的含水率和产水量的 24 小时的曲线展示和水量统计，真实地反映出了油井的动态含水变化趋势和规律，可以实现地下与地面的数据结合分析和判断分析井下地质变化规律，有助于实现注采平衡工作的开展。图 3、图 4 是井口测量产水量和含水率变化的显示页面。这些页面是对产液量和产水量测试技术的有效支撑。

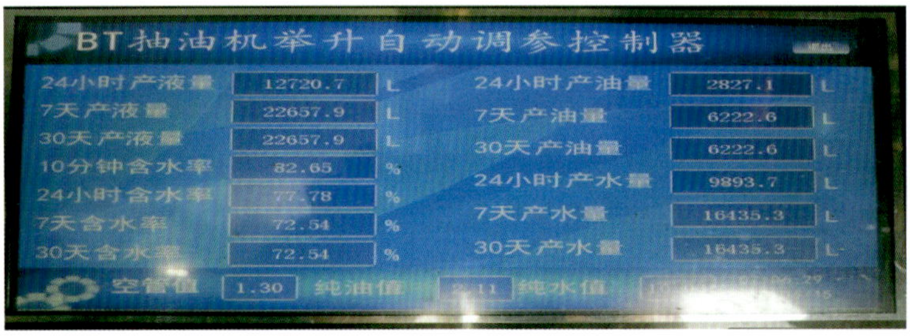

图 3　单井井口连续含水计量显示界面

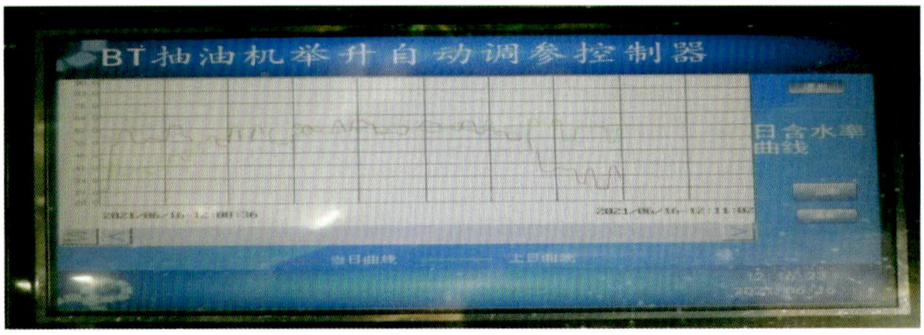

图 4　单井井口连续含水率动态显示界面

4.3 抽油机依据最佳泵效(产液量)自动调冲次实现最高系统效率的举升作业

抽油机举升作业每个冲次产液量是不均匀的，本技术可以连续监测抽油机在多次运行中的泵效变化情况，动态调整抽油机的单位时间的冲次数，使抽油机处在最佳泵效的状态下运行。这项技术也是当前国内外经过现场考验技术水平最高的智能调参技术。图 5、图 6 是单次冲程的泵效数值显示柱状图。

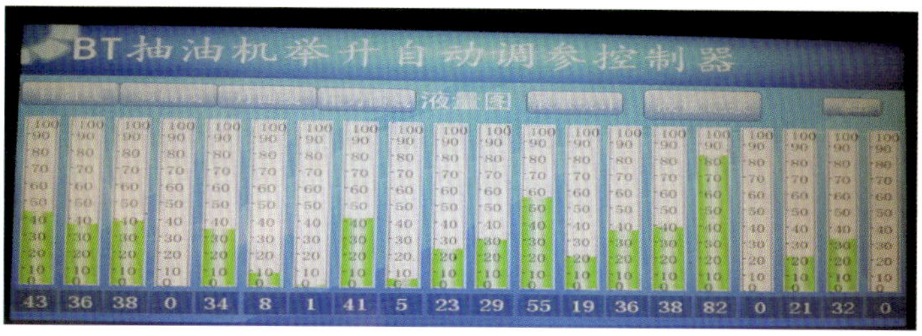

图 5　冲次未调的泵效柱状图

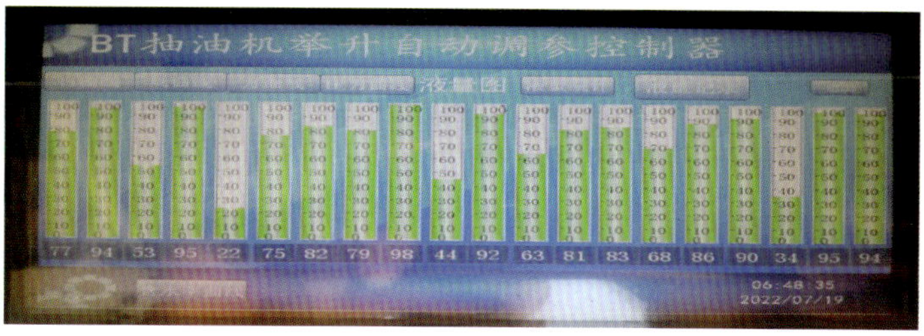

图 6　冲次下调后的泵效柱状图

4.4 抽油机柔性驱动

抽油机井柔性运行模式由柔性控制系统来实现。柔性控制系统主要由柔性控制器、变频器、井口产液连续计量装置和柔性控制面板四部分组成，其中，柔性控制器是整个系统的中枢，担负着数据的分析处理和结果输出；变频器是电机实现变转速恒功率运行的直接操控者；井口产液连续计量装置利用井口过流管线的温度、压力变化，负责计量抽油机井每一冲次的液量大小。实现抽油机井柔性运行的基本原理是：有线连接柔性控制器、变频器、井口产液连续计量装置，上电启动，并利用柔性控制面板设置抽油机井的基本运行参数，柔性控制器根据井口产液连续计量装置提供的液量值和通过冲次确定的曲柄位置数据，利用内置的柔性控制算法进行分析计算，并将分析计算结果输出给变频控制器，变频控制器依据接收到的分析处理结果在特定的时刻输出特定的频率，进而控制电机在不同阶段输出不同的功率，实现柔性控制(本技术可以实现对抽油机永磁同步电机的柔性驱动，该技术是国内领先的技术)。图 7 是人工智能控制主页面。

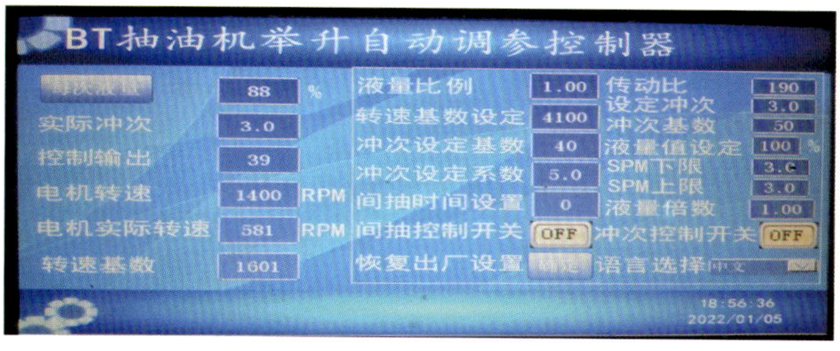

图 7　抽油机井柔性控制和智能调参设置界面

4.5 单井系统的故障诊断和故障分析故障远程处理

单井智能举升系统的故障诊断技术、故障分析及远程平台处理技术的应用，BT－CYJTC－1型单井举升系统技术已经在油田上运行 3 年以上，经历了北方严寒的冬季低温的考验，实现了 BT－CYJTC－1 型抽油机（塔式机）井智能供（注）采平衡点自动跟踪（调参、量油、测水量）、高效运行控制及单井物联网终端系统数据采集。图 8 是该系统故障报警界面和 24 小时井口上液数据分析界面。

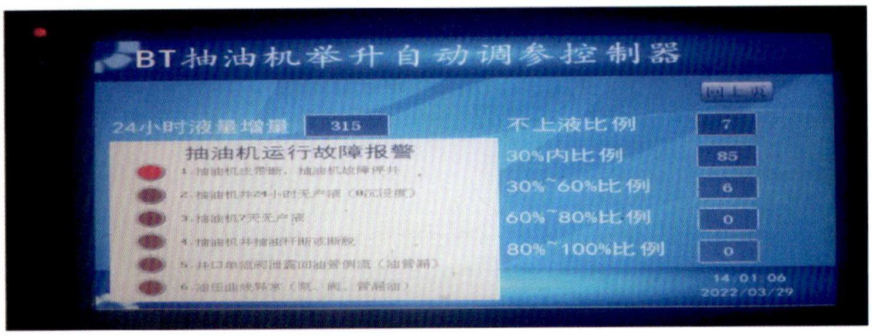

图 8　抽油机井智能调参报警界面 24 小时产液分析

4.6 井口连续产液量、含水率、实时产水量数据采集与注水、油藏数据关联分析

经过在行业调研，单井井口连续产液量计量，井口实时含水率测试和产水量的技术在现场应用效果最好的技术是 BT－CYJTC－1 型单井智能举升系统。这套系统在吉林油田扶余采油厂已经安全运行了 24 个月。单井连续产液量计量在大庆榆树林油田运行了 3 年多。200：1油气比高含气油井在长庆油田页岩油示范区块运行了 2 个多月。实践证明在试验井安装的单井连续计量，含水率和含水量测试技术已经得到了实践的验证，由于有了高精度的单井产液量、连续含水率和产水量的数据采集手段，使井下注水驱油与井上举升系统有了实时可靠的关联关系，有了动态准确的数据支持，实现油田生产的注采平衡关系有了技术保障。为油田地下和地上工程的有效结合提供可靠条件。

4.7 井口油压与井下工况分析

对运行中的油井井口油压在不同运行环节的变化用数据统计分析手段解析出了单井产液计量方法，使单井计量技术有了一个重要的提升，使单井计量的测试的误差呈线性关系。由于这个技术的突破，使我们看到可以用单井井口的压力数据演化出井下的数据的演化方法，如果把这种方法继续分解优化，可以得到井下泵在不同的举升运行过程中的压力变化和压力特征点的变化关系，经过试验找出计算误差的方法就可以实现在井上测试出井下的压力变化数据，使井下数据监测的成本和方法有了一个极大的飞跃。这项技术需要一些实验来充实提高它的应用和适应性。

4.8 利用物联网或通信线路远程干预调整终端系统运行状态

BT－CYJTC－1 型抽油机（塔式机）井智能供（注）采平衡点自动跟踪（调参、量油、测水量）、高效运行控制及单井物联网终端系统技术已经具备本系统的远程无线调控技术，该技术的远程干预的技术内容也是全行业功能最多的，性价比最优的。可以把本系统的远程操控功能移植到 A11 平台操作最终实现 A11 平台的远程功能，使 A11 平台实现智能化。

4.9 为物联网平台大数据分析选择、提供有价值数据链

现在国内的油田采集了多年的数据信息，但是这些数据在采集时没有进行有目的性的价值挖掘和筛选，使积累的大量数据不知如何处理而造成了大量的浪费。BT－CYJTC－1 型抽油机(塔式机)井智能供(注)采平衡点自动跟踪(调参、量油、测水量)、高效运行控制及单井物联网终端系统针对这些问题设计了一些有可扩展成效的数据采集与分析方法，使该系统所有的信息都会得到最好的应用和发挥。我们可以把井口压力数据连续发送到各类型平台和A11 平台进行大数据分析，使这个关联井下和举升系统的数据链真正能得到应用和发挥数据效益的最大化，形成智能油田生态场景。该系统的数据采集项目在后面系统介绍中有说明，如果需要补充，希望得到各油田的建议。

5 终端系统现场试验应用

2020 年通过在××油田 3 口井的现场应用，成功完成试验内容：①井口连续计量结果与翻斗流量计进行对比；②井口连续含水测试结果与人工化验含水对比；③产量不变条件下的油井最低冲次匹配；④相同产液量、不同工作制度下的耗电量对比。图 9 是油井实际现场照片。

试验井设备配置：
① 载荷传感器，
② 电参数传感器，
③ 变频控制柜，
④ 井口产量连续计量，
⑤ 井口含水连续测试，
⑥ 自动调参控制器，
⑦ RTU，DTU

图 9 智能控制系统试验井

1#试验井的计量方式原为翻斗计量方式，与井口连续产液量计量装置进行同步计量，相同的时间内计量产量对比误差分别为 2.97% 和 0.92%。当然因为翻斗计量液量存在 ±1% 左右的误差，不排除该实验数据存在此误差的影响，对比数据见表 1。

表 1 翻斗计量与井口实时计量产液量数据同步对比

对比内容	计量时间	翻斗计量	井口计量	相对误差
液量计量	30 分钟	84 斗/176 升	181.4 升	2.97%
	30 分钟	83 斗/174 升	175.6 升	0.92%

1#试验井应用油井井口连续微波实时测量含水率，每秒采集 50 次含水数据，通过单片机计算 10 分钟内的含水率平均值。该试验所采用的微波测量仪，可实现油水气三相混合液的瞬时含水测量，针对产出液中游离气的影响，加装段塞气测量模块进行含水率和产液量的实时校正。

该试验井日常含水测试为人工取样分析，共人工取样2次，现场对比结果误差率分别为0.50%和0.02%。因为人工取样分析计量精确度为±1%，见表2，不排除该实验数据存在人工误差的影响。

表2　人工取样与测量仪表同步测量含水数据对比

对比内容	计量时间	人工化验	井口计量	相对误差
含水计量	单次	94%	93.53%	0.50%
	单次	94%	94.02%	0.02%

依托于微波实时测含水率和数据处理技术，实现了油井实时含水率曲线的绘制，连续含水率曲线测试，突破了传统的人工取样测量含水的模式，使含水率的测量进入一个实时获取、自动回放的时代，大幅度降低了现场的劳动强度，计量智能化程度进一步提高，为油水井动态分析调整提供了实时的数据依据，为实现地质工程一体化奠定了数据基础。

通过单片机对实时数据的分析处理，实现了油井举升设备工况的动态监测，提升了现场管理中故障处理的实时性。通过监测油井产出数据的异常，可自动判断：抽油机皮带断、抽油机故障停井、油井不上液、井下杆断和杆脱、油管漏、凡尔漏等异常情况，并及时报警(图10)。

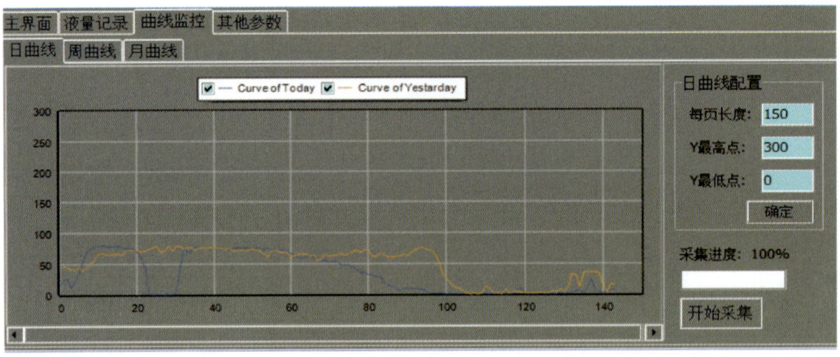

图10　××试验井井口连续产量曲线故障判断

2#试验井在产液量基本不变的目标下冲次从4.4次下调为2.4次，泵效大幅度提升，日耗电量大幅度下降，实现了目标产量下的最低运行能耗的自动寻优。对比结果见表3～表6和图11。

表3　2#试验井不同运行制度下的泵效及能耗对比

	冲次	理论排量/(t/d)	井口产液/(t/d)	泵效/%	泵效提高/%
工频运行	4.4	20.45	8.1	39.6	33.1
优化后运行	2.4	11.15	8.1	72.7	

表4　3#试验井不同运行制度下的泵效及能耗对比

	冲次	有功功率/kW	井口产液/(t/d)	泵效/%	泵效提高/%
工频运行	6.0	13.31	2.42	32.9	
优化后运行	2.9	7.42	2.39	61.9	29
优化后运行	2	5.03	2.29	86.4	53.5

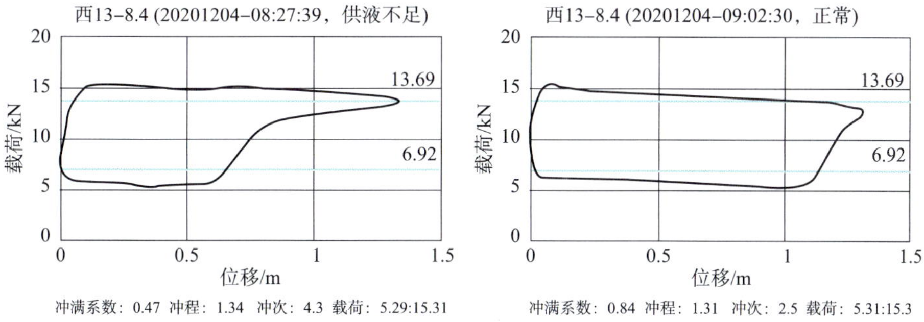

图 11　××试验井不同控制模式示功图对比

表 5　2#试验井试验前后能耗对比

	冲次	冲程/m	有功功率/kW	无功功率/kW	功率因数	单相电流/A	电流/A	有功节电率/%
工频运行	4.4	1.4	1.79	5.9	0.285	8.7	15.1	
同冲次对比	4.4	1.4	1.38	0.05	0.999	3.3	5.7	22.9
同产液工况对比	2.5	1.4	1.12	0.05	1	2.7	4.7	37.4

表 6　1#和 3#试验前后能耗对比

井号	状态	冲次/min^{-1}	沉没度/m	有功/kW	无功/kW	平均电流/A	功率因数	节电率/%
1#井	工频	4.1	288	11.95	21.8	35.2	0.444	
	柔性	4.1	288	9.16	0.76	16.3	0.9	23.3
	柔性	2	288	4.9	0.18	9.4	0.964	59
	工频	6	549	13.31	17.14	30.24	0.541	
	柔性	6	549	14.87	2.86	24.98	0.981	
	柔性	2.9	365	7.42	1.05	13.77	0.991	44.3
	柔性	4	375	8.34	1.48	15.53	0.984	37.3
	变频	4	388	8.64	1.52	15.38	0.984	
	柔性	2	350	5.03	0.1	9.9	0.999	62.2
3#井	工频	6.5	199	9.14	11.99	21.17	0.561	
	柔性	2.6	227	4.17	0.13	8.7	0.992	54.4

6　结论及建议

数字化改造及 A11 物联网终端配套实施方案(智能控制部分)是以井口连续计量产液量和含水为基础的智能化测控系统，该设计方案是一套全新的单井智能测试与控制合一的软件系统与自动化控制技术相结合的设计方案，该软件系统完全采用创新的，根据举升过程中工艺流程与工艺特征点软硬件相结合的测试原理，完全跳出传统的油田用功图和通用流量计的测试方法，这些技术都是经过现场实际应用与验证的方法与技术。完全能满足油田智能化建设的升级需求，在一定程度上实现了设备工况、工作参数、决策信息和自动控制的设备和算法升级，为油田生产现场减少劳动用工，节约运行能耗、提高生产效率，进一步提高智能化水平奠定了技术基础。

以井口实时产液量、含水量、含水率为基础的智能控制系统的研发，有效地解决了管道中的气体与油水混合液体的相互影响的关系和影响因素、高含水和低含水对井口计量产液的影响因素、高冲次举升与低冲次举升对测量产液的影响关系，解决的主要问题是：一是在不需要气液分离的条件下，该技术可实现采油井口在线连续计量产液、含水，误差均小于 3% ~5%。二是通过对井口实时产液量的测量和趋势跟踪，关联自动调参实现了油井的供采协调。三是利用超柔性控制技术，实现运行功率的“削峰填谷”，节约运行能耗达 35% 以上，改善了系统工况、延长了油井免修期。四是通过对井口回压的连续监测，获得了回压对油井产液量的关联关系为大数据分析提供分析条件。五是通过获取的单井产液量数据对单井的泵效进行最佳判断后，实现了依据合理泵效进行油井自动调冲次的高效举升效果。

抽油机井井口实时产液量和含水的测量成功，可帮助动态分析人员精准描述注采关系，有效地控制注水，提高注水有效性，优化注水参数，减少无效注水及采出水的集输分离处理量，节约生产运行成本，实现智能采油系统的动态优化运行。实施井平均节约电能达到 35% 以上，延长油井免修期 40% 以上，是低油价环境下油田精细化管理、低成本运行的重要技术手段。

参考文献

[1]李雪，张战敏，朱丽萍，金学锋，朱丹丹，高鹏．抽油机井人工举升智能控制系统的应用[J]．石油化工自动化，2021，57(01)：12－16.

[2]鲍云波，张宽慧，杨跃跃．榆树林油田智能化建设思路探讨[J]．油气田地面工程，2020，39(09)：68－71＋85.

[3]陈溯，安鹏，吴刚，张羽．海上智能油田建设研究[J]．石油科技论坛，2020，39(05)：16－23.

[4]海涛．智能油田研究与技术发展及趋势探讨[J]．中国石油和化工标准与质量，2020，40(15)：226－227.

[5]李璐，高炜欣，冯亚军．油田电控一体化装置智能管理系统设计[J]．云南化工，2020，47(12)：147－149.

[6]杜宗军，杨建晖．西北油田智能化建设全链条创效[J]．中国石化，2020(10)：48－50.

[7]刘志忠，刘晓垒．油田智能化建设的构想与实践[J]．信息系统工程，2020(08)：128－129.

[8]岳彩祝，王超．智能油田远程监控技术的研究与应用[J]．化学工程与装备，2017(07)：93－95.

[9]梁根生，常小虎，马有龙，徐梦瑶．智能化油田技术研究[J]．山东化工，2020，49(09)：142－144.

[10]许洪东，赵大伟．油田智能化建设的构想与实践认识[J]．电脑知识与技术，2019，15(31)：284－285＋291.

基于产液和含水实时计量的智能举升系统的应用与认识

尚文涛[1]　陈长富[1]　李文举[1]　许箕磊[2]　马　晓[2]　张向阳[3]　沈　飞[3]　宿伯萍[4]　宿季鸣[4]

(1. 大庆榆树林油田，黑龙江 大庆　163000；2. 吉林油田采油工程研究院，吉林 松原　131200；
3. 中国石油勘探开发研究院西北分院，甘肃 兰州　730020；
4. 哈尔滨博列石油科技中心，黑龙江 哈尔滨　150018)

摘　要：通过研发压差式产液实时计量技术和微波实时测含水技术，形成了 BT－1 型智能油井举升系统及自动调参诊断系统，首次在单井计量上实现了游梁式抽油机每冲程液量的实时监测，实现了24小时产液、含水率和供液情况的连续监测与规律分析，实现了管线回压与产液量的影响关系分析，并结合自动控制系统实现了供采关系的自动平衡调节和游梁抽油机井故障分析、报警及远程处理，实现了多项技术突破，为油田的物联网智能化平台提供了单井全功能终端系统技术。为油田单井智能化实现提供了技术保障。

关键词：实时监测；智能化；井口；产液；含水量；超柔性驱动；物联网终端

0　引言

在全球技术、经济交流日益加深的今天，物联网、大数据、人工智能等高新科技经过数年的发展在很多领域已经占有一席之地。而在石油行业，近几年智能化、智慧化的发展取得了极大的进步，但多数集中在显性可见的站库等地面系统工程，而处于地下井筒内的采油工程数据，往往由于具有一定的隐蔽性，智能化程度相对较低，导致采油过程中一些问题无法预知，存在单井产液、含水等具有影响因素多、实时变化等特征的参数无法实时准确计量，导致井下地层出液情况发生变化时地面机械采油难以与其同步等问题。

大庆油田榆树林油田及吉林油田的部分区块属于特低渗透油田，低产低渗区块较多，单井产液量、系统效率低，油井数量多、分布范围广，导致日常维护工作量大，常规开采方式投资高，在近几年的低油价条件下不能完全满足油田效益开发需求。针对此问题，开发了初期油井物联网平台，利用三件套系统实现日常管理和电参数的深度应用。一是通过停井报警仪实现了抽油机井生产时间的精确计算，为采油时率管理提供准确数据依据；二是通过测控仪实现了采集三相电压、电流、功率、功率因数、用电量等信息，通过对电参突变的分析，实现了明显故障及不平衡状态的报警功能，并可远程遥控启停井；三是通过井场电子眼实现了抓拍多种分辨率的井场照片，实现了电子巡井功能。

作者简介：尚文涛，男，2007年毕业于中国石油大学(华东)，大庆榆树林油田高级工程师，从事油气田开发研究。E－mail：shangwentao@ petrochina. com. cn

物联网平台的初步应用，为油井分布范围广、数量多的情况下的管理提供了便利，不过在对产液量、含水计量及冲次调整等方面工作，仍旧需要人工手动操作，耗费大量工时，离建设“无人值守”的智能化油田的目标还很远。需要开发智能举升技术，在产液量、含水计量及冲次调整等多方面开发自动测量、实时监测诊断等功能，并结合物联网平台，提升油田的自动化、智能化水平，打造“无人值守”的智能化油田，为此开发了压差式产液实时计量技术和微波实时测含水技术，基于实时计量开发了自动调参及工况诊断等，形成了智能油井举升系统。

1　智能油井举升系统的设计

2020 年在大庆、吉林油田先后试验测试了哈尔滨博列石油科技中心的 BT－1 型智能油井举升系统的基于产液量和含水实时计量的供采平衡自动控制系统，共包含 4 项核心技术：超柔性驱动技术、井口压差产液连续计量技术、井口微波测含水技术、智能故障诊断技术。目前可实现井口产液、含水实时自动计量与分析，实现依据产液量和井口油压曲线进行油井故障诊断，以供采平衡为原则，自动调整抽油机运行参数，并实现抽油机电机的柔性运行；通过数据分析处理，进行故障诊断，远程调控单井终端运行参数和状态。

1.1　压差式实时产液测量技术

四连杆抽油机具有间歇式出液的流体特点。流体为油、水、气三相流，具有黏污性强的原油性质，粗管径低流速的出液特点，现有流量计均不能胜任井口流量实时精准计量，并且考虑成本，不可能每口井安装流量计。因此我们考虑采用容积法计量。

容积实时计量装置：实际上并非去计量流量，而是计算每冲程举升的容积。原理是检测抽油机上冲程泵液时间，根据上冲程总时间和泵筒尺寸折算出液量及该冲次的充满程度。

通过两个压力传感器测量确定出液时间。当 $P_1 > P_2$ 时，确定为出液时刻，当 $P_1 = P_2$ 时为停止上液时刻，由此计算每冲程的出液时间 T。

图 1　实时压差计量装置

每冲程液量计算 = 出液时间/上冲程举升时间 × 冲程 × 泵径 × 校正系数计算出每冲程的上液量，依次累加计算全天产液量，形成连续的产液曲线，可以实时观察上液情况。

该技术采用压差式实时计量装置（图 1）。压差计量实际上是容积计量，是用压差与液体流动和柱塞位置变化进行了关联测试。在行业重点实验室的测试环境测试误差 2%。检验方法完全采用油井现场工况流程中检测。

1.2　含水率和产水量实时测量技术

机械采油举升过程中的单井产液连续含水率、含水量的实时测量一直是世界难题，ISO 国际标准即使到今天也没有推出统一的标准。而国际上目前针对单井含水数据的收集和处理都是通过加装在井口的含水仪测量瞬时上液的含水率，比如业内领先的美国 OWD 公司产品，目前只能够得到瞬间的含水率，但因为含水率变化范围大、变化速度快，同时不能实时针对此时的单井产液量进行计量，导致并不能通过此种方式得到实时的含水量，因此这种方法对单井实际含水情况的掌握并无实际的意义。本测量技术可在每秒50个瞬时测量数据的基础上进行一段时间内的平均值的计算，从而实现实时平均含水率曲线的绘制，得到24小时之内的平均含水率走势图来显示含水变化轨迹，有望凭此数据对井下的环境进行评估，此数据对于研究、判断、评价单井注水技术有着深远的意义。

在仪器的准确率方面，当前国际所有的测含水率仪器准确率都是在实验台环境下所标定的，而在实际的油田使用中存在着因结蜡产生的数据严重漂移问题。而本技术试验仪表则是在油井现场进行标定，结蜡的影响完全被排除。

本实时测含水技术利用微波的特性，当微波在传输中通过含有水分的物质时，电磁能会被水分子吸收，因介电常数不同(水80，油2.2)，微波通过不同含水率的油水介质，信号幅度呈现出不同幅度的衰减。

微波是波长1～1000mm的电磁波，为了实现足够敏感的衰减效果，又不致衰减到0，需要优选合理的频率波段。信号幅度与含水率呈现线性对应关系，通过录取足够多的数据点，即可确定两者的函数关系，实现含水率测量，而产出液油水分布不平均，瞬时含水值一直上下波动，因此采用10分钟平均值为含水率值。该技术测液体中的油和水的比例关系反映速度快，灵敏度高，测量精度高。瞬间含水值与井口量油进行同步测算，从而得到了10分钟、24小时、7天和30天的产油量和含水量。该微波测试技术实现的测量参数为：每秒测量50次；误差≤5%；油管工作温度0～120℃；电压24V直流；耐压6MPa(图2)。

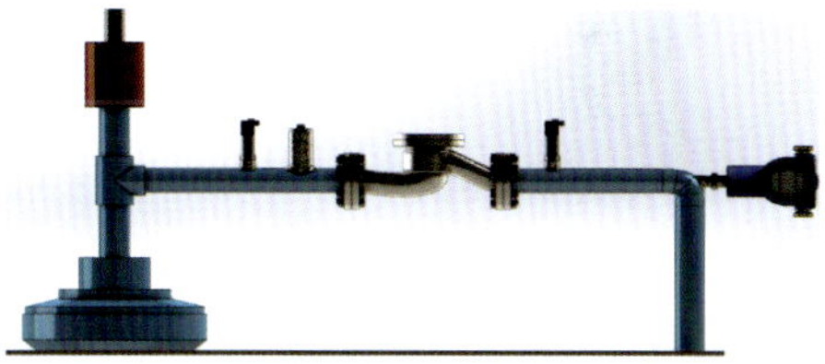

图2 微波测含水技术示意图

1.3 电机超柔性变频驱动控制技术

抽油机井柔性运行模式由柔性控制系统来实现。柔性控制系统主要由柔性控制器、变频器、井口产液连续计量装置和柔性控制面板四部分组成，其中，柔性控制器是整个系统的中枢，担负着数据的分析处理和结果输出；变频器是电机实现变转速恒功率运行的直接操控者；井口产液连续计量装置利用井口过流管线的压力变化，负责计量抽油机井每一冲次的液量大小。实现抽油机井柔性运行的基本原理是：有线连接柔性控制器、变频器、井口产液连续计量装置，上电启动，并利用柔性控制面板设置抽油机井的基本运行参数，柔性控制器根据井口产液连续计量装置提供的液量值和通过冲次确定的曲柄位置数据，利用内置的柔性控制算法进行分析计算，并将分析计算结果输出给变频控制器，变频器依据接收到的分析处理结果在特定的时刻输出特定的频率，进而控制电机在不同阶段输出不同的功率，实现柔性控制。

该技术针对异步电机、永磁同步电动机实现超柔性驱动运行。该种驱动方法可以大大减少抽油机运行的加速度和悬点载荷，并把抽油杆直线运行的加速度曲线变得平滑，降低了冲程损失，提高了泵效和系统效率，使抽油机在最佳工况运行。

1.4 智能单井控制系统

现今国际上各大石油服务和IT企业都尝试在智能采油的领域开辟新的战场。其中不乏西门子、斯伦贝谢、Weathford等国际知名品牌，然而迄今为止他们推出的产品都只停留在自动化的范畴。比如西门子和Weathford推出的抽油机自动控制器，都需要经验丰富的工程师事先人工设置启动开机输出功率、上下死点抽油机速度等参数，不能根据实时井况对抽油机进行智能实时调整。而本试验的智能单井控制系统是拥有智能的单井控制系统，其具体表现为以下三点：

一是开机后根据最佳泵效和井口产液量数据变化，精准判断井下地层供液能力，智能设置最佳举升设备的参数，并且根据产液能力变化随时对其进行调整。

二是智能实时控制驱动参数，根据载荷变化实时调整电机输出功率，使负荷需求和实际驱动数据最佳耦合。让突发负载变化和由于液击等原因产生的载荷变化对光杆和抽油机的损伤降到最小。

三是本系统是按着智能逻辑关系运行，一旦任何环节出现异常，智能控制系统立即判断出举升系统运行过程出现的故障类型，并且给出相应故障报警与解决建议提醒或进行远端故障处理。

2 智能举升系统现场试验与认识

2020年通过在大庆、吉林油田3口井的现场应用，成功完成试验内容，并取得了以下效果和认识。

2.1 实现了深井泵每冲次的液量计量与显示，取得了产液量计量方法的突破

2.1.1 实现每冲次产液量实时计量，进而反映单井产液趋势

通过与翻斗计量同步对比产液量，误差率在3%以下。该油井计量方式原为翻斗计量方式，与井口实时计量仪表进行同步计量对比（表1），相同的时间内对比误差分别为2.97%和0.92%。当然因为翻斗计量液量存在±1%左右的误差，不排除该实验数据受此误差的影响。

表1 翻斗计量与井口实时计量产液量数据同步对比

	计量时间	翻斗计量	井口计量	误差
液量计量	30分	84斗/176升	181.4升	2.97%
	30分	83斗/174升	175.6升	0.92%

每冲次实时液量计量的实现可以完成多种应用场景（图3）。一是通过该冲次下的充满程度的了解，可以直观地了解目前冲次是否达到的较高的泵效，是否需要及时调整。二是设定冲次数的充满程度变化，可以反映动液面的变化情况，试验中发现，以冲次3次为标准，沉

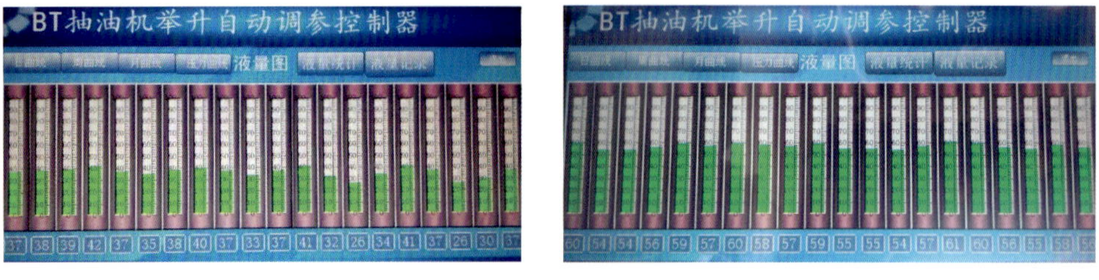

图3 每冲次实时产液量及泵效测试情况

没度高的时候每冲程充满程度可达到60%～75%；动液面较低沉没度在50m以下时，每冲程充满程度为30%～45%。三是根据合理的泵效或者以充满程度为基准点，进行抽油机冲次的自动优化和调整，提高系统效率。

2.1.2 实现油井每日产液量动态对比监测，为注入和产出调整提供依据

基于油井产液量每日动态监测的实现，通过单片机进行数据的累加处理，并可精确地得到日、周、月产液量结果，可以了解油井产液的长期变化趋势，了解产出的精确变化情况，指导油井开发模式的调整。油井产液量24小时动态监测的实现，为了解单井的产液量实时变化情况取得了突破性的进展。通过油井实时产液变化情况曲线(图4)，可以了解油井产液与注入压力、注入介质、注入量和吸水剖面等的关系，指导注入方案和增产增注措施的实施。

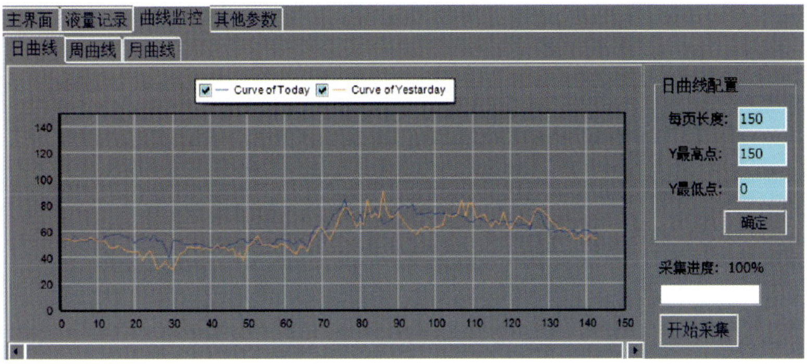

图4 油井产液量24小时动态监测曲线

另外，输油管线回压是否对油井产液量、泵效有影响？影响的程度有多大？这些问题始终是难以定量解答的问题，相关技术人员也有通过油井计量仪表进行过相关的评价，不过由于不能实现实时监测与泵效的准确对应，并没有得出有效的结论。

实现每冲次的实时计量之后，试验井通过24小时产液曲线对比，发现夜间平均产液量要比日间少15%～25%，仔细查找原因发现夜间管线回压要比白天高5%～10%，直接影响了管线入油量；而另一口试验井进行了相反的验证，夜间管线回压比白天低3%，夜间产液量比日间高5%～8%，两种不同情况直接验证了管线回压对油井产液量的影响，了解了井口压力与产液量的对应关系，给油井举升提供了一个提高产液量的途径，是机械采油开发需要引起重视的一个问题。

2.2 实现了油井含水量实时计量的监测，取得了油井实时含水测量的突破

应用BT-1型智能油井井口微波式实时测量含水技术，实现每秒50次的含水测量，并通过单片机获取10分钟平均值，作为本段时间的含水率值存入存储器。该试验所采用的微波测量仪表，针对油水气三相的测量，当井液中涉及较多气的影响时，可以实时进行校正。所以针对产气多的井，该微波测试仪表可以实时修订数据。该系统还可以加装段塞气测量仪器进行修正，当有段塞气通过时，同步通知单片机进行含水率和产液量的校正。

该试验井日常含水测量方式为人工取样计量，与测量仪表进行同步测量对比，两次现场对比结果误差率分别为0.50%和0.02%。当然因为人工取样计量精确度为±1%，不排除该实验数据存在人工误差的影响(表2)。

表2　人工取样与测量仪表同步测量含水数据对比

	计量时间	人工化验	井口计量	误差
含水计量	单次	94%	93.53%	0.50%
	单次	94%	94.02%	0.02%

依托于微波实时测含水技术和数据处理技术，突破性地实现了油井实时含水曲线的绘制（图5），该技术属于国内首创。打破了含水测量一直用人工取样获取含水数据的传统，让含水测量进入一个实时测量、无须人工干预的自动化模式。该项成果可以清晰地了解注水对于油井产出的作用，了解水井注水量的变化是否可对油井的含水率造成影响，对注水的有效性及控制注水的方式具有特别重要的指导意义。

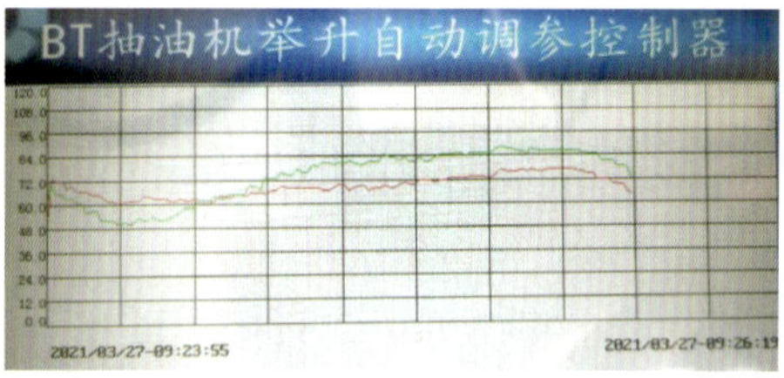

图5　实时含水曲线的实现

其次，该技术有助于开采方式的转变，实现从关注产液情况，到关注产油情况的转变。在多数陆上油田进入高含水开采的现状下，目前仍旧只能通过注水提高产液量，通过观察产液情况调整注采方案，没有手段对产油量进行监控及干预。而含水率变化曲线的取得，为监控并寻求最佳的产油量提供了技术支持，为注水开采提供了新的技术支持。

2.3　实现油井实时动态监测，快速判断井下杆管泵的故障

通过压力传感器可获取井口出液时油压和回压的压差变化曲线，该曲线可真实地反映泵内液体的充满情况与压力变化情况，可据此分析供液是否充足，以及深井泵工作状态，及时发现泵、凡尔、油管漏、杆断、杆脱等情况。

通过单片机、测量数据和变频器的有效结合和数据处理，实现了油井实时动态数据监测（图6），为了解油井工作状态提供了便利。如果监测到油井产出数据异常，可自动判断异常原因，并发出异常报警。比如说抽油机皮带断、抽油机故障停井、油井不上液、井下杆断和杆脱、油管漏、凡尔漏等异常情况，通过单片机的数据自动分析都可以实现判断和报警。图7为试验过程中出现的液面下降、供液不足的异常情况，通过日曲线可以直观地发现问题并及时进行处理。图8为报警界面。

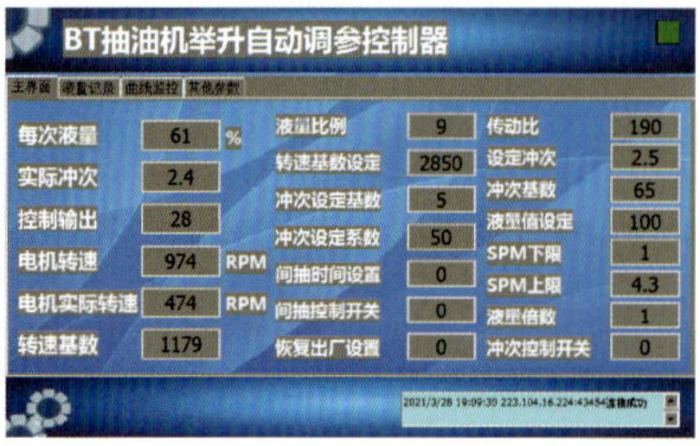

图6　油井实时动态监测的实现

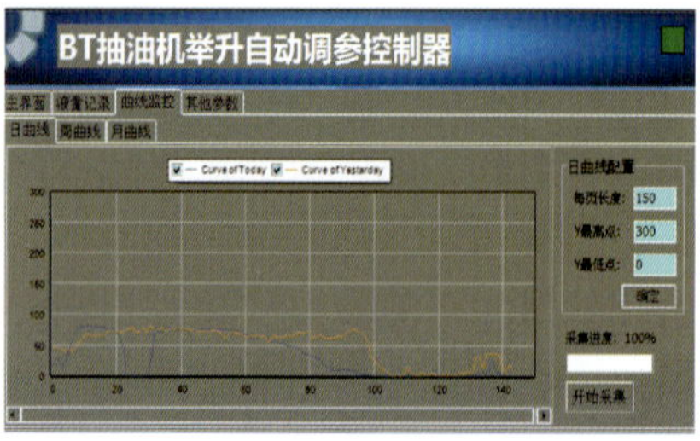

图7　通过产液情况自动发出异常报警

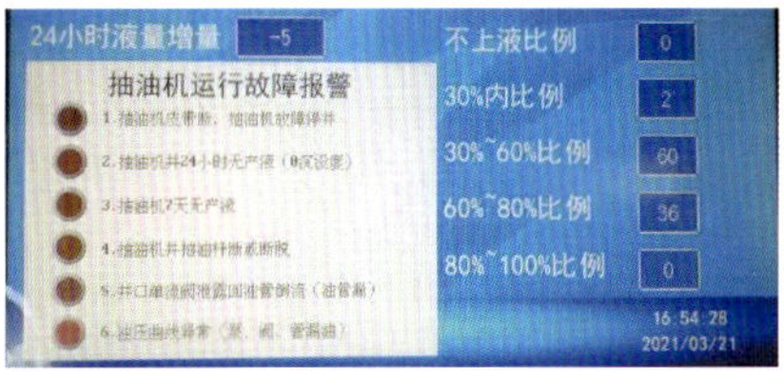

图 8　故障报警功能及不上液比例统计

2.4　实现冲次的自动调整，节约能耗实现供采平衡

实时数据录取、计量及数据分析的最终目的，都是为了实现供采平衡的自动调整。如果能够通过实时生产数据和冲次实现冲次自动调整，并找到适合生产需求的最合理冲次，便能够在不影响产液量的条件下实现最佳的经济运行方案，能够较大地节省电能，同时提高泵效，最终达到机械采油的最高境界——供采平衡自动调整的目标。

13－8.4 井在不影响产液量的情况下实现了由 4.4 次冲次，自动调整冲次为 2.4 次，以泵效的提升弥补了冲次的降低，最终同时实现节约电能与提高泵效，实现有效的供采平衡自动控制。表 3、表 4 分别为吉林油田和大庆油田泵效提高效果。示功图试验前后的状态对比情况见图 9，采用超柔性变频控制后，通过冲次的自动匹配，很好地提升了深井泵的充满程度。

表 3　13－8.4 井试验前后泵效计算

	冲次	理论排量	井口产液	泵效	泵效提高
工频运行	4.4	20.45	8.1	39.6%	
优化后运行	2.4	11.15	8.1	72.7%	33.1%

表 4　树 124 井试验前后泵效计算

	冲次	有功功率	井口产液	泵效	泵效提高
工频运行	6.0	13.31	2.42	32.9%	
优化后运行	2.9	7.42	2.39	61.9%	29%
优化后运行	2	5.03	2.29	86.4%	53.5%

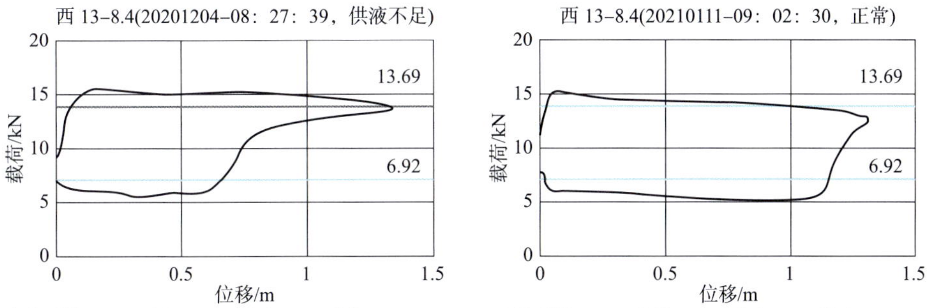

冲满系数：0.47 冲程：1.35 冲次：4.3 载荷：5.29：15.31　冲满系数：0.84 冲程：1.31 冲次：2.5 载荷：5.31：15.3

图 9　试验前后示功图对比情况

根据试验电参数据，在相同冲次下比较，13－8.4井通过采用柔性控制可降低有功功率22.9%；在相同产液量的情况下，冲次可降低为2.5次，提高功率因数71.4%，并实现降低有功功率37.4%，吉林油田和大庆油田的试验及节电率情况分别见表5和表6。

表5　吉林油田13－8.4井试验前后电参计算

	冲次	冲程/m	有功功率/kW	无功功率/kW	功率因数	单相电流/A	电流/A	有功节电率
工频运行	4.4	1.4	1.79	5.9	0.285	8.7	15.1	
同冲次对比	4.4	1.4	1.38	0.05	0.999	3.3	5.7	22.9%
同产液工况对比	2.5	1.4	1.12	0.05	1	2.7	4.7	37.4%

表6　大庆油田试验井试验前后电参计算

井号	状态	冲次/min^{-1}	沉没度/m	有功功率/kW	无功功率/kW	平均电流/A	功率因数	节电率
1	工频	4.1	288	11.95	21.8	35.2	0.444	
	柔性	4.1	288	9.16	0.76	16.3	0.9	23.3%
	柔性	2	288	4.9	0.18	9.4	0.964	59%
	工频	6	549	13.31	17.14	30.24	0.541	
	柔性	6	549	14.87	2.86	24.98	0.981	
	柔性	2.9	365	7.42	1.05	13.77	0.991	44.3%
	柔性	4	375	8.34	1.48	15.53	0.984	37.3%
	变频	4	388	8.64	1.52	15.38	0.984	
	柔性	2	350	5.03	0.1	9.9	0.999	62.2%
2	工频	6.5	199	9.14	11.99	21.17	0.561	
	柔性	2.6	227	4.17	0.13	8.7	0.992	54.4%

3　试验结论

一是基于产液和含水实时计量的智能举升技术，在不需要气体分离的情况下，该技术可实现采油井口在线连续计量产液、含水，误差均小于3%。二是通过深井泵连续单次充满系数计算与对比，可自动实现该井供采平衡最佳工艺参数的调整，实现该井系统效率的优化运行，可以节约电能达35%以上。三是利用超柔性控制技术，实现减缓加速度变化，降低能耗、减少抽油机机械磨损和优化杆、管、泵工况，延长油井免修期。四是意外发现井口回油压力，对深井泵充满的影响，压力上升，泵充满降低，产量会有所下降。

4　应用展望

从测试技术上讲，代表井口上液趋势的压差曲线是否可以代替传统人工测量的示功图是一个值得下一步继续开展试验的问题。从原理上讲，示功图图形所包围的面积，为上下冲程摩擦力、克服杆柱伸长和泵出液体所做的功，其中包含了摩擦力的干扰。而井口出液压差曲线所包围的面积，直接反映的就是泵出液体所做的功，排除了众多干扰因素，能够直接地反映有效功的情况。如果从下一步的试验结果能够确定此项理论，将会使此项技术完美地取代传统的示功图计量，从而实现一种全天候的实时油压与冲程曲线关联形成的工况分析手段，开创了井口油压图扩展应用的新纪元。

从现场试验看，该智能举升技术目前只是处于小规模试验阶段，并已取得了不错的成效。随着试验的区块化扩大开展以及历史数据的累积，可以根据产液量、含水率的变化与注水井的注水情况进行实时比对，找出注水井与采油井的直接关系，实现油井产量和含水与水井注水参数的关联，达到井井互联，自动调整注水量，基于大数据分析可以根据单井产量及时进行开发调整，有利于区块的整体开发效果。对注水的有效性及控制注水的方式具有指导性的意义，使智能举升技术从供采平衡发展到注采平衡。而注采平衡下的无人干预的智能举升技术，是智能举升技术的一个最终的目标。

从油田开发思路上讲，该技术在采油工艺上完成了供、采平衡，在地质开发管理上就需要解决“供”的问题。对于一个注水驱动的注、采单元，在地质管理上，应用 BT－1 型智能举升系统获取的数据，可以指导地质开发方案的精准性，确定合理的注水强度和注采比。特别是在中、高含水的采油过程中，“供”即是注水驱动的结果。采油井的工作目的是采出更多的原油，水驱最终的理想是用最少的注水量把地层的原油推到采油井的井底。想达到这个目的，就要获得注、采单元产液量与含水率的准确数据，通过不同产液量的含水变化，选择采油量高、含水率最低的供液量，用这个数据去指导注水量，控制合理的注水强度，选择最优化的注采比。弱注水，达不到水驱动效果，采油井产液少，产油也少；强注水，使采油井过早水淹，降低采油速度和采收率，使采油井产液多，产油也少，同时浪费了大量的注水费用和产出水的集输处理费用；通过归纳对比选择最合理的注采平衡的那个点，才是最佳的手段。

参考文献

[1]李雪，张战敏，朱丽萍，金学锋，朱丹丹，高鹏．抽油机井人工举升智能控制系统的应用[J]．石油化工自动化，2021，57(01)：12－16.

[2]李璐，高炜欣，冯亚军．油田电控一体化装置智能管理系统设计[J]．云南化工，2020，47(12)：147－149.

[3]陈溯，安鹏，吴刚，张羽．海上智能油田建设研究[J]．石油科技论坛，2020，39(05)：16－23.

[4]杜宗军，杨建晖．西北油田智能化建设全链条创效[J]．中国石化，2020(10)：48－50.

[5]鲍云波，张宽慧，杨跃跃．榆树林油田智能化建设思路探讨[J]．油气田地面工程，2020，39(09)：68－71＋85.

[6]刘志忠，刘晓垒．油田智能化建设的构想与实践[J]．信息系统工程，2020(08)：128－129.

[7]海涛．智能油田研究与技术发展及趋势探讨[J]．中国石油和化工标准与质量，2020，40(15)：226－227.

[8]梁根生，常小虎，马有龙，徐梦瑶．智能化油田技术研究[J]．山东化工，2020，49(09)：142－144.

[9]许洪东，赵大伟．油田智能化建设的构想与实践认识[J]．电脑知识与技术，2019，15(31)：284－285＋291.

[10]岳彩祝，王超．智能油田远程监控技术的研究与应用[J]．化学工程与装备，2017(07)：93－95.

构建基于 RPA + AI 技术的石油石化行业视频智能巡检模式

马建军　梁　倩

（中国石油天然气有限公司长庆油田分公司，陕西 西安　710018）

摘　要：长庆油田已建成基本覆盖油气生产施工作业现场的视频监控网络，实现了生产作业过程的全过程监控，仅依赖人工巡、盯、判的工作方式，耗效率低下，无法满足企业智能化建设日益增长的需求。本文利用数据中台技术，构建形成全面覆盖油气产能建设、井站、管线、环境敏感区等油气生产区域 4.3 万余路视频的监控管理平台，融合了 Robotic Process Automation（简称"RPA"）视频自动巡检、视频 AI 智能分析多项技术，实现了安全管理由"人防"向"人防＋技防＋智防"的转变，为生产管理、安全环保等业务提供远程监管手段，为长庆油田公司生产安全业务保驾护航。

关键词：视频中台；RPA 视频自动巡检；视频 AI 智能分析；RPA＋AI

0　引言

长庆油田是全国年产油气当量最高的油气田，北部是荒原大漠，南部是黄土高原，自然环境艰苦，生产任务繁重，高风险施工作业多，承包商队伍人员流动性强，生产安全监管业务采取众多举措，但仅靠人力仍无法满足安全生产"四全要求"，作为连接生产现场与管理部门的"桥梁"，视频监控作用愈发突出[1-3]。

长庆油田安装各类视频监控设备 43000 余路，监控范围覆盖生产作业全流程，依托油田网络，网络传输横跨陕、甘、宁、蒙四省，传输汇聚节点涉及 132 个，线路总长超 8000 千米，部分偏远地区采用移动 APN 专网。视频监控数量大，网络条件复杂，依靠传统人工盯防的方式，难以做到视频质量、网络状态、现场问题的及时发现，需要用机器代替人工进行视频、网络质量巡检，运用 RPA 技术，将工作信息与业务交互按照设计的流程去自动执行，并利用 AI 视频智能分析技术，实现视频、网络诊断分析，图像识别智能预警，以满足集团公司、油田公司及地方政府对视频监控质量和访问速度的要求，提升工业场站视频的运行质量、运行效率，最大限度发挥视频监控的应用效果，助力安全监管由被动响应向主动防御转变。

作者简介：马建军，男，1972 年 8 月生，1996 年获石油大学（华东）工业自动化学士学位，现为长庆油田数字和智能化事业部经理、高级工程师，主要从事油气田数字化、智能化技术研究。E－mail：mjj_cq@petrochina.com.cn

1 技术实践

打造视频服务中台，构建基于 RPA + AI 技术的石油石化行业视频智能巡检模式，具体包括构建视频服务中台、RPA 视频及网络自动巡检、图像 AI 智能分析预警三个技术部分。其中视频服务中台完成视频的统一平台管理，RPA 视频自动巡检完成电脑自动模拟人工操作播放视频方式来巡检视频，实现全公司 4 万余路摄像头按巡检规则进行的视频访问状态、视频访问时间及网络状态巡检，并截图保存。图像 AI 智能分析预警是使用图像分析和深度学习技术，智能识别分析视频巡检保存的截图，实现视频图像角度、质量、光线及对人的不安全行为、物的不安全状态以及环境不良等行为的 AI 智能分析，达成对管理范围内的重点场所及作业现场“看得懂”的目标[4]。

1.1 打造视频数据中台，实现视频数据资源全业务链协同共享

通过接口对接，整合各级视频平台、AI 智能分析平台，形成公司统一的视频基础台账、视频流、视频运维日志、AI 报警信息的数据流通、信息交互的视频 AI 服务中台，见图 1。同时打造共建共享生态，为集团公司、地方政府及自建业务系统提供视频共享服务。对视频进行分类治理，以业务融合为发力点，深化场景应用，实现专业数据分析与视频安全监控相结合的场景化业务应用和视频集中分类管控，提高工作效率和管控效果。建立综合视频运维管理平台，完成视频指标分析、预警跟踪及视频综合报表应用，实现视频运行的高效管理与监督，持续提升视频质量[5,6]。

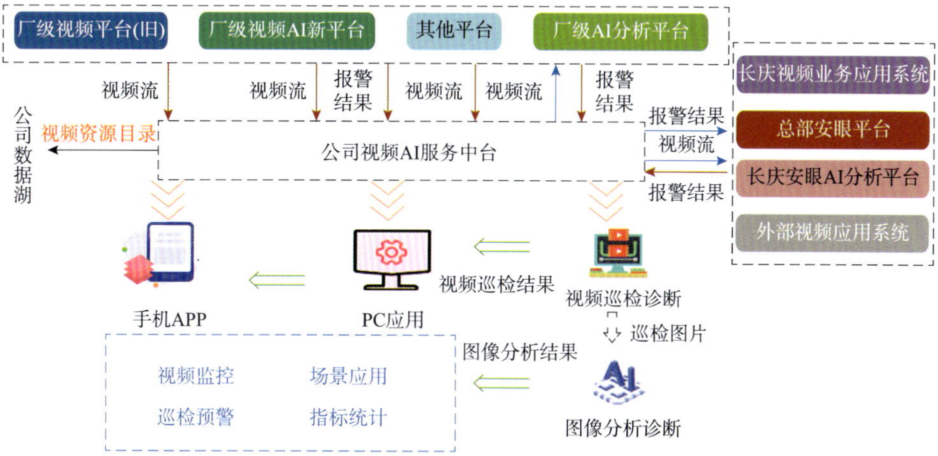

图 1 视频 AI 服务中台架构

1.2 RPA 视频及网络自动巡检构建视频智能巡检管理体系

将视频进行固定视频和移动/重点视频分类，设置巡检规则，通过程序自动完成在规定时间内对视频的打开、播放、截图、记录操作。

固定视频巡检，从每日 0 点开始，每小时进行巡检视频，移动(作业)视频巡检，实时获取重点/作业视频列表及作业时间，在作业时间范围内每 10 分钟进行一次视频巡检，每次巡检记录视频状态、访问时间、截图保存。

固定视频连续 3 次视频故障，系统记录视频故障时间段，记入故障视频列表，系统针对

异常视频再次进行自动巡检及提供平台人工巡检，记录巡检处置状态。每日生成公司、厂、作业区视频巡检总数、正常数，异常数，故障率，故障上报率，视频访问平均时间、访问时间达标率等指标。

对异常的视频增加 telnet 和 ping 命令判断其网络状态，对站点及以上网络设备进行每日3次巡检，记录网络连通状态和网络连接速度，对网络异常进行闭环跟踪巡检。见图2。

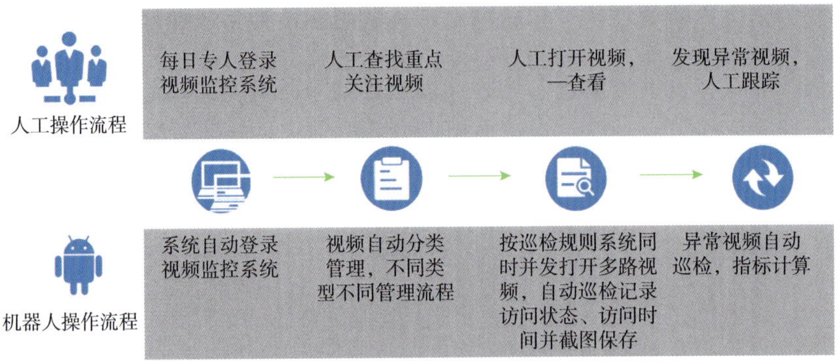

图2　视频质量巡检模式

1.3　图像 AI 智能分析和预警技术创新安全生产智能监管模式

搭建算法训练与智能分析功能，提供完整工具集，覆盖算法、算力、数据的全流程，使用图像分析和深度学习技术，针对油气生产作业安全监管特别是违章行为场景，攻关复杂环境图像增强、训练样本集小、目标检测多尺度、违章行为识别多样等技术难题，开展适用于油气生产作业现场违章行为智能分析与识别技术的研发[7]，通过数据采集、数据预处理、目标信息标注、模型训练、模型评价进行各类定制算法优化，编织一张覆盖钻修井、压裂、地面工程建设等施工作业场景和场站检维修、高风险装置等固定场所生产运行场景的智能化视频风险监测预警网，见图3。

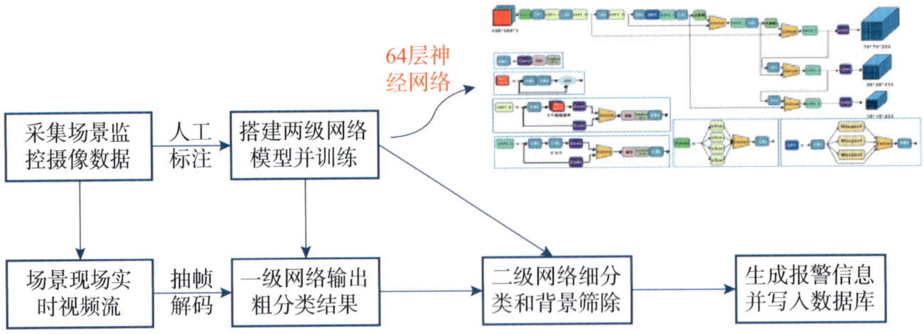

图3　视频 AI 深度学习算法流程

系统建立分级预警联动机制，将预警级别、预警详情实时推送至业务系统及责任人员，实现预警信息的处置、跟踪及闭环管理，防止因人的不安全行为、物的不安全状态带来的安全事故。

2　实施成果

打造视频服务中台，构建基于 RPA + AI 技术的视频智能巡检模式的应用，实现了安全风险全方位、全天候、全过程管理，提升管控能力，筑牢安全屏障，为建设基业长青的百年长庆提供了可靠保障。

2.1 基于数据中台技术形成超大规模视频共建共享安全大监督业务模式

通过系统接口对接，实现超大规模视频资源整合，首次解决了不同厂商视频格式不兼容的问题，实现了 2 个厂家 4 个版本 30 套平台的视频的自动获取和同步更新，集成包含生产、场站、安防保卫、井下作业、非常规作业、产建作业等 43000 余路视频监控。

通过开展视频数据治理，实现视频数据的统一管理和互联互通，打造共建共享生态，为井下作业监督、重大危险源管理和安保防恐等业务赋能，为公司监管部门提供“四不两直”远程监督，为集团公司和地方政府监督管理共享视频数据[8,9]。实现了随地、随时、随机抽查检查，重大工程和关键工序追溯管理，形成超大规模视频共建共享安全大监督业务模式。

通过集中监管、指标跟踪、考核评价，产能建设等重点作业现场视频覆盖率达到 100%，全公司视频监控平均在线率达到 98% 以上，录像完整率也得到较大改善[10]。

2.2 基于 RPA + AI 技术首次构建石油石化行业视频质量智能巡检模式

通过 RPA 与 AI 结合的“数据 + 算力 + 算法 + 场景”的叠加效应，将现场可视化管理和视频智能巡检分析结合，每小时就能实现 4 万余路的视频巡检，重点作业现场可实现 10 分钟巡检一次，从现场检查到远程监管，从人工巡查到个性化自动轮巡，大大提高劳动生产效率，提升了施工现场和施工环节的监管能力，为高效、快速、质量建产、效益生产提供了保障。

通过巡检结果的量化数据真实反映视频状态和网络状态，视频质量提升和考核有据可依。视频质量巡检结果再次 AI 分析应用，一举两得，视频质量得到提升的同时，快速提升视频智能 AI 分析的全面覆盖。RPA + AI 的创新视频质量智能巡检方式，对加强企业施工作业现场与生产现场的安全管理，减少安全监管人员投入，降低安全监管成本有重要意义。

3 结论与认识

视频中台技术为业务赋能，发挥了视频监控的威慑作用，融合 RPA + AI 技术的智能视频巡检模式的创新应用，低成本高效地提高了智能监督的覆盖面，通过建立不同场景视频智能分析模型，快速智能识别违规违章行为，分类分级报警和管控，提高监督效率，助力安全监管由“人防”向“人防 + 技防 + 智防”的转变[11,12]。

3.1 创新安全风险管控模式

智能视频创新应用，为业务赋能，形成了业务管理、技术支撑、安全监控各部门齐抓共管、共创安全的新局面，进一步增强了油田作业现场管控水平，丰富了现场作业人员管理手段，提高了企业 HSE 安全管理技术水平，构建了探勘开发建设质量管理和安全风险管控运行新模式。

3.2 提高劳动生产效率

从现场检查到远程监管，从人工巡查到智能化自动轮巡，在提高劳动生产效率的同时降低生产安全风险，为高效、快速的质量建产和效益生产提供了保障。

3.3 提高运维效率，量化考核指标

通过量化数据真实反映视频状态、网络状态，减少视频运维人员，提高视频运维效率，视频质量提升和考核有据可依。

3.4 提高安全管理和应急处置能力

从被动监控到主动预警，AI 算法让视频数据“活起来”，实现安全生产监管由事后追责向事前预警的转变，有效提高了施工作业现场与生产现场安全管理和应急处置能力。

参考文献

[1]穆广峰. 流程自动化机器人(RPA)技术的应用研究[J]. 中国管理信息化，2021，24(4)：112－113.

[2]刘子闻. RPA＋AI 引领智能办公的机器人时代[J]. 上海信息化，2020，17(8)：31－33.

[3]袁云哲. 基于计算机智能的视频监控系统技术[J]. 南方农机，2017，48(09)：112－114.

[4]萧力华. 智能视频监控系统分析与设计[J]. 企业技术开发，2016，35(21)：64－65.

[5]侯林岐. 国家级大数据综合试验区如何赋能企业数字化转型[J]. 科技进步与对策，2022，09(02)：1－11.

[6]黄晓凤，汪琳，朱毅轩. 人工智能技术赋能国际贸易的效应研究[J]. 财经理论与实践，2022，07(04)：114－121.

[7]韩新明，马猛钢. 石油化工企业关键点安全管理技术以及优化研究[J]. 管理与维护，2021，07(07)：145－146.

[8]邓晓燕，袁梦鑫，宋晓晖. 石油石化行业安全生产管理平台研究与应用[J]. 信息化建设，2016，06(30)：131－132.

[9]石嘉伟. 数字化转型对制造业企业管理——基于美的与海尔的案例研究[J]. 晋阳学刊，2022，05(05)：106－116.

[10]陈晓东. 数字化转型是否提升了产业链自主可控能力[J]. 经济管理，2022，08(08)：23－39

[11]刘亚民. 推行安全导向管理凝聚最大合力[J]. 思考与发现，2022，68－70.

[12]邹伟勇. 中国城市人工智能发展的时空演化特征及其影响因素[J]. 地理科学，2021，08(01)：1－11.

基于云服务开展采油厂数据采集、监控、报警研究

刘 祥 张青锋

（中国石油长庆油田分公司第五采油厂科技信息部，陕西 西安 710000）

摘 要：以移动互联网、大数据、云计算为代表的新一代物联网计算技术，将广泛应用于石油工业中。本文主要论述了采用基于微服务架构云化 SCADA 系统，通过应用云、数据多协议兼容等技术，基于目前作业区级 SCADA 系统架构基础，建设采油厂级生产监控管理平台，通过接入现场油、气、水井和站库等生产物联网数据，实现对采油厂的生产数据统一，集中监控管理，为扩充采油厂厂级生产监控手段，构建一体化“大监督、大监控”管理体系探索新的技术方向。

关键词：物联网；云 SCADA 系统；微服务；生产监控；预警诊断

0 引言

在全球性的经济危机与互联网泡沫之后，以发达国家为首的全球各国开始重新认识到工业互联网的重要性。为此，中国提出“中国制造 2025”及“互联网 +”等多项措施，促进中国工业自动化向智能化、集成化和网络化的新工业方向发展。随着互联网高新技术的快速发展及硬件设备的快速更新，采油厂在实际生产管理过程中积极促进工业化与信息化深度融合，迸发出强大的生命力[1]。

随着我国物联网技术的发展，油气田工业信息化建设水平的提高，SCADA 系统的监控范围与规模不断增长，复杂性与日俱增，开发周期需求日益缩短。与此同时，采油厂如何应用云技术快速部署开发生产监控系统带来了新的技术需求。因此，通过应用成熟云 SCADA 系统实现数据采集、接入，并通过快速组态开展日常生产管理，持续提高采油厂生产管理水平、降低员工劳动强度，为云 SCADA 系统的数据采集和应用提出了新的挑战。

成熟的基于云化 SCADA 系统具备新建实时数据平台、多因素参数预警诊断系统、生产监控平台等子系统，能够充分利用已有系统建设成果，组建一套完整的采油厂生产监控平台，实现数据与业务流程的无缝衔接，建立涵盖实时数据采集与共享、智能预警诊断、生产数据自动整合与共享的智能便捷式生产运行管理模式。主要包含以下三方面内容：

（1）实时数据平台：针对采油厂油水井、阀组数据、功图、站库数据构建实时数据采集平台，集中采集到采油厂实时数据库中、按照井 – 站 – 厂架构理念，实现采油厂生产数据全面覆盖采集。

作者简介：刘祥，男，1986 年 10 月生，大学本科，三级工程师 A 岗，从事数字化、信息化技术管理。E – mail：lx72_cq@ petrochina. com. cn

(2)多因素参数预警诊断系统：通过直采的数据进行自动化监测参数的研究，实现自动化监测参数报警阈值的智能设定，实现报警信息及诊断结果的智能推送功能，建立智能分析的数学模型，实现故障实时诊断。

(3)云SCADA生产监控系统：部署一套基于云架构的生产监控系统，实现集中生产监控、生产报表自动生成、生产动态分析、生产预警分析等模块，满足采油厂生产管理需求。

1 基于云实时数据平台建设

1.1 实时数据平台

通过服务器云化，采用InfluxDB实时数据库进行存储，对采油现场多种设备的数据进行入库处理，实时数据统一采集。由于云架构平台开放性和稳定性，因此与传统相比，可具备多种数据库接口和各类数据采集器，能够完成第三方数据对接。

1.2 实时数据库

基于InfluxDB的实时数据库，能够实时采集现场过程数据，处理带时间戳的工业过程数据，完成底层广泛的生产过程数据整合，为采油厂上层软件的信息挖掘提供有效数据来源。

1.3 采集数据流程

采集数据通过关系数据库、直接连接硬件设备和通过人机界面人工录入的形式，以标准OPC、DDE通信、标准MODBUS通信、ODBC通信、API编写的专有通信、通过编写设备的专有协议驱动等方式进入实时数据库[2]，对数据进行管理应用，对接生产管理平台的实时监测、控制、查询、分析等多种数据业务。

1.4 采集驱动

数据平台采集驱动支持RTU、PLC、DCS多种设备类型[3]，根据油气田实际分为三种情况：modbus TCP 、PLC定制协议、DCS系统定制协议。

(1)井场RTU：设备驱动为标准的modbus TCP协议，解析规则相同，明确采集点的地址位、数据类型、量程换算关系即可。

(2)PLC：通过解析协议的方式，直接读取硬件数据，并且集成多种型号PLC采集驱动，满足现场采集需求。

(3)DCS工控系统：已经接入工控系统的数据，可以通过OPC方式从数据集中采集，如果硬件支持多路合采，也可以直接从硬件中直接读取。

1.5 设备类型及设备管理

对井场、站库数据采集设备进行统一数据采集，对井场RTU、站库PLC、DCS等不同设备进行归类管理[4]，建立设备模型进行批量设备数据采集。

1.6 数据对接及私有云化部署

采集进入实时库的数据，可以通过平台自身的API接口将其数据转发至第三平台。同时，基于服务器硬件资源池，建立统一的云资源监控与调度，形成云基础设施资源的最大化利用与运行管理，实现高效云管理与云应用。

2 多因素参数诊断预警模块应用

多因素参数预警诊断系统是通过对生产异常报警进行智能分析，自动生成报警成因并提供相应的处置措施，实现预警统计、信息推送、阈值设定、智能故障分析库四大功能模块，突破了传统生产数据报警方式，实现生产过程中各类异常情况的智能诊断管理。

2.1 业务流程

业务流程如图 1 所示。

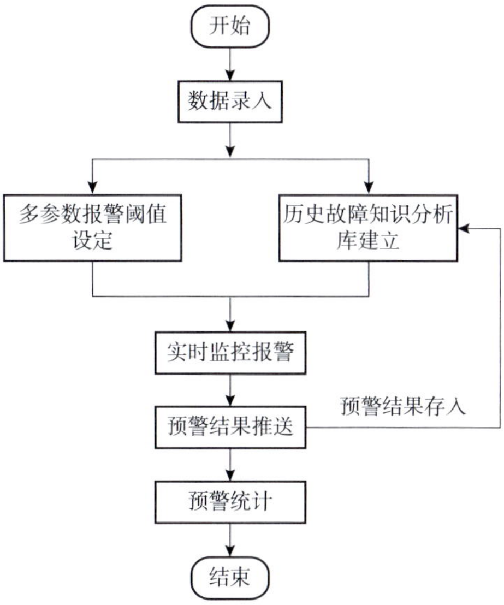

图 1 业务流程图

2.2 报警逻辑

根据站库、作业区、采油厂的三级报警等级进行报警信息的层层上报处理。

2.3 报警阈值智能设定

用剔值平均法、多点平均法、单点取值法、经验值法(表 1)，大批量快速计算监测参数高高报、高报、低报、低低报阈值，标示计算不合理的值，计算结果提供修改、存储。

表 1 报警阈值智能设定算法

算法名称	算法描述
取第 6 点值法	高限阈值的取第 6 点值法，把选取的参数数值(例如一个月的数值)按从高到低降序排序，取高值的第 6 个值为高值基值，加经验值为高高报，高报；低限阈值的取第 6 点值法，把选取的参数数值(例如一个月的数值)按从小到大升序排序，取低值的第 6 个值为低值基值，减经验值为低报，低低报
取第 7 点值法	高限阈值的取第 7 点值法，把选取的参数数值(例如一个月的数值)按从高到低降序排序，取高值的第 7 个值为高值基值，加经验值为高高报，高报；低限阈值的取第 7 点值法，把选取的参数数值(例如一个月的数值)按从小到大升序排序，取低值的第 7 个值为低值基值，减经验值为低报，低低报

续表

算法名称	算法描述
取第8点值法	高限阈值的取第8点值法，把选取的参数数值(例如一个月的数值)按从高到低降序排序，取高值的第8个值为高值基值，加经验值为高高报，高报；低限阈值的取第8点值法，把选取的参数数值(例如一个月的数值)按从小到大升序排序，取低值的第8个值为低值基值，减经验值为低报，低低报
取第9点值法	高限阈值的取第9点值法，把选取的参数数值(例如一个月的数值)按从高到低降序排序，取高值的第9个值为高值基值，加经验值为高高报，高报；低限阈值的取第9点值法，把选取的参数数值(例如一个月的数值)按从小到大升序排序，取低值的第9个值为低值基值，减经验值为低报，低低报
取第10点值法	高限阈值的取第10点值法，把选取的参数数值(例如一个月的数值)按从高到低降序排序，取高值的第10个值为高值基值，加经验值为高高报，高报；低限阈值的取第10点值法，把选取的参数数值(例如一个月的数值)按从小到大升序排序，取低值的第10个值为低值基值，减经验值为低报，低低报
去除3取10平均值法	高限阈值的去3取10平均值法，把选取的参数数值(例如一个月的数值)进行从大到小降序排序，去掉前3个高值，然后再依次取前10个高值计算的平均值为高值基值，加经验值为高高报，高报；低限阈值的去3取10平均值法，把选取的参数数值(例如一个月的数值)按从小到大升序排序，去掉前面低值的最低3个值，再依次取前10个低值计算的平均值为低值基值，减经验值为低报，低低报
去除4取10平均值法	高限阈值的去4取10平均值法，把选取的参数数值(例如一个月的数值)进行从大到小降序排序，去掉前4个高值，然后再依次取前10个高值计算的平均值为高值基值，加经验值为高高报，高报；低限阈值的去4取10平均值法，把选取的参数数值(例如一个月的数值)按从小到大升序排序，去掉前面低值的最低4个值，再依次取前10个低值计算的平均值为低值基值，减经验值为低报，低低报
取10平均值法	高限阈值的取10平均值法，把选取的参数数值(例如一个月的数值)进行从大到小降序排序，依次取前10个高值计算的平均值为高值基值，加经验值为高高报，高报；低限阈值的取10平均值法，把选取的参数数值(例如一个月的数值)进行从小到大升排序依次取前10个最低值计算的平均值为低值基值，减经验值为低报，低低报
固定算法	主要针对一些个别参数报警值为固定的值，或者算法也是固定的只有一种，不同于以上任何一种，具体见经验值选取表

2.4 算法+智能预警

预警的数据模型，是根据生产工艺情况定义的需要报警的一组相关条件，监测参数报警阈值设定后，当监测参数报警后，根据故障参数描述表里的参数报警与故障的逻辑关系、权重分配，按权重大小排序，实时判断故障类型，给出相应解决方案，同时，把此故障情况存入历史故障知识库，供后续处理参照。

3 基于云SCADA监控

3.1 基本功能开发

云SCADA生产监控模块主要由生产监控、生产运行、开发动态、安全管理4个主功能模块和13个子模块组成，包含了常见监控软件的基本功能，能够满足采油厂监控的基本需求。由于组态软件的开放性，因此实际功能可结合采油厂实际生产需求进行组态开发。

3.2 零代码可视化组态工具

基于HTML5技术和Javascript技术，可以拖拽生成专业的油水井、计量间、站库等数据监控界面，从而在电脑、平板、手机在内多种设备上应用。

3.3 自定义大数据看板

对采集上来的数据进行汇聚，分析。对数据属性进行总结，以图表、饼图、展现、列表的形式进行数据展示，可以实现生产数据动态展示，油水井、站库动态数据实时展示、厂站数据动态监控、实时报警监控、报表监控等功能。

3.4 列表及报表数据监控

通过报表开发组件，可实现采油厂对采集设备的数据以报表列表的形式进行实时监控、报表生成、打印等。同时，基于云化技术可定制开发报表组态，可以随意拖拽生成报表格式，实现报表个性化需求。

3.5 控制算法

对采集设备、仪器等设备可以在系统内部编写控制算法以及逻辑脚本进行设备逻辑或智能控制，同时对于已编写的脚本、算法等可添加至云平台技术服务框架部分本身，从而形成整体技术应用中台。

4 结论与认识

本文结合油田在用的SCADA系统，基于云方法和智能化技术手段，明确了厂级生产监控平台建设重点方向和内容，在完善SCADA系统基本功能基础上，采用云端池化的硬件部署，实现独具特色的零代码图形化开发功能，通过提供标准、丰富的容器、图形、可视化组件，采用灵活易用的流程图编辑器，无需代码，仅需通过web页面拖拽即可完成工艺流程界面自主开发，真正实现了“开箱即用，快速组态”的目的，无需专业技术人员全程开发，降低了系统开发及运维门槛，颠覆了传统的监控管理方式，极大地降低了人工成本，提高了开发效率和管理水平，为采油厂打造“大数据、大监督、大监控”管理模式探寻了新的技术路线，为推进“数字化转型、智能化发展”完善了技术手段，探索了方向。

参考文献

[1]朱铎先. 机·智：从数字化车间走向智能制造[M]. 北京：机械工业出版社，2018.

[2]ANSI/ISA95，Enterprise - Control System Integration[S]. 2010.

[3]GB/T 33863，OPC统一架构[S]. 2017.

[4]OPC Unified Architecture(UA)[S]. 2008.

海上无人值守平台油气田建设系统平台研发

李明海　李振宇

[中海石油(中国)有限公司湛江分公司，广东 湛江　524057]

摘　要：本文介绍了海上小型井口平台典型工艺流程，生产及辅助系统，控制系统组成及功能介绍。无人化井口平台的定义，无人化井口平台的设备与系统，基本功能概述。智能化平台从井下地面一体化管理，电力智能管控系统，海管综合预警系统，视频监控系统以及无人设备应用几方面进行思考。从无人化向数字化、智能化的探索，为海上平台无人化平台向智慧平台建设提供思路。

关键词：无人井口；无人化；智能化

0　引言

贯彻中国海油"1534"总体发展战略，四个跨越提出"从传统管理模式向现代化、数字化、智能化跨越"的目标。目前数字化、智能化技术快速发展给传统能源行业带来深刻变革，我们要顺应趋势，抓住机遇，全力推动数字化转型、智能化发展，以提质增效和油气田高质量发展为前提，全面建成智能化油田、智慧油田。

1　海上井口平台工艺流程简介

海上井口平台工艺系统比较简单，一般包括井口采油树、生产管汇系统、化学药剂系统、开闭排系统以及海水应急置换系统。生产流程一般是地层各单井流体通过自喷或者电泵举升至地面后，通过单井采油树油嘴，经多路阀选择进入多相流量计进行三相计量，然后通过混输海管输送至中心平台处理。平台有收发球筒进行日常海管通球作业，应急情况时海水扫线泵经加热器加热后进行海管扫线，图 1 为典型的井口平台工艺流程图。

生产控制及辅助系统，包括仪控系统(过程控制系统、火气探测报警系统、应急关断系统)、电力系统(含柴油应急发电机)、单井控制系统、消防系统、通信系统、淡水系统、暖通系统等。仪控系统、电力系统等设备存放在电气开关间，电机、泵等室外设备符合防护防爆要求。

作者简介：李明海，男，本科、学士学位，高级工程师，中海石油(中国)有限公司湛江分公司仪表工程师，从事油气田仪表及控制系统管理与维护。E－mail：liminghai@ cnooc. com. cn

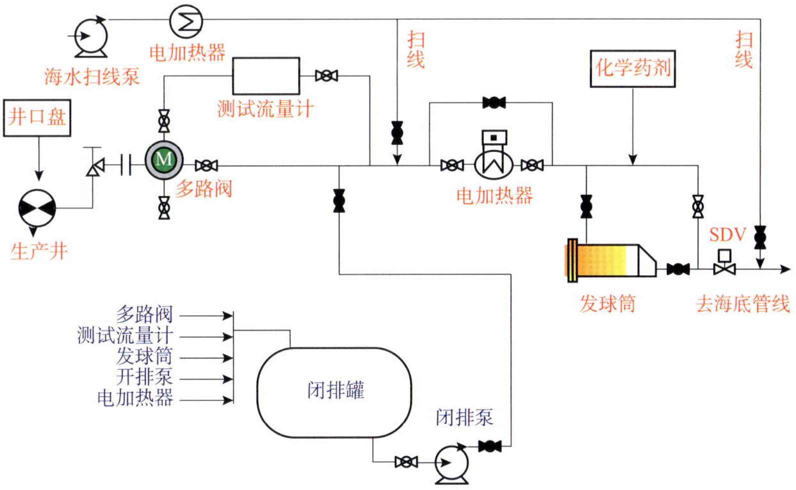

图 1　典型井口平台工艺流程图

2　井口平台的控制系统简介

控制系统主要包含过程控制系统(PCS)、火气探测报警系统(FGS)、应急关断系统(ESD)。图 2 为控制系统示意图。

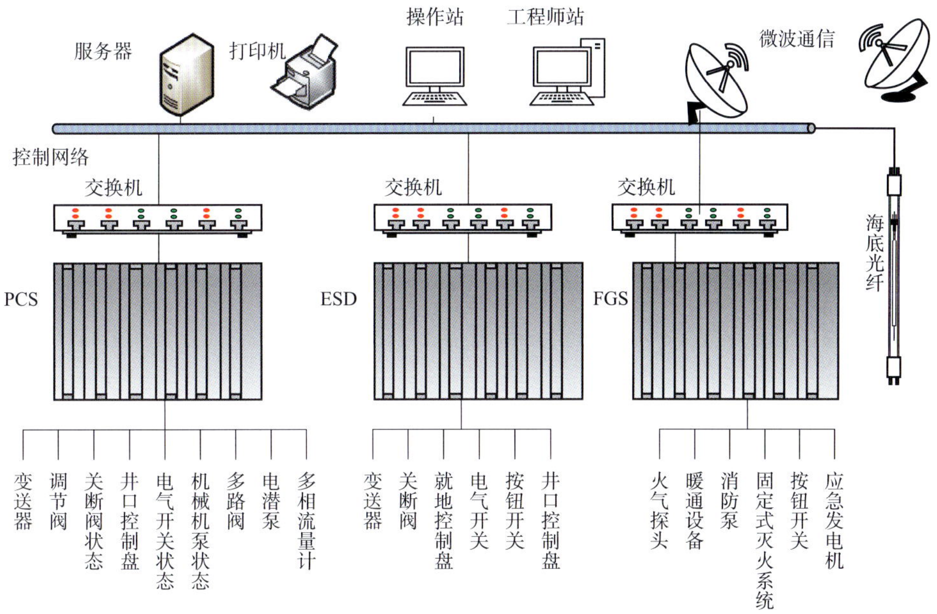

图 2　控制系统示意图

2.1　过程控制系统(PCS)

地层物流从井下到海管全流程中过程控制，其中可通过井下计检测流体的压力温度，采油树油嘴前后温度压力及套管压力监控，电潜泵的电流电压频率参数监控，多路阀选择控制后进入多相流量计油、气、水三相计量，各房间内部的温湿度数据集中监视与控制，化学药剂、淡水、柴油等各类罐体压力温度液位参数监视，泵的启停状态，阀门的开关状态，控制流程中调节阀PID控制，井口控制盘单井各阀门状态。

2.2 应急关断系统(ESD)

主要分为三个级别，一级弃平台关停，二级火气系统引起关停，三级生产关停，四级单元设备关停。主要是管线超压或泄漏进行的保护，火气消防需要进行生产及单元的关停。弃平台关停启动应急发电机30分钟后停止，供人员消防逃生乘坐救生艇、救生筏撤离使用。火气系统引起的生产关停，关停单井井下安全阀，管线及容器流程中的放空阀打开进行排空泄压。生产关停是由工艺管线流程的压力报警关停，闭排管液位报警等引起，通过井口控制盘关闭采油树地面安全阀，同时对电潜泵进行断电，通过关断阀隔离流程。单元设备关停主要是公用系统或单井压力异常引起的关停。

2.3 火气探测报警系统(FGS)

主要由火气探测探头及消防灭火设备组成。电气开关间主要是烟雾探头、感热探头检测火灾的发生，关闭风机、风闸、空调等暖通系统隔离该电气开关间，同时切断进出电力系统，启动固定式气体灭火系统进行灭火。现场区域安装有可燃气探头、火焰探头对火灾进行检测，通过启动消防泵，海水通过消防管网到达现场进行喷淋灭火。

3 井口平台无人化

无人驻守平台，是指正常条件下，无人进行生产操作，特殊条件下，如检修、应急故障处理、调查，以及巡检期间，可以登临平台，但不得平台住宿[1]。无人化以降本增效降低运营成本；减少人员安全事故、生活垃圾及污水排放，保护海洋环境；提高自动化与远程遥控操作，减少人员工作量，优化运行及管理模式为依据。提高数字化、智能化应用，提升高质量发展水平。

无人井口平台所有采集数据和报警信号传输至中心平台中控室集中监控。采油设备及工艺流程，消防系统，暖通系统，电力，仪控系统，结构总体，海管及视频监控广播等所具备最基本的条件，如表1无人井口平台设备功能描述[1]所示。

表1 设备或流程及功能描述

设备或流程	功能描述
仪控及通信系统	光纤+微波双链路通信；过程控制系统设备稳定运行，机泵、阀、电气开关等状态检测、流程参数采集及稳定调节；井口控制盘气源液位压力监控，可远程开关单井；关断系统4个级别关停执行；火气探测及消防系统自动灭火
电力系统	开关、应急发电机、雾笛、导航灯的状态检测；高压柜、低压柜远程分合闸，综保实时检测
设备及流程	采油树油嘴前后压力温度检测，套压检测及泄放，井下压力计参数采集，电潜泵工控数据采集，采油树可调节电动油嘴，流程中控制阀电动可调，关断阀、放空阀可远程复位，部分关键重要阀门需采用冗余设计
消防系统	远程控制消防泵，消防泵出口流量变送器，消防管网压力变送器数据采集，防海生物装置在线检测；火气探头与气体灭火装置联动，固定式气体灭火装置气瓶及管网压力在线检测

续表

设备或流程	功能描述
机械、暖通系统	大型机泵的温度、震动在线检测及数据传输；电气开关间的风机、风闸、空调的状态监测及远程启停，温湿度检测仪自动启停空调
环保及海管	具备海水自动扫线功能，在线腐蚀检测，化学药剂调校及注入功能；开闭排液位自动启动功能；开排出口红外检测或流量变送器以及溢油检测
总体布局结构	吊桥遥控收放，设置防入侵检测或视频监控识别报警
视频监控广播	电气开关间内检测；现场关键、重点区域监控；登临平台红外识别监控与广播系统联动提醒；海面溢油检测视频监控

4 井口平台智能化

4.1 井下地面一体化管理

井下压力计监控数据，电潜泵集中监控系统数据，通过通信传输到 PCS 系统中，通过电动油嘴实现智能化调节工艺流程平稳运行，根据多相流量计计量油、气、水三相数据，结合在线腐蚀监测数据，对化学药剂泵进行实时排量调整，实现对海管的最佳保护，如图 3 井下地面一体化管理示意图所示。

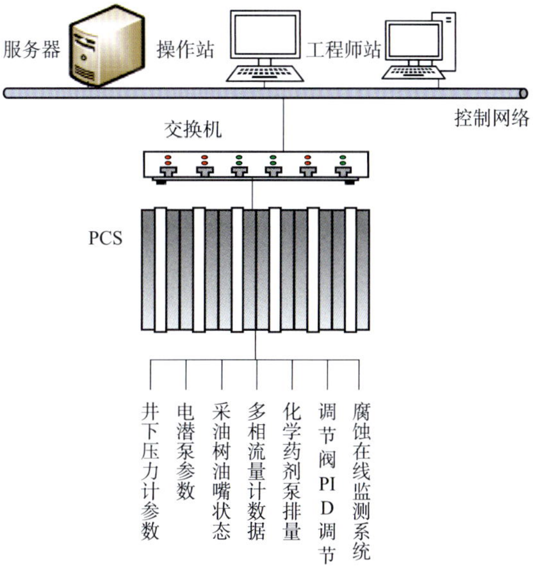

图 3 井下地面一体化管理示意

4.2 电力智能管控系统

电力智能管控系统，设备层通过采集各类传感器和在线监测系统数据、巡检数据、电气设备状态，电网运行数据等作为基础资料，传输到中心平台系统管理软件，做设备状态评估评价，故障预警。监控层，获取处理基础资料以及设备实时/历史数据等，反映设备状态的特征参数进行对比，预测缺陷发展趋势并发布预警，进行有效的故障原因分析。高级管理层，通过数据整合，在海量监测和运行历史数据基础上，经大量专业知识经验积累和内部共享，为电气设备状态评估、故障诊断排查、未来趋势预测、智能维修决策等提供支持。通过该系统减少设备故障率，做到预知性维护，能够有效减少停电次数和设备停机率，减少海上电力系统事故的发生和生产关停导致的经济损失，提高电网稳定性。

4.3 海管综合预警系统

海管出现异常泄漏会造成严重海洋环保事件，日常海管管理及泄漏预警尤其重要，目前海管检测主要有海管两端温度压力检测，AIS 船舶监控系统，溢油雷达系统，在线腐蚀监测系统，日常通球作业及化验通球杂质，智能内检测通球。依托现有检测方法数据上传后集中管理，组合成综合的预警系统，根据重要程度进行科学决策。发现初期问题，缓解海管腐蚀造成的泄漏，及时对生产进行关停，海管扫线，避免原油泄漏的环保事件。图4为海管综合预警系统组成框图。

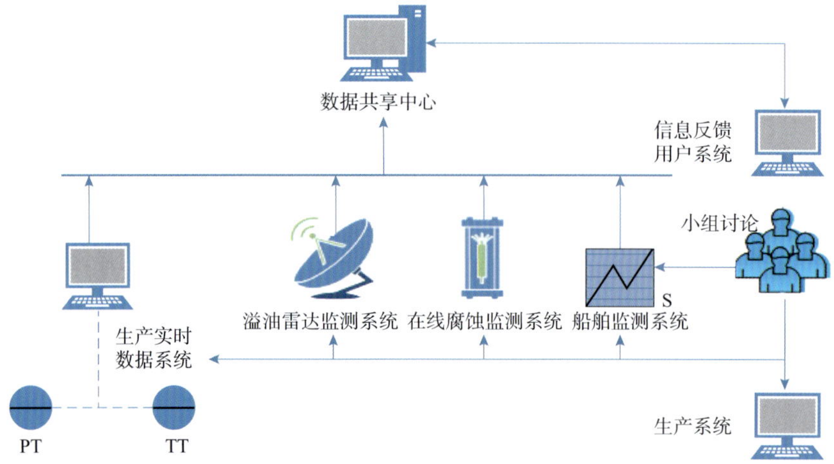

图4　海管综合预警系统

根据海管现状建立预警模型，进行加权判断，进行相应级别的操作。智能通球内检测后腐蚀厚度对通球作业频次，药剂的调整；在线腐蚀监测数据变化对化学药剂注入的动态调校，溢油雷达检测、温度压力降低判断海管是否存在泄漏风险的关停扫线。表2为海管监测类型与严重程度分类[2]。

表2　海管监测类型与严重程度分类

检测类型	1类	2类	3类	4类
智能通球内检测	检测厚度均小于90%情况	检测厚度均小于80%情况	检测厚度70%点≥4处；检测厚度60%点≥3处	检测厚度50点≥2处
腐蚀监测系统	探针消耗≤0.03μm	0.03μm＜探针消耗≤0.05μm	0.05μm＜探针消耗≤0.055μm	探针消耗＞0.055μm
AIS系统报警	航速＜2节，报警次数0	航速＜1节，距离＜100m报警1次	航速＜0.5节，距离＜50m报警1次	航速＜0.3节，距离＜10m报警1次
溢油雷达检测	检测面积≤$5m^2$	$5m^2$＜检测面积≤$20m^2$	$20m^2$＜检测面积≤$100m^2$	检测面积＞$100m^2$
海管温压降模型	温降＜9℃，压降＜350kPa	9℃≤温降＜10℃，350kPa≤压降＜400kPa	10℃≤温降＜10.9℃，400kPa≤压降＜450kPa	11℃≤温降，450kPa≤压降

4.4　视频监控系统智能化应用

电气开关间内部采用红外摄像头对电气设备持续扫描巡检，对电气设备控制柜的初期异常温升监控，控制柜内安装温度检测探头监控异常温升，摄像头对烟雾以及火焰的图像识别。当出现任何一种报警时，CCTV视频监控切换放大画面，发出报警信号给中控室火气系统，提醒中心平台人员进行重点监控，当视频监控中画面出现少量烟雾或明火时，自动触发气体灭火系统实施灭火。

生产现场视频监控红外识别+图像识别技术的摄像头，对初期火灾进行识别，CCTV视频监控切换放大画面，发出报警信号给中控火气系统报警提醒，出现可燃气泄漏或明火，启动消防系统灭火，通过视频监控自动识别并可调节消防炮精准灭火。

平台四周的海面图像识别溢油监测技术摄像头，发现溢油及时报警并执行生产关停，进行海管扫线。舷边及靠船甲板摄像头，识别到渔船靠泊后，PA/GA广播告警系统联动喊话驱离。位于登临平台入口的红外入侵检测摄像头进行报警，并通过PA/GA广播告警系统进行喊话提醒，见图5。

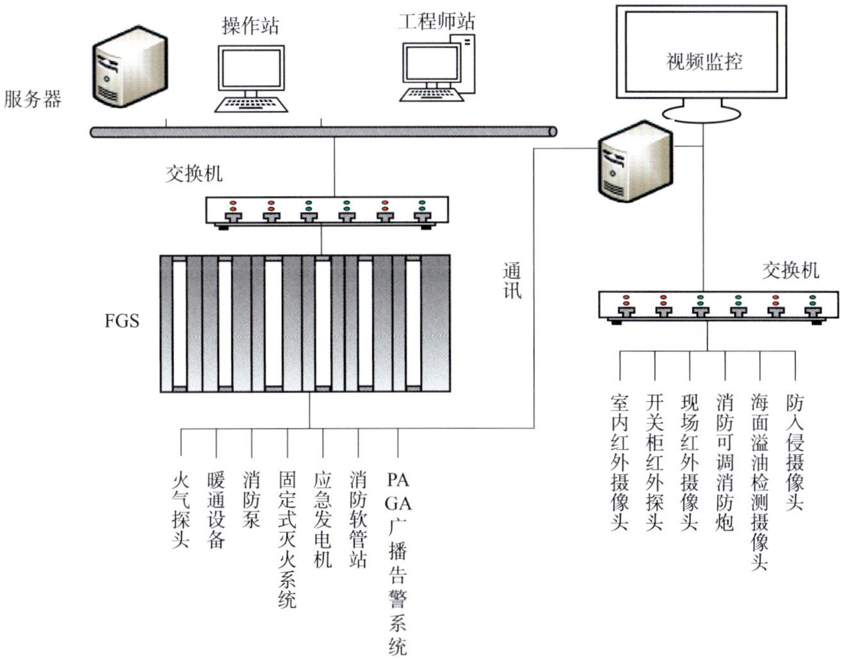

图5　视频监控系统

4.5　无人设备应用

无人机、无人智慧艇、巡检机器人的应用。巡检机器人搭载可360度旋转摄像头、气体检测探头、火焰检测探头，按照巡检路线对现场进行巡检，同时通过无线工业以太网对生产现场实时监控。无人机在天气运行情况下，定期对附近海面溢油、海管路由进行巡线，提供无线网络传输视频信息，发现靠泊渔船喊话提醒。同时结合AIS船舶动态跟踪系统，发现海底管线附近渔船长时间停留、或海管附近运行慢疑似抛锚拖网作业时，无人机或无人艇立刻启动，进入报警地点进行广播驱离。无人艇在海况满足条件情况下，可以进行海管路由巡线，在人员落水情况下可进行搭载救生设备救助。

5　结束语

无人化智能化井口平台的智能控制系统，集成调用动设备在线检测数据，电力系统、仪表实时数据，实现设备健康状态监测，提前预警以及智能诊断，进一步的精准维护，提高设备可靠性。无人化智能化平台建设，降低开发和操作成本，提高生产时率，提升安全性和可操作性，保护海洋环境。减少生产操作人员的巡检频率，减低人员伤害，让员工向高技能复合人才转变。利用先进的智能管理系统，事前反应，预测及提前干预，辅助管理和决策，全面实现自动控制和处理，智能化油田转变为智慧油田。

参考文献

[1]何骁勇，徐正海，陈绍凯．海上井口平台无人化设计探索与实践——以某海上气田井口平台无人化改造为例[C]．第六届数字油田国际学术会议论文集，2019：187－190.

[2]李明海，刘帅．海管智能预警系统综合研究[J]．石化技术，2021，28(08)：102－105.

低渗透油气田无人值守技术探索与实践

李秋实[1] 章 瑞[1] 魏 明[1] 仲庭祥[1] 王 兴[2] 李晨琛[1] 黄 玮[3]

(1. 中国石油长庆油田分公司数字和智能化事业部，陕西 西安 710000；
2. 中国石油天然气股份有限公司长庆油田第一采油厂，陕西 延安 716000；
3. 中国石油天然气股份有限公司长庆油田第六采油厂，陕西 榆林 719000)

摘 要：本文针对低渗透油气田快速发展过程中，产量快速攀升与用工总量控制，高质量发展与效益开发，脆弱生态环境与安全风险管控等方面的矛盾，通过完善数据采集，加大数字化设备配套，提升自动化控制等技术，实现了低渗透油气田安全高质量效益开发，推进了生产方式和管理模式的变革，落实了压缩组织机构及管理扁平化要求，达到了增井增站不增人的目的，为油田企业推进数字化转型、智能化发展奠定一定技术及管理基础。

关键词：无人值守技术；管理模式；数字化转型

油田企业开展两化融合，实现效益开发一直是其发展的重要举措。长庆油田作为国内外最大的低渗透油田，在近年来的油气开发中，受储层及单井产量的影响尤为明显，单井投资成本不断升高，急需降本增效新手段，因此对智能化的需求尤为迫切[1-5]。纵观长庆油田近20年数字化转型、智能化发展过程中，先后经历了“专业系统独立建设、数字化集中建设与应用、共享应用及智能化探索”三个阶段。从2007年到2021年，油气当量从2000万吨到突破6000万吨，油气水井数从2万余口增加到10万余口，用工总量始终控制在7万人左右，数字化、智能化建设发挥了至关重要的作用。近年来，长庆油田在探索大型油气田企业数字化转型、智能化发展的有效路径上持续发力，无人场站值守就是全面实现这一目标的关键一步。

1 建设背景

1.1 无人值守场站建设背景

近年来，随着长庆油田快速发展，场站数量逐年快速增长与用工总量控制矛盾，资源品位逐年下降，效益开发压力增大，QHSE风险管控水平亟待提升等问题凸显。长庆油田提出了新时期“二次加快发展”规划和“油公司”模式改革，2025年油气当量突破6800万吨，建成“主营业务突出、生产绿色智能、资源高度共享、管理架构扁平、质量效益提升”的长庆特色“油公司”。于是，2019年，长庆油田公司按照勘探与生产信息化顶层设计，制定了智能

作者简介：李秋实，男，1973年11月生，矿产普查与勘探博士，地质资源与工程博士后，油田开发高级工程师，长庆油田公司数字和智能化事业部一级工程师，主要从事油气勘探与开发、油田智能化建设、大数据应用及两化融合方面的研究工作。E-mail：liqs_cq@petrochina.com.cn

化油气田建设蓝图，配套智能化“326工程”，即构建大科研体系、大运营体系、大监督体系三大支撑体系，筑牢统一大数据、统一云平台两大基础，深化无人值守站、油气井智能生产、全流程可视化监控、四维油藏模型、智能装备应用、人财物精准管理六项成果应用，以突出全域数据管理、全生命周期管理、全面一体化管理，开展建设实时感知、透明可视、智能分析、自动操控的智能油田，无人场站值守建设应运而生。

1.2 无人值守场站建设基础

通过十余年数字化改造与产建同步配套，建成国内最大规模油气生产物联网系统(A11)，上线油气水井8万余口，主力区块油气水井数字化覆盖率98%以上，场站数字化100%全覆盖，实现井站生产数据自动采集、作业现场视频监控、设备远程管控、异常工况自动预警。

建成了容量骨干传输光缆3000余千米，汇聚环网12个，总长3万余千米，形成“三纵、三横、多环”的网络格局，覆盖油气区90%以上的主要站点，具备“万兆到厂、千兆到作业区、百兆到井站”的网络通信能力，扁平化组网模式逐步形成。

2 无人值守场站探索与实践

2.1 实施思路

以油水气井智能化建设为主要内容，持续完善油水气井基础配套，优化简化地面工艺。以数字化、智能化技术为手段，转变生产管理模式，达到场站少人值守、远程管理要求，最终实现场站无人值守提质增效目标。

2.2 建设内容

通过完善数字化设备配套、自动化远程控制、视频监控、一体化集成装置开发、岗位责任制优化及组织机构压缩改革等内容建设，油田累计建成无人值守场站2000余座，覆盖率90%，形成场站“无人值守、集中监控、定期巡检、应急联动”的智能化生产组织方式，累计缓解用工5000余人。目前油田15个作业区由调控中心集中监控，作业区直管场站，共减少中心站45座；气田2个作业区实现“作业区+处理厂”合建模式(图1)。

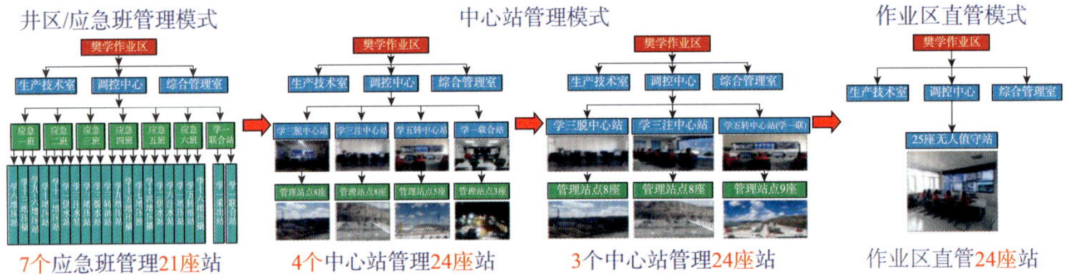

图1 采油厂作业区组织模式变革图

2.2.1 油田无人值守场站建设

1. 井场无人值守

利用井场数字化设备，自动采集油气水井生产实时数据、井场视频数据，实现包含油井工况智能诊断、油井远程启停、气井远程关断、自动排泡、注水井远程调配和异常情况自动报警为一体的智能井场模式。使井场管理的内涵发生根本的变化，从有人巡护“大海捞针、守株待兔”式的被动方式转变为无人值守“智能管理、精确制导”。

2. 中小型场站无人值守

集输系统通过完善数据实时监测、设备联锁控制、事故远程切换等，实现生产连续运行、在线诊断、远程操控，事故状态一键关停。

供水系统通过完善监控和联锁控制，实现从水源井 -（供水站）- 注水站的“自主管理，智能运行”，紧急工况远程处置“上位优先、一键停车”。

注水系统通过完善实时数据采集、变频连锁控制、注水泵远程停泵、喂水泵远程启停，实现稳压、平稳、连续注水。

一体化集成装置：通过与数字化技术充分融合，所有监控数据及状态上传至中央控制系统，实现一键式操作。主要生产过程可视、可控、可调节、可诊断，保障生产连续平稳运行、安全防护实时监控。实现了油田工艺从“三级布站”向“一级半布站”转变，进一步简化了地面工艺流程，成为新建产能油田地面工艺优化简化的核心技术。减少占地面积 60%，大幅度提高了地面建设速度，投资节省 20% ~30%，促进了油田低成本发展。

3. 大型场站少人值守

脱水站根据脱水站的不同类别，通过对站内频繁操作的工艺设备、高风险区域进行自动化升级改造，实现故障预警、设备联锁控制、事故远程切换和事故状态一键关停。

联合站通过完善主要设备数据实时监测、联锁控制、事故远程切换等功能，优化供热、给排水、消防、供配电、通信、自动控制等生产辅助功能，实现生产连续运行、在线诊断、远程操控，事故状态一键关停，达到提升安全管控能力，实现少人值守目的。

4. 中心站建设

取消各站点 SCADA 监控终端、视频工作站，依托作业区/联合站建成远程集中监控点，完善中心站 SCADA 监控界面，优化视频终端及 UPS 配置，对所辖无人值守站及井场进行集中监控。

5. 关键技术及功能扩展

通过对油田各类站场（联合站、脱水站、接转站、常规增压点、橇装增压点、注水站、供水站）无人值守攻关研究，形成了“采、集、处、输”一体化监控，“源、供、配、注”一体化监控等领先技术，实现了正常生产流程无人操作、远程监控，事故流程应急切换、远程关断，风险作业远程监控、智能运行，关键部位视频监控、闯入报警，关键环节智能分析与自动控制，油井智能管理及控制。

2.2.2 气田无人值守场站建设

1. 集气站无人值守

对集气站进行数字化改造，优化系统结构，升级硬件设备，完善软件功能，实现了集气站“无人值守、远程监控、紧急关断、人工恢复”。

2. 应急保障点

按照井、集气站、净化（处理）厂一体化管理思路，形成“日常作业、危险作业、HSE 督查、场站智能巡检、管线巡护”等采气厂智能化应用场景，作业区组织结构由中心站集中改造为应急保障点，监控模式由“两级监控”调整为“一级监控”，实现了组织架构和监控模式变革；形成了覆盖生产运行、安全环保、开发技术和管理决策 4 个层面的智能化技术，生产管理全面提质增效，场站维护工作量降低35%，工作效率提升25%。

2.2.3 智能管道无人值守场站建设

在管道数字化基础上，集成管道全生命周期数据，提供智能分析和决策，让数据产生价值，让管道更聪明，使其具备全面感知、自动预判、智能优化、自我调整的能力，实现输油管网的全智能化运营。

1. 阀室无人值守

对关键参数实时监控，阀室RTU实现全线通信接入，运行数据、电动阀控制接入控制系统，实现远程数据监测和流程操作，维护人员每周进行现场维护作业，实现了真正意义上的无人值守管理。以输油压力、温度实时监测，高低限报警，外输流程远程调节、紧急截断，关键部位高清视频监控，远程及自动连锁控制为主要内容。

2. 输油站无人值守

实施关键设备智能化升级，满足远程集中调控、自动调节、联锁保护的要求。依靠管理+技术同步改进模式，在保证安全运营的基础上，逐步缩减用工指标。以站库关键流程智能判断与连锁保护，设备远程监控，全线流程远程切换，设备参数远程监视，关键输油泵运转状态、用电量监测，原油密度在线计量，关键部位工业视频智能监控为主要内容。

3. 集输作业区

建立输油生产运行智能集中调控机制，在输油调控方式上实现由各站分别手动控制向全线集中远程控制的革命性转变，通过业务重构、流程再造，优化机构与职责，支撑输油生产运行提质提效。

2.3 应用效果

场站自动化、智能化建设和无人值守技术的深度应用，是长庆油田从5000万吨跨越6000万吨，用工总数不增的管理创新成果体现，是提升生产管理水平、降低员工工作强度、提高风险管控能力，将科学技术转变为第一生产力的真实践行。

(1)数字化功能进一步完善，工艺本质安全持续提升。无人值守建设丰富了“井口计量，橇装转输，数据远传，视频巡检，远程监控，集中管理，应急联动”等数字化应用，扩展了“高清视频巡检、参数远程监控、数据置顶预警、报表自动生成”等数字化功能，将数字化建设及应用水平提升到一个新高度。无人值守站运行后，实现了站点主流程、关键区域及现场作业的不间断实时监控，同时减少了员工出入生产现场的频次与操作频率，提升了工艺本质安全，切实做到了减轻基层员工劳动强度。

(2)员工劳动强度不断降低，幸福指数不断提升。无人值守技术的实践与应用，促使油田生产运行各个环节结合更为紧密，降低了人工干预频次，中心站资料不断缩减，主要设备、流程通过电动阀实现远程自动控制，大幅降低了员工操作频率；同时，员工回归集体生活，生产生活更加人性化，工作期间生活质量得到提高，进一步提升了团队凝聚力。

(3)劳动组织架构不断优化，减员增效效果提升显著。“作业区－井区－井站”优化为“作业区－中心站”的扁平化管理模式，管理层级由3级压缩为2级，组织架构不断优化，油田用工总量得到有效控制，生产运行效率明显提升，大幅降低了安全风险。以某采油厂单个作业区为例，2019年至2021年，新建井场137个、新投油水井384口，在总产量提升15%的情况下，通过无人值守改造，万吨用工由20.3降低至16.1，单井用人由0.91减少至0.72。

3 认识与结论

(1)数字化、智能化是破解低渗透油田效益开发的重要手段。油田必须依靠信息化技术手段，推动企业业务模式重构、管理模式变革、商业模式创新、核心能力提升，加快数字化转型、智能化发展，达到降本增效高质量发展的目的。

(2)无人值守场站建设应用是解决油田企业产量增长与用工控制矛盾的有效方式。在无人值守技术与油田生产不断深入融合的过程中，坚持新技术应用与现场工艺流程、安全控制、岗位责任制相结合。要坚持建设与管理并重，加强适应数字化条件下的人才队伍建设，可以解决当前油田企业面临的转型难点问题。

(3)无人值守技术需要持续推进提升。信息化涉及多学科集成、多部门联动，必须实现资源有效整合，形成信息技术与业务应用之间的良性互动，业务要把真正的痛点找准，信息建设人员要坚持场景突破、典型引领、持续迭代、不断提升，真正研发出实用、好用、管用的产品。

参考文献

[1]王同良．油气行业数字化转型实践与思考[J]. 石油科技论坛，2020，39(1)：29－33.

[2]田源，黄振．智能化加速全球石油石化行业转型[J]. 中国石化，2018(6)：18－20.

[3]贾鹿，牛志杰，石国伟，等．油气上游领域智能化发展方向探讨[J]. 石油科技论坛，2019，38(6)：34－42.

[4]张玉恒，范振业，林长波．油气田站场无人值守探索及展望[J]. 仪器仪表用户，2020，27(2)：105－109.

[5]常冠华，陈树民，熊华平，等．大庆油田油气勘探信息化建设的成果与特色[J]. 中国石油勘探，2009，14(5)：33－40.

油田场站无人值守升级改造建设实践

安　然　孙海涛

（中国石油长庆油田分公司数字和智能化事业部，陕西 西安　710018）

摘　要： 当前，信息技术引领的新一轮科技革命正以前所未有的方式对社会变革的方向起着决定性作用。要坚持以用促建、经济可靠理念，推行可视化、自动化、数字化、智能化管理，要求积极应用物联网技术，加大"无人化、少人化"建设和运营，大力推进低成本油气生产物联系统建设工作，形成"集中监测、无（少）人值守、组织运维"的新型生产模式，逐步实现经营决策分析智能化、生产组织扁平化和运行实时优化，大幅度提高劳动生产率。本文介绍了长庆油田通过进行无人值守站升级改造，实现减少岗位设置，降低生产运行成本和员工劳动强度，提高数字化水平和生产安全性、可靠性，成功地实现了"井场、中小型站场无人值守，大型站场少人集中监控"的新模式，推动油田持续稳产，长远、高质量发展。

关键词： 无人值守；数字化；智能化管理；升级改造；新模式

1　引言

中国石油集团公司在2019年信息化工作视频会上明确提出要在2020年实现"共享中国石油"的目标。目前长庆油田各单位正在积极开展数字化转型、智能化建设发展建设。对现有机构和业务进行整合，建立起新的组织机构模式和新的油田管理及运行模式。生产运行方式由"劳动密集、驻点值守、定时巡检"转变为"少人或无人值守、集中监控、定时巡检、按需巡检"的新模式；制定"油公司"模式改革方案，以"四优化"作为改革驱动，大力推广"中心站－无人值守站"扁平模式劳动架构，持续优化生产组织方式和劳动组织模式为改革驱动，有序推进"油公司"改革。劳动组织结构实现高度减量化、扁平化，深度盘活一线人力资源，提升本质安全与管理效率。在无人值守的新理念下，有效助推企业管理和技术创新，实现油田精细化管理。

2　无人值守改造思路

2.1　联合站（脱水站）

联合站（脱水站）是对油田生产的原油、采出水进行集中处理的大型站场。功能包括：气液分离、原油处理、原油储存及外输、油田采出水处理与利用，以及供热、给排水、消防、供配电、通信、自动控制等生产辅助功能。联合站类型主要为三相＋沉降罐脱水开式输

作者简介： 安然，男，本科，工程师，数字和智能化事业部建设管理部，无人值守改造。

油模式的联合站。

改造思路：缓冲罐出口安装电动三通阀，实现事故状态下流程切换；加药装置液位监测、远传；污油回收装置实现液位高限报警；沉降罐、净化罐液位监测，高低限报警；外输泵出口安装电动阀，实现紧急截断；加热炉、循环泵及热网改进；伴生气分液器排污管线配套智能排液疏水装置；三相分离器进口安装流量计和电动调节阀，以流量来控制三相分离器进口开度；实现三相分离器进液均衡；三相分离器出口安装含水分析仪，在两路出口分别安装1个电动球阀(合格油直接去缓冲罐外输，不合格油切换至沉降罐进行二级脱水，净化罐外输)。

事故状态下用于流程切换电动三通阀的设置位置：缓冲罐出口增加三通阀，站场事故状态时，来液经过缓冲罐后，可减轻油气直接去事故罐的压力冲击及油气积聚的风险。

新增自动化控制药品提升加注系统1套，由DBY－25电动隔膜泵、控制柜、电动阀、站控部分组成；加药罐新增防爆电热液位计，实现液位远传并报警；加药数字化流程：加药开始时，控制PLC对电磁阀发出信号，打开电磁阀1，给药泵开始运转，当给药箱液位到达预定液位，PLC停止给药泵并关闭电磁阀，当破乳灌液位低于预定高度，PLC控制电磁阀2打开，给破乳灌加药。加药完成后电磁阀2关闭，电磁阀1打开，开始新一轮加药，周而复始地运作。

智能排液疏水装置出口管线插输位置：伴生气分液器排污管线出口经过智能排液疏水装置后若重回流程轻烃类物质就会一直在站内循环，因此考虑插输至外输泵后，输往下游站处理。

伴生气分液器设置远传液位计：将原机械液位计改成可远传液位计，该装置采用磁敏原理，将机械运动转换为电子信号，通过液位远传装置实现就地显示当前数值与数据远传。数据远传采取RS485数字信号传输。也可实现无线传输。

三相分离器PID智能控制：针对三相分离器进液不平稳导致一次脱水不合格的现状，攻关研究PID智能控制技术，实现三相分离器流量自动调节。

外输泵在线状态监控：对外输泵加装状态监测系统，主要由传感器(安装电池)、信号接收器、无线通信控制器组成。通过对电机和动力端皮带轮端垂直、水平共4个传感器的振动和温度数据进行监测，实现对设备运行状态的实时、准确监测。

供注系统：采出水回注系统：脱水站及联合站内采出水回注系统规模有100～1000m^3/d。站内采出水回注系统主要设备包括喂水泵、注水泵、高压配水阀组。根据注水站数字化建设规定以及现场调研情况，本方案升级措施主要包括：在注水泵房高压区域加装摄像头，降低泵房巡检频次，同时降低安全风险；针对部分注水站未实现分水器压力与注水泵变频装置联动控制，升级PLC软件实现恒压注水。

清、污分注系统：脱水站及联合站内清、污分注系统规模有1000m^3/d、1500m^3/d、2000m^3/d、2500m^3/d。站内注水系统主要设备包括：清水罐、喂水泵、注水泵、高压配水阀组。根据注水站数字化建设规定以及现场调研情况，本次方案升级措施主要包括：注水泵房高压区域加装摄像头，降低泵房巡检频次，同时降低安全风险；针对部分注水站未实现分水器压力与注水泵变频装置联动控制，升级PLC软件实现恒压注水；清水罐高液位远程停加压泵，低液位泵远程停注水泵、喂水泵。

注水泵在线状态监控：对注水泵加装状态监测系统，主要由传感器(安装电池)、信号接收器、无线通信控制器组成。通过对电机和动力端皮带轮端垂直、水平共4个传感器的振动和温度数据进行监测，实现对设备运行状态的实时、准确监测。

自控流程改造。沉降除油罐：排泥管线进、出口设置电动阀，巡检人员进行人员排泥，减小劳动强度；过滤装置：根据进出口压差或时间，与反洗泵联锁，进行自动反洗；污泥池：污泥泵出口设置电动阀，巡检人员进行污泥提升或污泥减量化；污油回收装置：实现液位高限报警；缓冲水罐、净化水罐：高低液位与进水泵、喂水泵联锁，实现自动启停。

加热炉、循环泵及热网：改造后加热炉及循环水系统均实现远程监控及操作，加热炉实现启炉后全自动运行，循环水系统远程监控、远程操作。

自动控制改造：配备具有检漏功能的全自动燃烧器，燃气阀组由操作阀、安全阀、最小压力开关、过滤器、调压器组及双电磁阀成。可实现自动点火、熄火保护、水温自动控制、运行参数上传、报警和远程紧急停炉等功能。目前燃烧器及加热炉参数上传至站控系统，控制室可实现远程监控及远程停炉。增加一路硬接线后，所有配置全自动燃烧器的加热炉均可实现远程启停。

2.2 常规增压点

常规增压点具有集油、收球、加药、加热、增压、计量等功能，站内设备包括总机关、收球装置、加热炉、缓冲罐、输油泵、事故油箱、伴生气分液器、加药装置、污油回收装置等。增压点包括 120m^3/d、240m^3/d、360m^3/d 三种规模。目前常规增压点站内收球装置、加药装置、加热炉、伴生气排污、外输泵等主要设备均采用手动操作，重点设备缺少数据采集录取。

改造思路如下：

工艺自控：主流程连续运行、远程操控，事故状态在线诊断、站内外安全保障。

收球筒：超压报警、温度控制；密闭分离装置：伴生气出口压力远传；外输泵：压力远传、超限报警停泵、2台泵远程切换，紧急关断；事故油箱：液位监测上传、超限报警；气液分离器：增加疏水阀，实现自动排液；水套加热炉：自动熄火保护、负荷自动调节(温控)、液位远传，低限报警；污油回收装置：液位远传、高低限报警、远程启停；加药装置：液位连续监测、远程启停；根据需要新增1~2台高清视频监控，实现区域和泵房的实时监控。

管理模式：场站无人值守，上传中心站统一管理，应急班听从中心站指令实行应急操作、排除故障、定期巡检。

2.3 橇装增压点

橇装增压点为一体化高度集成的增压装置，主要分为 120m^3/d、240m^3/d、360m^3/d 三种规模，与常规增压点无人值守改造思路对比，增压橇本体已实现无人值守功能，仅需增加进事故油箱流程切换三通阀即可。

改造思路：在增压橇和事故油箱进口增加电动三通阀，实现主流程和事故流程切换；外输阀组出口安装电动阀，实现出站总截断；新增1台高清视频监控，实现设备区监控。

2.4 注水站

目前清水注水站规模有 1500m^3/d、2000m^3/d、2500m^3/d 三种。站内主要设备包括原水罐、清水罐、反冲洗水罐、喂水泵、注水泵、高压配水阀组、加压泵、反洗泵、纤维球过滤器、烧结管过滤器、空压机、再生机。

改造思路：根据注水站数字化建设规定升级改造思路，主要包括：在过滤器进、出口设置压差计，报警提示巡检人员及时进行过滤器反洗。水处理间、注水泵房高压区域加装摄像头，降低泵房巡检频次，同时降低安全风险。针对部分注水站未实现分水器压力与注水泵变频装置联动控制，升级 PLC 软件实现恒压注水。

2.5 供水站

目前供水站规模有 1000m^3/d、2000m^3/d、3000m^3/d 三种，站内主要设备包括清水罐、供水泵、低压配电室、值班室、休息室等。从水源井、原水罐到供水系统，主要设备均采用手动切换。

改造思路：按照供水站、水源井数字化管理建设要求，配套完善已建数字化水平；供水泵房加装高清摄像头，替代员工日常巡检；解决水源井不能实现远程启停的软硬件问题。优化供水站、水源井、注水站的监控数据的协同作用。供水泵进、出口设置压力远传、出口设置电动阀门，实现高低限停泵，2 台泵远程切换。

2.6 中心站建设方案

按照无人值守站“远程监控、定期巡检、应急联动”的思路，无人值守站的运行采用中心站集中管理的模式。中心站负责管理本站和区域内油水井、归属无人值守站点的集中监控，应急班负责油水井及站点设备维护、应急抢险(图 1)。

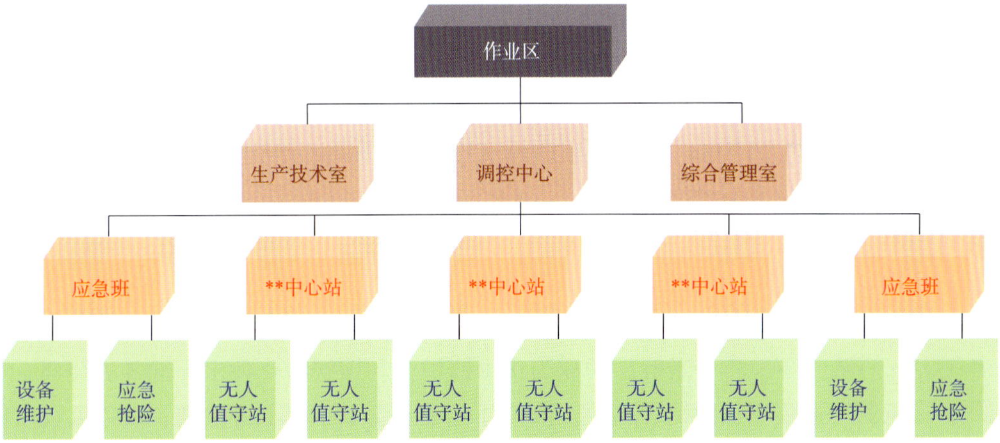

图 1　中心站组织架构

中心站按照办公需求配套桌椅、UPS、电脑等硬件设备，部署已开发的 SCADA 系统，便于所辖井站的数据采集和监控。

建设内容：作业区 SCADA 系统架构作适当调整。取消原设置在无人值守站控制值班室的 SCADA 监控终端、视频工作站。将流程界面、报表、声光报警及视频监控移至中心站进行集中监控、操作；同时完善中心站控制室的操作台、UPS 电源配置。

无人值守站网络优化。中心站配置各项业务对口接入的交换机，实现各类数据的汇聚。中心站办公与生产网：采用“光缆(新建、附挂) + 光纤收发器 + 交换机”或“交换机 + 波分复用”的方式扩容链路，在中心站新增办公交换设备连至作业区办公核心，实现中心层面生产网与办公网的优化升级。

视频监控。作业区新增网络视频数据服务器，对口接收、存储各无人值守站新增的高清监控信号；中心站新装高清视频操作站，经网络调用作业区网络视频服务器监控信号；在中心站值班室新装液晶显示单元，实现数据、视频的集中显示；中心站原模拟视频操作站继续使用，对口接收井站模拟视频监控信号。

2.7 井场数字化完善

按照井场数字化建设标准，对作业区井场进行升级完善。

(1)视频升级：对重点井场的普通摄像机升级为高清摄像机，提高视频监控质量。

(2)井场数字化配套设备改造升级：油田主RTU、配水间RTU使用年限超过8年，部分RTU柜门脱落，柜体腐蚀严重，日常采集传输容易出现电器元件故障、上线不稳定等问题，因此对部分井场损坏严重的RTU进行升级更换。

(3)水源井数字化建设：对水源井配套远程控制柜，完善水源井远程控制保护功能。

3 无人值守场站的应用效果

3.1 优化人员效益

3.1.1 劳动组织架构扁平化，盘活劳动用工，降低生产一线用工成本

依据集团公司“三项制度”改革要求，无人值守改造完成后，配套对生产组织架构及劳动用工方式进行调整优化。组织架构由“作业区—应急班—场站”三级变为“作业区—中心站”两级，其中采油作业区中心站与作业区调控中心合并，实现作业区直管场站，生产组织更加高效。

某站点定员有过去的2454人减少为1319人，各岗位调减人员共计1151人，这些人员将调配到新建产能岗位或新增岗位。

按照油田公司一线员工人均年费用15万元/人测算，生产一线组织机构调整后减少人员支出费用17265万元/年。

3.1.2 降低劳动强度，提升劳动效率

中心站运行模式下，将分散驻站转变为集中巡护，利用智能化技术降低各类烦琐、重复性工作，运行管理过程更加便捷、高效。液位计代替人工2小时上罐量油、设备远程启停代替人工操作、流程远程切换代替人工开关阀门、生产数据、视频实时采集代替人工2小时巡检(图2)。

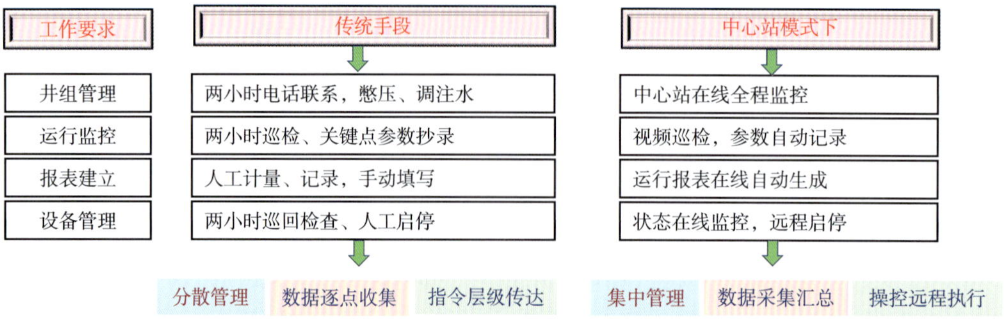

图2 中心站与传统手段运行模式对比图

3.1.3 人员远离风险区域，安全环保受控

无人值守站 1 人看护，由中心站集中监控，流程远程切换、设备自动运行、运行状态实时监控、趋势自动分析、超限预警报警，操作人员更安全。视频全面覆盖，对人员操作、管线监控、环保巡查、设备状态、安全教育实时监控，安全、环保风险全面受控(图 3)。

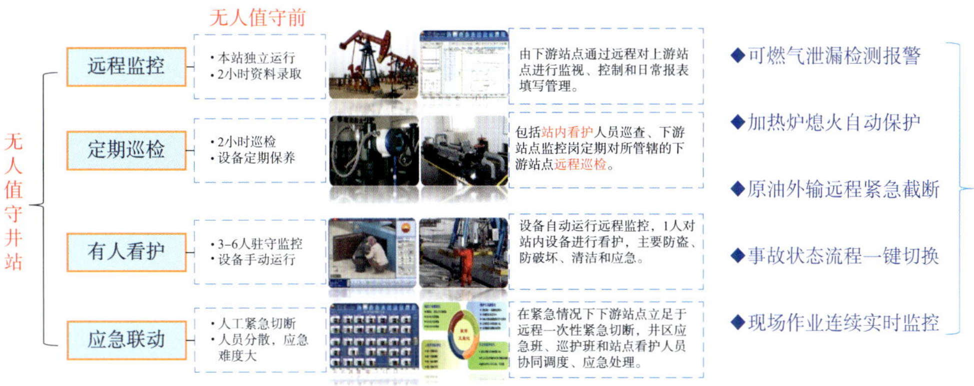

图 3 井站无人值守改造前后运行情况对比示意图

3.1.4 报表自动生成，消除重复录入

通过对全区各类资料摸排梳理，消减、整合、生产数据自动生成等措施，重新优化各项资料报表，并将部分资料收归上移至机关组室，同时使用资料共享平台实现资源共享，为员工日常工作“减负”(图 4)。

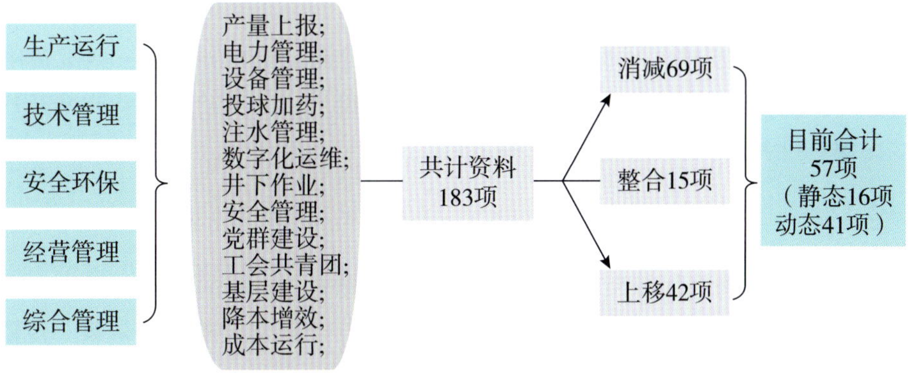

图 4 报表自动生成及消减整合情况

3.1.5 优化资源配置，管理提升更显著

运行监控岗由“操作层”升级为“白领”，工作更专一，现场受控程度提升；运维大班由“单兵作战”转变为“群体合作”，人员集中，工作更主动，现场管理标准提升(图 5)。

3.1.6 增强团队凝聚力，提升员工幸福指数

分散驻站员工集中后，依托中心站配套生活设施，改善了工作生活条件，增加了基层员工得到正常轮休，丰富了集体生活，增强了团队凝聚力。

提升团队凝聚力：员工与干部在一起“同吃、同住、同劳动”，各自困难大家都能做到心中有数，牢骚少了，关心多了，互相理解、相互信任，进一步增进了干群关系，队伍凝聚力、向心力显著提升。

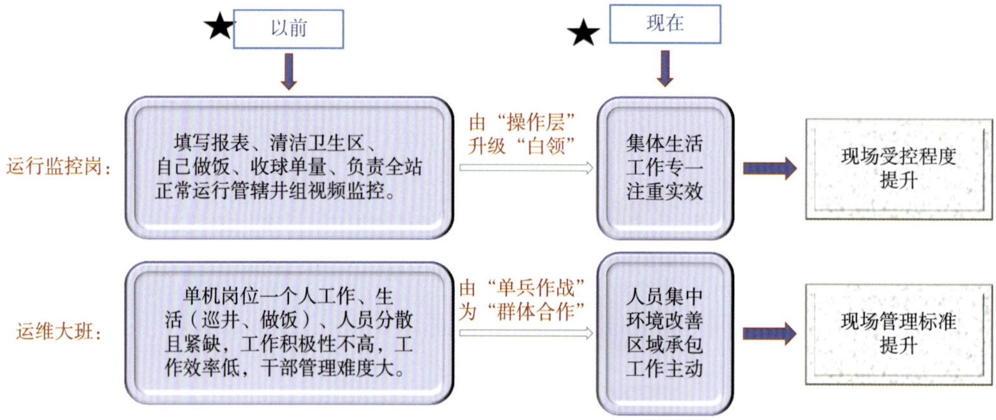

图5　改造前后管理情况对比

生产生活人性化：员工回归集体生活，在岗期间生活有了保障和便利，工作期间生活质量得到提高，轮休时间得到保障。

业余生活更加丰富：节假日开展集体活动，过生日送上美好祝福，有人谈心、交流，有人排忧、解惑，集体生活让大家找到了家的感觉。

3.2　减少维护作业和日常巡查费用

有效延长检泵周期，无人值守所辖区域油井检泵周期由120天提升为752天，采油某厂的所辖区域建成中心站56座，辖井2800口，减少维护性作业费用(365/120－365/752)×2800口油井天×0.05万/井次＝357.88万/年。

无人值守改造前，所辖区域油井低压测试为每个月测试每口井1次，测试费用(测试、车辆燃油费用等)0.03万元/(井次)。无人值守改造实施后，年节约费用＝所辖井数×单次费用×12＝2800口×0.03×12＝1008万元/年。

4　结论

数字化转型是“以价值创新为目标，用数字技术驱动业务变革的企业发展战略”。以“提质增效、风险防控”为核心，打通全流程、全生命周期、全产业链的数据采集、传输、共享和利用，实现生产、运营、管理、营销和服务全面数字化，推动业务模式重构、管理模式变革、商业模式创新、核心能力提升。

解放思想、实事求是，在实践中不断创新是数字化转型成功的关键。数字化、智能化是新生事物，首先思想观念要跟上时代和技术发展的步伐。因循守旧、故步自封、惯性思维、路径依赖是信息化发展的主要障碍，坚持“一把手工程”，才能有力推动数字化转型智能化发展。

综上所述，无人值守改造在长庆油田的应用，持续推进劳动组织架构和生产管理方式变革，注重过程控制，有效解决了用工紧张和生产任务提升的矛盾，提升了劳动效率，降低了现场生产的安全风险，优化了劳动架构和生产组织模式，是长庆油田建设和管理向数字化迈进的重要一步。

参考文献

[1]王辉，何宇颉，张予杰，唐佳鑫，等. 塔里木油田某天然气处理站智能化无人值守建设实[J]. 践无人值守站建设技术交流会论文集，2022，93.

[2]杨志彤，刘海鹏. 浅析有人值守站场技术改造实现无人值守的应用[J]. 无人值守站建设技术交流会论文集，2022，106.

AI 智能分析的 AR 巡检眼镜设计

郑成城　宋　明　张　斌　黄　倩

（中国石油长庆油田数字化与信息中心，陕西 西安　710000）

摘　要：传统人工巡检依托人工抄写记录已经转变为手持终端记录，虽说已经提高了员工记录数据的工作效率，但随着人工智能、语音识别等技术的高速发展能够实现巡检的完整性，同时有效解放员工双手减少工作量，提高效率。全文通过对 AI 智能分析 AR 巡检眼镜的整体系统的功能系统需求做了分析，及硬件实现做了完整的介绍，同时论述了依托通过 AI 智能分析识别场站并做出巡检点规划，可以有效保证场站巡检无遗漏，实时对每个点位数值比对分析，提出预警有效的提前发现异常。语音识别数据录入等先进技术手段的应用，彻底解放员工双手，数据采集录入更简便，形成标准数据资产，该设备安装于安全头盔上，可以强制巡检人员必须正确佩戴劳保方可进入油气现场，有效地保障了员工安全，同时头戴式显示系统在远程专家指导工作中，专家可以看到操作员视角，直观地对员工进行指令下达，员工不用手持摄像和显示设备，有效地解放操作双手，进行操作。

关键词：AI；AR

随着 5G 网络覆盖的增强和 AR 技术的发展，各行业都在探索智慧化运维的新途径。在巡检作业中，存在风险区域多、作业人员庞大、需要持证上岗、误操作后果严重等现象。但往往因为站点或设备分散、经验丰富的专家缺乏、巡检手段/设备智能化程度低，造成运维存在人力成本高、单兵效率低、无法解放双手作业、风险预防薄弱、无法形成标准数据资产等诸多问题[1]。

1　研究背景

1.1　巡检作业整体现状

巡检前，任务工单大多以书面、纸质文档、口头等形式下发；缺乏标准作业流程引导，作业过程规范化不足，工人往往呆滞性巡检、惯性习惯式巡检；人员、流程、设备、资质和时空信息割裂，无法精确绑定或及时认定；一线人力调度紧张。

巡检中，新进工人对设备的情况不熟悉；专家对工人的巡检情况不可知；管理员对工人的巡检时间、线路、质量不可控；工人无法解决突发问题及复杂设备运维问题；专家无法多对一形式的即时沟通解决问题；工人无法可视化理解问题并解决问题；巡检过程依赖手持式设备，无法解放双手作业，且参考信息时需翻阅手册；专家与工人语音对话，专家无法理解

作者简介：郑成城，男，本科学历，长庆油田数字和智能化事业部助理工程师，主要从事油气田通信、数字化智能化相关技术应用。E－mail：16549448@ qq. com

工人的即时视角、视线，无法针对性指导培训。

巡检后，纸质表单易丢失、不易管理人工记录容易发生疏漏，纸质化表单不易保存、管理、分析，查询历史数据烦琐，且不直观形象；反复整理巡检记录，浪费人力；过度依赖个人巡检经验、巡检记录不易于统计查看、历史大数据无法智能利用、巡检状态和风险无法实时干预；以作者调研的系统巡检项目场景为例，多数反映如下问题：

问题 1：日常巡视巡检时，任务流程烦琐，安全要求高，前方现场检修人员如对检修作业流程不熟悉，容易遗漏相关步骤，且执行得认真与否无法评估，不规范不标准不精确，易引发安全隐患、故障或事故。

问题 2：工作人员巡视过程中发现发热及变色迹象、且有异常响声和气味、设备内部有凝水等异常现象时，不知该如何检测、判断、处置，通常通过电话或微信方式沟通，如果再无法解决就需要后方专家(本单位专家、厂商专家)到现场处理，一个较复杂问题处理需要 7 ~ 10 天。

问题 3：在安检作业中，传统有资质的作业人员，使用成本高，现场作业时容易被替换，通过 AR 人脸识别防止调包或顶替，作业过程缺少监管，无留存记录，不便追溯。

因此，巡检作业方亟需建设一套 AR 智能巡检系统，并与现有相关系统打通，直接、高效地解决这些问题。

工业级分体式智能眼镜(AR 眼镜)随着全球工业向“工业 4.0”的迈进，工业的全面数字化几乎已经成为大势所趋。在这一形势下，通过信息与通信技术的迭代升级，以大数据和分析、物联网、人工智能、AR 和 VR 等为代表的新型技术样态，不仅将对传统工业焕发新的生机，而且它们也为工业适应“工业 4.0”的革新提供了更多可能。具体而言，工业的数字化，一方面提高制造系统、加工车间的柔性化、自动化和智能化水平。另一方面，通过信息与通信技术进行了跨门类的整合，实现人、设备、物(备品备件)、船的完全交互，不断提升工业环境的智能程度，牵引着传统工业发生革命性的演变(图 1)。

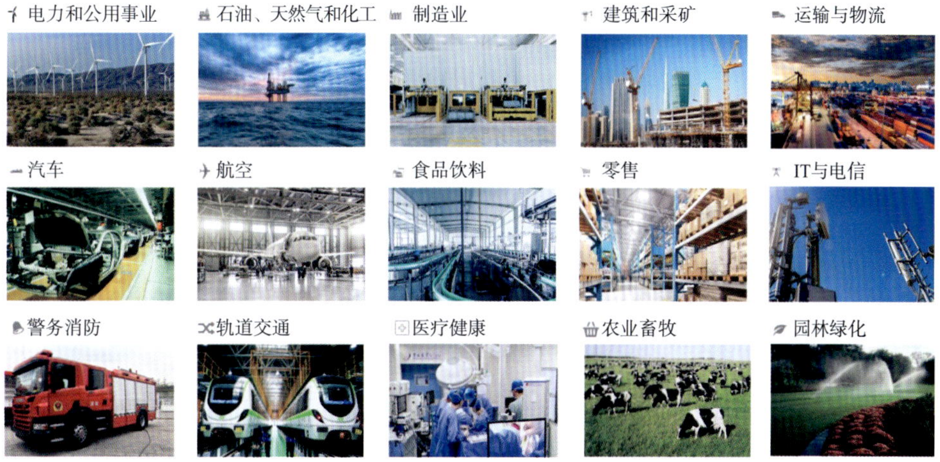

图 1　应用行业

1.2　项目作用

在工业的应用场景中，为了解放一线操作人员的双手，工业级分体式智能眼镜设备通过语音操作的方式进行控制操作。可有效提高作业人员的工作效率和信息共享能力，将复杂的现场问题，直观且清晰地反馈到远程专家的面前。同时，产品的语音识别和降噪性能需要足够强劲，确保一线工作人员在嘈杂的工作环境中可以通过语音控制操控设备。

1.3 项目功能设计

未来，工业工程等建设监督中心不断提升智能化监督水平，以监督信息化平台为基，以监督辅助手段AR头戴计算机为翼，打造智能化监督平台。紧密结合工程，建设数字化交付，搭建参建各方信息共享的智能化管理平台。利用AR、人工智能、物联网、大数据、云计算等技术手段，实现监督工作流程指引、远程专家监督指导、施工作业全程管控。让监督工作更精准、更高效，提升地面工程监督建设的专业性、权威性和影响力。

1.3.1 巡检作业过程基本需求

由巡检管理人员在后台创建巡检流程，设置巡检工作任务。

巡检任务根据人员排班情况自动派发到作业员。作业人员通过AR眼镜智能终端自动获取作业，同时对作业人员进行身份识别，对作业资质进行审核。作业人员通过AR眼镜智能终端根据预先设计的步骤进行操作，过程可以录像存储留档、拍照等。巡检地点位置由AR眼镜智能终端定位。待巡检设备可以由二维码、射频标签等多种方式识别。巡检数据可由作业人员、图像识别等方式获取。获取到的数据由AI进行分析确认范围。对超限数据自动报警并记录。AR眼镜智能终端辅助作业人员记录处置措施或寻求远程专家指导。巡检记录自动归档，自动生成巡检报告，问题内容突出显示。作业人员排班记录，巡检记录历史可回溯。

1.3.2 巡检作业专家指导场景需求

专家指导场景：需要支持呼叫应答、音频通话、视频传输、冻屏标注、白板、桌面共享、会议录制、焦距调节。当工人遇到问题，向专家端发起远程求助，专家对故障现场的视频进行实时指导，指示可能存在问题的零件，进行进一步定位；或通过电子白板进行画图讲解，帮助工人理解设备的工作原理。专家端也可以桌面共享，通过多种方式为工人提供清晰的指导。在设备运维过程中的问题往往会再次出现，或不同的人会遇到相同的问题，指导过程的视频可保存查看，以便于后续的培训或故障复盘。

1.3.3 信息管理和系统对接

AR眼镜智能终端应能获取人员、设备相关信息，在眼镜中显示。智能巡检系统后台应能够与现有信息系统打通，进行数据对接。提供人员管理含人脸信息录入、协作管理、设备信息查询、工作流编辑查看与查询等功能。

1.3.4 终端平台能力

AR眼镜智能终端应具备工业环境下的语音降噪能力、高分辨率视频采集能力、无线网络传输能力。采用主流的智能操作系统，便于系统开发部署和升级。适合野外高强度环境下的作业条件，对雨雪、沙尘、高低温、强烈日光、高噪声具有一定的耐受能力和兼容性。

1.3.5 终端交互方式

AR眼镜智能终端应采用语音控制，头部追踪加按键辅助的方式进行交互。目的在于最大限度地解放操作人员双手，提升工作效率。

1.3.6 视频质量

在网络带宽允许的条件下尽可能提高清晰度。低清晰度视频无法帮助专家理解现场的情况，还可能带来干扰。专家和操作端的视频都需要较高的清晰度，来保证视觉效果。

2 巡检作业 AR 眼镜设计

2.1 穿戴显示模块设计(三转轴的设计)

AR 产品作为头戴式智能产品，因为使用场景和需要，大都需要设计多组转轴以实现用户更好佩戴产品的需求。对于产品涉及需要用到的转轴结构、金属转轴设计，需要在完成 2 万次寿命测试后，扭矩衰减不超过 15%，同时要求在寿命完成后，各功能仍需满足悬停定位，因此设计中采用了不锈钢机加工钣金件及粉末冶金 MIM 工艺，并在线缆 cable 穿线孔径设计为更小，以便使得转轴整体外形尽量缩小，同时对局部减薄或掏空处理，降低转轴本体的单体重量。大多选用已有的成品或研发端提出需求由转轴供应商进行相关设计工作。在本项目进行过程中，通过重新学习相关的知识和以往成熟的设计进行转轴结构的设计工作，三款转轴的设计工作均圆满完成并通过了相关测试。

通过调整肩部转轴、肘部转轴，可以实现显示单元在上下方向以及前后方向的位置，同时通过调整腕部转轴角度，可以回正显示单元，实现画面垂直入眼，如图 2 所示。

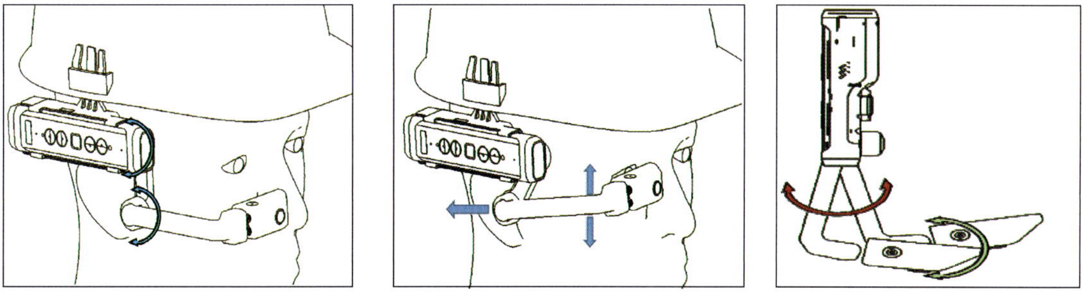

图 2　整体结构图

通过调整肩部转轴左右摆动，可以实现显示单元在左右方向的位置调整，同时通过调整腕部转轴角度，可以回正显示单元，实现画面垂直入眼。

2.2 AR 眼镜智能终端实现过程

2.2.1 智能操作系统软件平台选择

眼镜整体架构采用一体机式方案，硬件平台为高通 6115，整体采用 Android 10 操作系统。内核为 linux kernel 4.19 版本。Android 系统较为成熟，系统内多数模块开源，获取方式较为容易[2]。上层应用开发较为简单，便于聚焦主要功能实现。特有的辅助交互模式特别适合采用通过语音控制方式的人机交互模式。其他基本功能框架较为完备，如网络通信、地理定位、在线升级、编解码、视频采集等。整个系统高度产品化。

2.2.2 基于 Android 系统 Accessibility Service 的交互控制方式

Accessibility Service 安卓无障碍服务是 Android 系统特有的为服务框架。它是开启后一直在后台运行的 services，用于支撑所有的操作。它能够收到由系统发出的一些事件(Accessibility Event，这些事件表示用户界面一系列的状态变化)，比如焦点改变、输入内容变化、按钮被点击了等，该种服务能够请求获取当前活动窗口并查找其中的内容。换言之，界面中产生的任何变化都会产生一个事件，并由系统通知给 Accessibility Service。AR 眼镜智能终端通过使用 Accessibility Service 来完成人机交互工作。主要实现语音命令控制，头部追踪控制等。最大限度地解放操作人员双手，提升工作效率。

AR 智能眼镜的 Accessibility Service 会对运行在当前 APP 上的控件进行枚举，为每个识别到的控件分配一个编号。用户通过语音命令 + 编号的方式来触发控件的操作，如在图 3 中，用户说出“打开第 3 项”即可打开相机应用。

图 3　系统界面图

这种方式 APP 开发者不需要特别关心语音识别的实现，而开发的关键是使用 Android 能识别到的控件来设计 APP，并在 UI 设计中注意考虑 AR 眼镜设备的特殊形态，设计方便用户操作的界面。

1. 语音识别

语音识别引擎使用离线命令词语音识别方式，其中识别命令词有三种方式进行添加：

(1)通过编写语音识别 bnf 文件来添加全局固定命令词；

(2)通过扫码界面组件内容来添加临时命令词；

(3)应用通过接口向词典内添加局部命令词。

2. 界面布局分析检索

主要通过 service 继承 Accessibility Service 来实现解析界面内可点击或有焦点的组件上的文字内容，另外通过模拟点击、模拟铺触摸等方式来实现实际操作。

3. 头部姿态控制

主要实现逻辑是通过 Sensor 来获取设备试试状态来模拟头部运动轨迹，然后通过 Accesibility 的模拟事件来控制界面的移动或者模拟鼠标的移动。

4. 界面标号

主要通过 Accessibility Service 的 on Accessibility Event 的 Event 事件来检索界面的详细布局内容，获取其中组件的宽高和位置等信息，然后通过 Window Manager 来给各个组件添加对应的标号 View。

2.3　智能巡检软件系统实现方案

2.3.1　系统架构

建设以多种终端、能力平台和中心管理平台为主体的三级系统架构设计的 AR 智能巡检系统，中心管理平台提供企业管理、人员管理、系统设置、工单管理、资源管理等业务管理功能，能力平台提供云识别(人脸识别、二维码识别)、会议控制与协作等功能，支持 AR 眼镜、PC，辅助以 PAD、手机，如图 4 所示。

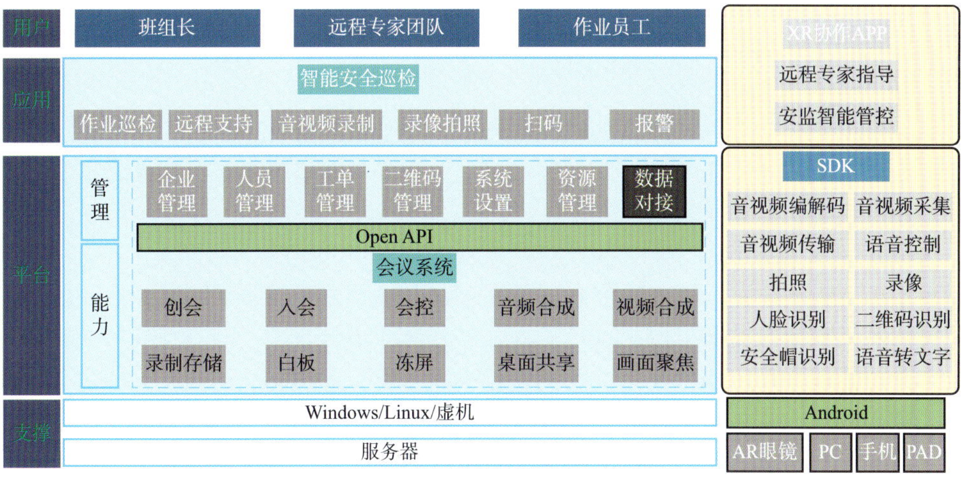

图 4　系统架构图

2.3.2　操作端

操作端主要借助 AR 眼镜作为工人的接入终端，进行工人端视频采集和工单任务执行。支持拍照、录像、二维码识别、人脸识别等功能。工人端设备接入 5G CPE 设备提供的网络热点，接入 5G 网络，实现大带宽视频流传输和低时延远程互动，用于完成工单任务流，也可以接入远程专家指导系统，用于获取视频流编码发送给远方专家。专家远程可点选控制终端，如相机聚焦等，而终端侧设计上尽量减少不必要的操作，以降低沟通复杂度，如图 5 所示。

图 5　软件界面图

操作端相关功能如下：

1. 工单管理

可以进行巡检任务创建、编辑、修改和删除等操作，控件包括插入人脸识别模块、二维码识别模块、图片、PDF 文档和视频，以及拍照记录、视频记录、状态设置、状态填写(数值录入)、多分支选择等供选择。

多分支任务，多人，多任务，有先后依赖关系。工单为子单位，子单位之间有先后依赖关系。可以顺序依赖也可以并行。

任务制作完成后，可以在生成任务中查看已添加的任务。任务在编辑保存时可指派戴 AR 眼镜的人员去执行任务。巡检人员通过账号登录接收并执行任务。系统支持同时给不同的 AR 眼镜指派不同的任务，进行巡检。

任务执行结束后，系统会生成任务记录，任务记录支持查询。

任务下发时，可以下发给用户，周期性、不定期和一次性的任务。

数值录入(异常情况判断、告警)。

2. 任务中的二维码识别

任务中可以扫描二维码，可以关联设备数据，用于数据查看。

可接入信息系统对作业中的工器具进行识别，用于判断是否备全，判断设备是否为合格状态，工作时限是否超期。

3. 任务中的人脸识别

在工单中，打开人脸识别，可以获取视频上传至系统后台，进行AI分析，将待识别图片中提取的人脸特征与库中保存的目标人物的人脸特征进行对比，通过评估方法计算二者的相似度。可以根据相似得分，将得分高的判断为同一人，得分低的判断为不同人。

同一视频中无遮挡并且清晰的人脸都可以识别。

然后与系统数据做对比，如果没有资质会告警。系统会记录该条信息。人脸识别结束即可进入下一任务。

在录入人脸识别控件的时候，需要勾选参与的人。

4. 任务中多类型文件查看

在编辑运维工单时，可在不同的步骤插入图片、PDF文件和视频，用以在巡检人员执行巡检时指导巡检。巡检人员执行到相应的步骤，开始按步骤执行。

5. 巡检任务拍照

在管理平台编辑运维工单时，可加入拍照步骤，巡检人员登录系统，接收巡检任务，当执行到该步骤时，眼镜的画面中有控件提示进行拍照，支持单张照片和多张照片，并可以预览所拍图片。

6. 巡检任务视频录入

在云管理平台编辑运维工单时，可加入视频记录步骤，巡检人员登录系统，接收巡检任务，当执行到该步骤时，眼镜的画面中有控件提示进行录制视频，支持录制单个视频和多个视频，并可以预览和播放所拍视频。录完视频点击上传会提示上传成功。

7. 任务中设备状态录入

在运维任务执行过程中，可对设备进行正常或异常的录入。也可以编辑状态字段，进行自定义状态录入。语音识别，数据信息录入。

8. 巡检任务执行结果预览

按任务步骤完成后系统会生成执行结果预览，可根据工单要求，对录入的语音、图片、视频、状态等记录进行查看，确认后提交。

9. 任务记录留档查看

巡检任务完成后，在管理平台会生成任务记录，包括任务中的每个操作步骤，任务过程中拍摄的照片、录入的文字、正常或异常状态等进行查看。

10. AR眼镜无任务采集上传

有时任务不会由工单触发，AR眼镜可以随时拍摄图片、录制视频，标记标题，上传到系统，管理员可查看。

2.3.3 管理平台

管理平台包含企业管理、人员管理、工单管理、二维码管理、系统设置、资源管理、数据对接。

1. 企业管理

管理平台分权分域，可以给不同的企业使用，有统一的运营管理后台。企业管理包含了企业的相关信息，以及名称、联系人、超管账号、使用期限等。

2. 人员管理

人员管理，可以进行账号增删改查，录入人脸信息用于眼镜终端核对、管理员设置。

3. 工单管理

工单管理，允许管理员设置工单，将工单分配给对应工人。待工单完成之后，可以在系统中生成记录，可以由管理员查看。

4. 二维码管理

其一，二维码与 web 页面关联，展示对应设备数据，将二维码打印张贴在设备上。其二，可以设置人员用户的账户与二维码关联，扫描登录。

5. 系统设置

设置协作的默认分辨率，是否默认设置协作过程中录像，并且保存在后台，可以调取查看。

6. 资源管理

资源中心可以上传巡检任务需要使用的图片、视频和 PDF 文档，还对巡检任务过程文件进行存储。

7. 数据对接

可以对接其他关联系统的数据，显示在巡检作业中。

需要支持与周围的布控球、各类传感器等系统对接，获取系统告警和危险信息广播，以窗口的形式弹窗显示在眼镜上或者语音提示。

2.3.4 专家协作模块

专家端通过 web 页面登录。以协助平台界面呈现。协助平台用于专家账号登录、离在线状态展示，可对工人建立音视频通话、远程指导。

2.3.5 专家协作功能

专家端以 web 页面的形式，登录协助平台，供专家登录和远程指导使用界面，如图 6 所示。

远程协助功能包含专家账号登录、工人离在线展示，正在协作的会议查看，可对在线工人建立音视频通话、远程指导。

操作端 AR 眼镜采用 APP 登录，选择专家页面进行相应的操作。由于协作过程涉及交互，下文从系统层面介绍协作相关的功能。

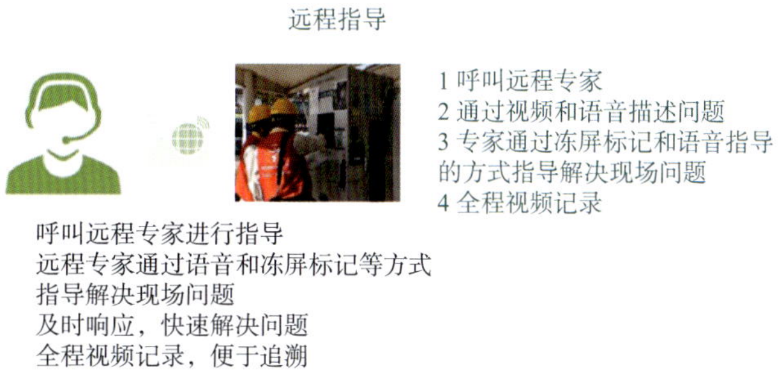

图 6　远程指导界面图

1. 音视频流会议组建

一个会议最大可支持 8 路 1080p 终端接入，在一个会议中，支持多个专家指导一个工人。同时组建多个会议时，人员需要不同，即不支持同一个人同时参加不同的会议。专家可以控制 AR 眼镜相机的聚焦。

2. 冻屏标注

专家和工人建立音视频流通话连接后，专家端对收到的工人端第一视角视频截图，并对截图进行涂鸦标注，画笔有多种颜色可设置。

3. 电子白板

专家端可以调用电子白板进行编辑，可以在白板上写、画、涂鸦，插入图片（jpg、png）、文字等，编辑的过程画面在工人端实时呈现。专家端编辑电子白板时可调整画笔颜色、线条粗细，也可进行线条的擦除和清屏等。

4. 桌面共享

在专家和工人端建立音视频流通信后，专家端可以把自己的桌面共享给操作端，进行信息同步共享，工人端实时查看。

5. 画面聚焦

专家在 web 上点击工人画面，能够控制工人端摄像头聚焦、放大、缩小。

6. 会议记录存储

通话过程中的工人眼镜视频可以自动存储，聊天过程文件也同步保存以备后续查看。存储格式为通用的 mp4 格式。按时间戳倒序排列。当磁盘空间满时自动覆盖。如果后台状态时默认关闭，专家可以选择开启录制。

3 结论与认识

随着近几年 AR 技术获得大量关注，国外知名企业从推出 AR 头盔，再到推出的 AR 智能眼镜，并在游戏业和娱乐业中发展起来。而企业用户在巨大的 AR 市场中，也逐步体验到了科技的助力，比如，在产品的营销推广中，AR 智能眼镜能更生动地展现产品 3D 状态使用。

目前，AR 智能眼镜主要的方式有：分体式智能眼镜和一体式智能眼镜，其技术内容涉及 Wi－Fi、BT、USB PD 通信、USB DP 通信、棱镜 LCD 显示技术、光波导显示技术等。并且以此为基础，向支持移动网络、低功耗、高分辨率、高扩展性等方面发展。

AI 人工智能模拟、延伸和扩展的智能的理论、方法、技术的一门新兴行业，与 AR 眼镜融合，实现语音识别、图像识别和数据系统的分析，在服务或维修过程中，能发送实时的反馈信息，在不同场地互通工作，提高工作效率；用于会议方面，在展现信息的同时，参会者可以在文件上叠加额外的数字信息；在巡检方面，可以解放双手，提高一线作业的生产效率，并达到日常巡检避免遗漏和错漏的作用等。

参考文献

[1]王晶，罗运才．工业机器人应用技术 AR 版[M]．北京：北京邮电大学出版社，2017.
[2] 钟元生，高成珍．Android 编程(第 2 版)[M]．北京：清华大学出版社，2020.

新时代下智慧油田地面工程建设的探索与分析

柴治国[1]　董艳国[2]

（1. 西安长庆工程建设监理有限公司，陕西 西安　710018；
2. 长庆工程设计有限公司，陕西 西安　710018）

摘　要：在数字化油田建设的大背景下，数字化—智能化—智慧化的发展思路，迸发出现代化油田管理的魅力。通过无人值守站全面建设和投用，电子巡井、设备远程启停、故障自动报警、信息无线传输、入侵识别等先进技术的相继应用，员工巡检频次、人工操作减少，工作量降低，盘活了内部人力资源，实现了管理提升。这就要求我们不断探索新时代下智慧油田的建设模式，达到逐渐步入“增产不增人”的良性发展轨道。

关键词：物联网；智慧油田；地面工程；智能化

1　智慧油田建设的背景

智慧油田，指应用现代化信息技术与智能石油工程技术、智慧地球科学与技术，通过智慧油田方法论和智慧油田制度保障体系，形成的一个全方位的立体式数字化油田。智慧油田涵盖智能感知、智能控制、智能预警、全面协同、智能分析、科学决策等多个方面。

在国家“促进数字经济和实体经济融合发展”的战略下，国内各行各业全面推进数字化转型、智能化发展的理念。油田紧抓发展机遇，启动智慧油田建设，数字化技术是提升劳动生产率和管理决策水平、实现企业本质安全的有力武器。现代石油工业与数字产业的深度融合，正在推动油气企业转型，即无人化、集控化、平台化、多元化，数智技术成为了油气企业转型路上的共同选择。

2　智慧油田建设的优势

通过构建智慧油田建设构架，促使油气行业转型加速，提升部门协作能力，提高决策的执行效率。实践中，油田井、管网、厂站的数据的实时采集与更新、生产工艺组态实时数据以及抽油机的远程启动与停止等均可实现，且电泵机等常规设置、注水井等均可自动调节。一旦出现任何意外事故，也可及时解决，因此智慧型油田建设在实际具有广泛的应用前景，其在未来也有良好的发展趋势。

作者简介：柴治国，男，1982 年 1 月生，学士学位，西安长庆工程建设监理有限公司高级工程师，主要从事油气田地面工程数字化与智能化研究与应用。E－mail：czg2_cq@ petrochina. com. cn

3 智慧油田地面工程智能化建设

3.1 互联网基础建设

油田互联网建设是利用各种传感器对油田实体对象、生产过程与环节对象进行实时数据采集，并将采集到的数据通过有线或无线网络传到数据中心，构建覆盖油田地下、地面、天空全方位的物联网，实现油田全面感知。在油田地面工程部分，主要是构建覆盖油田间站、管网的物联网[1]，如图1所示。

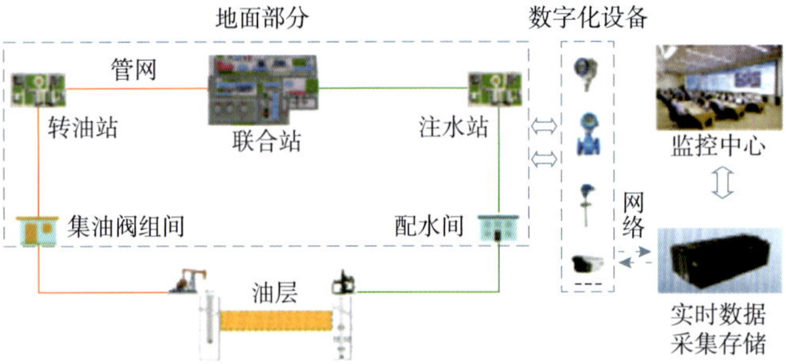

图1 地面数字化建设

站库：完成全厂联合站、中转站、注水站、注聚站的数字化改造升级，站库实现生产数据自动采集、设备运行及工艺流程可视化监控、参数远程调控、异常报警和安全预警、视频监控。

配水间：完成全厂配水间数字化建设，实现注水压力、流量自动采集、注水量远程调节、注水异常报警、视频监控。

集油阀组间：完成全厂集油阀组间数字化建设，实现掺水及回油压力、流量、温度等数据自动采集，掺水流量远程调节，异常报警，视频监控。

管网：采集完善管网地理信息和属性数据，依托A4系统建立准确的油气水管网平面图、三维图，并与井、间、站库数字化建设同步，实现管网各节点压力、流量、温度等参数自动采集，流量远程调节及异常报警[2]。

3.2 智能化应用建设

3.2.1 智能分析预测预警

生产报警：按照“一点一策”原则，建立专家报警模型，实时获取分析间、站、管网运行数据，对出现的流量、温度、压力等异常情况进行分级报警，并对建立闭环的网上流程进行跟踪处理，提高问题处理效率，以系统报警为驱动，促进提升运行管理质效。

安全预警：建立生产安全预警模型，实时分析压力、流量、温度、液位等数据，对间、站、管网出现的堵、漏、冒、烧等危险情况进行提前报警，将“事后”报警转变为“事前”预警，保障安全生产。

趋势预测：对于增压泵、加热炉等地面设备，基于其监测数据，结合相关工艺、介质、能耗、历史检维修信息、故障信息等数据，以设备模型、大数据算法等为技术支撑，实现设备在线运行分析、故障诊断和预测等，保障设备健康平稳运行。对于生产管网，建立管道健康诊断模型，通过分析压力、流量、温度、介质、材质、历史维护记录等数据，对管道进行结蜡、泄漏预测，通过健康评估为管道更换提供依据。

3.2.2 智能化现场监控巡检

智能视频监控：在间站重要位置布置摄像头，实现现场远程监控，在此基础上，应用智能化视频监控技术进行监控数据的自动分析与智能识别，实现越线、违章行为、身份等自动检测报警，快速准确定位现场异常情况和全天候自动监控，提高异常情况发现的及时性。

雷达监测：建立雷达监测预警系统，360°大范围扫描监测重点生产区域，主机通过对红外雷达图像处理计算出目标的运动要素，自动判定物体形态及该物体是否跨越虚拟墙，如判定结果为跨越虚拟墙，雷达预警主机发送报警信息，同时联动摄像机云台对活动目标自动跟踪。

无人机巡检：无人机具备高空、远距离、快速的作业能力，选择具备定点悬停能力的多旋翼无人机，对站库等重要位置进行短距离巡检；选择固定翼无人机，设置巡航路线对管网等地面设施进行长距离巡检。将实时拍摄的视频或图像回传至地面站，实现高空间、大面积、高频率的巡检，提高巡检效率。

机器人巡检：站库数字化改造后，仪表损坏、跑冒滴漏等情况仍依靠人工现场巡检，应用由动力、采集、控制系统组成的智能机器人，按照设置的巡检路线和采集点进行自动巡检，并将现场视频、图像、温度等数据回传至调度指挥中心，提高巡检效率，节省劳动力，实现站库安全平稳无人值守。

3.2.3 智能控制

在数字化阶段，运行参数调控依靠人工远程进行。进入智能化阶段，借鉴边缘计算的思想，应用具备计算能力的远程终端或智能终端设备，将控制逻辑和指令前移至现场，实时获取现场运行数据，实时分析计算发送调节指令，实现现场自动控制，摆脱网络影响，减轻服务端压力，提高调节的效率和质量。

智能注水系统按照“一井一策”原则建立注水控制逻辑，将自动控制程序部署在远程终端 RTU 上，RTU 实时获取现场注水数据进行运算，再根据计算结果将调节指令发送至电磁流量控制装置，提高注水调节的效率和精度以及注水合格率。

智能掺水系统应用 RTU 二次开发技术将掺水控制程序部署在现场 RTU 设备中，程序根据温度、压力变化自动控制掺水流量，实现掺水量的现场实时自动控制，提高掺水调控的效率，有效避免堵环、凝环情况发生，优化掺水温度控制，节约能耗。

4 结论与认识

总之，智慧油田是以大数据物联网为基础，将以往的管理体系转变为依托系统平台进行决策的管理理念，实现数据的实时采集和共享，利用丰富的大数据资源，对油田生产进行实时的全局分析，才能够有效实现油田行业的无人化管理，节约人力资源，提高油田质量，推动油田可持续绿色发展。

参考文献

[1]郝晓平，黄晓雯，高志刚，王留涛．无人机技术在油气管道巡护中的应用[J]．油气储运，2019，38(08)：955－960.

[2]高世杰．基于物联网技术的油气管道安防综合平台探究[J]．数字通信世界，2018(12)：77＋80.

基于深度学习的运维对话机器人技术在司库系统中的应用

李德辉　胡时斌　郝盛强　陈　诺　冯　悦　孙镇涛

（昆仑数智科技有限责任公司，北京　100012）

摘要：随着深度学习在自然语言理解、词向量表示、情感分析及中文分词领域的应用，人们开始把深度学习应用于对话机器人并取得了不小的成就。基于司库系统运维任务繁重的背景，我们设计了该运维对话机器人来减轻运维压力，提升运维能力。本文设计的运维对话机器人基于预训练模型、NLP和深度学习和nl2sql技术设计和实现，应用于司库系统来解决问答任务和基于规则的nl2sql任务。经过初步测试，该运维对话机器人可以正确回答90%的常规问答问题，在nl2sql任务中准确率达到75%。

关键词：对话机器人；预训练模型；深度学习；nl2sq；NLP；智能运维

智能问答机器人作为自然语言处理的一个重要分支，是目前关注度最高也是最具挑战的研究方向，它对于促进人机交互方式的发展有着重要的意义。智能问答实际上是一种特定的语义分析任务，结合不同业务场景对任务进行回答。在20世纪80年代就有学者提出通过自然语言处理技术对数据进行查询(nature language database Query)，也被称为Nl2sql。通过自然语言对关系型数据库语言的转换可以大大降低非技术人员对数据查询的门槛，提高工作效率。

司库智能运维机器人(Treasury - maintenance intelligence chat Ops)，下文中将简称为Tmict system。通过结合系统的对话技术与基于reformer - Bert预训练模型，我们构造了垂直于资金管理领域的语言模型，在此基础上打造出了Tmict system功能模块，并运用在司库系统的运维流程中。用户咨询业务流程类问题时，对话机器人自动匹配到调整审批人步骤、查看审批节点等答案，有效避免因响应不及时给客户在系统业务操作时带来的不便。除此之外，用户咨询数据查询类问题时，对话机器人会根据提出问题查询出对应数据查询意图，解析问句中对应模板的词槽，通过规则引擎构建关系型数据库查询语言，进而查询出对应数据，通过对话形式返还给用户。Tmict system可以7×24小时全天候高效解答问题，每日运维效率将大幅度提升，节省大量人工成本。

在下文中，我们首先介绍Tmict system的整体架构设计及核心模块的算法和流程，然后展示Tmict system中模型实现及实现效果，最后进行未来研发方向的展望及进一步的研究讨论。

作者简介：李德辉，男，博士，昆仑数智科技责任有限公司工程师，从事AI技术在金融领域的应用研究。E - mail：lidehui03@ cnpc. com. cn

1　系统设计

1.1　问题库整体设计

在石油行业司库系统中的真实 QA 问题对，如：

问题：

一家单位，我们 4 月申请了 470 万元额度，10 月又追加了 500 万元，应该是 970 万元额度，可是查询了，总额度才 500 万元，请帮我看看咋回事呢?

答案：

(1) 重新申请滚动额度，新的滚动额度会覆盖旧额度；滚动额度有效期不能大于两年。

(2) 申请临时额度，临时额度会累加，信贷限额 = 有效期内滚动额度 + 有效期内临时额度 1 + 有效期内临时额度 2。

当没有在有效期内的滚动额度时，临时额度有效期不能大于 15 天；当有在有效期内的滚动额度时，临时额度有效期不能大于 180 天。

可以看出，问题和答案在词汇上差异巨大。问题中只提到了额度，并且用了口语常用词："请帮我看看咋回事"，在答案中表现为申请额度的多种不同原因所导致的具体现象。所以，直接根据问题来查找答案很难得到理想的结果。

此外，关于相同问题可能会有多种不同的表达方式，但是大体上的词义类别是相通的，可以看出，知识库中的问题之间可能还存在一定的相似性。基于此特征，如果可以在查询问题时首先利用问题本身之间的相似度找到知识库中相似的问题，那么就可以通过知识库中的相似问题找到答案，此时，知识库需要建立问题与答案的映射关系。进一步地，如果可以找到具有同一目标的所有问题，就可以针对这些问题批量整理一个答案，在知识库中建立问题集与答案的映射关系。那么，当用户的问题与某个类别的问题相似时，就能根据这类相似问题集找到目标答案。Tmict system 中问题与答案的关系可以参见图 1。

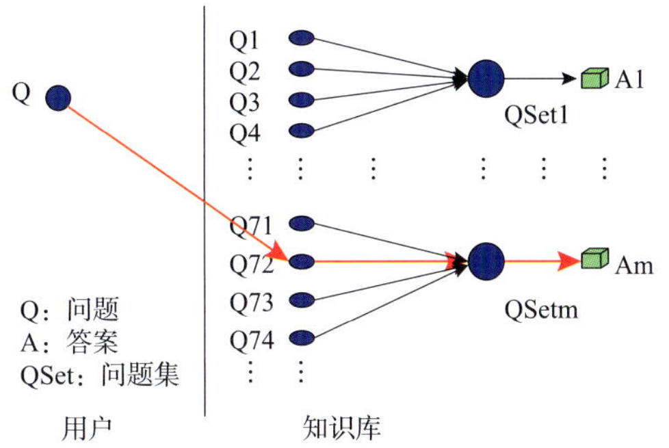

图 1　司库客服知识库中问题集与答案映射关系

Tmict system 使用真实问题答案对做问答检索，通过基于 Cosent 理论的 bert 预训练模型进行 Fine Tune，通过对计算用户提问的问题进行编码，将编码数据与 faiss 向量库进行比对，通过 faiss 用余弦相似度算法迅速计算出用户提问的问题在问题库中最近的问题模版，并将标准答案进行输出见图 2。

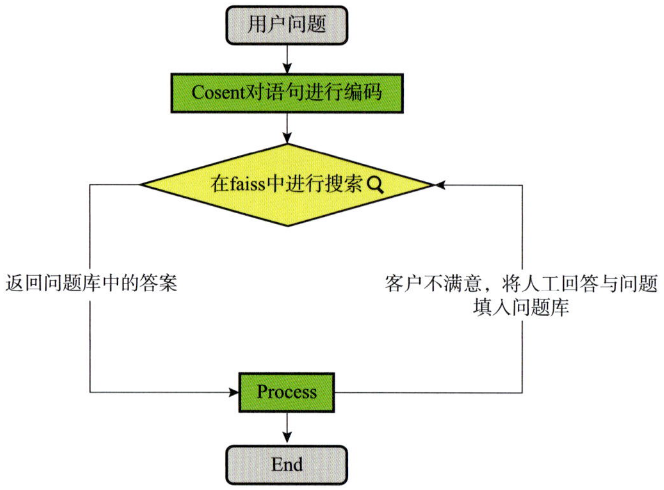

图2　Tmict system 架构

1.2　数据生成整体设计

在旧司库系统中运维工作主要由运维专家人工进行，对话数据难以收集，主要通过群聊记录抓取，垃圾数据和无关对话占据大量内容，对模型的训练要求很高，在极小样本中做到准确率的提升有很高的难度。在这样的背景下，数据生成这一步就成为 Tmict system 设计中的点睛之笔。

RoFormer－Sim 是基于旋转式位置编码(Rotary Position Embedding RoPE)的 bert 模型，不同于 SimBERT 模型仅仅局限于问题语句的生成。由于 RoFormer－Sim 可以做一般句子的相似句生成，所以对司库中客户提问以一般句式居多的业务场景所契合。

RoFormer－Sim 结构：RoFormer－Sim = RoFormer + UniLM + 对比学习 + BART + 蒸馏。在 RoFormer－Sim 预训练模型下微调中，为了增强模型的生成能力，我们将输入的真实客户问题句子中的部分 token 替换成[mask]，使用仿 BERT 训练方法来加强训练。在本系统的设计中，每条真实问句会生成 200 条相似句，并通过筛选最相近的 20 条与真实问答数据组合作为训练数据。总数据量可达 50000 余条。

1.3　Tmict system 运维对话模块整体设计

问答系统由三部分构成：知识库分类搭建、cosent 和 roformer 推荐系统、问题知识库更新系统。

系统架构见图3：

1.3.1　问题知识库生成

先对司库系统运行过程中的客户问题进行聚类，将相似的客户问题聚到同一类簇，再针对问题簇中的所有问题统一准备答案，建立问题簇和答案之间的联系。

该系统使用基于 HanNLP 的聚类算法进行历史数据分类。聚类完成后，每个问题都会被归入一个类簇，然后再由运维人员对类簇进行人工分类检查。最终，经过聚类以及人工校验，知识库中所有相似的问题都被整理到同一个类簇中，并有相应类簇答案与之对应。

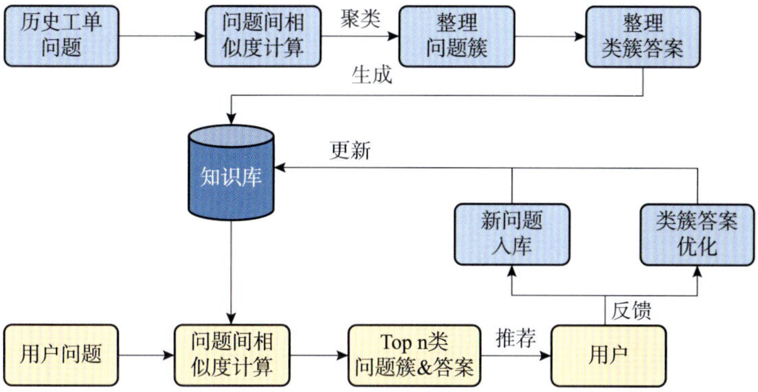

图3　问答系统架构

1.3.2　推荐系统

在司库使用人员将问题提交到系统之后，系统首先调用模型来计算用户提问问题的向量值来与 faiss 中所有问题的相似度，并选择相似度值大于系统调优中设定好的阈值的 N 个问题作为候选集。然后，系统获取候选集中每个问题所属的类簇，N 个候选问题一共可以得到 $n(n\leqslant N)$ 个类簇。最终，系统将这 n 个类簇对应的答案返回给提问用户。

为了使 Tmict system 推荐回答能力不断提升，系统创新性地加入了标注反馈功能，用户在每次查询完毕后可以对推荐结果进行反馈，反馈结果可以优化问题回答流程或增加知识库储备。

1.3.3　问题知识库更新

通过系统的反馈系统，我们可以优化两类问题：

(1)用户对于回答基本满意，只是细节需要调整，这类反馈使用运维人员更新问题答案来进行结果。

(2)系统标注为问题答案未找到，需更新知识库来完善流程。对于这类问题，系统首先计算新问题与知识库中所有问题之间的相似度，获取相似度值大于一定阈值的 N 个相似问题，这时使用运维专家来进行判断，如果新问题属于 N 个问题中的一类，那么添加进相应的问题类属即可。如果运维人员审查发现新问题不属于任何召回的类簇，将建立新的类簇，并生成新的问题答案对，并写入 faiss 向量库，加快查询速度。

1.4　Tmict system 查数模块整体设计

在 Tmict system 设计中我们尝试借鉴 X－SQL 中的设计思路来构建自然语言转换成数据库可执行脚本语言的框架。在尝试构建 nl2sql 语言模型上面临中文数据短缺的问题，进而在初期缺乏足够多语料的情况下，使用语言模型并非就能达到很好的使用效果，Tmict system 转变思路使用句型模板结合规则引擎，则可以很容易扩展用户的问题，只需要扩展模板即可。项目初期不需要面临新问题频繁增加时准备语料、训练模型、模型优化等一系列问题。

查数模块整体设计通过可配置化操作系统来实现，是为了更灵活、更高效地实现智能问数系统而开发。智能问数实际上是一种特定的语义分析任务，结合不同业务场景对任务进行回答，主要通过自然语言向关系型数据库语言的转换来实现，可以大大降低非技术人员对数据查询的门槛，在高频问题的回答上可以很好地替代客服人员，大大降低客服人员的工作量。系统界面如图 4 所示：

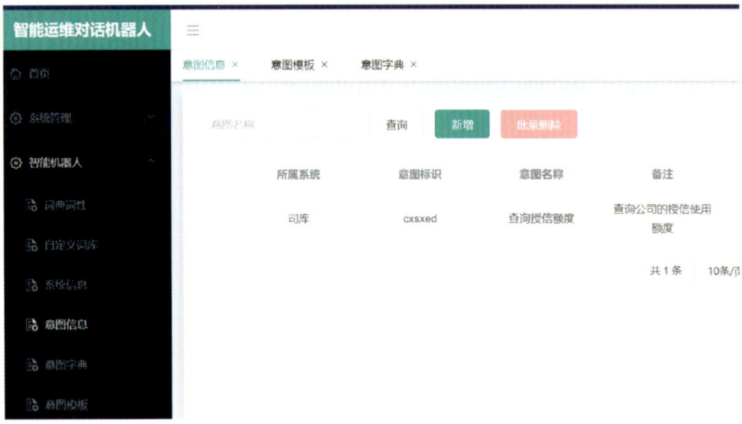

图 4　查数模块配置页面

该系统的使用分为以下几个流程：

(1)配置支持查询的各个系统的相关信息。配置系统标识、数据库 IP 地址、数据库登录用户名及密码等信息。

(2)配置意图信息，即想查询哪个系统的哪些信息。配置所属系统、意图标识、意图名称等信息。

(3)配置意图模板，即构建自然语言与数据库语言转换的桥梁。配置所属意图、模板语句、模板 SQL 等信息。

(4)配置意图字典，即模板语句中的关键词。配置所属意图、代码标识、关键字等信息。

(5)配置词典词性，即自定义分词词库中关键词的词性信息。配置词性及备注等信息。

(6)配置自定义分词词库。配置词性、词语、权重等信息。

该系统的操作流程图如图 5 所示：

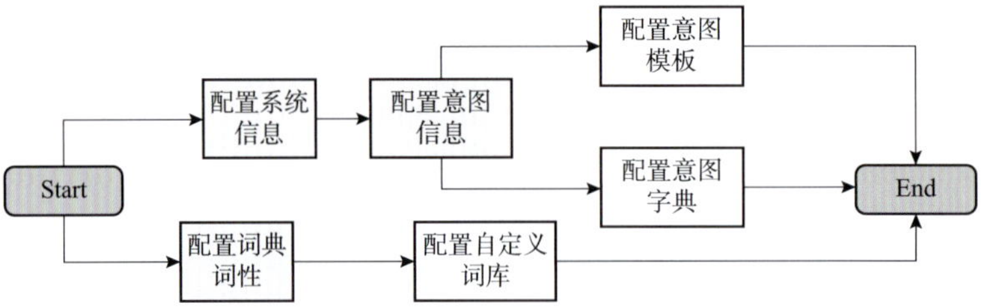

图 5　查数模块配置引擎流程

2　实验结果

2.1　训练集合

训练数据来自运维人员历史的 QQ 聊天记录。我们通过聚类，分类模型判别，以及人工标注等方法筛选出了一共 540 条有效的问答对，即 <问题，答案>。例如：<请问×××的电话是多少，010-××××××××>。为验证我们业务数据对精调的影响，我们还验证了不训练直接评测的效果，即训练集合 = 0 的情况。

2.1.1 生成问题相似对

由于运维的平台系统更新频率较高，对知识库迭代要求高。我们采用了为问题语句建模的方法。训练数据为问题对的形式，即 <问题 1，问题 2，标签>。标签有两个值，正例代表问题对是相似的，反之这两个问题不能被同一个回答解答。通过组合相似和不相似的问题，可以得到 1.1 万条训练数据，其中正负例的比例为 1∶1。

2.1.2 利用生成模型扩充相似问题

我们还尝试了用生成模型 RoFormer 无监督地生成伪相似对，将 540 条标注数据集的问题各生成 50 条相似问题，标签设置为 0.5。通过降采样达到正负比例均衡，最终生成约 5.7 万条数据。

2.2 评测方法

由于标注数据较少，而且问题分布不均匀，我们又标注了一批新的数据，运维人员针对每个答案设计了两个字面相似度不同的问题，针对这些问题，模型在我们 540 条数据的知识库里搜索最相近的问题，得到匹配答案，并评估准确率。

2.3 实验结果

比较了使用不同训练数据以及模型在测试集合上的准确率，具体见表 1：

表 1 测试集合准确率

实验组	预训练模型	模型	训练集大小	准确率
1	roberta	cosent	0（未精调模型）	0.6
2	roberta	cosent	11417	0.83
3	roberta	cosent	57326	0.85
4	roformer	cosent	0（未精调模型）	0.55
5	roformer	cosent	11417	0.62
6	roformer	cosent	57326	0.79
7	roformer	roformer	0（未精调模型）	0.61
8	roformer	roformer	11417	0.71
9	roformer	roformer	57326	0.42
10	roformer	mlm	540	0.2
11	roberta	mlm	540	0.12

2.3.1 模型效果对比

通过对比发现并不是预训练模型越大效果越好，RoFormer 搭配预训练模型效果最优，Cosent 模型搭配 Roberta 模型效果最优，MLM 理论上可以实现小样本无监督训练，但需要大量的精力开发调优模板，在线下尝试中准确率始终没有超过有监督的模型。

2.3.2 训练集的影响

从训练数据规模对测试准确率影响上分析，发现基于预训练模型后的微调可以提升准确率。使用生成模型扩充正例对 Cosent 模型有显著提升，但是用生成数据扩大数据集后对 RoFormer 模型有负向影响。

3 结论

通过实验结果可以看出，在业务流程问答对话任务上 Tmict system 已经取得了不错的准确率及召回率，在该模块上下一步会根据回答不准确的数据通过用户反馈及打分的形式进行标注，进而对负样本进行定期从新训练来增强模型的准确性。在查询业务数据任务上基于规则引擎的 nl2sql 实现方式虽然在现阶段可以保证准确率，但是在扩展性方面并不理想。在后续研发计划中，一方面需要在解析问题层面提升效果，另一方面尝试本监督学习及部分识别使用监督学习加规则的方式来实现更智能化的查询功能。在整体设计上后续运维对话机器人可以尝试结合 RPA 流程自动化来实现一些简单的脚本任务，进而更好地提升运维任务。

参考文献

[1] Jacob Devlin, Ming – Wei Chang, Kenton Lee, Kristina Toutanova, "BERT: Pre – training of Deep Bidirectional Transformers for Language Understanding", in Google AI Language.

[2] https://spaces.ac.cn/archives/8847/comment – page – 3? replyTo = 18976 CoSENT(一)：比 Sentence – BERT 更有效的句向量方案.

[3] https://spaces.ac.cn/archives/8860 CoSENT(二)：特征式匹配与交互式匹配有多大差距?

[4] https://arxiv.org/abs/1705.02364 Supervised Learning of Universal Sentence Representations from Natural Language Inference Data.

[5] https://arxiv.org/abs/1908.10084 Sentence – BERT: Sentence Embeddings using Siamese BERT – Networks.

[6] https://arxiv.org/abs/2104.08821 SimCSE: Simple Contrastive Learning of Sentence Embeddings.

[7] P. He, Y. Mao, K. Chakrabarti, W. Chen, "X – SQL: Reinforce ContextInto Schema Representation", in Microsoft Dynamics 365 AI.

[8] https://cloud.tencent.com/developer/article/1527351 自然语言到 SQL 语句，微软只用六个子任务，结果超越人类水平.

智能化工

人工智能异构算力池化在石油化工行业的应用

李　凯　张增金

（北京趋动科技有限公司，北京　100089）

摘　要：随着人工智能的快速发展，人工智能技术正在石油化工行业的地质勘探、油气开采、智能炼化、油气管网、管理决策等领域广泛应用。数据、算力、算法作为人工智能技术的核心三要素，其中，CPU 与 GPU 搭配的异构计算组合是人工智能算力的首选。在石油化工行业 AI 实际应用中，GPU 硬件在业务弹性支撑能力、资金投入产出、能耗和 IT 架构等方面仍然痛点明显。其核心原因在于，很多石油企业 AI 应用都是通过物理形式直接调用 GPU，GPU 并没有像云场景中计算、存储、网络虚拟化一样实现资源池化，GPU 的利用率极低，投入产出不成正比。异构算力资源池的建设，将会打破这一现象，能够帮助石油企业减少硬件采购成本、节约能耗支出、提升人效物效，加快人工智能技术在石油化工企业的应用。

关键词：人工智能；异构算力池化；GPU 虚拟化；GPU 池化；ASIC；FPGA

1　异构计算

异构计算是指在完成一个计算任务时，采用一种以上的硬件计算单元、互联协议、差异化架构、软件接口等，呈现硬件、互联、系统、架构、软件等多方面“异构”的特性[1]。随着计算机硬件技术的发展，各类 AI 加速芯片、设备不断涌现，满足上层应用对计算资源、计算能力的多样化需求，AI 加速芯片包括 CPU、GPU、FPGA、ASIC 等。异构算力是指 CPU、GPU、FPGA、ASIC 等多种算力协同的处理体系，能够满足不同场景中的应用需求，实现计算效力最大化[2]。目前，CPU 与 GPU 搭配的异构计算组合仍然是人工智能算力的首选，应用场景也最广泛，CPU 适用于逻辑性的事物处理和串行计算，以及任务之间的同步协调；GPU 在深度学习领域具备绝对优势，在执行高度线程化的并行处理任务时拥有更快的处理速度、更少的服务器投入和更低的功耗；FPGA 同时具有流水线并行和数据并行能力，适用于压缩和解压缩、图片加速、网络加速、金融加速等场景；ASIC 是应特定用户要求和特定电子系统的需要而设计、制造的集成电路是一种专用芯片，具有体积小、功耗低、计算性能高、计算效率高、芯片出货量越大成本越低等优势。

2　异构算力池化

随着人工智能技术的快速发展以及国产化的趋势，AI 算力芯片也越来越多样化，可选

作者简介：李凯，男，1989 年 8 月生，2013 年获内蒙古科技大学电子信息工程学士学位，现为北京趋动智能科技有限公司资深架构师，主要从事 GPU 虚拟化和池化研究。E－mail：likai@ virtaitech. com

择的芯片厂商不再局限于 NVIDIA、AMD、Intel 等国外品牌，国产厂家 AI 芯片譬如寒武纪 MLU、海光 DCU、华为昇腾、天数智芯、登临科技等也在快速发展。不同类型的 AI 处理器的应用程序接口、编程库和操作系统服务器不是统一的，例如 CUDA、NeuWare、Vitis、MindSpore 等，目前没有一种框架能够适用于所有的异构系统，其次，另外采用不同的架构的 AI 服务器资源池相互独立、生态隔离，形同一个个算力孤岛，并且在 AI 算力芯片使用的时候只能以独占式的分配方法提供给用户实例，无法实现动态调整和灵活调度，导致底层资源无法被充分利用[3]。异构算力资源可通过池化的方式来解决上述难题。

在云计算领域，池化技术应用比较广泛，核心技术是通过软件定义的方式，来实现计算(CPU、内存)、存储、网络三类资源池化，异构算力池化软件也是通过此种方式，将多种异构算力变成可动态管理的“资源池”，从而提升算力资源的利用率，简化系统管理，实现资源整合，让 IT 对人工智能业务的变化更具适应力。异构算力池化软件逻辑架构如下(图 1 参考了趋动科技的 GPU 池化方案[4]并做了扩展)：

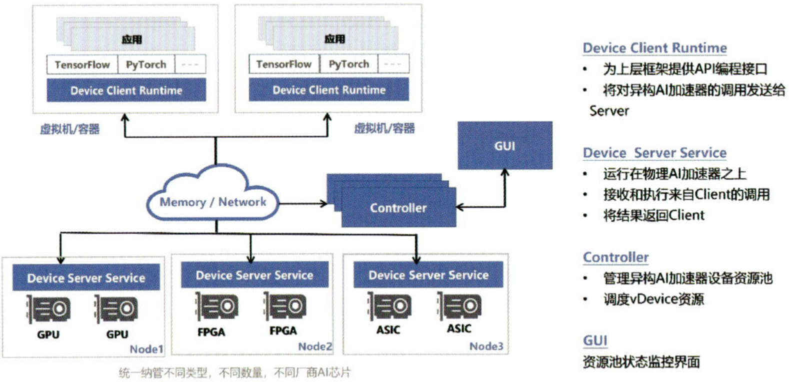

图 1　异构算力池化逻辑架构

异构算力池化软件的逻辑架构中包含了 Controller、Device Server Service、Device Client Runtime 和 GUI 等功能组件。各功能组件可以根据用户环境需求被部署在单服务器上，也可以被分布式地部署在数据中心的多个物理机、虚拟机或者容器环境中。在分布式的部署环境中，各功能组件可以通过多种类型的网络建立连接，从而把数据中心的 AI 加速器资源管理起来，形成一种可以被全局共享的计算资源，对 AI 应用提供可远程访问的、可灵活切分的、可聚合的弹性 AI 算力。

异构算力池化软件管理物理异构算力芯片之后，通过模拟不同类型的 AI 处理器的应用程序接口，为各种 AI 应用提供一个与原物理芯片 API 标准接口功能一致的运行环境，从而使得 AI 应用透明无感知地运行在异构 AI 算力资源池之上。异构算力池不仅在单服务器上模拟了异构芯片的标准接口，并且通过分布式部署各功能组件，能够提供分布式的运行环境。

3　异构算力池化技术实践

异构算力池化方案即是通过上述方案通过对物理 AI 加速芯片进行软件定义，融合了异构 AI 加速设备虚拟化、跨节点调用、资源聚合、随需应变、资源超分等多种能力，解决 GPU 使用效率低和弹性扩展差的问题。在算力池化方案中，基础设施层的所有 AI 算力资源由算力池化软件进行池化后统一调度，上层 AI 应用只需要向算力资源池申请所需算力资源，无须关注底层具体的设备型号、位置，只需要在向资源池申请资源时声明所需要算力资源的类型即可，如图 2 异构算力池化方案业务架构。

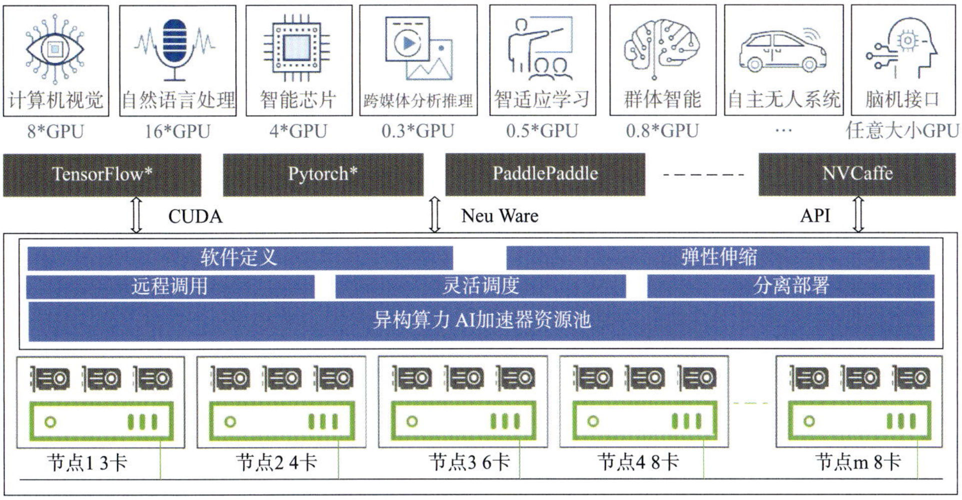

图 2　异构算力池化方案业务架构

异构算力池化方案有池化、调度、运维管理三个维度的能力模型。异构算力池化能力：通过网络互联，由算力池化软件来统一管理集群内的异构算力，实现 AI 算力资源的管理、监控、调度和回收等功能。异构算力调度能力：在实现异构算力池化之后有很多手段可以实现 AI 算力的调度。比如，AI 应用无须关注部署的节点有没有 AI 算力资源，只要在算力中心网络可达，均可以在整个算力中心范围内调用符合要求的算力加速卡资源进行算力加速，另外还可以通过动态挂载动态释放，来提升 AI 芯片的利用率，另外，还可以根据用户的业务场景对于算力的要求，指定芯片型号、指定物理节点，也可提供给业务物理卡/虚拟卡，双资源池的模式，按需来进行调度。资源池运维监控能力：异构算力池化后具备全局资源池性能监控，可以更细粒度的监控单张物理/虚拟 AI 算力卡的利用率、使用时长、运行中的任务等多维度查看资源池况[5]。

4　构建异构算力池化的预期效益

人工智能技术越来越多地应用于石油工程领域。比如，石油企业通过人工智能技术与应用，可以更好地开展企业相关决策支持和经营管理工作，提升石油工程决策质量和工作效率；在石油物理勘探工作时，应用神经网络学习、边缘检测算法、蚁群算法等人工智能算法，能够解决作业过程中实际存在的难题[6]；人工智能技术可提升设备检测检修质量，并对设备存在的故障进行早期预警，通过人工智能技术应用提升视频监控效率，实现井场漏油事故智能识别、车辆智能识别、职工行为智能分析等功能提高识别的准确率，减少人为因素造成的漏判和误判；通过采用人工智能优化模型的方式，合理选择层位、施工井，逐渐优化压裂施工设计方案，可逐渐提升石油工程整体油田产量[7]。人工智能通过数据、算力、算法和场景的融合深入到石油行业，促进和赋能石油企业数智化转型。通过异构算力池化建设，首先，改变了石油企业原来物理卡独占式的算力资源供给方式，由异构算力资源池提供细颗粒度的GPU资源复用单卡，保障业务运行的隔离性、可靠性和性能，采取池化方案上线生产业务的行业用户，可获得3倍以上的提升收益；其次，通过弹性的分配和调度资源，可以保障当石油企业某一项人工智能业务紧急上线时，通过异构算力资源的额弹性调度模式，可以快速匹配到可用算力资源；再次，在某些石油行业人工智能业务场景下，应用对于CPU和GPU的资源占比是不匹配状态，对于一台价值数十万的8卡GPU服务器，在实际业务运行中，最多只能使用到其中的3块GPU卡，剩下的5张GPU卡处在闲置状态，无法被充分利用。通过利用异构算力池化方案，将CPU和GPU解耦，一举解决CPU/GPU资源不匹配的问题。

5 结论与认识

石油行业作为国家重点行业，在面临高端芯片“卡脖子”风险时，应该关注众多国产新兴AI加速器的池化，寒武纪MLU、FPGA等，同时将以前采购的国外厂家的GPU卡充分利用起来，如英伟达GPU，建设一套异构算力资源池。通过池化，用户的AI应用可以透明地运行在多种AI加速器之上，无须关心底层芯片的类型，同时石油企业也可以根据自己的需求随意更换资源池中的AI加速器，不会影响上层人工智能应用的运行。这样用户完全拥有对芯片的自主选择权，可以根据性能、价格、功耗等指标来选择最适合自己的芯片组合。未来异构加速器的池化技术将是石油企业降本增效、节能减排、弹性支撑AI业务的首选。

参考文献

[1]郭亮，李洁，彭竞，等. 异构智算：高效算力筑基数字社会[M]. 北京：人民邮电出版社，2022.

[2]异构算力统一标识和服务白皮书[R]. 中国联通算力网络产业技术联盟，2021.

[3]面向智算的算力原生白皮书[R]. 中国移动研究院，2022.

[4]张增金，陈飞，邹懋，等. GPU池化(GPU Pooling)[J]. 中国计算机学会通讯，2022，18(8).

[5]郭亮，赵精华，赵继壮. 异构AI算力操作平台的架构设计与优化策略[J]. 信息通信技术与政策，2022，48 (3)：7－12.

[6]郭春竹，刘浩宇，郭珂. 人工智能在石油工程领域应用及影响[J]. 防护工程，2018，22.

[7]贾宝刚，申益凡，王浩. 人工智能技术在石油工程领域的应用[J]. 石油石化物资采购，2019，4.

智能油气管网

燃气管网微小泄漏识别仿真与智能监测技术研究

朱玉奎　周　丽　杜　选　刘丽君　谭东杰　李成志　柳建军　杨　阳　石　磊　陈妮娜

（昆仑数智科技有限责任公司智慧天然气与管道事业部，北京　102206）

摘　要：本文讨论城镇燃气管网微小泄漏识别和监测问题，提出了一种基于管道仿真软件、机器学习技术、流体力学机理模型的燃气管网微小泄漏识别仿真与智能监测模型。具体的，利用管道仿真软件建立燃气管道工艺仿真模型，基于管网历史运行数据自动校核管网水力、热力参数，提高仿真模型精度；针对不同泄漏位置，不同泄漏量等边界条件，设计正交试验，模拟不同条件下泄漏工况工艺参数，依据燃气管网泄漏机理选择泄漏特征，通过机器学习方法量化泄漏；以多参数相似度匹配方法为框架，计算实时监测的疑似泄漏工况与泄漏工况特征集中的泄漏工况相似程度，通过设定阈值参数遴选出真实泄漏工况；利用机器学习方法、统计学理论和流体力学基本方程组构建燃气管道单点泄漏模型计算泄漏点位置、泄漏强度并确定其各自置信区间；文章最后给出了燃气管网微小泄漏识别与监测系统整体建设方案规划。

关键词：泄漏监测；机器学习；仿真软件；流体力学；正交试验

0　引言

燃气已经成为生活必需品，老百姓的生活离不开燃气，但是一旦发生燃气事故，极易给人民的生命财产造成严重危害。城镇燃气管网随着运行年限增加，发生事故的概率逐渐增大。据《全国燃气事故分析报告》统计，2022 年第三季度共发生天然气事故 59 起，共造成 10 人死亡、25 人受伤，其中居民用户事故 10 起，造成 10 人死亡、25 人受伤，管网事故 47 起，场站事故 2 起。三季度 47 起燃气管网事故中，经核实有 41 起明确了燃气泄漏原因，其余 6 起原因待核实，可以看出绝大部分燃气事故与泄漏密切相关。

城市燃气管网具有压力等级低、工艺参数采集基础差、泄漏量微小等特点，这使得常规气体泄漏监测方法（表 1）在城市燃气管网的应用效果不理想。城市燃气管网的泄漏监测目前仍以人寻为主，存在效率低下、覆盖面狭窄、盲区大的缺点，无法达到全方位实时动态监测整个管网的目的。虽然近年来，终端用户通过加装监测装置，一定程度上降低了燃气泄漏风险，但燃气管网中压力更高、管存气体更多的干线管道由于缺少工艺参数监测和泄漏判别手段，发生泄漏后隐蔽性更强、危害更大。常规巡检手段耗时耗力、缺乏全局性和预测性，需要根据燃气管网实际情况，充分利用已有硬件条件和数据基础，快速判别是否存在泄漏风险。

作者简介：朱玉奎，男，1987 年生，硕士，昆仑数智科技有限责任公司智慧天然气与管道事业部工程师，主要从事管道泄漏监测技术研究。E－mail：zhuyukui@ cnpc. com. cn

注：本论文来源于中国石油天然气集团有限公司科研项目“天然气管网及站场智能管控系统研发”（课题编号：2021DJ7304）。

表1　输气管道泄漏监测方法汇总

序号	类型		名称	优缺点分析					
				灵敏度	实时性	误报率	定位精度	费用	连续监测
1	直接检测法		车载、手持检测仪	较高	慢	低	好	中等	不能
2			机载红外线法	较高	慢	低	好	高	不能
3	间接检测法	基于硬件检测法	光纤检测法	较高	快	低	较好	高	能
4			内检测法	高	慢	低	好	高	不能
5			音波法	高	快	低	较好	中等	能
6		基于 SCADA 系统	实时模型法	较高	较快	高	较好	低	能
7			流量平衡法	低	较快	高	差	低	能
8			压力点分析法	较高	快	高	较好	中等	能

针对燃气管网，采取哪种泄漏检测技术需要结合现场条件和技术特点综合选择。本项目提出了一种基于仿真软件、模式识别和流体力学机理模型的燃气管网泄漏检测方法，力求及早发现、精准定位、及时处置城镇燃气管网中发生的泄漏险情，特别是微小泄漏，降低事故发生率。

1　燃气管网建模仿真

描述天然气在管道内流动的模型可分为稳态模型和瞬态模型两种。如图1所示，稳态模型指的是管道内的流动参数只是空间坐标的函数而与时间无关；瞬态模型指的是流体在管网中的流动参数不仅是空间坐标的函数，同时也是时间的函数。研究城市燃气管网仿真问题需要建立瞬态模型，这是因为：管网系统的拓扑结构、气源流量、气源压力、用户负荷点处的流量及压力都是随时间变化的，即天然气在管网中流动的工艺参数是时间和坐标的多元函数。开展天然气管网动态仿真研究的目的是：当管网部分节点的工艺参数发生变化时，确定与之相关的其他节点的工艺参数的变化，以此指导工艺操作，保障管网安全稳定运行。

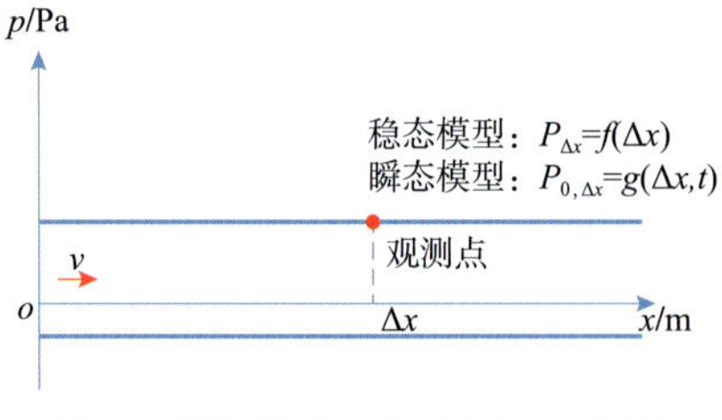

图1　单根管道一个泄漏点示意图

城市燃气管网具有以下特点：环状管网和枝状管网共存，相互连接，构成一个统一整体；包含多个气源点和负荷点，即“多进多出”性；同一时间气源点与气源点之间或负荷点与负荷点之间的工艺参数各不相同。

为了研究方便，借鉴文献中假设条件的设定方法[1,2]，将天然气管网做如下简化：

(1)管网是由气源(门站、储配站、调压站等)，用户和管线(包括阀门)等组成的相互联系的统一整体；

(2)管网系统中各个组成部分的特性可以用流量和压力来表示；

(3)按照压降和摩阻计算公式，将用户负荷点折算成当量管段，其特性也用流量和压力来表示，其压力等于流出该节点的气体压力；

(4)从气源进入管网的总流量等于管网的总用气量。

在天然气输配管网系统中，规定每条供气管段的气流方向为该管段的方向，所以整个管网可以看作一个有向连通图。

由图论的知识可知，网络中的节点和分支组成的集合称为图，记作 $G=(V,\ E)$，其中 V 表示节点的集合，$V=\{v_1,\ v_2,\ \cdots,\ v_m\}$，$m$ 为节点数，$m=|V|$（表示 V 的基数，下同），E 表示分支的集合，$E=\{e_1,\ e_2,\ \cdots,\ e_n\}$，$n=|E|$。

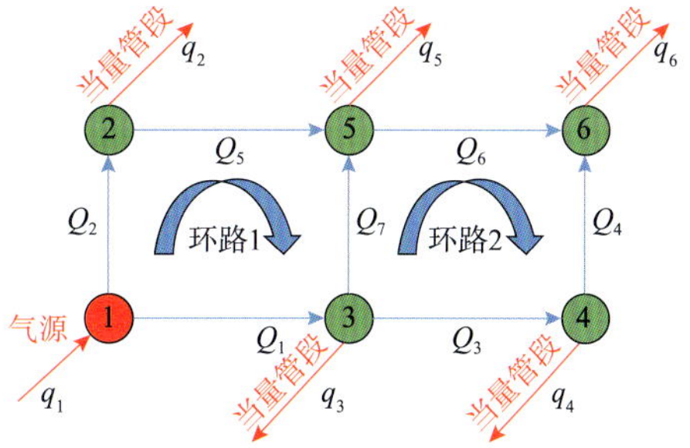

图2 天然气管网拓扑结构图

假定与分支 e_k，$k=1,2,\cdots,n$ 相对应的两个节点分别为 v_i，v_j，$i,j=1,2,\cdots,m$。当流体的流动方向为 $v_i\to v_j$，则分支 e_k 写成 $e_k=(v_i,\ v_j)$，图 G 称为有向图。当流体流动方向未确定，分支 e_k 可写成 $e_k=(v_i,\ v_j)$ 或 $e_k=(v_j,\ v_i)$，图 G 称为无向图。

在将输配管网简化成有向连通图之后，根据图论的知识，任意一个输配管网都可用一组矩阵来表示[1,3]，分别是：邻接矩阵、关联矩阵和回路矩阵。

管网中管段间相互连接的关系用邻接矩阵来表示，不妨设与图2中所示的天然气输配管网对应的邻接矩阵为 $A=(a_{i,j})_{n\times n}$，其中 n 为节点数，矩阵 A 中第 i 行，第 j 列的元素定义为：

$$a_{i,j}=\begin{cases}1,\ (v_i,\ v_j)\in E\\0,\ (v_i,\ v_j)\notin E\end{cases}.$$

管段的连接关系可用关联矩阵和回路矩阵表示，不妨设与图2中所示的天然气输配管网对应的关联矩阵为 $B=(b_{i,j})_{n\times m}$ 来表示，其中 n 为节点数目，m 为管段数目，矩阵 B 中第 i 行，第 j 列元素的定义如下：

$$b_{i,j}=\begin{cases}0,\ \text{管段}\ j\ \text{与节点}\ i\ \text{不相连接}\\-1,\ \text{管段}\ j\ \text{离开节点}\ i\\1,\ \text{管段}\ j\ \text{进入节点}\ i\end{cases}\quad i=1,2,\cdots,m;\ j=1,2,\cdots,n$$

对于环状管网，节点和管段之间的连接关系可用回路矩阵来表示，不妨设与图2中所示的天然气输配管网相对应的回路矩阵可用矩阵 $C=(c_{i,j})_{s,m}$ 来表示，其第 i 行 j 列元素为：

$$c_{i,j}=\begin{cases}0,\ \text{管段}\ j\ \text{不在回路}\ i\ \text{上},\\-1,\ \text{管段}\ j\ \text{与回路}\ i\ \text{方向相反},\\1,\ \text{管段}\ j\ \text{与回路}\ i\ \text{的方向相同},\end{cases}\quad i=1,2,\cdots,s;\ j=1,2,\cdots,m$$

这里 s 表示回路个数，m 表示管段个数，顺时针方向定位回路的正方向。

按照上述定义，与图2中所示天然气管网相对应的邻接矩阵、关联矩阵和回路矩阵分别为：

$$A=\begin{bmatrix}0&1&1&0&0&0\\1&0&0&0&1&0\\1&0&0&1&1&0\\0&0&1&0&0&1\\0&1&0&0&0&1\\0&0&0&1&1&0\end{bmatrix}\quad B=\begin{bmatrix}-1&-1&0&0&0&0&0\\0&1&0&0&-1&0&0\\1&0&0&-1&-1&0&0\\0&0&1&-1&0&0&0\\0&0&0&0&1&-1&1\\0&0&0&1&0&1&0\end{bmatrix}$$

$$C = \begin{bmatrix} -1 & 1 & 0 & 0 & 1 & 0 & -1 \\ 0 & 0 & -1 & -1 & 0 & 0 & 1 \end{bmatrix}$$

一个燃气输配管网的网络拓扑结构由其邻接矩阵、关联矩阵和回路矩阵所唯一确定，确定这三个矩阵的过程即是对一个输气管网的网络拓扑结构建模的过程；此时，若初始条件和边界条件已知，即可利用仿真软件对该燃气输配管网的运行状态进行模拟仿真。

2 泄漏模拟仿真

2.1 泄漏模拟方案设计

我国现行《城镇燃气设计规范》GB 50028 中将城镇燃气管道按照设计压力分为低压、中压、高压和次高压四种。低压燃气管段压力等级低，泄漏量微小，泄漏事件难以发现，本课题将中压燃气管段A级和次高压管段作为研究对象，首先在这类管段上验证泄漏监测方案的可行性，最后再将其改进、推广到低压燃气管段(表2)。

表2 燃气管网压力等级划分

名称		压力/MPa
高压燃气管段	A	$2.5<P\leq4.0$
	B	$1.6<P\leq2.5$
次高压	A	$0.8<P\leq1.6$
	B	$0.4<P\leq0.8$
中压燃气管段	A	$0.2<P\leq0.4$
	B	$0.1<P\leq0.2$
低压燃气管段		$P\leq0.1$

城市燃气管网的设计工况是指管道系统的流量满足最大负荷，负荷点前的压力为额定压力，负荷点前的流量为额定流量时的工况。

工况一：气源点入口流量为最大值，负荷点压力不低于额定压力；

工况二：气源点入口压力为最大值，负荷点压力不低于额定压力。

在以上两种工况条件下，分别模拟泄漏点处于管网中的不同位置、泄漏点孔径处于不同量级时，管网各节点工艺参数的变化情况。

具体的，模拟仿真时，需要控制的条件列举如下：

(1)泄漏点直径 d，并通过对泄漏系数的设定模拟不同的泄漏量；

(2)泄漏点位置，用 Δx 表示泄漏点与其距离最近的节点的距离；

(3)泄漏点位于不同的节点之间；

(4)无泄漏点。

2.2 特征选择与泄漏工况识别

常用的特征提取方法有主成分分析(Principal Components Analysis，PCA)[4,5]、线性判别分析(Linear Discriminate Analysis，LDA)[5]、流形学习[6]、傅里叶分析(Fourier Analysis)[7]、局部保持投影法(Locality Preserving Projection：LPP)[8]等。除此以外，我们还可采取采用正

交试验法[9]，设计正交试验表，研究不同工况组合条件下，泄漏工况和正常工况的识别问题，分析出识别正常和泄漏工况的关键特征。同时采用随机森林、矩阵的奇异值分解等算法，研究不同特征在分类问题中所占的权重，进而找出最优特征构造分类器完成泄漏工况识别。分类模型的训练过程如图3所示。

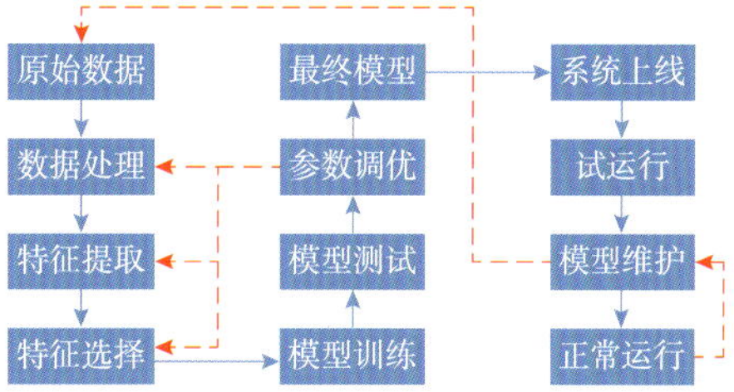

图3　机器学习流程图

泄漏工况的识别算法从原理上可以分为两类，分别是相似度匹配算法和分类算法。常用的相似度匹配算法包括：余弦相似度(Cosine Similarity)[9]、Jaccard 相似系数(Jaccard similarity coefficient)[10]等。常用的分类算法有：支持向量机(Support Vector Machine，SVM)[11]、神经网络(Neural network)[12]、决策树(Decision Tree)[13]、贝叶斯方法(Bayesian Analysis)[14]等。

3　泄漏点及泄漏强度估计

当有燃气泄漏事故发生时，迅速、准确地定位泄漏位置是进行事故抢修的关键。本节以管道试压的数学模型[3,16-19]为基础，通过在管道试压模型中引入回归函数和误差项的办法，在流体力学和统计学之间架起了一座桥梁。当误差项的分布满足特定规律时(例如误差项服从正态分布)，可以求得泄漏点位置和泄漏强度分布的置信区间。

3.1　泄漏检测模型

连续性方程和动量方程是输气管道泄漏模型的基础。连续性方程形式复杂，应用不便，需要化简后使用：首先，通过一系列假设条件化简连续性方程，然后将其与动量方程联立，最后基于联立方程组求得管道中压力关于时间和位置的函数关系。分别在管道的始末两端应用该函数关系，结合初始条件和边界条件即可求得泄漏位置和泄漏强度(图4)。

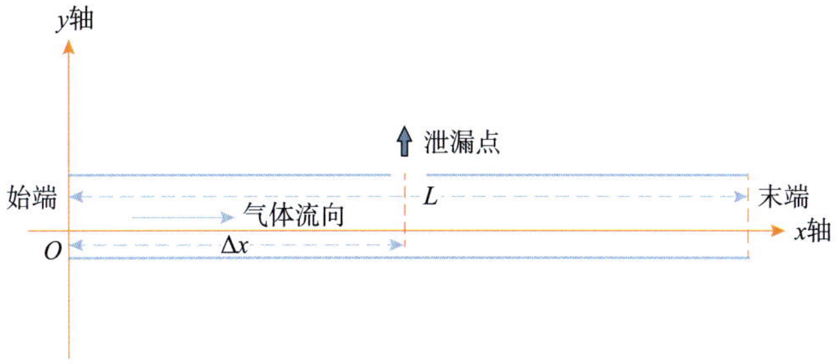

图4　只有一个泄漏点的管道模型

流体力学基本方程组中的连续性方程和动量方程形式如下：

连续性方程：

$$\frac{\partial(\rho v)}{\partial x}+\frac{1}{c^2}\frac{\partial P}{\partial t}=0 \tag{1}$$

动量方程：

$$\frac{\partial P}{\partial x}+\frac{\partial(\rho v)}{\partial t}+\frac{\lambda\rho v^2}{2D}+\rho g\sin\beta+\frac{\partial\rho v^2}{\partial x}=0 \tag{2}$$

式中 P——截面上的压强，Pa；

ρ——气体或液体的密度，kg/m^3；

v——流体流速，m/s；

λ——水力摩擦系数；

D——管道内径，m；

g——重力加速度，m/s^2；

β——管道爬高的水平倾角；

c——等温条件下，声音在气体或液体中的传播速度。

当研究对象是水平管道时，下式成立

$$\rho g\sin\alpha=0,\ \frac{\partial\rho v^2}{\partial x}=0 \tag{3}$$

当管道足够长时，下式成立

$$\frac{\partial(\rho v)}{\partial t}=0 \tag{4}$$

引入线性化条件(图5)

$$\frac{\lambda v^2}{2D}=2\alpha \tag{5}$$

联立式(1)~式(5)，化简后得[3,4]

$$\begin{cases}\dfrac{\partial P}{\partial x}+2\alpha\rho v=0\\[2ex]\dfrac{\partial\rho v}{\partial x}+\dfrac{1}{c^2}\dfrac{\partial P}{\partial t}=0\end{cases} \tag{6}$$

解得：

$$\frac{\partial P(x,\ t)}{\partial t}=\frac{c^2}{K}\frac{\partial^2P(x,\ t)}{\partial x^2} \tag{7}$$

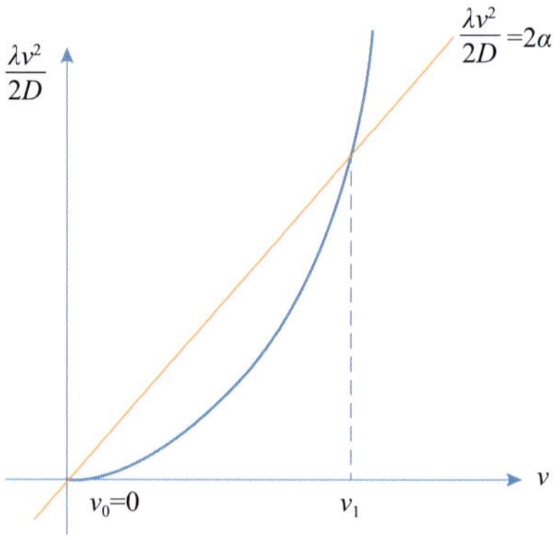

图5 线性化条件示意图

式中，

$$K=2\alpha \tag{8}$$

无泄漏点的流体力学方程[5]：

$$\begin{cases}\dfrac{\partial P(x,\ t)}{\partial t}=\dfrac{c^2}{K}\dfrac{\partial^2P(x,\ t)}{\partial x^2},\ 0\leqslant x\leqslant L,\ t\geqslant t_0\\ P(x,\ t)\mid_{t=t_0}=\psi(x)\\ P(x,\ t)\mid_{x=0}=p_0(t)\\ P(x,\ t)\mid_{x=L}=p_L(t)\end{cases} \tag{9}$$

式中 p_0，$p_L\in C[0,\ T]$及$\psi\in C[0,\ L]$——观测值；

$C[0,\ T]$，$C[0,\ L]$——定义在区间$[0,\ T]$及$[0,\ L]$区间上的连续函数。

其他各参数的意义如前所述，该方程组的解为[5]：

$$P(x,t) = \sum_{n=1}^{\infty}\psi_n \exp\left(-\left(\frac{n\pi\alpha}{L}\right)^2 t\right)\sin\frac{n\pi x}{L} + \frac{2\pi\alpha^2}{L^2}\sum_{n=1}^{\infty} n\int_0^1\left\{[p_0(\tau)-(-1)^n p_L(\tau)]\exp\left(-\left(\frac{n\pi\alpha}{L}\right)^2(t-\tau)\mathrm{d}\tau\right)\right\}\sin\frac{n\pi x}{L} \tag{10}$$

若管道始末两端流量满足公式（11），则可认为无泄漏发生。

$$\begin{cases} Q_0(t) = -\dfrac{A}{K}P_x(0,\ t) \\ Q_L(t) = -\dfrac{A}{K}P_x(L,\ t) \end{cases} \tag{11}$$

式中　P_x——函数 $P(x,\ t)$ 关于变量 x 的偏导数；

A——管线的横截面积。

3.2　基于回归模型与流体力学原理的气体漏失模型

在管道始末两端分别应用流体力学方程组得[16-19]

$$\begin{cases} \dfrac{\partial P_1(x,\ t)}{\partial t} = \dfrac{c^2}{K}\dfrac{\partial^2 P_1(x,\ t)}{\partial x^2},\ 0\leqslant x\leqslant \Delta x,\ t\geqslant t_0 \\ \dfrac{\partial P_2(x,\ t)}{\partial t} = \dfrac{c^2}{K}\dfrac{\partial^2 P_2(x,\ t)}{\partial x^2},\ \Delta x\leqslant x\leqslant L,\ t\geqslant t_0 \\ P_i(x,\ t) = f_\rho(x,\ t)+\varepsilon,\ i=1,\ 2,\ 0\leqslant x\leqslant L,\ \varepsilon\sim\rho(X,\ R),\ X=[0,\ L] \\ P_1(\Delta x,\ t) = P_2(\Delta x,\ t),\ t\geqslant t_0 \\ \left[\dfrac{\partial P_1(x,\ t)}{\partial x}-\dfrac{\partial P_2(x,\ t)}{\partial x}\right]_{x=\Delta x} = f(t),\ t\geqslant t_0 \\ P_1(0,\ t) = f_1(t) \\ P_2(L,\ t) = f_2(t) \\ \left[\dfrac{\partial P_1(x,\ t)}{\partial x}\right]_{x=0} = 0,\ \left[\dfrac{\partial P_1(x,\ t)}{\partial x}\right]_{x=L} = 0,\ t\geqslant t_0 \end{cases} \tag{12}$$

上述方程组中，ρ 为定义在 $X=[0,\ L]$ 上的概率分布函数，ε 为随机误差，$\varepsilon\sim\rho(X,\ R)$ 表示 ε 服从 $\rho(X,\ R)$ 分布，$f_\rho(x)$ 表示回归函数，其定义如下：

$$f_\rho(x) = \int_X y d\rho(y \mid x),y \in \boldsymbol{R} \tag{13}$$

式中　$\rho(y\mid x)$——在 x 发生的前提下，y 发生的条件概率；

ρ_X——ρ 在 X 上的边缘分布，$\rho=\rho_X\rho(y\mid x)$；

$P_1(x,\ t)$，$P_2(x,\ t)$——泄漏点左右两端的压力随时间和位置的变化关系。

回归函数的引入在流体力学和统计学之间架起了一座桥梁，使得我们可以用统计学的工具研究流体力学问题。利用随机误差 ε 的分布性质，可以计算泄漏点和泄漏强度的置信区间。

假设式(12)所述流体力学方程组的解是：

$$\begin{cases} \Delta x = \varphi(\varepsilon) \\ f(t) = \varphi(t,\ \varepsilon) \end{cases} \tag{14}$$

式中　Δx——泄漏点位置；

$f(t)$——泄漏强度。

假设 ρ 为正态分布，不妨设其均值和标准差分别为：μ 和 σ，即

$$\varepsilon \sim N(\mu,\ \sigma^2) \tag{15}$$

给定置信度 δ，根据正态分布的性质查表可得其 $1-\delta$ 的置信区间 $[\varepsilon_1,\ \varepsilon_2]$，即

$$\mathrm{Prob}(\varepsilon_1 \leqslant \varepsilon \leqslant \varepsilon_2) = 1-\delta \tag{16}$$

从而

$$\mathrm{Prob}(\varepsilon_1 \leqslant \varphi^{-1}(\Delta x) \leqslant \varepsilon_2) = 1-\delta \tag{17}$$

$$\mathrm{Prob}(\varepsilon_1 \leqslant \phi^{-1}(f) \leqslant \varepsilon_2) = 1-\delta \tag{18}$$

解不等式可得 Δx 和 f 的 $1-\delta$ 置信区间：

$$\Delta x_1 \leqslant \Delta x \leqslant \Delta x_2 \tag{19}$$

$$f_1 \leqslant f \leqslant f_2 \tag{20}$$

3.3　算例

假设如图4所示的管道始端和末端的压力数值可以通过测量得到，管道长度 L 已知，式(13)中的回归函数具有如下形式：

$$f_\rho(x,\ t) = p_H \tag{21}$$

这里 p_H 为常数，那么计算泄漏点和泄漏强度的步骤及公式如下。

(1)收集样本。收集管道各处距管道始端的距离和压力样本，不妨用 x_i 表示测量点距管道始端的距离，p_i 表示压力，则样本集可以表示为：

$$\{x_i,\ p_i\}_{i=1}^{m},\ m \in \boldsymbol{N}^*$$

(2)计算 p_H，μ，σ 的观测值：

$$\widehat{p_H} = \frac{1}{m}\sum_{i=1}^{m} p_i$$

$$\widehat{\mu} = \frac{1}{m}\sum_{i=1}^{m}(p_i - p_H)$$

$$\widehat{\sigma^2} = \frac{1}{m-1}\sum_{i=1}^{m}[(p_i - p_H) - \widehat{\mu}]^2$$

(3)计算泄漏点位置 Δx，泄漏强度函数 $f(t)$，及 $f(t)$ 的置信区间。

①计算泄漏位置的迭代公式如下[3]：

$$\begin{cases} \Delta x = \dfrac{-1 \pm \sqrt{1 - 2\dfrac{\beta-1}{L}\left[\dfrac{\alpha^2}{L}\bar{t}(\beta-1) - \dfrac{L}{6}\beta - \dfrac{L}{3}\right]}}{\dfrac{\beta-1}{L}} \\ \beta = \dfrac{P_1(0,\ \bar{t}) - \widehat{p_H}}{P_2(0,\ \bar{t}) - \widehat{p_H}} \end{cases} \tag{22}$$

给定初值 $\Delta x = \eta_0$，按照[公式(22)]迭代计算，直至

$$|\eta_{n+1} - \eta_n| \leqslant \mu_0 \tag{23}$$

其中，μ_0 为给定的误差界。

设迭代停止时，$\Delta x=\widehat{\eta}$，按照[公式(24)]解出 ε 的值，

$$\begin{cases}\Delta x=\dfrac{-1\pm\sqrt{1-2\dfrac{\beta-1}{L}\left[\dfrac{\alpha^2}{L}\bar{t}(\beta-1)-\dfrac{L}{6}\beta-\dfrac{L}{3}\right]}}{\dfrac{\beta-1}{L}} \\ \beta=\dfrac{P_1(0,\ \bar{t})-(\widehat{p_H}+\varepsilon)}{P_2(0,\ \bar{t})-(\widehat{p_H}+\varepsilon)}\end{cases} \tag{24}$$

从[公式(24)]中反解出 ε，则 ε 是 Δx 的函数，不妨记作

$$\varepsilon=g(\Delta x) \tag{25}$$

设 ε 的 95% 的置信区间为

$$[\varepsilon_0,\ \varepsilon_1]$$

即我们有 95% 的把握确定下式成立

$$\varepsilon_0\leqslant\varepsilon\leqslant\varepsilon_1 \tag{26}$$

将 $\varepsilon=g(\Delta x)$ 代入式(26)，解不等式即可得到 Δx 的 95% 的置信区间。

②计算泄漏强度函数的公式如下[3]：

$$f(t)=\frac{P_1(0,\ t)-(p_H+\varepsilon)}{\dfrac{\alpha^2\bar{t}}{L}+\dfrac{L}{3}+\dfrac{\Delta^2x}{2L}-\Delta x} \tag{27}$$

从[公式(27)]中反解出 ε，则 ε 是 f 的函数，不妨记作

$$\varepsilon=h(f) \tag{28}$$

解不等式即可得 f 的 95% 的置信区间。

综上，我们得到燃气管道泄漏判定的流程如下(图 6)：

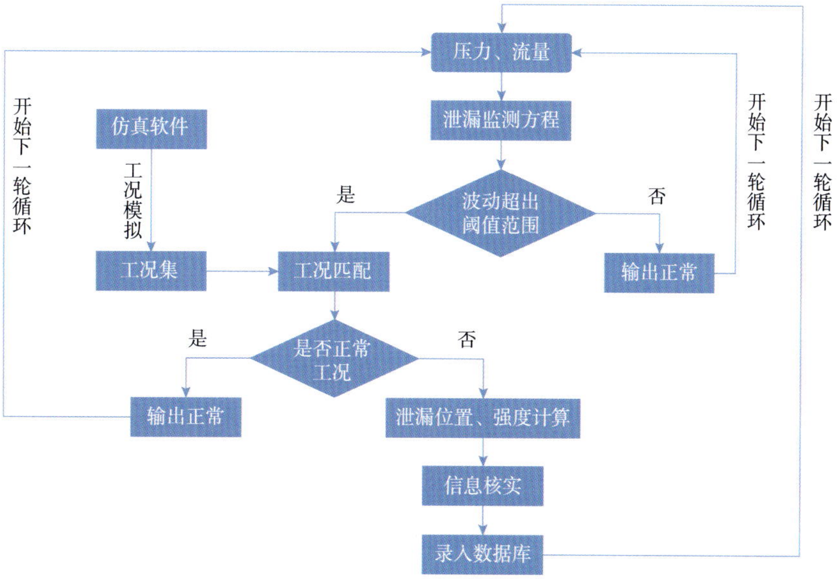

图 6 燃气管道泄漏监测流程图

图 6 中：“泄漏监测方程” 指的是式(10)，“波动超出阈值范围”中的“阈值”需要结合式

(11)和实际工况最终确定；“工况集”是利用仿真软件按照2.1节泄漏模拟方案设计中所述方法模拟出来的工况，包含了泄漏工况和非泄漏工况；“泄漏位置”和“泄漏强度”分别根据式(24)和式(27)计算。

4 系统设计

系统设计包括系统总体架构设计、系统功能设计以及数据流向规划。

基于模块化程序设计思想，以“高内聚、低耦合”为指导原则，采用C/S架构构建城市中高压燃气管网泄漏监测系统，其总体架构如图7所示。

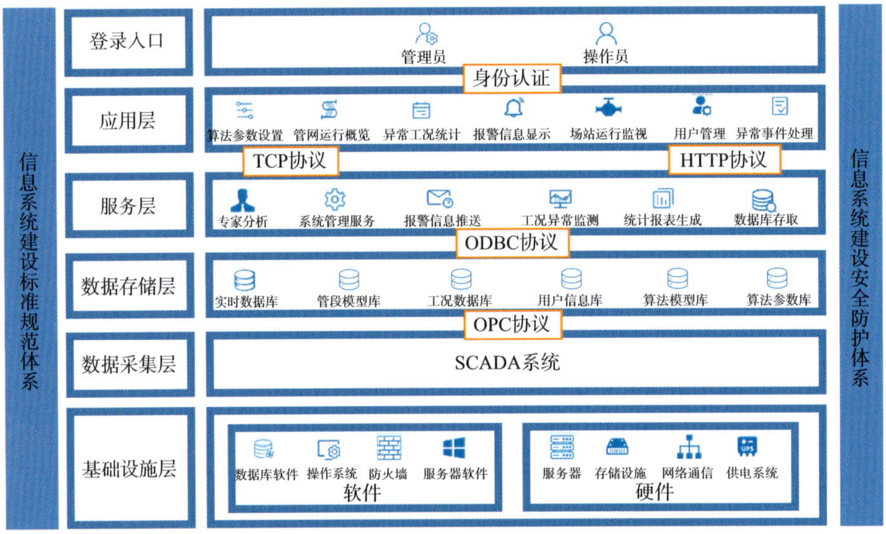

图7 城市中高压燃气管网泄漏监测系统总体架构图

总体架构设计采用分层设计思想，从底层到高层依此是：基础设施层、数据采集层、数据存储层、服务层、应用层和登录入口等。其中，基础设施层包括系统运行所依赖的各种软、硬件等基础设施；数据采集层即数据源，本系统的数据源为SCADA系统，系统采用OPC数据传输协议从SCADA系统中采集数据存储到数据存储层中；数据存储层即各种中间数据库，包括实时数据库、算法库、用户信息库、模型库等；服务层即负责给应用层提供服务的各种服务程序；应用层即直接面向用户的各种应用服务。

城市中高压燃气管网泄漏监测系统功能包括：首页展示、专业应用功能和基础服务功能三部分，其系统功能架构如图8所示。

首页展示呈现管网走向图及各个站场进站压力、出站压力、进站流量、出站流量等实时数据，当有泄漏工况发生时会弹出泄漏报警信息。专业应用功能包括实时监视、数据查询、统计分析三个二级功能模块，这三个二级功能模块可进一步划分成20个三级子功能模块。基础服务功能包括数据采集、参数配置、数据存储、系统管理，此部分功能需要专业人员配置。

城市中高压燃气管网泄漏监测系统由客户端程序和服务器程序组成。客户端程序集成了套接字、Web客户端以及SQL查询模块；服务器程序集成了数据采集、算法分析，数据库操作功能；其数据流向如图9所示。

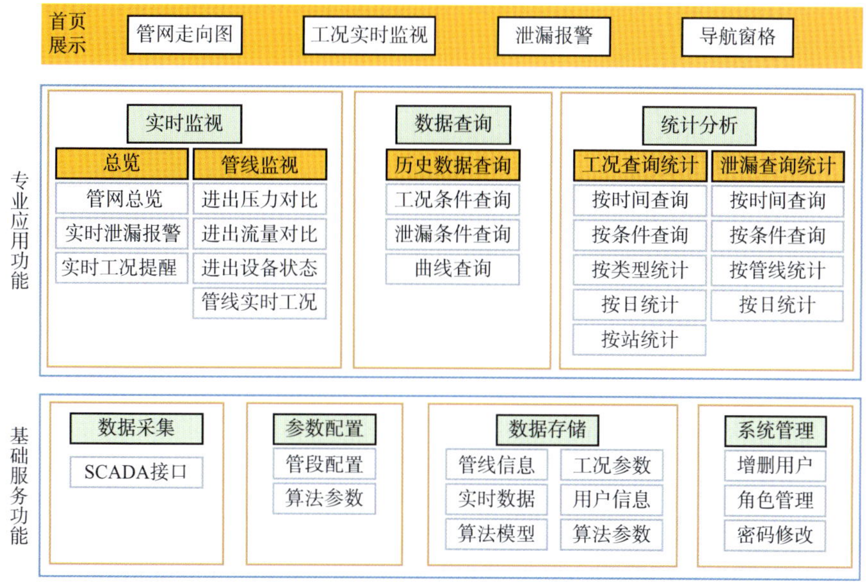

图 8　城市中高压燃气管网泄漏监测系统功能架构图

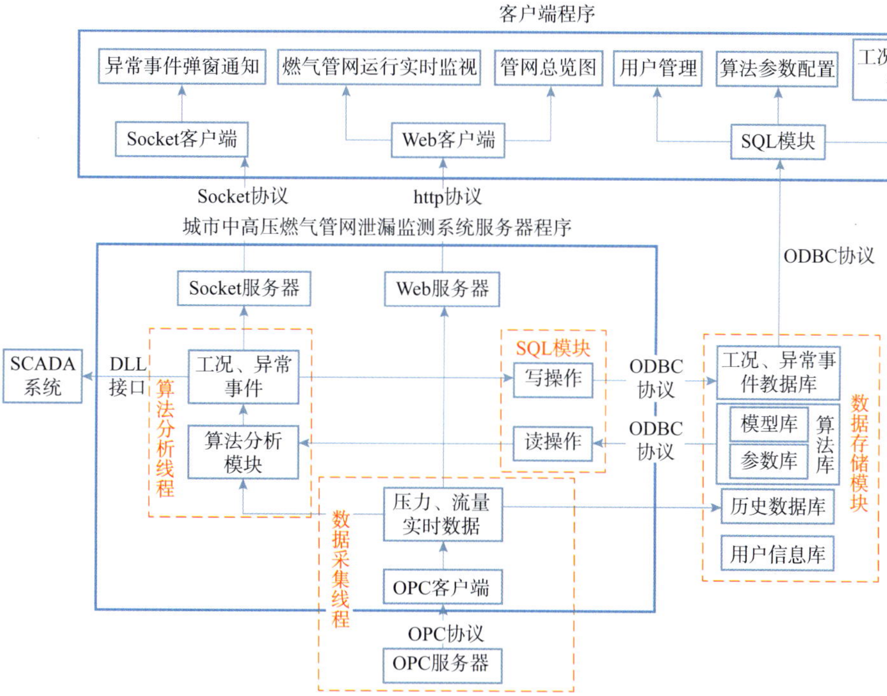

图 9　城市中高压燃气管网泄漏监测系统数据流向图

5　结束语

城市燃气管道的泄漏监测问题是管道泄漏监测领域的难点。本文在充分借鉴和吸收前人研究成果的基础上，提出了城市燃气管道泄漏位置定位和泄漏强度估计算法，给出了泄漏位置和泄漏强度的区间估计，构建了城市中高压燃气管网泄漏监测系统总体架构、功能架构，阐明了系统的数据流向。

本成果可独立应用亦可作为重要功能模块集成到其他系统中应用，其应用领域为：①管道投产前的压力测试，可以应用本成果的泄漏位置定位和泄漏强度估计算法对泄漏点位置和泄漏强度做出估计；②城市燃气管网运行过程中泄漏监测、泄漏位置定位和泄漏强度估计等问题。

参考文献

[1]赖建波．燃气管网仿真技术及其泄漏危险性研究[D]．天津：天津大学，2008.

[2]王睿怀，黄梅丹．城镇燃气输配[M]．第一版．北京：化学工业出版社，2020：118－123.

[3]江茂泽．输气管网中气体漏失位置的计算公式[J]．西南石油学院学报，1992，(2)：117－123.

[4]方达锋，马恩耀，冯冲，陈玉娥，杨诗慧，欧晓华，马学森，周劲松．基于主成分分析与聚类分析的不同产地白芍质量评价研究[J]．特种经济动植物，2023，26(01)：14－18.

[5]武斌，沈嘉棋，汪鑫，武小红，侯晓蕾．主成分分析排序和模糊线性判别分析的生菜近红外光谱分类[J]．光谱学与光谱分析，2022，42(10)：3079－3083.

[6]白江宁，彭运洪，陈源培，胡立生，郭峰，范洁蓉，陈赟．基于流形的蒸汽轮机系统异常检测技术研究[J]．热力透平，2022，51(02)：81－84.

[7]许磊，马赞．基于傅里叶分析的舰船航行安全监控系统[J]．舰船科学技术，2021，43(12)：31－33.

[8]张杰，易辉，王远鸣，顾梦埙，黄阅．基于局部保持投影的光伏组件热斑故障诊断[J]．计算机应用与软件，2021，38(11)：49－55.

[9]刘建文，方芳，龚云麒，刘军锋．正交试验法优选秋水仙碱的闪氏提取工艺研究[J]．中兽医医药杂志，1－7.

[10]钟聪，彭育辉，黄炜．采用余弦相似度和变预测时域的汽车轨迹追踪控制[J]．福州大学学报(自然科学版)，2022，50(06)：803－810.

[11]高洪臻．基于杰卡德相似系数的OPAC用户检索行为研究[J]．图书馆研究与工作，2022(06)：74－79.

[12]李福祥，王雪，张驰，周明．基于边界点的支持向量机分类算法[J]．陕西理工大学学报(自然科学版)，2022，38(03)：30－38.

[13]施强．基于BP神经网络的计算机图像智能识别方法[J]．电脑编程技巧与维护，2022(10)：134－137.

[14]邹黄刚，赵景顺，李彬．ID3决策树算法在汽车检测中的分析及应用[J]．中国水运，2022(11)：153－155.

[15]阳洋，王者伟，凌园，鲜冰，罗康辉，王松．基于统计矩理论和贝叶斯方法的框架结构损伤识别方法研究[J]．建筑结构学报，2023，44(02)：227－236.

[16]江茂泽，曾自强．关于气体漏失位置的近似计算公式[J]．油气储运，1992(04)：49－51.

[17]吴小庆，王宇，江茂泽．关于输气管道的一个泄漏点的检测问题[J]．西南石油学院学报，2006(03)：27－29.

[18]马祥玉．带有一般漏失函数的漏失模型的存在唯一性研究[D]．成都：西南石油大学，2007：6－8.

[19]黄业华．油气管道泄漏检测理论研究[D]．成都：西南石油大学，2011：11－12.

基于 DANP 方法的天然气客户综合评价指标体系构建

兰志轩[1]　黄　龙[2]　李宏晨[1]　杨　楠[1]　董　涛[3]

［1. 昆仑数智科技有限责任公司，北京　102206；
2. 中国石油天然气股份有限公司天然气销售山东分公司，山东 青岛　250000；
3. 中国石油大学（北京），北京　102249］

摘　要：随着中国天然气市场格局发生重大变化，供气企业之间的竞争愈加激烈，构建天然气客户综合评价指标体系，对供气企业识别其客户综合价值，管理客户关系，实现精准化营销具有重要意义。通过文献分析法研究现有相关文献，结合专家咨询的意见，从用气水平、用气特性、财务能力、信用状况、发展潜力、协作水平 6 个维度构建指标体系。将专家对维度及指标的评分作为基础数据输入 DANP 方法中，运用 DEMATEL 方法分析指标间的相互关系，并根据计算得到的中心度和原因度绘制关系网络图；在此基础上运用 ANP 方法计算得到各指标的权重，识别用气水平和用气特性是天然气客户综合评价的重要维度，销售利润率、用气量、总资产数额、用气增长率等指标是关键指标。

关键词：天然气客户；客户评价；DANP 方法；评价指标体系；综合评价；指标权重

0　引言

我国的天然气产业包括上、中、下游三个环节，其中，天然气的勘探开发、进口以及转化是上游环节；中游环节是指天然气的储存和运输；下游环节是指天然气市场利用或消费[1]。本文中天然气客户所指的是天然气产业链下游消费主体中的工商企业，即主要从事天然气配气、售气和生产业务的燃气企业，区别于个体消费者，他们从供气企业购买天然气，之后通过管网、LNG 储存调峰设施或自建工厂对在业务区域内的终端用户进行天然气销售或相关天然气产品供应[2]。

近年来，我国天然气需求量增速放缓，但随着国内天然气产量的持续增长和进口能力的增强，其整体的增长趋势仍维持不变。同时，我国天然气市场的开放及国家管网公司的成立带来了“管销分离”的现象，使天然气市场格局发生了重大变化，各天然气公司都不遗余力地开拓市场范围，供气企业间的市场竞争加剧[3]。

天然气市场的买卖关系逐渐从以中国石油、中国石化、中国海油三大国有公司为主的

作者简介：兰志轩，男，1990 年 7 月生，硕士，昆仑数智科技有限责任公司业务架构师，主要从事天然气销售领域数字与信息化研究。E－mail：lanzhixuan@ petrochina. com. cn

“一对一”模式转换为“一对多”的模式，客户可以从多家供应主体购气，可选择的供应方案增加，议价能力将显著上升。在这样的市场环境下，传统的供气企业将面临客户流失风险，须根据客户用气特性优化资源配置，并制定灵活的营销策略，为客户提供精准化营销和精细化服务[4]。因此，客户评价体系应细化至客户价值层面，从而方便供气企业认识到客户的综合价值，做好客户关系管理[5]，为不同的客户提供定制化服务，提升市场占有率，赢得顾客青睐。

在以上研究结论的基础上，本文试图构建多维角度下的天然气客户综合评价指标体系，并利用DEMATEL－ANP(以下简称DANP)方法[6,7]，其中DEMATEL是Decision Making Trial and Evaluation Laboratory的简称，指的是决策实验与评价法，分析出天然气客户综合评价指标的相互影响关系。ANP是Analytic Network Process的简称，指的是网络分析法的结合，DANP结合了两种方法，利用DEMATEL分析天然气客户综合评价指标的相互影响关系，再利用ANP方法计算得到各级维度与指标的权重与权重排序分析。

1 天然气客户综合评价指标体系构建

由于天然气市场的错综复杂，每个天然气客户都有着不同的特征，体现在营销业务、目标、策略等方面均不同。因此，对天然气客户综合评价的指标要尽可能地反映出每类客户的特点，构建全面的评价体系，同时还需要有侧重点，结合天然气商品及各类客户的特点突出重要指标，最后通过评价指标体系能够得到对客户相对重要性的判断[8]。

基于完整性与重点性相结合、可操作性与可评比性相结合的原则[9]，本文立足于天然气供应商对客户进行评价的目标，从客户贡献度和客户忠诚度两大角度出发[10]，拓展至用气水平、用气特性、财务能力、信用状况、发展潜力、协作水平6个维度构建天然气客户综合评价指标体系。其中，客户的用气水平、用气特性以及财务水平能够反映客户天然气消费的贡献度；信用状况、发展潜力以及协作水平能够间接反映客户对天然气供应商的忠诚度。因此，通过构建包含6个一级维度的天然气客户综合评价指标体系，能够将客户贡献度和客户忠诚度转化为可量化指标，从而全面评价客户。天然气客户综合评价指标体系的一级维度以及下设具体指标的解释如下：

1. 用气水平(D_1)

用气水平是客户用气的“结果”，主要表现在所用的量和价格的形式上。其可以直观地反映出客户的用气需求，是天然气供应商重点关注的客户信息，也是衡量天然气商品交易的主要指标。一般情况下，供应商都期望获得用气量大、增长幅度大且用气价格高的天然气客户[8]。因此把用气水平维度划分成3个二级指标，分别为：

用气量(C_1)：指客户所使用天然气的量[8]；

用气价格(C_2)：指客户所使用天然气的单价[8]；

用气增长率(C_3)：衡量用气量阶段性增长比率的指标[8,11]。

2. 用气特性(D_2)

用气特性主要是指客户用气的“过程”，即其使用天然气的特点，主要表现在客户用气是否稳定，是否可中断。一般情况下，出于成本和效益的考虑，天然气供气商期望获得用气平稳且均匀的可中断用户[8]。因此把用气特性维度划分成3个二级指标，分别为：

调峰贡献度(C_4)：是天然气用气不均匀时调节用气高峰对整体贡献大小的量化度量[8]；

可中断率(C_5)：在用气高峰时段或紧急状况下，用气用户可中断的负荷部分的比率[8]；

用气不均匀系数(C_6)：包括月不均匀系数、日不均匀系数和小时不均匀系数，反映客户的用气波动性[12]。

3. 财务能力(D_3)

客户财务能力一般包括客户的财务状况、盈利能力、资金使用效率和偿债能力等，客户的财务能力会直接影响到客户能否及时上交气款或欠款，也关系到客户后续的发展变化[12]，一般情况下，天然气供应商期望获得财务能力高的客户。本文把财务能力维度划分为 2 个二级指标，分别为：

销售利润率(C_7)：是指公司利润和销售收入的比例，可以反映一个企业的收益水平、营利能力[12]；

总资产数额(C_8)：表明资产的存量规模，是分析企业资本积累能力和发展能力的主要指标。

4. 信用状况(D_4)

客户的信用状况是企业评价客户必不可少的一项内容，关系到与其交易的风险、销售回款的难度。一般情况下，出于提高交易成功率的考虑，天然气供应商期望获得信用状况良好、信用风险低的客户。本文把信用状况维度划分成 3 个二级指标，分别为：

气费回收率(C_9)：指已缴纳气费/应缴纳气费，反映实收气费的比例[8]；

气费到账及时率(C_{10})：反映气费回收是否准时[8]；

银行信用评价(C_{11})：即银行出具的客户信用评价报告[4]。

5. 发展潜力(D_5)

发展潜力也指客户的潜在价值，根据客户状态可以将客户分为现有客户和潜在客户，现有客户的发展潜力关注其未来的用气需求是否增长以及是否继续与企业进行合作；潜在客户的发展潜力则体现在是否进行合作。一般情况下，出于提高市场开发效率的考虑，天然气供应商期望获得发展潜力大、培养空间大的客户。本文把发展潜力维度划分成 3 个二级指标，分别为：

可承受气价(C_{12})：衡量客户对天然气价格接受能力的指标[8]；

供气服务满意度(C_{13})：衡量客户对目前供气服务的满意程度的指标；

稳定合作年限(C_{14})：即客户连续不间断从一家供气企业购买天然气的时间[4]。

6. 协作水平(D_6)

协作水平主要是指客户与企业的协调与配合程度，表现为信息公开度与合作意识。一般情况下，天然气供应商期望获得协作意愿强的客户，方便企业能够准确把握客户发展动态，及时规划资源配置。本文把协作水平维度划分成 2 个二级指标，分别为：

计划申报准时性(C_{15})：衡量企业是否可以按时申报计划，包括用气计划、因生产故障/检修管线/设备停用等原因需当日增减的计划[12]；

销售计划符合度(C_{16})：衡量客户实际购气量与销售计划的符合程度[4]。

综合天然气客户综合评价指标体系如图 1 所示：

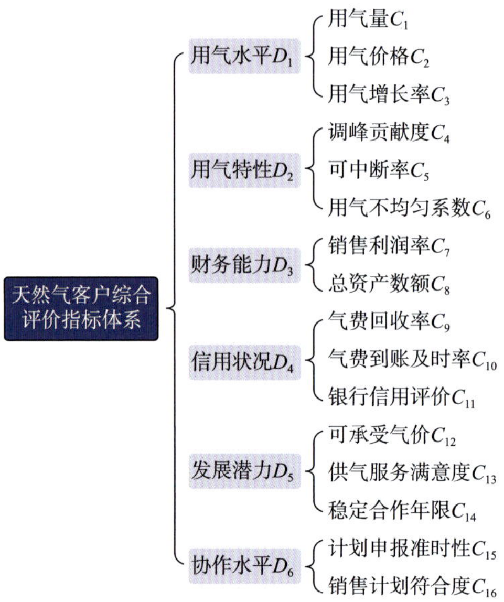

图1　天然气客户综合评价指标体系

2　基于DANP方法的评价指标权重计算

2.1　技术路线

本文对天然气客户综合评价的研究技术路线主要分为三步[13]，总体的技术路线框架如图2所示。

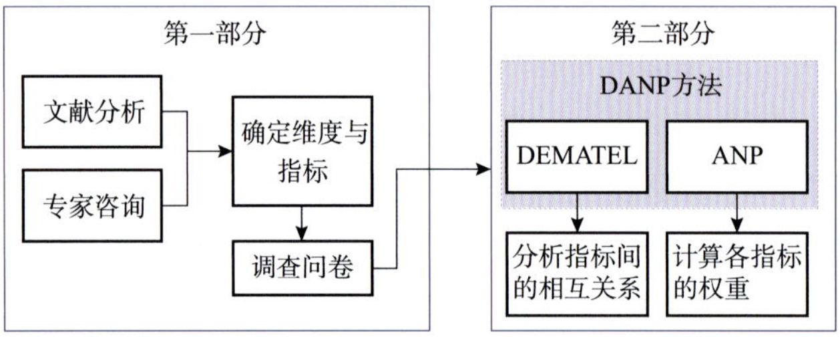

图2　技术路线

首先，通过文献分析法寻找可以测量天然气客户综合价值的相关指标，结合专家咨询的意见确定了整体的天然气客户综合评价指标体系，共包括6个维度及16个指标。本文基于指标体系设计相关的调查问卷，经测试后将其发放给相关专家，收集问卷结果以获取初始数据。

其次，运用DANP方法中的DEMATEL法分析维度之间和指标之间的相互关系，计算得到影响度、被影响度、中心度、原因度，并在此基础上绘制出相应的维度及指标的关系网络图。

最后，结合DEMATEL方法的计算结果，再利用ANP方法计算得到各级维度与指标的权重与权重排序，并对所有结果进行分析，得出研究结论。

2.2　DANP方法与具体步骤

DANP方法是DEMATEL(决策实验与评价法)与ANP(网络分析法)的结合，DANP方法充分运用到了两种方法的优势，既可以利用DEMATEL方法挖掘多准则多指标中的相互关系，探究其相互影响的程度，划分原因指标和结果指标，又可以在考虑指标关联性的基础上利用ANP方法计算相应的权重[14]。DANP方法有效规避传统方法中各指标相互独立的弊端，计算结果更加客观科学，该方法在指标研究、政策评估、管理决策等领域广泛应用[15]。

DANP方法实施过程中具体包括以下几个步骤[15]：

第一步：建立直接影响矩阵。

首先需要依据各维度/指标间的相互逻辑关系，利用0~4的标度对各维度/指标间影响程度进行评分，表示一个指标对另一个指标的“无影响”“很弱影响”“弱影响”“强影响”“很强影响”的直接影响程度，评分后会得到直接影响矩阵 $T=[t_{ij}]_{n\times n}$。其中，t_{ij}表示 i 指标对 j 指标的影响程度，n 为指标数量。维度的直接影响矩阵表示为 T_D，指标的直接影响矩阵表示为 T_C。

第二步：矩阵规范化处理。

在得到维度及指标的直接影响矩阵后，需要对其进行规范化处理，运用规范化公式(1)、公式(2)处理后得到规范化矩阵 $\boldsymbol{N}$。

$$\boldsymbol{N} = lT\# \tag{1}$$

$$l = min\left\{\frac{1}{\underset{i}{max}\sum_{j=1}^{n} a_{ij}}, \frac{1}{\underset{j}{max}\sum_{i=1}^{n} a_{ij}}\right\} \tag{2}$$

第三步：计算综合影响矩阵。

基于规范化矩阵，利用公式(3)计算综合影响矩阵，从中探究各维度/指标间的相互关系。维度综合影响矩阵表示为 M_D，指标综合影响矩阵表示为 M_C。

$$M = N + N^2 + N^3 + N^4 + \cdots = N(I - N)^{-1} \tag{3}$$

其中，I 为单位矩阵。矩阵 M 中指标m_{ij}按行相加即为对应指标的影响度d_i，按列相加则是被影响度r_j。

通过指标的影响度和被影响度，可以计算中心度和原因度。中心度为d_i+r_i，可以反映该指标t_i在评价天然气客户中的重要性；原因度为d_i-r_i，是划分原因指标和结果指标的准则，如果指标的原因度大于零，则说明该指标是原因指标，会影响到其他指标，反之，则说明该指标是结果指标，受其他指标影响。

第四步：标准化处理综合影响矩阵。

将第三步中得到的综合影响矩阵 M_D、M_C 进行标准化处理，利用公式(4)~公式(8)计算得到标准化矩阵M_D^{α}和M_C^{α}。

$$M_D^{\alpha} = [M_D^{\alpha_{ij}}]_{n\times n} = \begin{bmatrix} \frac{m_D^{11}}{f_1} & \cdots & \frac{m_D^{1j}}{f_1} \cdots & \frac{m_D^{1n}}{f_1} \\ \vdots & & \vdots & \vdots \\ \frac{m_D^{i1}}{f_i} & \cdots & \frac{m_D^{ij}}{f_i} \cdots & \frac{m_D^{in}}{f_i} \\ \vdots & & \vdots & \vdots \\ \frac{m_D^{n1}}{f_n} & \cdots & \frac{m_D^{nj}}{f_n} \cdots & \frac{m_D^{nn}}{f_n} \end{bmatrix} \tag{4}$$

$$f_i = \sum_{j=1}^{n} m_D^{ij}, i = 1,2,3,\cdots,n \tag{5}$$

$$M_C^{\alpha} = \begin{bmatrix} m_C^{\alpha 11} & \cdots & m_C^{\alpha 1j} \cdots & m_C^{\alpha 1n} \\ \vdots & & \vdots & \vdots \\ m_C^{\alpha i1} & \cdots & m_C^{\alpha ij} \cdots & m_C^{\alpha in} \\ \vdots & & \vdots & \vdots \\ m_C^{\alpha n1} & \cdots & m_C^{\alpha nj} \cdots & m_C^{\alpha nn} \end{bmatrix} \tag{6}$$

其中，$m_C^{\alpha ij}$是矩阵M_C^{α}中的$n_i \times n_j$阶子矩阵，以$m_C^{\alpha 12}$为例说明子矩阵求法：

$$\begin{matrix} & C_{21} & \cdots & C_{2j} & \cdots & C_{2n_2} \end{matrix}$$

$$M_C^{\alpha 12} = \begin{matrix} C_{11} \\ \vdots \\ C_{1i} \\ \vdots \\ C_{1n_1} \end{matrix} \begin{bmatrix} m_{11}^{12}/m_1^{12} & \cdots & m_{1j}^{12}/m_1^{12} \cdots & m_{1n_2}^{12}/m_1^{12} \\ \vdots & & \vdots & \vdots \\ m_{i1}^{12}/m_i^{12} & \cdots & m_{ij}^{12}/m_i^{12} \cdots & m_{1n_2}^{12}/m_i^{12} \\ & \vdots & \vdots & \vdots \\ m_{n_1 1}^{12}/m_{n_1}^{12} & \cdots & m_{n_1 j}^{12}/m_{n_1}^{12} \cdots & m_{n_1 n_2}^{12}/m_{n_1}^{12} \end{bmatrix} \tag{7}$$

$$m_i^{12} = \sum_{j=1}^{n_2} m_{ij}^{12} \tag{8}$$

第五步：建立加权超矩阵。

如公式(9)所示，将标准化矩阵M_C^{α}进行转置后得到未加权超矩阵U_{ij}。再根据公式(10)计算得到加权超矩阵U^{α}。

$$U_{ij} = (M_C^{\alpha})' \tag{9}$$

$$U^{\alpha} = M_D^{\alpha} U = \begin{bmatrix} m_D^{\alpha 11} \times U_{11} & \cdots & m_D^{\alpha 1j} \times U_{i1} \cdots & m_D^{\alpha 1n} \times U_{n1} \\ \vdots & & \vdots & \vdots \\ m_D^{\alpha j1} \times U_{1j} & \cdots & m_D^{\alpha ji} \times U_{ij} \cdots & m_D^{\alpha jn} \times U_{nj} \\ & \vdots & \vdots & \vdots \\ m_D^{\alpha n1} \times U_{1n} & \cdots & m_D^{\alpha nj} \times U_{in} \cdots & m_D^{\alpha nn} \times U_{nn} \end{bmatrix} \tag{10}$$

第六步：计算极限超矩阵。

对加权超矩阵U^{α}做乘方运算$\lim_{g \to \infty}(U^{\alpha})^{g}$，多次运算后结果收敛稳定即为极限超矩阵$U^{*}$，从中可以得到各指标权重。

3 实证分析

3.1 数据来源

依据已构建的天然气客户综合评价指标体系设计调查问卷，问卷以矩阵的方式分别对维度和指标设计 6×6 和 16×16 的评分表，并邀请多位天然气行业的专家进行答复，采用第一步的评分方法对两两维度及两两指标之间的影响程度进行评分。

3.2　利用 DEMATEL 方法分析指标间的相互关系

对专家问卷调查评分结果进行算数平均，获得维度的直接影响矩阵 T_D，指标的直接影响矩阵 T_C 分别如表 1、表 2 所示。

表 1　维度直接影响矩阵 T_D

	D_1	D_2	D_3	D_4	D_5	D_6
D_1	0	2.625	2.625	1.5	2.625	1.75
D_2	3.5	0	2.5	2.5	2.5	2.125
D_3	3	2.5	0	2.25	2.75	1.625
D_4	2.375	2.75	2.375	0	2.75	2
D_5	2.75	2.75	3.25	2.375	0	1.875
D_6	2.5	1.75	1.375	2.25	1.5	0

表 2　指标直接影响矩阵 T_C

	C_1	C_2	C_3	C_4	C_5	C_6	C_7	C_8	C_9	C_{10}	C_{11}	C_{12}	C_{13}	C_{14}	C_{15}	C_{16}
C_1	0	1.625	3.25	2.125	0.875	2.125	3.375	2.75	2.375	2	1.375	2.375	2	2.5	1.875	2.25
C_2	2.875	0	3.125	2.375	1.5	2.5	3.625	2.375	2	2.125	1.625	2.875	2.125	2.875	2.25	2.5
C_3	3.625	1.875	0	1.5	1.375	1.5	3.25	1.875	1.375	1.5	1.125	2.625	1.875	2.375	2.125	2.5
C_4	3.25	1.5	2	0	0.875	1.125	2.5	1.375	1.125	1.125	1.125	1.625	1.5	2.125	1.875	1.75
C_5	3.375	1.375	2.25	2	0	1.625	2.625	1.25	2	1.75	2	1.875	1.875	1.75	3.25	2.875
C_6	3.125	1.25	2.625	1.625	1.75	0	2.625	1.625	1.5	1.75	1.25	2.5	1.75	2.75	2.625	2.5
C_7	2.75	2.125	2.875	1.625	2.25	2.125	0	2.625	2.375	2.5	2	3	2.25	2.875	1.625	2.25
C_8	1.875	1.875	2.125	1	1.75	1.125	2.375	0	2.5	2.5	2.125	2.75	2	2.5	1.625	1.625
C_9	2.25	1.375	2.5	1.125	1.125	1.125	1.75	1.375	0	2.125	1.625	2.375	2.25	3	2.125	2.25
C_{10}	2.5	1.5	2.375	0.875	1.75	1.375	1.875	1.875	2.25	0	2	1.875	2.25	3.125	2.5	2.375
C_{11}	1.375	1.5	1.375	0.5	2	1.125	1.375	2	1.875	2	0	1.375	1.625	2	1.375	0.875
C_{12}	3.125	2.625	3.375	2	1.75	1.875	3	2.125	2.375	2.125	1	0	1.75	2.625	2	2.25
C_{13}	2.625	1.5	2.5	1.375	2.625	1.5	1.875	1.25	2.25	2.25	0.875	0.625	0	3.125	2.125	1.75
C_{14}	2.875	1.875	2.625	1.5	2.5	1.625	2.5	1.25	2.625	2.5	1.5	2	2	0	1.625	1.625
C_{15}	2.625	1	2.25	1.5	2	1.875	1.875	1.375	2.125	1.75	1.375	1	1.375	1.5	0	2.375
C_{16}	2.625	1.125	2.25	1.5	1.625	1.625	1.875	1.375	2.625	2.5	1.75	1.5	1.75	1.75	2.125	0

按照第二步和第三步的方法，计算得到维度综合影响矩阵 M_D 和指标综合影响矩阵 M_C 分别见表 3、表 4。

表 3　维度综合影响矩阵 M_D

	D_1	D_2	D_3	D_4	D_5	D_6
D_1	0.85396	0.92100	0.91513	0.77080	0.91049	0.70351

续表

	D_1	D_2	D_3	D_4	D_5	D_6
D_2	1.17420	0.87362	1.01552	0.91696	1.01189	0.80832
D_3	1.09326	0.97415	0.81697	0.86022	0.97563	0.74232
D_4	1.06871	0.99240	0.96554	0.73013	0.98062	0.76791
D_5	1.13640	1.03571	1.05323	0.91115	0.86124	0.79383
D_6	0.87094	0.75802	0.73031	0.70612	0.73534	0.50354

表4　指标综合影响矩阵 M_C

	C_1	C_2	C_3	C_4	C_5	C_6	C_7	C_8	C_9	C_{10}	C_{11}	C_{12}	C_{13}	C_{14}	C_{15}	C_{16}
C_1	0.195	0.158	0.256	0.160	0.147	0.169	0.253	0.194	0.208	0.195	0.143	0.204	0.185	0.235	0.192	0.206
C_2	0.284	0.133	0.274	0.180	0.175	0.191	0.280	0.201	0.217	0.215	0.162	0.232	0.204	0.263	0.217	0.229
C_3	0.266	0.156	0.172	0.141	0.150	0.149	0.241	0.167	0.177	0.175	0.131	0.200	0.174	0.221	0.188	0.202
C_4	0.224	0.127	0.187	0.086	0.117	0.119	0.194	0.134	0.145	0.141	0.112	0.153	0.142	0.185	0.157	0.159
C_5	0.264	0.146	0.226	0.154	0.120	0.153	0.229	0.155	0.194	0.183	0.153	0.185	0.176	0.210	0.217	0.214
C_6	0.258	0.143	0.234	0.145	0.160	0.114	0.229	0.163	0.182	0.182	0.135	0.199	0.172	0.231	0.202	0.205
C_7	0.272	0.177	0.260	0.157	0.186	0.177	0.189	0.200	0.219	0.216	0.165	0.228	0.200	0.255	0.197	0.217
C_8	0.221	0.153	0.214	0.125	0.155	0.135	0.214	0.119	0.197	0.193	0.151	0.198	0.173	0.219	0.173	0.178
C_9	0.221	0.135	0.215	0.123	0.136	0.130	0.193	0.145	0.133	0.178	0.134	0.182	0.172	0.221	0.177	0.185
C_{10}	0.237	0.145	0.222	0.124	0.157	0.143	0.206	0.164	0.194	0.137	0.149	0.180	0.180	0.234	0.195	0.197
C_{11}	0.167	0.117	0.158	0.089	0.134	0.109	0.154	0.136	0.150	0.149	0.077	0.135	0.134	0.169	0.136	0.128
C_{12}	0.275	0.185	0.266	0.163	0.170	0.169	0.253	0.186	0.214	0.204	0.140	0.156	0.185	0.245	0.201	0.213
C_{13}	0.229	0.137	0.214	0.129	0.169	0.139	0.196	0.141	0.184	0.180	0.117	0.144	0.120	0.224	0.179	0.175
C_{14}	0.249	0.155	0.231	0.140	0.175	0.150	0.223	0.152	0.204	0.196	0.139	0.186	0.177	0.166	0.178	0.183
C_{15}	0.215	0.117	0.196	0.124	0.145	0.138	0.183	0.136	0.170	0.158	0.121	0.142	0.142	0.175	0.118	0.177
C_{16}	0.226	0.127	0.206	0.129	0.144	0.139	0.193	0.143	0.190	0.183	0.135	0.161	0.159	0.191	0.176	0.131

继续按照第三步的方法进行计算，得到各维度和指标的影响度d_i、被影响度r_i、中心度d_i+r_i、原因度d_i-r_i，具体如表5所示。

表5　天然气客户综合评价指标相互关系表

维度	d_i	r_i	d_i+r_i	d_i-r_i	指标	d_i	r_i	d_i+r_i	d_i-r_i
用气水平 D_1	5.075	6.197	11.272	-1.123	用气量 C_1	3.099	3.802	6.902	-0.703
					用气价格 C_2	3.457	2.312	5.769	1.146
					用气增长率 C_3	2.910	3.531	6.441	-0.621
用气特性 D_2	5.801	5.555	11.355	0.246	调峰贡献度 C_4	2.381	2.170	4.551	0.211
					可中断率 C_5	2.979	2.438	5.417	0.541
					用气不均匀系数 C_6	2.954	2.326	5.279	0.628

续表

维度	d_i	r_i	d_i+r_i	d_i-r_i	指标	d_i	r_i	d_i+r_i	d_i-r_i
财务能力 D_3	5.463	5.497	10.959	-0.034	销售利润率 C_7	3.315	3.428	6.743	-0.113
					总资产数额 C_8	2.818	2.535	5.353	0.283
信用状况 D_4	5.505	4.895	10.401	0.610	气费回收率 C_9	2.679	2.978	5.657	-0.298
					气费到账及时率 C_{10}	2.864	2.888	5.751	-0.024
					银行信用评价 C_{11}	2.141	2.164	4.305	-0.022
发展潜力 D_5	5.792	5.475	11.267	0.316	可承受气价 C_{12}	3.224	2.885	6.109	0.339
					供气服务满意度 C_{13}	2.676	2.693	5.369	-0.017
					稳定合作年限 C_{14}	2.906	3.444	6.349	-0.538
协作水平 D_6	4.304	4.319	8.624	-0.015	计划申报准时性 C_{15}	2.458	2.905	5.362	-0.447
					销售计划符合度 C_{16}	2.633	2.997	5.631	-0.364

分别以中心度d_i+r_i、原因度d_i-r_i为横、纵坐标，得到天然气客户综合评价指标的关系网络图，如图 3 所示。

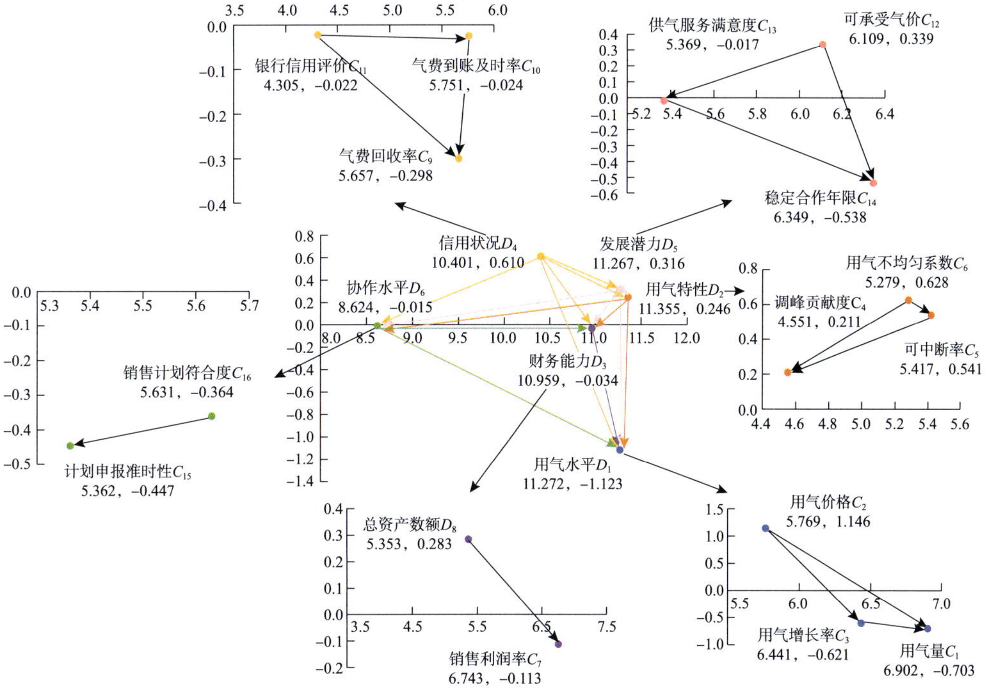

图 3　天然气客户综合评价指标关系网络图

3.3　利用 ANP 方法确定指标权重

基于 3.2 计算出的综合影响矩阵，采用第四步和第五步中的公式(4)～公式(9)计算出未加权超矩阵 U，之后将标准化后的维度综合影响矩阵和未加权矩阵 U 代入公式(10)，得到加权超矩阵U^{α}如表 6 所示。

表6　天然气客户综合评价指标加权矩阵

	C_1	C_2	C_3	C_4	C_5	C_6	C_7	C_8	C_9	C_{10}	C_{11}	C_{12}	C_{13}	C_{14}	C_{15}	C_{16}
C_1	0.054	0.069	0.075	0.084	0.084	0.082	0.077	0.075	0.075	0.076	0.073	0.074	0.078	0.077	0.082	0.082
C_2	0.044	0.032	0.044	0.048	0.046	0.046	0.050	0.052	0.046	0.047	0.052	0.050	0.046	0.048	0.045	0.046
C_3	0.071	0.067	0.049	0.070	0.072	0.075	0.073	0.073	0.073	0.071	0.069	0.072	0.072	0.071	0.075	0.075
C_4	0.061	0.060	0.058	0.040	0.054	0.052	0.054	0.054	0.057	0.053	0.048	0.058	0.053	0.054	0.054	0.055
C_5	0.056	0.058	0.062	0.055	0.042	0.057	0.064	0.067	0.063	0.067	0.073	0.061	0.069	0.067	0.063	0.061
C_6	0.064	0.064	0.061	0.056	0.054	0.041	0.061	0.058	0.060	0.061	0.059	0.060	0.057	0.058	0.060	0.059
C_7	0.102	0.105	0.106	0.104	0.104	0.102	0.073	0.096	0.100	0.098	0.093	0.105	0.106	0.108	0.097	0.097
C_8	0.078	0.075	0.074	0.071	0.071	0.073	0.077	0.053	0.075	0.078	0.082	0.077	0.076	0.074	0.072	0.072
C_9	0.058	0.056	0.056	0.058	0.058	0.058	0.057	0.057	0.040	0.054	0.053	0.060	0.060	0.059	0.062	0.061
C_{10}	0.054	0.055	0.055	0.056	0.055	0.058	0.057	0.056	0.053	0.038	0.053	0.057	0.059	0.057	0.058	0.059
C_{11}	0.040	0.041	0.041	0.044	0.046	0.043	0.043	0.044	0.040	0.041	0.027	0.039	0.038	0.041	0.044	0.044
C_{12}	0.059	0.060	0.060	0.056	0.057	0.058	0.060	0.060	0.056	0.054	0.055	0.040	0.044	0.052	0.053	0.054
C_{13}	0.053	0.052	0.052	0.052	0.054	0.050	0.052	0.052	0.053	0.054	0.055	0.047	0.037	0.050	0.053	0.053
C_{14}	0.068	0.068	0.067	0.067	0.064	0.067	0.067	0.066	0.069	0.070	0.069	0.062	0.068	0.047	0.065	0.064
C_{15}	0.067	0.067	0.067	0.069	0.070	0.069	0.065	0.067	0.068	0.069	0.072	0.067	0.069	0.068	0.047	0.067
C_{16}	0.072	0.071	0.072	0.070	0.069	0.070	0.071	0.069	0.071	0.070	0.068	0.070	0.068	0.069	0.070	0.050

根据第六步进一步计算加权超矩阵U^{α}的极限$\lim\limits_{g\to\infty}(U^{\alpha})^{g}$，得到结果收敛稳定的极限超矩阵$U^{*}$，从中得到各指标权重如表7所示。

表7　天然气客户综合评价维度和指标的影响权重及排序

维度	权重	排序	指标	权重	排序
用气水平 D_1	0.1931	1	用气量 C_1	0.0760	2
			用气价格 C_2	0.0466	15
			用气增长率 C_3	0.0705	4
用气特性 D_2	0.1742	2	调峰贡献度 C_4	0.0543	13
			可中断率 C_5	0.0614	8
			用气不均匀系数 C_6	0.0585	9
财务能力 D_3	0.1722	3	销售利润率 C_7	0.0988	1
			总资产数额 C_8	0.0734	3
信用状况 D_4	0.1536	5	气费回收率 C_9	0.0569	10
			气费到账及时率 C_{10}	0.0552	11
			银行信用评价 C_{11}	0.0415	16

续表

维度	权重	排序	指标	权重	排序
发展潜力 D_5	0.1718	4	可承受气价 C_{12}	0.0552	12
			供气服务满意度 C_{13}	0.0513	14
			稳定合作年限 C_{14}	0.0653	7
协作水平 D_6	0.1352	6	计划申报准时性 C_{15}	0.0664	6
			销售计划符合度 C_{16}	0.0688	5

4 结果分析与讨论

4.1 天然气客户综合评价各维度、指标间相互关系分析

根据表5以及图3可以看出，在天然气客户综合评价体系六大维度中，用气特性、用气水平、财务能力、发展潜力四个维度的中心度较高，代表这些维度在评价天然气客户中较为重要，信用状况、协作水平的中心度较低，在评价天然气客户中属于次要地位。就原因度而言，用气特性、信用状况和发展潜力的原因度为正值，属于原因维度。用气水平、财务能力和协作水平的原因度为负值，属于结果维度。

基于维度对指标进行了两层划分，即原因指标与结果指标的划分、重要性指标与次要性指标的划分，由此可以反映出指标之间的影响关系以及指标对维度的重要性。一些维度下指标的影响关系较为显著，例如在用气水平维度下，用气价格属于原因指标，用气量和用气增长率两个指标则结果指标，会受到用气价格的影响。用气量和用气增长率反映天然气客户用气的数量以及阶段增长，当用气价格低时，客户用使用较低的价格购买更多的天然气，从而影响用气量和用气增长率。通过中心度值则可以看到用气量的中心度最高，可以推断出在用气水平维度，用气量受到的关注更多，是该维度中重要的指标。在财务能力维度下，总资产数额为原因指标；销售利润率为结果指标。中心度排序则是销售利润率大于总资产数额，可以看出销售利润率相比总资产数额更能反映财务能力，包括企业的收益水平和运营能力。在发展潜力维度下，可承受气价为原因指标，供气服务满意度和稳定合作年限两个指标属于结果指标。在三个指标中，稳定合作年限指标的中心度最大，说明一般稳定合作年限越高的客户发展潜力越大，据此推断已经合作过的现有客户与供气企业再次续约的可能性要大于潜在客户。

而在一些维度中，指标间的影响关系较弱，例如在用气特性维度下，调峰贡献度、可中断率和用气不均匀系数三个指标的原因度均为正值，都属于原因指标。该维度下的指标中心度的排序为可中断率 > 用气不均匀系数 > 调峰贡献度，可见供气商更关注客户的可中断性，即在用气高峰时段或紧急状况下，客户可以中断的天然气负荷情况。由于天然气客户受到季节、环境的影响，其用气普遍都呈现不均匀性并需要调峰，因此出于考虑客户差异性的角度，用气不均匀系数和调峰贡献度都属于用气特性维度下的次要指标。在信用状况维度下，气费回收率、气费到账及时率和银行信用评价三个指标的影响关系也较弱，均属于结果指标。该维度下的指标中心度的排序为气费到账及时率 > 气费回收率 > 银行信用评价，可以推断出供气企业更关注客户对气费缴纳是否及时以及缴纳程度。在协作水平维度下，销售计划

符合度和计划申报准时性均属于结果指标。销售计划符合度的中心度大于计划申报准时性。据此可以推断，比起客户能否按时申报用气计划、因故增减用气计划，供气企业更关注客户购气量是否符合预期的销售计划。

4.2 天然气客户综合评价指标体系权重分析

根据表7可以看到天然气客户综合评价维度和指标的影响权重及排序，从维度的层面上用气水平的权重要明显高于其他维度，用气特性、财务能力与发展潜力的权重值都稳定在0.17左右，信用状况与协作水平的权重则明显低于其他维度。权重值表明，在供气企业评价天然气客户的整体情况中用气水平起着关键的作用，用气水平高的客户很大程度上会被企业评价为综合价值较高的客户，同时，企业在进行客户综合评价时也会重点关注到客户的用气特性、财务能力与发展潜力，用气特性会间接影响到客户的用气水平，财务能力与发展潜力会影响到客户是否向企业购气以及购气量的多少。信用状况和协作水平虽然权重较低，但仍起着作用，企业一般倾向于信用状况好、协作水平高的客户。

综合观察指标的中心度与权重，可以发现权重大的指标在其在的维度中具有较大的中心度，即可相互验证，说明权重大的指标即为天然气客户综合评价指标体系中的关键指标。销售利润率、用气量、总资产数额、用气增长率、销售计划符合度、计划申报准时性、稳定合作年限、可中断率是权重较大的八个指标，其中有2个在用气水平维度下，2个在财务能力维度下，2个在协作水平维度下，1个在用气特征维度下，1个在发展潜力维度下，可以看出，尽管协作水平维度的权重处于末位，但其两个指标在所有指标中的权重较高，信用状况维度下的指标权重排序都处于后八位。然而通过图3可以发现，权重较高的指标的原因度都比较低，即这些指标在其所在的维度中大多都属于被影响的指标。权重较低的指标反而原因度较高，会直接或间接影响到权重较低的指标。因此，供气企业在对天然气客户进行综合评价时要重点关注权重高的维度与指标，但也不能忽视其背后的原因维度与指标。

5 结语

本文结合天然气市场的发展特点以及各类客户的特征表现，从用气水平、用气特性、财务能力、信用状况、发展潜力、协作水平6个维度出发，构建天然气客户综合评价指标体系，兼顾了完整性与重点性相结合、可操作性与可评比性相结合的原则，使指标体系能够体现客户的一致性和差异性，表现出客户的贡献度和忠诚度。在指标体系的基础上设置问卷，得到专家评分的数据，形成矩阵，运用DEMATEL和ANP相结合的方法，即DANP方法，对矩阵进行处理与计算，最终得到维度和指标的中心度与原因度、权重与权重排序。通过中心度与原因度可以绘制关系网络图，从中分析维度与指标的相互影响关系；通过权重则可以了解到维度及指标在天然气客户综合评价指标体系中的相对重要性。

天然气客户综合评价指标体系的构建、指标相互关系的研究以及指标权重的确定为天然气产业链中上游的供气企业的经营决策有一定的参考意义，评价客户的价值时不能浮于表面，只关注客户的用气需求与价格，还应立足于客户的角度，更加全面、系统地评价客户的综合价值，以此促使天然气销售公司明确客户的整体状况，制定符合客户水平的管理策略以及供气方案，为企业实现精准化营销和资源配置等方面提供智力支持，从而提升企业的效益。

参考文献

[1]赵尉清. 产业链视角下中国天然气产业发展与规制研究[D]. 武汉大学, 2017.

[2]《天然气市场营销》编委会. 天然气市场营销/中国石油天然气集团公司统编培训教材[M]. 北京: 石油工业出版社, 2017.

[3]国家能源局石油天然气司, 国务院发展研究中心资源与环境政策研究所, 自然资源部油气资源战略研究中心编. 中国天然气发展报告(2021)[R]. 北京: 石油工业出版社, 2021.

[4]周斓, 李健. 关于天然气批发环节客户评价体系及精准营销的思考[J]. 国际石油经济, 2020, 28(01): 78-81.

[5]姬一诺, 李姣姣, 解微. 天然气销售企业客户关系管理中的客户评价方法研究[J]. 中国石油和化工标准与质量, 2021, 41(20): 74-75.

[6]Hu Y. C., Chiu Y. J., Hsu C. S., Chang Y. Y.. Identifying Key Factors for Introducing GPS-Based Fleet Management Systems to the Logistics Industry[Z]. 2015.

[7]Yang J. L. and Tzeng G. -H.. An integrated MCDM technique combined with DEMATEL for a novel cluster-weighted with ANP method[J]. Expert Systems with Applications, 2011(3): 1417-1424.

[8]周淑慧, 陈进殿, 王占黎. 天然气销售企业客户商业价值评价体系研究[J]. 石油规划设计, 2009, 20(04): 6-10+49.

[9]瞿鹏. 天然气销售企业客户关系管理能力的评价研究[D]. 西南石油大学, 2016.

[10]聂欣, 田佳禾, 胡培博, 万爱霞. 基于 AHP 的客户价值综合评价体系研究[J]. 中外企业文化, 2022(05): 76-78.

[11]陈进殿, 周淑慧, 王占黎. 天然气客户评价指标体系与数学模型[J]. 天然气工业, 2009, 29(04): 112-114+145-146.

[12]李雷鸣, 卢冉冉, 刘丙泉. 天然气市场客户信用评价研究[J]. 甘肃科学学报, 2013, 25(03): 150-153.

[13]温馨, 杨萌柯, 王雷. 基于 DANP 方法的虚拟社区知识共享关键影响因素识别研究[J]. 现代情报, 2018, 38(12): 57-64+69.

[14]李庆昌, 张恩敏. 国际快递物流行业服务评价体系研究——基于 DANP 方法[J]. 物流科技, 2016, 39(01): 89-94.

[15]孙桂娟, 苑春荟. 基于 DANP 方法的高校智库影响因素网络关系及权重研究[J]. 情报杂志, 2019, 38(07): 63-70+77.

基于复杂网络分析的天然气管网结构模拟研究

蒋爱莲[1]　薄叶会[2]　李　蓉[1]　喻祖娟[1]　任慧美[3]

［1. 昆仑数智科技有限责任公司，北京　102206；
2. 中国石油天然气股份有限公司天然气销售山东分公司，山东 青岛　250000；
3. 中国石油大学（北京），北京　102249］

摘　要： 天然气作为一种清洁能源，在能源转型中起着至关重要的作用，管输作为天然气陆上最主要的运输方式，也逐渐受到越来越多的关注。近年来，随着中国各部门对于天然气的需求逐渐增大，中国天然气管网建设也在逐步推动，管网结构愈加复杂，为了寻求最为经济合理的天然气运输方案，首先需要对当前中国天然气管网结构有更为深入的了解。目前，对于中国天然气管网系统的研究尚不成熟，少有研究对中国天然气管网整体系统结构及管网系统特性进行分析。为了进一步刻画当前全国天然气管网的结构与性质，本次研究以现有的天然气管输管段及其邻近站点为基础，并考虑各管段的管输能力，运用复杂网络理论相关知识构建出天然气管网有向赋权拓扑网络结构图，模拟了中国当前天然气管输系统，并在此基础上，选取度、介数等不同网络特征指标对当前天然气管网系统特性进行分析。研究结果表明，当前天然气管网中各站点及管段在接近度中心值、节点介数、节点度及边介数等方面的表现不一，由此本次研究确定了在天然气管网系统中处于优势地位、有更强重要性以及与其他站点关联度更强的各站点及管段来刻画天然气管网拓扑结构的特性。

关键词： 复杂网络；天然气管网；拓扑结构；接近度中心值；节点度；介数

0　引言

“双碳”目标的提出，对中国能源发展提出了新的要求，未来，可再生能源将成为中国能源消费的主力军[1]。但目前，可再生能源因储备、技术等原因难以肩负起这一重任，因此，天然气作为化石燃料中最为高效、环保的能源，成为中国能源消费结构由化石能源向可再生能源转型的重要桥梁[2]。目前，天然气已经被广泛应用于中国居民生活等多个领域，并在许多行业中处于关键地位，由此，天然气资源的合理利用也受到广泛的关注。2019 年，国家管网公司的成立落实了“管住中间，放开两头”原则，使天然气上游开采与中游管输分离，打破了原有的一体化垄断[3]。在这一背景下，天然气行业上游、中游和下游各部门各自追求收益最大化，从而导致原有运输方式难以符合当前需求，使得天然气市场供求矛盾更加突出。由此，必须保证天然气管网互联互通，在天然气运输过程中必须选择最为合理有效的运输方案，才能确保天然气资源的合理调配，满足各部门需求。目前，管输是中国天然气

作者简介： 蒋爱莲，女，1987 年 10 月生，学士，昆仑数智科技有限责任公司中级工程师，主要从事天然气管网物流优化研究。E－mail：jiangailian914@ petrochina. com. cn

陆上最主要的运输方式，截至2021年，中国天然气主干管网已覆盖除西藏以外的各个省份，全国天然气主干管道总里程达到11.6万千米，“全国一张网”骨架基本成型。已有天然气管网是整个天然气运输系统中最为基础且重要的一部分，其整体结构及连接情况会直接影响天然气的运输效率。由此，为了解决当前天然气市场的供求矛盾，寻找最为有效的天然气运输方案，首先需要对当前天然气管网结构现状有更为深入的了解。

由于天然气管网是一个复杂网络，其具备复杂网络分析的基础，其中，各站点可视为复杂网络中的节点，而各管段可抽象为节点之间的连接线[4]。因此，可利用复杂网络分析方法对天然气管网系统进行模拟以及进行进一步的特征分析。复杂网络分析方法一种是研究各类复杂系统的重要方法，现实世界中的大多数复杂系统都可以用复杂网络进行模拟与刻画，虽然建模方式有所不同，但其核心思想却相同，即将系统中个体之间的联系抽象为网络中的连接。具体过程可描述为：将复杂系统中的个体抽象为网络节点，并考察个体之间的关系，将个体之间的关联抽象为网络中相连的边，由此组成一个由节点的集合V和边的集合E构成的关系图[5]。随着各类系统复杂程度的不断加深，复杂网络模型的建立也经历了一个由浅入深的过程，越来越多的复杂网络模型相继被提出。当前，在复杂网络分析方法中常用的复杂网络模型包括随机网络模型、规则网络模型、小世界网络模型、无标度网络模型、等级网络模型等。其中，规则网络模型和随机网络模型最早被提出，但它们是两种典型特征完全相反的网络模型，因此并未被完全放弃，仍常被用于进行复杂网络模型特性的对比研究中。另外，1998年，Watts和Strogatz首次提出小世界网络概念，小世界网络模型的出现解决了随机网络与实际网络之间聚集系数的差距[6]。1999年，Barabási和Albert首次提出了无标度网络的概念，文章中通过研究万维网的拓扑结构发现其节点度分布服从幂律分布，随机提出构造更为贴合现实复杂网络的B－A模型[7]。至今，诸多研究的诞生不断地丰富了各类复杂网络模型，形成了更为多样的构建方法。

目前，复杂网络分析方法作为一种研究各类复杂网络结构的重要方法，已经被广泛应用于解决各网络领域的相关问题。其中，在电力输送网络领域，诸多学者通过不同方法构建复杂网络对电力系统进行刻画，并对电网安全性、可靠性以及其他相关特性进行详细研究，以期建设更加强壮的电力输送网络[8,9]。在交通网络领域，许多学者基于复杂网络分析方法对城市交通网络进行研究，希望以此来优化城市交通网络并推动全新的交通规划的发展。其中，已有的相关研究大都从城市道路和公共交通两个方面出发对其进行分析，并选取不同统计参数来度量城市交通网络结构的性质[10,11]。诸如此类，还有许多学者基于复杂网络分析方法对传染病病毒传播[12－14]、能源交易[15,16]等其他各类复杂系统进行研究。

在天然气管网研究中，也有诸多学者利用复杂网络分析方法做了相关工作，这些研究针对不同国家的天然气管网建立了各种复杂网络模型并通过统计描述分析天然气管输网络的复杂性[17－19]。但目前，基于复杂网络分析的中国天然气管网研究还存在一定不足之处。首先，在拓扑结构研究方面，国外对于天然气管网的研究更加成熟，而中国针对天然气管网结构的研究相对较少，由此导致其认识相对不足。其次，国内已有的对于天然气管网结构的研究中的大部分研究只针对省级范围内的天然气管网结构进行刻画与分析，少有研究对于中国整体的天然气管网拓扑结构进行分析[20－23]。此外，在天然气管网结构特征分析方面，由于在天然气管网中，各管段错综复杂，且输气能力不一，应当对管网结构进行识别，找出关键管段及站点，由此才能更好地进行天然气管网的物流优化，而当前已有天然管网研究中只有较少研究对其部分网络特征参数进行一定研究。

针对以上问题，本次研究从中国已有管网系统出发，梳理供应起点、调压站、储气库、分输站、LNG接收站、气源、下游用户等管网中介，根据管网结点和管输能力，结合图论等相关理论，构建管网有向赋权拓扑网络结构图，模拟我国当前的真实天然气管输网络系统，对其整体结构及连接情况进行刻画。同时，本次研究结合度、中心数、介数等多属性定量分析指标，识别我国天然气管输网络中的关键节点及关键路径，为当前中国与天然气相关的微观企业经营提供相应参数支持，同时也为天然气运输效率的提高提供了现实背景和参数基础。

1 天然气管网拓扑结构

复杂网络是由节点和边共同组成的网络图，如社交网络、电力网络等，且每一个网络都具有自己的拓扑结构。目前，对于复杂网络的研究主要是从整个复杂系统出发刻画其结构并分析其性质，由此所抽象出来的真实网络的拓扑结构节点众多并且其性质与其他网络研究有很大不同[24]。在对各种形式不同的网络诸如计算机网络、交通网络、电网等复杂网络的研究中，不同算法与模型也随之诞生，其中，与现实生活中的网络最相符的模型分别为小世界模型与无标度网络模型。由于小世界网络、无标度网络都具有普遍性，社会网络、生物网络、贸易网络等各类网络都具有小世界网络和无标度网络的特征。因此，小世界网络和无标度网络分析也为天然气管网结构模拟提供了有效的思路与方法。

1.1 天然气管网拓扑结构构建

1.1.1 天然气管网系统

中国作为世界上最大的发展中国家，随着工业化、城镇化的不断发展以及全球碳减排背景的影响，其对天然气的需求不断增加。近年来，中国天然气管网建设不断加快，截至2020年，中国天然气主干管道长度约为10.3万千米。之后，中国天然气行业继续向前发展，不断向高质量、城市化推进，管网设施进一步完善。2021年，中国天然气主干管道总里程达11.6万千米，未来，天然气“全国一张网”体系还在不断完善。

中国部分天然气主要管道见表1。

表1 中国部分主要干线一览表

管线名称	输气能力/(亿立方米/年)	干线长度/千米
西气东输一线	170	3836
西气东输二线	300	4859
陕京一线	33	1089
陕京二线	120	919
陕京三线	150	820
忠武线	30	719
淮武联络线	22.5	450
涩宁兰线	20	953
涩宁兰复线	34	945
冀宁联络线	90	926
沧淄线	10	213

1.1.2 天然气管网拓扑结构构建规则

通过总结复杂网络分析方法在各个领域的应用研究发现，各个领域相关的复杂系统其本质上都是各种形式不一的复杂网络。每一个网络都由不同的节点和连接它们的边组成，而系统中的不同个体及它们之间的联系都可以抽象成网络中对应的节点及相应边。对于天然气管道，其系统同样主要由各管段和连接的站点组成，因此也可将其描绘成一个复杂网络。天然气管网中的各管段可以理解为复杂网络中的边，而不同站点可理解为该网络中的节点。由于在天然气管网中，各干线管道的任务就是把能源从气源点运送到各需求站点，因此为了方便研究，本文主要针对干线管网进行分析。在研究中，赋予网络图中的管段不同长度，则整个天然气干线管网可以转化成相应的拓扑结构。

根据现有的各天然气干线管段及站点，本次研究基于复杂网络相关知识构建出当前中国天然气管网拓扑结构，构建规则如下：

(1)在天然气管输网络中，将各个输气站、管线交汇处等均抽象为复杂网络中的节点，而经不同邻接站点之间的干线管段抽象为网络中的边，并考虑现实中的管输方式等，整个网络可抽象成为有向网络。

(2)在进行天然气管网物流优化时，必须考虑到不同管段的输气能力等，即需要考虑网络中的不同权重，因此整个网络应当抽象为加权网络。

(3)本次研究只考虑在役各天然气干线管段，不考虑在建或未服役天然气管输管段。

1.2 天然气管网统计特征

图论中关于拓扑结构的研究主要是从各节点之间的连接度及各边之间的连通度进行分析，因此，为方便研究，需要利用一些能够准确有效地描述其各方面特性的几何量，即需要利用某些重要的统计特征指标对复杂网络拓扑结构中的连通情况进行表征。目前已有文献中常用的特征指标包括节点度、平均距离、节点介数、网络冗余性和聚类系数等[25,26]。在利用复杂网络分析方法对天然气管网结构进行研究的过程中，由于天然气管网系统中相关特征指标所表达含义与基本复杂网络相同，因此可选取相同指标对天然气管网结构特征进行研究，本次研究主要从关键节点和关键边两个方面出发选取不同指标进行研究。

1.2.1 关键节点识别

判断节点重要程度的指标有很多，归纳起来有三大类：度类、中心类、介数类。度类指标反映了元件在连接层面的重要性，中心类指标反映的是元件在整个网络的影响力，而介数类指标则反映了各元件对网络效率的贡献程度。其中，更具有代表性的指标包括节点度、中心性、节点介数、边介数等，这些指标都是上述三类中的一种或多种的改进或结合。本次模型所构建的指标不仅需要考虑节点自身的重要程度，还需要考虑相邻节点的重要程度，因此在关键节点识别中，本次研究主要选取接近度中心值、节点介数和节点度三个指标对其进行分析，以下分别对这三个指标进行叙述。

1. 接近度中心值

接近中心性指标主要衡量网络中的节点在整个复杂网络中的相对重要性。接近中心度值计算的是某一节点到其他所有节点的距离总和，值的大小反映了这一节点与其他所有点的接近程度，值越小则说明这个点到其他所有点的距离越短，也就说明这个点距离其他所有点越近。接近中心性的定义为距离的倒数，在本研究中接近度中心值公式为：

$$C_{\mathrm{c}}^{\mathrm{p}}(v_i) = \frac{N-1}{\sum\limits_{j=1, j\neq i, i\in M, j\in T}^{N} d_{ij}} \tag{1}$$

式中，M 表示网络中气源点的集合，T 表示网络中需气点的集合，N 表示网络的阶数，

d_{ij}则表示为某一气源点和某一需气点的最短路径长度。

2. 节点介数

在网络中，各个节点之间的流量主要通过最短路径进行传输，如果网络中某个节点位于许多最短路径之上，则说明网络中有较多流量经过该节点，该节点在网络中较为重要。因此，为了定量地描述一个节点的重要性，最有效的度量方法是节点介数。节点介数最早由 Freeman 在 1977 年提出，在本次研究中其公式为：

$$B_i^{\mathrm{p}} = \sum_{1 \leqslant j \leqslant l \leqslant N, j \neq i \neq l, i \in M, J \in T} \frac{n_{jl}(i)}{n_{jl}} \tag{2}$$

式中，n_{jl}表示某一气源点和某一需气点之间最短路径的条数，$n_{jl}(i)$表示某一气源点和某一需气点之间经过v_j的最短路径的条数。

3. 节点度

复杂网络中的节点度指的是和某一节点相连接的节点的数目，也称关联度。在网络中与某一节点相连接的节点越多，则这一节点的节点度就越大。在网络分析中，为了避免因网络规模大小对整个结构产生不必要的影响，也为了方便不同网络之间进行比较，可以引入度中心性这一概念。在网络分析中，度中心性指标是刻画节点中心性的最直接也最有效的度量指标，其值表示为该节点度与该节点最大可能节点度的比，即表示该节点实际连接数占与其他节点可能连接总数目的比例，其公式如下所示：

$$C_{\mathrm{D}}(N_i) = \frac{D(N_i)}{g-1} \tag{3}$$

式中，g 表示节点总数。度中心性值的取值范围为 0 – 1，值为 0 表明这一节点与其他所有节点都无连接，值为 1 则表示这一节点与其他所有节点有直接关联。在一个网络中，节点度越大就意味着这个节点的度中心性越高，该节点在网络中就越重要。这里计算的点度中心度是绝对点度中心度，是与某一用户节点有直接关系的其他网络用户的个数。度数越高说明该用户在此网络中越处于核心位置，他能够直接影响的其他用户的数量也就越多。

1.2.2 关键边识别

目前，在各领域研究中，判断关键线路的指标比较统一，其中最为常见的判断指标是边介数。边介数指网络中所有最短路径中经过该边的数量占总的最短路径数量的比例。在网络中，边介数值反映了该路径对网络资源的传输能力和控制能力。边介数越大，表明网络中任意节点经过该条边的次数越多，其对网络资源的传输能力和控制能力就越强，在网络中所起的作用也就越大。本次研究根据天然气管网的运行的特点来分析其连边的重要程度，其关键线路评价指标表示为：

$$B_{ij}^{\mathrm{p}} = \sum_{1 \leqslant m \leqslant N, (l,m) \neq (i,j), i \in M, j \in T} \frac{N_{\mathrm{lm}}(e_{ij})}{N_{\mathrm{lm}}} \tag{4}$$

式中，N_{lm}表示节点v_{l}和节点v_{m}之间最短路径的条数，$N_{\mathrm{lm}}(e_{ij})$表示节点v_{l}和节点v_{m}之间经e_{ij}最短路径的条数。

2 结果与讨论

2.1 天然气管网拓扑结构

在分析天然气管网特性之前，需要对天然气管网结构进行模拟，根据上节内容，首先利用复杂网络分析方法对天然气管网结构进行模拟，将整个天然气管网系统抽象成为由不同站点所代表的节点和不同管段所代表的边所组成的一个有向复杂网络。此外，考虑到各天然气管段的管输能力等，对网络进行赋权。

本次研究形成天然气管网复杂网络由一个场站集 $V(G)$ 和一个管段集 $E(G)$ 组成的一个图 $G(E, V)$。其中，管段集 $E(G)$ 中的每条管段都有站场集 $V(G)$ 中的一对场站 (i, j) 与之对应。而天然气管网节点数即各场站数即为 $N(i)$，网络的边数即场站之间相互连接的管段数目，记为 $L(E)$，如果 $(i, j) \in E$，i 和 j 称为邻接点。图 G 中点和点之间的邻接关系可以用一个 $n \times n$ 的非负矩阵 A 表示。若 G 是一个单纯矩阵，a_{ii} 为 0。

本文主要研究节点之间的连通可靠度，因此将节点全部进行有效处理，将单元设备的节点在拓扑图中转化为弧段，此方法保证了经过处理简化的天然气运输管网的拓扑结构图的节点有效。

2.2　天然气管网特征指标分析

2.2.1　关键节点

1. 接近度中心值

在网络中，某一节点的接近中心度值越高，则表示这个节点到其他所有节点的距离越近。在具体空间中，值越高则表明这一节点在整个网络中越处于中心位置。在计算中，某一节点与其他点的最短距离之和经过归一化处理之后得到一个位于区间(0，1)之间的数字，这一数字越大则表明这个点的接近中心度越高。当公式中的分子趋于无穷时，接近中心度的值就趋于0，因此当一个节点距离其他所有节点的距离均较大的情况下，那么它的接近中心性就趋于0，也表明这个节点不在网络的中心位置上。

在本天然气管网拓扑结构中，接近中心度主要评价在天然气管输网络中，某个天然气站点不依赖其他站点的程度。研究结果显示，中部地区的各天然气站点的接近中心度值较大，如淄博、青山、泰安、淄博北、临朐、龙潭、角直、肥城等站点(其具体数值见表2)，说明这些站点通过较少的群站点就可以与天然气站点群体内其他站点建立联系，即这些站点与群内其他站点之间的最短距离较短，与其他很多站点之间都较为“接近”。在此站点群内，这些站点不受其他群站点“控制”的程度较高，向其他站点运输天然气时较为方便，可认为它们在整个天然气管输网络中处于优势地位。而西部地区和东南地区的站点接近度中心值较低，在天然气使用时更容易受到其他站点的影响，由此，可以认为其在天然气管输网络中处于劣势地位。

表2　部分站点接近度中心值统计表

站名(简称)	接近度中心值
淄博	0.0149
青山	0.0148
泰安	0.0146
淄博北	0.0144
临朐	0.0144
龙潭	0.0143
角直	0.0142
肥城	0.0140

2. 节点介数

在定义中，节点的介数表示整个网络的所有最短路径中经过该节点的路径数目与最短路径总数之比，其值是一个重要的全局几何量，体现了这一节点在整个网络中的作用和影响力。节点的介数更能有效地反映单个节点在整个网络中的地位。

在本天然气管输网络拓扑结构中，节点介数越高的节点，则表明其在整个站点群体中处于越多的群内站点对之间的最短路径上，对于天然气在这些站点之间的传递就起着极强的“中介”作用。如果一个天然气站点位于其他两个站点群体内站点的最短路径上，一旦此站点不再承担其他两群体内站点天然气的传输，那么这两个群内用户之间的天然气流动就会被中断。研究结果表明，中卫 2、鲁山、泰安、洛阳、洛宁、三门峡、潼关、薛店等站点的节点介数较高(其具体数值见表 3)，这些天然气站点在整个天然气管输网络中就处于靠近核心的位置，则其在整个天然气管网中具有更大的作用及影响力，在进行天然气物流优化时，应当充分考虑这些站点的作用。

表 3　部分站点节点介数统计表

站名(简称)	节点介数
中卫 2	0. 0538
鲁山	0. 0298
泰安	0. 0296
洛阳	0. 0294
洛宁	0. 0290
三门峡	0. 0286
潼关	0. 0282
薛店	0. 0282

3. 节点度

在拓扑结构中，节点度指和该节点相关联的边的条数，也称关联度，根据点度中心度可以直观地判断节点重要程度。

在本次天然气管网拓扑结构中，从点度中心度的统计数据看，具有点度中心度最高的天然气站点大多集中在河北、宁夏等省份，且点度中心度为大于 5。其中，永清、中卫 2、安平等站点的点度中心度最高(具体数据见表 4)，分别为 8、7、7。其中，永清站节点度为 8，这说明在此天然气管输网络中，有 8 个站点与永清站直接相连，与它有直接联系的其他群内成员的数量是最多的，由此也可以看出这些站点在天然气管输网络中的重要性。

表 4　部分站点节点度统计表

站名(简称)	节点度
永清	8
中卫 2	7
安平	7
德州	6

续表

站名(简称)	节点度
嘉兴	5
梧州	5
仁存	5
琉璃河	5

2.2.2 关键边

某一条边的边介数表示网络中通过这条边的最短路径的数目，边介数值体现了复杂网络中相应的边在整个复杂网络中的地位和影响力，具有重要的现实意义。例如，在城市交通网络或公交网络系统中，边介数的分布情况代表了不同道路在相应交通关系中的重要程度，这对发现和利用交通网络中的重要道路等具有重要意义。

在本次天然气管网拓扑结构中，研究结果表明，中部地区的“海原—彭阳—平泉—灵台—89#阀室—高陵—华阴—潼关—三门峡—洛宁—洛阳—鲁山”管段的边介数较高，这表明它在整个天然气管输网络中具有较强的运输能力，因此具有较强重要性。此外，这些管段的边介数较高还可以表明在大多数天然气运输任务中，这些管段将会是最优选择。其中，最强的管段是“洛阳—鲁山”，其边介数达到了 0. 02993，同样表明在这些管段中，“洛阳—鲁山”管段具有更强的影响力。各管段具体数值见表 5。

表 5 部分管段边介数统计表

起点	终点	边介数
洛阳	鲁山	0. 0299
洛宁	洛阳	0. 0295
三门峡	洛宁	0. 0291
潼关	三门峡	0. 0287
华阴	潼关	0. 0283
高陵	华阴	0. 0279
89#阀室	高陵	0. 0275
灵台	89#阀室	0. 0270
平泉	灵台	0. 0266
彭阳	平泉	0. 0261
海原	彭阳	0. 0257

3 结论

本次研究运用复杂网络理论相关知识构建出天然气管网有向赋权拓扑网络结构图，模拟了中国当前天然气管输系统，对天然气管网结构现状进行刻画。在此基础上，本次研究对天然气管网拓扑结构中的关键节点与关键边进行识别，评价了天然气管输网络中相应站点与其他站点的关联程度、依赖程度以及相应站点或管段在整个网络中的作用的影响力等，得出结论如下：

（1）研究结果表明中部地区的部分天然气站点的接近中心度值较大，这意味着这些站点在整个天然气管网中处于优势地位，在向其他站点运输天然气时较为方便，在进行天然气物流优化时，可优先考虑这些站点。

（2）在整个天然气管网系统中，各站点节点度分布不均。本次研究通过对节点度指标进行分析找出了整个天然气管输网络中节点度较高的站点即与其他站点关联度较高的站点，如永清站等。

（3）本次研究通过节点介数和边介数指标揭示了整个天然气管输网络中重要性更强的天然气管段及站点，指出这些站点或管段会被更多的最短路径经过，从而体现了其在整个管输网络中的重要性。

综上所述，本次研究确定了天然气管网系统的简化原则和方法，基于复杂网络分析方法构建了中国当前天然气管网的拓扑结构，对中国当前天然气管网结构进行刻画，并从关键节点和关键边两个方面出发选取了接近度中心值、节点度、节点介数以及边介数四个特征指标来刻画整个天然气管网的系统特性，为后续最为经济合理的天然气运输方案的筛选及天然气运输效率的提高提供了现实背景和参数基础。

在本次研究中还存在一些问题未能解决，例如，在进行管网特征分析时，还可以选取更多相关特征指标进行分析刻画；由于时间、资源等现实因素限制，本次研究只对中国天然气管网结构现状进行刻画，并未考虑管网拓扑结构优化问题，随着中国对于天然气需求的逐渐增加，为了进一步提高天然气运输效率，管网拓扑结构优化问题同样需要进一步深入研究。以上这些问题在本次研究中未能解决，未来还需要更多研究基于复杂网络相关知识对其进行进一步的分析，以提出更多的实用且创新的理论。

参考文献

[1]陆家亮，赵素平．中国能源消费结构调整与天然气产业发展前景[J]．天然气工业，2013，33(11)：9－15.

[2]刘小丽．中国天然气市场发展现状与特点[J]．天然气工业，2010，30(07)：1－6＋125.

[3]刘剑文，杨建红，王超．管网独立后的中国天然气发展格局[J]．天然气工业，2020，40(01)：132－140.

[4]Zhou D，Jia X，Ma S，等．Dynamic simulation of natural gas pipeline network based on interpretable machine learning model[J]．Energy，2022.

[5]钟少颖，王宁宁，陈锐．北京市公交网络枢纽性和抗毁性——基于复杂网络分析方法的研究[J]．城市发展研究，2016，23(06)：123－132.

[6]Watts D，Strogatz S．Collective dynamics of ´small－world´ networks（see comments）[J]．Nature，1998，393(6684)：P. 440－442.

[7]Barabsi A L，Albert R．Emergence of Scaling in Random Networks[J]．2011.

[8]Zhou Y，Zhang S，Wu L，等．Predicting sectoral electricity consumption based on complex network analysis[J]．Applied Energy，2019，255：113790.

[9]Dehdarian A，Tucci C L．A complex network approach for analyzing early evolution of smart grid innovations in Europe[J]．Applied Energy，2021，298(2).

[10]Tian Z, Jia L, Dong H, 等. Analysis of Urban Road Traffic Network Based on Complex Network[J]. Procedia Engineering, 2016, 137: 537-546.

[11]SH González, Mota I. Applying complex network theory to the analysis of Mexico city metro network (1969—2018)[J]. Case Studies on Transport Policy, 2021, 9(5439).

[12]Kuperman M, Abramson G. Small world effect in an epidemiological model[J]. Phys. Rev. Lett, 2001, 86(13): 2909-2912.

[13]Pastor Satorras R, Vespignani A. Epidemic dynamics in finite size scale ~ free networks[J]. Phys. Rev. E, 2002, 65, 035108.

[14]Grabowski A, Kosinski R A. Epidemic spreading in a hierarchical social network[J]. Phys. Rev. E, 2004, 70, 031908.

[15]Hao, Xiaoqing, An, 等. Evolution of the exergy flow network embodied in the global fossil energy trade: Based on complex network[J]. APPLIED ENERGY - BARKING THEN OXFORD -, 2016.

[16]BWZA, EHACD, FLS, 等. Global pattern of the international fossil fuel trade: The evolution of communities - ScienceDirect[J]. Energy, 2017, 123: 260-270.

[17]Lin F A, Hs A, Wei W B, 等. A systematic method for the optimization of gas supply reliability in natural gas pipeline network based on Bayesian networks and deep reinforcement learning[J]. Reliability Engineering & System Safety, 225.

[18]Hs A, Ezb C, Zjz D, 等. Development of an integrated dynamic model for supply security and resilience analysis of natural gas pipeline network systems[J]. 2021.

[19]Wang W C, Zhang Y, Li Y X, 等. Vulnerability analysis of a natural gas pipeline network based on network flow[J]. International Journal of Pressure Vessels and Piping, 2020, 188: 104236.

[20]刘洪. 山东天然气干线管网仿真模型建立及应用[D]. 西南石油大学, 2014.

[21]裴凤玲. 大庆市主城区天然气规划研究[D]. 东北石油大学, 2010.

[22]陶宏伟. 川渝天然气管网优化运行技术研究[D]. 西南石油大学, 2006.

[23]柏毅. 川西地区天然气管网优化及仿真技术研究[D]. 西南石油学院, 2004.

[24]刘涛, 陈忠, 陈晓荣. 复杂网络理论及其应用研究概述[J]. 系统工程, 2005(06): 1-7.

[25]王云琴. 基于复杂网络理论的城市轨道交通网络连通可靠性研究[D]. 北京交通大学, 2008.

[26]史进. 基于复杂网络理论的电力系统网络模型及网络性能分析的研究[D]. 华中科技大学, 2008.

基于 PSO－SVR 的重车碾压下管道力学响应预测及防护策略

武学健　张　东　余佳莹　杨　悦　刘啸奔

［中国石油大学（北京）油气管道输送安全国家工程实验室/石油工程教育部重点实验室/城市油气输配技术北京市重点实验室，北京　102249］

摘　要： 随着城市的扩建，越来越多的油气管道穿越道路下方铺设，而路面行驶的车辆会对油气管道造成交通载荷，存在一定的安全隐患。为此，本文使用有限元方法，建立数值仿真模型开展重车碾压作用下管道力学响应计算，通过非线性工具箱 MATLAB 编程粒子群算法优化支持向量机模型对有限元数值模拟结果进行拟合，获取关于重车碾压作用下管道应力的预测公式，参考国标提出安全评价方法和防护措施，为重车碾压作用下管道应力状态的评价提供一种新的方法。

关键词： 重车碾压；算法预测；安全评价；防护措施

1　引言

我国油气管道横跨南北，穿越各大城市，不可避免地存在着管道与道路交叉的情况。交叉段的管道一般从道路下方穿过，而道路上方行驶的车辆会对埋地管道产生交通载荷，尤其是部分道路存在重型工程车辆的碾压，更容易导致管道的破坏，有着巨大的安全隐患[1-3]。近年来我国已发生了两起相关事故：一是中国石化某成品油管道由于重型施工车辆的碾压而破裂，并引发火灾；二是武汉某燃气管道由于车辆碾压导致泄漏。随着城市化和油气管道建设的发展，必然会出现更多道路与管道交叉段。为了对交叉段管道是否存在安全隐患做出科学性的判断，国内外已有学者进行了交通载荷作用下管道力学响应的实验和数值模拟研究，得到了车辆质量、管径、壁厚、土壤等因素对管道力学状态的影响规律[4-7]。本文基于前人的研究，通过建立重车碾压作用下管道力学响应数值仿真模型，开展了重车碾压作用下管道安全状态数值计算，基于计算数据，使用 PSO－SVR 算法提出了重车碾压作用下管道应力预测模型。根据 PSO－SVR 模型预测结果，利用本文提出的重车碾压段管道安全评价准则，能够快速准确地得到管道需采取的安全防护措施，可为工程上重车碾压段管道的安全防护提供参考。

作者简介： 武学健，男，1999 年生，中国石油大学（北京）硕士研究生，从事管道完整性、掺氢天然气管道适用性研究工作。E－mail：wuxuejian2022@163.com

2 数值仿真模型

采用数值仿真分析软件ABAQUS，建立重车碾压作用下管道力学响应数值仿真模型，几何模型包括路基、土壤、埋地管道，重车垂直行驶过管道上方，如图1所示。

本模型中材料参数设置管材的弹性模量为210GPa，泊松比0.3，密度7850kg/m^3，管材塑性数据采用Ramberg-Osgood模型。土壤模型采用Drucker-Prager模型，设置了常见的砂土和黏土两种土壤类型。模型边界条件的设置，模型底部设置固定约束，对称面设置对称约束，管道和土体间设置"面面接触"，摩擦系数为0.3。模型中管道网格采用壳单元，单元类型为四节点曲壳单元S4R。其余部分为实体单元，单元类型为8节点六面体线性减缩积分单元C3D8R，网格剖分效果如图2所示。数值仿真模型计算得到的管道应力结果与作者团队前期的现场测试值进行对比[8]，发现两者的管道应力值随时间的变化规律基本一致，可以证明本文数值仿真模型的准确性。

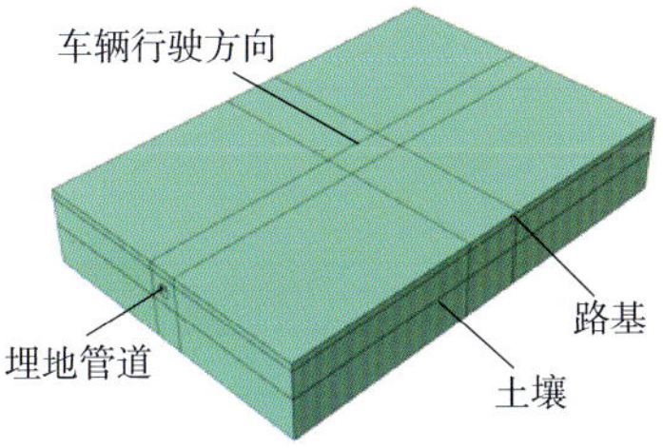

图1 重车碾压管道几何模型

图2 模型网格剖分示意图

3 重车碾压PSO-SVR模型

在对重车碾压作用下管道安全状态的实际评价过程中，由于所建立的模型较为复杂，数值计算量大，且对工作人员的要求较高。为了避免进行重复性工作，快速准确地满足工程评价需求，本文通过非线性工具箱MATLAB编程粒子群算法优化支持向量机模型对大量有限元数值模拟结果进行拟合，获取关于重车碾压作用下管道应力的预测公式，为重车碾压作用下管道应力状态的评价提供一种新的方法。

本文以陕京管道为例，说明通过有限元数值计算结果，建立PSO-SVR模型得到关于重车碾压作用下管道应力状态预测模型的方法。首先基于数值仿真模型，考虑不同管径、壁厚、内压、埋深、车重以及土壤六个影响因素，计算了陕京线660mm、711mm、914mm、1016mm、1219mm五种管径管道共2040组运行工况，提取计算结果中的管道内壁和外壁最大轴向应力和最大MISES应力，建立六种关键影响因素与管道应力状态关系的数据库，数据库参数计算取值范围如表1所示。

利用MATLAB工具箱采用通用LIBSVM通用工具包对重车碾压作用下管道应力状态数据的SVR模型进行训练[9]。首先按照LIBSVM工具包的操作使用方法流程，将应力状态数据库进行归一化处理；然后对惩罚函数c和核函数g在一定范围内取值，并采用交叉验证法确定在该值域范围内的惩罚函数c和核函数g参数[10,11]，将其称作为初始值，分别记作c_{init}和g_{init}。然后对其利用粒子群(PSO)算法获取惩罚函数和核函数的最优值，并将此优化后的值记作c_{best}和g_{best}，最后采用此参数训练生成PSO-SVR模型。

表 1　数据库参数计算取值范围

管径/mm	壁厚/mm	内压/MPa	埋深/m	车重/t	土壤弹性模量/MPa
1219	18.4/22/26.4/33	12/8/4/2.5	1 1.5 2	40 70 100 150	10 20
1016	14.6/17.5/21/26.2/27.5	10/7.5/6.5/3			
914	12.3/15.7/18.4/25	7.8/6.2/4/2			
711	7.9/9.5/11.9	5.5/4.8/4.25/2			
711	12.7/14.3/17.5	10/5.95/3.5			
660	7.14/8.74/10.3/12.7	6.4/3.8/2.5			

模型训练过程中设置加速常数 c_1 和 c_2 大小都为 0.001，微粒数目设置为 100 个，最大优化迭代次数设置为 1000 或均方误差 MSE 小于 10^{-4}，微粒的速度区间定义为[0.01，10]，微粒位置的最小值 c_{init} 和最大值 g_{init} 作初始值。根据 PSO－SVR 模型训练流程完成数据计算分析，并可结合实际工况条件进行管道应力的预测。PSO－SVR 模型训练流程如图 3 所示。

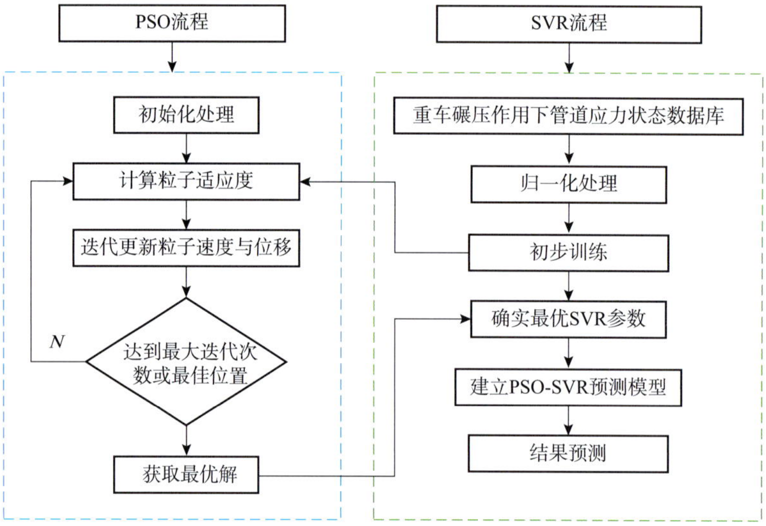

图 3　PSO－SVR 模型流程图

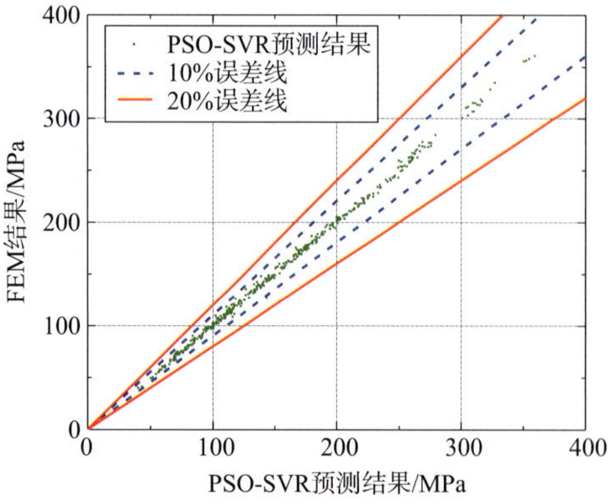

图 4　PSO－SVR 模型预测效果

利用 MATLAB 采用粒子群优化算法（PSO）优化处理 SVR 模型得到的预测结果与有限元数值模拟结果误差对比，如图 4 所示。可知绝大部分预测结果误差小于 10%，同时得到预测结果相关系数大小为 99.846%，均方根误差 RMSE 为 1.367。因此，进一步证明了 PSO－SVR 模型的具备较高的拟合度和预测结果测确性，可见 PSO－SVR 模型对于重车碾压作用下管道应力预测的结果比较严谨科学，可为重车碾压作用下管道应力的预测提供一种新的方法。

4　安全评价与防护

基于 PSO－SVR 模型可以快速准确地得到重车碾压作用下管道的应力状态，进而开展管道安全状态评价，及时对处于风险状态的管道采取安全防护措施。本文参考相关国家标准[12]，使用 MATLAB 建立了一种重车碾压作用下处于不同等级地区的管道安全状态评价方法，并针对处于不同风险等级的重车碾压段管道提出了相关安全防护措施[13－15]。

针对无缺陷管道，考虑管道屈服应力和设计系数，再根据标准中的设计地区等级取不同的保守系数，从而得到不同等级地区管道的许用应力。得到重车碾压作用下管道许用应力的计算公式为：

$$[\sigma]=F_1F_2\sigma_s \tag{1}$$

式中　$[\sigma]$——许用应力，重车碾压作用下管道的许用应力，MPa；

F_1——设计系数，通常取 0.9；

F_2——保守系数，根据不同等级地区，选择的设计系数，一级地区 0.72，二级地区 0.6，三级地区 0.5，四级地区 0.4；

σ_s——屈服应力，不同钢级管道的屈服应力，MPa。

参考安全风险等级四色管理标准，将无缺陷管道重车碾压作用下管道安全状态的警示颜色设定的等级为“红、橙、黄、绿”，表 2 给出了车辆动载荷作用下无缺陷管道安全状态评价等级与危险程度、预警颜色对应关系。将不同等级地区的管道许用应力$[\sigma]$与重车碾压作用下管道所承受的 Mises 应力 σ_{Mises}进行对比，根据表 3 所示的判定准则将管道划分为不同风险等级。

表 2　安全状态评价等级与危险程度、预警颜色对应关系

评价等级	低风险	中风险	较高风险	高风险
危险程度	1 级	2 级	3 级	4 级
预警颜色	绿色	黄色	橙色	红色

表 3　安全等级判定准则

风险等级	准则
低风险	$\sigma_{Mises}<0.9[\sigma]$
中风险	$0.9[\sigma]\leqslant\sigma_{Mises}<[\sigma]$
较高风险	$[\sigma]\leqslant\sigma_{Mises}<\sigma_s$
高风险	$\sigma_{Mises}\geqslant\sigma_s$

基于以上安全评价结果，对处于危险范围的重车碾压作用下的埋地管道需要采取保护措施，当无缺陷管道处于不同安全状态时，需要对管道采取防护治理措施，具体措施如下：

（1）当评价等级为低风险时，建议加强监管，无须采取特殊防护措施。

（2）当评价等级为中风险时，应建议相关部门对该路段的车重以及车流量进行限制，安装监控设施，并树立警示标识。对于现场难以控制车流量的路段，应在该路段管道上方铺设厚度不小于 20cm、宽度至少覆盖整个路面宽度的钢筋混凝土盖板。

(3)当评价等级为较高风险时，应在管道上方铺设厚度不小于20cm、宽度至少覆盖整个路面宽度的钢筋混凝土盖板；对于无法及时施工的路段，可以临时铺设厚度不小于 30mm 的钢板，且保证宽度不小于路面宽度。同时应建议相关部门对该路段的车重以及车流量进行限制，安装监控设施，并树立警示标识。

(4)当评价等级为高风险时，应对此处管道采用铺设盖板涵的方式进行保护。同时建议相关部门对该路段的车重以及车流量进行限制，安装监控设施，并树立警示标识。

此外，对于重车碾压作用下含缺陷管道的安全状态评价需要结合管道内检测数据或者开挖检测数据。含缺陷管道若处于重车碾压路段，应根据缺陷类型以及缺陷尺寸开展适用性评价，根据评价结果采取铺设盖板涵、监控、补强修复、换管等操作。

5 结论

本文通过有限元方法建立的管道力学响应数值模型开展计算，利用 PSO - SVR 模型对重车碾压作用下管道的力学状态展开研究，提出了更为可靠的评价准则和防护建议，总结如下：

(1)针对道路交叉段管道，建立重车碾压作用下的埋地管道主要影响因素与管道应力状态数据库，基于支持向量机方法得到各参数关于管道最大应力的 PSO - SVR 模型。结果表明，PSO - SVR 预测模型具有较高的准确性，可用于对重车碾压段管道应力状态的预测。

(2)参考国家标准，提出了重车碾压作用下管道安全状态评价准则，并对处于不同安全状态的管道分别提出了安全防护措施，可以准确有效地保护管道的安全运行，为工程上重车碾压段管道的安全防护提供参考。

参考文献

[1] Dong Zhang, Xiaoben Liu, Yue Yang, Ning Shi, Jinxu Jiang, Pengchao Chen, et al. Field experiment and numerical investigation on the mechanical response of buried pipeline under traffic load[J]. Engineering Failure Analysis, 2022, 142.

[2] 兰国冠，赵向前，孙安勇．穿越公路输气管道力学特性影响因素研究[J]．成都大学学报(自然科学版)，2012，(3)：290 - 294.

[3] 杨凯．城市燃气管道泄漏多因素耦合致灾机理与灾害控制研究[D]．首都经济贸易大学，2016.

[4] 龚晓南，孙中菊，俞建霖．地面超载引起邻近埋地管道的位移分析[J]．岩土力学，2015，36(02)：305 - 310.

[5] 李枢一，马彬，宋洁，雷飞．车辆碾压作用下输气管道安全埋深及防护措施[J]．煤气与热力，2020，40(02)：35 - 38 + 43.

[6] 余红伟，倪友伟，姚士洪．车辆载荷碾压作用下管道的安全性测试与分析[J]．石油工程建设，2009，35(03)：15 - 19 + 5.

[7] 古芃．车辆碾压载荷下埋地输气管道的动力响应分析[D]．西南石油大学，2019.

[8] 张东，张宏，周雅哲，江金旭，施宁，吴张中，刘啸奔．重车碾压作用下 X65 管道力学响应及影响因素[J]．油气储运，2022，41(02)：177 - 184.

[9] 余胜威．MATLAB 优化算法案例分析与应用[M]．北京：清华大学出版社，2016.

[10] 郑倩．断层作用下埋地油气管道的可靠性分析与评价[D]．中国石油大学(北京)，2019.

[11]赵杰，李英，吴晓云. 基于自适应 PSO 和 SVR 的矿坝位移预测[J]. 电子测量技术，2020，43(19)：27－31.

[12]GB 50251《输气管道工程设计规范》.

[13]王东源，李朝，王洪波，余志峰. EPS 垫层对落石区油气管道的防护效果[J]. 油气储运，2019，38(12)：1425－1431.

[14]么惠全，冯伟. 西气东输管道第三方破坏风险与防控措施[J]. 油气储运，2010，29(05)：390－392＋395＋317.

[15]邓小涛，连大焕，曹林晓. 在役天然气管道与道路交叉保护设计方案研究[J]. 工程技术研究，2020，5(24)：200－202.

基于卷积神经网络与IMU内检数据的弯曲变形管段识别技术

付孟楷　赵冰珂　张　东　刘啸奔

[中国石油大学(北京)油气管道输送安全国家工程实验室/石油工程教育部重点实验室/城市油气输配技术北京市重点实验室，北京　102249]

摘　要：外部载荷引起的管道弯曲变形与管体位移是一种常见的管道失效原因，基于惯性测量单元(Inertial Measurement Unit，IMU)的内检测技术是目前检测管道局部变形的主要手段。本文以某段冻土区多年的IMU应变检测数据为基础，针对管线中4类典型局部变形特征，提出了基于IMU应变数据的弯曲变形管段智能识别与评价方法。采用该方法对中俄原油管道6年的IMU应变数据展开分析，形成了35368份样本管段数据，建立了中国IMU弯曲应变数据库。结果表明：基于该数据库建立的一维卷积神经网络模型对管道弯曲变形段识别准确率高达92.14%，具有良好的预测性能。该研究能够满足IMU应变数据智能分析及评价的工程需要。

关键词：IMU；弯曲应变；卷积神经网络；地质灾害

1　引言

随着油气长输管道输送距离持续增长，管道途经的地理环境更加复杂多变，易遭受山体滑坡、地震、泥石流、冻土冻胀融沉等地质灾害的破坏，管道投产运行后的安全与运行维护问题将日益严峻[1]。地质灾害会导致土壤产生位移，管体在土体位移、岩石约束物等作用下，容易致使管道产生局部变形及位移，若在管体产生弯曲变形的区域存在几何型缺陷或面积型缺陷，将对管道本体安全产生威胁，严重时造成油气泄漏、管体失效破裂等重大事故[2,3]。

王富祥[4]等人自主研发的内检测器能够全线逐点检测管道的弯曲应变和管体位移，得到更加精准的数据信息，为通过IMU应变检测数据分析管道全线的管道弯曲应变状态奠定了数据基础。沈博[5]提出了一种基于捷联式惯性导航技术的管道内检测方法，设计并推导了运用捷联惯性组合导航原理的管道地理坐标测量方法，并运用磁标记位置的管道地理坐标信息消除内检测器的轨迹推算误差，满足了IMU对管道弯曲应变的测量精度要求。李睿[6,7]等人基于管道中心线和管道弯曲应变的解算原理自主研制了高精度的IMU管道内检测器，完成管线的检测后将数据传输给计算机，结合地面定标盒提供的GPS信息进行数据处理，基于整条管线的位置参数得到管线的中心线轨迹，并计算得到弯曲应变值与管体位置，在检

作者简介：付孟楷，男，中国石油大学(北京)油气储运工程专业本科在读。E－mail：1420651920@qq.com

测冻土区管道的冻胀融沉得到了成功的应用。

近年来，通过多年的管道数据监测实践，已获得大量管道弯曲应变数据，但仍缺少相应的数据处理手段与评价方法。目前主要依靠传统人工识别的方法进行可能的地质灾害高风险段识别工作，存在判别标准不一致、识别效率低、误判率较高的问题。采用卷积神经网络方法对异常管段进行识别分类可以有效地解决这个问题，随着弯曲应变数据的增加，会使得模型的精确性随之提高，并且模型依照算法进行判别，很好地解决了人工识别存在判别标准差异与难以实现自动化的问题，并且节省了大量的人力资源与时间成本。

2 管段数据转换与特征分析

2.1 数据转换

IMU采集的数据如航向角、俯仰角等对于管道的力学性质不能很好地阐释，因此通过IMU惯性测量原理将所得数据转换为垂直应变和水平应变，来更好地识别管道的结构异常。

在弹性变形范围内，管道的弯曲应变与管道的曲率成正比，通过IMU单元记录的姿态数据对里程进行微分可以求得管线的曲率，结合曲率与管径可以求得管道的弯曲应变，计算弯曲应变的公式如下：

$$\begin{cases} \varepsilon_{\mathrm{v}} = \dfrac{\mathrm{d}P}{\mathrm{d}s}\dfrac{D}{2} \times 100 \\ \varepsilon_{\mathrm{h}} = -\cos P\left(\dfrac{\mathrm{d}A}{\mathrm{d}s}\right)\dfrac{D}{2} \times 100 \\ \varepsilon = \sqrt{\varepsilon_{\mathrm{v}}^2 + \varepsilon_{\mathrm{h}}^2} \times 100 \end{cases} \tag{1}$$

式中，ε为管道的总弯曲应变，ε_{v}为垂直应变，ε_{h}为水平应变；D为管道的公称直径，单位：m。IMU在管道中的检测轨迹，若要计算s点处的垂直应变与水平应变，可以由$s+L/2$点处与$s+L/2$处的俯仰角差值$\mathrm{d}P$、航向角差值$\mathrm{d}A$、绝对里程差值$\mathrm{d}s$得出，$\mathrm{d}s$也是计算窗口，通常取值为1m、2m、3m，取值与管道外径相关，通常随着管径的增大而逐步取大值，也要考虑计算得到的应变值的实际情况，过小时会使得IMU应变数据存在较为密集的噪声，过大时则会使得应变曲线变得过于平滑，从而使得弯曲变形段的应变值降低。

2.2 异常管段数据特征

本文以漠大线冻土区管段2014年至2019年的IMU惯性数据为基础开展分析，在2.1节水平应变与垂直应变数据的基础上，结合环焊缝对齐几何检测或漏磁检测数据中的几何特征点(弯头、凹陷等)、人工识别出的弯曲变形管段与环焊缝干扰管段，通过python编程找到凹陷、弯头、弯曲变形管段及环焊缝干扰管段的绝对里程位置。从多年的IMU应变数据中总共截取了35368份样本数据存入Mysql数据库，数据库中包括4311份凹陷样本数据、9240份弯头样本数据、17584份弯曲变形段样本数据、4233份环焊缝干扰段样本数据，同时以局部变形段样本标注点为中心，左右各取10个点共20m截取水平应变、垂直应变、环焊缝信息存入Mysql数据库用于训练深度学习模型。

弯头按照固定规格制成，总长一般不会超过12m，弯头段的应变曲线特征为12m范围内应变急剧上升，呈纺锤形尖刺状，冷弯的弯曲应变值分布在0.1%～2%，热弯的弯曲应变值通常超过 5%，不同检测年份的弯头处应变值不会出现较大的偏差，在几何或者漏磁检测数据中会在弯曲应变最大处标记弯头的绝对里程位置，因此以标记点为中心左右各 6m，截取弯头管段的水平应变、垂直应变值作为卷积神经网络的样本数据[8]。

凹陷段的情况较为复杂，通过漏磁检测与几何检测可以发现在整条管线上存在大小不一的凹陷，部分凹陷段在应变曲线上的数据特征不明显，甚至与正常管道之间没有明显差异，凹陷段的应变曲线特征为在较短范围内应变发生突变，呈半菱形状，且凹陷的弯曲应变值相比弯头较小，凹陷深度通常在 6% OD 以下，几何或者漏磁也会在应变最大处标记凹陷的位置，但凹陷的长度不固定，因此以标注点为中心，左右分别取到与标记点应变差值最大处作为一份样本数据[9]。

识别弯曲变形管段是本论文的重要部分，弯曲变形风险段的应变曲线呈正弦式波动，管道弯曲的长度一般大于等于 12m[10]。在弯曲变形最大处的应变绝对值大于 0.125%，可以将弯曲变形段的应变曲线特征总结为"W"型和"V"型，以及多个"W"型变形段和"V"型段的串联，为了方便截取弯曲变形段的应变数据特征，简化计算过程，"W"型的弯曲变形段包含或者可看作是"V"型弯曲变形段，弯曲变形管段依靠人工识别标记，样本数据的截取规则与凹陷一致，同样是以标注点为中心，左右分别取到与标记点应变差值最大处。

焊缝干扰管段指 IMU 内检测器在经过环焊缝时，由于受到错边、变壁厚的影响，而在环焊缝处发生跳动，从而导致弯曲应变值高于识别阈值的管段。环焊缝干扰段的应变曲线特征表现为在管段环焊缝处出现应变跳动且数值达到峰值，峰值处弯曲应变值大于 0.125%。截取环焊缝干扰管段样本数据的方法与弯头一致，即以样本标注点为中心，左右各 6m 截取水平应变与垂直应变值。

3　基于一维卷积神经网络的弯曲变形管段识别

3.1　"独热编码"数据预处理

内检测得到的 IMU 应变数据中包含了多种不同的局部变形段样本，因此不采用滑窗取样方式截取原始应变数据制作样本集，本文通过几何检测标记的几何特征点以及人为标记点截取固定长度的局部变形管段作为样本数据，同时基于人工识别的经验，考虑到环焊缝在区分不同局部变形管段时具有重要的作用，在样本数据中加入了环焊缝信息。

在 IMU 应变数据中以局部变形管段标记点为中心，左右各为 6m 共 12m 的左开右闭区间内提取局部变形管段固定长度的水平应变、垂直应变值，并为该局部变形管段标记环焊缝信息。基于 One - hot 编码方法将环焊特征映射到整数值，存在环焊缝的位置被标记为 1，其他位置均为 0 值，将样本数据用热力图进行可视化展示，通过颜色的深浅与渐变表征弯曲应变的大小和变化之间的关系[11]。不同局部变形管段在环焊缝处的标记位置与弯曲应变值之间存在空间位置上的联系，考虑环焊缝的样本数据构建可以加强不同局部变形管段数据特征的差异性(图 1)。

从 Mysql 数据库中调用包含环焊缝信息的局部变形管段数据，构建的凹陷、弯头、弯曲变形段，环焊缝干扰段的样本数据分别如图 2 所示。

3.2　模型构建与训练

本文提出的局部变形管段分类识别 1D CNN 体系结构总体由 1 个输入层，3 个卷积层、

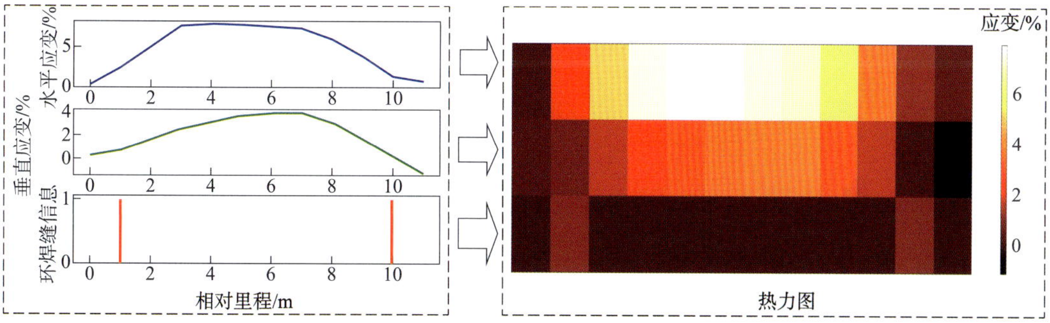

(a)局部变形管段样本数据　(b)局部变形管段热力图

图 1　构建样本数据示意图

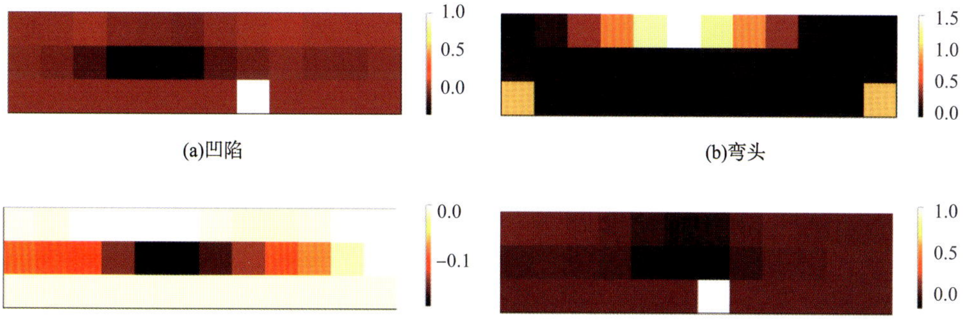
(a)凹陷　(b)弯头

(c)弯曲变形段　(d)环焊缝干扰段

图 2　含环焊缝信息样本数据

3 个最大池化层、1 个全连接层和一个输出层组成[12]。通过对网络结构不断的调试，最终确定一维卷积神经网络参数设置，其中全连接层共有 3 层，神经元个数分别设置为 128 个、64 个、32 个，输出层的神经元个数设置为 4 个，最后得出四种分类结果。

为了满足卷积神经网络模型的训练需要，从 Mysql 数据库中提取 4311 份凹陷样本、9240 份弯头样本、17584 份弯曲变形段样本以及 4233 份环焊缝干扰段样本作为样本数据，对样本数据序号进行 shuffle 打乱处理，防止样本数据的输入顺序对模型的训练造成影响。将样本数据按照 4：1 的比例分为训练数据集与测试数据集，训练集、测试集中各种局部变形管段的数量如表 1 所示，训练集用于训练网络模型，测试集用于检验模型的分类性能。

表 1　训练集与测试集样本数量

样本数据	凹陷	弯头	弯曲变形段	环焊缝干扰段
训练集(处)	3419	7349	14181	3345
测试集(处)	750	750	750	750

模型训练的过程如图 3 所示，首先将 3×12 的训练集与测试集进行一维化处理，生成 36 行 1 列的一维数据集，训练集在输入层进入 1D CNN 模型，经过 3 个卷积与 3 个池化层提取样本数据的主要特征，随后将特征数据进行平整化处理后传入全连接层，神经元将这些特征进行组合处理，最后在输出层得到凹陷、弯头、弯曲变形段、环焊缝干扰段的分类结果。

其中卷积层、全连接层都使用 ReLU 作为激活函数，在输出层使用 Softmax 激活函数实现多分类[13,14]。

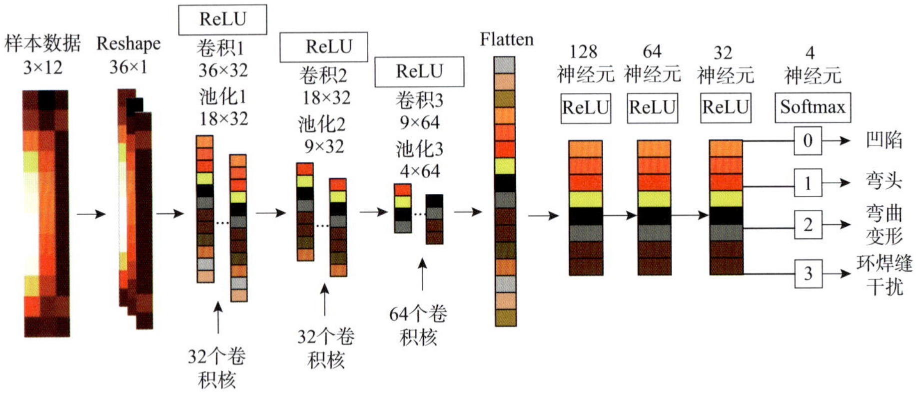

图 3　一维卷积神经网络架构

3.3　模型参数优选

卷积神经网络模型中的超参数主要包括了学习率、批次大小、优化算法、迭代次数，批量大小即模型训练一次所使用的数据样本数据量，迭代次数为整个训练集在神经网络训练的次数[12,13]。学习率是模型训练过程中的重要参数，需要设置合适的学习率使得模型以较快的时间收敛到全局最优位置[14,15]。基于上述参数影响，本文设置数据的批次大小为 128 个，迭代次数为 100 次进行模型性能测试，设置优化算法分别为 SGD 算法、AdaGrad 算法、Adadelta 算法、Adam 算法，学习率按照10^{-2}、10^{-3}、10^{-3}、10^{-4}、10^{-5}进行设置，计算模型在不同参数下测试集的损失值，确定最优的参数配置，如图 4、图 5 所示。

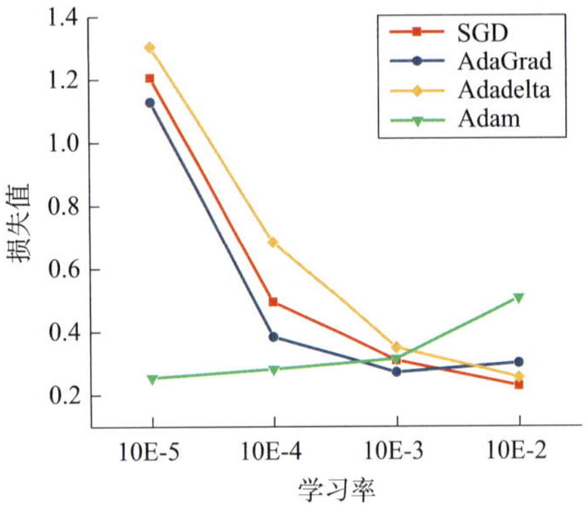

图 4　不同学习率下的算法比选

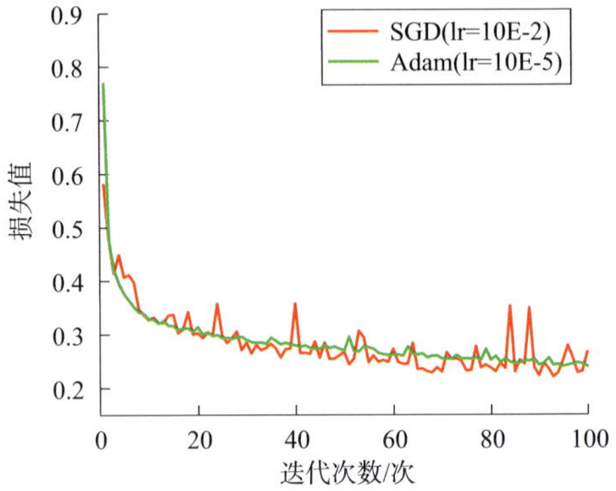

图 5　迭代次数下的算法比选

从图 4 可以看出，Adam 算法受到学习率变化的影响较小，4 种学习率下模型的损失值都在 0.6 以下，SGD、AdaGrad、Adadelta[16] 三种优化算法随着学习率的增大其模型损失值逐步降低，而 Adam 算法随着学习率的增大其模型损失值逐渐升高，当学习率为 10^{-2} 时，SGD 算法下模型的损失值最低，当学习率为 10^{-5}时，Adam 算法下模型的损失值最低，两者的损失值都在 0.24 左右。为了对比两种算法的优劣，画出两种优化算法的损失值随迭代次数变化曲线，如图 5 所示，与 SGD 优化算法相比 Adam 算法下模型的损失值下降更平滑，并且在损失值降低的过程中具有更小的噪声，可以推断 Adam 算法在测试集的表现与训练集得到的结果不会有太大的差异，因此选择 Adam 作为神经网络的优化器，并设置学习率为 10^{-5}。

基于上述的超参数设置，正式训练 1D CNN 模型时，为了得到模型的最终分类性能，将迭代次数调整为 1000 次，得出 1D CNN 模型的识别准确率、损失值随迭代次数的变化曲线，如图 6 所示。

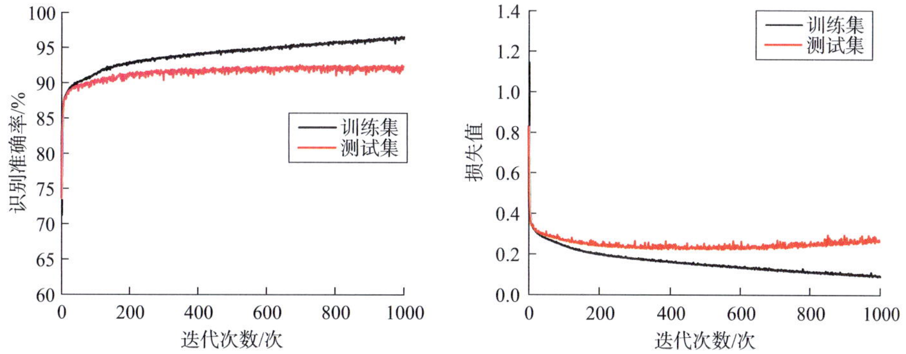

(a)识别准确率　(b)损失值

图 6　一维卷积神经网络模型过拟合

从图 6 可以看出，模型的识别准确率随着迭代次数的增加呈现先快速增高后缓速增高的趋势，1000 次迭代后训练集的准确率达到了 96% 左右，测试数据集在前 400 次迭代中模型的识别准确率达到 90% 左右，之后测试集的识别准确率整体趋于平稳，随着迭代次数一直增加到 1000 次也无明显变化。从损失图可看出，随着迭代次数的增加，训练数据集的损失值逐步下降，测试集的损失值呈先降低再升高的趋势，在 200 次迭代之后测试集的损失值出现轻微的上下震荡。综上所述，可以推断模型发生了过拟合，即模型分类的条件过为苛刻导致泛化能力不足的现象。

根据上述模型训练结果，采用 L_2 正则化和 dropout 方法消除模型过拟合[17,18]，在卷积神经网络中的 3 个全连接层后加入 dropout 层，丢弃率设置为 0.25，并为全连接层设置 L_2 权重正则化[19]，设置惩罚系数为 0.01，重新训练卷积神经网络模型得到去过拟合的结果，如图 7 所示。

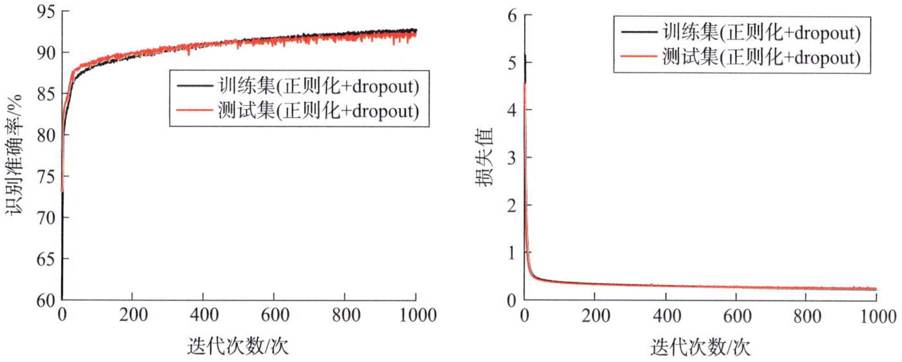

(a)识别准确率　(b)损失值

图 7　dropout 和正则化处理

结果显示，随着迭代次数的增加，模型对训练集的识别准确率缓慢提高，而损失值缓慢降低。测试集的识别准确率、损失值在100次迭代后趋于平稳，训练集和测试集的趋势基本保持一致，此时模型较为稳定。可以看出，正则化处理和dropout方法一定程度上解决了1D CNN模型过拟合的问题。

4 结论

外部载荷引起的管道弯曲变形与管体位移是一种常见的管道失效原因，基于惯性测量单元(Inertial Measurement Unit，IMU)的内检测技术是目前检测管道局部变形的主要手段。为有效利用IMU检测弯曲应变数据，提出一种基于一维卷积神经网络的弯曲变形管段智能识别方法。

(1)综合考虑管道水平与垂向应变数据、焊缝数据，在识别不同局部变形管段特征上有较好的应用效果。基于独热编码方法综合环焊特征与应变数据特征，采用热力图综合考虑各种数据特征，是将应变数据转换为机器学习方法输入的一种可靠方法。

(2)基于一维卷积神经网络识别的弯曲变形管段与人工识别结果基本一致，识别准确率能达到90%，但也受到训练样本数据自身准确性的影响，因此，无论是建立标准的局部变形管道特征样本数据库，还是构建高精度的深度学习模型，都是完整性管理中弯曲变形管段完整性评价需要持续攻关的方向。

参考文献

[1]张宏，季蓓蕾，刘㮚等．地质灾害段管道结构安全数字孪生机理模型[J]．油气储运，2021，40(10)：1099-1104+1130.

[2]周阳．局部减薄管道的适用性评价应用研究[D]．华东理工大学，2012：10-15.

[3]王富祥，冯庆善，杨建新，等．油气管道惯性测绘内检测及其应用[J]．油气储运，2012，31(05)：372-375+407.

[4]沈博．惯性导航技术在管道内检测中的应用[D]．沈阳工业大学，2013.

[5]李睿，张琳，赵晓利，等．油气长输管道长期应变及位移监测[J]．石油机械，2016，44(06)：118-122.

[6]Li，Rui；Wang，Zhensheng；Chen，Pengchao (2020)．Development the method of pipeline bending strain measurement based on microelectromechanical systems inertial measurement unit. Science Progress，103(2)，003685042092523-．doi：10.1177/0036850420925231.

[7]方威伦，刘啸奔，张宏，等．基于IMU检测数据的冻土区管道融沉风险段识别方法[J/OL]．油气储运：1-9[2022-03-15].

[8]徐磊，侯磊，李雨，等．机器学习在油气管道的应用研究进展及展望[J]．油气储运，2021，40(02)：138-145.

[9]Ad Ams S，Beling PA．A survey of feature selection methods for Gaussian mixture models and hidden Markov models[J]．Artificial Intelligence Review，2017.

[10]英昌盛，李紫薇，尹继一，等．一种基于格雷码与one-hot混合编码思想的组合数生成算法[J]．吉林师范大学学报(自然科学版)，2021，42(03)：105-109.

[11]李辰，陈浩，李建勋．多形态卷积并行神经网络建立效能评估指标体系[J]．电光与控制，2021，

28(11): 31-34+93.
[12]崔石玉, 朱志宇. 基于参数迁移和一维卷积神经网络的海水泵故障诊断[J]. 振动与冲击, 2021, 40(24): 180-189.
[13]白浩, 齐林海, 王红. 融合知识图谱与卷积神经网络的电压暂降分类识别[J]. 电力信息与通信技术, 2021, 19(11): 131-139.
[14]彭嘉丽. 基于有监督和弱监督学习的异常事件检测研究[D]. 中北大学, 2021.
[15]李辰, 陈浩, 李建勋. 多形态卷积并行神经网络建立效能评估指标体系[J]. 电光与控制, 2021, 28(11): 31-34+93.
[16]彭嘉丽. 基于有监督和弱监督学习的异常事件检测研究[D]. 中北大学, 2021.
[17]白浩, 齐林海, 王红. 融合知识图谱与卷积神经网络的电压暂降分类识别[J]. 电力信息与通信技术, 2021, 19(11): 131-139.
[18]韩冰. 基于深度复卷积神经网络的滚动轴承故障诊断方法研究[D]. 北京交通大学, 2021.

油气管道基础数据模型构建及管理技术研究

高　飞[1]　李成志[1]　石昌志[2]　刘丽君[1]　董　炜[1]　柳建军[1]

(1. 昆仑数智科技有限责任公司，北京　100007；
2. 中国石油天然气股份有限公司天然气销售山东分公司，山东 济南　250002)

摘　要：本文所构建的油气管道基础数据模型包含 KDPDM 管道数据模型与“门站 - 调压站 - 大用户”三级管网区域输配平衡预警分析模型，首次实现了油气管道数据模型国产化，同时运用基于大规模图顶点覆盖增量算法设置城镇燃气管网关键监测节点，全面推广应用生产动态、设备管理、管道完整性、安全管理、运行监视和综合展示模块功能。用户可基于油气管道基础数据模型对油气管道运行中面临的风险因素进行识别和评价，通过监测、检测、检验等方式，获取与专业管理相结合的管道完整性的信息，制定相应的风险控制对策，不断改善识别到的不利影响因素，从而将管道运行的风险水平控制在合理的、可接受的范围内，最终达到持续改进、减少和预防管道事故发生、经济合理地保证管道安全运行的目的。

关键词：管道数据模型；输配平衡；管道完整性；风险因素

1　引言

目前国内主流应用的油气管道模型主要是美国 ESRI 公司的 APDM 管道模型和 UPDM 管道模型。APDM 模型设计时满足了管线管理用户 80% 的标准要素及线性参考、高后果区和风险分析等核心需求[1,2]，用户在此基础上可以进行扩展，有力地支撑了长输管道的管理工作，但是只能应用于长输管道管理，不能在城燃管道管理中应用。UPDM 管道模型是 ESRI 公司用来替代 APDM 而新推出的管道模型，吸取了多家欧美地区管道运行公司的经验，建立了非常全面的数据结构框架，具有完备的可选数据模型和优秀的存储、查询效率，适用于油气管道企业管理油气管道资产，并能够支撑线性参考和公共设施网络两大核心应用[3,4]。UPDM 管道模型虽然在长输管道和城燃管道管理中都有很好的实现，但其完全依赖于 ESRI 公司的 ArcGIS Pro 产品，用户需要有非常专业的 GIS 专业知识，同时还要进行充分的培训，才能驾驭 UPDM 管道模型。

国内智慧燃气已形成了以 SCADA、GIS、EAM(企业资产管理系统)、应急调度、客户服务等信息化系统为代表的信息技术应用体系[5,6]，已初步实现燃气信息数字化。相比较国内，国外在燃气信息化、智能化方面的研究应用起步较早，发展水平较高，将智慧燃气研究

作者简介：高飞，男，1975 年 4 月出生，1998 年获中南大学学位，现为昆仑数智科技有限责任公司管网业务部技术总监，主要从事地理信息、数字孪生、物联网、燃气管道综合预警、管道完整性、资产完整性等技术研究。E - mail：gaofei18@ cnpc. com. cn

融入智慧能源或能源互联网体系的研究中，能源互联网将电力、燃气、水务、热力、储能等资源捆绑为整体资源，实现能源替代优化，统一解决有关能源的有效利用和调峰问题。通过对基于管道基础及数据模型的服务系统平台研发以及各个模块的开发，实现基础信息数字化、管理流程规范化、数据共享化，提高管理效率，提升本质安全管理水平，推动生产管理模式向“无人化、智能化、集约化”转变。打造智慧燃气管道管控平台，加快物联网、数字化、5G、AI 等技术应用，推动燃气行业智能化发展将是必然趋势[7,8]。

2 油气管道基础数据模型构建

油气管道基础数据模型包含 KDPDM 管道数据模型与“门站 – 调压站 – 大用户”三级管网区域输配平衡预警分析模型。KDPDM 管道数据模型建立了管道、管道附属设施及管道完整性应用的标准数据存储模型；“门站 – 调压站 – 大用户”三级管网区域输配平衡预警分析模型是建立在 KDPDM 管道数据模型建立基础上的模拟仿真分析模型，用来模拟和预测管网运行情况。

2.1 KDPDM 管道数据模型

KDPDM 管道数据模型结合管道主体结构、管道附属结构、阴极保护设施、管道周边环境[9,10]，可满足用户对简单易用的管理工具的需求，实现了数据的维护、部署及应用，解决了多数据标准不统一的问题，实现了油气管道数据模型国产化，满足了市场上缺失既适用于长输管道又适用于城燃管网的管道数据模型的技术空缺。

KDPDM 管道数据模型主要特点为：

(1) 模型不依赖于特定 GIS 产品；

(2) 适应上中下游全业务管理要求；

(3) 支持线性参考和公共设施网络分析；

(4) 适合国内油气管道管理特点。

通用管道数据模型主体结构如图 1 所示，包括管线表(Lineloop)、控制点表(ControlPoint)，管段表(PipelineLine)、中心线表(CenterLine)和站列表(StationSeries)等。控制点由城燃管道上的各种管件(三通、弯头等)或长输干线及支线管道的转角点组成，每两个控制点之间形成一个管段，多个管段组成管线中心线，如果需要基于线性管理，用户可以在管线中心线基础上创建线性参考，创建线性参考后的管线保存在

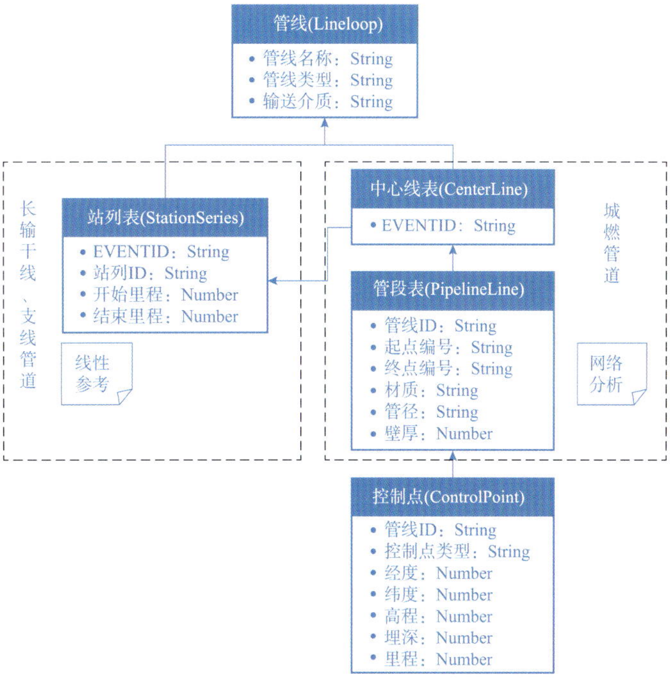

图 1 KDPDM 管道模型主体结构

站列表中，线性参考的创建可以保证里程定位、动态分段等辅助功能的实现，不同管线之间通过建立连通关系可以保证应用层的拓扑检查、关阀分析等辅助分析功能的实现。

2.2 区域输配平衡预警分析模型

"门站－调压站－大用户"三级管网区域输配平衡预警分析模型基于大规模图顶点覆盖增量算法设置城镇燃气管网关键监测节点构建[11]，结合城镇燃气管网按压力等级自带分层属性，构建"门站－调压站－大用户"三级管网区域输配平衡预警分析模型[12,13]，针对不同层级管网物理结构、风险等级和数据采集基础等情况，选取适用分析方法，准确定位不平衡区域并及时预警，指导人工巡检快速响应，填补城镇燃气管网泄漏监测技术空白。"门站－调压站－大用户"三级管网区域输配平衡预警分析模型中，"门站－调压站"层实现实时监测，泄漏位置定位到调压柜间，"调压站－用户"层以天为单位进行输差平衡分析，输差精度可控制在1%以内。

"门站－调压站"层以高压、次高压管网为主，管网结构相对简单，流量、压力等工艺参数采集基础较好，通过建立准确的工艺仿真模型进行泄漏工况仿真，掌握不同位置泄漏点工况特点，根据工艺参数监控变化趋势，判断是否发生泄漏，并定位泄漏位置[14,15]。"调压站－用户"层以中低压管网为主，管网结构复杂，调压站和终端用户间工艺参数采集几乎空白，实现该层管网输配平衡分析需要进行必要的设备改造，在此基础上，将采集压力与仿真压力进行相关性比较，初判压力凹陷区域是否发生泄漏，确定区域存在泄漏后，进行双向检验查找泄漏管段[16,17]。

实施过程中，中低压管网不可能改造所有的数据采集设备，在有限的改造费用条件下，如何选择最佳改造位置，实现预警分析效果最大化意义重大。将结构复杂的中压管网改造位置选择视为如下所示的无向图 $G=<V, E>$ 的最小顶点覆盖问题：

$$\text{Minnumber} = \sum_{k=1}^{|V|} S(v_k)$$

$$\text{Subjectto } S(v_i)+S(v_j) \geqslant 1;\ \forall (v_i, v_j) \in E$$

$$S(v_i),\ S(v_j) \in \{0, 1\},\ i, j=1, 2, \cdots, |V|$$

其中，V 表示无向图 G 中顶点的集合，E 表示无向图 G 中边的集合，集合 S 是 V 中部分顶点组成的集合，$S(v_i)=0$ 表示顶点v_i不在集合 S 中，$S(v_i)=1$ 表示顶点v_i在集合 S 中，顶点覆盖问题要求无向图 G 的任意一条边，都可以在 S 中找到一个点与其关联（即 $S(v_i)+S(v_j) \geqslant 1; \forall (v_i, v_j) \in E$），最小顶点覆盖问题则要求 S 中顶点个数最少（即 $\text{Minnumber} = \sum_{k=1}^{|V|} S(v_k)$）。应用大规模图顶点覆盖增量算法确定关键改造节点，制定硬件改造原则，增加压力、流量采集设备，保障中压管网数据采集条件，提高流量平衡分析的时效性和精度。

3 油气管道存储数据服务管理

管道基础及数据服务主要是为满足管道数据采集管理的功能需要而进行定制化开发，模块包含移动端数据采集、PC端数据导入、管网拓扑检查、管线连通管理、管线数据编辑、PC端管线标绘、管道风险评价共七大类功能[18,19]，覆盖了支线管道及城燃管道完整性管理业务内容，油气管道基础数据服务功能框架如图2所示。

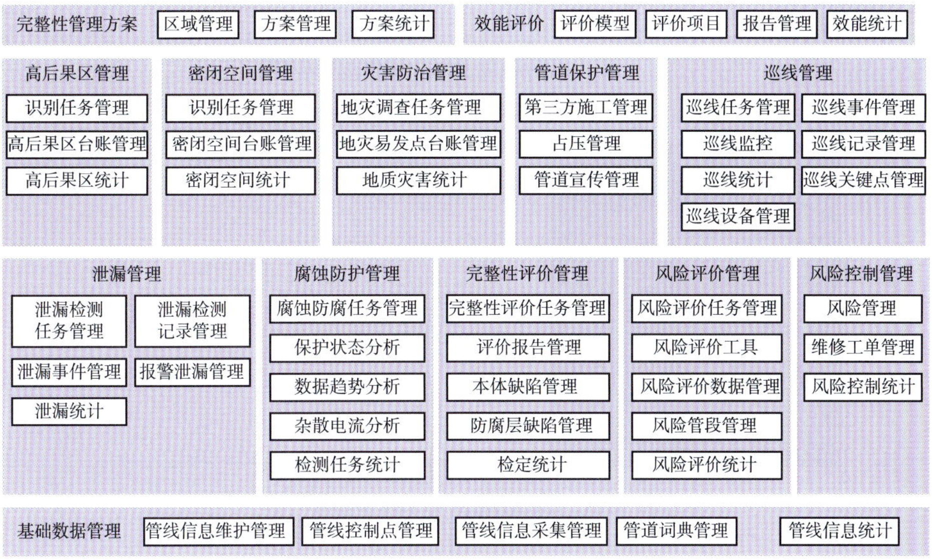

图2　油气管道基础数据服务功能框架

3.1　移动端数据采集

移动端管道测绘采用 RTK + APP 相结合的方式完成集数据采集、发布、入库一体化的数据采集流程。用户可以通过“数据采集”模块进行点、线、面的位置及属性信息的离线采集，测绘完成后通过“数据上传”完成数据的入库，并且移动端采集的数据完全符合拓扑校验规则(图3)。

图3　移动端数据采集功能示意

3.2　PC 端数据导入

PC 端管道测绘数据入库使用统一的标准化的数据采集模板进行一次性批量入库，在打开文件过程中根据校验规则分别对数据内容、格式、数据关系等进行检查，完全正确的数据即可通过校验完成数据的入库(图4)。

3.3　管网拓扑检查

用户可以使用此功能对已经入库的测绘数据(控制点、管段数据)按照项目进行拓扑关系的检查，根据拓扑规则可对连接错误的控制点进行定位，并且可根据需要导出拓扑检查的结果(图5)。

图4　PC端数据导入功能示意

图5　管网拓扑检查功能示意

3.4　管线连通管理

用户可通过GIS地图直观查看已有的管网信息，并将未连接的管线连接至已建设好的管网，为快速得到管线泄漏的影响范围以及快速进行应急处置提供良好的数据支撑(图6)。

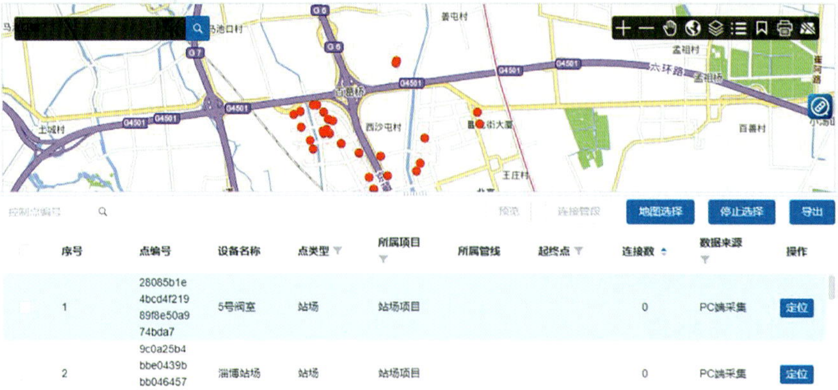

图6　管线连通管理功能示意

3.5 管线数据编辑

用户可以在数据管理功能进行主体结构、附属结构和阴保设施的新增(主体结构除外)、查询、导出、查看详情、编辑、删除和定位的数据管理工作(图7)。

序号	起点编号	终点编号	所属项目	所属单位	管线类型	管线名称	压力等级	操作
15	202109...	202109...	中宁培训-测试	虚拟三级单位	城燃低压		PN1	
16	202109...	202109...	中宁培训-测试	虚拟三级单位	城燃低压		PN1	
17	202109...	202109...	中宁培训-测试	虚拟三级单位	城燃低压		PN1	
18	202109...	202109...	cs数据2	虚拟三级单位	城燃低压	cs数据2		
19	202109...	202109...	中宁培训-测试	虚拟三级单位	城燃低压		PN1	
20	202109...	202109...	中宁培训-测试	虚拟三级单位	城燃低压		PN1	

图7　管线数据编辑功能示意

3.6 PC端管线标绘

用户可以通过地图标绘功能在地图页面上进行管道位置的标绘，可标绘管道的主体结构、附属结构、阴保设施及其相应的属性信息。适用于管道测绘中测量精度较差的管线，例如低压。此外，还有查询、编辑、删除以及创建路由、释放路由的功能(图8)。

图8　PC端管线标绘功能示意

3.7 管道风险评价

管道业务的开展以基础数据为前提，实现对重点管段的识别和评价。周期性识别燃气管网运行潜在危险、评价潜在不利事件发生的可能性和后果的管理活动。依据风险评价计划和风险评价数据，利用风险评价工具，进行城燃管道风险评价，生成风险评价报告，建立风险管段台账，分析管段主要风险，指导工作人员采取应对措施，降低管段风险。通过数据统计分析，掌握管道当前运行的风险状态。

4 应用实例

油气管道基础数据模型依托GIS软件，并在深化理解油气管道业务的基础上，进行管道数据服务平台设计和开发，已支撑了多个国内及海外项目在管道安全管控领域应用。在阿尔及利亚SOD－TRC项目上，实现了对Sonatrach公司下2.1万千米长输管道完整性管理，高效智能管理管道基础数据及风险评价。在中石油昆仑燃气有限公司山东分公司数字化转型试点建设项目上，支撑了山东分公司下辖35家燃气企业的长输(支线)管道760千米、城燃管道约1.2万千米基础数据采集、维护及风险评价。在西南管道德宏输油气分公司，支持其所辖1383.9千米支干线管网基础信息采集管理、信息维护管理、资料管理、数据操作权限管理及城镇燃气管网风险评价。同时依托于集团公司昆仑能源生产管理系统统建平台，在昆仑燃气有限公司五家试点分公司和山东分公司得到推广应用均有显著成效，支持生产动态、设备管理、管道完整性、安全管理、运行监视和综合展示等模块功能。

在昆仑能源生产管理系统中用户管道包括支线、高压、次高压、中压和低压管道。用户使用RTK(北斗)设备，在手簿上安装数据采集APP，采集管道基础数据，或通过批量excel模板上传数据，截至2022年12月，已经完成管道入库里程5万多千米以上，并支持用户的业务管理等需求。在西南管道作业区信息化建设项目中已经完成中缅长输原油、长输天然气、长输成品油管道共600千米长输管道的数字化及应用服务。

从油气管道基础数据模型应用情况看，基于KDPDM管道模型和管网区域输配平衡预警分析模型的管道数据服务平台可以完全支持长输管道和城燃管网的数字化建设，由于集成了复杂的管道模型和基于线性参考及网络分析的强大功能，产品开发难度比较大，所以国内推广前景也比较看好。

5 结论

通过以上研究，可以获得如下结论：

(1)结合管道主体结构、管道附属结构、阴极保护设施、管道周边环境所构建的KDPDM管道数据模型，实现油气管道数据模型国产化，填补了市场上既适用于长输管道又适用于城燃管网的管道数据模型的空缺，满足了为用户提供简单易用的管理工具的需求，实现了数据的维护、部署即应用，解决了多数据标准不统一的问题。

(2)“门站－调压站－大用户”三级管网区域输配平衡预警分析模型，与同类研究对比，本项研究的区别在于基于大规模图顶点覆盖增量算法设置城镇燃气管网关键监测节点，结合城镇燃气管网按压力等级自带分层属性，构建“门站－调压站－大用户”三级管网区域输配平衡预警分析模型，针对不同层级管网物理结构、风险等级和数据采集基础等情况，采取工艺模拟分析、门站－调压站压力实时监测、区域管网流量平衡分析等方法，准确定位不平衡区域并及时预警，指导人工巡检快速响应。

(3)管道基础数据服务平台具备管道模型标准化、采集管道一体化、管道数据管理便利化、管道数据服务轻量化、支持定制化等特点，实现了管道完整性管理所有的六步环节，能提升管道管理业务水平实现燃气管道企业的数字转型，保证管网安全运行，减少经济和财产损失。管道寄存数据服务平台的研究对于推动管道行业技术进步、新技术应用具有重要意义。

参考文献

[1]王扬，万庆，白俊波，等．输油气管道站场工艺管线数据模型研究[J]．遥感信息，2012(2)：9.

[2]王双，万庆．基于 XML 的 APDM 管道数据模型的定制、扩展与实现[J]．地球信息科学，2009(1)：6.

[3]刘毓．数字化管道数据模型研究[J]．数字技术与应用，2013(5)：3.

[4]周劲鹰，王想，王利鑫．一种适用于油气长输管道的自动化数据模型的实现方法[P]．江苏：CN106600170A，2017-04-26.

[5]李振宇，黄保龙，周利剑，等．油气管道站场完整性管理数据模型[J]．油气储运，2014(006)：034.

[6]史建峰，王晓霖，帅健，等．长输管道完整性数据模型及其建立[J]．油气储运，2015，34(4)：6.

[7]金欣．长输管道设计阶段数据模型的搭建及作用[J]．化工设计通讯，2020(06)：36-37.

[8]丁城峰，孙国强，陈超声．油气长输管道生产自动化数据模型[C]．2019.

[9]李贞培，熊俊楠，刘福臻，等．管道空间数据模型的设计与实现[C]．中国地质大学，2015.

[10]张鹏，姜云，段永红，等．新建油气管道完整性管理系统模型设计与开发[J]．天然气勘探与开发，2010，33(4)：6.

[11]冯宏，茹毅，林小杰，等．供热管网蒸汽输配过程质能平衡研究及损耗组成分析[J]．热力发电，2022(008)：051.

[12]别沁，叶雪，罗敏，等．复杂环形管网输配能力评价体系建立方法及应用[C]．中国石油学会，2015.

[13]周志刚，柳文洁，苗高扬．含自管站的供热管网水力分区及输配平衡[J]．建筑技术开发，2016(8)：5.

[14]徐哲．一种基于智能输配管网的控制系统[P]．陕西：CN206989417U，2018-02-09.

[15]姬文超．城市热力管网热能监测与平衡控制系统[P]．黑龙江：CN202153030U，2012-02-29.

[16]范钟引，熊帝战，杨玲，等．区域供冷供热系统输配管网管径优化设计研究[J]．2021.

[17]曾喜平．供热系统管网输配技术的研究与应用[D]．北京建筑大学，2010.

[18]杜学平．北京市天然气输配管网风险评估的应用研究[D]．北京建筑工程学院，2010.

[19]彭森，郭士涛，梁建文，等．市政管网运行安全动态预警方法[P]．天津市：CN108894282A，2018-11-27.

中国天然气资源配置效率测度及时空特征分析研究

邓　辉[1]　兰志轩[1]　蒋爱莲[1]　王　彬[1]　黄文军[2]

［1. 昆仑数智科技有限责任公司，北京　102206；
2. 中国石油大学(北京)，北京　102249］

摘　要：文章基于省级数据构建天然气资源配置效率评价指标体系，运用 DEA-BCC 模型测算中国 2005—2020 年各省份天然气资源配置效率。在此基础上，利用 Kernel 密度估计实证分析中国天然气资源配置效率的时间、空间动态分布。研究发现，中国天然气资源配置效率水平仍有待提升，且区域间、个别区域内存在一定差异；随着中国天然气资源配置效率水平逐年增长，天然气资源配置效率相对差距在不断扩大；天然气资源配置效率水平表现出“东高西低”的空间分布特征；各省份天然气资源配置效率水平的转移大多发生在相邻等级之间。

关键词：天然气资源配置效率；DEA-BCC 模型；Kernel 密度估计

1　引言

天然气是最为清洁低碳的化石能源。进入 21 世纪以来，在基础设施逐步完善及大气污染治理政策加码下，中国天然气消费进入高速发展期，消费量从 2000 年的 245 亿立方米跨越式增长至 2021 年的 3654 亿立方米，年均增速达 13.7%，未来我国天然气的市场空间非常广阔，天然气将在“碳达峰碳中和”过程中发挥关键支撑作用。

然而，从天然气资源供应角度，由于天然气资源开采难度大、技术要求高等原因，国内产量在短期内难有大幅提升。从对外依存度来看，2021 年中国国内天然气产量较 2020 年增长 7.7%，而消费量同比增长 12.7%，国产天然气产量增速不及消费量增速，因此中国天然气对外依存度继续攀升，达到 44.1%，高于 2020 年和 2019 年的 41.5%和 42.9%。面对天然气消费市场的巨大潜力，我国天然气资源的稀缺性就显得尤为突出。作为一种优质高效稀缺的能源，天然气的高效配置对我国各地区的经济社会发展尤为重要[1,2]，从而引发了省际天然气资源配置的效率测度问题。

天然气的资源配置效率测度是指在一定的技术水平下，各种投入要素在各个产出主体之间的分配所产生的效益，是在一定的要素价格条件下实现投入或产出最优组合的能力[3]。一般来说，能源效率测度指标包含单要素指标和多要素指标[4]。单要素指标包括热力学指标、物理—热量指标、经济—热量指标和纯经济指标；多要素指标包括能源要素配置效率指标、能源利用效率指标和能源经济效率指标[5]。单要素能源效率不符合生产经济学中投入

作者简介：邓辉，男，1984 年 9 月生，学士，昆仑数智科技有限责任公司高级工程师，主要从事天然气与管道领域的信息化咨询研究。E-mail：denghui1984@ petrochina. com. cn

和产出的一致性要求，主要是由于单要素能源效率无法反映整个生产过程中能源和其他投入要素的配合情况。

针对当前中国能源配置效率的研究，学术界主要集中于能源配置效率的测度，如李春琦针对中国各个省份的工业能源效率进行测度，主要从全要素能源技术效率和全要素能源配置效率两个方面展开，并对测算结果进行对比分析，给出相关政策建议[6]。王茜娅从资源的分配方式出发，考察中国各区域能源配置效率的变动情况，通过地区间能源配置效率的比较，深入分析能源配置效率的空间分布特征，并探究呈现此分布特征的原因[7]。张平淡改进了两步随机前沿模型，基于中国工业企业数据库与工业企业污染排放数据库合并数据对企业全要素能源效率进行测算[8]。王群勇利用2017年数据对中国各区域能源效率和CO_2排放效率进行测算。实证结果表明，CO_2排放的不确定性对各区域能源利用效率有显著影响[9]。基于以上，当前暂无文献针对天然气资源的配置效率测度进行研究。

因此，本文以中国30个省份为研究对象，首先构建中国天然气资源配置效率的投入及产出指标体系；其次采用DEA-BCC测度中国天然气资源配置效率水平；最后在此基础上，采用Kernel密度估计法刻画其时间及空间动态分布特征，并进行结果分析。

2 研究方法及指标体系构建

2.1 DEA-BCC模型

数据包络分析法(DEA)由Charnes等人于1978年首次提出，此方法可看作相对效率评价方法的衍生，目前已成为经济学领域中的重要效率分析方法[10]。传统的DEA模型主要包括CCR模型和BCC模型。其中，CCR模型假设企业始终处于规模报酬不变阶段，但这与企业的实际经营过程极为不符，即企业很难在最优规模下进行生产经营。之后，Banker等人对CCR模型进行了适当改进，在考虑不完全竞争、信息不充分及国家政策变化等实际社会环境影响的情况下，提出了基于可变规模收益的投入导向型的BCC模型[11,12]。BCC模型利用如下线性规划模型对各决策单元效率值进行测算[13]：

$$\min\left[\beta - \varepsilon\left(e^T S^- + e^T S^+\right)\right] \tag{1}$$

$$s.t.\begin{cases}\sum_{j=1}^{n}\lambda_j x_j + S^+ = \beta x_0\\ \sum_{j=1}^{n}\lambda_j x_j - S^- = \beta y_0\\ \sum_{j=1}^{n}\lambda_j = 1\end{cases}$$

式中，$\lambda_j \geqslant 0, j=1, 2, \cdots, n$；$S^+ \geqslant 0$；$S^- \geqslant 0$。$N$表示决策单元个数，$x$为投入，$y$为产出，$\varepsilon$为无穷小量，$e^T$为单位向量，$S^+$、$S^-$为松弛变量。若$\beta=1$，$S^+$、$S^-$全为0，则决策单元有效；若$\beta<1$则决策单元无效。由BBC模型测算除的效率值是综合效率值，可以得到如下公式：

$$crste = vrste \times scale \tag{2}$$

式中，$crste$表示综合效率值，$vrste$表示纯技术效率值，$scale$表示规模效率值。

相较于SFA等模型，选用DEA模型进行效率测度无须对投入产出数据进行无量纲化处理、无须明确投入与产出指标是否相关、无须进行参数估计、无须明确指标权重，使得计算结果更加精确。本文将DEA方法运用于测度中国天然气资源配置效率，拓宽了该方法的应用范围，作为以后相关研究的参考。

2.2 Kernel密度估计法

本文将Kernel密度估计法与自然断裂法相结合，用Kernel密度估计法来对中国天然气资源配置效率进行时间动态分布特征进行分析，用自然断裂法来分析其空间动态分布特征，结合两方法的优势和特点，进而直观展示出天然气资源配置效率演进过程中的分布位置、形态以及延展性。作为求解随机变量概率密度函数的非参数方法，Kernel密度估计具有模型依赖性弱、结果稳健性强等特征[14,22]。基于测度样本分布的整体形态，Kernel密度估计能够反映样本分布的动态演变特征，其原理是通过计算某一周围点的个数，对数据x_1，x_2，…，x_n进行测度，Kernel密度估计的表达式为[15,16]：

$$\hat{f}_h(x) = \frac{1}{nh}\sum_{i=1}^{n} K\left(\frac{x - x_i}{h}\right) \tag{3}$$

其中，中国天然气资源配置效率水平的密度函数以$f(x)$进行表示，n表示省份个数，h表示带宽，$K(\cdot)$表征函数Kernel，需满足对称性，且$\int K(x)\mathrm{d}x = 1$。

2.3 指标体系构建

构建指标体系须遵循全面性、合理性、可比性、易获取四个基本原则。本文基于以上四个原则在参考相关文献的同时，结合天然气资源配置实际情况来构建天然气资源配置的投入产出指标体系。

在选取投入产出的指标时，生产活动的投入要素应与产出要素保持对应。各省需投入劳动力、资本和中间投入品，劳动力创造的新增价值和固定增产的转移价值共同构成了各省生产成本的增加值，当中间投入在生产过程中被消耗、转换，其价值也转移到最终的产出中，中间投入的价值和增加值共同构成企业的总产值。因此，在效率的测算中，为了保持投入与产出的一致性并符合生产实际，投入要素若选资本、劳动力，则产出应选增加值；投入要素若选资本、劳动力和中间投入，则产出必须选择总产值[17,18]。谷晓梅等选取劳动力、资本、能源消费作为投入指标，总产值作为期望产出，对中国区域能源效率进行测度[19]。本文所研究的天然气资源投入，满足了“外部购入”和“本期投入生产并且一次性消耗”两个条件，属于中间投入，将生产过程的投入要素选取为劳动力、资本、天然气投入，与此对应，产出指标选择总产值。各投入指标的选取描述如下。

(1)资本：大多数文献中使用资本存量指标来衡量资本投入，通常采用永续盘存法进行估算[20]。其估计公式表达为：

$$K_t = K_{t-1}(1 - \delta_t) + I_t \tag{4}$$

其中，K_t表示当期的资本存量，K_{t-1}表示上一期的资本存量，δ_t表示折旧率，I_t表示档期的投资额。在使用上式估算资本存量时，需要确定的变量有基期资本存量、折旧率、每年的投资额，同时，为了剔除价格变动因素的影响，本文将采用2005年不变价对资本存量进行估计，因此需要用投资品价格指数平减[20]。在基期资本存量的确定中，采用以下公式来确定基期资本存量：

$$K_0 = \frac{I_1}{(\bar{g_i} + \delta)} \tag{5}$$

其中，K_0 代表各省2005年的资本存量，I_1 代表2006年的投资额，$\bar{g_i}$ 代表2006年到2010年投资额的平均增长率，δ 代表折旧率，每年的投资额沿用传统的方法，采用各省工业企业的固定资产投资额数据。投资品价格指数相应地采用固定资产投资价格指数，折算为2005年为基期的数据，用来对每年的固定资产投资额数据进行平减。

(2)劳动投入：参考多数文献中，用各省的从业人员数(采矿业、制造业、电力、热力、燃气以及水生产和供应业以及建筑业的总人数)来衡量[21]。

(3)天然气资源投入：为各省份每年的天然气消费量。

3 实证分析

基于数据可获取性考虑，本文选取2005—2020年中国除港澳台30个省份的天然气资源配置效率面板数据作为研究样本。所有样本指标数据均源自《中国统计年鉴》、各省统计年鉴。参照中国统计年鉴将中国30个省份分为东部地区、中部地区、西部地区三大区域。

3.1 天然气资源配置效率分析

基于DEA-Malmquist模型，采用deap2.1软件进行测算，得到各省天然气资源配置效率值，并进一步刻画出全国及东、中、西部三大地区天然气资源配置效率变化状况(表1-a和表1-b)。

表1-a 2006—2020年30个省份天然气资源配置效率值

年份	2005	2006	2007	2008	2009	2010	2011	2012	2013
北 京	0.794	0.834	0.895	0.883	0.928	0.941	0.939	0.966	1.000
天 津	0.733	0.761	0.770	0.842	0.847	0.870	0.733	0.725	0.807
河 北	0.925	0.972	1.000	1.000	1.000	0.998	0.990	0.894	0.929
辽 宁	0.809	0.743	0.785	0.798	0.875	0.910	0.841	0.802	0.799
上 海	1.000	1.000	1.000	0.987	1.000	0.988	0.865	0.844	0.950
江 苏	1.000	0.953	0.991	1.000	1.000	1.000	1.000	1.000	0.938
浙 江	0.883	0.787	0.840	0.879	0.888	0.890	0.897	0.909	0.920
福 建	0.899	1.000	1.000	0.996	0.888	0.781	0.777	0.799	0.805
山 东	0.798	0.798	0.862	0.869	0.922	0.893	0.880	0.850	0.856
广 东	1.000	1.000	1.000	1.000	1.000	1.000	1.000	1.000	1.000
海南	0.919	0.955	1.000	1.000	0.971	1.000	1.000	1.000	1.000
山 西	0.845	0.783	0.826	0.876	0.778	0.723	0.735	0.724	0.730
内蒙古	0.864	0.880	0.948	1.000	1.000	1.000	1.000	1.000	1.000
吉 林	0.782	0.744	0.791	0.788	0.807	0.796	0.846	0.847	0.789
黑龙江	0.858	0.842	0.810	0.813	0.759	0.804	0.857	0.851	0.883

续表

年份	2005	2006	2007	2008	2009	2010	2011	2012	2013
安　徽	0.819	0.924	0.921	0.917	0.955	0.961	0.962	0.953	0.963
江西	1.000	1.000	0.946	0.865	1.000	1.000	1.000	1.000	0.982
河　南	0.915	0.860	0.804	0.824	0.805	0.777	0.735	0.701	0.677
湖　北	0.664	0.670	0.770	0.793	0.877	0.877	0.887	0.902	0.908
湖　南	0.854	0.846	0.941	0.971	1.000	1.000	1.000	1.000	1.000
广　西	0.868	1.000	1.000	1.000	1.000	1.000	1.000	1.000	1.000
重　庆	0.606	0.595	0.602	0.619	0.725	0.743	0.769	0.812	0.872
四　川	0.749	0.747	0.756	0.769	0.784	0.812	0.855	0.904	0.942
贵　州	0.566	0.574	0.627	0.696	0.784	0.794	0.829	0.935	0.859
云　南	0.818	0.816	0.796	0.883	0.897	0.923	0.906	1.000	1.000
陕　西	0.669	0.689	0.669	0.684	0.747	0.785	0.802	0.819	0.814
甘　肃	0.683	0.702	0.712	0.724	0.718	0.748	0.803	0.827	0.841
青　海	0.633	0.656	0.711	0.712	0.695	0.716	0.665	0.648	0.634
宁　夏	0.481	0.500	0.569	0.600	0.636	0.664	0.709	0.685	0.692
新　疆	0.708	0.745	0.760	0.779	0.730	0.804	0.793	0.791	0.770
东部均值	0.887	0.891	0.922	0.932	0.938	0.934	0.902	0.890	0.909
中部均值	0.847	0.855	0.876	0.885	0.898	0.894	0.902	0.898	0.893
西部均值	0.657	0.669	0.689	0.718	0.746	0.777	0.792	0.825	0.825
全国均值	0.805	0.813	0.837	0.852	0.867	0.873	0.869	0.873	0.879

表1-b　2006—2020年30个省份天然气资源配置效率值

年份	2014	2015	2016	2017	2018	2019	2020	均值	排名
北　京	1.000	1.000	1.000	1.000	1.000	1.000	1.000	0.949	9
天　津	0.797	0.788	0.814	0.831	0.822	0.512	0.527	0.761	23
河　北	0.888	0.850	0.847	1.000	0.960	0.767	0.807	0.927	12
辽　宁	0.801	0.842	0.674	0.720	0.751	0.648	0.691	0.781	20
上　海	0.990	1.000	1.000	1.000	1.000	1.000	1.000	0.977	4
江　苏	0.953	0.965	0.977	0.996	1.000	0.929	0.918	0.976	5
浙　江	0.908	0.918	0.928	0.931	0.935	0.915	0.930	0.897	13
福　建	0.803	0.798	0.798	0.805	0.821	0.872	0.861	0.856	15
山　东	0.864	0.858	0.853	0.843	0.835	0.718	0.750	0.841	17
广　东	1.000	1.000	1.000	1.000	1.000	0.995	0.993	0.999	1
海　南	1.000	1.000	1.000	1.000	1.000	1.000	1.000	0.990	2
山　西	0.678	0.628	0.590	0.686	0.729	0.635	0.643	0.726	27

续表

年份	2014	2015	2016	2017	2018	2019	2020	均值	排名
内蒙古	1.000	1.000	1.000	1.000	1.000	0.905	0.950	0.972	7
吉　林	0.802	0.795	0.798	0.831	0.874	0.576	0.619	0.780	21
黑龙江	0.870	0.844	0.827	0.838	0.860	0.646	0.654	0.814	18
安　徽	0.955	0.932	0.924	0.927	0.925	1.000	1.000	0.940	11
江　西	1.000	1.000	1.000	0.986	0.994	1.000	1.000	0.986	3
河　南	0.659	0.639	0.627	0.635	0.648	0.665	0.680	0.728	26
湖　北	0.908	0.899	0.897	0.877	0.891	0.926	0.868	0.851	16
湖　南	1.000	1.000	1.000	1.000	1.000	1.000	1.000	0.976	6
广　西	1.000	1.000	1.000	0.983	0.915	0.777	0.788	0.958	8
重　庆	0.883	0.884	0.883	0.872	0.838	0.822	0.853	0.774	22
四　川	0.944	0.920	0.913	0.939	0.958	0.933	0.942	0.867	14
贵　州	0.865	0.858	0.821	0.873	0.870	0.839	0.868	0.791	19
云　南	1.000	1.000	1.000	1.000	1.000	1.000	1.000	0.940	10
陕　西	0.802	0.751	0.716	0.734	0.758	0.671	0.723	0.740	24
甘　肃	0.814	0.734	0.680	0.674	0.722	0.654	0.654	0.731	25
青　海	0.599	0.563	0.527	0.475	0.483	0.487	0.589	0.612	30
宁　夏	0.661	0.647	0.663	0.674	0.726	0.642	0.647	0.637	29
新　疆	0.730	0.658	0.597	0.589	0.636	0.604	0.658	0.710	28
东部均值	0.909	0.911	0.899	0.921	0.920	0.851	0.862	0.905	
中部均值	0.887	0.874	0.866	0.876	0.884	0.813	0.820	0.873	
西部均值	0.811	0.779	0.756	0.759	0.777	0.739	0.770	0.756	
全国均值	0.872	0.859	0.845	0.857	0.865	0.805	0.820	0.849	

整体来看，2005—2020 年，全国天然气资源配置效率动态均值为 0.849，总体配置效率水平处于中等水平。其中广东、海南年均效率值分别为 0.999、0.990，位居全国前两位；宁夏和青海年均效率值为 0.637、0.612，位于全国后两位。就 2020 年而言，30 个 DMU 中有 7 个效率值达到 1，占比为 23.3，表明现阶段中国天然气资源配置效率仍有提升空间。

从省域层面来看，以 2020 年为例，天然气配置效率前五的省份为广东、海南、江西、上海、江苏，除江西外主要集中于东部地区；中部地区江西、湖南排名靠前，位于第三及第六；西部地区中仅有云南排名靠前，位于第十。究其原因，天然气资源配置效率高的这些省份天然气产量较低，人们会努力创新提升生产技术，使资源在利用、配置上均达到最大化，同时积极进行技术研发，寻求可替代的资源和技术。

从东西中部进行分析。东、中、西部地区天然气配置效率均值分别为 0.905、0.873、0.756，分列第一位、第二位和第三位。从变化趋势来看，如图 1 所示，三大地区天然气资源配置效率变化趋势与全国基本保持一致，地区间差异并未表现出明显缩小趋势。进一步分析发现，东、中地区内部差异不大，在东部地区内，排名前十二的省份均值在 0.9 以上。其中，广东天然气资源配置效率最高，为 0.999，而排名为 23 的天津效率值为 0.761；中部地区内，江西天然气资源配置效率最高，为 0.986，而排名为 27 的山西省效率值为 0.726。西部地区内部差异较大，其中云南天然气资源配置效率最高，为 0.940，而排名为 30 的青海省效率值为 0.612，西部地区的天然气资源配置效率在三大区域中变化最大。西部地区内部之间天然气配置效率差异大的原因可能是这些省份存在天然气禀赋优势，在发展天然气产业上具有成本较低的优势，可以根据自身优势确定地区的产业结构，发展天然气对外贸易，形成产业聚集区，影响该地区的天然气供给与定价，进而影响该地区的天然气消费量和配置效率，因此地区天然气禀赋优势对天然气配置效率既有促进作用也有抑制作用。

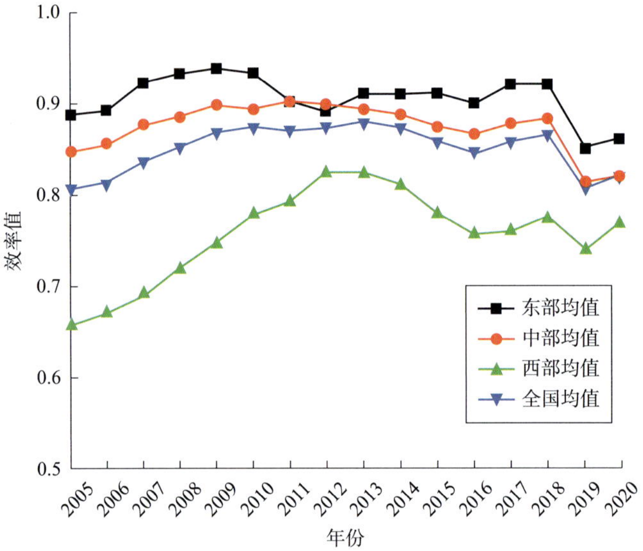

图 1　2005—2020 年全国及三大地区天然气资源配置效率值变化图

3.2　天然气资源配置效率时空动态分布

3.2.1　天然气资源配置效率时间动态分布

为了更直观地分析中国天然气资源配置效率的时间演化趋势与空间分布特征，基于上述 2005—2020 年天然气资源配置效率的测度结果，运用 Kernel 密度估计法对中国天然气资源配置效率的整体动态演变特征进行分析。首先通过 Eviews8 软件估计天然气资源配置效率的 Kernel 值，其次绘制 Kernel 密度曲线。最终通过对不同时期曲线进行比较分析，总结得出中国天然气资源配置效率时间动态变化特征。

就曲线位置而言，图 2 中 5 个年份的密度函数中心位置出现了较为明显的右移，这表明中国天然气资源配置效率水平呈逐年提升态势。就变化幅度而言，图中前 4 个年份的曲线形状变得集中，这表明中国越来越多的省份天然气资源配置效率提高。就峰值而言，相较于 2017 年，2020 年的 Kernel 密度函数中心无明显变化，但最高峰值有所下降，可能是受到新冠肺炎疫情的影响，导致省域间天然气资源配置效率的差距缩小。就峰宽而言，2017 年主峰宽较 2013 年出现显著拓宽的变化趋势，这意味着该时段全国范围内天然气资源配置效率较高省份平均水平差距有所拉开。就峰的数量而言，在 5 个年份中，中国天然气资源配置效率核密度分布均为呈现出了单峰、双峰、单峰再到双峰的趋势，这说明国内天然气资源配置效率发展存在波动，2009 年、2020 年附近出现了多极化发展趋势，可能是受到金融危机及新冠肺炎疫情的影响。

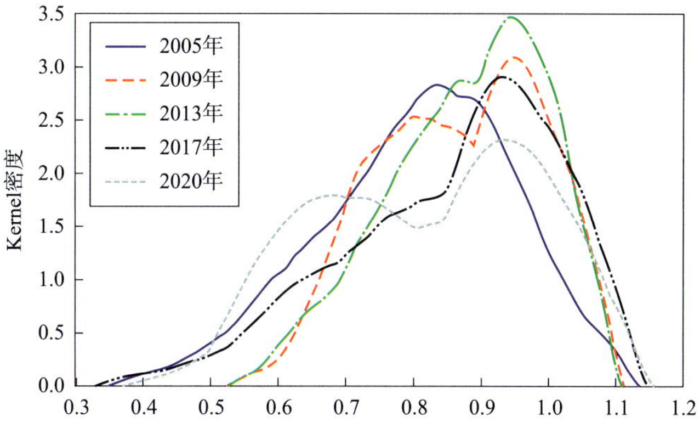

图 2　2005—2020 年中国天然气资源配置效率 Kernel 密度分布

3.2.2　天然气资源配置效率空间动态分布

在明确中国天然气资源配置效率的时间动态分布状况下，进一步利用 AreGIS10.5 软件分析中国天然气资源配置效率水平的空间分布，如图 3 所示。采用自然断裂法将 2005—2020 年中国天然气资源配置效率水平划分为高水平、较高水平、中等水平、较低水平以及低水平五个等级进行空间分析，最终总结出地理空间上的特征规律(表 2)。

表 2　2005—2020 年中国天然气资源配置效率时空演化特征

年份	高水平	较高水平	中等水平	较低水平	低水平
2005	上海、江苏、江西、广东	河北、海南、河南、福建、浙江、广西、内蒙古、黑龙江、湖南、山西	安徽、云南、辽宁、山东、北京、吉林、四川	天津、新疆、甘肃、陕西、湖北、青海	重庆、贵州、宁夏
2009	河北、内蒙古、上海、江苏、江西、湖南、广东、广西、海南、安徽	北京、山东、云南、浙江、福建、湖北、辽宁、天津	吉林、河南、四川、贵州、山西、黑龙江	陕西、新疆、重庆、甘肃、青海	宁夏
2013	北京、内蒙古、湖南、广东、广西、海南、云南、江西	安徽、上海、四川、江苏、河北、浙江、湖北	黑龙江、重庆、贵州、山东、甘肃	陕西、天津、福建、辽宁、吉林、新疆	山西、宁夏、河南、青海
2017	北京、河北、内蒙古、上海、湖南、广东、海南、云南、江苏、江西、广西	四川、浙江、安徽	湖北、贵州、重庆、山东、黑龙江、天津、吉林、福建	陕西、辽宁、山西、甘肃、宁夏、河南	新疆、青海
2020	北京、上海、安徽、江西、湖南、海南、云南、广东、内蒙古、四川	浙江、江苏、湖北、贵州、福建、重庆	河北、广西、山东、陕西	辽宁、河南、新疆、黑龙江、甘肃、宁夏、山西、吉林	青海、天津

整体而言，中国天然气资源配置效率存在差异，并未表现出明显的集聚趋势。2005年高水平天然气资源配置效率单位较少，仅包含上海、江苏、江西、广东4个省份；较高水平天然气资源配置效率的地区个数较多，包含河北、海南、河南以及福建等10个省份，占到样本总量的33.3%；中等水平天然气资源配置效率的分布单位多集中在安徽、云南、辽宁、山东、北京、吉林、四川这七个省份，占样本总量的23.3%；较低水平天然气资源配置效率的分布单位多集中于新疆、甘肃、青海等6个省份，约占样本总量的20%；低水平天然气资源配置效率的分布单位仅有重庆、贵州、宁夏3个省份。2009年高水平天然气资源配置效率的分布单位总数较2005年增加了6个，其中河北、内蒙古、湖南、广西、海南以及安徽升至高水平；较高水平天然气资源配置效率较2005年减少了2个；中等、较低及低水平的天然气资源配置效率省份数未产生较大差异。2013年高水平天然气资源配置效率省份较2009年比减少了2个，较高、中等级较低水平省份数目无显著变化，而低水平天然气资源配置效率省份较2009年增加了3个，分别为山西、河南及青海。2017年高水平天然气资源配置效率省份较2013年相比增加了3个，为11个，占样本总量的36.7%；较高水平省份较2013年显著减少，较高水平天然气资源配置效率省份只包含3个，分别为四川、浙江以及安徽；中等及较低水平省份数量较2013年基本持平；低水平为新疆及青海两个省份。2020年高等水平省份数量减少一个，但广西与河北表现出下降趋势，安徽有所上升；较高水平天然气资源配置效率省份最终为6个，其中安徽、湖北、贵州、福建及重庆为新增省份；中等水平天然气资源配置效率省份相较于2017年增加4个；较低水平增加2个；低水平天然气资源配置效率省份数目未发生变化。

总体来说，样本期内高水平天然气资源配置效率省份所占比重整体表现出上升趋势，高水平区域数量分别为4个、6个、8个、11个、10个，高水平省份数量始终最多，且集中于东部地区；较高水平天然气资源配置效率省份数量表现出下降趋势，分别为10个、8个、7个、3个、6个；中等水平天然气资源配置效率省份数量呈现波动状态，分别为7个、6个、5个、8个、4个，中等与较低水平的省份大多集中于中部地区；低水平天然气资源配置效率省份相对稳定，且多集中于西部地区。综上，天然气资源配置效率在空间分布上表现为东部地区最高、中部地区次之、西部地区最低的特征，与“东高西低”的经济发展空间分布相一致。

4 结论

本文选取了2005—2020年中国30个省份的面板数据，基于省级数据构建天然气资源配置效率评价指标体系。在研究方法方面，本文进行了以下创新：利用DEA-BCC模型相较于其他模型无须进行参数估计、无须明确指标权重等特点，运用其测度了中国天然气资源配置效率，使得测度结果更加精确，也拓宽了该方法的应用范围；并结合了Kernel密度估计法和自然断裂法的优势和特点，更加完整准确地分析了天然气资源配置效率的时空动态分布情况。最后基于分析得出以下结论：

一是随着中国天然气资源配置效率水平逐年增长，天然气资源配置效率相对差距在不断扩大。

二是天然气资源配置效率水平表现出“东高西低”的空间分布特征。高水平天然气资源配置效率省份所占比重呈上升趋势，且主要集中于东部地区；较高水平天然气资源配置效率省份数量呈下降趋势，主要分布在中部地区；中等水平天然气资源配置效率省份数量呈现出波动状态，分布区域较为分散；较低与低水平天然气配置效率省份多集中于西部地区。

三是各省份天然气资源配置效率水平的转移大部分发生在相邻等级之间，很少出现跨等级转移。

参考文献

[1]陈志华．中国天然气管网流量配置与优化研究[D]．中国地质大学(北京)，2019.

[2]陈正惠，何志毅．基于效率与公平的我国天然气资源省际分配研究[J]．宏观经济研究，2014(09)：67-75.

[3]魏楚，沈满洪．能源效率与能源生产率：基于 DEA 方法的省际数据比较[J]．数量经济技术经济研究，2007，24(9)：110-121.

[4]Patterson M G，What is energy efficiency Concepts，indicators and methodological issues，Energy Policy[J]．1996，24 (5)：377-390.

[5]Zhou Chaobo，Qi Shaozhou. Has the pilot carbon trading policy improved China's green total factor energy efficiency? [J]．Energy Economics，2022，114.

[6]李双杰，李春琦．全要素能源效率测度方法的修正设计与应用[J]．数量经济技术经济研究，2018，35(09)：110-125.

[7]王茜娅．中国能源配置效率的测度及影响因素分析[D]．云南财经大学，2022.

[8]张平淡，屠西伟．制造业集聚、技术进步与企业全要素能源效率[J]．中国工业经济，2022(07)：103-121.

[9]王群勇，李海燕．基于不确定环境 DEA 模型下中国各区域能源效率和二氧化碳排放效率评价[J]．软科学，2022，36(08)：78-83.

[10]Charnes A.，Cooper W. W.，Rhodes E.．Measuring the efficiency of decision making units[J]．European Journal of Operational Research，1978，2(6).

[11]BANKER R D，CHARNES A W，COOPER W W. Some models for estimating technical and scale efficiency in data envelopment analysis[J]．Management Science，1984，30(9)：1078-1092.

[12]兰海，吴悦，王丹．基于 DEA 和 Malmquist 指数的青海省科技创新效率研究[J]．科技管理研究，2021，41(17)：40-46.

[13]卢超，李海艳．中国高研发投入企业运营效率评价研究——基于 2017—2020 年欧盟产业研发投入记分牌数据[J]．科技管理研究，2021，41(23)：56-64.

[14]施祖麟，黄治华．基于核密度估计法的中国省区经济增长动态分析[J]．经济经纬，2009(4)：60-63.

[15]杨欢，吕承超．"新医改"十年：中国医疗卫生服务效率的区域差异、动态演进及影响因素研究[J/OL]．中国管理科学：1-15[2022-09-13].

[16]沈丽，范文晓．我国科技金融效率的空间差异及分布动态演进[J]．管理评论，2021，33(01)：44-53+67.

[17]杨越，成力为，赵晏辰．技术进步、要素价格与区域能源效率动态演化[J]．科研管理，2018，39(08)：53-62.

[18]陈菁泉，连欣燕，马晓君，米军．基于动态 StoNED-空间误差面板 Tobit 模型的中国全要素能源效率测算及驱动因素研究[J/OL]．中国环境科学：1-14[2022-09-14].

[19]谷晓梅，范德成，杜明月．中国区域能源效率关键影响因素分析——基于 GML 指数和 BMA 方法的实证研究[J]．软科学，2022，36(09)：81-88.

[20]杨林涛，邱惠婷．中国财富性与生产性 R&；D资本存量估算——基于非传统永续盘存法[J]. 数量经济技术经济研究，2021，38(11)：122-143.

[21]张军，吴桂英，张吉鹏．中国省际物质资本存量估算：1952—2000[J]. 经济研究，2004(10)：35-44.

[22]王群勇，李海燕．基于不确定环境DEA模型下中国各区域能源效率和二氧化碳排放效率评价[J]. 软科学，2022，36(08)：78-83.

[23]杨晓娟，李兴绪．中国科技资源配置效率的时空特征及动态演进[J]. 技术经济与管理研究，2022(08)：21-26.

基于自动编码器的虚拟计量技术

吴　冕[1]　宋尚飞[2]　吴海浩[2]　康　琦[3,4]　宫　敬[2]

[1. 中国石油大学(北京)人工智能学院石油工程教育部重点实验室，北京　102200；
2. 中国石油大学(北京)机械与储运工程学院油气管道输送安全国家工程实验室/
城市油气输配技术北京市重点实验室，北京　102200；
3. 清华大学，北京　100084；4. 深圳清华大学研究院，深圳　518057]

摘　要：本文使用深度学习模型对虚拟流量计(VFM)进行了研究，基于降噪自动编码器模型实现了输入数据异常的自动校准。给降噪自动编码器的部分输入数据加入噪声，保证加入噪声的两列变量数据平均绝对误差在10%~15%，并使用原始数据作为标签进行训练，结果显示自动编码器能够有效对误差数据进行校准，校准后的数据MAE为3.2%。使用校准后和原始的混合数据对LSTM神经网络进行训练并使用真实数据进行验证，可将MAE减小到4.5%，尽管模型的预测结果仍小于使用原始数据训练得到的模型，但其结果仍然可以具有较高的准确性。

关键词：虚拟流量计；降噪自动编码器；LSTM神经网络；MAE

1　引言

计量单井油气产量是油气生产管理的重要环节，工作人员可以根据计量情况了解油气井的生产状况并合理安排后续的开采计划。在单井上安装多相流量计是传统石油天然气工业中最常用的监测油气井产量方法。但海洋中复杂的生产环境和地质条件带来了一系列新的问题，如多相流量计的安装、维护成本升高，日常校准困难等。虚拟流量计(VFM)作为一种计量手段在20世纪被首次提出。该系统利用油气田生产过程的管道沿线温度、压力以及流体基本参数，通过构建计算模型直接计算得到各组分流量。随着机器学习相关技术的发展，基于机器学习算法构建虚拟流量计的技术越来越受到重视。以机器学习为基础构建的VFM系统不需要对系统有深入的理解，直接找寻压力、温度等值与流量的一般规律，并且在生产环境取得了较高的准确率，逐渐成为一种被广泛应用的研究方法。

20世纪90年代，机器学习模型开始在流量预测中被应用，Qiu等人将压力数据输入前馈神经网络，在预测多相流量上取得了较好的效果[1]。随着机器学习技术的快速发展，人们使用不同的算法对油井或者气井流量进行计算。Xu等人使用支持向量机算法进行流量预测，取得了比神经网络模型更准确的效果[2]。Zhang等人使用随机森林算法进行了流量预测并取得了较小的误差[3]。Bikmukhametov等人使用梯度提升算法(Gradient boosting)在不同油

通讯作者：宫敬，E-mail：ydgj@cup.edu.cn

基金项目：国家重点研发计划(2022YFC2806203)，国家自然科学基金(52104069，U20B6005，51874323)，中国博士后科学基金(2022M713460)，中国石油大学(北京)科研基金(2462020YXZZ045)。

田开发情况下进行流量预测，结果显示该模型具有很强的适用性[4]。同时也验证了集成模型在流量预测中具有更好的效果。除了算法层面的改进，人们也逐渐尝试在模型训练过程以及数据层面进行改进。Al-Qutami 等使用由 Levenberg-Marquardt 优化算法训练的神经网络[5]。使用 k-倍交叉验证技术来选择神经元的数量，该模型经过 1.5 年的测试数据验证，为了避免过度拟合的问题，使用了早期停止技术。除了评估测试数据集上的训练模型之外，还进行了敏感性研究。研究表明，估算的气体流量对节流部位的值最为敏感，而井底压力是预测原油流量的最关键参数。AlAjmi 等人使用除压力、温度、节流阀开口以外的附加参数作为输入，应用神经网络模型取得了很好的效果[6]。随着深度神经网络的不断发展，人们发现 LSTM 神经网络在时序问题中有着优异表现，由于流量预测问题也存在一定的时序相关性，尝试使用 LSTM 神经网络预测流量。Andrianov 等将 LSTM 神经网络在石油和天然气流量预测问题进行了尝试，结果显示 LSTM 神经网络不仅能够准确地预测当前流量，还能够预测未来一段时间该井的流量[7]。Bikmukhametov 等人对实验数据进行特征衍生，使用额外的特征，并分别使用 MLP 神经网络、LSTM 神经网络和梯度提升算法，结果显示在预测气体流量时 LSTM 神经网络具有明显优势[8]。Song 等人使用 LSTM 神经网络进行迁移学习，减小了模型的训练数据量，提高了模型的适用性[9]。

前人对 VFM 做的大量工作，通常都建立在数据足够准确、数据量充足的基础上，实际上工业生产中采集的数据会因传感器的漂移以及故障产生误差，或者可能出现完全偏离正常范围的数据值，基于错误的数据会使预测结果产生很大偏差。鉴于此，本文提出了基于降噪自动编码器和 LSTM 神经网络的流量预测模型，解决可能出现的检测值异常问题。本文基于降噪自动编码器模型实现输入变量的数据补全，有效解决了变量数据异常引起的流量计算错误。之后随机使用补全的数据和真实数据输入 LSTM 神经网络进行训练，并获取最终预测模型。

2　模型原理

2.1　自动编码器

Bengio 等人受多层受限玻尔兹曼机堆叠而成的深度信念网络启发，由此提出了一种具有多层隐藏层的深度神经网络结构，这种结构被称为自动编码器(Auto-Encoder，AE)[10]。自动编码器(Auto-Encoder)是一种无监督的神经网络模型，它可以学习到输入数据的隐含特征，这称为编码(coding)，同时用学习到的新特征可以重构出原始输入数据，称之为解码(decoding)。自动编码器主要有两个作用，分别是特征提取和非线性降维。当其做特征降维时，其作用与主成分分析模型作用相似。最原始的 AE 网络是一个三层的前馈神经网络结构，由输入层、隐藏层和输出层构成。随着深度神经网络的不断发展，AE 网络的深度不断增加，其具体结构如图 1 所示。

自动编码器的目的是将输入数据经过神经网络的重构得到与输入相同的结果输出。但当输入层数据受到噪声的影响时，可能会使获得的输入数据本身就不服从原始的分布。在这种情况下，利用自动编码器得到的结果也将是不正确的，为了解决这种由于噪声产生的数据偏差问题，提出降噪自动编码器(Denoising Auto-Encoder，DAE)。降噪自动编码器就是在自动编码器的基础之上，为了防止过拟合问题而对输入层的输入数据加入噪声，使学习得到的编码器具有鲁棒性而改进的。DAE 计算过程如式(1)~式(3)所示：

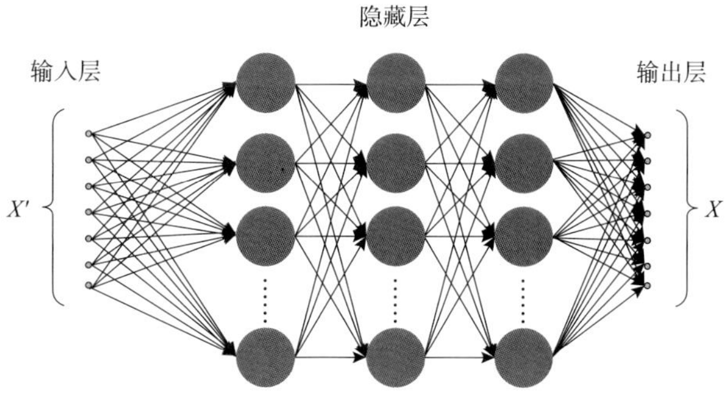

图 1　自动编码器

$$H_1 = \sigma(W_1 X' + b_1) \tag{1}$$
$$H_2 = \sigma(W_2 H_1 + b_2) \tag{2}$$
……
$$\tilde{X} = \sigma(W_n H_{n-1} + b_n) \tag{3}$$

其中，σ 为激活函数，H_i 为隐藏层的输出值，W_i 为隐藏层权重，b_i 为计算偏置，X' 为模型输入值，$\tilde{X}$ 为模型输出值。

2.2 LSTM 神经网络

循环神经网络(Recurrent Neural Network，RNN)是一种将序列数据作为输入，并在序列的演化方向上进行递归的神经网络[11]。然而，RNN 不能解决消失或长期依赖性导致的梯度爆炸[12]。1997 年，Hochrieter 和 Jurgen Schmidhuber 提出长短期记忆神经网络(Long short-term memory，LSTM)。LSTM 是一种特殊的循环神经网络(RNN)。LSTM 引入的门控制器神经网络的权重可以自我更新，这使得 LSTM 成为世界上最流行的深度学习网络之一[13]。图 2 展示了 LSTM 的单个神经元结构，式(4)~式(9)表示 LSTM 的计算过程。

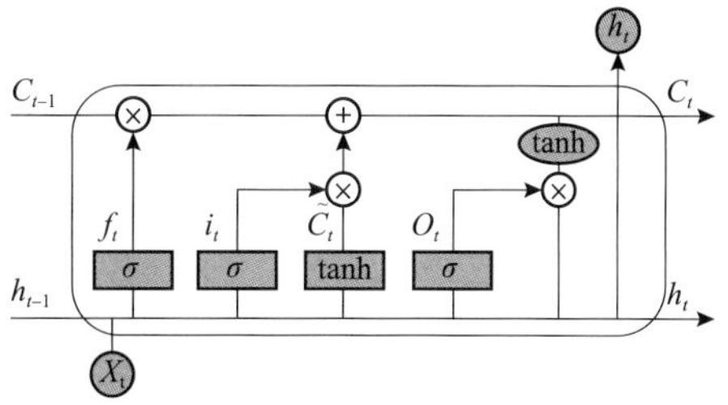

图 2　LSTM 神经元

$$i_t = \sigma(W_i[h_{t-1}, x_t] + b_i) \tag{4}$$
$$f_t = \sigma(W_f[h_{t-1}, x_t] + b_f) \tag{5}$$
$$O_t = \sigma(W_o[h_{t-1}, x_t] + b_o) \tag{6}$$
$$\tilde{C}_t = \sigma(W_i[h_{t-1}, x_t] + b_c) \tag{7}$$
$$C_t = f_t * C_{t-1} + i_t * \tilde{C}_t \tag{8}$$
$$h_t = O_t * \tanh(C_t) \tag{9}$$

3 实验设计

3.1 数据介绍

本次以南海某气田生产过程采集的数据为研究对象，这些数据每十分钟采集一个点，总的流量标签数值共有21000组数据。除流量标签以外，数据还包括7个特征变量，分别是井口压力、井口温度、油嘴后温度、油嘴后压力、跨接管温度、跨接管压力和油嘴开度。这些数据均由传感器在真实环境中采集得到，具有较高的可信度，数据基本情况如图3所示。

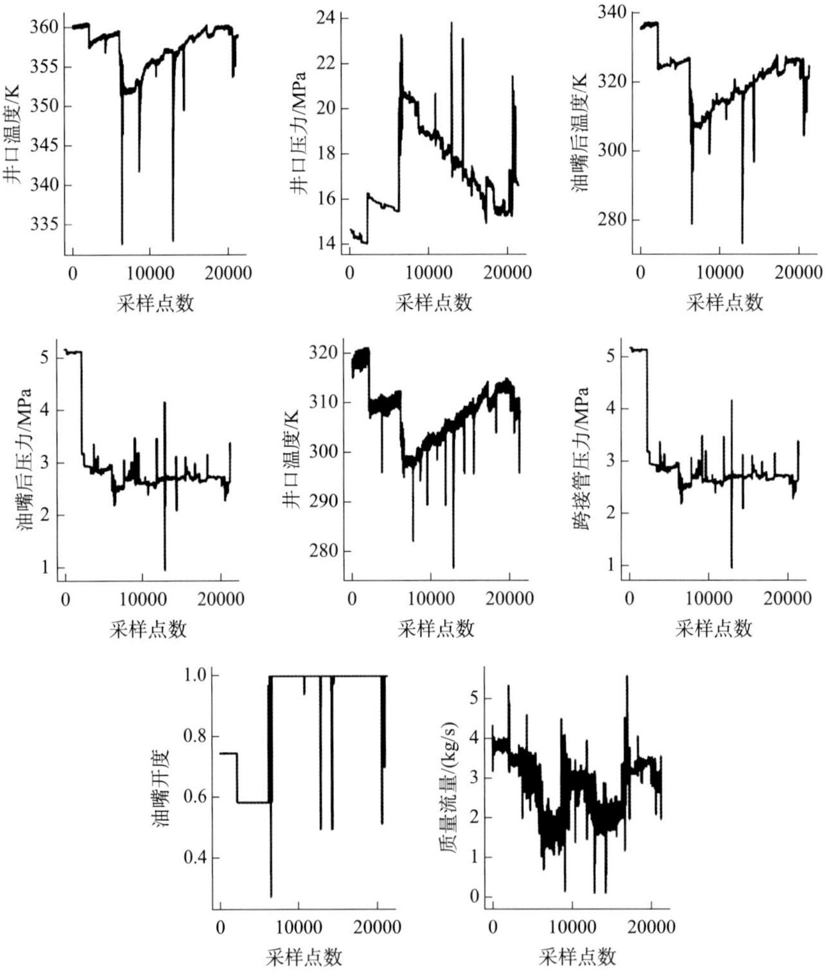

图3 数据指标

从机理模型的角度分析温度数据、压力数据以及油嘴开度都与流量大小密切相关，从数据模型角度来看，可使用相关性来评估各数据指标与流量之间的关系，计算得到各数据指标与流量相关性如图4所示，井口压力、井口温度、油嘴后温度、油嘴后压力、跨接管温度、跨接管压力、油嘴开度和质量流量的相关性系数依次为0.66、0.76、0.75、0.51、0.74、0.51、0.40，可知井口压力等七个数据指标普遍与流量间存在较强的关联关系，因此可作为训练数据参与模型的拟合。数据通常被划分为训练集和测试集分别参与模型的训练和验证，本文按照 8∶2 的比例进行数据划分。从总数据进行训练集和测试集采样时有随机采样、分层采样、时序采样等多种方法，本次研究涉及的流量预测问题可看作是一种时序预测，可以选择时序采样法划分训练集和测试集，最终将前 80%的数据做训练集，后 20%的数据做测试集。

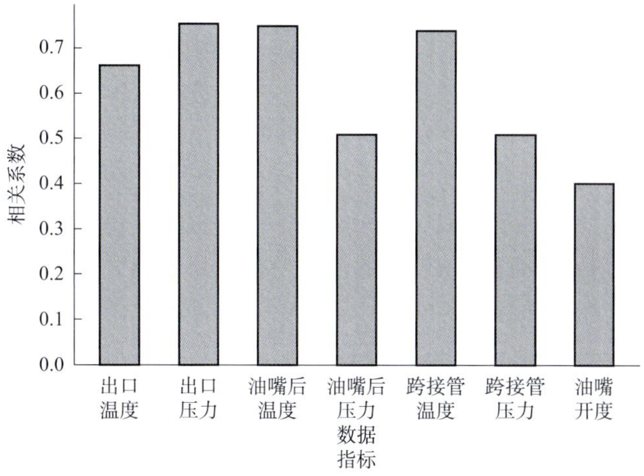

图 4　误差柱状图

3.2　实验方案设计

数据驱动模型进行流量计算时，结果的准确性与数据的质量和数量关系密切。当训练数据本身存在误差时会严重影响模型的预测结果，而这种误差又很常见，例如随着时间的推移传感器本身会出现数据漂移以及在海底传感器很容易发生故障。常用的解决训练数据误差的方法包括使用滤波降噪和删除出现误差数据的特征。使用滤波降噪是使用滤波算法对误差数据进行校准，但该方法只适用于数据漂移等小范围噪声的情况，无法应对数据出现较大误差的情况。删掉误差数据特征方法是基于其他特征数据重新进行模型训练，并进一步进行流量预测，但任意一个特征都可能出现误差，并且无法直接判断哪个特征出现了误差数据，同时减少数据特征会导致模型准确性降低。为了解决以上问题，本文尝试使用 DAE 模型对包含噪声的数据和故障数据进行校准，并进一步将校准结果参与预测模型计算。具体实验如下：将数据以 40%的比例随机挑选，然后再随机挑选一个特征进行数据突变，数据突变时按照 10%~30%的比例添加噪声。将添加噪声后的数据使用 DAE 模型训练，同时使用原始的准确数据作为标签。将校准后的数据进一步输入预测模型实现 VFM 模型构建。为了对比本文模型(方案 1)的预测结果，本文另外设计了两个对比实验分别是基于 LSTM 的原始数据训练与原始数据预测(方案 2)和基于 LSTM 的原始数据训练与异常值预测(方案 3)。

4　结果分析

4.1　模型超参数确定

机器学习算法包含了大量的超参数，超参数的选取对模型的准确性起了关键作用。恰当的超参数能够提高模型精度、减少训练时间并且可以避免模型过拟合。DAE 和 LSTM 神经网络的超参数主要包括神经元网络的层数、隐藏层神经元的数量、训练的 epochs 等。目前还没有可靠的算法可以直接固定超参数的大小，通常使用“经验+搜索算法”的模式寻找局部最优超参数。实施过程就是根据经验初步确定参数范围，之后多次改变各参数的大小，根据模型的输出结果评判超参数的适用性。本次研究过程涉及的各模型超参数及其值如表 1 所示。

表 1　模型参数

算法	隐藏层神经元数量	epochs	步长	损失函数	学习率	激活函数	优化函数
DAE	[128，64，128]	60	-	MAE	0.001	ReLu	Adam
LSTM 神经网络	128	6	10	MAE	0.001	ReLu	Adam

表 1 中包含的超参数主要通过“经验+搜索”算法确定，搜索过程不断改变超参数的大小，根据损失函数进行模型评价，直至损失函数最小时确定和参数值大小。以 DAE 第二个隐藏层神经元数量为例，不断调整神经元数量，损失函数的变化如图 5 所示，可以看到开始随着神经元数量逐渐增加，损失函数逐渐减小，但神经元数量达到一定量时再增加神经元数量损失函数的值不再发生明显变化，这时的神经元数量即可作为最终的选用值。如图 5 所示，DAE 模型的第二层隐藏层数量可确定为 64，其他超参数确定过程与隐藏层神经元数量相似，在此不做赘述。

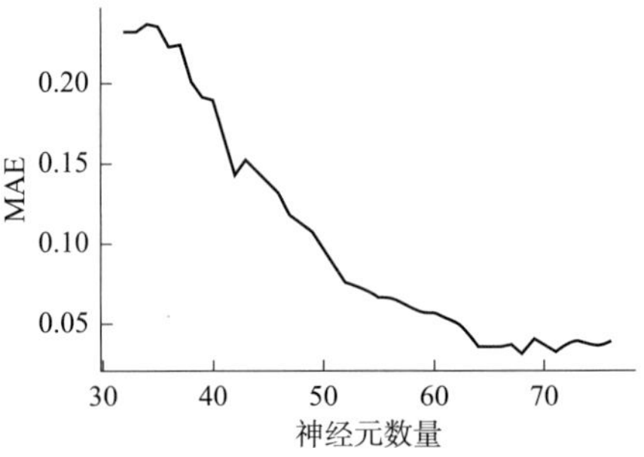

图 5　损失函数随神经元数量变化

4.2　模型误差分析

使用前文介绍的油田采集数据并手动加入噪声，使用 DAE 进行训练。训练过程的损失函数变化情况如图 6 所示。经过多次重复实验 DAE 的 MAE 值稳定在 3.12%，即 DAE 有效地减小了自变量的误差。

将 DAE 的模型输出和原始数据混合随机输入 LSTM 神经网络训练，测试集上的损失函数计算结果如图 7 所示，经过多次重复实验，LSTM 神经网络的 MAE 为 5.2%。

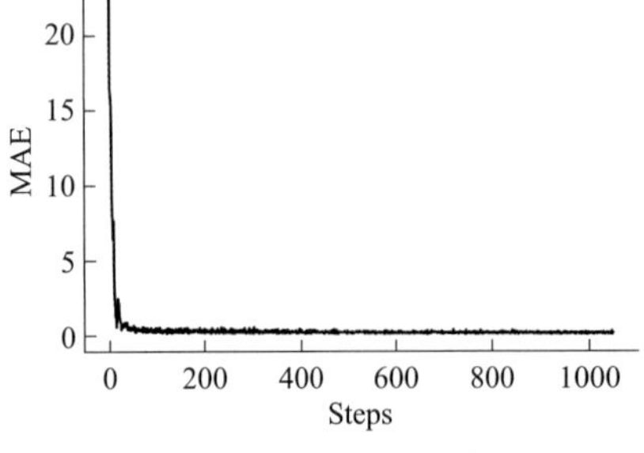

图 6　DAE 损失函数变化

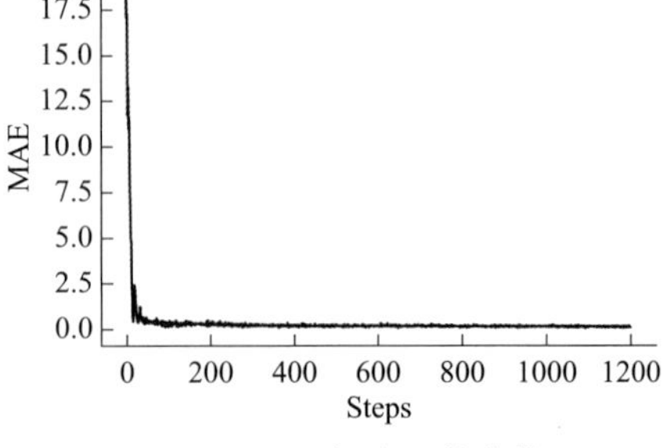

图 7　LSTM 损失函数变化

同时使用方案 2 和方案 3 进行模型预测，其结果如表 2 所示：

表 2 方案误差对比

方案	MAE
方案 1	4. 5%
方案 2	3. 6%
方案 3	16. 8%

根据结果可知，使用原始数据对 LSTM 模型训练以后再使用异常数据进行预测，其结果完全偏离，完全不具备可靠性。使用正常的数据训练并预测的模型相对绝对误差为 3. 6%，模型较为准确是三种实验方案中误差最小的。对比使用 DAE 进行数据修正的模型，其预测误差要远远好于方案 3，但比方案 2 的误差要大。主要是 DAE 不能完全地呈现原有数据的状态，仍存在不可避免的预测误差。但其结果仍在比较准确的范围以内，具有较强的实际应用价值。

5 结论

基于 LSTM 神经网络的 MAE 模型能够准确预测单井流量，但当温度、压力等数据异常时，模型的预测结果会出现较大偏差，预测结果可能是完全不可信的。本文抛弃使用滤波重构数据和删除特征重新训练模型等传统处理误差数据的方法，创新地使用 DAE 模型自动地对原始数据进行校准，DAE 模型不需要像滤波法和删除特征法一样提前分析哪个数据特征包含误差数据，支持多个特征同时出现误差数据的情况下的数据校准。同时校准过程模拟真实生产情况随机给特征加入随机范围误差使模型能够适用各种误差数据。将校准后的数据输入 LSTM 网络重新进行流量预测，对比包含误差的数据的预测结果，大幅度减小了模型误差，可将 MAE 减小到 4. 5%。虽然 DAE 模型进行数据校准后的预测误差 4. 5%仍大于原始准确数据的误差 3. 6%，但其结果仍然可以具有较小的误差，具有较强的借鉴意义。

参考文献

[1] Qiu J, Toral H. Three-phase flow-rate measurement by pressure transducers[C]. SPE Annual Technical Conference and Exhibition. OnePetro, 1993.

[2] Xu L, Zhou W, Li X, et al. Wet gas metering using a revised Venturi meter and soft-computing approximation techniques[J]. IEEE transactions on Instrumentation and Measurement, 2010, 60(3): 947-956.

[3] Zangl G, Hermann R, Schweiger C. Comparison of methods for stochastic multiphase flow rate estimation[C]. SPE Annual Technical Conference and Exhibition. OnePetro, 2014.

[4] Bikmukhametov T, Jäschke J. Oil production monitoring using gradient boosting machine learning algorithm[J]. Ifac-Papersonline, 2019, 52(1): 514-519.

[5] Al-Qutami T A, Ibrahim R, Ismail I, et al. Development of soft sensor to estimate multiphase flow rates using neural networks and early stopping[J]. International Journal on Smart Sensing and Intelligent Systems, 2017, 10(1): 199.

[6] AlAjmi M D, Alarifi S A, Mahsoon A H. Improving multiphase choke performance prediction and well production test validation using artificial intelligence: a new milestone[C]. SPE digital energy conference and exhibition. OnePetro, 2015.

[7] Andrianov N. A machine learning approach for virtual flow metering and forecasting[J]. IFAC-PapersOnLine, 2018, 51(8): 191-196.

[8] Bikmukhametov T, Jäschke J. Combining machine learning and process engineering physics towards enhanced accuracy and explainability of data-driven models[J]. Computers & Chemical Engineering, 2020, 138: 106834.

[9] Song S, Wu M, Qi J, et al. An intelligent data-driven model for virtual flow meters in oil and gas development [J]. Chemical Engineering Research and Design, 2022, 186: 398-406.

[10] Bengio Y, Courville A, Vincent P. Representation learning: A review and new perspectives[J]. IEEE transactions on pattern analysis and machine intelligence, 2013, 35(8): 1798-1828.

[11] Bai Y, Xie J, Liu C, et al. Regression modeling for enterprise electricity consumption: A comparison of recurrent neural network and its variants[J]. International Journal of Electrical Power & Energy Systems, 2021, 126: 106612.

[12] LeCun Y, Bengio Y, Hinton G. Deep learning[J]. nature, 2015, 521(7553): 436-444.

[13] Graves A. Long short-term memory[J]. Supervised sequence labelling with recurrent neural networks, 2012: 37-45.

人工智能新技术新应用

基于知识图谱的油气勘探开发智能检索技术与应用

何　军[1]　陈　锐[1]　闵少琨[1]　宋晨晨[1]　钱芸芸[1]　许彦明[2]　尹兆涛[2]　崔开阔[2]

(1. 中国石油塔里木油田分公司，新疆 库尔勒　841000；2. 北京国双科技有限公司，北京　100083)

摘　要：油气勘探开发数字化转型、智能化发展正受到广泛关注，其中基于知识图谱的智能应用逐步显现。本文提出了通过专业词库构建、本体库构建、数据接入、知识标注、知识抽取、知识融合等6个步骤构建油气勘探开发知识图谱的思路，介绍了六种主要的智能检索模式以及智能检索的技术实现，并通过油气勘探开发智能检索实例进行成效验证，打造形成更懂勘探开发研究业务的企业级“石油百度”，大幅减少研究人员搜集整理资料时间，目前80%知识查询的响应时间在2~15s，为加速知识驱动的油气勘探开发智能化转型提供参考借鉴。

关键词：油气勘探开发；DPEM；知识图谱；智能检索；智能问答；智能推荐

0　引言

油气勘探开发是资产、技术密集型的领域，全业务链条研究、生产、经营等与数据和知识息息相关。中国石油工业历经60多年的勘探开发史，积累了PB级的数据资产，并且保持着几何级数的增长。这些数据资产、知识成果是油气勘探开发生产可持续发展的宝贵财富和基础保障。但目前国内油气田企业勘探部署、油气藏描述、开发方案、研究报告、档案文献等高价值的知识成果大多以结构化、非结构化形式，分散存储于各类信息系统、数据库、组织机构或个人手中，缺乏完整的知识管理、快速检索和价值挖掘体系，并且从数据到知识、从知识到经验，隐形程度越来越高、获取难度越来越大，导致科研人员不能及时获取所需的数据或知识，更无法实现多维查询、主动推送，造成“有数据找不到、找到后无法用、知识经验难共享、知识创新难应用”等困局，制约着勘探开发研究、技术创新和精益管理的质效。让业界欣慰的是，近年来，伴随着人工智能、大数据等新一代信息技术在油气勘探开发领域的应用，以知识图谱、自然语言处理等为核心的油气勘探开发智能检索逐步成熟并引起广泛关注，极大加速行业知识智能、认知计算的发展进程，为油气勘探开发数字化转型、智能化发展提供了重要契机，发展前景广阔。

1　国内外油气勘探开发领域知识检索发展现状

目前国内石油行业的文献研究越来越多，知识积累越来越丰富，但是对于这一知识宝库

作者简介：何军，男，硕士研究生，中国石油塔里木油田分公司数字化管理部副主任，高级工程师，从事数字化转型智能化发展技术研究与管理工作。E-mail：hejun1-tlm@ petrochina. com. cn

的发掘还相当有限，大多数人还停留在按照主题进行索引筛选然后逐篇阅读的阶段，特别是在文档全文检索过程中，用户需要自行查看分析检索出的结果，研究总结其中的知识[1]。在实际研究工作中，用户关注的往往不只是一个知识点，而是一个知识面。用户通常会进行一系列查询，而这一系列查询并非互相独立，而是需要遵循一条知识线进行关联查询。传统基于关系数据库的信息管理系统和基于关键词的信息检索系统不能有效地分析、组织和利用知识间的关联关系，导致半结构化、非结构化的知识成果检索效率低、利用价值小。

总结起来，国内勘探开发领域在知识管理和检索方面存在的主要问题包括：现有勘探开发知识没有完全体系化，业务过程中缺乏统一知识源的支撑；知识存在于各类信息孤岛或个人手中，分享、查询、获取的步骤过于复杂，花费业务人员大量的时间；从信息到知识的加工过程依靠人工加工实现，效率低下且缺乏精确的数据依据做支撑；对业务操作的经验依赖性越强，业务人员熟悉和掌握业务的周期越长，知识和经验的传承性差，缺乏高效的途径传递有价值信息；需要将知识与人解耦、知识与工具解耦；需要将碎片离散的知识系统化、知识自适应业务场景；现有信息系统不具备在跨语言的多语种文献中查询获取资料的能力，不满足业务人员对知识在“准确度”、“广度”和“深度”方面的需求。

近年来，人工智能、大数据、移动物联网等方面的应用实践推动了知识图谱、文本解析、图像识别、语音识别、深度学习、区块链等新一代信息新技术的迅猛发展，特别是人工智能技术作为新一轮产业变革的核心驱动力，为各类数据的知识成果分类处理、多源异构数据集成整合、知识库构建，以及各类知识智能应用提供强有力的技术支撑和技术保障[2]。基于知识图谱的智能检索逐步成为业界关注的重点。百度公司基于搜索业务构建了超大规模的通用知识图谱，注重多源异构图谱，多媒体知识，事件、时序知识图谱的构建，并在智能推荐、智能交互(如客服)等场景应用。中国石化打造了油气行业的知识管理平台SKM(Sinopec Knowledge Management)，将不同来源的信息，依据知识、任务、项目、人等的相互关联，生成油气行业的知识图谱。侏罗纪公司的搜油产品基于石油语义分析、搜索引擎等技术，对企业分散、杂乱数据资源进行分析、整合、搜索的石油行业搜索引擎，能够实现对企业现有数据资源的全文搜索，帮助用户快速找数据。

放眼国外，美国著名的信息服务提供商IHS公司围绕能源行业的全生命周期，为项目研究和资源评价，提供了从勘探、开发、资产评估到生产优化全过程的决策支持工具，帮助用户更快地制定最佳决策，促进勘探开发业务快速开展。为了实现有效信息的充分共享和应用，IHS公司采用了符合能源行业标准的信息管理体系，对所有的数据和知识进行标签和分类管理，建立不同对象之间的逻辑关系，便于快速查询和多维度的数据挖掘分析，目的是实现知识成果的有效利用，为全球石油公司提供盆地、油藏、单井、生产、经济等的各类数据检索、分析、订阅服务。

IHS公司的Goldfire是一款基于知识的挖掘、创新和最优的决策平台，内嵌开箱即用的搜索引擎和专利、发明等专利知识库。基于Goldfire的知识体系，利用各类自然语言处理技术和知识加工后，按照TRIZ创新理论，最终将各种高质量的非结构化知识成果汇聚成用户可直接访问的知识库。通过应用启发式的原因定位功能，确认问题产生所有的原因，根因确认后，通过语义分析，到知识库中查找所有解决问题的解决方案或参考资料。Goldfire基于语义的自然语言检索技术是IMC独有的专利技术，从1999年开始研发，到目前已经实现了英、法、德、日、中文五种语言的交叉语言检索和跨语言检索(图1)。Goldfire语义搜索引擎应用匹配搜索词之间语法关系的先进语言技术，从句子表达的语义上提取结果，因此能够进行精确查询，对知识库进行充分挖掘，减少检索时间，提升检索质量。

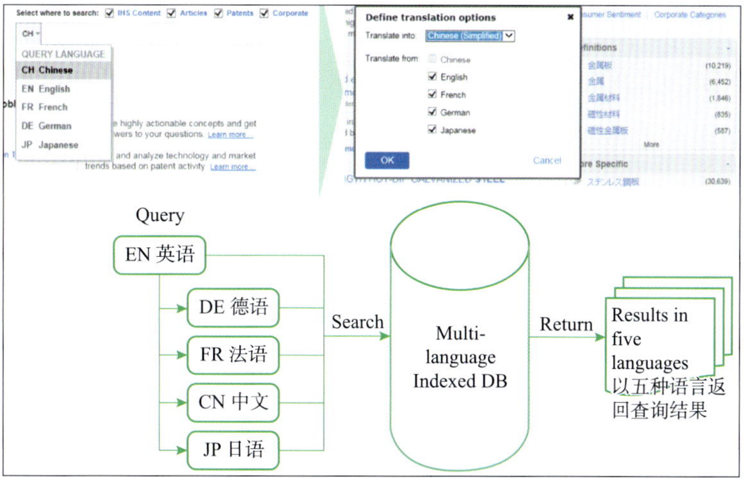

图 1 Goldfire 语义搜索引擎示意图

2 构建油气勘探开发知识图谱的思路

知识图谱（Knowledge Graph）是 Google 公司 2012 年提出的一种知识表示的新方法和知识管理的新思路。采用图模型来描述客观世界中概念、实体及其关系，将互联网的信息表达成更接近人类认知世界的形式，提供了一种更好地组织、管理和理解互联网海量信息的能力。这项技术的提出最初是为了提升用户的检索体验，通过对查询语句的解析，得出用户需要查询的实体，捕获和理解用户检索的需求，进而在准确获得待查实体信息的同时，获取与所查询实体关联的其他信息，从而更全面直观地呈现所查实体及其关联信息，彻底改变传统检索模式，极大提升知识检索的质量和效率[3]。

油气勘探开发知识图谱构建的核心内容是将海量、分散、异构的勘探开发信息有机组织并表示为知识模型，前提是建立科学完备的勘探开发知识体系，通常从对象域、业务域、专业域三个维度展开知识分级分类；基于企业数据模型，如 EPDM（Exploration and Production Data Model，油气勘探开发数据模型），参考国内外工业界和学术界的标准规范，构建统一的综合知识属性分类标准；梳理知识与知识、知识与对象、知识与业务之间的关联关系，形成关系网络。以此为基础，通常按照六步骤的方法论构建勘探开发知识图谱（图 2）。

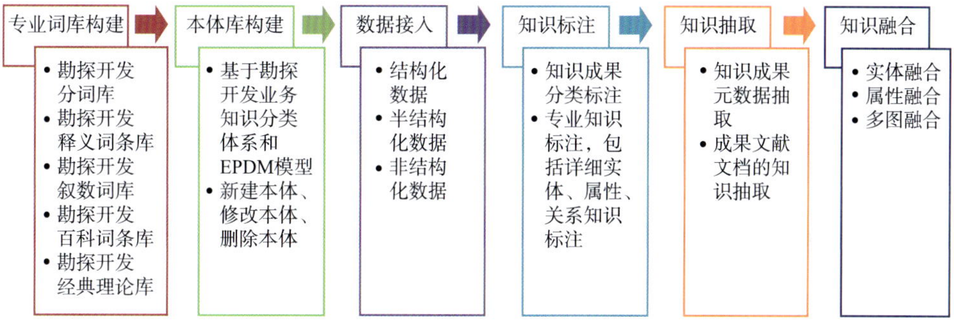

图 2 勘探开发知识图谱构建步骤

步骤1：专业词库构建。融合石油勘探开发百科全书、石油英汉大词典、石油汉英大词典等资料，构建勘探开发分词库、勘探开发释义词条库、勘探开发叙数词库、勘探开发百科词条库、勘探开发经典理论库等。

步骤2：本体库构建。又称知识表示，基于勘探开发业务知识分类体系，融合盆地、油气田、油气藏、井等实体对象，参考借鉴中国石油EPDM模型的数据结构，构建形成勘探开发主干知识图谱库本体模型，包括油气田、盆地、井、油气藏、储层、盖层等近千个本体。

步骤3：数据接入。包括接入结构化数据，通过映射、连接及各类D2R操作，将数据库的数据字典、表结构和关系及数据库内容转换为知识图谱的本体、关系和相应的三元组；接入半结构化知识成果，将预定义格式的表格数据，如盆地、油气田、油气藏、烃源岩等数据导入知识成果库，对已有的半结构化xml、html、json等格式的知识成果，利用包装器技术导入知识库；接入非结构化知识成果，通过点击和拖拽的方式，批量上载和导入这些文件，对这些文件进行OCR(光学文字识别)、内容修改、元数据自动抽取和修改等操作。

步骤4：知识标注。分为两类：一是知识成果的分类标注，在人工标注的基础上，建立自动分类标注模型，实现标注自动化；二是知识成果的详细实体、属性、关系知识标注，目的是扩充国内外盆地、油气藏、页岩气等实体规模，并为训练自动标注模型提供基础语料。小规模试验表明，样本标注量大于50的情况下，自动标注平均准确率可达到78.6%。

步骤5：知识抽取。是基于知识标注语料进行模型训练，用训练好的模型进行知识抽取的过程，包括知识成果元数据抽取，以及成果文献文档的知识抽取。

步骤6：知识融合。利用多图管理和知识融合工具，通过自然语言处理、同(近)义词解析、相似度计算，实现多个来源的实体信息、属性信息的知识融合，促进实体对齐、属性对齐，推动形成完整统一的勘探开发知识库。

3 智能检索的主要模式

智能检索是知识智能的典型应用，基于知识图谱的图搜索和知识推理及分布式搜索引擎，用户可在勘探开发知识库中智能检索知识，开展关键词检索、基于语义理解的智能语义检索，精确定位，做出相应的知识推理和关联并给出答案，以知识卡片、图片和表格等富文本的形式呈现。智能检索的重点难点是解决自然语言的表达多样性问题、自然语言歧义问题，以及由于勘探开发等特定领域的标注样本不足，导致有监督的语义匹配方法难以获得较高的匹配准确率等问题[4]。

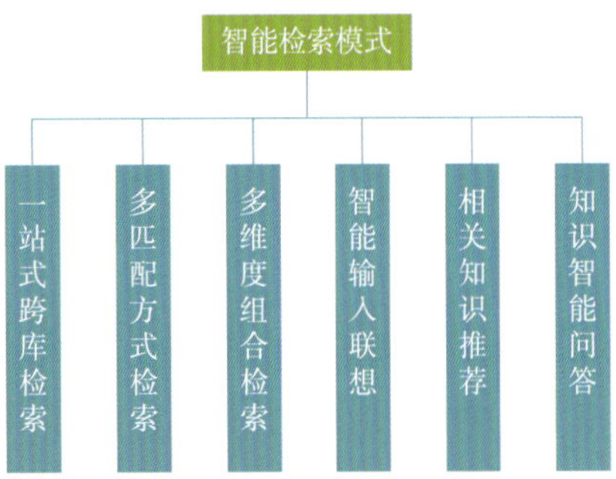

图3 智能检索常见模式

智能检索通过对知识库资源进行专业化标签处理并生成相应索引，建立统一的快速检索引擎，基于自然语言处理、意图识别技术等，支持关键词检索、语义检索、分词检索、中英文互搜等多种匹配方式，以及维度检索、简单检索、结果中检索、快速筛选、高级选项等多维化组合方式，目的是实现对多源异构数据和知识成果的一站式跨库检索(图3)。

1. 一站式跨库检索

通过虚拟知识库、动态配置等技术，在不改变现有信息系统的前提下，快速实现对各类已有内外部信息系统的无缝集成整合，用户从单一入口可访问相关知识和数据，实现一站式跨库检索。

2. 多匹配方式检索

包括关键词检索，提供模糊检索和精准检索两种方式；分词检索，利用专业分词词库，对用户输入的查询内容进行关键词识别，获取更加精准的分词结果，提高检索匹配的准确率；语义检索，通过语义解析识别用户输入检索内容的真正意图，并根据真实意图返回智能查询的检索结果。

3. 多维度组合检索

包括简单检索，支持用户选择不同的维度，添加单个检索条件；结果中检索，支持用户选择不同的维度，多次添加检索条件，多个检索条件之间为“且”的关系，在上一轮检索的结果中叠加新一轮检索条件；快速筛选是指平铺显示筛选条件的所有选项，用户可以通过单击快速筛选数据。

4. 智能输入联想

根据用户输入的文字内容实时进行关键词联想，自动下拉展示联想列表，在全部用户搜索历史词中进行检索，匹配完全包含输入文字的前 10 条搜索词；存在多条数据时，按照搜索词频从高到低展示，词频相同时显示搜索日期最新的搜索词。

5. 智能推荐

智能推荐是基于知识图谱，从相关业务对象、相关项目、研究主题和业务分类等多个维度进行相关的知识推荐；基于关键词标签，进行任意深度的知识钻取和挖掘分析，为用户提供个性化知识推荐。包括：基于工作场景的推荐、基于当前浏览的知识内容关联的推荐、基于岗位的推荐，等等。基于工作场景的推荐：用户在某一个工作场景进行业务工作时，已经明确知道了研究目标和研究内容，可以推荐其可能关注的知识成果、专家案例、专业软件以及各类业务信息资源。基于当前知识内容关联的推荐：在用户浏览某一知识成果时，通过业务模型关系推荐相关的知识成果。基于用户岗位角色的推荐：不同岗位的用户进入知识查询页面，优先推荐的是与其岗位相关的知识成果。

6. 智能问答

智能问答是智能检索的一种高级形式，可以通过链接知识库方式检索到用户问题的答案，同时依托知识图谱作为问答系统的后台支撑，再结合知识推理等方法，依托意图识别技术，引导用户询问真正想要咨询的问题，为用户提供更深层次语义理解的答案。

4 智能检索的技术实现

智能检索主要依赖的技术组件包括两项：一是 ElasticSearch 搜索引擎，用于对文档的全文、关键词、摘要、题名、作者、综合信息等建立索引，提供文档检索能力；对检索历史建立索引，提供检索历史行为数据分析能力。二是 PostgreSQL 数据库，用以存储检索筛选条件等结构化信息。主要包括全文检索技术、语义检索技术、全文检索与语义检索融合技术、自然语言处理技术、智能问答技术等[5]（图 4）。

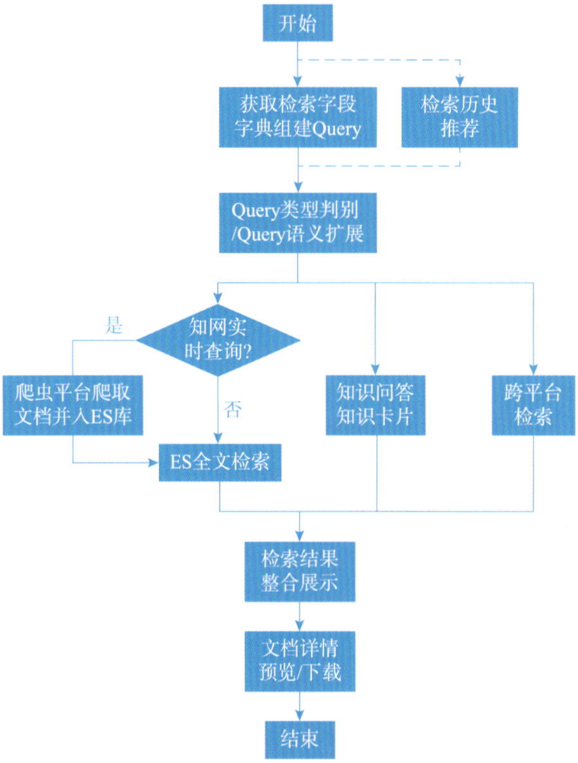

图4 智能检索的实现流程

1. 全文检索技术

全文检索主要依赖于分布式的免费开源检索和分析引擎Elasticsearch(ES)，其适用于包括文本、数字、地理空间、结构化和非结构化数据等在内的所有类型的数据。Elasticsearch使用布尔模型查找匹配文档，通过“与、或、和、非”这样的条件来查找匹配的文档，并用一个名为实用评分函数的公式来计算相关度，将所有可能不匹配的文档排除在外。该公式借鉴了词频、逆向文档频率和向量空间模型，同时也加入了一些现代新特性，如协调因子、字段长度归一化，以及词或查询语句权重提升等。

2. 语义检索技术

与传统互联网中的文档检索不同，语义检索需要处理粒度更细的结构化语义数据，因此也面临着前所未有的挑战。原有成熟的针对非结构化的、Web文档的存储与索引技术对知识图谱不再适用。现有的排序算法也不能直接应用到面向实体和关系的知识图谱语义检索中。以SPARQL查询为代表的结构化查询语言的出现，为基于知识图谱的语义检索提供了基础。此外，支持用户熟悉的关键词、自然语言查询对于知识图谱的语义检索也至关重要。

3. 全文检索与语义检索融合技术

全文检索的优势在于能完全精确匹配查询语句中的词或词片段(这个基于检索系统的词切分)。因为它不懂语义，也就不懂领域词直接存在的潜在关联性。因此，这种方法有高的精准度和有限的覆盖率。对于查询语句较长，例如是一个句子的这种情况，表现得也是差强人意。语义检索则能做出补充，因为它通过“阅读”大量的语料，从而能理解领域词的关联性，所以可以用它来扩充检索关键词，再通过全文检索，把相关联的文档给推荐出来。也可以单独使用，在全文检索中，依托其对要素表达的语义扩展和建立关联特征潜在的内在关系，可一次找出多篇相似的对比文件，相对于传统检索的特色和优势也是显而易见的。

4. 自然语言处理技术

自然语言处理技术让机器按照设计的一系列算法对自然语言的各级语言单位(字、词、语句、篇章等)进行转换、传输、存贮、分析等加工处理；能像人一样进行词法、语法和句法分析和话语分析，包括挑战性的自然语言理解和自然语言生成等技术，包括但不限于语法分析、句法分析、语义分析、语言模型等技术领域。

5. 智能问答技术

油气勘探开发智能问答是将积累的无序语料信息，进行有序、科学地整理和搜索，利用各类算法和模型，从不同的维度分析、评估备选答案和支持该答案的依据，为勘探开发专业人员等提供语义查询和智能问答等服务。为提升智能检索的效率和质量，需要充分结合油气行业专家经验、知识图谱与传统问答对的优势，一方面有效发挥问答对的快速搜索能力，另一方面通过行业专家的深度参与以及知识图谱的持续完善，弥补问答对的内容缺失或质量不高等缺陷，提升油气专业知识智能检索与知识问答的效率和效果。

5　油气勘探开发智能检索实例

国内某石油勘探开发研究院围绕知识共享应用需求，按照“建、搜、用”的总体思路，采用知识图谱、自然语言处理、大数据、机器学习等技术，通过知识成果汇缴、知识体系构建知识加工处理、知识图谱构建、知识融合演化等过程，形成勘探开发行业智能大脑，支撑各类行业智能应用。

在勘探开发知识图谱构建方面，基于 EPDM 模型和专家经验，融合专业知识分类体系和盆地、油气田、油气藏、井等实体对象体系，构建形成覆盖勘探开发上游业务知识的主干知识图谱库。以此为基础，构建勘探开发知识智能检索引擎，支持意图识别、关联分析、多维呈现、中英文互搜等功能，并基于可视化网状知识互联体系，实现勘探开发知识的高效检索、深度挖掘，打造形成更懂勘探开发研究业务的企业级“石油百度”，大幅减少研究人员搜集整理资料时间，目前 80%知识查询的响应时间在 2~15s。

主要功能包括：

(1)集成检索：通过虚拟知识库、动态配置等技术手段，在不改变现有系统的前提下，快速实现对各类已有内外部系统的无缝集成整合，用户从单一入口可访问相关知识数据，实现一站式跨库检索。

(2)多维检索：基于关键词搜索和语义模型，对智能语义检索结果进行自动组织、呈现和汇总，从多个维度进行相关的知识在线预览与自动推送。

(3)语义检索：通过知识图谱和语义理解等技术，以图片和表格等知识卡片形式展示相关油气业务对象的概要情况，支持基于意图识别的智能检索、中英文专业语义互搜索和深度分析。

(4)图谱问答：通过构建知识图谱作为问答系统的后台支撑，再结合知识推理等方法、依托意图识别技术，引导用户询问真正想要咨询的问题。

(5)智能推荐：基于油气知识图谱，从相关业务对象、相关项目、研究主题和业务分类等多个维度进行相关的知识推荐，基于关键词标签，进行任意深度的知识钻取和挖掘分析。为用户提供个性化知识推荐，智能推荐相关行业动态、经典理论、热点知识等文献知识。

主要特点和价值包括：

(1)检索范围更加全面。集成中国知网、SPE、AAPG、SEG、石油标准、图书馆，融合知网实时开关入库论文和核心期刊文献，支持一站式跨库检索。

(2)检索形式灵活多样。包括多维度、多模式、多条件检索，不仅支持关键词匹配、全文检索和多维条件搜索，更能以自然语言形式识别用户意图，实现智能关联搜索，支持中英文互搜，搜索更简单灵活。

(3)检索分析更有深度。通过与词条释义、知识图谱、知识问答等系统打通，展示搜索关键词的释义、实体属性、问答结果；检索结果通过知识卡片、图文并茂，并支持可视化分析，有效支撑专业研究工作和技术创新。

同时，以勘探开发知识图谱为支撑，融合多个知识资源库，通过语义理解、知识推理和计算分析，支持和引导用户以自然语言形式有效提问，智能识别用户意图并实时在线推送答案，有效支撑科学研究及靠前支持服务。目前已经集成行业问答对6万余条、释义词条10万余条、石油百科、油气知识图谱等多个数据来源，支持浏览器、微信小程序、APP以及移动应用，随时在线交互。此外，融合智能推荐算法，从相关度、新鲜度、热度等不同维度，及时主动推送用户最关注的知识成果，实现搜索关联推荐、项目知识推荐、热点知识推荐、个性化知识推荐等，着力打造企业级“勘探开发知识头条”(图5)。

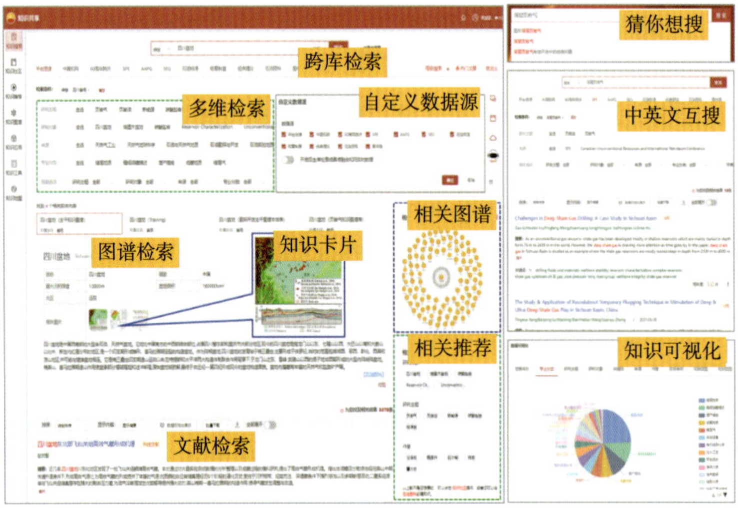

图5　勘探开发知识智能检索示意图

6　结束语

油气勘探开发智能检索的建设与应用是一个长期、不断完善的过程，遵从“共建、共享、共用”的价值理念，采取“从简单到复杂、先试点后推广”的策略，基于先进的平台架构和技术标准，借鉴业已有成果经验，不断提升智能检索的技术能力和用户体验，为油气勘探开发生产和研究智能化场景落地提供基础性技术支撑。

参考文献

[1]马昂，于艳华，杨胜利，石川，李劼，蔡修秀．基于强化学习的知识图谱综述[J]. 计算机研究与发展，2022，59(08)：1694-1722.

[2]王萌，王昊奋，李博涵，赵翔，王鑫．新一代知识图谱关键技术综述[J]. 计算机研究与发展，2022，59(09)：1947-1965.

[3]朱冬亮，文奕，万子琛．基于知识图谱的推荐系统研究综述[J]. 数据分析与知识发现，2021，5(12)：1-13.

[4]陈烨，周刚，卢记仓．多模态知识图谱构建与应用研究综述[J]. 计算机应用研究，2021，38(12)：3535-3543.

[5]秦川，祝恒书，庄福振，郭庆宇，张琦，张乐，王超，陈恩红，熊辉．基于知识图谱的推荐系统研究综述[J]. 中国科学：信息科学，2020，50(07)：937-956.

油气田企业边缘计算的应用场景与发展展望

何　军[1]　李家金[1]　马　潇[1]　刘　凤[1]　古丽娜扎尔·阿力木[1]　尹兆涛[2]　崔开阔[2]

（1. 中国石油塔里木油田分公司，新疆 库尔勒　841000；2. 北京国双科技有限公司，北京　100083）

摘　要：围绕智能油气田建设，边缘计算应用越来越广泛。本文描述了边缘计算在钻井作业实时辅助分析、油田开发协同优化、管道智能监测、关键设备健康状态实时诊断、安全生产监控等场景中的应用，介绍了惠普、华为、阿里等边缘计算设备和技术提供商在石油行业的具体实践，并结合边缘计算的应用案例提出了未来发展展望，边缘计算将在数据安全、基础设施管理、智慧能源、装备智能化、生产安全以及人员安全等方面发挥重要作用。

关键词：油气田企业；智能油气田；边缘计算；物联网

1　引言

近年来，随着油气田企业物联网系统的实施，企业现场作业和生产数据呈现几何式的增长，数据正逐渐成为企业的重要资产。为实时响应现场生产波动分析，减轻网络传输负载和数据中心处理压力，边缘计算快速发展，逐渐成为智能油气田建设与应用的核心技术之一[1]。边缘计算是指在靠近物或数据源头的一侧，采用网络、计算、存储、应用核心能力为一体的开放平台，就近提供最近端服务[2]。边缘计算技术的应用能够提升现场实时响应能力、实现设备运行优化，大幅提升油气田企业现场生产的效率和效益。埃克森美孚和壳牌等企业将边缘计算作为数字化体系的关键技术支撑，逐步创造新的数字化业务价值。有数据显示，如果全球油气行业应用边缘计算技术将泵的性能提高 1%，原油产量每天能够增加 50 万桶，从而每年为行业增加 190 亿美元的额外收益。同时在智能化时代，自动化水平越高，生产安全风险越大，过去单纯倚重人的责任意识和管理无法保证本质安全，油气田企业必须把安全对责任、管理的依赖转向对技术的信任[3]。因此，油气田企业通过边缘计算实现视频行为分析预警、违规作业实时监控等功能，明显提高现场安全管理水平，帮助企业实现本质安全。

2　边缘计算在油气田企业的应用场景

油气田企业通过构建统一技术架构的边缘计算平台，实现数据云边协同处理、统一存储与共享、智能分析与应用，支撑实现生产现场全面感知、实时分析、智能操控和持续优化，夯实现场操作智能化基础，支撑智能物联网建设，助力油气田企业实现数字化转型、智能化

作者简介：何军，男，硕士研究生，中国石油塔里木油田分公司数字化管理部副主任，高级工程师，从事数字化转型智能化发展技术研究与管理工作。E-mail：hejun1-tlm@ petrochina. com. cn

发展。典型应用场景包括钻井作业实时辅助分析、油田开发协同优化、管道智能监测、关键设备健康状态实时诊断、安全生产监控等。

2.1 钻井作业实时辅助分析

在油气田企业钻井过程中，需要将后方作业支持中心的大数据分析能力赋能到作业现场，将钻井事故复杂预警业务模型下沉到作业现场，作业人员根据资深经验以及井场的 AI 分析结果，准确识别当前工况，预防复杂事故发生。通过在钻井井场部署边缘计算设备，能够对钻井作业现场录井实时数据进行计算分析，结合支持向量机、机器学习等技术，建立钻井工况智能识别模型，实时准确地对钻井工况进行自动判别，明显提高钻井效率[4]。同时，结合综合录井技术和区域邻井地质资料信息，采用人工智能、大数据等技术，建立溢流、井涌、井喷、气侵、油侵等异常预测模型，利用综合录井产生的钻井工程参数、钻井液参数、气测参数、地层压力检测参数以及钻具振动参数等实时数据，实现对钻井地质、工程异常的自动化实时预警，为钻井作业实时优化提供辅助分析。

2.2 油田开发协同优化

油田生产全流程覆盖物化探、钻井、测井、录井、试油、生产作业、开发评价等环节，传统的做法是由人来驱动并负责各环节信息的传递，导致油田优化周期长、效果差。通过运用边缘计算技术，可以将油水井工况调整周期为实时、基于油藏精细描述的注水优化策略为每周(对比传统每年)。试验表明，通过基于边缘计算的实时油藏管理，可以实现采油、注水、集输的实时协同优化，采收率提升 2.3%，节能 30%。

2.3 管道智能监测

利用边缘计算深度学习和语音控制等技术，实现管道实时智能监测，陆地环境下，实时采集应力、变形、温度、位移、阴极保护电位、泄漏、视频等监测信号，建立管道失效形式与监测信号相对应的模式库，挖掘不同信号之间的内在联系，由异常情况驱动进行智能感知；海洋环境下，利用内嵌边缘计算功能的机器人进行海洋勘测，发现油气传输渗漏风险点，既有助于保护环境，也可有利于及早发现新的油气资源。

2.4 关键设备健康状态实时诊断

通过边缘计算节点接入生产设备振动、温度、压力等实时数据，部署设备故障预警、健康度评估等模型和设备实时监控应用，基于模型确定设备特定负荷下各参数的正常工况范围、正常波动范围、多参数联动范围，实现油气田企业关键生产设备的本地化实时监测预警，包括多变量、阈值和趋势突变多种预警形式，及时有效掌握设备的运行状态，在设备发生故障前，能够及时预警并通知现场操作人员，出现故障后能够精准定位并及时排除，支持对设备的智能控制，避免造成重大设备故障和安全事故，减少非计划停机，提升设备利用率，大幅提高生产时效。

2.5 安全生产监控

基于边缘智能的安全生产监控管理系统提供视频流预处理、容器部署等功能，部署安全帽佩戴识别、静止跌倒异常行为识别、着装识别等 AI 模型，识别人员入侵、明火、烟雾、抽烟等危险行为，基于服务侧提供的模型推送、数据接收、视频存储等功能实现云边协同，能够实现生产区域监控全覆盖，有效辅助企业进行生产风险监控及管理，真正做到解放人力、24小时无缝无死角监管(图1)。

安全帽识别

工服识别

火焰识别

吸烟识别

越界识别

高空摄像头识别

图1　边缘计算安全生产监控典型场景

3　油气行业边缘计算应用案例

3.1　华为公司：边缘计算助力油气管道智慧巡线

华为智能边缘平台(Intelligent Edge Fabric，简称IEF)通过纳管边缘节点，提供将云上应用延伸到边缘的能力，联动边缘和云端的数据，满足客户对边缘计算资源的远程管控、数据处理、分析决策、智能化的需求，为企业提供完整的边缘和云协同的一体化服务的边缘计算解决方案。其目标是基于云原生技术构建一个全新的边云协同操作系统，可运行在多种边缘设备上，将丰富的AI、IoT及数据分析等智能应用以轻量化的方式从云端部署到边缘，满足用户对智能应用边云协同的业务诉求[5]。

据统计，我国50%以上的油气管道故障来自第三方入侵，包括机械施工意外、人工挖掘打孔盗油等。油气田企业主要依赖人工巡线来发现管道沿线施工事件，提前消除事故隐患。随着维护管道规模逐年扩大，巡线压力不断增加。华为公司基于强大的激光收发与信号处理技术、边缘计算能力，把数字孪生体平台和辅助智能决策平台下沉至油气田企业基层阀室，广泛收集管道沿线振动背景数据，基于位于阀室的本地计算能力，提供成品油管道的现场声纹大数据与巡线实践模型，滤除远距离工地、公路、地铁等干扰噪声，准确识别挖掘机、钻探机、顶管机、定向钻、人工挖掘等外破威胁振动信号，准确识别挖掘机、钻探机等入侵风险。同时，构建光纤振动监控系统、高后果区智能机器视觉等自动巡线系统的边缘计算能力，支持本地AI能力全程全时监控管道安全，显著降低管道外破风险隐患，减少人工巡检频次，大幅降低人工巡检劳动强度，在打造平安管道、绿色管道的方向上不断创新。

为根本性大幅提升光纤振动预警产品报警准确率，华为公司与企业用户组建了联合开发团队，开展了“光纤振动监控系统准确率提升”创新攻关项目。基于新一代AI算法的光纤振动监控系统在人口密集、背景噪声复杂的城镇丘陵管道运营环境中，实现了挖掘机施工事件告警准确率达到97%，平均定位精度小于6m。通过迭代升级改进新一代光纤振动监控系统，把“95%以上的精确识别能力”从挖掘机扩展到顶管机、定向钻、钻探机、人工挖掘等更多管道威胁场景(图2)。

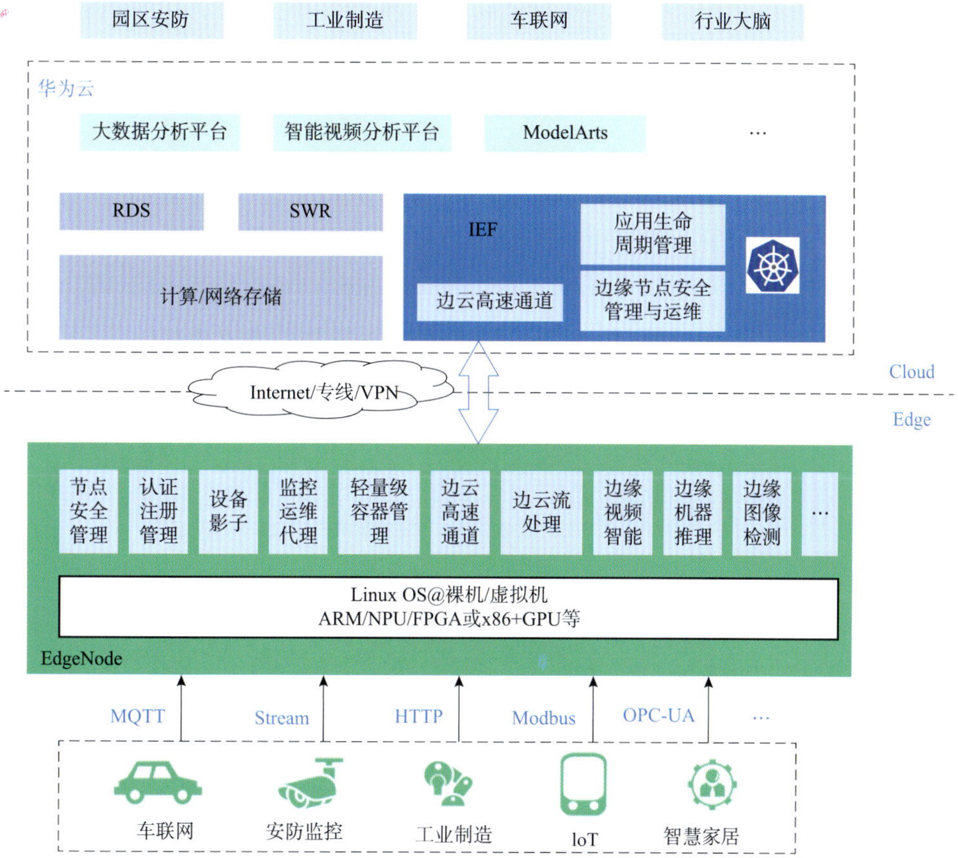

图2 华为边缘计算平台IEF架构

3.2 阿里云：边缘计算实现智慧能源监控

阿里云 Link IoT Edge 平台部署智能设备和端侧计算节点，通过定义物模型连接不同协议、不同数据格式的设备，提供安全可靠、低延时、低成本、易扩展的本地计算服务，结合阿里云大数据、AI 学习、视频等能力，打造云边端计算体系。Link IoT Edge 将阿里云的计算能力扩展至边缘，在离设备最近的位置执行计算，提供安全可靠、低延时、低成本、易扩展的本地计算服务，能够大大提升处理效率，减轻云端的负荷，提供更快的响应，将需求在边缘端解决，是 IoT 服务不可缺少的环节[6]。

智慧能源监控系统是基于物联网与分布式传感器，对用户用能情况进行颗粒化精细的数据采集，以实现用户用能情况的监控，并在此基础上为分析用户用能习惯，提供节能解决方案并通过人工智能系统的训练与建模为用户能效提升提供可行的建议与方案。围绕智慧能源监控系统建设，阿里云利用其边缘计算等优势功能进行了快速开发与部署。在终端，为了减少对用户的影响，采用小型开口式传感器采集用户用能数据，这类传感器在安装时不需要停电操作，通过卡口固定在用户线路中进行电流信号采集；通过自有的分布式数据采集终端进行数据采集与汇总，并使用工业中最常用的协议——Modbus TCP 协议进行通信。为了监控外界的温度、湿度、亮度等环境参数，以实现环境与用能情况的联动分析，使用自有的分布式环境采集终端进行环境参数采集，环境采集终端使用了 Modbus RTU 协议[7]，从而实现基于 Modbus 两种不同分支的终端进行数据采集。为了实现数据上云，应用数据互联网关，通过网关从采集终端处获取数据，并且传输到物联网平台的云数据库中(图3)。

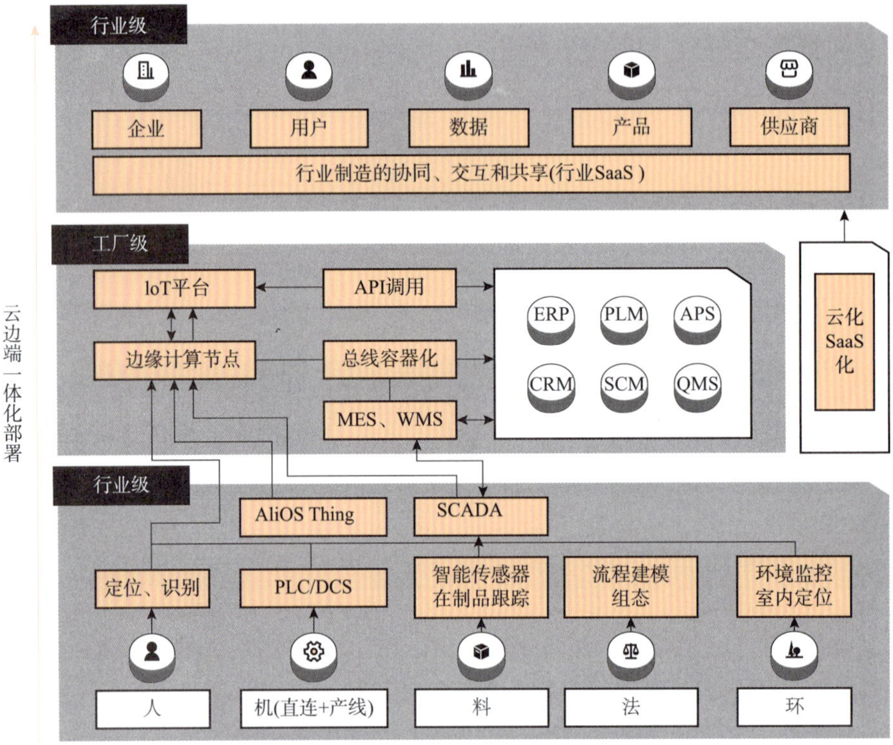

图3　阿里云边缘计算平台 Link IoT Edge 应用架构

4　边缘计算发展趋势

目前，学术界对边缘计算研究主要聚焦两大类关键技术方向：一是与边缘计算直接相关的边缘原生类技术，目前以计算迁移、边缘智能为代表；二是边缘计算与各类 ICT 前沿技术交叉的边缘融合类技术，目前的研究热点包括边缘计算+区块链、算网融合等[8]。

4.1　边缘计算的崛起为企业云应用带来新的路径方向

随着物联网通信技术与相关嵌入式设备的高速发展，边缘计算推动企业从主要依赖超大规模数据中心、光缆高速互联的传统公有云，发展到企业私有云与公有云专线互联的混合云，逐步过渡到公有云为中心、边缘节点与中心专线或公网互联的边缘云，未来甚至可能出现去中心化，实现中心数据中心与边缘数据中心多路径互联的全分布式云。

4.2　边缘计算与人工智能的融合持续加速

边缘计算将为未来的百亿终端提供 AI 能力，形成万物感知、万物互联、万物智能的智能世界。将来会有种类越来越多、规模越来越大、复杂度越来越高的业务运行在边缘计算场景中，边缘计算与AI融合打造边缘AI芯片及服务器支撑智能实时计算，融合形成新范式，推动边缘智能加速落地。

4.3　云边协同模式将得到更大规模应用

随着宽带宽、低时延、海量接入的应用，边缘计算与云计算各有所长、协调配合，边缘计算作为云计算的延伸，将被广泛应用于混合云场景，需要未来的基础设施提供去中心化、边缘设施自治、边缘云端托管的能力，"边云协同"模式将会普及到更多的应用场景中，未来将会是一个"边+云"的边云协同时代。

4.4　5G助推边缘计算生态加速构建完善

在5G技术的普及应用加持下，实时、智能、安全、隐私共同催生边缘计算和端智能的启动，5G通信超低时延和超高可靠的要求，使得边缘计算生态参与者角色不断丰富、规模不断扩大，开放共享、互利共赢的标识产业格局终将形成。

4.5　边缘技术安全将成为核心突破方向

边缘计算兴起的同时也给边缘计算网络中的用户、边缘节点、云服务器的安全防护带来了新的挑战，边缘计算安全防护体系的建设正成为推动边缘计算加速落地的重要保障，将成为边缘计算产业需要突破的核心方向之一。

5　结束语

边缘计算的不断发展，将显著提升物联网系统的智能控制能力，为油气田企业的智能化建设带来新的机遇和挑战。企业需要大力推动边缘计算平台的建设和应用，并与大数据、人工智能、数字孪生等技术深度融合，为油气生产智能化提供必要的基础设施、数据存储及共享能力，推动油气田企业进一步向精益管理和高质量发展转型。

参考文献

[1]吕建中，王洪涛，刘合，李群，邱茂鑫，李晓光．创新与合作推进油气行业能源转型——第12届国际石油技术大会会议综述[J]．世界石油工业，2020，27(02)：1-5.

[2]贾志鹏，崔强，周婷，余杰，赵一帆．边缘计算在油气行业的应用场景与实践[J]．自动化博览，2022，39(08)：52-56.

[3]宋纯贺，曾鹏，于海斌．工业互联网智能制造边缘计算：现状与挑战[J]．中兴通讯技术，2019，25(03)：50-57.

[4]孙挺，赵颖，杨进，殷启帅，汪文星，陈缘．基于支持向量机的钻井工况实时智能识别方法[J]．石油钻探技术，2019，47(5)：28-33.

[5]华为智能边缘平台IEF产品文档.

[6]阿里云边缘计算平台Link IoT Edge产品文档.

[7]余杰，梁馨娴，贾志鹏，周婷，宋创．智能RTU在油气行业的应用[J]．自动化博览，2021，38(12)：78-82.

[8]张琦，贾玄，张森，殷薇，欧争光，王烽．云原生边缘计算架构分析[J]．电信科学，2019，35(S2)：98-109.

边缘计算在智慧油田建设中的应用思考

于　垒

（长庆油田数字和智能化事业部，陕西 西安　710085）

摘　要：本文介绍了在油田在数字化转型、智能化发展的过程中对边缘计算的需求，阐述了边缘计算平台的定位、技术架构和总体功能，并分析了边缘计算在油田生产开发的应用场景，通过边缘计算的应用可以产生更快的网络服务响应，满足在实时业务、应用智能、安全与隐私保护等方面的基本需求，同时解决在云计算模式下存在的较高延迟、网络不稳定和低带宽问题，解决生产运行智能化操控、智能生产运行管理、数字化施工、精益化生产等多类需求，并基于现场作业智能化实现生产动态全面感知、生产过程优化、风险预警快速响应、决策精准高效，支撑生产操作相关业务，助力油气生产现场作业智能化，给油田生产带来了更高的价值。

关键词：边缘计算；云边协同；数字化转型；智能化；智慧油田

0　引言

国家高度重视数字化转型，加快释放信息化发展巨大潜能，党中央、国务院出台了深化制造业与互联网融合发展指导意见、新型基础设施建设、促进大数据发展行动纲要等系列重大战略规划和落实举措，从战略层面推动信息化建设及信息化和工业化深度融合发展。国家发展改革委、工业和信息化部、科技部等部门也纷纷加快出台信息化建设相关政策、指导意见及行动计划，提出加强边缘计算研发与推广，鼓励相关单位在边缘计算等领域的研究及探索，大力推进边缘计算在工业互联网、车联网领域的技术、标准和产业发展。

当前油气行业面临着价格波动、地缘政治变化所导致的地区供需不平衡、去碳化环境法规所推动的天然气和可再生能源业务增长、新冠疫情等一系列挑战，国际油气公司纷纷采取资本支出削减、数字化转型等多种举措以减缓不确定性对公司业绩带来的冲击。同时，领先油气公司以此为契机，加快数字化转型，抢占新技术先机，聚焦云优先战略、有形资产数字化、关注数据和数据技术、物联网和边缘计算等热点，推进数字化转型，努力探索和打造新的商业模式。长庆油田积极推进数字化转型，智能厂站、智能现场作业等数字化场景的实现，是油气生产跨入智能化新阶段的里程碑，在油田中应用边缘计算，为生产智能化提供必要的基础设施、数据存储及共享能力，是进一步向精细化管理、智能自动管控转变的有力支撑。

作者简介：于垒，男，1990 年 6 月生，学士，长庆油田数字和智能化事业部，从事油气田数字化与信息化工作。E-mail：yulei621_cq@ petrochina. com. cn

1 油气田开发边缘计算背景与需求

边缘计算是云计算向边缘侧分布式拓展的新触角，是一种新型计算模式，通过在靠近物或数据源头的网络边缘侧，为应用提供融合计算、存储和网络等资源。边缘计算可以作为联接物理和数字世界的桥梁，需要构建起云-边缘-现场的串联，使能智能资产、智能网关、智能系统和智能服务。具有连接性、数据第一入口、约束性、分布性、融合性等特点。

边缘计算技术在中国迅速发展和应用，国内云计算厂商、传统制造业集团以及工业互联网平台服务商在一些垂直行业和领域已有较多应用，中国在边缘计算试点、部署和生态合作方面领先于其他主要国家和地区。目前主流服务商有华为智能边缘平台、阿里云物联网边缘计算服务、腾讯云物联网边缘计算平台、中国移动边缘计算平台等。

边缘计算大体可以分为边缘互联、边缘智能以及边缘自治三个阶段，目前处于边缘智能初期，主要解决网络边缘侧智能数据分析、智能网络控制、智能业务处理等问题。边缘计算技术正迅速发展，5G 、AI、IoT 与边缘计算的融合加速引爆新增长，业务将从云移到边缘计算，边缘安全和标准化也成为重点关注方向。

1.1 油气田开发为什么需要边缘计算

长庆油田勘探开发区域分布在黄土高原腹地、毛乌素沙漠边缘，有数万口油气井、数千座井站和近 10 万千米油气管道，勘探开发难度高、生产管控风险大、生产保障难，特殊的地理环境造成网络不易设置成双链路，难以保证数据能实时传递上，无法保证网络有很大带宽。当网络不通时，油井、气井还需要继续生产且能记录下相关数据，需要进行一些简单的优化计算、油藏描述和模拟做好分层优化注水方案和优化的工艺方案。

现场采集数据除视频外，还包括各类设备参数、井口采集数据，大多数时候油井生产稳态、各类设备正常生产，需要对数据进行清洗、过滤后进行传递。

井间工况和生产模式变化会对邻井数据产生影响，为了更好地解释地层情况，需要在发生变化时及时启动相关仪器记录数据变化。

某些复杂和事故产生后会对油井稳定生产以及环境造成不良影响，需要及时进行处置。

业务需求如下：

1.1.1 提升现场实时响应及智能能力

借助专家经验、人工智能、大数据等手段，实现生产运行、设备运转等实时监控、异常状态实时分析与预警，辅助现场工作人员对生产过程中复杂、疑难的生产状况精准掌控，现场生产状态更快更准确地识别感知、智能分析、响应与处理，提升各类现场作业的实时响应能力，降低生产运行成本。

1.1.2 生产数据汇集共享

统一规划油田生产相关数据，实现生产数据共享，打破信息孤岛，实现不同部门间的数据资源在相关业务部门之间互联互通，对油田公司生产数据进行统一规划、统一标准，建立统一的信息资源数据湖，为将来数据湖进一步扩展与应用提供标准规范，保障业务数据隐私与安全。

1.1.3 设备实时监控及故障预警业务

实现关键生产设备本地实时监测，掌握设备运行状态，避免网络传输带来的延迟，设备发生故障前能够及时预警并通知现场操作人员，出现故障后能够准确定位并及时排除，支持设备智能控制，避免造成重大设备故障和安全事故，减少非 计划停机，提升设备利用率，提高生产时效。

1.1.4　现场生产安全管理业务

利用现场重点区域部署的摄像头，提供生产安全、环境安全、行为安全、人员安全、设备安全、过程安全综合视觉智能分析模型，对各种可疑事件和行为进行分析报警，覆盖人、车、设备、区域等监控对象，改变现场管理人员监控工作量大、监控不到位、事后追踪的现状，发生异常时能够快速定位、及时排除，降低事故发生概率，保证安全生产。现场视频多级监控管理、人员工作异常行为报警、提高视频监控质量和效率、减少视频传输数据量。

1.2　边缘计算的需求

在靠近物或数据源头的网络边缘侧，融合网络、计算、存储、应用核心能力的分布式开放平台，就近提供边缘智能服务，满足油田数字化在敏捷链接、实时业务、数据优化、应用智能、安全与隐私保护等方面的关键需求。边缘计算体系包括云边缘、边缘云和边缘网关三类落地形态，以“边云协同”和“边缘智能”为核心能力发展方向(图1)。

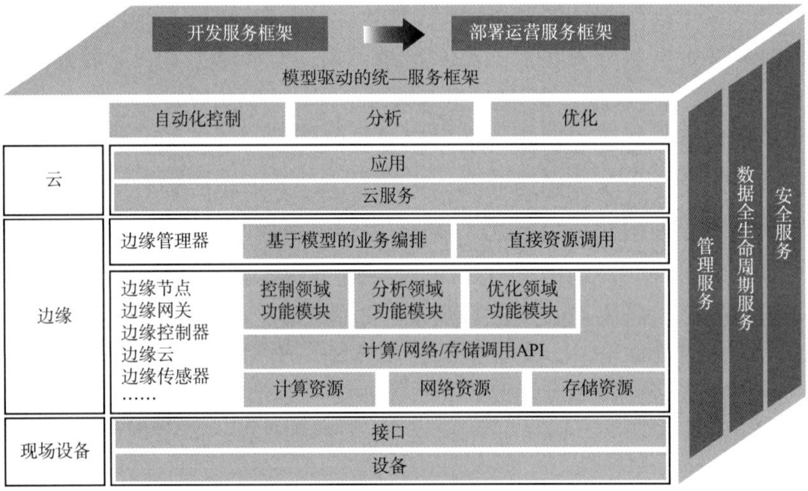

图1　边缘计算参考架构3.0

1.2.1　边缘计算的关键目标

实现基于边缘计算的数据处理、智能优化和协同制造，通过使能云端和边缘侧的计算资源，实现数据处理在边缘侧和云端的分析和加工，最终通过改变业务经营模式与方式，达到资源最充分利用的目的。

1.2.2　边缘服务

边缘计算参考架构3.0中的服务包括管理服务、数据全生命周期服务和安全服务，支持面向终端设备、网络设备、服务器、存储、数据、业务与应用的隔离、安全、分布式架构的统一管理服务，提供数据预处理、分发、策略执行、存储等数据全生命周期服务，以及提供能够灵活部署扩展、适配边缘计算特定架构的安全服务。

1.2.3　引入边缘计算创造价值

边缘计算能够实现物理世界和数字世界的协作，减少系统异构性，简化跨平台的移植。

同时提供应用开发服务、部署运营服务、数据处理服务、安全服务的全生命周期管理，支撑跨产业的生态协作。

1.2.4 系统需求

根据关键目标和基础能力推导出的系统基本功能需求模块，边缘计算网络架构可以归纳出自动化、分析和优化三大类系统需求，利用边缘计算网络架构实现的自动化技术比传统的自动化技术更具有优势，能够实时地处理和分析数据，减少延时，提高了分析效率，为优化提供技术支撑。

2 边缘计算平台

2.1 平台定位

一个平台由技术中台和边缘计算平台组成，边缘计算平台包括统一边缘计算平台技术架构、统一的边缘标准。边缘计算平台需支持生产网及办公网两种部署模式，根据实际网络情况选择合适的部署模式(图 2)。

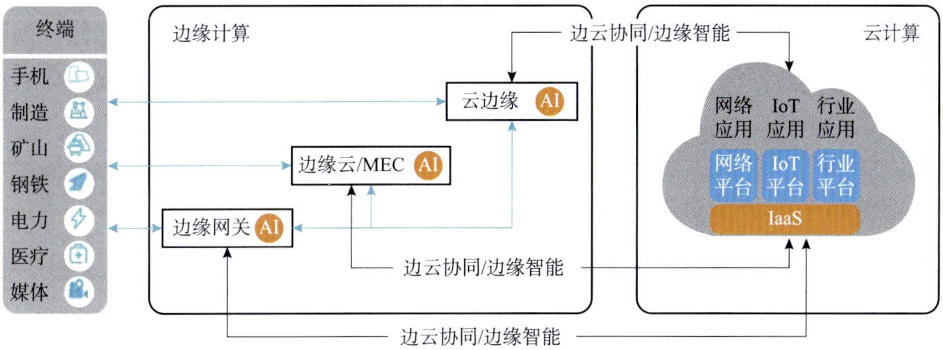

图 2 云边协同

2.1.1 边缘计算平台是云技术平台的重要组成部分

云技术平台支撑集团公司、油田公司及统建项目，其中包含物联网技术平台，边缘计算平台补足云技术平台中的物联网技术平台相关能力，边缘计算平台采用与云技术相同的技术体系，实现技术、逻辑统一，未来支持云管平台统一纳管边缘侧资源，最终形成统一基础设施运营。

2.1.2 边缘计算平台是物联网系统数据输出和深加工的平台

物联网系统负责数据采集、设备控制、协议解析以及模型应用开发工作，边缘计算平台形成集团公司统一的边缘接入、智能模型运行环境，方便跨板块、跨地区公司的模型复制，提供数据存储、云边协同、边缘智能相关能力；物联网系统基于边缘计算平台提供的能力，开发支撑生产操作的边缘应用，双方配合共建智能物联网系统，支撑油田公司数字化转型、智能化发展。

2.1.3 边缘计算平台的轻量数据湖是油田公司数据的缓冲

“十四五”规划设计中，边缘计算平台涵盖轻量数据湖，为油田公司生产业务提供各类数据存储能力，数据入湖遵循数据湖项目相关标准。轻量数据湖采用与数据湖项目技术体系一致的产品，与集团云专业湖形成数据同步机制，根据业务需求向专业湖同步数据。

2.1.4 边缘计算平台依托认知计算平台的智能分析能力，共建模型优化闭环

认知计算平台负责进行模型的训练及优化，将训练好的模型打包推送至边缘计算平台。边缘计算平台接收模型，根据边缘节点配置进行压缩后，推送至指定边缘计算节点进行推理运算。边缘计算平台将数据和模型结果推送至数据湖，认知计算平台从数据湖抽取数据，形成数据上传、模型下发的优化闭环。

2.1.5 边缘计算平台是工业互联网平台在生产现场的延伸

集团公司工业互联网平台主体部署于集团云，边缘侧能力较弱，仅在地区公司配套两台服务器部署数据传输应用。边缘计算平台能够有效补充增强C11的边缘侧能力，同时充分利用C11项目开发的模型和应用，部署至边缘计算节点实现生产现场的实时监测以及故障分析预警。

2.2 平台技术架构

2.2.1 总体架构

结合油田公司数字化转型、智能化发展整体要求，边缘计算平台按照节点侧、服务侧、公司云即云边端进行分层架构设计，形成统一的云边协同服务、边缘计算技术架构与标准体系，包含边缘计算节点、节点管理平台、轻量数据湖、边缘管理平台等组成部分，提供生产数据统一存储、实时分析、数据上传、模型下发等功能，支撑生产开发相关业务场景智能应用，加速作业现场智能化(图3)。

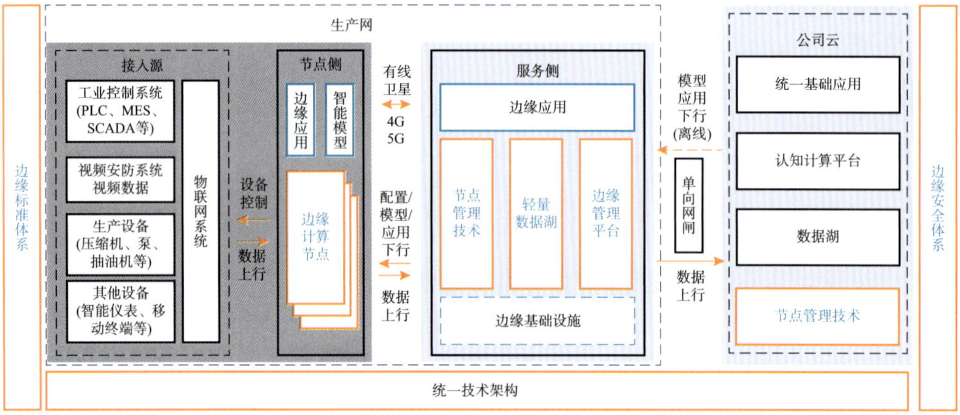

图3 统一技术架构

2.2.2 技术架构

平台基于云原生架构设计搭建，符合当前应用微服务化、持续交付和容器化部署等先进特性，包括边缘计算节点、边缘管理、轻量数据湖、边缘智能、云边协同等技术体系，形成高可用、高性能、可持续交付、交互友好的边缘计算平台。

边缘计算平台按照节点侧、服务侧进行分层架构设计，节点侧边缘计算节点提供数据采集、智能分析、数据上传等功能；服务侧包含边缘管理平台、节点管理技术、轻量数据湖，提供资源统一管理、设备管理、节点管理、数据接入、数据存储等功能，支撑智能生产应用的敏捷实施(图4)。

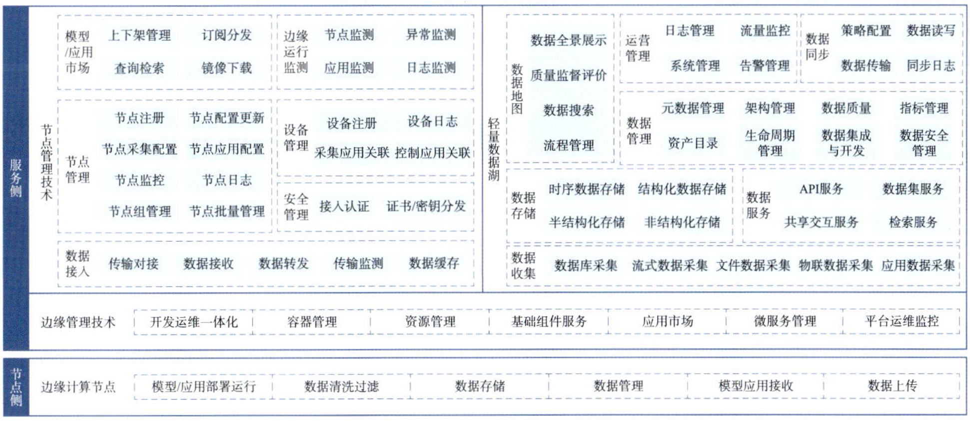

图4　总体功能

2.2.3　边缘计算节点技术架构

为了满足数据采集传输、应用部署运行、智能分析决策的需求，边缘计算节点采用容器化技术，接受节点管理技术的管理和调度，运行节点管理技术下发的边缘应用及智能模型，实现智能模型和边缘应用在边缘侧的便捷发布运行。具备应用一键部署、云边安全传输、节点离线自治等能力(图5)。

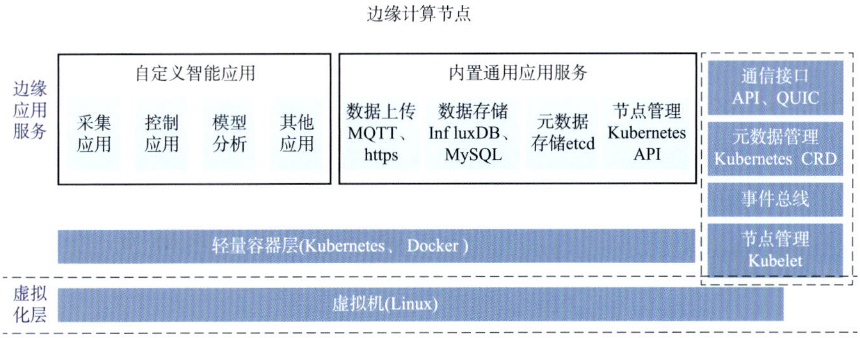

图5　边缘计算节点技术架构

2.2.4　边缘管理技术架构

研发支持节点接入管理、应用及模型发布管理的平台控制台，支持节点侧及服务侧的应用、资源、容器的集中管控和统一运维，故障快速定位，提升运维效率(图6)。

3　边缘计算在油田应用场景分析

边缘计算适用于实时处理、大容量数据传输等场景，主要场景包括物联网、视频分析等，国内聚焦于智慧厂区、现场工业机器人、安全和监视等方面的探索和实践，典型场景包括视频安防、周界防护、视频巡更、消防联动、环境监测等。

关键目标是为了实现价值而提出的量化技术，同时可以推导出边缘计算系统应该具备的基础能力。边缘计算的关键目标包括基于边缘计算的数据处理、智能优化和协同制造等三个部分(图7)。

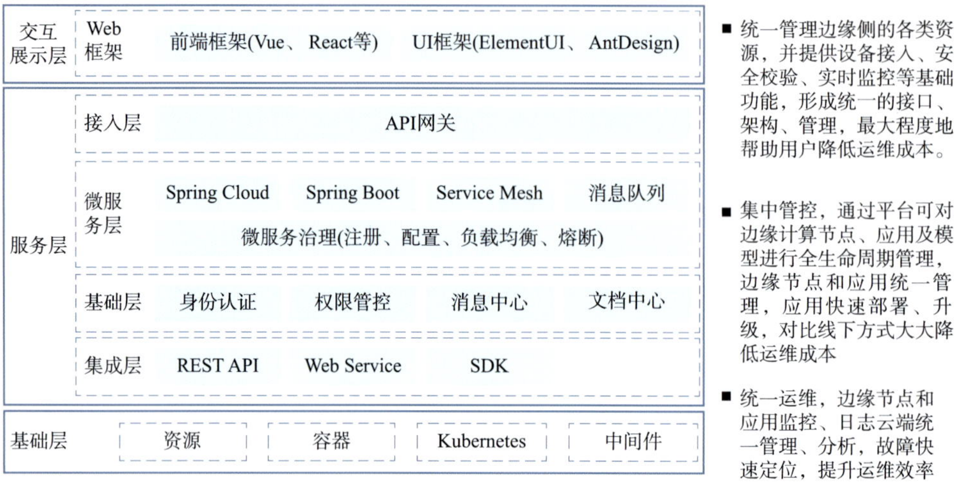

图6　边缘管理技术架构

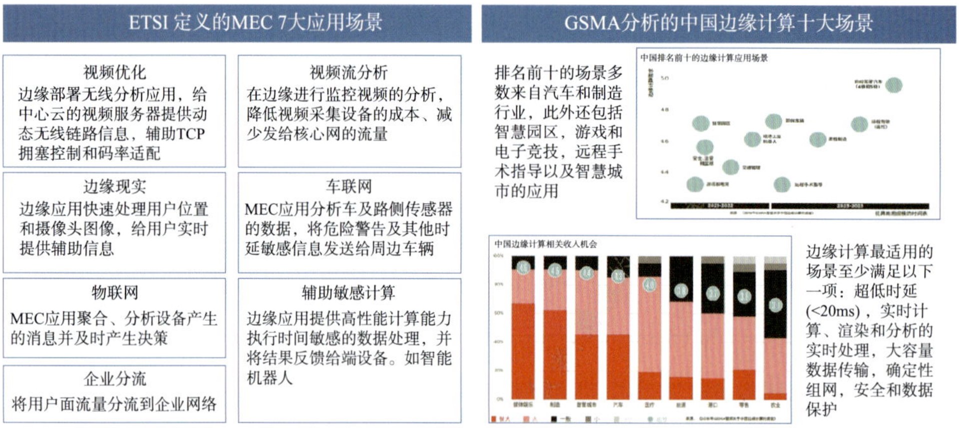

图7　边缘计算应用场景

3.1　工业互联网场景中的应用

工业现场边缘计算通过端到端质量可保障的网络，提供应用的远程部署和维护。边缘计算分布式平台进行确定性时延网络的配置，从而承载本地人工智能、协议转换、数据采集和预处理等业务，有效保障了边缘智能性、网络实时性、数据安全性，可提升工业生产效率。

除了云端的统一控制外，工业现场的边缘计算节点必须具备一定的计算能力，能够自主判断并解决问题。将处理后的数据上传到云端进行存储、管理、态势感知，同时，云端也负责对数据传输监控和边缘设备使用进行管理。

工业物联网场景中，边缘计算主要功能包括：①基于 OPCUAover TSN 构建的统一工业现场网络，实现数据的互联互通与互操作；②基于边缘计算虚拟化平台构建的 vPLC，支持生产工艺与流程的柔性；③图像识别与视频分析，实现产品质量缺陷检测；④适配制造场景的边缘计算安全机制与方案(图8)。

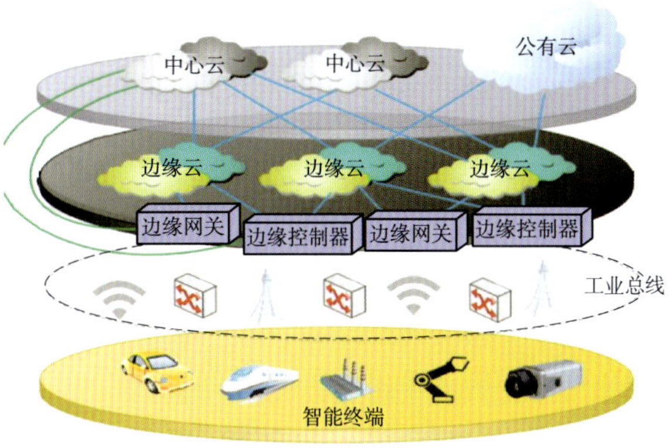

图 8 云边协同与工业互联网

3.2 工业机器人

基于边缘计算的“端–边–网–云”工业机器人智能制造解决方案具有灵活的部署方式，可以将各个计算、存储、网络资源分布到利用率最高的地方，既避免了资源冗余导致的浪费，又大幅提升了机器人的网络化、数字化、智能化能力，使工业机器人可以快速对接大数据、人工智能、云计算等先进信息技术。

3.3 能效管理

基于边缘计算的端到端能效管理解决方案，降低设备故障解决时间，数据实时在线，提供各部门协作效率，流程更加透明。预测性维保降低停机风险和维修成本，预测性备件库存管理降低流动资金占有率。不断完善和迭代设备能耗模型，故障预测模型，最佳工况模型和保养知识等，为能效管理的资源配置和决策起到重要的指导性作用。

3.4 油气开采、运输、储存等各个关键环节

在油气开采、运输、储存等各个关键环节，均会产生大量的生产数据。边缘计算节点的加入，极大地节省了网络带宽资源，另一方面也为云端后续进一步大数据分析、数据挖掘提供了数据预加工服务，为云端规避了多种采集设备带来的多源异构数据问题(图 9)。

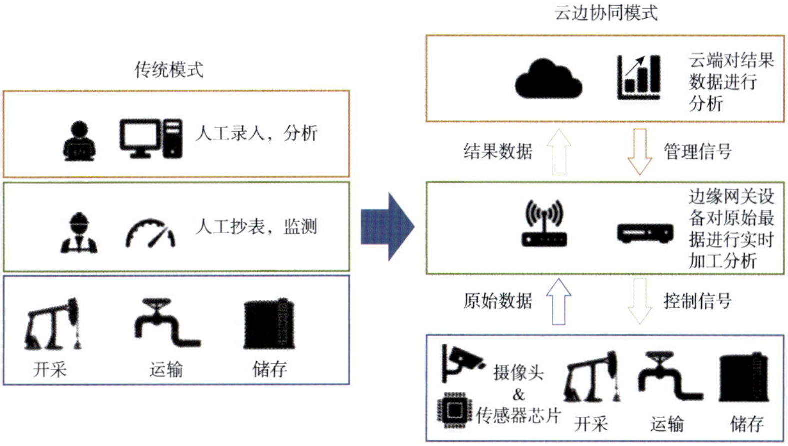

图 9 云边协同与油气开采

3.5 工业现场边缘计算

解决通过端到端质量可保障的网络，提供应用的远程部署和维护。边缘计算分布式平台进行确定性时延网络的配置，从而承载本地人工智能、协议转换、数据采集和预处理等业务，有效保障了边缘智能性、网络实时性、数据安全性，可提升工业生产效率。

3.6 厂区安全行为分析

现场管理中，人员、机器、原料、方法、环境五个方面是需要现场注意的，也是工业制造企业管理中所讲的五个要素。工业视觉厂区安全产品提供工业厂区泛安全场景核心全量原子算法，核心聚焦工业场景数字化智能化转型，提供工业厂区生产安全、环境安全、行为安全、人员安全、设备安全、过程安全综合视觉 AI 智能分析算法矩阵。

3.7 工业机器人

基于边缘计算的“端-边-网-云”工业机器人智能制造解决方案具有灵活的部署方式，可以将各个计算、存储、网络资源分布到利用率最高的地方，既避免了资源冗余导致的浪费，又大幅提升了机器人的网络化、数字化、智能化能力，使工业机器人可以快速对接大数据、人工智能、云计算等先进信息技术。

3.8 能效管理

基于边缘计算的端到端能效管理解决方案，降低设备故障解决时间，数据实时在线，提供各部门协作效率，流程更加透明。预测性维保降低停机风险和维修成本，预测性备件库存管理降低流动资金占有率。不断完善和迭代设备能耗模型，故障预测模型，最佳工况模型和保养知识等，为能效管理的资源配置和决策起到重要的指导性作用。

3.9 终端安全准入

终端网络安全准入系统主要解决边缘基础设施安全中的接入认证问题，可实现终端层面的访问控制，核心区域的访问控制，接入层边界的访问控制，满足不同网络场景下轻、中、高强度的准入控制需求。同时适应复杂网络环境下的终端接入控制，确保只有合法用户才能接入网络，保障业务的稳定运行，实现实名制认证、统一管理要求，从而使接入认证管理变得安全、透明、可控。

4 应用边缘计算为油田生产带来的价值

边缘计算的核心是在靠近数据源或用户的地方提供计算、存储等基础设施，并为边缘应用提供云服务和 IT 环境服务。同时也支撑物联技术低延时、高密度等条件的具体网络技术体现形式，具有场景定制化强等特点。

相比于集中部署的云计算而言，边缘计算对于油田生产开发，在生产工况诊断、功图量液、合规监测、设备运行和管理、设备监控、设备运维等实现统一的数据采集、存储、计算、显示和共享，支撑物联网平台应用的构建和快速上线，助力现场作业智能化实现生产动态全面感知、生产过程优化、风险预警快速响应、决策精准高效，支撑生产操作相关业务，实现油气生产现场作业智能化，促进油气生产现场远程操控水平的提升，解决了时延过长、汇聚流量过大等问题，同时为实时性和带宽密集型的业务提供更好的支持。综合来看，具有以下价值：

4.1 安全性更高

边缘计算中的数据仅在源数据设备和边缘设备之间交换，不再全部上传至云计算平台，防范了数据泄露的风险。

4.2 低时延

据运营商估算，若业务经由部署在接入点的 MEC 完成处理和转发，则时延有望控制在 1ms 之内；若业务在接入网的中心处理网元上完成处理和转发，则时延约在 2~5ms 之间；即使是经过边缘数据中心内的 MEC 处理，时延也能控制在 10ms 之内，对于时延要求高的场景，如实时视频，边缘计算更靠近数据源，可快速处理数据、实时做出判断，充分保障生产安全。

4.3 减少带宽成本

边缘计算支持数据本地处理，大流量业务本地卸载可以减轻回传压力，有效降低成本。譬如，一些连接的传感器控制设备、实施监控高清视频会产生大量数据，在这些情况下，将所有这些信息发送到云计算中心将花费很长时间和过高的成本，如若采用边缘计算处理，将减少大量带宽成本。

5 结束语

集团公司“十四五”期间将大力提升物联网系统的智能控制能力，边缘计算具有节点数量多、就地计算的技术特征，且和 5G 网络的低时延、大带宽、大连接的技术特征融合，从而实现万物互联，实时智能分析、全局协同等核心能力，为智能物联网的建设提供统一的技术支撑体系，保障全面建成智能物联网。

长庆油田在数字化转型、智能化发展过程中遇到了数据延迟、数据安全与隐私等工业现场复杂性的多种挑战，同时构建多业务场景边缘应用，通过边缘计算技术体系能以最大限度地实现提高构建边缘应用效率，简化边缘应用开发，提高性能和安全性，消除云端数据传输延迟，提高工业数据计算的实时性、可靠性和智能性，更大发挥工业互联网的价值，以产业链整体效益和价值最大化为目标，解决现场作业智能化需求，包括生产运行智能化操控、智能生产运行管理、数字化施工、精益化生产等多类需求，基于现场作业智能化实现生产动态全面感知、生产过程优化、风险预警快速响应、决策精准高效，支撑生产操作相关业务，助力现场作业智能化推进跨专业、跨部门数据集成和共享应用，强化一体化统筹，提升油气业务链协同优化能力。

参考文献

[1]李林哲，周佩雷，程鹏．边缘计算的架构、挑战与应用[J]．大数据．2019，002.

[2]边缘计算产业联盟．边缘计算参考架构 2.0(上)[J]．自动化博览．2018，001.

[3]朱禹涛，肖霖，陈泽仁．面向智慧工厂的工业互联网边缘智能协同计算技术研究[J]．信息通信技术与政策．2021，003.

[4]史扬．边缘计算在工业互联网中的应用[C]．2017 全球城市信息化论坛．2017.

[5]朱禹涛，肖霖，陈泽仁．面向智慧工厂的工业互联网边缘智能协同计算技术研究[J]．信息通信技术与政策．2021，003.

基于物联网建设的油气工业场站数字孪生技术应用展望

张　晓　刘　祥　陈志鹏

（中国石油长庆油田分公司，陕西 西安　710021）

摘　要：目前国内石油行业数字化建设方面，油气田工业物联网建设已实现大规模覆盖，由数字化建设步入智能化转型阶段，需要利用数字手段进一步降低生产成本、消除生产风险。数字孪生技术作为人工智能领域的重要议题之一，与工业物联网发展联系紧密，工业物联网建设的感知与传输是实现数字孪生的必要条件，数字孪生是工业物联网应用的再升级，石油行业工业物联网建设为发展数字孪生技术创造了优势条件，是智能化油气田建设未来技术矩阵中的基础环节。借助数字孪生，可实现数字孪生体群组建设，即每个场站为一个数字孪生体，与其存在上下游关系、插输关系及处于同一开发油藏的所有场站集中为一个数字孪生体群组。整合地面油气生产、处理、集输以及注水、供水等生产工艺流程，可实现多方面的功能。

关键词：智能化转型；工业物联网；数字孪生；智能油气田；油气工业场站

0　引言

石油作为现代经济最重要的一种战略资源，是一个国家经济社会发展的重要支撑，是经济社会发展的基础和动力源泉，对国家繁荣发展、人民生活改善和社会长治久安至关重要。当前，智能化转型已经成为国家战略，无论什么规模的组织，都越来越依赖数智技术谋求生存和发展，在数字经济时代竞争取胜。在此环境下，石油行业也实现了数字化技术、物联网技术在油气勘探、油气田开发、油气管道、油气田场站工业控制以及生产管理等多方面的广泛发展应用，已逐步从信息化、数字化阶段步入了数字化转型、智能化发展阶段。发展需求也逐步从过去收集数据、分析数据、远程控制，到整合数据信息、创建智能工具生产数据、学习分析，最终预判故障并提出解决方案，从而实现“高质量、高效益”发展。

1　油气田工业物联网简介

1.1　工业物联网概念

工业物联网是工业领域的物联网技术，是将具有感知、监控能力的各类采集、控制传感器或控制器，以及移动通信、智能分析等技术不断融入工业生产过程各个环节，从而大幅提高生产效率，改善产品质量，降低产品成本和资源消耗，最终实现将传统工业提升到智能化的新阶段。工业物联网包含了前端感知、中间传输、后端处理以及安全防护等关键环节，旨

作者简介：张晓，女，1992 年 7 月生，2014 年获得四川理工学院工学学位，现为长庆油田油气田开发助理工程师，主要从事油气田数字化技术研究。E-mail：zhxiao1_cq@ petrochina. com. cn

在实现整个工业流程稳定可靠的物与物通信，基本框架可以分为三层：从底层到上层依次为感知层、网络层和应用层[1]。

1.2 油气田工业物联网建设现状

以长庆油田为例，按照前端采集传输、中端调度指挥与科学研究和后端经营管理三个层次，搭建了“三端、五系统、三辅助”的数字化管理架构。整体规划建设作业区生产管理SCADA系统、生产运行指挥和应急预警系统、数字化油气藏研究与决策支持系统、企业资源计划系统和管理信息系统五大系统；同步配套交互式高清系统、基础通信网络和信息安全管理三个辅助系统的建设。其中生产前端经过近10年的大规模数字化改造与产建同步配套，已经实现数据自动采集、设备状态自动监控、设备状态远程启停等功能，井场由“驻井看护、就地操作、人工判断”转变为“电子巡井、远程监控、预警报警、精准制导”的新型巡检模式。通过油气井智能间开、抽油机远程启停、源供配注一体化注水、工况智能诊断、井口紧急截断等技术研发应用与不断完善，提高了井站生产自动化水平。

从工业物联网基本框架来看，感知层已实现从油水气井井口、各级场站设备、管道等传感设备数据乃至各类油藏勘探数据的收集；网络层则采用近场网络、互联网、线缆连接、运营商网络等通信连接方式，应用蓝牙、以太网、WIFI、RS485、同轴电缆、4G等多种数据传输协议，建立了全油田生产数据从传感器到各管理层级的通信网络通道。

1.3 油气田工业物联网应用需求变化

1.3.1 控投降本需求

2009年美国首次超过俄罗斯成为世界第一天然气生产国，美国的“页岩气革命”改变了世界能源格局，全球能源供需关系与价格发生重大改变，出现了供大于求的情景。同时随着优质石油资源的不断开发，国内各油田剩余储量开采难度增大，同样以长庆油田为例，剩余资源油田以超低渗、页岩油为主，气田以致密气、深层复杂气藏为主。由此，如何在低成本竞争环境下控制开发成本、提高开发效益、精细化核心资产管理成为石油行业的重要议题。

1.3.2 安全环保需求

因石油天然气特性所致，石油行业各生产环节均存在不同程度的安全环保风险。在第十三届全国人民代表大会常务委员会上，《中华人民共和国安全生产法》再次进行了修订，进一步强化了生产经营单位的安全生产主体责任，要求石油行业在保证稳产的同时必须确保全生产链的安全受控，安全环保压力进一步增大。急需建设可视化全流程，减少危险场所作业人员，提前预判消除风险。

1.3.3 智能化油气田建设

面对能源局势的种种变化，智能油气田建设有望成为当前困境的突破口。智能油气田是基于数字化油气田，实现油气田生产运营及管理的智能决策、全面感知、趋势预测、信息共享、主动管理和业务协同，并通过价值模型、经济模型的建立，使得油气田具备人的逻辑思维和行为特征，进而达到油气田智能化运营和智慧化发展的愿景[2]。智能油田重点应该是对数据的统计、分析、挖掘，寻找数据之间的关联，准确预测油井产量，有效支持油田勘探开发工作。基于油气田开发与生产的需求，智能化油气田建设目标包括智能油气藏建设、智能地面工程建设和生产运营一体化[3]。

1.3.4 能源行业碳中和目标要求

目前，全球60余个国家承诺在2050年实现“碳中和”目标，2021年的中共中央经济工作会议、国家“十四五”规划和“2035年远景目标”，以及近年来党和国家领导人均对“碳达峰、碳中和”提出了明确的目标要求，能源作为我国碳排放最大的来源行业，面临着较大的挑战。在国家持续推进能源行业数字化转型背景下，加强能源行业的数字化转型对实现“碳中和”目标具有重要的战略意义，而作为油气田企业，需要借助智能油田基础设施，建立健全从碳排放数据采集、数据监测到“碳中和”目标的精准规划生命周期的数字化管理。

2 数字孪生技术

2.1 数字孪生概念

数字孪生也被称为数字双胞胎和数字化映射。国外，2012年NASA给出了数字孪生的概念描述：数字孪生是指充分利用物理模型、传感器、运行历史等数据，集成多学科、多尺度的仿真过程，它作为虚拟空间中对实体产品的镜像，反映了相对应物理实体产品的全生命周期过程。国内，陶飞等在“第三届数字孪生与智能制造服务学术会议”上做了“数字孪生十问：分析与思考”同名题目学术交流报告，从模型、数据、连接、服务、物理等五大维度对数字孪生概念进行了总结，其中在连接维度，提出数字孪生即是物联网平台或工业互联网平台。该观点侧重建立物理世界与信息世界全面连接映射与实时交互，形成信息物理闭环系统，主要理想特征是双（双向连接、双向交互、双向驱动）和跨（跨协议、跨接口、跨平台）[4]。

2.2 数字孪生关键特性

数字孪生技术在国内外存在多种不同定义与阐释，杨一帆等总结、简化概念，提出了数字孪生主要包含了3个关键特性：物理实体、虚拟模型、连接和数据。3种关键特性之间的关系即物理实体通过规定的数据模型建立起与虚拟模型相对应的连接。其中虚拟模型必须完全按照物理实体进行刻画和建模，包括几何特征、物理属性等；同时必须拥有和物理实体交互连接和同步更新的功能。数据根据数字孪生虚实交互的交互方向不同，可以分为实控虚数据、虚控实数据。实控虚数据指物理实体由计算机统一监控存储的数据；虚控实数据指计算机下达给虚拟模型的指令，并同步反馈给物理实体，物理实体根据这些进行特殊编码的数据同步跟随虚拟模型完成指令。数据依托于连接存在，而连接依托于物理实体和虚拟模型而存在，连接主要分为物理实体之间、物理实体与虚拟模型之间[5]。如图1所示：

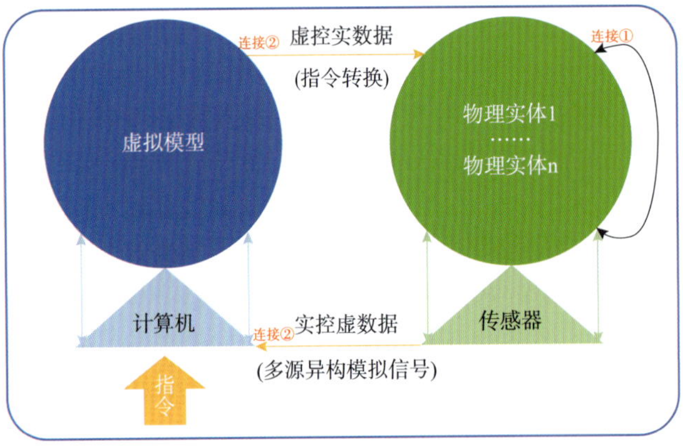

图1 数字孪生3种特性关系

2.3 数字孪生与工业物联网

无论是狭义或广义数字孪生概念，都离不开大量传感器数据采集与实时动态数据传输的支持作用，即工业物联网建设的感知与传输是实现数字孪生的必要条件；而应用方面，数字孪生是工业物联网应用的再升级，需求重点由生产数据监控、远程控制转变为生产状态预测、故障预判、自动控制优化等，需要运用多尺度建模、VR 呈现、高性能计算、全生命周期数据管理、人工智能等技术[6]。同时在整体智能化油气田建设中，数字孪生、工业物联网均是实现建设需求的必要工具或手段，是未来技术矩阵中的基础环节，相辅相成。

3 数字孪生技术在智能油气工业场站建设中的应用展望

3.1 油气工业场站数字孪生体群组

油气工业场站数字化建设目前已实现站内生产数据实时采集、可视化流程监控、自动联锁控制等功能，但场站之间无法进行联动与交互。数字孪生提供了更多的传感方式和更严格的时效性保证，集成了更智能的数据分析和更友好的显示与交互。同时可以通过机器学习、深度学习等数据驱动的建模方法解决复杂结构系统建模难题，实时更新和完善模型，预测系统未来状态，充分结合模型和数据以实现仿真效果的提升[7]。借助数字孪生，可实现数字孪生体群组建设，即每个场站为一个数字孪生体，与其存在上下游关系、插输关系及处于同一开发油藏的所有场站集中为一个数字孪生体群组。整合地面油气生产、处理、集输以及注水、供水等生产工艺流程，可实现多方面的功能。

3.2 油气工业场站应用展望

3.2.1 统筹调控

油气工业场站的数字孪生体可结合智能油气藏建设，将优化后的油藏开发方案在数字孪生体中模拟运行，预测未来生产动态、设备运行、设备承载、物料消耗甚至人工需求。整合油藏开发、地面工程、生产调度、运行维护、物资管理等多业务、多层级管理人员力量，对预测结果进行审核修正。既是提供油藏开发方案的可行性验证支撑，也是实现基于数字孪生体的一体化生产优化，为阶段性人员管理、设备管理、运维管理、库存管理、能源管理、生产调度提出指导意见，提高生产经营工作效率的同时更加科学有效。

3.2.2 故障预判

数字孪生系统的虚实交互过程的基础就是各类传感器反馈数据的准确性、实时性以及协调性。利用大数据、数字化交付等手段，可以更好地理解和预测机器和系统的性能，实现各类设备设施全生命周期管理。数字孪生体通过学习并结合实际生产状况，可对不同运行条件下的关键设备进行运行状态健康度判断，调整优化设备运行参数，并提出设备检维修建议与方案。实现设备故障预判与潜在问题分析，结合专家人工诊断与实际检维修反馈，进而修正学习，形成数字孪生体设备诊断的学习闭环。最终达到提高设备利用率，延长设备寿命，减少设备损耗，降低设备运行成本的设备管理水平跃升。

3.2.3 全油气生产链联锁控制

单个场站的生产动态变化，触发群组内所有场站联锁控制，以实现故障影响最小化、快速处置、最优流程、最少人工。例如某接转站站内管线维修，自动触发上下游外输排量调整与升降库，对应上游油井自动启停、注水井配注调整，对应下游采出水处理流程中加药量变化、分水器压力变化等；同样故障修复后的设备重启也由数字孪生体监测到故障点恢复且模拟运行正常后，命令其他流程设备恢复运行，减少设备、油水井的停机时间。即通过数字孪生体，可实现全流程的无人值守，减少人工成本，降低人身伤害风险；提高生产效率的同时，优化设备运行参数，降低能耗，减少生产成本。

3.3 通信网络应用展望

3.3.1 提升企业数据管理和网络安全水平

由于数字孪生涵盖系统运行的全生命流程，存在大量的前端数据和分析数据，同时也存在一定的安全风险，比如数据访问授权管理、外部攻击防护、数据泄密和篡改、跨系统的数据传输安全等。企业可以利用不同的数字孪生体构建不同物理资产的在线数字副本，模拟网络攻击、利用、漏洞等，在对象受到攻击之前识别可能的风险，从而实现多方面的功能：一是使用各种场景来测试和修改安全系统识别系统危害和响应的方式，从而确保过程安全；二是跟踪和分析安全漏洞，并计算当前和计划的安全标准之间的差距；三是借助数字孪生检查基础设施，从而识别并最大限度地降低风险敞口。

3.3.2 实现油田光传输网络的学习演化和智能管理。

长庆油田利用多年的规划和建设形成了“三纵三横”的光纤传输主干网络，彻底实现“万兆到厂处、千兆到作业区、百兆到场站”的接入。随着油田勘探开发力度不断加快，传统光纤通信的设计已经接近理论极限，新一代的智慧油田光传输网络必须要借助数字孪生技术实现网络传输带宽和管理水平的增强，通过构建光纤通信的数字孪生模型，在光感知技术方面赋予系统学习和演化能力，实现单点感知向多点感知的融合的进化，并基于感知单位采集的实时数据，对传输系统中的每条链路实现数字化映射，不断优化和更新物理层模型，充分挖掘现有光传输系统的容量，最大化利用网络资源[8]。

3.4 助力“碳中和”目标实现

基于数字孪生技术，构建虚拟化可视化的油气田碳排放物理场地图，构建碳排放数据持续监测跟踪、碳排放进程预测推演、综合能耗告警预警等分析模型，形成清晰的碳排放监测、仿真、规划计划和建议实施方案，助力“碳减排、碳达峰、碳中和”目标的实现。

4 结束语

在动荡的国际能源局势与国内越来越重的环保压力下，国内石油行业各大企业均开始了智能化建设，建设核心包括数字化建设覆盖、数据资产化建设、人工智能技术与工业场站监控系统的融合等。基于目前油气田工业物联网建设现状，数字孪生技术在石油领域有得天独厚的发展基础与应用前景，将与工业物联网一并作为智能油气田建设的基础技术手段，可实现油气生产经营的统筹调控、一体化运营，设备的全生命周期管理与故障预判，减少人力成本、降低能耗，从而进一步控制风险，降低生产成本。现行环境下，数字孪生技术应用仍存在标准不统一、数据安全保护欠缺、数据孤岛现象、高效稳定的通信技术改造难度大等诸多问题，未来数组孪生与边缘计算、5G通信技术等将是石油行业智能化进程的重点研究与改造方向。

参考文献

[1]滕宇．工业物联网技术在油气田智能巡检中的应用[J]．中国信息化，2022，12(4)：69-70.

[2]胡耀义．智能油气田数字孪生体建设关键技术研究[J]．冶金丛刊，2020，12(4)：3-4.

[3]李阳，廉培庆，薛兆杰，等．大数据及人工智能在油气田开发中的应用现状及展望[J]．中国石油大学学报(自然科学版)，2020，44(4)：1-11.

[4]陶飞，张贺，戚庆林，等．数字孪生十问：分析与思考[J]．计算机集成制造系统，2020，26(1)：1-17.

[5]杨一帆，邹军，石明明，等．数字孪生技术的研究现状分析[J]．应用技术学报，2022，22(2)：176-188.

[6]陈岳飞，肖珍芳，方向．数字孪生技术及其在石油化工行业的应用[J]．天然气化工—C1 化学与化工，2021(46)：25-30.

[7]田凌，刘果，刘思超．数字孪生与生产线仿真技术研究[J]．图学学报，2021，42(3)：350-358.

[8]诸葛群碧，钟雪颖，蔡萌，等．光纤通信数字孪生系统架构及关键技术研究[J]．信息通信技术与政策，2021，000(012)：86-92.

数字孪生在油气生产领域应用浅析

马凯蒂　姜春娇　孙永光　赵艳江

（昆仑数智科技有限责任公司，北京　102206）

摘　要：在能源行业加速转型升级的大背景下，数字孪生技术作为一种具有高效决策、深度分析特点的新兴技术，能够有效推动油气生产领域数字化转型和高质量发展。本文通过对数字孪生技术在石油钻井设备智能监测与维护、油气集输过程虚拟仿真培训、石油管道数据智能分析与处理三个应用场景的浅析，说明了数字孪生技术与行业具体应用需求相结合，可以有效提高油气行业的数字化、智能化水平，保障生产安全，提升企业经济效益。

关键词：数字孪生；油气生产；生产运营

1　油气生产数字孪生研究背景和基本概念

中国石油数字化转型的总体目标明确指出："构建物理中国石油与数字孪生体融合交互的闭环系统，推进实体业务与数字化世界的双向连接运行，形成内外部连接、共享、协同机制，最终实现降本增效、协同共享、持续创新、风险预控和智慧决策，不断提高全员劳动生产率和资产创效能力。"[1]。随着油气田业务数字化进程的不断推进，油气生产企业期望能够借助数字孪生技术来进一步驱动业务模式、管理模式、商业模式的重构和创新，推动生产运营的优化调整、提高企业的生产效率、降低企业生产成本。因此，准确理解数字孪生基本概念，及时把握国内外油气行业数字孪生应用动态，找准数字孪生关键技术与油气生产场景的结合点，对数字孪生在油气生产领域的深化应用具有重要的指导意义。

数字孪生(Digital Twin)，又称数字映射和数字镜像，是指充分利用物理模型、传感器更新、运行历史等数据，在信息平台上建立对物理实体、过程或系统的映射，并通过信息平台反映对应物理实体的全生命周期过程[2]。数字孪生这一概念，最早由密歇根大学教授Grieves于2003年提出，提出的目的是想针对现实空间构建一个数字世界的虚拟空间，两个空间的数据可以自由流动，通过虚拟空间更好地了解和管理现实空间中的物体。后来，在与NASA和美国空军的合作过程中对该概念进行了丰富，强化了基于模型的产品性能预测与优化等要素，并将其定义为"数字孪生"。

2　油气生产数字孪生应用现状与分析

数字孪生是一种超越现实的概念，它实现了在虚拟空间中完成物理空间映射，保证数字

作者简介：马凯蒂，女，1984年6月出生，2010年获北京科技大学硕士学位，现为昆仑数智科技有限责任公司产品经理、中级工程师，主要从事数字孪生、边缘计算、物联网研究。E-mail：makaidi@cnpc.com.cn

与物理世界的协调一致，基于数字孪生的各类仿真、分析、数据挖掘及人工智能的应用等，都能确保与现实物理系统的适用性[3]。因此数字孪生技术在国内外产业界与学术界受到高度重视，视为企业数字化转型的重要力量。

国外方面，荷兰皇家壳牌公司(Royal Dutch Shell)启动了为期两年的数字孪生计划，以帮助石油及天然气运营商更加高效地管理海上资产[4]。挪威国油(Equinor)为其海上油田构建了数字孪生油田，BP 公司的 Clair Ridge 数字孪生油田已经成为数字孪生油气田构建的基准；挪威 FutureOn 公司的数字孪生油田软件平台(FieldTwin)可构建海上油气田的数字副本，将海上油气田开发方案设计的时间和费用降低 67%，并对海上油气田的运营状态进行综合管理和监控；斯伦贝谢、哈里伯顿、Sekal AS 等公司利用数字孪生技术对钻井作业进行数字建模，实现钻井过程控制的自动化，提升钻井效率和安全性。

国内方面，中国石油基于已有数据基础、软件技术平台和物联网设施，开始构建能够精细描述储气库特征和实时生产运行动态的综合数字孪生体，为储气库一体化研究、智能注采、辅助决策等场景应用提供支撑；中国石化将数字孪生技术沉淀于工业互联网平台，通过构建以炼化相关的资产模型、工厂模型、机理模型为核心的数字孪生体，支撑典型的智能应用，为石化行业的数字化转型发展提供新动能；中国海油开发的基于数字孪生技术的半潜式钻井平台系统，实现了多源信息融合，能够对钻井平台的物理实体进行精准描述、对钻井平台进行安全智能诊断、对关键设备状态进行智能预警及安全可视化控制。

与此同时，昆仑数智也开展了数据可视化与可视分析方面的技术研究和应用工作，在阿姆河数字气田升级、冀东储气库数字化交付等项目中，运用 IOT 与 BIMD 孪生融合技术，大场景低算力 GIS 混合加载及可视化技术，以及数据采集、数据维护、数据处理等物联网技术，实现油田生产过程中对运营数据的输入输出、双向检验、3D 可视化实时监测、远程运维操控等功能。

综上所述，数字孪生在油气生产领域的应用才刚刚起步，产业界和学术界对数字孪生的研究和应用尚处于初级阶段，需要经过长期探索和反复实践才能构建成熟的数字孪生应用。综合国内外油气行业在数字孪生领域的最新研究和最佳实践，未来数字孪生在油气生产领域的应用场景会逐渐增多，所创造的价值也会随之扩大。相比较国外服务提供商，国内的数字孪生建设起步晚，但市场应用场景广阔，发展潜力巨大。

3 油气生产数字孪生技术应用

油气生产数字孪生关键技术包括面向油气生产全生命周期的建模技术、基于孪生数据驱动的虚实融合场景可视化技术、基于云服务总线的异构系统集成技术。上述三个技术可应用于以下三个场景中：石油钻井设备智能监测与维护、油气集输过程虚拟仿真培训、石油管道数据智能分析与处理。

3.1.1 石油钻井设备智能监测与维护

石油钻井是石油开采过程中最为关键的一个环节，直接决定着石油开采的质量和经济效益。石油钻机作为石油钻井的主要机械设备之一，由多个子系统和工作机组组成，其作业流程复杂、工作地区广阔、自然环境恶劣，为石油钻井的日常维护管理带来了困难。因此通过先进技术手段，对石油钻井设备生产运行状态和关键参数进行实时监测和分析处理，是保证安全、可靠、高效钻井的重要途径。

数字孪生技术在石油钻井设备智能监测与维护中的作用主要体现在以下3个方面：

(1)采用异构系统集成技术，整合吊钳扭矩、立管压力、转盘扭矩、钻井液出口流量等钻井过程参数，以及石油钻机采购、安装、维护等资产运维数据，为后续生产作业过程可视化和关键设备预测性维护提供数据基础。

(2)建立石油钻机三维模型与钻井过程参数的双向虚实映射关系。一方面，过程参数数据可以驱动三维模型，在数字空间动态实时展示钻机作业过程；另一方面，对钻机模型的控制操作可直接反馈到钻机实体上，从而达到以虚映实，以虚控实的效果。

(3)基于石油钻机重要特征的历史数据，通过特征分析、稳定性分析、趋势分析构建核心部件的性能预测模型，维护人员根据模型预测结果，对石油钻机的检修间隔、检修部件以及备品备件的管理策略进行持续优化。

数字孪生在石油钻井设备智能监测与维护场景下的应用，能够满足石油钻机生产监控对实时性、准确性和可视化的需求，钻井作业人员通过远程查看石油钻机孪生体模型的运行状态，即可及时掌握钻机设备在生产现场的作业情况，并根据模型数据的分析预测结果，指导石油钻井设备的管理与维护，从而保证钻井的安全性和作业效率，有助于石油资源的高效开发。

3.1.2 油气集输过程虚拟仿真培训

油气集输过程是为了满足油气开采和储运的要求，将分散油井生产的石油、天然气及其他产品集中经净化处理，外输到炼油厂或燃气用户的工艺过程，它涉及油气计量、净化处理、油气输送、油气储存等方面。具有大型设备多、结构复杂、投资大，地下设施较多，工艺流程不能完全展示，运行资源消耗大，压力高，处理和输送的流体易燃易爆等特点，新员工需要进行严格的培训后，才能上岗作业。但传统培训受限于视频和书本方式，不能够给受训人员留下深刻而直观的印象，培训效果较差。

数字孪生技术在油气集输过程虚拟仿真培训中的作用主要体现在以下两个方面：

(1)建造油气集输过程各环节和相关生产设备内部构造的三维模型，同时对三维模型进行透明处理，只需选中模型即可看到模型内部结构及运转情况，帮助新员工很好地理解油气集输设备的工作原理和结构流程。

(2)结合模拟场景的构建方法、场景优化及人机交互等技术，营造逼真的虚拟培训环境，对油气脱水工艺、天然气轻烃回收、硫黄回收、原油稳定工艺、油气管道站场工艺等操作危险性大，不宜重复操作的流程进行模拟操作，培养新员工正确进行设备和流程操作能力。

数字孪生在油气集输过程虚拟仿真培训场景下的应用，以三维可视化的形式模拟工艺流程、设备检维修维护的理论知识、生产操作流程等，以形象化的方式对员工进行日常培训，让员工随时随地进行培训，培训课件逼真、形象，培训不需要到真实环境，避免了人员到现场培训的不安全和资源耗费。有效保证了员工的培训效果，让员工能够快速掌握操作要领，提升专业素质，在改善装置运行条件、提高企业生产效率的同时，消除了生产安全隐患。

3.1.3 石油管道数据智能分析与处理

石油管道在长距离石油输送过程中，由于沿途地理环境恶劣，容易发生管道与附属设备损坏以及老化问题，如若没有及时发现进行维修，不仅会造成油气泄漏损失，甚至会引发火灾爆炸，造成人身危险。目前，油气公司已建立了大量的石油管道传输安全数据感知系统，如何有效利用这些数据来提升石油管道维护作业的智能化水平，就显得尤为重要。

数字孪生技术在石油管道数据智能分析与处理中的作用主要体现在以下两个方面：

（1）基于石油管道的设计数据、运行数据、内检测感知数据进行精细化三维建模，建立三维虚拟管道与实体管道检测数据的映射关系，通过虚拟现实构建 3D 石油管道动态数据图像，3D 石油管道经过透视处理后，便可对关键易损管道内部情况进行实时观测。

（2）将石油管道数字孪生体与泄漏过程仿真、扩散模型和火灾模型相结合，模拟在不同条件下的泄漏量及泄漏过程中全线压力和流量的变化规律，由此可以不断完善管道泄漏后应急抢修相关资料，更新仿真模型，通过感知数据与仿真数据结合，可以进行泄漏的预测分析，从而对管道加强防护。

数字孪生在石油管道数据智能分析与处理场景下的应用，使得工作人员通过全息透视眼镜，可对管道的虚拟图像进行旋转、放大和扩展，能够对输油管道的各种信息做到实时、直观、准确的把握，节省了管道数据的研究时间，有助于用户更好地监控管道运行状况，在快速准确地评估管道完整性同时，给维修人员制定管道维护方案提供依据。

4　油气生产数字孪生发展趋势

通过上述对数字孪生技术在石油钻井设备智能监测与维护、油气集输过程虚拟仿真培训、石油管道数据智能分析与处理三个应用场景的浅析，说明了数字孪生技术与行业具体应用需求相结合，可以有效提高油气行业的数字化、智能化水平，保障生产安全，提升企业经济效益。除上述应用场景之外，数字孪生技术在井站场生产管理、智能巡检、专家远程实时指导等领域同样具有推广应用价值，未来的进一步深化应用有必要在具体业务场景深入分析的基础上，构建各类数字孪生油气业务系统，不断推动数字孪生技术向油气生产领域更深层次发展。

参考文献

[1]戴厚良．以数字化转型驱动油气产业高质量发展[OL]．国资委网站，2020-12-8.

[2]孙柏林，刘哲鸣．解耦数字孪生，赋能仪器仪表行业转型升级[J]．仪器仪表用户，2020，27(02)：89-91.

[3]陈岳飞，肖珍芳，方向．数字孪生技术及其在石油化工行业的应用[J]．天然气化工—C1 化学与化工，2021，46(02)：25-30.

[4]张运东，江如意，张珈铭，等．以数字孪生技术促进元宇宙在油气行业的应用[J]．世界石油工业，2022，29(03)：61-66.

浅析油气田数字化交付平台建设及应用

陈高辉　马丽涛　靳　洪

（长庆油田数字化与信息中心，陕西 西安　710018）

摘　要：当前油田都在以各种方式进行地面建设工程的数字化移交试点工作，积极推进工程建设数字化、信息化、智能化转型，推动工程建设过程精益管理、提质增效、信息共享。地面工程建设数字化移交平台主要面向油田地面建设过程中数据管理，以交付的竣工数据为方向，以三维设计模型为主线，整合地面建设工程项目设计、采购、施工、监理、归档等全过程数据，建成油气田统一的数字化管理移交平台，形成一套数字化管理标准，在联合站和处理厂进行应用，能够实现油气田地面工程建设“精细管理、数据传承、知识共享”。

关键词：数字化移交；智能工厂；地面建设；数字孪生；数据采集；智能识别

0　引言

油气田地面建设工程是一个复杂而庞大的系统，是油气田开发的物理基础，承载着油气田生产的各个环节，是油气田生产的基础保障。随着油气田地面建设项目数量日益增多，规模不断增大，建设项目分布更加复杂，各建设单位对于地面建设项目的管理仍处于书面台账管理模式，已经远远不能满足油气田庞大的地建系统。为改变地面建设工程管理的现有管理模式，实现地面建设工程的全生命周期数据采集、全数字化移交和工程建设精细化管理，有必要启动建设地面建设数字化移交平台建设工程。通过数字化移交平台的搭建，借助于移动互联网、智能识别、信息融合、大数据等技术，最大限度地采集建设过程中的信息资源，利用信息资源，建成技术先进、数据完整、功能完善、安全稳定的地面建设数字化移交平台。通过平台建设，实现地面建设工程基础工作和业务管理的规范化操作、线上业务流转，改变地面建设工程管理的现有管理模式，实现地面建设工程的全生命周期数据采集、全数字化移交和工程建设精细化管理，支撑工程管理体系高效运行，提升油气田建设效率和效益，降低建设项目管理成本。通过对地面建设工程业务动态信息及静态成果数据的整合，实现成果共享网络化、业务管理流程化、工作应用平台化、管理决策科学化，全面满足油气田公司对于地面建设工程管理业务的需要。

作者简介：陈高辉，男，1975 年 9 月生，硕士，长庆油田数字化与信息中心高级工程师，从事通信与信息系统研究。E-mail：txc_chengh@ petrochina. com

1　油气田数字化交付发展现状与趋势

1.1　数字化转型发展

近年来，众多国际石油公司和油服公司纷纷与 IT 巨头联手实现跨界合作，加大人工智能平台的建设力度，促进了勘探开发业务的数字化快速转型，有效提升了效益挖潜空间。2017 年，斯伦贝谢与 Google 合作推出了 DELFI 云平台，将大数据、认知计算等技术与油气勘探开发等业务深度融合，构建了勘探开发全过程数字化、自动化、智能化专业应用环境，支撑企业转型的创新发展，使得平台发展进入了从“N”到“1”的时代。2020 年以来，各大石油公司加大力度建设智能油气田，以期实现降本提效，壳牌提出建设智能油田(Smart Oil-field)，目标是产量提高 10%，采收率提高 5%~10%，运营费用减少 20%，油田开发周期缩短 50%。目前，我国智能油田建设水平处在数字化向智能化过渡阶段，部分已基本建成了智能油田雏形，已经具备了油井自诊断、预警和报警，并能推荐优化的决策方案。

1.2　油气田数字化交付现状

国家“十四五”规划明确提出，加快数字化发展、建设数字中国已成为各行业的重要指导目标，随着信息技术和互联网技术的飞速发展，数字化转型、智能化发展已成为企业提升竞争力的必然选择，在加强两化融合的战略决策中石油化工企业起着举足轻重的作用。数字化交付是建设数字化工厂的核心基础，实现设计、采购、施工和调试及运维等工程全生命周期各个阶段的数据信息共享和安全管理，并最终达到实时互联、协同作业、情景关联和智能预测等数字化。数字化交付通过数字化平台有效管理工程信息，并将设计、采购、施工等阶段产生的数据、文档、模型以标准运维模式提交，是一种区别于传统纸质文档交付的新型交付方式，数字化交付贯穿于企业的建设阶段、运维阶段以及退役的全生命周期，是工程协同设计、建设信息透明化、提升建设效率和管理运维的有力手段。国家于 2018 年 9 月颁发，并于 2019 年 3 月起实施的《石油化工工程数字化交付标准》为石油化工行业智能化工厂的规范化建设提供了强有力的保障，2020 年 1 月《石油化工工程数字化交付执行细则》(试行)颁布，中国石化依据自身的特点和发展需要，于 2019 年 10 月编制印发了《石油化工工程数字化交付执行细则》，中国石油制定企业标准《油气田地面工程数字化交付规范》(Q/SY 01015—2022)。

国际石油公司一直看好数字孪生技术前景，2021 年 9 月，Akselos 公司为壳牌位于尼日利亚的 Bonga Main 浮式生产储卸油轮部署了结构化数字孪生技术，2021 年 10 月，壳牌与 Aveva 公司签署合作协议，通过打造工程数据仓库，支持数字孪生技术在管理资产生命周期中的应用。国外的很多大型石油化工企业，例如沙特基础工业公司(SABIC)和壳牌公司(SHELL)等具有丰富的数字化交付经验，而国内的石油化工企业建设数字化交付起步比较晚，近几年也开始陆续尝试数字化交付的设计，例如镇海炼化、中海壳牌、万华化学、茂名石化和天津渤化工程有限公司等多家工程公司和设计院也逐渐尝试将数字化交付运用于工程项目中，并取得了一定的成效。尽管数字化交付在国外已经有一定的发展年限，但是通过调查和研究发现，目前国外数字化交付提供商主要是德国西门子股份公司、AVEVA 基团和美国鹰图公司等，相对国外公司来说，成熟的数字化交付案例比较少且处于快速发展阶段。

2 油气田数字化交付需求

2.1 数字化交付业务需求

油气田地面建设用户分为机关、二级单位和建设项目部三方，机关、二级单位使用侧重宏观可视化、一体化掌控，对工程建设、安全等专题信息统计查询，基层建设项目部用户侧重功能专业、细致，信息繁多并且侧重现场管控。急需采用统一的平台实现项目基本信息采集、工程建设管理、数字化移交管理、数据统计分析、施工视频监控等业务信息流通，使基层企业和机关信息无缝融合、实时交互。

2.1.1 建设项目宏观信息掌控难

项目归口管理部门，参与项目前期阶段、验收阶段的管理工作，对所辖建设项目宏观信息的把控依旧停留在纸质档案管理的层面，纸质档案信息不是动态的，反映的是资料收集前的状态，资料收集的时间差可能造成信息的判断失误。另外，纸质档案资料的准确性也有待提高，取决于填报人员信息收集情况，存在信息收集不准确的风险。

2.1.2 项目进度及投资情况无法及时动态获取

项目进度信息是直观了解项目状态的重要信息，与其直接相关的是项目的投资结算情况，进度及投资情况目前依旧依赖于报表收集或项目部汇报材料，项目结算进度及问题反馈不及时，有潜在的结算积压问题。以上信息功能都是建立在信息是及时的、准确的基础上，报表收集或汇报材料的形式在信息及时性和准确性上存在问题，根据报表收集上来的数据作出的判断可能和实际情况有所偏差。

2.1.3 建设项目资源投入及储备情况统筹管控能力需提升

目前，对于建设项目资源投入及储备情况主要是依据项目总体部署/实施计划，其中信息包含项目部署情况、项目资源投入情况等，但项目建设过程中对于建设资源的使用是波动的、地域性的，项目总体部署是项目开工前的规划，并不能反映项目建设过程中资源真正的投用情况。

2.1.4 建设项目开复工动态需掌控

项目管理部门主要依据各项目开复工动态、项目开工报告申请、停工报告等对建设项目的开停工状态进行管理，目前，各项目开工报告审批流程为线下审批，且以纸质材料形式进行上报，对各项目开工报告宏观把控难度大，审批流程资料收集依旧依靠档案管理方式。

2.1.5 建设项目风险管控、安全监督需加强

随着油气田资源的逐步开发，油气田地面建设工程各项目风险(安全监督)、隐患整改情况主要由各建设项目部掌控，对于重点项目的风险管理、隐患整改闭环管理，管理部门宏观把控难度大，依赖报表收集或项目部汇报材料，及时性和准确性有待提高。

2.2 数字化交付平台功能需求

2.2.1 总体功能需求

按照数字化移交、流程化管控和数据资源整合需要，总体功能需求体现在以下四个方面(图1)：工程建设管理需求、数字化移交管理、数据统计分析管理和施工视频监控需求。工程建设管理功能旨在实现对地面建设工程建设过程中的管理，实现数据采集、流程标准化、

物资采办、施工进度、安全管控、移动应用等功能模块建设，满足工程建设过程中数据采集、标准化管理、可视化管控的需求；数字化移交管理功能旨在实现对地面建设工程采集的全生命周期数据按照归档标准进行数字化组卷、归档，实现全数字化移交，包括在线电子签章系统、在线归档资料编码、数据采集系统、组卷与归档系统等功能模块的建设，满足数字化移交的功能需求；数据统计分析管理旨在实现对施工数据的收集、统计分析，以图表、直观可视化数据的形式向工程建设管理者提供直观、准确的数据支撑和预警分析；施工视频监控旨在实现施工现场的监控布设、信息回传、系统构建，通过云+端部署方式、云资源建设、云监控系统建设、人脸识别和行为分析建设，实现施工现场监控视频的收集、存储、呈现、智能分析等功能。

图 1　功能需求图示

2.2.2　技术需求

技术需求包括根据应用系统对于硬件系统和软件系统的要求，如处理能力、存储能力和传输能力等性能指标方面的要求，包括容量、最大用户数、平均并发用户、响应时间、平均无故障时间等可以归结为性能需求；对操作界面、文字显示、输入方式、联机帮助及打印功能等需求可以归结为软件功能性需求；对应用系统保密性的要求，如系统安全等级、信息保密等级、身份认证、防病毒等可以归结为安全保密需求；对系统备份、数据备份的备份容灾需求；以及与相关应用系统的数据及应用共享需求。

若系统的设计用户数为 1000 个，并发用户按 1∶10 估算为 100 个，并发用户的响应时间为网络传输时间、应用服务器处理时间和数据库服务器处理时间三者之和。每个子系统的平均无故障时间为 20000h，系统平均无故障时间约为 35000h，系统运行稳定、可靠、易操作、界面友好、兼容性好、不死机，能够满足 7×24h 全天候应用的需要。输入：基础地理信息数据、测量测绘数据、周边环境数据、勘察数据、设计数据、采办数据、施工数据、检测数据、监理数据、施工可视化数据、施工管理数据，大量数据需要通过数据采集系统植入本次建设的系统。输出：数据植入系统后形成空间 GIS 数据库、可视化数据库、完整型数据库、业务流转数据库四类，其他系统可通过本次建设的系统提供的数据服务功能来获取本系统的数据。

2.2.3 数据与标准化需求

建设数字化移交平台，不仅是一个新技术的应用过程，也是一个推动业务变革的过程，需建立一系列的标准统一项目建设、系统运行和平台扩展的各项工作，同时为了满足地面工程建设的管理和运维，需采集以下信息并进行应用。

1. 基础地理信息

为满足地面工程建设管理平台各项业务应用的需要，以及建设过程规划、设计、磋商等业务的需求，推荐采集以下内容的地理数据，构建基础地理信息。

2. 周边环境数据

根据安全应急业务需要对地面工程所在及经过的地市级行政区划内的社会经济要素、救援力量的分布等信息进行采集。

3. 现场测量测绘数据

管道站场测量与测绘分别包括测量采集管道本体及附属设施数据和测绘管道沿线两侧各200m范围的1：2000带状地形图以及站场围墙外周边500m范围1：500地形图。并将此类数据导出管道带状图，同时录入场站与管道完整性系统，成果坐标系为西安80和2000国家大地坐标系。

4. 三维建模数据

针对集气站、联合站、轻烃厂、阀室、管线、净化厂等基建工程进行三维场景搭建，主要建模对象包括设备设施、阀门仪表、地面建筑、工艺管道本体、大中型穿跨越及附属设施等。

5. 施工过程可视化数据

针对轻烃厂、联合站、注水站、增压点等场站和管线的重点施工部位，伴随式采集照片、视频、720全景影响，主要内容包括埋地管线埋设位置、光缆走向、穿跨越施工、隧道施工等。

6. 地面工程建设完整性数据

勘察数据、数据采集系统、设计数据、采办数据、施工数据、焊接及检测台班数据、施工班组文控类数据、检测数据、数据采集系统、监理数据。

3 油气田数字化交付平台建设

3.1 设计思路

全数字化移交的理念，是以工程实体交付的同时附带交付一个与其完全对应的虚拟化场景为目标，包括对勘察设计信息、采购信息、施工过程信息、质量监督管控信息、试运行投产信息、工程竣工文件以及项目管理信息的系统化移交，其主要特点有以下几个：

3.1.1 一个平台

数字化移交是在设计之初就建立虚拟化管道场站业务模型，统筹业务要素和信息化技术统一服务于建设和运营业务，这就要求需要为设计、建设、运营单位搭建一个数据共享和业务流转的平台，在此之上按照不同阶段的业务关注点进行业务功能部署、数据采集实施，同步支持设计、采办、施工等关键环节的业务工作开展。

3.1.2　一套标准

定义统一数据采集和入库标准，指导施工过程数据采集和后期移交内容的定制，规范化数据采集行为，减少重复采集的工作量和工作负担。

3.1.3　一个数据库

数字化移交的业务开展，就要规范在统一平台和统一标准约束下建设同一个数据库，为甲方建立和积累数据资产，这个数据库在工程建设项目结束后继续补充运营期的各类动态数据和实时数据，以满足设备健康性诊断、应急指挥决策、培训、检维修等需要完整性数据支持的业务。

3.1.4　伴随式采集、渐进式移交

在工程建设过程中，将数据的采集、沉淀打散工程项目管理的各个业务环节中去，伴随各个业务阶段的应用辅助、督促各项数据入库和资料归档，从时间上把数据采集和文件归档碎片化，与工程管理过程并行化，实现“即时产生、即时采集”，从时效性上大大提高数据和资料的利用价值，便于项目部、管理机关、参建单位、监管机构的数据同步和信息获取，使工程建设的全业务环节提速。

3.2　总体架构

总体架构以满足长庆油田分公司基建工程部对长庆油田分公司所有在役地面建设工程管理需求为目标，从业务上分物资管理、现场安全管控、质量管理、进度管理、风险管理及工程建设沙盘等领域，通过数据总线与相关信息系统实现数据集成，见图2。

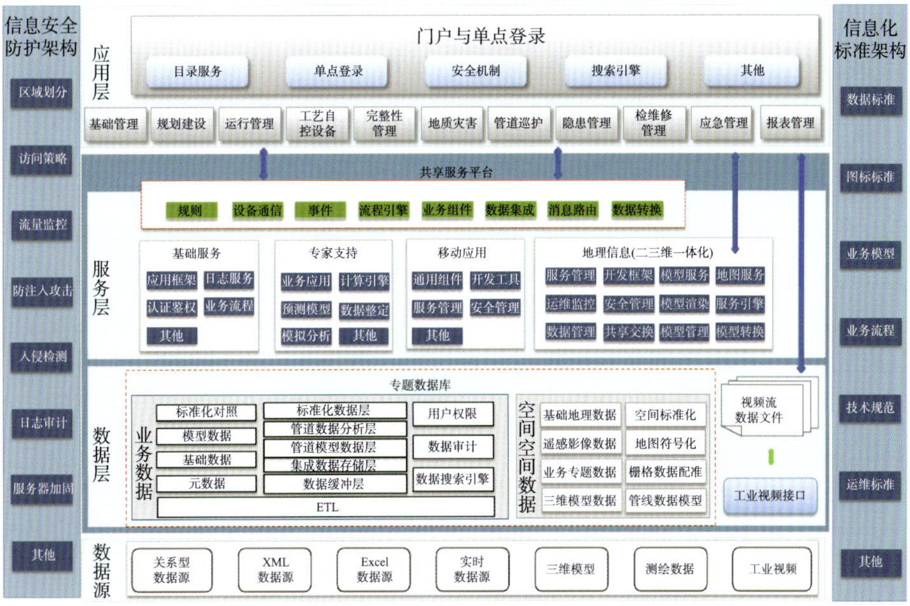

图2　地面建设数字化移交平台总体架构

(1)数据源：通过开发平台与长庆油田分公司各级信息系统的接口，获取发布在各级统建系统中的专业数据；统一安全认证，提供组件化动态配置，数据持久化透明，数据缓存机制，为应用服务层封装了Web Service服务接口。

(2)数据管理：基于长庆油田分公司建设的企业服务总线发布、管理、消费企业应用数

据服务，对数据来源服务进行管理监控。利用主数据管理系统和元数据管理系统对各业务系统提供基础公共数据支撑。

(3)应用服务：服务组件层依赖于数据服务层提供的基础数据服务，对系统业务功能进行业务逻辑封装组合。系统中主要的专业应用服务包含：数字化移交、工程建设管理、数据统计分析、数据库模板建设及数据初始化等应用服务；同时结合系统中所必需的公共技术服务组件实现业务逻辑的通畅。在服务管理方面遵循统一的约束，如实体命名契约、参数化查询契约、分页配置契约、动态参数契约、常规服务契约等。

(4)用户层：提供了用户使用系统的界面，为用户提供访问入口、登录窗口、图形显示、导入导出等功能。系统前端展现层根据前后台的通信规约，前台开发统一的通信模块，须完成数据封装(含加密编码)、数据解封(解密、解编)、异常处理、异步回调处理(基于服务级别的异步机制)、Comet 等公共处理功能，提供透明的数据通信接口。

3.3 关键功能

数字化交付主要包含 7 个功能模块包括：设计轻量化承载、物资管理、工程建设沙盘、项目流程管理、施工视频超融合管理、数字化移交中心和移动应用等功能。

(1)设计轻量化承载，具备三维设计轻量化处理及承载工具，支持 PDMS、SP3D、CAD-worX 设计成果承载且模型为全热点、部件级的三维模型，热点可选择，能够流畅处理和承载大型厂、站场景模型。

(2)物资管理功能，具备物资管理功能，实现工程物资的全流程跟踪记录，为业主方提供物资从设计、采购、流转、出入库、安装等全流程的信息记录与追踪，满足业主对物资全方位的管理。

(3)工程建设沙盘功能，具备工程建设沙盘功能，构建与实际竣工场站一致的“数字孪生体”，并具备在三维沙盘上挂接和展示工程建设过程数据的能力，以及需具备工程矢量化数据的管理及展示功能。

(4)项目流程管理功能，具备项目流程管理功能，实现建设工程项目管理过程中的施工报审、危险作业申请等流程的在线流转与审批，同时需具备项目管理成果资料的收集、查询和下载。

(5)施工视频超融合管理，具备施工视频存储转发服务功能，实现集成现场智能化监控设备及系统的能力，需具备视频存储动态管理能力；需具备监控工况统计管理能力，能够对所有接入系统的前端设备及系统进行工况统计和分析；需具备视频 AI 智能分析能力，实现对视频监控内容进行智能识别与统计。

(6)数字化移交功能，具备数字化移交中心的功能，实现工程文档资料等的在线归档与移交，需具备支持在线电子签章系统、在线归档资料编码、归档数据采集与填报系统、组卷和在线归档管理等功能。

(7)移动应用功能，具备移动应用功能，实现移动端 APP 的应用，需具备辅助工程业务人员随时随地对建设项目进行数据采集与项目管理，包括但不限于施工现场数据采集、施工现场可视化数据查看、各专题统计分析数据展示等功能。

(8)平台控制及集群管理，对整个平台各子系统的统一控制管理，如权限管理、项目集群管理等内容，须建立统一的后台管理系统，来保证各子系统间的交互与数据、文传输与调用的通畅。

3.4　核心技术要求

(1)平台需具备三维 GIS 数据融合展示能力，具备宏观上全国视域范围工程显示，微观上推进可显示任意设备本体和任意场站三维场景漫游能力。

(2)平台需具备导入油气行业主流三维设计软件(包括 PDMS、SP3D、CADWorx)数据并支持 WEB 在线浏览的能力。

(3)平台需具备承载管道类线性资产能力，与空间 GIS 完美融合管理管网资产，且能实现线路与场站一体化显示。

(4)平台需具备承载大型场站三维场景的能力，显示一套场景的数据体量应能达到承载 30 套净化装置的能力，在线浏览帧速率不低于 15，该项必须支持在手机或 PAD 端浏览。

(5)平台需具备云渲染和移动端浏览能力，平台三维显示支撑云渲染，即在任何终端，使用普通浏览器，不安装任何控件即可流畅显示三维场景。

(6)满足对数据资源的管理，明确数据资源基础信息，包括标识、数据资源名称、摘要、关键字、数据领域、主题分类、行业分类、服务分类、开放方式、更新频率、数据提供方等，以及数据链接和元数据等信息。

4　油气田数字化交付应用

在数字化移交平台基础上，充分借鉴国内外数字移交规范，制定符合油气田公司自身管理需要的工程项目管理流程，试验并确立油气田地面工程数据采集内容及形式，围绕油气田地面生产提供有充分支撑力的工程项目全数字化移交成果，能够更好地服务于油田地面生产运营。主要通过在联合站和处理厂进行试点应用积累经验后进行推广，具体如下：

(1)工程设计，承载三维设计、二三维协同审查、修订全过程见图 3。

图 3　工程设计应用图

(2)物资全流程管理，基于物资二维码全流程跟踪体系，一物一码，实现从设计、采购、制造到安装全过程的物资管控，见图 4。

(3)构建施工过程的数字化录入及归档管理流程，现场施工即进行数据录入，即时生成归档文件表单，通过线上系统梳理，生成有效的档案文件，支撑数据准确完整移交及随时可检可查，见图 5。

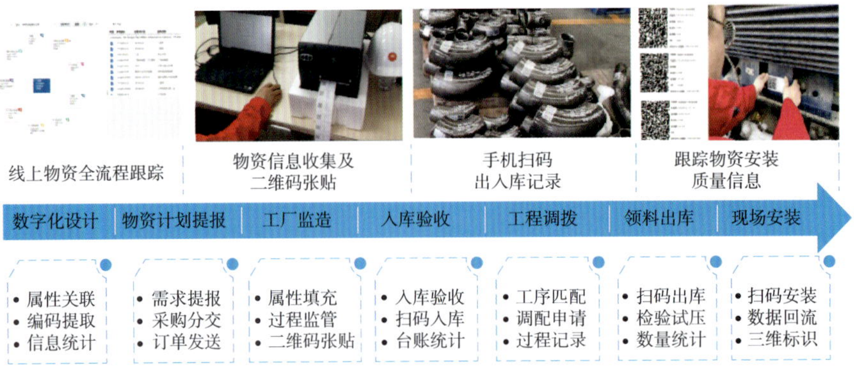

图4 物资管理应用图

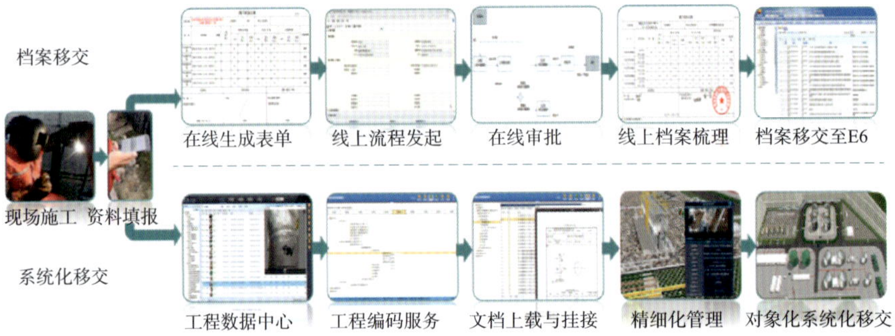

图5 进度及质量管理应用图

(4)安全管控措施，利用现场智能化采集设备，闸机、高清视频监控、无人机直播，以及风险作业线上提报等，做违规算法分析，提升施工安全管控水平，见图6。

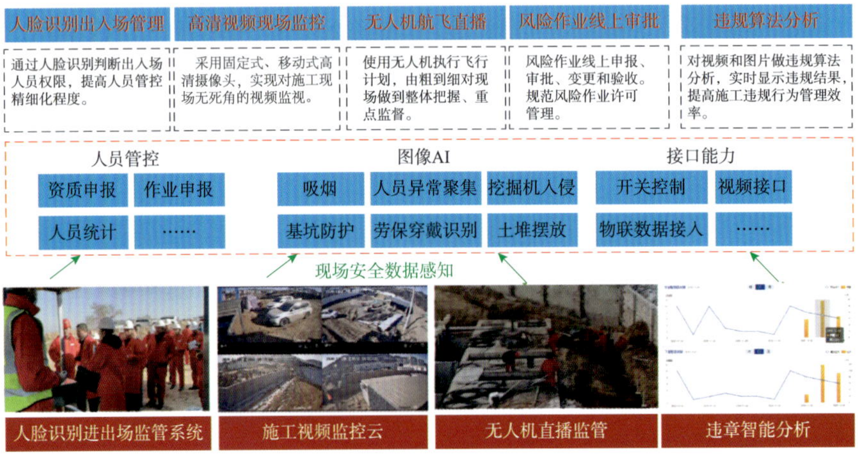

图6 安全管控应用图

(5)工程沙盘，基于高精度三维激光扫描，实现虚拟与现实高度统一，集成施工过程全流程数据，进而形成建设项目工程数据基座，支撑运营期业务应用，见图7。

(6)档案管理，基于数字化移交平台在线归档系统，构建全流程的项目管理数据与文档的线上归档及整理，优化过程管理数据，见图8。

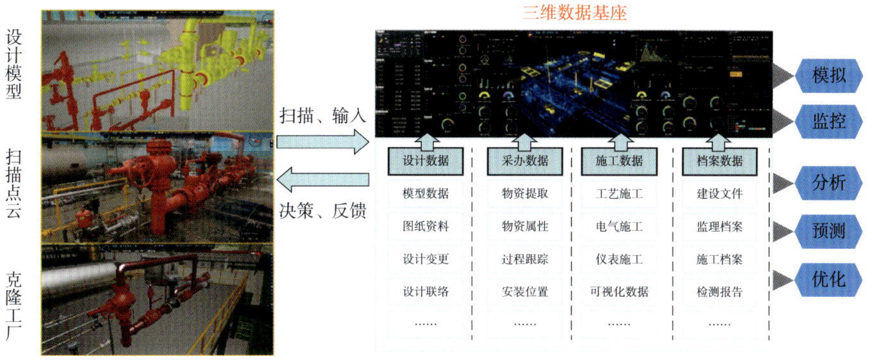

图 7　工程沙盘应用图

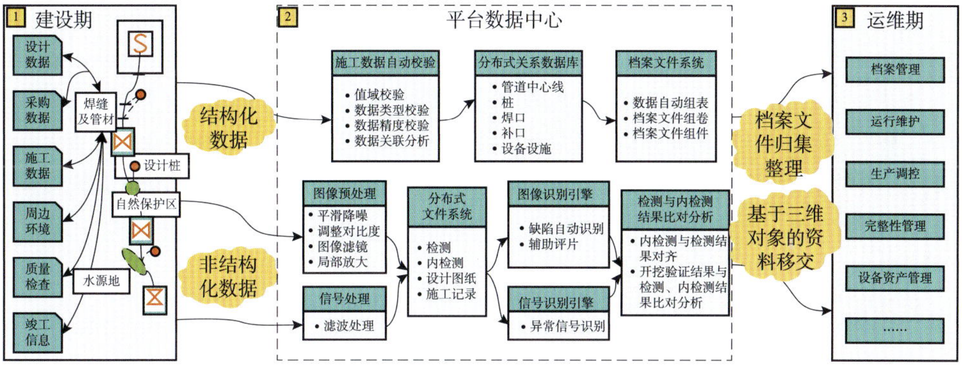

图 8　档案管理应用图

5　结论与认识

数字化交付是实现企业数字化转型和智能化升级的基础，也是推动数字孪生装备发展的必要条件，数字化交付不是起点，也不是终点，它是衔接工厂建设与运维的一座桥梁。油气田企业数字化交付平台建设及在现场应用尽管取得了一些成绩具有一定借鉴意义，但仍存在不少困难，距离全面推广应用还需要继续努力工作。

参考文献

[1]肖龙．浅谈油气地面建设工程数字化交付[J]．化工管理，2018(36)：218-219.
[2]寿海涛．数字化工厂与数字化交付[J]．石油化工设计，2017，34(1)：44-47.
[3]黄靖丽．三维数字化技术在数字化工厂的应用[J]．中国管理信息化，2018，21(1)：55-57.
[4]马明，章剑波，胡联伟．炼化工程行业数字化交付研究与应用[J]．石油化工自动化，2020，56(05)：49 53.
[5]李珍．基于工程项目数字化交付的文档管理[J]．现代企业，2019(03)：11，22.
[6]黄建珍，黄亮，王心慧．数字化交付的发展前景[J]．化学工程与装备，2021(02)：156-158.
[7]沈斌．浅析数字化交付中的交付物管理[J]．石油化工自动化，2021，57(5)：1-5.

数字化交付在长庆油田地面建设中的实践与思考

张　珊[1]　杨　倩[1]　梁　倩[1]　刘银春[2]　张　江[3]　陈　文[4]

（1. 长庆油田数字化与信息中心，陕西 西安　710018；2. 长庆油田天然气评价项目部，陕西 西安　710018；3. 长庆油田基建工程部，陕西 西安　710018；4. 长庆油田第三采气厂，陕西 西安　710103）

摘　要：长庆油田地面建设数字化交付是长庆油田公司引入数字化、智能化技术并结合自身管理特点，通过生产业务和信息化技术的高效融合实现了信息化技术对生产业务的全面支持，数字化交付的应用创新了油气田地面建设生产运行、安全防范管理模式，为长庆油田安全、环保、高效生产运行提供保障。通过说明数字化交付的定义以及对国内外数字化交付发展现状的分析，阐述了油气田地面建设中数字化交付的意义和作用；通过介绍长庆油田地面建设中数字化交付平台的建设以及数字化交付在项目中的实践应用，探索总结了数字化交付在地面建设应用中的优势和特点，并结合数字化交付在油气田地面建设工程中的推广应用经验提出了六项合理化建议。

关键词：数字化；智能化；信息化；油气田地面建设；数字化交付

0　引言

近年来，物联网、大数据、云计算、人工智能等新一代信息技术的迅猛发展，推动经济社会各领域从数字化、网络化向智能化加速跃升。石油化工行业属于传统流程工业，具有资金、技术、劳动、风险密集的特点[1]。“数字化转型，智能化发展”已成为油气行业下一步发展的必然趋势，而油气田地面建设工程是一个复杂而庞大的系统，是油气田开发的物理基础，承载着油气田生产的各个环节，是油气田生产的基础保障。

随着长庆油田地面建设项目数量日益增多，规模不断增大，建设项目分布更加复杂，各建设单位对于地面建设项目的管理仍处于书面台账管理模式，已经远远不能满足油气田庞大的地面建设系统。为改变地面建设工程管理的现有管理模式，积极实践集团公司提出的“标准化设计、模块化施工、工厂化预制、机械化作业、信息化管理、数字化交付”的“六化”建设管理方针，实现地面建设工程的全生命周期数据采集、全数字化移交和工程建设精细化管理，长庆油田引入了数字化交付平台。长庆油田地面建设数字化交付平台以三维设计模型为载体，整合设计、施工、监理、检测等环节数据，通过流程化审批及电子签章，工程资料自动整理、组卷、审核和移交。从工程建设合规、安全、质量、进度、投资五大要素出发，构建智能项目管理应用场景设计。

作者简介：张珊，男，1991 年 4 月生，硕士研究生，长庆油田数字化与信息中心信息工程师，从事油气田数字化与信息化研究。E-mail：zhshan_cq@ petrochina. com. cn

1　油气田地面建设数字化交付现状

1.1　数字化交付的定义

国家于2018年9月11日颁布的《石油化工工程数字化交付标准》对数字化交付的概念做了如下表述："以工厂对象为核心，对工程项目建设阶段产生的静态信息进行数字化创建直至移交的工作过程。包括信息交付的策略制定、基础制定、方案制定、信息整合与校验以及信息移交和验收。"[2]。

在《油气田地面工程数字化交付规范》(报批稿)里对数字化交付也进行了定义，数字化交付是"以实体对象为核心，基于不同目的，对工程全生命周期的数字信息进行传递的行为"。数字化交付是数字化转型的第一步，其本质是数据跨专业、跨平台、跨企业的传递或协同。数字化交付是以数据生态和应用生态为基础、上下游完全贯通、标准规范支撑的完整体系，将助力企业数字化转型，为可持续发展提供保障。

1.2　数字化交付的发展现状

现阶段国外很多大型石油化工企业在数字化交付方面积累了大量丰富的经验，例如英国石油公司(BP)、壳牌公司(SHELL)、沙特基础工业公司(SABIC)等大型石油化工企业都广泛应用了数字化交付[3]。国内流程行业数字化交付则起步较晚，近些年国内的石油化工企业对数字化交付的模式也进行了实践和探索，包括镇海炼化、茂名石化、中海壳牌等企业逐步在新建项目中开展数字化交付，并取得了一定的效果。

1.3　长庆油田地面建设数字化交付发展现状

2020年4月中国石油天然气股份有限公司召开地面工程建设数字化交付推进会，长庆油田分公司快速启动，成立了长庆油田公司数字化交付工作组，明确了"一年示范、两年试点、三年推广"的工作目标。在此基础上认真开展了数字化移交工作的形势、目标、任务及需求分析、研判，厘清了思路，梳理了工作的节点、难点和重点，整体规划、分步实施。目前长庆油田数字化交付平台已上线运行，已经在多个项目中进行了实际应用，取得了较好的效果。长庆油田数字化交付平台软件开发、数据库、DMZ专区及内网等硬件设施已配置到位，满足集团公司关于安全、保密的相关要求。

2　油气田地面建设数字化交付意义与作用

地面工程数字化交付建设是指以工程项目管理为核心，以建设过程数据为基础，以数字编码为纽带，实现工程数据、三维模型、设计图纸、竣工资料等信息的全面采集和有机关联；通过地面工程数字化交付，将工程建设期的数据从采集、汇总、分析、存储到服务应用的全生命周期进行管理，并与后期生产运维数据无缝对接，为项目投产后构建智能运维系统、实现智慧油气田运营管理奠定基础。

2.1　数字化交付的意义

2.1.1　提升项目各参建方的竞争力和管理效率

数字化交付的最大意义，在于能够大幅缩短数字化、智能化转型升级的时间。实施高效的数字化移交，可以有效提升 EPC 承包商的竞争力，帮助业主消除工程信息孤岛，方便业主后期的生产管理、运维和改扩建。同时，全数字交付有助于业主、监理、供应商提升工程建设项目的管理效率，增强工程建设项目的管控力度，且今后运维中更加高效、成本更为节约[4]。

2.1.2 提高油气田地面工程建设的管理水平

通过数字化交付平台人员监控打卡、工序跟踪照片、720 全景影像、视频监控、无人机航拍、环境监测等多种可视化手段感知现场，并将可视化感知手段精准定位到三维模型中，实现管线施工现场的智能化监管，从而快速掌握现场施工情况。可以有效提高地面建设过程中的安全管理、合规管理、进度管理、质量管理水平。

2.1.3 促进项目参加单位建设过程资料在线归档

数字化交付平台档案资料在线归档场景设计功能旨在实现对地面建设工程采集的全生命周期数据按照归档标准进行数字化组卷、归档，实现全数字化移交，包括在线电子签章系统、在线归档资料编码、数据采集系统、组卷与归档系统等功能模块的建设，满足数字化移交的功能需求。

2.1.4 为运营期提供数字基座的应用场景设计

传统数字化系统建设，虽然也考虑了设计建设期和生产运营期各自的业务需求，但往往是建立多个独立的系统来满足应用需求，从而使得设计建设期的数据和功能由不同系统负责管理维护。

数字化交付平台通过数据采集前置化，践行“谁产生，谁采集，谁交付”的原则，将传统在线下填报、签字、审批等流程通过平台进行业务的线上流转，减少流程流转的时间，借助施工数据采集 APP 进行伴随式施工数据采集，进入数据中心，按照工程计划详细拆解，构建数字档案图书馆(服务于运营期的数字基座)，通过数据归一整合，建立以工厂对象为核心的模型、数据、文档的交付体系，构建工程建设数字孪生，实现数字化移交，并提升工程资料收集、整理、归档的时效性和准确性。

2.2 数字化交付的作用

数字化交付在油气田地面建设中通过数字化交付，可形成信息的发送、接收、使用的过程管控，促进企业业务流与数据流融合，为企业的业务协同创造条件；通过数字化交付，造就更高效、更科学的地面建设管理和智能化生产运行条件；通过数字化交付，不仅交付数据，而且交付价值，即数据的资产化。

3 数字化交付在长庆油田的实践应用

3.1 长庆油田数字化交付平台的建设

2020 年 4 月长庆油田加快地面建设领域数智化转型发展步伐，成立了数字化交付工作领导小组，负责长庆地面建设数字化交付平台系统的建设、推广应用和升级。2021 年建设完成了长庆地面工程建设数字化移交平台。在长庆油田数字化交付平台建设过程中，严格遵循平台建设标准(图 1)。

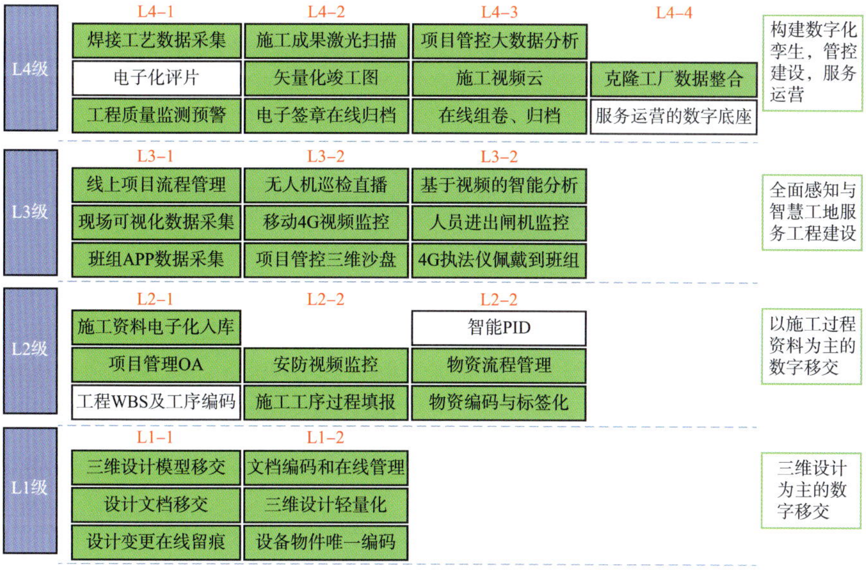

图 1　长庆油田数字化移交平台建设标准

目前长庆油田地面工程数字化移交平台已具备辅助项目管理、伴随式进行资料归档、为运营期提供高可用的数据基座的基本架构。地面建设工程可依托现有数字化移交平台，开展应用。通过平台提供的结构化数据、施工沙盘、竣工模型、归档文件管理能力，将施工过程数据采集、空间数据采集、工程沙盘模型、三维竣工模型等内容依托数字化管理平台进行管理。数字化交付平台，提供项目集中管理，主要承担公司地面工程建设期数据的采集与入库工作，建立长庆油田地面建设项目的数据中心，便于提升油气田产能建设的标准。项目分 7 大模块，共计 86 项子功能。通过长庆油田 2021 年多个项目应用过程中不断迭代升级，涉及 6 项子功能优化及 2 项新功能开发，同时可扩充多类型业务场景，致力于打造长庆油田通用、功能完善的项目数字化管理平台(图 2)。

图 2　长庆油田数字化移交平台界面展示

为加强数字化交付管理体系建设，保障数字转型质量，依据集团公司地面建设管理程序及长庆油田建设管理现状，制定了《长庆油田地面工程建设数字化移交工作指导意见》，编制发布了《长庆油田地面工程数字化交付相关管理规定与技术标准》等 9 项暂行数字化交付管理及技术规定，建立了长庆油田数字化交付管理体系，通过 2021 年和 2022 年试运行，高效推进了油田公司数字化交付工作，加快了长庆油田地面建设数智化转型。

3.2 长庆油田数字化交付项目实践应用

长庆油田 2020 年完成数字化交付平台及 2 个示范工程建设，2021 年 14 个试点项目推广应用数字化交付，到 2022 年长庆油田规划在 13 个新建项目开展数字化交付。

3.2.1 ××联合站

自 2020 年 6 月××联合站示范工程启动以来，设计图纸实际入库 223 册，物资数据实际入库 8795 条，施工过程实际入库 28865 条，其中焊口数据采集 24571 条，线上资料审批 4294 条，监理数据实际入库 270 条，检测数据实际入库 6940 条，项目实施过程中现场数据同步率 97% ；其中焊接一次合格率 99.3%，资料归档完成率 90%，为后续运营期奠定了坚实数字基座(图 3)。

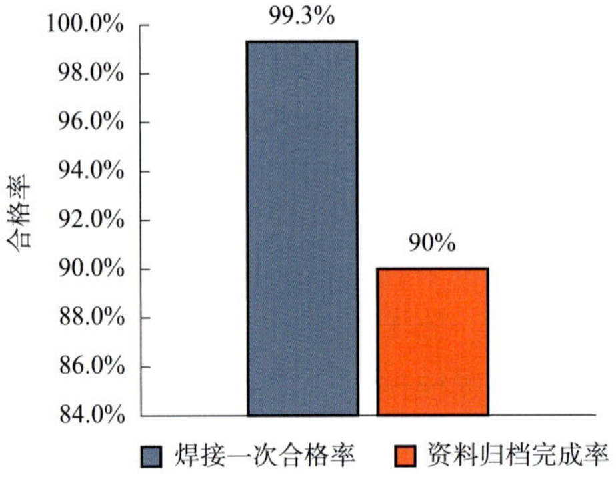

图 3　××联合站数据交付情况统计

3.2.2 ××储气库

自 2020 年 8 月××储气库项目启动以来，××储气库项目数字化交付数据采集、植入工作已完成其中设计图纸入库 1979 册，物资数据入库 43165 条，施工过程数据共采集 5755 条，检测数据入库 4717 条，监理数据入库 1070 条，其中焊接一次合格率 99%，资料归档完成率 15%(表 1)。

表 1　××储气库数据交付情况统计表

项目全流程	入库总量	实际入库数	数据同步率
设计数据	1979	1979	100%
物资数据	43165	43165	100%
施工数据	5855	5755	98%
检测数据	5868	4717	80%
监理数据	1170	1070	91%
可视化资料	—	5171	—

3.2.3 ××冬季保供工程

自××冬季保供工程项目开工建设以来，按照长庆油田公司相关要求，充分借鉴兄弟单位的经验，编制了《××冬季保供工程数字化交付技术服务方案》，制定了项目数字化交付平台管理细则，监理了合理的数字化交付组织架构，累计组织开展数字化交付培训学习 15 次，为项目数字化交付工作开展打牢基础。目前，已录入数据 14342 条，其中施工数据 6139 条、检测数据 8006 条、施工现场可视化数据 197 条，每周对数据录入的情况进行通报，力争实现数据全过程交付(图 4)。

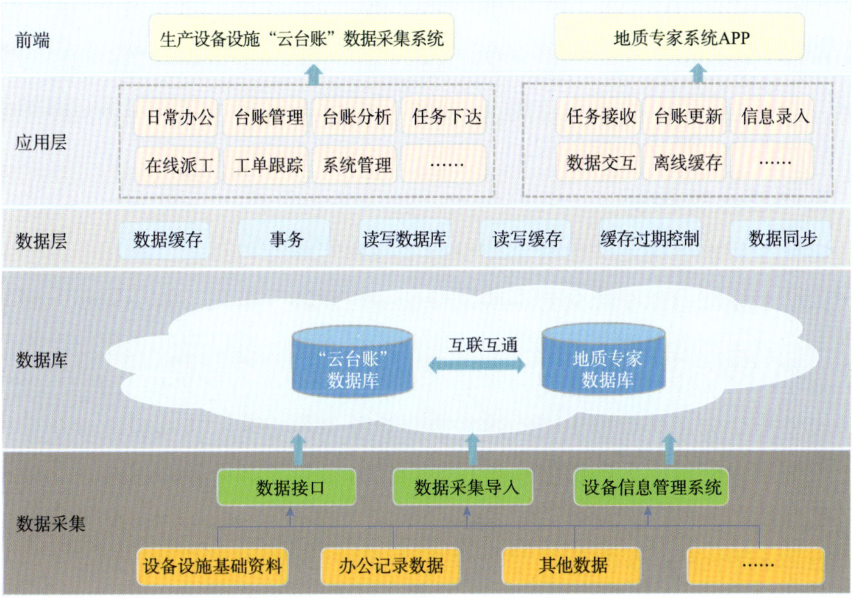

图 4　××冬季保供工程数字化交付组织架构图

在项目建设过程中结合项目实际情况，在继承长庆油田数字化交付平台已有常规功能的基础上灵活创新，积极实践探索。对接融合长庆监理数智化管理平台，打通数据壁垒；开发印章审批、费用报销审批、工程造价审批等线上流程，方便多地办公；探索五大员打卡、直播巡飞、问题流转及处理等新功能模块，促进项目质量和进度管理。

4　长庆油田数字化交付应用的探索与思考

长庆油田作为目前国内油气当量最大的油田，经过多年的滚动开发建设和技术创新应用，形成了多项适应于低渗透油气田地面工程建设的核心工艺技术和“标准化设计、数字化管理、模块化建设、市场化运作”的“四化”建设模式，同时融合快速发展的数字化技术，不断优化地面工艺，建成了数字化长庆油田，为进一步的智能化油气田建设提供了良好的技术支撑[5]。经过多年的潜心建设，长庆油田具有了良好的数字化交付基础，为大规模推行数字化交付提供了可靠的保障，走在了油气田“数字化转型，智能化发展”的前列。油气田数字化转型的核心工作在于“数据生态建设”和“数据治理”，具体手段是数据的资产化，实现路径是建立数字化交付体系。

油气田地面工程数字化交付是一个完整的体系，跨企业、跨平台、跨业务，是数字化转型和智能化发展的基础，是涵盖数据采集、数据存储、数据移交、数据应用和数据管理的体系化工程，是数字化交付的不可缺少的必备要素，深刻影响数字化转型和智能化发展。数字化交付在长庆油田地面建设中属于新事物，要在后续大规模推广应用中不断完善，随着数字化油气田向智能化油气田的延伸和发展，数字化交付的内涵也会不断改变，体现在交付的目的、范围、内容、流程和工具发生了变化，数字化交付在面向档案交付的同时，必须面向应用的可持续。

结合长庆油田数字化交付应用实际，借鉴石油化工行业中数字化交付的应用经验，针对数字化交付在油气田地面建设工程中的推广应用提出六项建议，归纳为“三转变、三融合”：

4.1 管理制度的转变

从集团公司和油田公司层面出台油气田地面建设数字化交付管理制度，明确项目建设中数字化交付的必要性，形成制度约束。

4.2 工作理念的转变

明确数字化交付责任分工，将数字化交付工作与工程项目分离，单独立项，成立专门的数字化交付团队去处理。数字化交付本质是伴随工程设计、采购、施工同步开展的数据整理工作，其在专业分工上更接近于信息管理而非各工程专业，所以应以企业信息部门人员为基础，组织专业交付团队应对数字化交付项目[6]。针对项目设计、采购、施工、检测、监理、建设等项目参建单位和承包商提出明确进行数字化交付的要求，让项目数字化交付理念入脑入心入行，使数字化交付成为能够参加项目建设的必备技能和必要条件之一，最终达到各参建单位由被动接受到主动应用理念的转变。

4.3 安全意识的转变

严防死守安全红线，加强数字化交付过程中的安全意识。目前主流设计软件暂无可替代的国产化产品，但数字化交付和数据资产管理的平台应自主创新，确保数据交付安全、存储安全、使用安全和维护安全。

4.4 平台系统的融合

在数字化交付平台建设的过程中应注重与已建系统和平台的融合，要放眼未来，超前谋划，例如与长庆油田智慧工地系统、物资管理系统、监理智能平台等的融合，为在建工程最终实现智能工厂搭建好数字底座。

4.5 生产数据的融合

数字化交付是一个系统工程，应充分发挥数据资产优势，打破平台之间的壁垒，避免形成“数据孤岛”，同时也避免重复录入数据，达到一次录入、多次调用的效果。

4.6 归档资料的融合

在数字化档案、资产的有效性、合法性上出台相关制度，明确数字化移交资料的可用性，与纸质归档资料互为补充，形成更加完备的归档材料。

5 结论

目前长庆油田地面建设数字化交付应用已初具规模，在应用过程中还需督促协调各参建单位积极推广平台应用、及时总结经验、加强交流学习，并结合长庆油田的建设实际提出合理建议，不断完善改进；同时也要强化与中国石油天然气股份有限公司、油田兄弟单位、数字化交付平台服务商的沟通交流，不断完善优化平台的功能需求，保证长庆油田地面建设数字化交付项目工程顺利进行。

数字化交付的出现让建设单位实现了油气田地面建设源头数据的管理，有效提升了行业各参建方的竞争力和管理效率，为后期运维和设备设施管控提供了极大的便利，实现了对油气田地面建设过程的全方位信息化管理，数字化交付必将推动我国石油化工行业的进一步快速发展。

参考文献

[1]马时霖，秦海良，王晓刚，姬宏峰．浅谈智能工厂建设中的数字化应用[J]．乙烯工业，2021，33(04)：6-10.

[2]GB/T 51296—2018，石油化工工程数字化交付标准[S]．2018.

[3]黄建珍，黄亮，王心慧．数字化交付的发展前景[J]．化学工程与装备，2021(02)：157-158.

[4]吴青．智慧炼化建设中工程项目全数字化交付探讨[J]．无机盐工业，2018，50(05)：1-6.

[5]薛岗，王立宁，陈晓刚，蒋瑛，王敏，刘银春．长庆气田地面工程智能化建设探索[J]．内蒙古石油化工，2020，46(09)：46-50.

[6]范沙浪．流程行业工程项目数字化交付实践与思考[J]．中国勘察设计，2021(07)：79-82.

桌面云在油田企业级科研系统的应用

焦 扬 邓红梅 杨 倬 李 良

（长庆油田勘探开发研究院，陕西 西安 710021）

摘 要：数字化油气藏研究与决策支持系统（RDMS）是长庆油田公司自主建设的企业级"一体化、多学科"油气藏工作平台，在油田勘探开发科研工作中起着至关重要的作用。然而，油田科研生产单位分布广泛，基于B/S架构的系统对用户网络带宽要求高、插件安装多、用户缺少专业软件许可以及专业显卡设备，对RDMS大规模推广应用带来挑战。本文基于VMware Horizon与LiveQuest两种桌面云架构的不同优势，提出了建立混合桌面云的工作思路。油田应用表明，RDMS部署推广效率大幅提升，解决了科研人员尤其是一线员工使用RDMS系统时功能运行慢、机器配置不足、系统环境部署难等问题，实现了用户桌面集中部署、软件统一管理、许可动态调度，对跨地域、跨部门、跨业务的企业级科研信息系统快捷应用提供了有效的技术思路。

关键词：桌面云；数字化油气藏；企业级科研系统；VMware Horizon；LiveQuest

长庆油田油气藏研究与决策支持系统（RDMS）是长庆油田公司自主建设的企业级"一体化、多学科"油气藏工作平台，系统面向油气预探、油藏评价、地球物理、油气田开发、钻采工艺等专业领域，提供了数据集成应用、地质图件导航与图面作业、专业软件接口、在线分析工具、油气藏可视化等服务，在油田勘探开发科研工作中起着至关重要的作用[1]。但同时，由于油田科研生产单位分布广泛，基于B/S架构开发的RDMS系统，对用户网络带宽要求高、插件安装多、用户缺少专业软件许可以及专业显卡设备，对RDMS大规模推广应用带来挑战。网络方面，因基层单位带宽不足，大容量非结构化数据的浏览容易卡顿失败；运行环境方面，插件数量繁多与不定期的更新使得基础环境部署困难；专业应用方面，部分功能需要专业软件授权许可以及专业显卡的支持。因此，如何打破网络带宽、运行环境以及专业应用造成的系统推广瓶颈，确保用户能够便捷应用稳定、可靠的标准化RDMS系统，成为RDMS持续发展与深化应用亟须解决的一项关键问题。

1 桌面云相关概念

1.1 桌面云概念

桌面云，就是桌面虚拟化技术，它将传统的操作系统、桌面应用、用户设置和数据从前台硬件环境中隔离出来，并在数据中心服务器上创建独立于应用虚拟化和用户设置的单一操作系统镜像[2]。随后将用户设置、操作系统镜像和应用保存到数据中心设备上。用户能够通过PC、

作者简介：焦扬，男，1986年生，本科，中国石油长庆油田勘探开发研究院工程师，从事油气田开发相关系统建设、移动应用、虚拟化、云计算技术研究与应用。E-mail：jyang_cq@petrochina.com.cn

瘦客户端(Thin Client)、智能手机、平板电脑等终端设备连接到自己的虚拟化桌面。桌面云能够有效集中资源并提高桌面计算基础架构的可管理性，提高业务上线速度与桌面运维效率。

1.2　桌面云的特点

1.2.1　高体验

桌面云系统提供最佳的用户使用体验。它可将各类软件、插件等与用户工作相关的基础环境在主镜像进行统一部署，构建一个标准化的桌面办公环境模型，再按需批量一次性发布大量与主镜像相同的桌面副本。用户无须安装任何软件，也不会受到 windows 系统、办公软件、工具插件更新、故障所带来的影响。桌面的可用性与连续性得到了提升，用户可以在不同网络环境下实现一致性的体验[3]。

1.2.2　高安全

桌面云系统全方位保障核心数据安全。它提供一体化的安全准入控制，能够实现不同安全域、不同类型用户的集中管理。另一方面，桌面云系统是基于云计算技术构建，它的基础环境部署在云端服务器。用户登录桌面云系统后进行操作，所有的数据以及运算都在服务器端进行，用户端只是显示其变化的影像，同时系统管理员可根据安全漏洞制作出各种各样新的策略规则，这些新规则可以迅速地作用于每个桌面，快速应对安全威胁[4]。

1.2.3　高可用

桌面云系统基于云计算技术构建，云计算具有高可靠性、高可用性、高扩展性以及服务多样性的特点，同时，通过虚拟化服务器集群的动态负载均衡与服务器自动迁移功能，保障了主要业务的资源供给并确保业务始终在线，大幅提高了系统可用性。

1.2.4　高效运维

桌面云系统中，用户桌面都通过一个主镜像控制，所有运维管理操作只需要在主镜像上进行，用户桌面只是主镜像的克隆副本，只要保障主镜像承载的系统、软件运行环境稳定，用户桌面问题会大幅降低，桌面运维管理负担也同步大幅降低[5]。

2　桌面云方案设计

2.1　桌面云技术类型

桌面云本质上是一种 GUI 类型远程访问，本文重点介绍 VMwaere Horizon 与 Schlumberger LiveQuest 两种桌面云系统体系。VMware Horizon 软件支持 RDP 与 PCOIP 两种访问协议、Schlumberger 公司 LiveQuest 软件采用 RDP 访问协议(表 1)。

表 1　Horizon 与 LiveQuest 软件对比

名称	协议类型	应用方式	GPU 利用效能	桌面应用效果	许可费用
VMware Horizon	PCOIP\RDP	独享桌面	一般	流畅	较低
Schlumberger LiveQuest	RDP	共享桌面	高	流畅	高

通过五方面的对比，可以看出 VMware Horizon 软件在较简单或二维平面功能应用上综合效益更好，而斯伦贝谢 LiveQuest 软件以其高效发挥 GPU 性能的特点，在大型建模、数模等专业软件方面具有显著优势[6,7]。

2.2 方案设计

RDMS系统涉及结构化数据查询、非结构化成果资料展示、二维平面地质图件导航、三维地质建模、四维油藏精细描述等多维度功能应用，单独采用某一种技术类型都无法满足系统全面推广应用的需求。因此，本文采用Horizon与LiveQuest两种技术共同组成桌面云系统池，用户无须购置瘦客户端等硬件设备，只需在本地计算机安装桌面云插件或客户端，根据所需要使用的RDMS功能，选择不同的桌面池即可快捷登录到个人云端桌面(图1)。

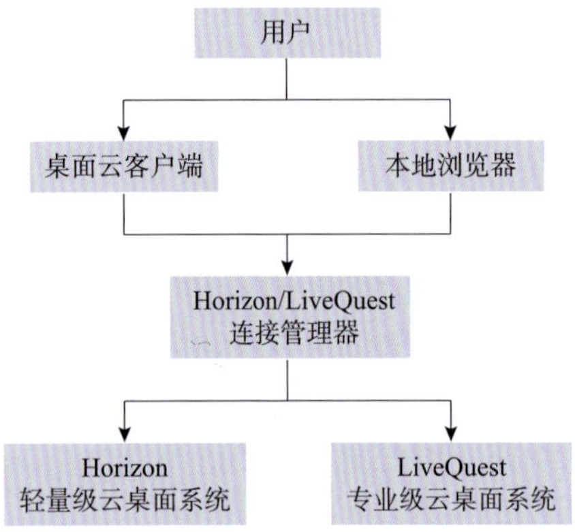

图1　桌面云系统架构

Horizon面向轻量级桌面应用，提供无须GPU支持的基础办公、RDMS应用以及平面展示、剖面绘制、图件导航等二维处理相关专业工作。Horizon桌面云系统为每位用户提供独立的云端桌面，用户使用RDP协议可以便于本地计算机研究成果与桌面云系统的互通，使用PCOIP协议能够提供更好的图形运算支持，但无法进行数据的直接传输。

LiveQuest面向大型专业软件应用，对软件许可进行集中管理、在线浮动调用，并提供高GPU效能支撑数模、建模工作。LiveQuest桌面云系统提供共享应用环境，多用户共同使用同一云端桌面，以RDP协议实现数据的双向传输，并通过不同的Session分隔多用户会话。

3 应用效果

围绕RDMS推广应用，油田公司已部署超400个点桌面云系统，建立了稳定、可靠、标准、统一的云端办公环境，用户无须进行任何软件、插件安装操作，所有程序“一点即用”，不仅为基层科研单位应用RDMS系统提供了有力的桌面资源支持，也实现了用户桌面的集中管理、专业软件统一部署及软件许可动态调度。

3.1 有力支撑油田企业级科研系统推广应用

桌面云系统整合了RDMS插件、GeoMap、Forward等专业软件、OA、合同管理等办公系统，将软件许可进行集中部署管理，免去了用户准备系统运行环境的复杂过程。在油田办公网络内，用户使用本地计算机、平板电脑或手机等设备，都可以快捷登录使用个人云端桌面。桌面云系统在油田公司各科研单位及采油(气)厂得到了广泛应用，解决了科研人员尤其是一线员工使用RDMS系统时网络慢、机器配置不足、系统环境部署难等问题，有力支撑了RDMS系统在油田公司的全面推广应用。

3.2 大幅降低桌面运维工作量

通过对主桌面或主镜像的一次性管理，即可实现所有的用户桌面更新，且新用户接入时，只要硬件资源充足，即可通过简单的配置，在一分钟之内为用户提供出一台桌面系统，而无须进行传统的复杂的桌面准备工作。用户只需要一台简单的终端设备，即可访问云端桌面开展专业工作。

3.3 大幅提高企业数据安全

与传统模式中桌面、操作系统、硬盘互为一体不同，用户使用桌面云的所有数据均保存在云端服务器，桌面只是运算结果的影像交互。云端采用磁盘阵列系统为数据提供了安全、可靠的存储环境，有效避免了单台 PC 硬盘损坏、设备丢失等意外造成的数据安全隐患，保证了企业应用系统的数据安全。

4 结论

综上所述，油田企业由于单位分布分散，网络环境、办公电脑配置等差异，对企业级科研系统的部署、推广带来了阻碍。通过对桌面云技术的合理运用，可在不增加用户成本的情况下，实现企业级科研系统基础环境的统一配置，既能减少硬件投入成本、减少桌面运维人员，又能更高效、更便捷地使科研人员应用系统开展油气藏协同研究工作。

参考文献

[1]杨华，石玉江，王娟，杨倬，姚卫华，邹永玲．油气藏研究与决策一体化信息平台的构建与应用[J]．中国石油勘探，2015，20(5)：1-8.
[2]庄月青．云桌面在高校教学的应用研究[J]．科技经济市场，2021，(08)：139-140.
[3]杜保东．大庆油田桌面云建设方案设计[J]．信息系统工程，2016，(05)：117，119.
[4]侯嘉宝，段一明，耿梅清．图书馆推广云桌面过程中遇到的困难及解决办法[J]．大众标准化，2020(23)：231-232.
[5]戴嫒嫒，刘树峰．桌面云在企业智慧办公中的应用研究[J]．现代工业经济和信息化，2021(02)：130-132.
[6]聂得欣．Vmware Horizon view 7 桌面虚拟化平台系统架构部署研究[J]．河南财政税务高等专科学校学报，2017，31(02)：83-85.
[7]谭大禹，孙睿，刘宽．云计算下桌面虚拟化技术的融合[J]．计算机与数字工程，2017，45(01)：76-82.

勘探开发数据中心智能运维体系建设

王小萌[1,2]　蔡少锋[1,2]　姚卫华[1,2]　薛　媛[1,2]　陈　芳[1,2]

（1. 中国石油长庆油田公司勘探开发研究院，陕西 西安　710018；
2. 低渗透油气田勘探开发国家工程实验室，陕西 西安　710018）

摘　要： 历经十多年建设，长庆油田勘探开发数据中心面向综合地质研究，搭建了开放式的油气藏研究大科研平台，形成了覆盖勘探开发全链路数据的一体化管理与盆地级共享服务，实现数据从“资产管理”向“资源应用”的转变。随着人工智能、云计算、大数据等新兴技术的加持，系统和网络复杂度、数据量与用户访问量均持续增长，对数据中心的稳定性、高效性、安全性等都提出了更高的要求，传统人工运维难以有效应对。本文着重对油田数据中心智能运维体系建设进行了分析研究，围绕机房环境监测、服务器及存储监控、数据链路保障、应用系统监控、用户行为分析等五个方面进行探索实践，保证了数据中心的高效、安全与稳定运行，提升了科学管理水平，推动勘探开发数据中心由人工运维走向智能运维，为油田数字化转型智能化发展夯实了基础。

关键词： 运维体系；智能运维；智能油气田；数字油气田；用户行为分析

0　引言

在新能源革命、全球能源治理变革背景下，加快数字化转型，实现智能化发展，成为油田必须抓紧、抓好、抓出成效的时代课题。长庆油田在 2010 年启动勘探开发数据中心建设，建成了盆地级的数据服务中心，实现了多学科海量数据的高效组织和研究成果的实时共享，推动传统的数据资产化管理向数据驱动的资源利用化模式转变，为油田公司油气当量持续上产稳产提供了有力支撑。

随着计算机技术与油田业务深度融合，以及应用人工智能、云计算、大数据等新兴技术带来的复杂管理环境和超大运维工作量，传统人工运维工作面临以下挑战：一是数据中心建设规模不断扩大，所承载的业务、用户、数据不断增加，可靠性、稳定性逐渐成为业务保障的瓶颈，而运维团队力量薄弱，无法做到全覆盖、全平台巡检所有业务系统运行情况，维护难度大；二是油田高速发展对数字化智能化技术的需求增加，亟须将运维人员从基础维护工作中解脱出来，将更多的精力投入研发新系统、新功能等创新工作中；三是现有运维监控功能都是“烟囱型”的孤岛系统，缺少集成与交互，无法反映系统整体情况，运维人员需要管理操作多套软件。

近年来，智能运维在信息技术领域受到广泛关注，随着大数据分析、机器学习、智能异

作者简介： 王小萌，女，1997 年生，硕士，中国石油长庆油田公司勘探开发研究院助理工程师，主要从事油田数字化及大数据应用研究与开发工作。E-mail：wxmeng_cq@ petrochina. com. cn

常检测等技术的兴起和逐渐成熟，数据中心运维逐渐转向数字化和智能化[1]，由传统人工向智能运维管理(AIOps，Artificial Intelligence for IT Operations)演进。本文结合油田数字化转型智能化发展规划，重点对如何在有限资源的约束下，做好运维管理的标准化、自动化和智能化落地，有效提高数据中心的运维水平和效率[2]展开研究。

1 数据中心现状

长庆油田信息化建设先后经历了“专业系统独立建设、数字化集中建设与应用、共享应用及智能化探索”三个阶段。专业系统独立建设阶段从2000年开始，涉及网络基础设施、专业数据库及专题应用系统独立建设与应用；数字化集中建设与应用阶段起于2008年，建成了三端五系统三辅助的数字化系统，在强化信息系统集成建设的同时，大力推进集团统建系统应用，完成数字油田建设；2018年以来进入共享应用与智能化探索阶段，在深化系统共享应用的基础上，加快无人值守站建设，探索无人机、巡检机器人、智能油藏研究等智能化应用。

勘探开发数据中心从2010年开始，通过攻关油气藏数据链、专业软件集成、数据可视化等关键核心技术，历经十多年自主建设了以油藏研究为核心、基于B/S网页访问模式的“一体化研究、多学科协同”数字化油气藏研究与决策支持系统(Reservoir Research & Decision-Making Supporting System)(以下简称“RDMS”)，是长庆油田智能化油气田发展规划中大科研体系的核心内容。

作为油田公司勘探开发数据中心，RDMS(图1)以油气藏研究为主线，融合了覆盖单井全生命周期钻井、录井、测井、试油气、分析化验等专业数据和研究成果RDMS面向研究岗位、专业软件、主题系统智能推送相关数据，并为油田公司四部、两院、采油气厂等单位科研、管理人员提供应用服务，推动数据从“资产管理”向“资源应用”转变，实现了跨学科、跨部门、跨地域协同工作，促进科研工作方式和组织模式向网络化、数字化、智能化升级。

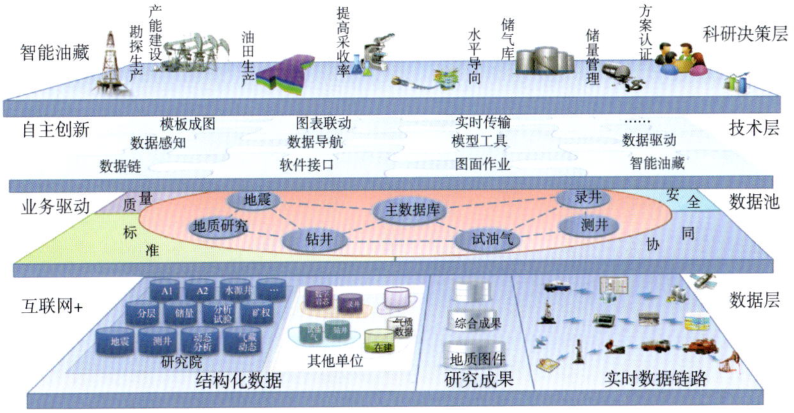

图1 数字化油气藏研究与决策支持系统(RDMS)技术架构

2 智能运维系统设计架构

智能运维是数字化转型的必备能力。随着运维数字化程度的逐步提升，智能运维要求有高质量数据作为基础支撑，通过算法训练，可以根据不同的业务场景需求，结合运维专业人员工作经验，通过知识图谱，推演到对象所产生的数据和数据之间的关系以及解决问题的数据探索路径，比如从告警触发后的一连串排障分析动作，具体分析哪些指标，如何看待指标之间的拟合度对业务问题的影响，形成运维知识管理，对监测数据作出合理预警或判断分析，并驱动自动控制执行运维操作，最终构建形成智能运维“大脑”，随着新技术的应用升级与拓展，智能运维也将实现“从运维到运营”的跨越。

在全面分析勘探开发数据中心资源现状和运维需求的基础上，初步建立智能运维体系，将勘探开发数据中心各类软硬件资源进行统一管理，包括机房环境指标数据、软硬件指标数据、各类监控工具的告警数据。目标是通过数据汇聚、标准化、关联、计算、查询等数据处理功能实现数据统一治理和对外提供数据服务，并进一步构建业务指标异常检测、业务明细多维定位、机器指标定位、调用链根源系统定位和指标趋势预测五大核心场景，建立涵盖数据管理、故障发现、故障定位和故障预警[3]的综合运维体系。本文重点围绕机房环境监测、服务器及存储监控、数据链路保障、应用系统监控、用户行为分析等五个方面开展技术研究与实践。

2.1 机房环境监测

长庆数据中心机房于2012年2月建成投入使用，根据功能布局分为服务器间、配电间、备品间，配备有ATS配电系统和UPS供电系统各1套。

在现有机房部署动力与环境监控平台，全天24小时对机房环境清洁度、温度、设施的运行情况等方面加以监测，实现实时监控并记录历史数据，还可以实现对机房遥测及遥控的管理功能。对告警信息进行分级，并及时通过短信、微信、邮件等方式报告运维人员，做到安全隐患及时发现，故障及时处理，保障中心系统和业务的稳定性。

2.2 服务器及存储监控

目前中心机房主要的物理应用服务器包含各类操作系统，包括虚拟化系统和桌面虚拟化系统，根据业务需求部署系统相关服务器，为系统数据库服务、文件服务、WEB应用服务、油气藏专业建模数模软件等提供计算服务。支撑系统的设备主要包括数据库服务器、专业应用服务器、存储、核心交换机等。主要承担系统平台数据的录入、处理、查询任务，关联了地震、钻、录、测、试、A1、A2等各类专业数据库，为油气田开发、生产建设实时报表、经济评价等业务模块数据提供支撑服务。

优选服务器监控工具(图2)，对CPU利用率、内存占用率、RDMS主页响应时间、数据下载速度等指标进行7×24小时监控，目前已实现51个服务器运行状态的可视化监控，并及时处理异常告警，确保服务器稳定、可控运行。

2.3 数据链路保障

基于RDMS新建和整合的各类数据资源，搭建底层数据全链路监控(图3)，对RDMS关联专业库、物化视图和定时任务进行实时监控，对于由数据库链接异常、服务宕机、存储过程未执行等造成的数据访问中断等问题进行精准定位并及时告警，实现数据的可视化管理和在线处理。

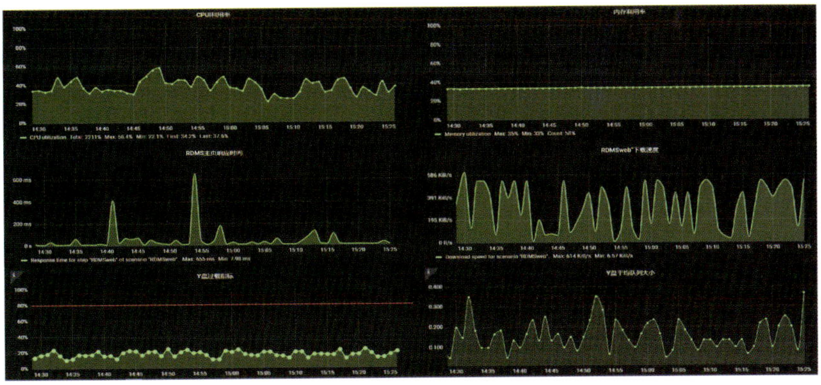

图 2 服务器性能监控界面

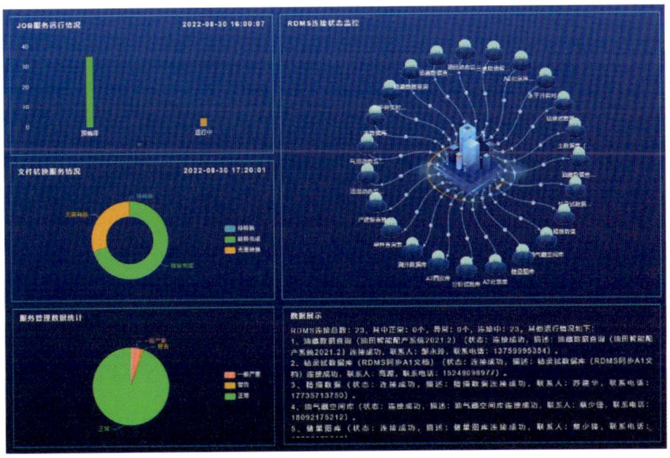

图 3 数据链路监控

通过定时发布数据地图，以拓扑图的形式可视化展示各类元数据和数据处理、流转过程，自动生成数据质量分析报告和数据整改要求。定时自动向 RDMS 各关联数据库发起请求，测试数据库间连通、物化视图刷新、文档、数据同步、JOB 运行情况，确保数据链路的正常运行及数据的及时入库。

2.4 应用系统监控

RDMS 平台包含勘探生产、产能建设、随钻跟踪、油气稳产、经济评价等场景式决策主题系统，为技术交流和远程异地协同决策提供了一体化应用环境，是长庆油田勘探开发的“智能化作战指挥系统”。为了促进各应用系统平稳、高效运行，主要从系统运行、异常优化、重点功能等多方面开展运维智能化提升工作。

针对系统运行，从单页面并发数、SQL 查询耗时、CPU 利用率和内存占用量等多方面综合分析，探索系统运行监控指标，实时监控各模块化组件运行状态，包括微服务、FunctionCode 及服务调用执行情况，对执行结果、执行时长、执行效率等进行综合评估，重点对运行效率低的功能进行实时预警，为系统优化升级提供更加精准的建议，从而提前预防和发现问题。

针对异常问题，实时监控系统运行中的异常错误信息，系统自动诊断分析处理，或及时推送相关运维人员进行解决。比如围绕文档上传功能，系统自动扫描执行结果，对上传失败、转换异常、源文件与分布式存储不匹配等问题进行自动修复处理，并将相关信息推送至管理员。

针对重点功能，主要通过用户使用日志的自动分析，形成重点功能与系统清单，为下一步功能升级提供方向。

2.5 用户行为分析

从前只注重系统日志的留存，用户行为未得到足够的重视。用户行为日志为用户分析提供全面的数据支撑，通过对用户行为的实时监测，既可以收集用户日常操作，实现跳转路径分析，对功能页面之间的深层次的关系需求进行挖掘，形成页面点击热力图，为用户交互优化提供依据；也可以对用户使用习惯进行画像[4]，通过不断丰富与优化用户画像模型，最终达到个性化服务及数据推送；还可以对用户异常行为进行预警处置，比如用户异常下载文件，当下载量超出系统阈值将自动封禁账号，并推送相关结果至管理员，有效提升了平台感知能力、处理能力和数据安全。

3 智能运维体系应用效果

通过对智能运维体系的应用实践，初步建成了一体化实时监控平台，实现了问题的精准定位，缩短了排查周期，提高了解决问题的时效性；同时有效提升了数据价值化应用，推动数据中心由人工运维走向自动、智能运维，充分释放了运维人员生产力。

以页岩油产建与生产管理应用支撑为例，实现了应用系统服务器资源、数据库连通性、数据库账号可用性、物化视图、JOB、模型更新等运行情况的在线监控与预警，并对系统运行效率低及异常的功能进行实时告警。在此基础上，围绕业务需求，对水平井随钻岩屑和产量波动等异常情况进行实时诊断、分析，并将异常信息推送至科研人员(图4、图5)，实现生产动态的随时随地跟踪，有效提高异常处置的及时性，确保了产能建设与油气生产的平稳推进。

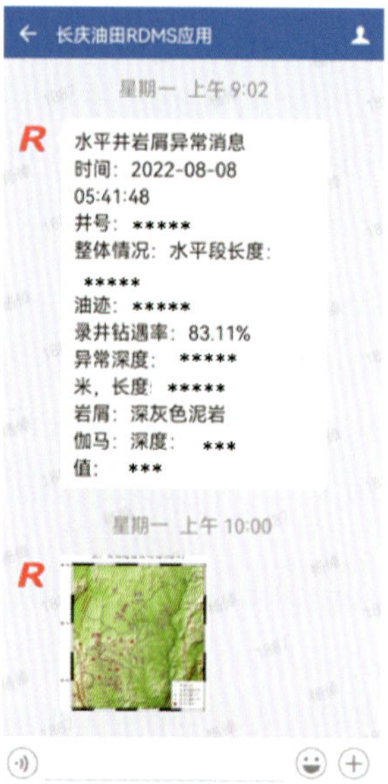

图4 水平井异常消息推送

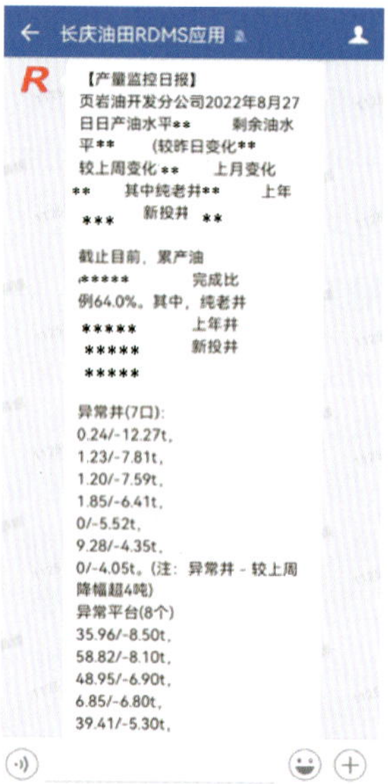

图5 水平井产量监控

4 结论与认识

智能时代运维先行[5]。在全面分析勘探开发数据中心资源现状和运维需求的基础上，初步建立了油田数据中心智能运维体系，重点围绕机房环境监测、服务器及存储监控、数据链路保障、应用系统监控、用户行为分析等五个方面开展了技术研究与实践，并开发了智能运维可视化一体化监控系统，实现各类异常事件的实时监控、提前预警与自动处理，从传统被动人工运维转变为现在主动智能运维。运维工作不是一蹴而就的，未来将持续加强基础研究和新技术攻关，深化智能分析算法模型的研究、建立与应用，进一步推进数据中心智能运维模式创新，为油田数字化转型智能化发展提供强有力的技术支持。

参考文献

[1]赵天，刘宇，何欣玲，等．铁路数据中心智能运维管理系统初步研究[J]．铁路计算机应用，2022，31(06)：50-56.

[2]燕鹏飚，陈亚楠，符启杰，许小艳．基于大数据的 IT 智能运维体系研究与实践[J]．金融电子化，2019(05)：79-81.

[3]张会根，张博，赵焕芳．基于大数据分析技术的智能运维体系探索[J]．金融电子化，2014(12)：61-63.

[4]刘姜．基于大数据的用户画像构建方法与运用探究[J]．科技创新与应用，2022，12(09)：139-142.

[5]智能运维国家标准工作组．数字时代运维先行，智能运维标准应时而生[J]．中国金融电脑，2022(07)：86-88.

基于企业日志的大数据分析探索与实践

李大勇　熊华平　姚姜虹

（大庆油田有限责任公司勘探开发研究院，黑龙江 大庆　163712）

摘　要： 随着企业应用系统的不断增多，硬件设备的不断增加，信息资源类型越来越复杂，如何将各类系统、设备日志集中采集分析，进而提升运维管理及资源应用效率成为研究热点。本文通过研究企业日志大数据分析技术架构，介绍企业日志系统的建立及大数据分析技术应用，描述企业日志大数据分析应用场景，初步探索基于企业日志大数据分析的运维管理与用户画像新方式。

关键词： 企业日志；大数据分析；ELK；聚类分析

随着信息技术的发展，石油企业信息化应用规模持续扩大，各类专业应用软件、大型高性能计算集群、各种物联网设备每时每刻都会产生大量的应用访问日志、系统运行日志和安全告警日志，监测与分析这些日志是系统运维与管理的基本手段，是排查、解析各类系统故障的重要手段，也是确保系统正常运行的重要方法。由于各类系统日志信息量大，分散存储在各自系统中，格式不统一，解析困难，传统人工查看不仅效率低下，同时也很难从海量日志中抽析出有用信息。当前以 Hadoop 等为代表的大数据技术日益成熟，其可存储巨量数据、可抓取收集复杂类型数据、具有较高商业和应用价值、计算速度快等特点特别适合于日志分析场景。

对于石油企业的日志大数据分析可以基于两个主题进行：一是基于海量日志大数据分析技术对日志数据库内的告警事件、用户访问行为、系统运行日志、系统运行状态、登录访问次数、数据下载量等核心信息进行多维度的关联，从不同年度同一时段、同年度不同时段对比分析各类资源的故障发生率和应用效率，从而对软硬件资源效能做出客观、科学的评估，为以后的参数调整、性能优化提供依据；二是围绕用户对信息资源的使用，可以对用户使用信息资源的能力水平、贡献进行分析，全面提升石油企业的信息资源应用水平与效率[1]。

1　方案设计

1.1　整体思路

建立一套企业日志系统实现各类日志的统一存储，结合日志的内容，在实现故障报警、应用分析基础上，通过大数据分析技术，进一步挖掘日志价值，为智能运维和员工画像提供依据。

作者简介： 李大勇，男，本科，学士学位，高级工程师，大庆油田有限责任公司勘探开发研究院一级工程师。主要从事云中心建设和云应用研究。E-mail：lidayong@ petrochina. com. cn

采用大数据分析技术对企业日志数据进行实时处理，以满足业务分析、安全审计、运维监控需求，通过实时搜索引擎技术，对不同来源的日志数据和不同类型的日志数据进行解析，统一采集和管理，并提供高效的搜索引擎功能，对搜索的结果进行智能化分析和处理，提高日志数据的业务价值[2]，进而实现数据中心的数字化转型，见图 1。

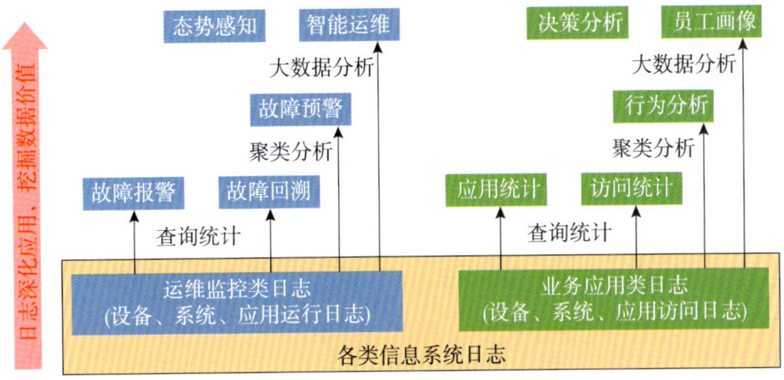

图 1　企业日志大数据分析应用场景

1.2　总体架构

企业日志大数据分析系统架构如图 2 所示。

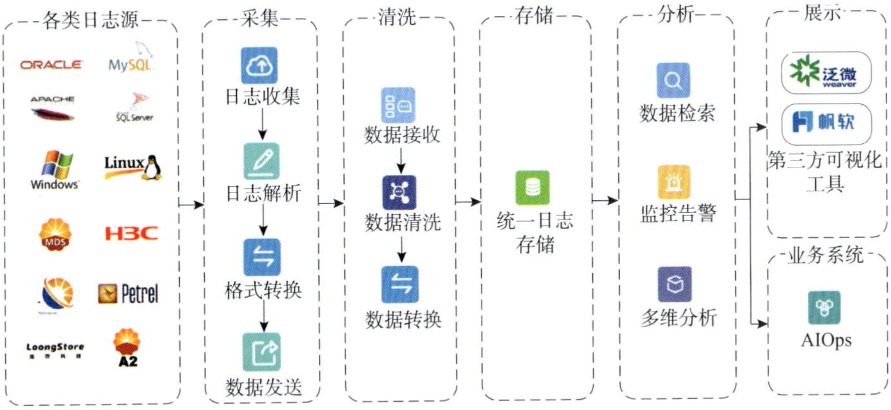

图 2　企业日志大数据分析系统总体架构

图 2 包括各类日志数据的采集，日志数据的标准化清洗、格式转换，日志数据的统一存储，大数据分析及数据展示 5 部分。其中日志采集部分通过部署在各设备上的 agent 采集 Windows 日志、Linux 日志、网络设备日志、防火墙日志、数据库日志、应用系统日志以及物联网设备日志等，并进行简单的日志数据解析和格式转换。日志清洗部分主要进行日志的集中接收，并基于标准的日志模型进行数据清洗，过滤掉垃圾数据并转换成统一格式。日志存储部分主要将海量日志集中存储到具备分布式多用户能力的全文搜索引擎 ElasticSearch 中，实现日志的高效存储与检索。日志分析部分结合业务规则及需求，采取大数据分析技术对日志数据进行统计分析，形成监控告警、多维分析等多种分析结果。数据展示部分则是将分析结果利用第三方可视化工具以图表、报表等方式展示出来。

1.3 技术架构

企业日志大数据分析流程大体上分成日志采集、统计分析、结果展示三个大的阶段，如图 3 所示。

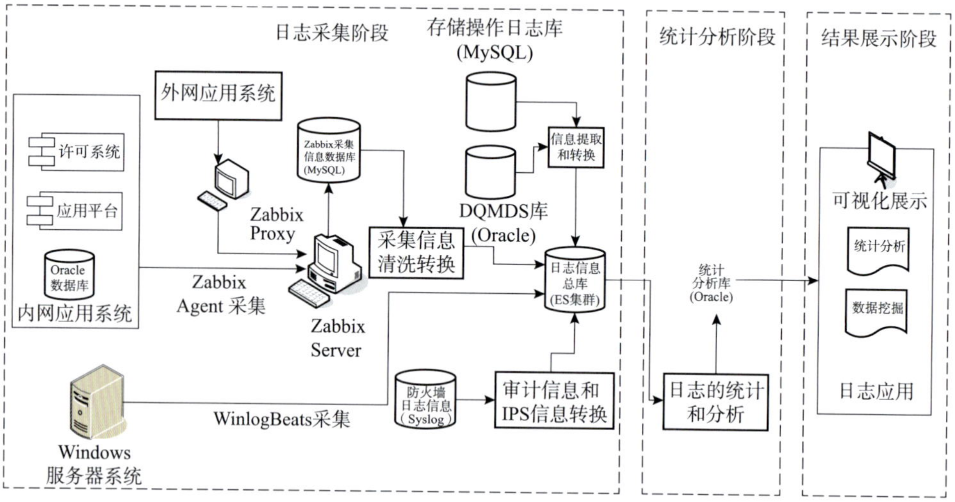

图 3　企业日志大数据分析系统处理流程

采集阶段以 ElasticSearch 技术栈中专门用来采集信息的 beats 工具(例如：WinlogBeats、FileBeats)和 Zabbix 采集监控工具为主要手段，信息存储在 MySQL 等数据库中，最终统一存储在 ES 集群中；统计分析阶段将各类日志信息进行分析处理，保存到统计分析结果库中(Oracle)；结果展示阶段则通过 Web 的方式展示各类日志信息及其统计分析结果。

由于各类系统的日志数据量大、分布分散、格式多样，并且存在一些实用性应用场景，这就要求企业日志系统在数据采集方面满足高性能和灵活可扩展的要求。因此系统在采集层采用代理程序(agent)+消息队列+转发器的模式，采集端代理程序可以支持灵活多样的数据格式，同时保证数据的实时性。传输过程采用消息队列集群，从架构上进行解耦，在降低异常代理影响范围的同时，提升了系统的稳定性、消息队列的集群扩展特性，也能支持更多的采集代理程序和目标设备。转发器集群支持将数据上传到日志分析系统的同时，支持将部分日志数据转发到 ES 集群进行长期保存，以满足国家网络安全相关要求[3]。

2 技术实现

企业日志的大数据分析的技术实现主要包含三部分工作：①建立符合企业日志存储需求的企业日志采集平台。该平台在保证日志采集准确率和系统稳定性、安全性的同时，要兼顾实现企业各类日志(如应用许可软件日志、服务器性能及硬件故障日志、网络安全日志等)的自动化采集、标准化清洗和统一存储；②基于大数据技术，利用企业日志库中的日志数据信息实现用户行为统计、各类软件使用情况智能化分析、服务器和网络运行状况智能化分析，以及硬件设备故障告警和网络安全监控告警；③完成日志信息综合可视化展示界面，将最终的日志统计和分析结果、告警信息进行集中展示。

2.1 企业级日志采集存储系统建立

为保证日志系统能够承载数百台硬件服务器、网络设备，以及上百种种商业软件、自主研发软件的海量日志存储，在平台搭建时采用开源的 ELK 日志采集技术，用于实现不同操作系统硬件日志的统一采集以及各类软件日志的规范化跨平台采集。

为了方便采集不同类型的日志数据，在系统开发时通过调用数据库与 ES 专用传输接口实现由 Oracle、SQLServer 等数据结构类日志采集；利用轻量级 Beats 工具，在不影响各服务器的性能情况下分别收集不同操作系统的系统安全日志；通过 Zabbix 专用的 Agent 或 SNMP 收集专业软件许可、存储、服务器硬件性能等监控数据(图 4)。

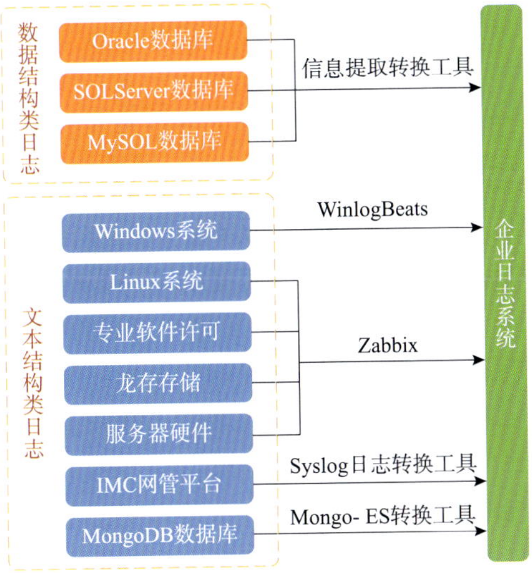

图 4 各类日志采集方式

考虑到海量日志数据在采集过程中可能存在数据包数据丢失的问题，平台在采集中间层引入 Kafka 集群作为日志数据缓冲区，均衡了网络传输，保证平台的高吞吐、低延迟性能，并有效缓解平台数据压力，确保数据传输稳定。经过 kafka 缓冲队列的日志传送给 Logstash 进行过滤筛选，最终将数据统一存入 ES 集群(图 5)。

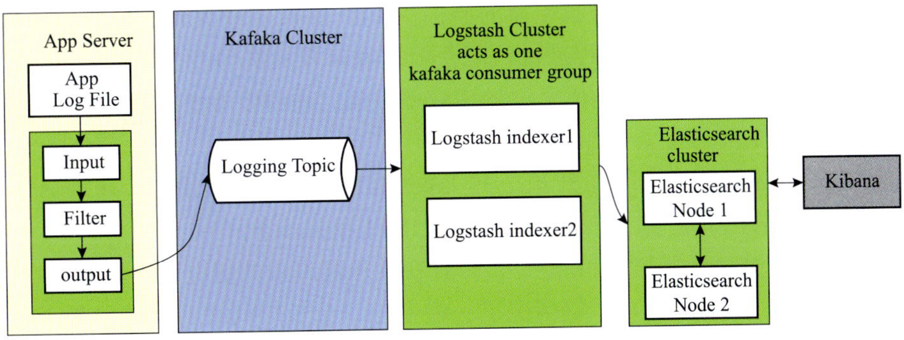

图 5 ELK 优化后架构

2.2 大数据分析技术应用

在日志大数据分析阶段，采用聚类分析+离群值监测+时序化数据处理三种技术，目的是应对行为轨迹的动态性变化，属于过程性分析的关键技术。首先，以时间轴为数据标定基准序列化日志大数据，采用 K-means（K 均值）聚类算法对数据进行聚类，即：分析员工动态信息，在没有预先标记的情况下，从员工的上班刷卡时间、刷卡地点、网站浏览情况、软件使用情况等日志中分析出数据间存在的规律和关系，以进一步捕获若干种数据群落；其次，在此基础上分析员工的出勤率、加班率、行为轨迹等因子，通过离群点检测（也就是偏离数据群落情况）分析员工行为特征；最后，统计分析出各单位的行为轨迹特征。

以上述技术为基础的行为分析方法可以客观地描述个人、单位、硬件设备、网络运行的动态轨迹特征。采用大数据分析技术主要完成了以下功能模块：

（1）员工行为分析模块：包括员工刷卡行为分析、员工 OA 系统应用分析、员工使用软件行为分析以及员工行为画像分析；

（2）软件许可分析模块：包括软件的使用频率、时间等因子的统计分析功能；

（3）IPMI 日志分析模块：硬件设备故障告警以及网络安全监控告警等功能。

2.3 日志信息综合可视化展示

数据可视化一直是应用层系统开发的关注焦点，其难点在于不同操作系统的适应性、用户浏览器的兼容性以及用户体验（美观和响应速度）。在可视化开发阶段，采用 SpringBoot+VUE 技术实现页面布局设计、数据统计响应以及终端兼容性。目前，该技术在投产运行的企业智能化分析系统的优势已经凸显，尤其是在响应速度、用户体验、美工效果和系统可延展性方面表现良好，而前后端分层剥离的架构既节约了开发及维护成本，同时又减少了大量的开发时间、提高了生产力。与此同时，为了能够以图表的形式更加直观地展示各类分析结果，系统利用了 VUE 的可延展性，在可视化展示阶段无缝引入 E-Charts 组件，提供了直观、交互丰富、可高度个性化定制的数据可视化图表，大幅提高了用户的体验效果。

2.4 典型应用场景

2.4.1 设备运行故障预警

利用 IPMI 实现硬件设备的告警采集，IPMI 接口是最底层的服务器物理状态采集手段，标准化程度高，对当前在用的服务器能进行统一管理，有效地降低了系统运维管理的难度。IPMI 最大的优势在于它是独立于 CPU、BIOS 和 OS 的，所以用户无论在开机还是关机的状态下，只要接通电源就可以实现对服务器的监控。IPMI 接口的缺点是不提供编程接口（API 接口），只能利用命令行的方式远程进行状态获取、发布开关机命令、获取日志，需要利用文本重定向技术获取命令行反馈的信息，处理效率较低；还需要考虑处理命令执行异常的情况，系统开发难度大。

企业日志大数据分析系统利用开源工具 FreeIPMI 提供的获取状态、获取日志、开机、关机四个命令，分别利用命令行方式执行，完成 IPMI 相关任务。

由于每个命令的执行时间有很大差异，并且在服务器离线的情况下，获取状态的命令会等待很长时间（一般几分钟），在个别情况下，命令窗口会长时间没有反应，处于死机状态。所以对 IPMI 命令的执行可采用多线程并发的方式，任何一个线程如果执行时间超过给定的门限（一分钟），则会被终止，从而保证系统能够具有良好的响应时间。

通过上述操作，可实现设备硬件故障的快速告警，同时通过对临界报警日志的获取和分析，能够实现硬件故障的预警，使运维人员能够在硬件设备发生故障前及时处理，保证设备运行安全。

2.4.2 网络安全攻击告警

采用交换机端口镜像技术，对防火墙外联端口进行数据包采集，并采用高效的数据包分析技术，保证在大网络流量下也能及时完成数据包截取工作。防火墙系统带有入侵检测功能，能够根据预先设定的检测规则，判断网络的各种安全事件并发出告警信息。告警信息中包含有源 IP、源端口、目的 IP、目的端口、威胁等级、攻击类别等信息，通过这些信息的分析，可以获取网络安全态势的状态，辅助网络管理员进行各种安全防范操作。

企业日志大数据分析系统在防火墙自带入侵检测功能基础上，从“攻击源 IP 分析”和“被攻击 IP 分析”两个方面进行了网络安全态势的综合分析，而且，为了便于进行长时间范围的攻击分析，系统建立了“攻击源黑名单”以及“被攻击服务器名单”，用来记录近期网络安全攻击的重点事件。

“攻击源 IP 分析”从 8 个方面进行分析，如果满足其中多个条件，则这次攻击会提升“威胁值”，如果威胁值大过一定的阈值，就会被写入“黑名单”作长期分析之用。

“被攻击 IP 分析”从 9 个方面进行分析，如果满足其中多个条件，则这次攻击会提升“威胁值”，如果威胁值大过一定的阈值，就会被写入“被攻击服务器名单”作长期分析之用。

通过上述操作，可实现网络攻击行为的快速告警，同时通过对多项网络安全信息综合分析，能够实现网络攻击的预警，使网管人员能够在攻击发生前阻断恶意连接，保证网络运行安全。

2.4.3 员工综合信息画像

基于采集到的员工刷卡信息、上机登录信息、专业软件应用信息、网页浏览信息等，采用聚类分析算法，实现员工操作行为的分析，包括：

1. 员工门禁刷卡信息分析

分析员工的行为指标包括员工刷卡次数、员工出勤率、准时率、员工加班率以及员工刷卡地点等的变化。

2. 员工外网浏览信息分析

分析员工在工作时间对所浏览的网站(例如：工作网站、门户网站、娱乐网站等)的次数统计。

3. 员工 OA 系统操作日志分析

分析在时间方面的特征，包括分析员工使用规律、使用时间等；分析在使用功能方面的特征，包括分析每个模块使用次数、使用情况等。

4. 员工专业软件使用情况分析

根据日期对各员工在任意时间内使用某软件的情况进行统计分析，以便掌握用户使用习惯，更加合理分配软件资源。

通过上述操作，可实现员工日常操作记录分析，同时通过对多项日志信息的综合分析，能够实现员工个人画像。

3 结论

通过企业日志大数据分析探索与应用实践，建立了统一的日志分析系统，实现了日志从人工收集到自动采集的转变，在实现软硬件系统自动监控、实时关注异常登录以及恶意共计等行为、提高安全防护能力的同时，结合大数据技术在日志分析中的应用，进一步挖掘业务层面日志[4]，实现了对用户信息操作的人员画像，从而能够有效提升信息资源的运维与应用水平。

参考文献

[1]熊华平，丛峰，于晓红．基于信息生态理论的石油企业信息资源管理[J]. 大庆石油地质与开发，2019，38(5)：281.

[2]窦继涛，代飞．基于大数据环境下智能日志分析平台运维方案研究[J]. 九江职业技术学院学报，2017，4：90.

[3]周航，毕永军．日志分析技术在IT运维管理中的应用[J]. 金融电子化，2017，3：78.

[4]胡沐创．大数据日志分析平台应用探索与实践[J]. 金融科技时代，2018，1：36.

基于多系统集成应用模式的科研项目经费精细化管理实践

熊华平　金　刚　朱吉军

（大庆油田有限责任公司勘探开发研究院，黑龙江 大庆　163712）

摘　要：本文以科研项目经费精细化管理为应用案例，探索跨系统数据集成解决方案。建立了统建系统、自建系统跨系统数据传输方案，通过方案应用实现了科研项目经费预算、项目成本、采购数据跨系统传输及数据深化应用，切实解决管理部门痛点问题。同时针对 ERP 科研项目物资采购流程进行优化，建立了科研项目材料费精准核算、超预算事前、事中、事后管控方案，为科研项目精细化管理提供了有效的技术保障，同时为油田企业生成经营数据库建设提供了技术解决方案。

关键词：跨系统数据集成；科研经费；预算管控；数据服务

1　背景

石油行业信息化建设经历了分散建设、集中建设、集成应用三个发展阶段。各油田存在大量专业领域的统建系统、自建系统并在各自专业领域发挥着重要的作用，同时积累了大量的数据资源。随着企业管理精细化要求的不断提高，各管理部门需要利用先进的管理理念和配套的技术强化业务全生命周期的数据共享、风险管控及数据的深度挖掘。大庆油田通过对跨系统集成技术、预算管控技术、数据服务应用技术的研究和探索，对科研项目管理多个业务系统进行流程优化、数据整合，建立科研经费从计划下达、资金使用、过程管控、财务核算、数据应用的一体化管理模式，打破信息壁垒，为油田企业经营管理大数据分析、构建企业级经营管理数据库探索有效方法。

1.1　科研项目管理现状

大庆油田科研项目管理在油田层面主要涉及集团公司科技管理系统、油田科研管理平台、ERP 系统、财务 FMIS 系统、科研项目评审系统等。部分二级单位开发了相应的科研管理系统，用于对本单位科研项目进行业务过程管理(图 1)。

1.2　存在的问题

1.2.1　数据共享难

系统不连通，各系统项目编码规则、分类规则不同，自建系统标准不统一、统建系统接口不开放，数据共享及数据整合难度非常大。

作者简介：熊华平，男，1965 年生，硕士，1990 年毕业于哈尔滨工业大学系统工程专业，大庆油田勘探开发研究院教授级高级工程师。E-mail：xionghuaping@ petrochina. com. cn

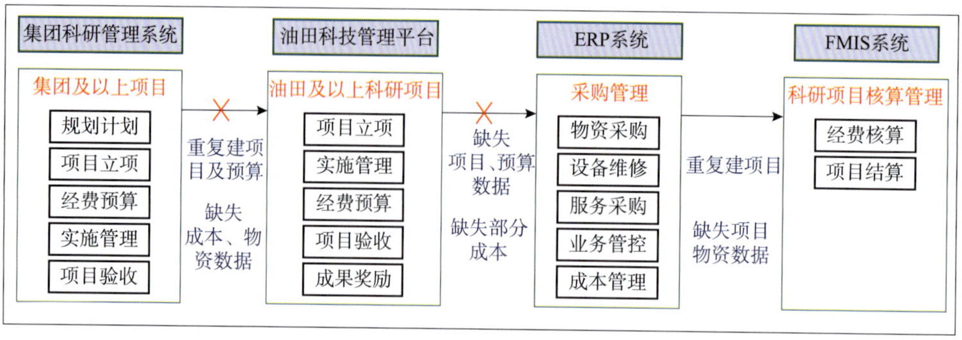

图1 科研项目管理系统现状

1.2.2 经费跟踪管控难

科技平台无法实时获取FMIS系统、ERP系统核算数据，只能通过报表、人工统计等方式掌握资金使用情况，效率低、实时性差。

1.2.3 科研项目材料费精准核算难

费用化科研项目没有纳入ERP管理，物资采购数据难以实现按项目进行成本归集，科研核算人员需要人工挑选科研项目物资采购明细，材料费核算费时费力。

1.2.4 超预算风险大

超预算事后管控，给管理部门带来较大超预算风险。

2 科研项目精细化管理目标

结合财务部门、物资管理部门、科研管理部门、项目承担单位等科研项目管理和执行部门的需求，确定科研项目精细化管理目标如下：

(1)建立一体化解决方案，实现以科研项目为主线信息跨系统数据集成及交互；

(2)优化ERP物资采购流程，实现科研项目材料费精准核算；

(3)启用ERP预算管理功能，实现科研项目经费使用超预算事前、事中、事后管控；

(4)建立数据应用服务，为科研管理人员、领导、项目负责人提供实时高效的数据查询应用服务。

总体建设原则：不改变现有系统的业务管理模式。

3 科研项目精细化管理解决方案

3.1 建立科研项目跨系统集成应用方案，实现科研项目跨系统数据一致性对应及数据流转

3.1.1 科研项目层级的一致性对应及编码的一致性对应

按项目级别、组织机构搭建项目层级结构，集团公司项目直接传输ERP系统，作为项目的第一层级；油田科技平台项目通过传输接口按单位分解并转换成ERP项目编码，作为项目的第二层级；ERP系统项目拆分后打记账标识传输FMIS系统并与FMIS系统项目进行一致性对照。其他各类编码采取一对一数据对照、一对多数据推导、多对多技术手段进行一致性对应(图2)。

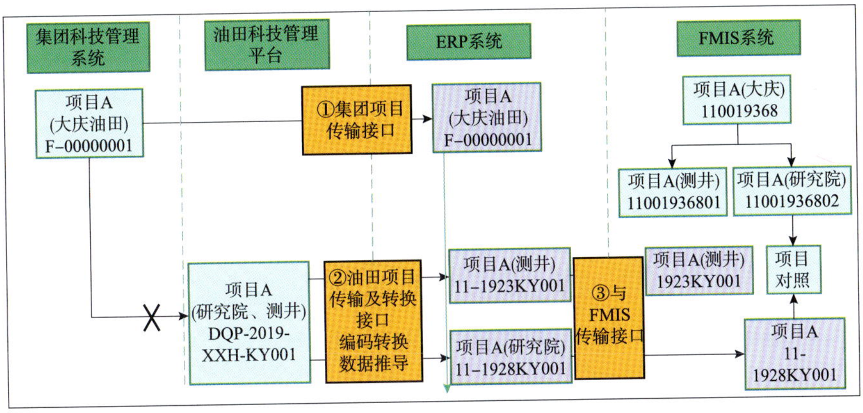

图 2　科研项目信息跨系统传输及一致性对应技术框架

3.1.2　跨系统数据自动化传输方案

在统建系统不提供数据访问接口的情况下，实现科技平台下达的项目、预算写入 ERP 系统，ERP 系统的成本数据、物资数据从系统导出，采取如下技术方法(图 3)：

(1)建立数据交互接口，读取科技平台数据生成 ERP 项目及预算导入模板；

(2)通过 UFT 自动化测试工具录制人工创建项目操作的相关步骤，创建任务实例，设置定时任务，执行任务实例，实现项目无人工干预导入 ERP 系统，实现项目一次下达，避免跨系统重复操作；

(3)数据导出：设置定时任务，模拟授权用户执行查询操作并将查询结果导出到本地，再通过定时任务启动数据迁移工具将本地 EXCEL 报表数据写入本地数据库。

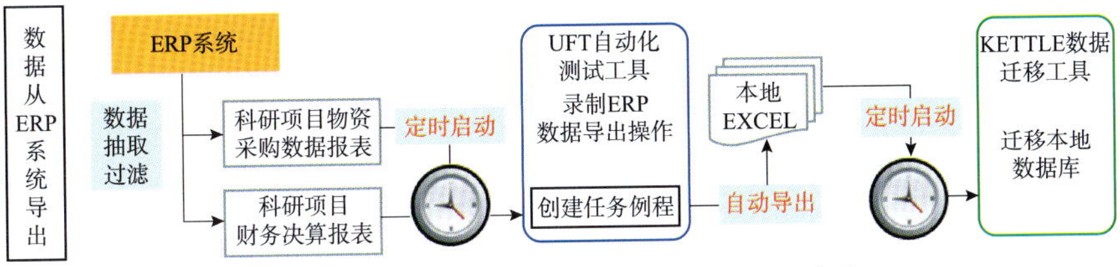

图 3　统建系统数据自动化迁移技术框架方案

3.2　建立 ERP 科研项目预算管控方法，实现项目计划、采购、核算超预算控制一体化管控方案

3.2.1　实现科研项目材料费精准核算

数据准确是一切统计分析的基础。科研项目物资材料采购精准核算，需要建立科研项目 ERP 标准化管理模型，通过创建 ERP 外部采购组件，将项目物资需求计划转换为采购清单，采购的执行、成本自动写入项目的相关属性中，实现项目材料成本自动归集。

3.2.2　实现科研项目全部费用要素超预算管控

ERP 投资项目超预算管控为总额超预算管控，通过启用 ERP 基金模块，实现单项费用要素超预算管控，并通过优化物资采购流程，实现物资采购业务超预算事前提醒、事中检查、事后管控(图 4)。

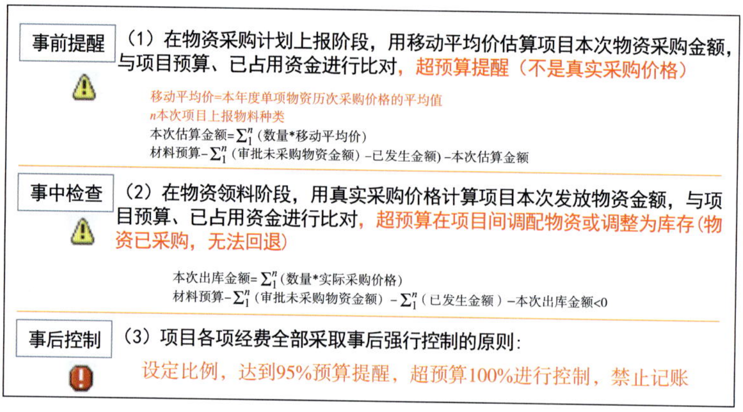

图 4　材料费超预算管控的三种模式

3.3　建立 ERP 数据服务应用模式，支持科研项目数据多维度统计分析应用

通过将 ERP 数据在操作界面级自动化导出形成科研主题数据库，涵盖科研项目预算、成本、费用科目及科研项目物资采购明细数据，为各类统计查询奠定基础。采用 IDea 技术开发平台创建科研项目数据服务接口，将原始数据进行抽取、筛选后以 JASON 格式封装成标准数据服务，可供其他平台调用(图 5)。

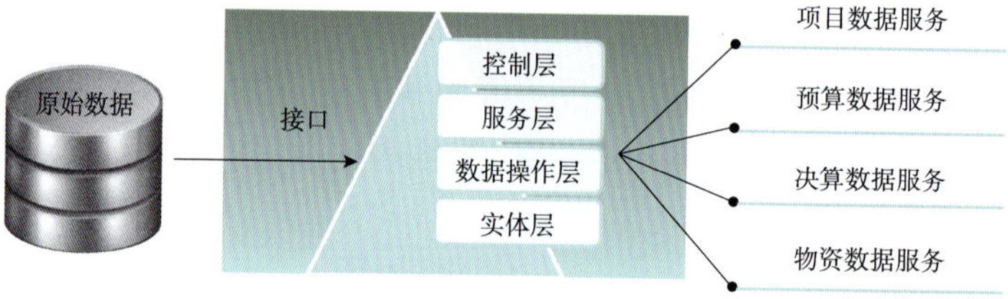

图 5　数据服务技术架构

4　结论

在大数据时代，油田积累了经营管理各方面的数据，是企业的数据资产，目前存放在集团公司、油田公司、二级单位竖井式的系统中，如何有效集成，建立高度共享的经营数据库，本项目在两方面进行了探索：技术上解决了各类系统间数据整合问题，管理上对项目、物资、财务业务集成管控方法进行探索，解决了痛点问题。该项研究为油田企业纵向业务系统横向打通、消除信息壁垒提供了完整的技术解决方案，为 ERP 数据深化应用、生产经营大数据分析起到示范作用。

参考文献

[1]张国文．基于 ERP 实现全面预算精细管理的应用研究[J]．企业导报，2012，8.
[2]杨琳．大数据环境下的数据治理框架研究及应用[J]．计算机应用及软件，2017，4.